Ah Ku and *Karayuki-san*

阿姑とからゆきさん

シンガポールの買売春社会　1870-1940年

James Francis Warren
ジェームズ・フランシス・ワレン［著］

蔡史君・早瀬晋三［監訳］
藤沢邦子［訳］

法政大学出版局

James F. Warren
Ah Ku and *Karayuki-san*
Prostitution in Singapore 1870–1940

暑いシンガポールのある朝，善道キクヨの言葉が日本人墓地に響いた。
古い朽ちかけたからゆきさんの墓石を指さしながら，
かの女は高名な映画監督の今村昌平に言った――
「こういう人たちのことはけっして歴史には書かれません」と。

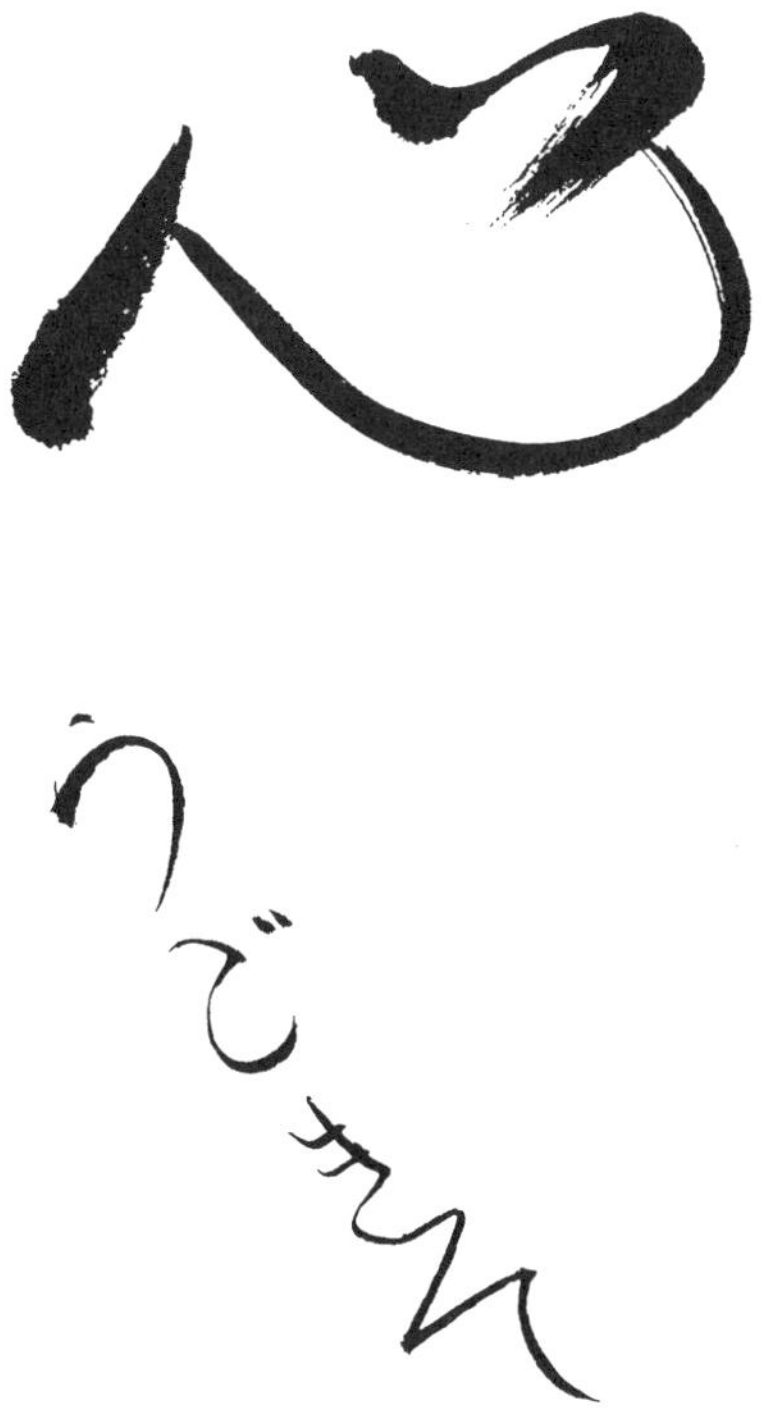

日本人読者への「序文」

『阿姑《アク》とからゆきさん』が最初に出版されてから、二二年の時が流れた。シンガポールにおける日本人娼婦に焦点をあてた本書は、前著『人力車夫――シンガポールの民衆の歴史（一八八〇～一九四〇年）』の女性版といえるものである。わたしは、シンガポールが一九世紀末から二〇世紀はじめにかけて急速な経済発展をとげた時代の、移民労働者の世界を探求した。両作品はともに、熱狂と洗練と異国情緒あふれる都市シンガポールのロマンチックなイメージに、強い補正をうながすものになっている。この場を借りて、本書を執筆していたころ、わたしの心中をよぎっていたいくつかの思いを述べてみたい。

わたしは本書『阿姑とからゆきさん』において、からゆきさんオヨシや娼館主クワナ・ムタのような普通の日本人女性を取り巻いていたリアルな空気やドラマを再現しようと努めた。植民地シンガポールが急速に発展する経済力によって、何千人もの日本人女性と移民労働者をひきつけていたこの時期、かの女らは勇気や品性をもって、「衝撃的なできごと」や厳しい状況を乗り越えていた。そうした個々人や「できごと」の記録は――まさに真実の瞬間だった――、植民地の港町において、娼館や市街で営まれた娼婦やクーリーの生活史を再解釈・再構築しようとするわたしの努力が届かないところにある現実や隠された意味を、わたしに教えてくれた。そこでは普通の男女の錯綜する生活や断片的な経歴が、歴史の知られざる転換点を形成し、社会的・経済的・政治的な力と個人の憧れや願望とがいっしょになったことによって、ひとつの都市の歩みや新しい世紀のスピードを明らかにしてくれた。

わたしは、想像をかきたてるドラマと人びとを圧倒する物語でいっぱいの、シンガポールのからゆきさんの歴史を書きたかった。そして、この歴史への基本的な考え方として、日本人娼婦であるとはどういうことだったのか、家族や天皇、国家のために生きることになった暮らしのなかでなにがかの女らに起こったのか、すなわちかの女らの人生がシンガポールという都市の内外でいかに展開したかについて、できるだけ広範な読者に伝えようということから出発した。わたしは本書において、個々の人や集合的な群像について、またかの女らの人生がいかに紡がれたかについて、できるだけ自然にまた愛情をもって語った。まるで、オヨシ、オイチ、ドゥヤ・ハダチやその他大勢の人びとが、一歴史研究者の「屋根裏部屋の友だち」であるかのように。いろいろな意味で、本書に登場する多くの人物には弱点があり、その希望と絶望が固くもつれており、幸せを求めていたにもかかわらず、夢は破れてしまった。逆説的ではあるが、女性たちが跡形もなく記録から抜け落ちたようなとき、かの女らが歴史研究者たちを悩ませる致命的な選択をしたことに、わたしは気づかされた。

権力と無知、友情と忠実、善と悪、愛と裏切りなどの大きなテーマのすべてが、あらゆる形や底なしの複雑さをもって、これら普通の（ときに危険で不可解ではあるが）女性たちの生活と環境のなかに見いだされる。『阿姑とからゆきさん』は、水際の植民地港湾都市の性格、および娼婦たちの生活経験を行動慣習、文化的な傾向、性を売る仕事と結びつけて理解しようという試みである。その生業《なりわい》は、報われる可能性をもついっぽうで、しばしば多くの女性や少女が悲しいできごと、失業、失恋への憤りなどに直面したときに、生活困難や精神的な不安をもたらした。

本書には、表現を和らげる潤色、ノスタルジア、ロマンチックな美辞麗句はない。わたしは、東南アジアの植民地港湾都市という、発展途上の「近代」の苛酷な景観のただ中を生きた日本人女性たちの、悲痛、苦悩、混乱、達成、愛情や大きな犠牲に集中することに力を注いだ。この社会史を通して、過去の日本人娼婦たちは、かつてかの女らに関わりのあった事柄や、二一世紀初頭のいま、わたしたちに関わりのある事柄を、現世代に語りかけてくる。シンガポールのからゆきさんの人生のきわめて個人的な記録が、わたしたちに語りかけてくるのだ。娼館のドアの向こうから、かの女らの謙虚さと辛抱強さという昔かたぎの美点を、貧困と社会的不平等を、社会的な抑圧と悲哀を、情熱と孤独を、そして切望や死を。

二〇一五年三月

ジェームズ・フランシス・ワレン

まえがき

一八七〇年から一九四〇年にかけてのシンガポールの中国人コミュニティの社会史、および商業中心地また貨物集散港としての同市の発展は、わたしの過去二〇年間に及ぶ全研究においてずっと実質的な背景であった。『阿姑《アク》とからゆきさん』は、イギリス領マラヤとオランダ領インド諸島［東インド］にくさびを打ち込む位置にあった世紀転換期のシンガポールを、その独特の驚くほど強靭な「下からの歴史」とともに、中国外の一中国都市としての特異性を論じている。また、植民地シンガポールおよびアジアの開発による大きな変革につれて性産業が生まれた社会状況や、そこで中国人や日本人の娼婦がいかに生きたかについて検証している。大規模な移民、農村不安と変化、日本の工業化、複雑な金融の動きと大恐慌（シンガポールの都市化の暗い側面）……これらの問題にも応分の検討を試みた。

マニュエル・カステルによれば、「都市は人びとによってつくられる」。本書は、「人びと」のうちの一部の経験をつうじて、シンガポールの都市社会史を叙述し分析することをめざしており、植民地シンガポールを象徴するあらゆる労働者のなかで、中国人と日本人の娼婦はこの都市の実像を知るためのおそらく絶好の窓口であろう。『阿姑とからゆきさん』は約二〇〇の個人例に光をあて、またエマニュエル・ル・ロワ・ラデュリとジョナサン・スペンスに倣った文学的・文化人類学的・歴史学的手法を用いた、詳細かつ歴史的な民族誌である。本書は、第二次世界大戦前のシンガポール社会と経済の維持において中国人と日本人の娼婦の果たした重要な役割について、そしてイギリス支配下のシンガポールの中核にまで忍び寄り食い入った絶望、病気や死について、記述し分析する。ふたたびここで歴史学についてて述べれば、東南アジア近代史におけるこうした世界の再構築のための、死亡にかんする特定資料の意義についての充分かつ創造的な考察はまだおこなわれていない。実際、わたしたちはフランスやアメリカの同僚に比べ、シンガポール検視官記録のような資料の歴史学的重要性の認識において、明らかに大きな後れをとっている。そのような欠陥は、わたしたちからこの都市で暮らす女性たち自身やその親戚、コミュニティにとって、死が身近な現実になっていた大勢の人びとの物語を覆い隠してしまう。

わたしはシンガポールに住んだ中国人と日本人の女性についての歴史を、ふつうの人の思いがけない人生を主眼として、想像をうながすドラマのように、あるいは一遍の物語のように描きたかった。審問や調査の文書から浮かびあがる物語は、印象深い会話に満ちている。検視官の仕事ぶりはすばらしく、よく目的にかなったものである。これらの死亡事件についての記録は、文化人類学的歴史観からみて、実際に娼婦たちの生活で起こったことに枠組みを与え、また声(望ましくはかの女ら自身の声、家族、友人、敵対者の声、あるいは事件にかかわった客、恋人、見知らぬ親切な人、襲撃者などの声)を与えてくれる一方法であるように思われた。中国人や日本人の娼婦とはどのようなものだったか、かの女らになにが起こったのか、都市の内外での生活はいかに展開したのかを、できるだけ広い読者層に伝えるべく、わたしはまず歴史における基本的な考えからはじめたが、それはかなり複雑なプロセスであった。わたしは個々のまた集合的な人物について、できるだけ自然にまた共感をもって語ったつもりである。かの女らがまるで旧友であるかのように、おイチ、ロー・サイ・ソー、ドゥヤ・ハダチ、そのほか大勢の女性たちが歴史のなかでどう生きたかを語った。ある意味で、本書に登場する人の多くには、欲望や絶望、希望や夢が固く絡まりあって破滅にいたるほどの深い欠陥があった。わたしはまた、かの女らの生活を、完全に尊重し受容して描いた。検視官記録の資料のいくつかが驚くべき内容で、また感動的であったからこそ、それが可能になったとも認識している。

ごくふつうの、ときに危険なほどおとなしい女性とその周辺の男性の人生にかんする検視官事件簿のなかには、大きな権力と無垢、友情と忠誠心、善と悪、愛と裏切りなど基本的に大きなテーマが、あらゆる形態とはかりしれない複雑さで見いだされた。資料「発見」のあの瞬間まで、そのような失われた感情や「できごと」をわたしは知らなかった。わたしは本書を書くにあたり、検視官やそのほかの人びとが死者について語った複雑な声をとおして、感情やできごとの再構築をめざしていたので、それらはひじょうに意義深く思われる。想像のなかで時間をさかのぼり、人力車の連なる繁華な大通りではなく、娼婦のいたベランダやその奥まで旅することによって再現したかった。わたしのシンガポール行きの真の目的は、この過去の現実への探求、すなわち、生き生きしたイメージを復活すること、歴史書の物語を見直すこと、中国人や日本人の娼婦たちの見たシンガポールを記録すること、死者の思い出を再生するためにマレー街やスミス街の亡霊を目覚めさせることであった。

一世紀前、中国と日本の主要輸出品といえば、絹、石炭、女性だけであった。『阿姑とからゆきさん』に登場するのは、誘拐されたり、いい収入になるという甘言に釣られたりして、一八七〇年代から一九三〇年代までシンガポールの娼館で働くことになった農村の若い女性たちである。その多くがトラウマを負う人生を強いられたにもかかわらず、からゆきさん(「唐へ行った女性」という意味)たちは家族を支えるために、また一九〇五年の日露戦争では日本を支えるために、お金を故国に送った愛国者であった。娼館主らはお国のためと称して、少女たちを奴隷のように働かせた。その身体は国のものであり、かの女らは娘子軍なのだと教え込まれた。一八九〇年代にはすでに二〇〇〇人のからゆきさんがブギス街、マレー街、トルンガヌ街にいた。

本書は、ことに拙著『人力車夫――シンガポールの民衆の歴史(一八八〇~一九四〇年)』と並行して読むと、人間がどういう状況に置かれていたかについての考察をよび起こし、人間の過去にかかわる中心問題のあれこれへと心を向かわせる。もっとも重要な問題のひとつは、きわめて古くきわめて新しいテーマ、すなわち善悪の関係である。わたしたちすべてが、その両方の少なくとも幾ばくかを持ちあわせているだけに、善悪どちらの定義も難しい。わたしにとって悪の存在は明白だが、それを単純に定義することはできない。その原因は、人の心中にたっぷりあるように、経済や政治のシステムのなかにもたっぷりある。からゆきさんは政治や経済の発展という名のもとに、搾取を受けた。わたしたちがもっと歴史に耳を傾ければ、そういう事態は繰り返されなくなるかもしれない。カンボジアでの大量殺戮やボスニアでの虐殺は、集団的記憶と人間の哀しさという意味で、ユダヤ人殲滅の悪夢を引きずっている。

本書で明らかにしている第二のテーマは、近代世界の相互連関性である。一九世紀がハンス・コーンの「国家主義の時代」だとしたら、二〇世紀は国際主義の時代、そして二一世紀は国境を超越した時代、ヴァーツラフ・ハヴェルが「単一の相互に関連する文明」とよぶものであろうか。本書のそこかしこで、変わりゆく世界がみられる。ふつうの市民が、故郷から遠く離れた場所に住んでいる。天草諸島の家族の借金が、シンガポールで中国人労働者相手に性を売る婦女子のおかげで返済されている。日本の近代化推進者は、娼婦たちに外国で稼いで日本の外貨蓄積に貢献するよう説いた。重要なのは、ふつうの人（女性と少女）がともに育った人びとから完全に切り離され、見知らぬ人びとのあいだで生活したという点である。かの女らが外国に住むことになったのは、第一に新しい技術が渡航を比較的容易にしたからであり、第二に大きな歴史のうねりが意図しなかった場所にかの女らを連れていったからである。ヨーロッパ帝国主義が中国や日本の貧困（および家父長制）と結びつき、歴史的に最大級の人口移動のひとつをもたらした。中国や日本の沿岸部から何百万人もが東南アジアだけでなく南北アメリカやアフリカへ流出したのである。この展開の歴史的意味は大きい。本書で検討した諸例は、二〇世紀を通じて果てしなく繰り返されてきた。たとえば、ヴェトナム人がアメリカ合衆国に逃れ、そこではかれらの存在が勉学や仕事の慣習についてアメリカ人の内省をうながすことになった。香港からの「難民」はヴァンクーヴァーの経済を生き返らせた。そしてフィリピン人メイドは、二一世紀のシンガポールで新しいかたちの家庭生活や仕事に寄与している。

阿姑とからゆきさん、そしてかの女らの職業を、シンガポールの歴史研究において主要事項ではない周辺的なものとみなすことは、もはや不可能である。これまでふつうのシンガポール人の記憶は、政治的、経済的、イデオロギー的に強い影響力をもつ人びとによって左右されてきた。入手できる歴史的記録の多くは、教育と特権をもつ男性の圧倒的な存在を反映する傾向があった。だとすれば当然、その観察はかれら自身の先入観、社会的偏見および自己利益を負うものであった。権能をもつ者（たとえば植民地当局）による説明は、しばしば「コントラスト」を提供するために、ときには特定の政策や動向を正当化するためになされてきた。いっぽうで「その他の者」——社会の周辺に追いやられた者あるいはとるに足らない者——の歴史は、忘れられ見過ごされがちで、まったく記録されないことさえあった。歴史の記録にバランスをもたせるには、歴史家は「とるに足らない人びと」の物語を引き出すために広範囲な史料を探さなければならない。本書の意義はもうひとつの記憶の浮上、すなわちバランスのとれた議論の枠組みの出現だろう。それはこの女性たちの現実にもとづくものであり、かの女らの過去についての歴史を分析する目的によく適っている。わたしが重視したのは、娼婦たちの生活と環境における、また多様かつ複雑な日常の社会的関係、人間が置かれた状況、そして時の経過にともなう変化における類似点と相違点である。それは、かの女らの社会移動での現実の限界に反映されていた。

つまるところ、本書は詳細な文書館調査をもとに文化人類学的・歴史学的手法を文学的イメージと融合し、歴史の容赦ない展開を前にして、個人的・文化的尊厳を保とうとした人びとの経験について述べたものである。それは根元から引き裂かれ、海路はるかな植民地シンガポールの街路や娼館で働いた中国人女性や日本人少女の物語であり、その生活体験、生存や分をわきまえた本能、自由や愛情を否定する世界でのかの女らの強さや弱さ、それらすべてがかの女らの多くをひじょうに複雑な性格にしたことを記した社会史である。精神的にも肉体的にも苦しかった娼婦たちの人生の個人的記録は、西欧の近代世紀の裏側に生きた人びとをとおして、謙虚と忍耐という伝統的美徳について、貧困・仕事・家族について、性の不平等や社会的抑圧について、痛み・悲しみ・情熱について、そして孤独と死について、わたしたちに語りかけてくる。このような学際的アプローチが、より公平でバランスと現実性を備えた過去の説明を導き出してゆく。シンガポール人社会の歴史的記憶は、一本のより糸ではなく、むしろ絡みあった糸束で構成されているのである。

アジア研究所にて、二〇〇二年一一月

ジェームズ・フランシス・ワレン

初版へのまえがき

本書『阿姑《アク》とからゆきさん』は、一八七〇年から一九四〇年までの、シンガポールにおける娼館買売春について述べ、分析したものである。シンガポールの戦前の経済と社会を維持するうえで、中国人や日本人の娼婦が果たした重要な役割は、これまで充分に認識されてこなかった。社会史である本書は、アジア地域での大きなできごとと、阿姑やからゆきさんの人生との関連を、一貫性をもって結びつけることからはじまる。自然災害、軍閥主義、市場経済や工業化などによって引き裂かれた地方社会における仕事や家族の伝統的パターンをたどり、かの女らはいかなる人たちだったのか、シンガポールで娼婦、移民女性としてどのような経験をしたのかを概観してゆく。そして最後に、女性たちの人生にとって、大きな存在であった人びと、すなわちかの女らと娼館で生活をともにした擬似「家族」および日常的に接した客に着目する。

阿姑とからゆきさんの埋もれた人生を再構築するために、わたしは政治史、経済史、制度史の研究者がしばしば使用してきた一連の資料を用いたが、これらの資料は単一の研究で統合的に使用されたことはほとんどなかった。本書『阿姑とからゆきさん』の骨格をなす資料は、名前、日付、出生地や就業地を含むもので、検視官の記録、治安判事による裁判記録、病院や収容施設の忘れられていた記録から発掘された。これらの資料は、口述史料や写真など、ほかの資料によって肉づけされ、中国人や日本人娼婦がシンガポールにおける日々の生活や売春業にどのように対応したかを明らかにした。そして、さらにかの女らがどのように考え、その結果どうなったのかを分析することによって、かの女らの願望や信仰のなかに折にふれてみられる微妙な変化を把握することを可能にした。前著『人力車夫――シンガポールの民衆の歴史（一八八〇～一九四〇年）』においてと同様に、とらえにくい資料からかの女らの身の上を再現するよう努めたのは、注意深く集めた詳細な記述、いいかえれば「経験」と「説明」の両方を強調した「中身の濃い記述」こそが、かの女らの時代の意味を考える最善の方法であると確信したからである。労働の場とその条件に関連するひとつひとつの資料をテーマに沿って組織だてることにより、著者は膨大な証言記録を「内面史」に転換した。それは、不安、皮肉、危険な気配から明らかにされなかったかの女らの環境や気持ちを推察するのに役立った。阿姑とからゆきさんの証言の切実さは、時間の回廊にこだまして、一九〇〇年にマレー街やスミス街の娼館で暮らし、働くことのなんたるかを、わたしたちに伝えてくれた。このきわめて詳細で個人的な「経験の織物」とでもいうべき視点は、これらの女性を世紀転換期のシンガポールに、はっきりと位置づけた。観光地、経済発展の見本、「東海のクラパムジャンクション駅」［ロンドンの大幹線の交点］という植民地の理想的な光景が覆されてしまうことは、衝撃的なことだった。かわりに出現したのは、過酷さ、怒り、不正という光景であり、どんな困難にも負けない勇気と希望の不屈の連続であった。それによって、娼婦やクーリーをたんなる戯画でなく、立体的な人間として描くことができた。著者は、阿姑とからゆきさんが紛れもなくその一部をなしたにもかかわらず、満足に受け入れなかったシンガポール社会という「場所の意味」を忠実に記録するよう心がけた。

著者は、本質的には集合的伝記であり、歴史的ドラマであり、社会的、政治的、心理的、情緒的な次元でわたしたちにかかわりをもつ阿姑とからゆきさんの個人史をつくりだした。いっぽうで、かの女らのシンガポールにおける運命を決定した、より大きな歴史的影響である制度、プロセス、相互作用にも充分な注意をはらった。本書『阿姑とからゆきさん』は、前著『人力車夫』の姉妹編で、これらの社会史は一四年間をかけて三部作［三作目『自殺とシンガポールの中国人社会（一八八〇～一九四〇年）』（未刊）］を公刊したいという著者個人の計画の一部である。『阿姑とからゆきさん』は、一九八八年から九一年までの間に三回に分けて書かれた。第Ⅰ部は、一九八八年一月から六月にかけての研究休暇中に、マードック大学獣医学部の比較的孤立した環境で書かれた。第Ⅱ部の最初の三章は、一九八九年の一月から二月にかけて、残りは一九九一年の上半期に書きあげた。本書のための調査は、一九七六年、一九七八年、一九八二年、一九八五年、一九八六年のマードック大学からの一連の特別研究助成金によりおこなうことができた。一〇年にわたる大学の寛大なる支援に、まずお礼を申しあげる。つぎに、オーストラリア研究協議会による助成にたいし、感謝の意を表したい。おかげで、一九九一年一月から六月まで西オーストラリア大学で原稿の仕上げに励むことができた。

主たる調査は、一九七九年にイギリス、一九八〇年から八六年にシンガポールでおこなった。イギリスでは、公文書館、外務・コモンウェルス省図書館、オックスフォード大学ローズ・ハウス図書館のスタッフみなに親切にしていただいた。シンガポールでは、多くの方々が調査に協力してくださった。大きな励ましをしてくださったのは、下級裁判所の元登記官Mr Khoo Oon Soo、下級裁判所元主席司書のMs Seah Poh Geokと同図書館スタッフ、とくにMs Mahni bte MessodとMs Loo Swee Yongであった。Ms Tan Beng Luanにも、ひじょうにお世話になった。一九八七年には、かの女の助力を得て娼館地区に住んだり働いたりしたことのある一〇人あまりの老中国人男女にインタビューすることができた。インタビューに応えてくれた人のほとんどは、七〇代なかばか八〇代で、九〇代後半の人さえいた。だが、かれらの何人かは、鮮明な記憶とすばらしい表現力で、若き日の生活や仕事にまつわるさまざまな経験を語ってくれた。また、Mrs Hwang Chun Yun, Mr Choon Keow Chye, Mr Sng Choon Yee, Mr R. Jumabhoyへのインタビュー・テープを原稿化してくれたDr Daniel Chewおよび口述資料課のスタッフにも感謝したい。さらに、国立公文書・記録センターでは、Mrs Lily Tanとかの女のスタッフ、ならびにシンガポールでの調査中に折にふれて歓待してくださったMr Taro Imanakaにもお礼を申しあげる。Ms Keiko Lewis, Naoko Honma, Sachiko Sone, Shinzo Hayaseには、からゆきさんの歴史研究に関連する日本語資料の翻訳で助けていただいた。マードック大学メディア・サービスのJim Cooperには、中国、日本、シンガポールの地図の作成や本書表紙デザインについての助力と助言を得た。

出版のための推敲にあたっては、Gregory Bankoff, John Butcher, Shinzo Hayase, Maria Jaschok, Lenore Manderson, Alfred McCoy, Suzanne Miers, Carl Trocki, Wang Gungwu, Carol Warren, Tim Wright, Yen Ching-hwang, Brebda Yeohといった研究仲間からの鋭いコメント、批評、励ましを得ることができた。編集者であり友人であるHelen Bradburyおよびオックスフォード大学出版会の編集者各位には、とりわけお世話になった。本書はかれらの編集によって、よりよいものになった。文字どおり「川向こうのわたしの家」と感じさせてくれた西オーストラリア大学で、歴史を教える友人であり研究仲間のRichard Bosworth, Norman Etherington, Pen Hetherington, Tom Stannage, Chris Wake,

Esther Ungar にもお礼を申しあげる。

また、最終稿の作成にあたり、Diana Cleggs, Irene Finlay, Mirella Parlatoni, Kathy Williams の親切で、知的で、効率的な助けを得たことに感謝したい。

本書の一部は、*Journal of the Malaysian Branch of the Royal Asiatic Society*, 62（1989）, *Itinerario*, 14（1990）, *Journal of Southeast Asian Studies*, 21（1990）に、論文として掲載されたものである。本書を出版するにあたり、再録を許可されたこれらの学術誌の編集者にお礼を申しあげる。

一九九二年一月、マードック大学にて

ジェームズ・フランシス・ワレン

原註：本書全体を通じて、非英語の言葉は、原資料として使用された文書に記載されたとおりに表記した。ドルについては、とくに言及しないかぎり、海峡ドル［一八九八年から一九三九年までイギリス領海峡植民地で発行され、イギリス領マラヤ、サラワク、ブルネイ、北ボルネオで使われた］である。

日本語版によせて——史料の発見　よみがえるシンガポール(*)

　底辺からの歴史として、三部作［『人力車夫』、『阿姑とからゆきさん』、『自殺とシンガポールの中国人社会（一八八〇〜一九四〇年）』（未刊）］を書くうえにおいて、もっとも重要な資料となった、植民地時代のシンガポールの検視官記録（一八八三〜一九四〇年）の発見の端緒を手短に振り返ってみたい。一九七八年の一月末、わたしは苦しんでいた。この地における、ふつうの中国人男女の独特な存在と社会のあり方を考える手がかりとなる史料を必死で探し、政府の記録保管所と図書館をむなしく漁り尽くしたところだった。『スールー・ゾーン』を二年前に書き上げた後、わたしはシンガポールのような植民都市における労働、移動と社会の変容の歴史概説について書きたいと真剣に考えていた(1)。数カ月のむなしい探索の後、もはや時間がなく焦っていたわたしは、老事務員に、もしかしてかれの親や祖父母の時代の暮らしについて手がかりになるような記録が、どこにあるか知らないか、と尋ねた。かれは、たいして役には立たないだろうが、その近代的な大きなビルのなかで「いくらか古いもの」がある場所を知っている、と答えた。わたしたちは、翌日、二階上の下級裁判所の倉庫に行くことにした。

　まだほとんど空っぽの新しい下級裁判所ビルの倉庫の扉が開かれ、わたしは数百冊の四つ折版の文書が未分類のまま壁に沿って約四フィートの高さに積み上げられているのを見た。床にも直接、何カ所かにわたって未整理の検視官の監察記録証書その他の書類の山がある。なんでもかんでも無造作にほうり込まれていた。わたしの研究室くらいの広さで書類の海が拡がっていたのだ！　これらの記録は、イギリス統治時代からあちらこちらに何度も動かされ、移動のたびに破損したり失われたりしながら、一九七五年にここに運ばれたのだ。書類の山に埋もれ、底敷きになっていた死亡診断書や死体検案書、検視官の監察記録のファイルの大部分は、湿気とシロアリで損傷していた。何十年間も保管者は邪魔な品をどけるといった感覚で、書類を山積みするか箱に投げ込む習慣がついていた。裁判所関係者の過去の事件や優先事項についての意識が変わり、長いあいだ記録は放置され、忘れられてきたのだった。

あの物覚えのよい事務員が、ドアを開けて広い倉庫のなかを指さしたときの驚きを、わたしはいまもよく憶えている。チェックリストもなんのガイドもなく、どこからはじめてよいのかわからなかったわたしは、いちばん手近の山を探った。山を掘りはじめると、そこには検視官の検屍や監察記録、自殺者のメモ、手紙の下書き、処方箋から家庭の請求書までなんでもあった！ 最初の二時間ほどはスリルに富み、わたしは混乱状態におちいった。その日一日休みなく調べ続け、わたしは膨大なふつうの男女の生き様に直面した。それらの人びとの体験は、「手のとどく過去」になった(2)。わたしは、人力車夫、建設労働者、ホームレス、親たち、麻薬中毒者、娼婦、ちんぴら、そのほか諸々の人びとの記録が、みごとにひとつのまとまりをなしていることに驚きを感じた。読み進むにつれ、これらの史料をまとめると脈絡のあるひとつの物語になると感じたわたしは、ふつうの中国人男女の研究を三部作として書こうと思った。興奮して手当たりしだいに検視官の監察記録を読んでいるうちに、あの印象深いからゆきさんのおイチの自殺の報告に出会った(3)。その瞬間は忘れない。おイチが、なぜあのような死を遂げたのかをたぐってゆくことによって、本当の意味でシンガポール社会の底辺で起きていた変動の全貌が浮かびあがってきた。なにも考えずにこの宝物庫を開けた老事務員が立っているだけの、がらんとした倉庫で、書類の山を掘りおこし、最初の審問の場で人力車夫たちとその親戚、娼婦らとその客たちの陳述に接することによって、人びとの個人的な嘆き、苦痛と挫折、植民支配の苦しみ、そして大恐慌がなにをもたらしたのかを知った。自殺事件が浮き彫りにした構造的な貧困とともに、人びとの日常生活の小さな楽しみ、たとえば友人たちとの特別な食事としてチキン、酒、麺などを楽しんだことなどの詳細が、眼前に繰り広げられ、この都市の「内面史」のひとこまひとこまが一冊の本に収まっていった。

史料を読み、これらの男女の生活が明らかになってきたとき、もっとも普遍的手法によって、近代シンガポールの歴史を語ろうとする経済学者や社会科学者たちが一～二行で片づけてきたものが、まったく別の現実として現われてきた。スールーのイスラーム王国における逃亡奴隷の陳述の例でもそうだったが、孤独なからゆきさんが注意深く綴ったメモ、本物が目の前にあるかのような祭日の昼食の献立、逃亡したコックの方向を不気味に指さす情景、便所の梁の上に古い車輪が隠してあるという車夫の臨終時の告白など、生活にかかわる直接の史料に接したとき、それらにかかわるものはありえないことを痛感した。わたしがシンガポールを訪れた目的は、過去の現実を探求することであり、人力車夫や娼婦たちの知っているシンガポールを描き、マレー街やスミス街の人びとをよみがえらせて、欠けていた歴史を補い、歴史を書きなおすことだった。

目次

日本人読者への「序文」 v
まえがき vii
初版へのまえがき xiii
日本語版によせて——史料の発見　よみがえるシンガポール xvii

第I部　シンガポールの娼館売春 1

第1章　買売春、シンガポール社会、そして歴史家 5
序　言 5
先行研究 8
移住と買売春の過程 11
史　料 13
研究へのアプローチ 21

第2章　貧困、家父長制社会、繁栄　27
貧　困　27
家父長制社会　31
繁　栄　35

第3章　娼館と娼婦　41
小　坡　43
大　坡　46
娼館の分布と規模　48
娼館の物理的環境　53
搾取的な経済——娼婦の階級組織　56
性を売り物にする経済　65

第4章　人身売買と娼館での買売春　69
国際的なネットワーク　70
ヨーロッパ人娼婦　76
女性の調達方法　78
日本人の人身売買　83
秘密結社　90
婦女子の保護条例　93

第5章　伝染病条例　99
第6章　性病の蔓延　119
第7章　廃　止　149

第II部　阿姑とからゆきさん――その生活――175

第8章　農村の困窮　179
第9章　人身売買　195
第10章　娼館の家族と日常生活　223
娼　館　主　223
「姉妹」どうしの関係　228
娼婦の子どもたち　230
使　用　人　233
阿姑とからゆきさんの日常生活　238
からゆきさんの順応性　248
カメラの眼を通して　252
第11章　客たち――夜のカーニバル　257

第12章　歓楽の夜の裏側　295
第13章　転　身　329
第14章　苦い結末　353
高齢化　353
罹病率と生活環境　357
妊娠と中絶　365
自　殺　370
終　章　娼婦たちの人生の再現　389
解　説（早瀬晋三）　403
監訳者あとがき　411
註　記　454
表・地図一覧　455
巻末資料　466
文献目録　480
用語一覧　482
中国人人名一覧　485
索　引　490

凡例

一、日本語や中国諸語で、漢字・カナ表記が確認できなかったものについては、基本的にローマ字読みした。スペルが一般的でないものについては、アルファベット表記を残した。中国人名については、巻末に原著にない索引を付した。原著で、日本人名や中国人名のスペルが統一されていない理由は、原史料の表記が統一されていないこと、方言がさまざまであること、原著者を含め記録した者が日本語や中国語に精通していないこと、などが考えられる。したがって、同一人名であるにもかかわらず、表記が違う者がある。カナ表記は読みに近いものとし、たとえば「...ng」は「……ング」ではなく「……ン」とした。註については、カナ表記にしないほうが専門家にとって便利なため、スペルのままにした。

一、「阿姑とからゆきさん」の視点を重視するため「買売春」、人称代名詞はひらがな表記で「かの女」「かれ」などとした。「買売春」と「売春」とを区別して使ったが、明確でないものがある。「シナ」という表記は避け、「南中国海」「コーチンチャイナ」などとした。

一、原著が間違っていたり、補足説明が必要な場合は、監訳者が［　］で訂正・補足した。細かな点については、原著者の承諾を得て［　］なしで訂正・補足した。

一、引用文のうち日本語文献は、末尾に出典を付した。出典は、現在入手しやすいものとした。

一、原著をいかすために、新たな見出しを付けたり、改行することはしないで、原著どおりとした。［　］の訳注・補足説明は最小限とし、とくに日本人読者に必要なもののみとした。『華僑・華人事典』（可児弘明・斯波義信・游仲勲編、弘文堂、二〇〇二年）には、本書の読解に関係するつぎの項目などがある――「アヘン問題」「阿媽」「華民政務司」「苦力貿易」「サムセン」「三合会」「女子移民」「ショップハウス」「新客」「宋旺相」「大伯公」「猪花」「陳篤生（タン・トックセン）」「頭家」「売春」「ババ（峇峇）」「ピカリング」「秘密結社」「保良局」「林文慶」「『叻報』」。参照されたい。

Institution Hill
Hill
Orley
Chettiar Temple
Tank
Road
Tank Road Railway Station
Abrams Stables
Abrams Motor Garage
Road
Ord Road
Railway Yard
Canning Hill
Hindu Temple
Orchard
Old Christian Cemetery
Mount Sophia
YMCA
Raffles Library and Museum
Hill Street
Parade Ground
Football Grounds
Road
Prinsep
Selegie Road
L
Rickshaw Headquarters
Bencoolen
Cathedral of the Good Shepherd
Waterloo
Street
Adelphi Hotel
Bridge
Sailors' Home
Road
Hotel Van Wijk
Convent
Basah
Queen
St. Andrews Cathedral
Stamford
Road
Victoria Street
Road
Street
Street
Street
Raffles Monument
Football Ground
Bras
Street
Raffles Hotel
Middle
Malabar Street
Hylam
Street
Malay Street
Bugis Street
Anguilla Road
Road
Beach
Raffles Reclamation
Rochore
Ophir Road
Road
Casino
Circus Grounds
Tan Quee Lan Street
Fraser Street
Mosque
Clyde Terrace Market
P
Arab Street

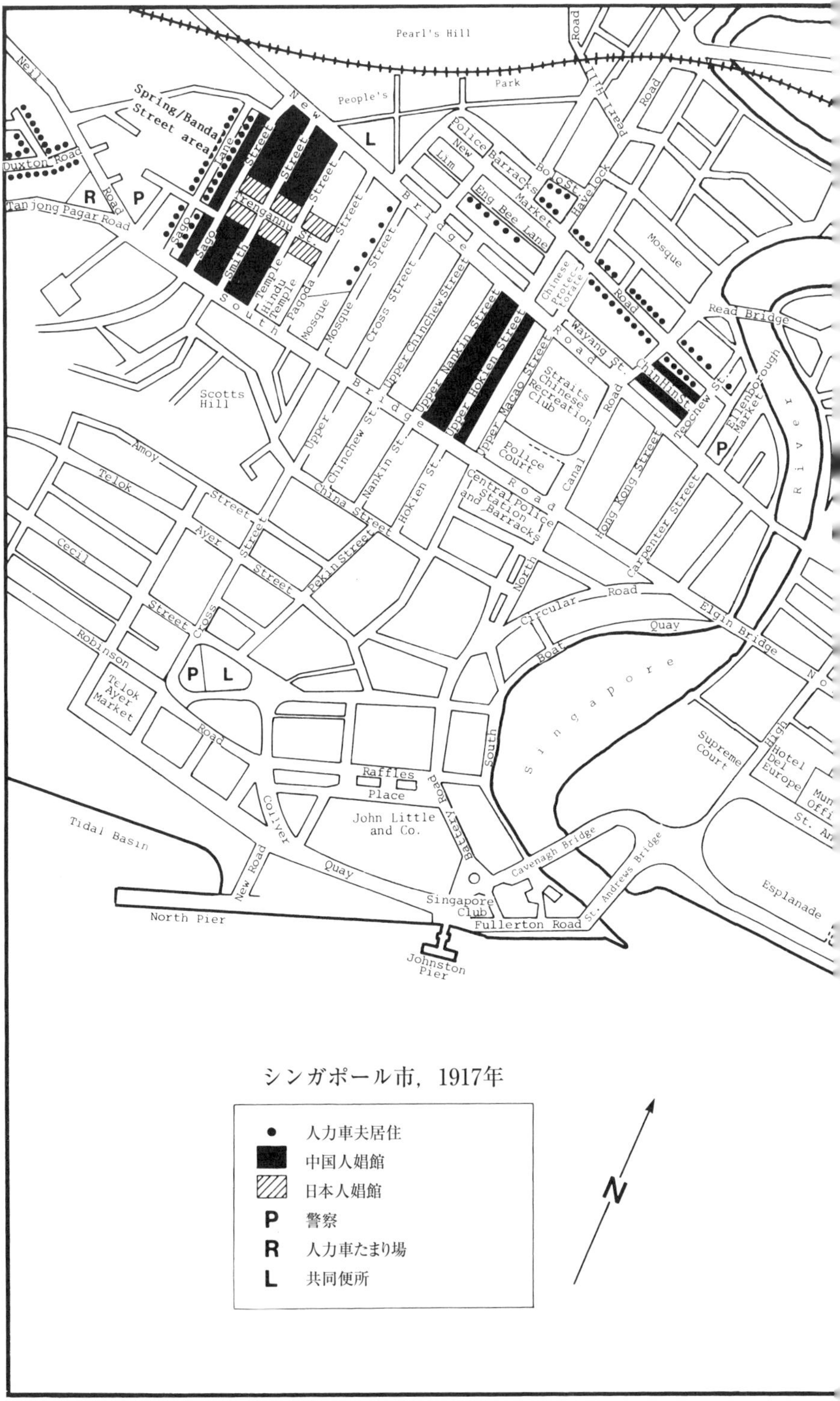

シンガポール市，1917年

1　19世紀最後の25年間，中国では，貧困が買売春の根本原因だった。1 椀の米を奪いあう大家族や農民家庭の困窮が，娘たちを最大の犠牲者にした。この1903年の写真は，救援を辛抱強く待つ餓えた農民たちをみごとにとらえている。（香港公文書館提供）

2　飢饉多発地帯である東南中国では，「食べられれば，それだけでいい」という文句を飢えに苦しむ若い女性が絶えず口にした。餓死から逃れるために，シンガポールやほかの東南アジア港湾都市の娼館に仕事を求める珠江デルタ地帯からの女性の数は，ますます多くなった。（香港公文書館提供）

3　上街吃井水（mai kai sek ji soy）とは，広東口語で娼婦経験のある既婚女性を意味し，その語源は19世紀の広東にある。そこでは，多数の娼婦を船中に住まわせる浮かぶ娼館，通称「花船」が多数見られた。「花船」は，全長60～80フィートにおよび，豪華に内装されていた。19世紀末から20世紀初頭のこの写真は，広東港内の浮かぶ娼館を撮影したもの。（香港公文書館提供）

4　廈門，汕頭，広東［広州］と香港からのジャンク船は，中国人男性の移民に使用されたが，海を股にかけた周旋屋が女性や少女を移入するのにもしばしば使用された。中国人の女性や少女の取引は，シンガポールの人身売買問題のなかで，いつも最大かつもっとも困難な部分であった。（Andrew Tan コレクション，シンガポール国立公文書館提供）

5　世紀転換期の広東人阿姑《アク》の貴重な写真。（シンガポール国立公文書館提供）

6　1900年ごろのからゆきさんの入国登録時の白黒写真。（Gretchen Liuコレクション，シンガポール国立公文書館提供）

7　1910年のシンガポール市サゴ街。中国人娼館や料理店からの乗客を待つ人力車。1901年には，この街の3，5，11，13，29，31，35，51，53，55，59，63，65，69番に娼館が14軒あった。（シンガポール国立公文書館提供）

8　1914年ごろのシンガポール市トルンガヌ街。1920年代後半まで，中国人，ヨーロッパ人を客にしていた日本人娼館が並ぶ地域であった。（Doris Woon コレクション，シンガポール国立公文書館提供）

9　3階建てのスミス街の商店の家並み。Chop Tong Hengの左右両隣は，19世紀末から20世紀初頭には阿姑の娼館だった。(Ms Tan Beng Luan 提供)

10　たいていの中国人娼館には，道路に面した窓のすぐ上に，装飾を施した浅彫りの額があった。人気娼婦の魅力をうたった広告文が，この長方形の額に彫り込まれていた。スミス街のかつての娼館は，いまは理髪店。このシンガポール買売春の歴史の跡となった家に，かすかながら字の読み取れる額が残存する。(Ms Tan Beng Luan 提供)

11　1908年，マニラで当時41歳の女衒，村岡伊平治。1890年，彼はシンガポールに娼館を設立した。また，何十人もの貧しい無頼漢を集めて，女性売買の組織をつくった。(『村岡伊平治自伝』より)

12　シンガポールの急速な経済発展により，19世紀末には娼館売春が発展した。貿易と商業も，当地の写真業ブームに寄与した。この商用名刺は，村岡伊平治とかれのからゆきさんを撮影した中国人写真師ヨン・フォンのもの。(『村岡伊平治自伝』より)

13　ハードエッジの日本人娼婦の入国登録用写真。この若い女性は，固く素気ない視線で写真機のレンズを見つめているが，その淋しげな表情と目のなかに，絶望感を読みとれる。（シンガポール国立博物館提供）

14　1892年，シンガポールにおけるからゆきさん，宮崎キチ。村岡伊平治は，この写真の裏面に，「後日，拙者てこずりました」と書いている。（『村岡伊平治自伝』より）

15a　20世紀はじめの海南街《ハイラム》娼館群の周辺では，日本人社会が大きくなっていた。和装店，レストラン，薬局，花屋，下宿屋，そのほか多くの新規開業店があり，すぐにからゆきさんの運命と結びつくことになった。S. T. ヤマは写真スタジオを海南街《ハイラム》とミドル街の交差点に開業した。（シンガポール国立公文書館提供）

15b　娼館売春は，シンガポールにおける日本企業の発展のための資金作りに重要な役割を果たした。シンガポールのミドル街に沿って発展した小売店や各種事業は，からゆきさんの存在に多くを負っていた。日本人住居の前に「ヒノマル」が掲げられているのに注意。（Andrew Tan コレクション。シンガポール国立公文書館提供）

16 海南街《ハイラム》21番のベランダの下の籐椅子に座るからゆきさんが撮影された，1914年ごろの貴重な写真。この娼館のルーバ型のドアは，客を入れるために日夜開閉された。1912年に，下級伍長アルバート・チャックスフィールドが，娼婦おトヨを剃刀で襲って失敗したのは，この隣りの娼館である。(Paul Yap コレクション，シンガポール国立公文書館提供)［写真にはマレー街とある］

17 1920年以降，日本人娼館売春は「もぐり」となり，当局の厳しい管理から自由になった。そこで，オカーサンは，からゆきさんをレストラン，ト宿屋，喫茶店などに出張させた。富士レストランの庭で，パラソルを手にポーズをとる，そのような若い女性。(Lim Kheng Chye コレクション，シンガポール国立公文書館提供)

18と19　シンガポールでは，ステレツにある商店とか熱帯の景色などを背景に撮ったからゆきさんひとりの写真はない。たいていは，ふたりあるいはグループで撮影された。このような写真は，機能的かつ象徴的な対象となってしまったからゆきさんを示しており，見る者は，息をのんだり，顔をしかめたり，苦笑したりする。黒白の写真一枚一枚は，当時のシンガポール生活の断面にふれる貴重な記録である。（国立シンガポール大学図書館所蔵貴重写真コレクションおよびシンガポール国立博物館提供）

20　若いからゆきさんの珍しいスタジオ写真。下ろした長い髪は肩を覆い，卓上の鏡は別の角度からかの女の横顔を映す。(Gretchen Liu コレクション，シンガポール国立公文書館提供)

21a　からゆきさんの何人かは，宣伝と収入のため，絵はがきのモデルになることを承諾した。シンガポールのロマン主義，異国趣味，手軽なセックスの中心地というイメージは，日本人の「夜の淑女」の宣伝絵はがきが意図したとおり，この都市への旅行をおおいに促進し，開拓することになった。(Lim Kheng Chye コレクション，シンガポール国立公文書館提供)

21bとc　シンガポールが「エキゾチックな」行き先だというイメージは，この街への旅をうながす重要な動機となった。これらの1903年のゲイシャ絵はがきは，フランス人とオランダ人の旅行者が書き送ったものだが，旅行者の開拓を期待するものだった。ゲイシャのイメージは，絹のキモノをまとった快活で好色な人形であり，夕べの淑女と思われたが，からゆきさんのような夜の淑女ではなかった。（Andrew Tan and K. C. Kohコレクション，シンガポール国立公文書館提供）

22　からゆきさんの収入が日本に還流する金額は，そうとうなものだった。島原半島の［理性院大師堂］仏塔を取り囲む玉垣は，信仰心の厚いからゆきさんの善意の寄贈によるもので，そのひとつずつに，多数の女性の名前，寄付金額，働いていた外国の地名が刻まれている。（曽根幸子女史と山谷哲夫氏提供）［大師堂創建者，広田言証《ごんしょう》は1906年，55歳のときインド巡錫の旅に出，09年に帰国した。寄港した地でからゆきさんと施餓鬼をおこない，からゆきさんから寄進された金で大師堂に天如塔を建てた。詳しくは，倉橋正直『島原のからゆきさん――奇僧・広田言証と大師堂』共栄書房，1993年を参照］

23　この寺院への寄付金は，連合マレー諸州，スマトラ，ボルネオ，ビルマ，ヴェトナムを含む東南アジア全域やオーストラリアから流入したが，とくにシンガポールからの寄付金が多かった。

23a　すべての寄贈者は，ペナンの娼館で働いていた。最初の３人の女性は，６円ずつ寄付したが，４人目は11円寄付している。（曽根幸子女史と山谷哲夫氏提供）

23b　写真手前の大きい石柱は，トンキンから60円を寄付した高谷マサの記念として立てられた。右奥の石柱は松尾ミヨ，左奥のものは川原クリが，ともにハイファンからそれぞれ５円と30円寄付した記念として立てられた。（曽根幸子女史と山谷哲夫氏提供）

24　シンガポールのような植民地港湾都市では，男女の人口比が極度に不均衡だったので，政府当局は急増した労働者たちの欲望を静めるために，娼婦が必要だと認識していた。買春客の多くは街路，ドック，倉庫で働く単身男性だった。（シンガポール国立公文書館提供）

25　わき道，商店や娼館などを訪れる者にとって，人力車にかわる便利な乗り物はなかった。1938年インドチャイナに向かうフランス海軍の水兵が，人力車に乗って見物にでかけた。

第Ⅰ部　シンガポールの娼館売春

鍼灸揉療治所
Y STREET, SINGAPORE.

第1章　買売春、シンガポール社会、そして歴史家

序　言

阿姑《アク》は、広東語で年齢にかかわらず使われる一般的な女性のよびかけの言葉である。これが、植民地時代のシンガポールでは、中国人娼婦を丁寧によぶときに使われた。これにたいし、「売春婦」の軽蔑的なよびかたは豬花《ロークイ》であった。からゆきさんは、日本の天草や島原で生計のために東南アジアへ移住した女性をさす言葉であった。本来「中国［唐］へ行く人」を意味しており、九州は中国に近いこともあって、出てゆく人の数は少なくなかった。現在では、からゆきさんは明治・大正期に売春婦として海外へ出た最貧層の女性の総称である。本書は、社会史として一八七〇年から一九四〇年までのシンガポールにおける阿姑とからゆきさんの現実を探り、中国人や日本人女性をとりまく生活と環境を分析し、より広い視野のなかでかの女らの役割と買売春の実態を記したものである。東南アジアにおける買売春の歴史は、娼婦が社会の最底辺の人間とみなされていたため、ほとんど研究されることがなかった。これまでの研究は、まず阿姑やからゆきさんのような娼婦が伝統的に男性につくしてきた社会、心理、性的サービスなどに重点をおいてきた。そのため、植民地シンガポールでの娼館における買売春は、娼婦自身や社会のある特定の状況と場所にたいする女性自身のかかわりというより、まずかの女らの対極にいる人間すなわち男性、主としてクーリーとの関連、あるいは娼婦が男性やシンガポールに及ぼした影響といった目で見られてきた。

しかし、社会史への新たな関心、一九八〇年代の歴史学と方法の発展、および性差特有の体験の重要性への覚醒から、過去のシンガポールにおける「ふつうの女性の地位」への問題意識が歴史家のあいだで高まってきた。(1) シンガポールの歴史叙述において、都市社会の性と政治における阿姑やからゆきさんの重要性を前面に出し、かの女らの職業と環境の変化だけでなく、植民地政府の役割の変動、性と社会政策における思想の転換を強調する必要が生じてきた。(2)

これらの中国人や日本人女性の職業は、シンガポールの歴史研究において、もはや隅に追いやられるような存在ではなく、中央に関係することとして考えられるようになった。シンガポールのふつうの女性についての記録は、これまで政治的、経済的、思想的に、支配的な人びとに無視されてきた。歴史的資料でみるかぎり、その社会はほとんど教育と特権、権力をもつ男性たちが牛耳ってきた。それゆえ、社会史家は偏った情報に惑わされず、信頼性を確かめ、見えないものを見、性差についての触覚を鋭くし、史料を注意深く扱い、広い知識を身につけなければならない。それによって、別の面の歴史がよみがえり、これらの女性の現実にもとづいた分析とバランスのとれた検証が可能となるだろう。阿姑とからゆきさんの人生や環境についての共通点と相違点、時間的変化を、その社会的、人間的関係の多様性と複雑さのなかで、またかの女らの限られた自由のなかで描くことが大切である。(3) それには、かの女らの生活や労働環境の変化やシンガポール社会の構造の変化を、もっとも反映する社会的・文化的指標を選び、同時にその相互作用を考察しなければならない。

シンガポールにおける中国人や日本人による買売春の歴史は、女性の労働と地位についての問題だけでなく、さらに微妙な性、人種、植民地、男性の性衝動、はては女性による女性の搾取にまでつながってゆく。一八七〇年から一九四〇年の間の買売春業は、シンガポール、中国、日本における複雑な社会的、経済的動向に左右された結果であった。すなわち、阿姑とからゆきさんの生活における前提、意味および経験は、これらの動向や歴史的変化によって、ひとまとまりの歴史を構成してきた。女性の歴史によって、激動期に買売春がどのように組織され運営されたかを明らかにする必要があるだろう。当時、シンガポールは、東南アジアの帝国主義システムの中心として急成長し、中国の外の中国人の街として発展していた。中国から来た何万人もの移住者が「クーリーの街」を形成し、この大都市の一部をなしていた。(4)

植民支配下のシンガポールの発展についての本は多いが、買売春の歴史に触れているものはそれほど多くない。シンガポール史の記述者は、通常この問題を避けてきた。しかし、一八七〇年代から一九三〇年代の公娼制度と抑圧は長年の問題であり、売春にかんする植民地政策とその実施の変化は、都市部の貧困層である中国人や日本人女性がどのように生きてきたかを明らかにできるような重要な問題だった。(5)

一九八〇年代初頭まで、ふつうの女性たちである売春婦、農民および労働者は、多くの歴史家の目からは、たんに家庭の一員として片づけられ、個人としての存在を無視されてきた。シンガポールにおける賃金労働者としての女性の歴史研究をはじめるにあたって、新たな社会史の動きと現代フェミニストの論調が大いに役立つことになる。これらの研究は、中国人や日本人女性の若い世代に、女性の歴史とジェンダーの問題をどのような仮定をたて、どのようなパラダイム(理論的枠組み)のなかで考えるかを教えてくれる。(6)

このシンガポールにおける買売春の研究では、おもに中国人と日本人のふたつの社会を対象とし、七〇年間という比較的短い期間の、女性たち自身の生活を記述、分析し、娼館での買売春および婦女子の売買というテーマをより広い文脈で位置づけようと試みている。そのため、第一にこのような性産業を特徴づけてきたマクロな社会の力と文化的背景、すなわち、海外への婦女子売買が家父長制や政府の責任であったことを強調する。シンガポールの買売春の記録は、女性が性と階級の二重の差別に抑圧されていた中国と日本における国際的な売買と移動の歴史の一端にすぎないことを示している。(7)第二に、職業、搾取、経済的利益にともなう社会階層制度が、新たな解釈の枠組みによって理解され、これらの女性の生涯に意味づけをする。最後に、植民都市シンガポールでは、ヴィクトリア朝期の性意識を受けて、買売春業が法的にあいまいな存在であったことを考察する。この法的あいまいさが、経済的、社会的、あるいは政治的な構造の変化と同様に、中国人社会における歴史的変化に重要な役割を果たしたことを認識しなければならないだろう。

ステレオタイプな女性イメージをもつ売春の社会的意味づけや、性病蔓延への現実的恐怖は、シンガポールにおける阿姑とからゆきさんの生活にかんする、新たな視点をつけ加えることになる。買売春は、広範囲な社会経済学的問題、娼婦や移民としての女性の概念、そして社会的範疇としての人種にかんする、ヴィクトリア朝期の階級不安に意味を与えるシンボルとして扱うことができる。

このシンガポールにおける買売春の研究の後半[第II部]では、女性たちがおかれた生活環境、その特異な経験の意味を考察する。なぜ売春婦になり、自分をどう見ていたのか、家族や友だち、かの女らの運命にかかわった人びと（周旋屋、娼館主、植民地官吏、顧客）との関係などに力点をおく。ある者にとって、売春はひじょうに限られた権利のなかで、移民としての一雇用形態であった。こうした中国人や日本人女性のすべてが「全面的犠牲者」であるとはいえず、売春業に自ら利益を求めてきた者もいたが、多くは「よそ者」として、ほかの選択肢はなかった。これらの女性のうえにあった家父長制度を考察することが、中国、日本、シンガポールでのかの女らの運命を決めた歴史的変化の過程をみてゆくうえの出発点になるだろう。かの女らの経験を見通すためには、氷山の頂上ではなく「その下に深く沈んでいる」[8] 基部を観察しなければならない。そうすることによって、シンガポール史において、すでに固まった定説の一部が崩れてゆくだろう。

先行研究

シンガポールの歴史にかんする書物はいくつかあるが、それらを書いたほとんどの官吏や歴史家、とくに中国人の歴史にかんするものの筆者は、女性の占める位置を無視してきたし、また女性の移住、労働、売春を調べることで、階級、民族および性差関係のダイナミズムを考える視点を欠いていた。植民地官吏の初期の本のうちでは、J・D・ヴォーンの『海峡植民地の中国人の行動と慣習』が重要である。同書では、シンガポールの中国人社会とその文化であるアヘン吸引、賭博、中国将棋から秘密結社の構造と組織まで、広範囲の題材が扱われている。残念ながら、買売春問題は充分に言及されていない。[9] 上海出身の李鐘珏は、一八八七年五月に一カ月あまりシンガポールに滞在し、『一八八七年のシンガポール』というタイトルの小冊子を一八九五年に出版した。李の記述は、そのころ中国語で書かれた数少ない文献のひとつであり、信頼性が高い。社会史的見地からのこの本の価値は、街の暮らしの率直な観察にある。これは、阿姑とからゆきさんの大衆文化における変化を探るうえでの背景を提供してくれる。[10]

宋旺相の『シンガポールの中国人の百年史』は、一八二一年の移民第一波から続いた技術的、企業家的手腕、ならびにその富と影響力を後世に伝えようとするものである。宋は、多くのヴィクトリア朝期の頭家《トウカイ》（実業家）の生活と経済的成功を描いたが、中国人にたいする南洋の冷たい雰囲気のなかで社会に食い込んでゆくその姿から、シンガポールの移民たちの、王や新しい帝国すなわちイギリスにたいする忠誠心を垣間見た。かれは、百科事典的にシンガポールの中国人庶民の生活についての情報を、初期のほかの文献より豊富に残した。しかし、膨大な索引を体系的に調べないと、困難で骨の折れる植民地建設を担った「顔のない」移住者である売春婦、農民、クーリーの生活誌の断片を引き出すことはできない。中国人社会の歴史を描き、あるいは研究しようとする傾向が強くなった今日、宋の歴史書はシンガポールの中国人社会についての情報の宝庫と考えられている(11)。

李葆平、カール・トロッキ、メアリ・ターンブルは、一九世紀のシンガポールにおける商業界と移民社会の成立に焦点をあてた。マラッカ［ムラカ］の中国人の「自由貿易協会」と潮州人の「ガンビル［マメ科植物からとった薬品阿仙、抽出タンニンが革なめし剤として輸出された］・胡椒協会」との衝突にかんするかれらの先進的な分析のなかに、買売春についても、賭博とクーリー労働の管理とならぶ秘密結社のおもな経済活動のひとつとして短い記述がある(12)。

顔清煌の初期の仕事は、海峡植民地で果たした中国人の役割や、一九一一年の辛亥革命への支援、同様に清朝末期の近代化に果たした重要な役割について考察している。かれは、その後マラヤとシンガポールにおける中国人の歴史を、いろいろな中国人グループの階級構成、ならびに方言および階級組織と社会構造の関係に重点をおいて書いた。そこでは、買売春は社会問題として扱われ、それを管理することによって植民地政府が得た利益に焦点をあてている。ただし、女性と社会の関連、あるいはかの女らの経験の歴史的重要性という視点はみられない(13)。

明治・大正期の日本の経済的海外進出にあたっての買売春の役割は、ここ二〇年間以上にわたって歴史研究の対象になってきた。からゆきさんについてのもっとも初期の史料は、女衒（嬪夫）の「内面」資料としての『村岡伊平治自伝』である。一九六〇年出版のこの本はセンセーションをまき起こした。女性たちの貢献と体験をとりまく異様な沈黙は、日本の帝国主義と植民地主義研究のなかで、いつまでも片隅に秘めておけるものではなくなったのである。人身売買者の証言が歪曲され、偏見がかっているとの批判があったが、一部の歴史家は従来充分に扱われなかった在外邦人の全体像や体験を明らかにする道を見いだした(14)。その前年に出版されていた森克巳の『人身売買』は、日本人女性のある特殊な階層とかの女らの海外売春婦としての状況との関係を、天草諸島の歴史と島の過剰人口問題と絡めて、注意を喚起している(15)。

山崎朋子は、一九七〇年代に出版した数冊の著作で、この問題への関心を日本じゅうに拡めた。世紀転換期に売春婦として東南アジアに送られた日本人少女を描いた『サンダカン八番娼館』と『サンダカンの墓』はベストセラーとなり、山崎はフェミニスト作家の旗手となった。からゆきさんの生活と環境、どういう人たちが、どこから来たのか、そして「人身売買」が繁栄した時代の空気を山崎は再現した。山崎はまた、女性としてかつ日本人として、からゆきさんが苦界に身を沈める原因となった、日本の社会的・経済的要因にも光をあてた。かの女の作品の力強さは、ひとりの老からゆきさんの直接の証言によって女性たちの貧しさと無力さを浮き彫りにした点にあった。かの女は、この元娼婦の体験と日本の社会経済史のマルクス主義的分析とをより広い視野をもって関連づけ、日本の女性たちに個人的環境をもっと直視するよううながした。

ところで、日本国家が形式的な海外廃娼令を出した大正中期から半世紀、第二次世界大戦の敗戦から数えても四半世紀たった現在、からゆきさんということばはもはや死語に近くなり、かつて中国大陸や東南アジアで売春生活を送った女性たちはいずれも七、八十歳で、その老残のいのちの灯は、ひとつ、またひとつと消えて行きつつある。けれども、天草や島原の山襞《やまひだ》や海べりにかすかに息をしている彼女らが皆無になっても、この日本からからゆきさんがいなくなったわけではない。[16]

山崎の解釈は、当時の日本のどこにでもあった日本人女性の役割と価値にかんする衝撃的な見方であった。ひとりの孤独な女性、おサキの過去と現在の恐ろしい体験から、自国とその文化、そしてかの女自身の血と肉が、その孤独をもたらす結果となったことを明らかにしている。山崎の作品は、日本人女性たちのたどった特異な道の探索であり、情熱にあふれた告発であった。独自の調査と論争から明らかになった歴史的事実をともなうこの作品は、日本国じゅうに論議をまき起こした。[17]意識改革をうながし、日本人女性に女性自身の歴史、そして女性自身をもっと学び、女性の地位向上を計ろうと決心させる気運を盛りあげた。

山崎朋子の作品は、女性史および近代フェミニズムに一般の注意を引きつける意味で重要であったが、歴史において同様に重要な著作は、森崎和江の『からゆきさん』であった。森崎の問題へのアプローチ、方法論および問題認識の仕方は、山崎のとは大きく異なっている。森崎の研究でユニークな点は、ふつうの日本人が文化的価値観や性への考え方を形成するうえで、歴史的要素を軽視していないということである。かの女は、一九世紀までさかのぼって一般人の心性をさぐり、移住への過程や、海外に日本の経済的、政治的発展を求めたことを批判的に明らかにした。矢野［暢］のような研究者は、森崎が村落単位の文化と社会の相互作用を重視したことで、からゆきさんを生み出した環境をよりよく説明できると評価している(18)。森崎は典型的な農村家庭の状況とその道徳律、また社会規範と移動性を描いている。それは、おサキ［『サンダカン八番娼館』の主人公］に代表される九州北部や東北地方の農村生活の継続性と、日本の経済発展によってゆっくり消えてゆく過程とを、よくあらわしている。

思い出話、フィクション、公的証言、目撃談、個人の体験記などを通じて若い農村女性の生活を明らかにしつつ、森崎はひとりの若い女性が自分の村で誘拐されてから、シンガポールの娼館での売春をへて、孤独な老女として一九七〇年代を迎えるまでの流浪の人生を追っている。それはたんなる「哀れな老女」の歴史ではなく、日本が経済発展を遂げ、南洋が植民地化される過程で払わねばならなかった対価として認識されている。かの女らの生活を左右した要素は、まちがいなく日本の貧弱な農業と工業化による社会的コストと、シンガポールの急速な経済成長と都市化が結びついた歴史の一部であった。しかし、山崎は、すでにおサキの現在と過去を対比した一連の回想場面で、からゆきさんが東南アジアで娼婦としての生活に直面したときの体験から探らなければならないのは、抑圧された人びとのもつ創造性と人間性である、と述べている。

移住と買売春の過程

シンガポールへの移住と娼館での買売春の現象については、不明の部分が多いが、人口統計がシンガポール史における買売春の重要性を生き生きと教えてくれる。この街の発展と膨張の直接の原因は、一八八〇年代から続いた中国人労働者の大量流入であった。四〇年間で人口は四倍に増加した。かれらが道路、鉄道、官庁ビルを建設し、船荷を積み下ろし、倉庫や工場で労働に従事し、シンガポール形成の原動力となった。仕事は充分にあったものの、この急激な人口増加は、移民のほとんどが単身者であったというような、さまざまで深刻な社会問題を引き起こした。クーリーは、中国人街の労働者用住居におそるべき人口密度で群れ住んでおり、新客《シンケ》の労働者が増えると、それに比例して買売春の需要も増加した。

このふつうの中国人や日本人たちは、自国の低開発と家父長制構造によって海外にはじき出され、シンガポールの「経済的奇跡」に招き寄せられてやってきた。両国では、信じがたい経済成長と農村部の経済沈下が皮肉にも同居した時代に、労働力を輸出することになった。かれらは仕事を探して、一般に「租界」とよばれた南洋にやってきた。[19]中国は、一九世紀の後半に史上最大の人口移動のひとつを経験した。一八四〇年代の条約による開港から、一八九〇年代に移民政策が変更されるまでのあいだに、何百万もの人が中国東南部の福建省と広東省から、東南アジア、アメリカ大陸、そして南アフリカの中国人居留地をめざして旅だった。多くの農民は、周期的にやってくる凶作、洪水による飢饉と高い米価に追われて国を出た。過剰人口と地主の方策によって、国を離れた者もいた。しかし、誰もがこのような状況のために移住したわけではなかった。ある者は、東南アジアと太平洋地域の新たな経済発展にチャンスを求めて、あるいはカリフォルニア、オーストラリア、南アフリカのゴールドラッシュにひかれて出国した。契約労働者たちは国の処罰もおそれず、ペラの錫やベンディゴの金を掘りに、北スマトラのタバコ農園の開拓に、アメリカ西部の鉄道建設に、衰えかけたキューバの砂糖産業を支えるために、ペルーの肥料工業を発展させるために、そしてシンガポールで人力車をひいて稼ごうと、国を出た。[20]

混乱と経済成長の混じりあった、シンガポール社会の転換期の構造を念頭において、近代日本の「経済的奇跡」がいかに都市と地方の差を拡大し、とくに九州とその周辺の島々の農民・漁民に貧困をもたらしたか、「近代日本の暗部」に目を向けることも歴史家の役目であろう。一八九〇年代に故郷をはなれて、東南アジアの沿岸のどこかに移り住むことを余儀なくされた少女たちの歴史的苦境は、日本社会における女性の特異な社会的地位が受けた近代化のインパクトや、また天草など特定地域の経済的環境と結びついていた。かの女らが、シンガポールへからゆきさんとして移動した理由はただひとつ、その家庭のとめどない貧困化だった。[21]

植民地主義全盛の二〇世紀初頭、クーリーはほとんど独身者で、貧しかった。シンガポールは、経済開放地域として急激に発展し、仕事は余るほどあった。ここにひとつの新しい移住労働者という階級が生まれ、法のぎりぎりのとところで生活する阿姑とからゆきさんが、クーリー街の端で生まれた。この階級の誕生は、シンガポールの歴史の転機を告げるものとみるべきだろう。しかし、歴史家が阿姑とからゆきさんを社会に適応できなかった「堕落した女性」としてではなく、移民労働者の一グループとして考えるとき、この「転機」は男性と女性の両方に訪れたということがわかる。買売春の異常な行動とその生活パターンが、買売春の「罪深い性質」を強調するなら、シンガポール社会の成長へのかの女らの貢献を見落とすことになる。かの女らの存在が「上品」でなく、社会的に受け入れがたいものであっても、重要でないわけではない。喜び、希望、恐怖、悲しみ、心配といった、これらの女性の感性や感情に満ちた人生と経験は、シンガポールの出現および近代日本の運命と不可分に絡みあっていた[22]。

シンガポール社会に、移民がもたらした影響は広範囲に及んだ。本国での地方の価値の変化、さらなる貧困、工場労働者や娼婦としての賃金労働の出現は、農村女性に自活という将来の可能性を与えた。とくに、繁栄の時代の男性人口の増加と女性の欠乏という不均衡な労働市場、社会的状況のなかで、雇用そのものが可能性と問題に満ちた状況をつくりだしていた。

しかしながら、このシンガポールの繁栄の時代を、娼婦の目でとらえることはほとんどなかった[23]。この街は安価な労働力の大量輸入で活気づき、娼婦が欠かせないものとなった。中国人の街、イギリス支配下のクーリーの街であるというシンガポールの特徴が、阿姑とからゆきさんの人生を決定した。かの女らのサービスにたいする需要、植民地政府が登録と医療検査のもとに娼館買売春を管理する政策をとったこと、ヴィクトリア朝期の人種差別と家父長制度が、シンガポールの中国人や日本人娼婦の人生と選択肢を決める歴史的・社会的背景となった。

歴史学界において、ほとんど知られず、省みられることのなかったこれらの女性の経験が、どれほど繁栄の時代に影響を与えたか、その意味するものはなんであったのか、これらの問いに答えるために、歴史家は都市部の労働環境、娼婦の経験したもの、かの女らの日常生活に光をあてた新しい社会史をつくらなければならない。総合主義という伝統のなかで、かれらの社会の複雑な、しばしば矛盾する証言を、系統だった時間の流れとして把握する必要がある。「娼婦」を「移住労働者」とみなすのは、ひとつの問題提起である。それにより、西欧の経済と政治支配、中国や日本におけるすさまじい社会的変動、および固定した家父長制家族構造を、相互連関のなかで解明することができる。

史料

娼婦たちの生活を伝える記録を見つけることは、やさしいことではない。これら無名の女性からなるシンガポール社会に興味をもつ社会史家は、庶民の資料やさまざまな政府文書からデータを拾い集めなければならない。口述史料、文献、写真あるいは大量のデータの元となるさまざまな植民地当局の文書類を使って、個々の娼婦、娼館主の名を知り、それらの人びとがなにを考え、どんな行動をしたかをよみがえらせ、職業としての売春の「内部」構造を再現することができる。国勢調査表、警察の事件簿、法廷証言、病院のカルテ、検視官の死亡診断書と死体検案書、新聞、法律、統計調査、政府報告書など、すべてが阿姑とからゆきさんがなにを考え感じていたか、また一八七〇年から一九四〇年までの間にシンガポールで買売春がどのように拡大していったかを示す貴重な情報となりうる。(24)

しかし、これらにも大きな問題がある。娼婦たちは、自らの生活を直接物語る日記や手紙をほとんど残していない。たまたまかの女らの記録が当局に残っていたとしても、それは「犯罪者」「生活保護受給者」「精神異常者」、犯罪の犠牲者、または不運な死者としてであった。買売春は触れることがはばかられる問題として、いつも官吏の私信からは除外されたし、いっぽうの断片的植民地当局の記録はといえば、「派手な」表沙汰になったものや祝うべき個人的なことについてのものに限られていた。娼婦たちは通常非識字者であったが、かの女らの歴史はシンガポール史の一部となり、想像力の欠落部分を埋める働きをもっている。初期のこのテーマの書き手である官吏、医師、聖職者、弁護士、新聞記者、作家は、しばしばたんに制度的、医学的視点で、この問題を扱った。例外として注目すべきものに、ヘアの一八九〇年代の連合マレー諸州における中国人娼館買売春街についての有益な機密報告がある。(25)しかし、ヘアの相当な経験と知識をもって提出した証拠においても、かれの官僚的役割が邪魔をして、「歴史家」として充分でないことが明らかだ。たいていの女性は、かの女らの内面をヘアに打ち明けたりはしなかった。そして、ヘアも、女性たちの生活について知りえなかったことは、つつましく言及を避けた。

かの女らの生活や仕事の真の姿が明るみに出たのは、訴訟、死、そのほかの劇的な事件が起きた場合のみであった。事件が起きれば、それは法廷に移り審問がおこなわれた。そんなとき、かの女らは生活のなかのプライベートな面を、少なくとも「事件」に関連するかぎり話さざるをえなかった。二〇世紀のいま、一九世紀の植民地当局の遺産を解釈しようとするにあたって、シンガポールがクーリーの街として出現したことが重要な要素となる。この研究で拠りどころとする文書類は、周辺地域の中小規模の街で娼婦がみられたクチンやサンダカンにもあるが、シンガポールのようなより大きな街ではより容易に入手できた。

検視官の記録

中国人や日本人女性の生活にかかわった官吏のうち、検視官の役割と調査責任は特別の意味をもった。かれらには娼婦、娼館主、顧客が死んだとき、その周辺の事情を明らかにするため、死者の生活環境を調べる任務があった。当時、娼館で死んだ者は、検視官の承認なしに埋葬できないという規定があった。検視官の、中国人社会と文化、とくに「堕落した者や犯罪者」にかんする知識には特異なものがあった。とりわけ初期の検視官たちには、尊敬に値する人びとがいた。阿姑とからゆきさんについての生活の断片をつなぎあわせようとしたかれらの努力は、現代の歴史家に匹敵するものがあった。[26] 一八九三年の検視官は、不幸なできごと、殺人、自殺などによる娼館での死亡事件と、この街の公的行事や社会的性格との関連を探ろうとし、一〇〇年後の社会史家の批判的方法と技術を先取りしていた。急速に膨張し、当局が中国人たちの統計をとり管理しようと努めていた都市における不幸な死にまつわる当惑感が、検視官に娼婦たちの生活にかんする簡潔な記述、いわば「墓碑銘」を書くように迫ったのであろうか。

検視官にとって重要だったのは、娼館やその周辺にいたほかの女性たちや死んだ顧客の数少ない知人・縁者の記録だった。調査のために、検視官は少なくとも数人、多い場合は一〇人以上の関係者にあたっている。かれらが明らかにした事実は重要な史料となり、また証人たちの供述を確認する努力は、証言の信頼性を高めた。検分のための数日間、ときには数週間にわたって、娼婦はアレックス・ジェントルやフレデリック・ボーンのような無表情で合理的な審問者と向き合った。[27] 正式な裁判の衆人環視のもとでは絶対に聞けないような内容を、かの女らは検視官にもらしている。たとえ事件から何日も何週間もたっていたとしても、検分においては、証人の考えや感情を平静な状態で聞けることは稀であった。娼館で起きた死を間近に見聞きした娼婦の証言は、ぞっとして言葉を失わせる類のものだが、検視官を納得させるための誇張ではなかった。事件の突発性および説明の単純さは、感動的で歴史学的な訴えをもち、証言はしばしば生き生きとし説得力があった。

しかし、証人たちの記憶には隠された部分があることを、検視官は承知していた。そこで事件の概略を明らかにし、控えられたり歪められた部分を糺し、死の直前の数日間ときには数時間の、もつれて激した感情や事実についての証言を引き出すのも、かれらの仕事だった。本書『阿姑とからゆきさん』では、前著『人力車夫』で扱ったように、検視官の死亡診断書と死体検案書を引きあいに出して、死亡者とその真のあるいは擬似の近親者・犯人・街との関係を調べている。ときとして下品で、強情で、恐れを隠せない証言からさえ、阿姑やからゆきさんの環境や、かの女らの恐ろしいほど脅かされた「人間性」が明らかになってゆく。

証言の一部は、歴史記録あるいは犯罪記録としてだけでなく、小説として読める。窮地に立つ個人の姿や深い感情があふれる会話、そして女性たち自身の思考がそこにはっきりと表現されているからである。これらの記録から、典型的な娼婦といったものを抽出するのは困難であるが、検視官の記録から買売春、性、愛、死にかんする具体的情報が得られる。検分されるということで、かの女らは平常心でいたとはいえないが、ほかの女性ではわからない基本的な社会問題をセンセーショナルに走ることなく、しかも歴史的なインパクトを鈍らせずに、表面に出す働きをしてくれたといえよう。

検視官の記録から歴史家はまた、娼婦たちの人口分布、移動、雇用形態、娼館組織の階層的構造の実態、広くおこなわれていた登録制度やその実効性、性病院や私的な医療行為、労働者階級の性意識がわかる。女性たちやそのほかの人びとの陳述は、また買売春とシンガポールの過去にかんする疑問や、人類学的方法と理論によってはじめて解明できる性質の疑問を明らかにする手段となる。阿姑とからゆきさんたちを、かくも「人間的」であらしめたのは、なんだったのかを理解するためには、歴史家は検分で得られた情報を、政府報告書、新聞記事、国勢調査、文学作品、とくに写真や絵はがきといった視覚史料と対比する必要がある。最後に、検視官記録から、シンガポールの娼婦の日常生活にかんするすべての情報を細かいふるいに掛けてみてゆくべきである。そのようにして、これらの史料を見ると、歴史家は重要だがほとんど語られなかったシンガポールの過去の買売春、女性の地位と従属性、性と愛と死を、身近に感じることができるようになるだろう。[28]

検視官の死亡診断書と死体検案書以外の法的記録、たとえば裁判記録もひじょうに重要になる。しかし、そこでは劇的要素が強調されすぎている。寒々とした発端と皮肉な展開、そして女性たちはついに法を犯すことになる。ここでまた、事件に関連した娼婦たちが全体を代表する例となりうるかという疑問が生ずる。社会史家はこれらの史料を別個に扱い、他方で通常の記録にある、当時の日常的環境と関連事象を解明するよう努めなければならない。[29] 社会史の重要な役目は、上記のような文書を新たな目で再評価することである。著者がここで企てたのは、複雑で、感動的で、逸話に富んだ史料を、変化する買売春の性質と娼婦の人生を、より精密にとらえなおすという試みである。しかし、ある種の重要な史料の一部が欠けている。たとえば、保良局の文書館にあった、これらの女性にかんする詳細なデータが失われている。保良局の月報は保存されているが、その基となった娼婦や避難収容者の個人記録はなくなっている。

過去からの声

社会史家は、阿姑とからゆきさんをよみがえらせるにあたって、口述史料を収集しなければならない。その利点は、年老いた語り手たちの話を注意深く聞くことによって、歴史家はかの女ら自身の生活についての直接の手がかりを得ることができるからである。話のなかで「内側からみた」娼婦どうしの関係、生き方、仕事がわかってくる(30)。娼婦たちについての公式文書が破棄されてしまい、そしてこれらの多くの女性たちの個人的な手記がない現在、政治的、行政的偏りがない資料のみにもとづいて歴史を書くことは困難である。口述記録は、文書をよりよく利用する手助けをする。証言は文書記録を補ってくれるだけでなく、資料のなかにある矛盾を取り出し、植民地当局の記録の偏りを糺す機能をもっている。また、口述史料は、ときに歴史家を文書記録以上に真実に近づけることがある。なぜなら「それが人間のもつ謎を、それがどんなかたちをとる場合でも、根元的にしかも迫真力をもって」示してくれるからである(31)。

著名な女性が回想録、日記、家族史を記録する場合と異なり、阿姑とからゆきさんたちの大部分は非識字者だったから、これら娼婦たちの歴史は聞き取り調査するしかない。

> 明治時代の初期から大正時代にかけて東南アジアへ流れ出て行った海外売春婦は、おそらくその九十パーセントが平仮名も書けない文盲であり、当然ながら、彼女らがみずからペンを執ってその生活の実情と苦悩とを訴えるということはできない。かりに彼女らに文章が綴れるとしても、たぶん彼女らは、沈黙を守って一行も書かなかっただろう。売春生活の機微にわたって書くことに、女性としての抵抗感がつきまとうということもあるが、売春生活を告白することが家または一族の恥になるという思念が、何よりも大きな障壁となったからである。
>
> とすれば、海外売春婦の本当の姿をつかむには、研究者が、生き残りのからゆきさんから、その生活と思想のすべてを抽《ひ》き出すことからはじめる以外に、方法が立たないということになる(32)。

山崎と森崎の情報の大部分は、からゆきさん自身から、かの女らの外国での体験が終わって何十年か後に得たものである。山崎は、かの女らの見方を感じとり、その世界の記憶をよび覚ますために、ほかのどこにも見いだせないかの女らの生活の詳細について、話を聞くのが唯一の方法であると強調している。幸いにも、かの女らの研究が比較的早期であり、一九七〇年代に老いたからゆきさんを探し出し、半世紀以上にわたるその海外娼婦としての生活の変化を聞くことができた。

著者が話を聞くことができた中国人の回想の大部分は、移民ブーム最盛期から、娼館の廃止と一九三〇年代の大恐慌までにわたるシンガポールの歴史であった[33]。なかには、かれらが暮らした時代と場所について生き生きと語り、著者と通訳をその世界に引きずりこんだ者もいた。そのひとりフォン・チョクカイ（七一歳）は、最後にこう語った——「このようなことは、いまじゃわたしの年代しか知らない。若いころ、コーヒーショップで阿姑についていろいろ聞いたもんだ。〝荒くれ男たち〟や労働者は、コーヒーショップで日常的にそういう話をしていたからね[34]」。選択の偏りの問題、記憶が時とともに不確かになること、そして資料の裏づけの問題などは、たしかに存在する。しかし、これらの娼婦の生活をおおっていた沈黙のベールを取り除く驚くべき言葉の力は、聞き取りによる証言につきものの問題点を補ってあまりある。過去を語ることによって、年老いた女性は過去との接触を取り戻すのである。社会史家は、中国、日本、そしてシンガポールで起きた押し止めがたい変化のなかを生き抜いた女性たちから、その時代の自らの物語をできるかぎり引き出すよう努めるべきである。かの女らの物語には、家族、移住、仕事、変化する人間関係、そして人間としての自主性と自由意志を奪われる悲痛な問題などをめぐる、かの女らの選択と行動についての貴重な情報が含まれている。衣服、食事、労働時間、娼館の生活環境、信仰、出産、結婚についての詳細も、聞き取りで触れられている。その物語は、たいていの場合、率直でときに熱がこもり、けっして退屈することはなかった。

社会派文学を注意深く読むことによっても、この都市の雰囲気や、阿姑とからゆきさんの生活の細部を知ることができる。小説のなかには、部分的にかの女らがどのような衣服を着て、どのように行動していたか、また娼館主や顧客とのトラブルなどについての聞き取りや文書記録を理解するうえで助けになる記述がある。たとえば、プラムディアの近代小説『すべての民族の子』に登場するからゆきさんのマイコは、その一例である。小説家プラムディアは、海外での娼婦としての経験がマイコのような女性になにを与えたのかということと、そのかの女がまもなく東南アジアの将来に劇的な影響を与えることになる軍国主義文化の国からやってきたことの矛盾を理解している[35]。プラムディアは、社会的環境によってかの女がいかに抑圧され、苦しい選択を迫られたか、性病に無頓着な顧客との性交による梅毒の感染を、いつもいかに恐れていたかを物語っている。ジャワを舞台とする架空の世界で、プラムディアは、中国人娼館主の力、からゆきさんの個人的借金にたいするこだわり、つねにあった病気や異常な性的行為にたいする恐れ、また肉体的魅力を失うと人生の没落がはじまることなど、多くの重要な点を描いている。

村岡伊平治の自伝による「人身売買」の記述も、からゆきさんの環境と東南アジアでの日本人の買売春の構造にかんする理解を深めてくれる。この当然批判のある娼館経営者の「内部報告」は、この種の記録としては唯一のものであるが、村岡が「自分の行動を誇張し、美化する」傾向があったため、全面的に信頼できない[36]。しかし、かれが語るある部分は、シンガポールのからゆきさんを理解するための一史料として、なお信頼性を失っていない。社会史家は、この本を慎重に使わねばならない。

カメラ

一九世紀の末、シンガポールが驚くべき経済的発展を経験し、何万人もの移民が上陸したのと期を一にして、カメラの時代がやってきた。多数の白黒写真がシンガポールの二〇世紀初頭を記録している。いまは消え失せた娼婦たちの世界の身近な細部が、そこには残されている。街並み、建物、交通、商売、祭りなど、多くのものが対象となった[37]。女性たちの生活のほとんどすべてが、これらの写真のなかに、救いがたい際限のない見本としてではなく、たんにひとつの経験として記録されている。故国を離れたからゆきさんは、家族や友人のことを思い、仕事場で娼館主に指示されたポーズをとり、戯れにとった「姉妹たち」との集団写真、買い物風景、「エキゾチックな」絵はがき用に中国人写真師に撮らせたスナップ写真など、さまざまな姿で撮られている[38]。もし、これらの写真に自分の姿を重ねあわせてみると、想像、個人的回想、逸話を結びつける糸があることに気づく。

人口流入のピークに続いて、シンガポール周辺に雨後の筍のように設立された娼館とからゆきさんを撮った写真には、当時にかんする理解を助ける機能的な意味と、見る人を暗い気持ちにしたり微笑させたりする象徴的な意味がある。それらの白黒写真には、シンガポールの生活そのものを取り込んだ計り知れない価値があり、その一枚一枚が物語をもっている。本書『阿姑とからゆきさん』には、かたい縁取りの入国・登録用のフォーマルなものから、心に迫る個人的な肖像まで、スタジオ写真師によって撮られた写真を載せている。しかし、すでに数多くの世紀転換期の女性の写真が失われている。とくに、日本人写真師によるガラス板写真のネガは、残念ながら失われたか捨てられてしまった。ランバート写真師の傑作のひとつに、一八九〇年代の四人のからゆきさんのポートレートがある。これは、からゆきさんが日本の家族や友人に送った記念の写真である。故郷の人びとから忘れられまいとする、娼婦たちのまじないの役を果たしたのかもしれない。これらの写真は、娼婦たちとかの女らの大切な人びとをつなぐものであり、受けとった人びとを元気づけ、悲しませ、当惑させ、喜ばせ、またかの女らの喜び、悲しみ、苦痛をはっきり伝えた。

しかし、まださほど多くの写真が撮られたわけではなく、女性の写真は少なかった。娼婦とくに阿姑とかの女らの日常生活の写真はほとんど撮られなかった。中国人娼館主は、女性たちが写真館への行き帰りに逃げることを恐れたのであろう。カメラの魔法とその「影盗り」に魂が吸い取られることを恐れた女性もいた。それでも、残っている写真は買売春をめぐる物質的環境を理解する助けになり、阿姑とからゆきさんの暮らしの周辺の細部を伝えている。ヨーロッパ人の写真家たちは娼館の単調な外観を撮っているが、マレー街の暗く湿った小部屋に入り込んで、シンガポールのもっとも有名な買売春地域の驚くべき映像を残すことはなかった。

しかし、わずかに残っているからゆきさんの忘れがたい写真は、日本人女性とはどのような人であるかを教え、絵はがきに印刷され、雑誌に掲載され、シンガポールの日本女性についてヨーロッパ人の固定観念をつくりあげるもとになった。ロマンチックでときに超現実的、哀愁ただよう、それらの写真は、時の流れ——近代日本の勃興、南洋への進出、女性の海外売春婦としての流出、そして一九二〇年の政策転換による海外売春の禁止——についての見方を拡げてくれる。シンガポールで撮ったからゆきさんの写真は、素人が偶然にボックスカメラで撮ったものではない。女性たちはひとり、ふたりあるいは小グループでスタジオへ行き、そこでプロの写真師が自分のイメージでかの女らをガラスの乾板に撮り、後世に残したものである。二〇世紀初頭のシンガポールのからゆきさんがどんな様子だったのかを語る個人的資料は少ないだけに、これらの写真から「読みとれる」ものは貴重なものになる。カメラの目を通して、歴史家は髪型、衣装、アクセサリーなどの特徴を見分けることができる。たとえば、着物の着方の微妙な違い、とくに帯の結び方によって女性たちの出身や職業が識別できる。(39)

研究へのアプローチ

阿姑やからゆきさんの実体験と、かの女らが生きた時代の大事件とのつながりを見いだすために、歴史家はほかの分野の手法を借用する必要がある。ミクロ社会学と民族歴史学は、経験がどのように形成され、どう変化するかを調べるうえで不可欠である。[40] 買売春の歴史研究にこの方法を応用するためには、これら女性たちの生活をたどるとともに、より広い目でとらえた社会変動を、それに重ねあわせなければならない。より長い時間の物差しで事実を分析してはじめて、阿姑とからゆきさんがたどった道の典型的パターン、およびかの女らが世紀転換期のシンガポールの「大変動」をどのように生き抜いたかを把握することができる。この方法によって、シンガポールの歴史的変動についての問いかけと、この方法にたいする新たな期待に応えるとともに、歴史学的方法と思考の幅を広げることになることは明らかだ。

買売春と阿姑とからゆきさんの生活を分析するには、学際的な方法とアプローチが必要である。近年のフェミニズムや女性史の発達と新しい社会史の出現によって、おイチのような女性の過去を説明することは急速に発達し、かの女の人生でなにが、どのように起こったのかという問題にたいする解答を導き出させるようになった。しかし、それがなぜ問題となるのかは、必ずしも説明されていない。歴史家は、このまだ答えられていない買売春とシンガポール社会の問題について、焦点をあてる必要がある。現在の歴史において、通常の生活や歴史の流れからはじき出された娼婦の存在が示すものについて、満足な説明がなされていない。[41] 社会の暗黙の申し合わせによる沈黙——かの女らの存在や境遇の無視——を放置するわけにはいかない。このアプローチの基調となるのは、娼婦たちの経験したものを創造的に再現することによって、この欠落が埋められるであろうという信念である。

ミクロ社会学や民族歴史学の「草の根の歴史」的なアプローチと、性経済、国家構造、マクロ的変動および社会変動などを強調する歴史社会学の「トップダウン」的アプローチを、学際的に結びつけることによって、「経験」——すなわち女性たち自身が述べる、シンガポールを舞台としてなにを考え、どんな行動をしたのか——と「過程」——すなわち絶対的条件の記録——が相互補完的関係をもつようになる。どちらが主役というわけではない。このミクロ－ダイナミズム的アプローチは、売春婦となったこれらの女性を、性と金銭の交換あるいは搾取の犠牲者を越える存在にする。ミクロ－ダイナミズムによってはじめて、中国人や日本人女性の文化的不公平という基本問題や、より大きな経済の動きのなかでの役割などを突っ込んでとらえることができる。女性たちの日常生活の細部に影響している「見えない」糸の重要性も、これによって明らかになる。

もし、このアプローチが成功すれば、「さまざまな大きな権力の世界、身近な人間関係、深い道徳的矛盾のなかで複雑に折り重なった」[42]生きた阿姑とからゆきさんの姿を浮かびあがらせることができよう。社会変化の特徴を洞察すれば、大変動の背景のもとに自らの目的と意味をもって必死で生きる娼婦たちの姿がみえてくる。ミクロ－ダイナミズムは、強制、選択、不確実性などが、これらの女性の暮らしにどう影響したかを解明する機会を社会史家に与えてくれる。そして、これは方法論的にいって最良の成果を生むひとつとなる。[43]歴史家が、生業としての買売春の複雑な構造を織り上げようとするとき、ひとつの模様が生まれる。その結果、阿姑とからゆきさんがどのようにして雇われ、訓練されたか、なぜ買売春が繁栄したのか、それによってかの女らはどのような個人的影響を受けたのかがわかってくる。

シンガポールの中国人社会の構造と、そのなかの娼婦たちの役割が明らかになれば、つぎにはかの女らの経験の実体を再構成する努力が必要となるはずである。シンガポールにおける買売春の歴史は、主として抑圧と排斥の歴史といってよいかもしれない。しかし、阿姑とからゆきさんが、その重要な一部であったことに変わりはない。かの女らの仕事を理解し、たんなる抑圧と尋常でない商売の犠牲者としてのみ、みないようにするためには、かの女らの立場にたち、その生活の細部に入り込む目を養い、史料を読み込んでゆかなければならない。このアプローチが経験について教えてくれるもののひとつは、かの女らを「抑圧された」あるいは「虐げられた」神話的悲劇のヒロインと分類するかわりに、歴史家が可能なかぎり、いつでも肯定的に他人の人生を読むようにすべきことである。いったん、ヒエラルヒー逆転を優先する神話を取り除くと、当時の社会と文化のなかでの経験と権力の輪郭が、より複雑で興味深い姿で浮かび上がってくる。阿姑とからゆきさんの生活を、かの女らの経験のすべてのなかに体現された可能性とみることによって、この教訓の一部が明らかになるだろう。その経験とは、かの女らの闘争と敗北の歴史、またときには絶望的になるとしても変化する運命への対処にみられる楽天性、中国で滅びゆく世界、シンガポールで新たに生まれた世界、また貧困にみまわれた日本の農家においてもはや機能しなくなった価値感など多岐にわたる。それだけではない。それらの経験を積む過程で、娼婦らが自分の役割とシンガポール社会とのかかわりについて気づき、かの女らの見方がどのように変わっていったかを学ぶこともできる。

イギリス植民地社会と比べて、あらゆる面で男尊女卑の強かった中国文化のなかで、娼婦のイメージ――「かの女がどこでどのように時間を過ごしたか、かの女が生きてゆくうえでどんな働き方をし、どんな社会的つながりをもったのか」[44]――は、異なった理想と期待の組み合わせを生んでいた。品の良い性行為とそうでないものとを分かつ線が、中国の経済と社会のなかではあいまいであった。これにたいし、イギリス人のあいだでは、容認される性意識や行為と、そうでないものの境目が明らかだった。この視点の相違が、娼婦の自己認識と社会での地位評価に重要な結果を及ぼした。社会史家は、これらの女性に自らの世界と自己をどう考えているかを率直に語らしめ、そのデータを適切な説明を付して直接に公開すべきである。かの女らの発言からは、勇気、躊躇、自信、恐れなどが生々しく迫り、聞くものを惹きつける力がある。このようにして、これらの女性の生活が身近になることによって、歴史家はかの女らを社会の周辺に押しやった誤ったイメージと集団的無視から解放される。そして、シンガポール全体を見渡したうえで女性たちの新たな姿がみえてくるのである。

シンガポールの買売春の歴史を、マクロとミクロのふたつの物差しで分析してゆく歴史学的努力によって、必然的に阿姑とからゆきさんのような女性が、従属や人生のほかの局面にどう反応したかを理解できるようになる。このミクロ－ダイナミック・アプローチは、社会史、ミクロ社会学、民族学の要素を組みあわせて、阿姑とからゆきさんの経験を内部から研究しようとする。[45] かの女らの行動と社会環境を説明することによって、これまで歴史的に能力、社会的責任、適応力などに欠けていたとされ、なんの重要性もなく注意に値しないとさえみなされてきた身近な庶民文化がみえてくる。自己矛盾した立場と娼婦の生活のイメージを、とくに娼館主、周旋屋、使用人、娼婦仲間などの、ほかの女性による女性の基本的な迫害という側面からも明らかにする必要がある。そのような考察は、迫害、社会的に許容される行動や性のあいだの境界線についての仮説を再考させるかもしれない。シンガポールにおけるこれらの女性たちの人生にたいするこのような研究方法は、歴史学、社会学、経済学、人類学が、それぞれ単独では解決できなかった社会調査の問題を解決する手段ともなるだろう。

阿姑とからゆきさんを、主体性をもった歴史の成員として理解するには、かの女らの生活サイクル、経歴、生活史を、収集された伝記や人物スケッチなどをとおして考察しなければならない[46]。これらの女性たちは、中国や日本の故郷を離れ、売春に身を投じ、人間関係を築き、経済的に自立し、そして「売春業」から離脱するという似たような経歴をもっていた。かの女らが生き抜いたやり方で、理想と現実の差を明らかにすることが重要であり、娼婦たちの一般化した暮らしと変化を描き出すことが、是非とも必要である[47]。実作業として、歴史家はかの女らの人生における選択を示しながら、同時にかの女らの視点や経歴を解釈する微妙なバランスを考えねばならない。たとえば、厳しい人生への尋常でない適応を迫ったものはなにか、あるいは運命に抵抗して大胆な選択をした真の理由はなにかという問題を解釈してゆくのだ。娼婦の経歴は同居人、娼館主、顧客と切り離しては理解できない。そして、かの女らが道を決めるためにとった選択を分析すれば、逆にこれらの人間関係の本質を解明する助けになるだろう。どちらの場合でも、歴史家は「かの女らがどのように苦しみながら生き抜いたか、しばしば巧みに、ときに劇的に、人生に課せられた重い構造的束縛があったにもかかわらず、そのなかでどのようにしたたかに闘ったかを学ぶことができる[48]」。

収集された伝記は、世紀転換期のシンガポールに生きた、これらの女性の暮らしぶりとその意味を解く方法を提示してくれる。この方法は一九七〇年代のはじめから発展し、ふつうの人びとの歴史を書くための貴重な技術のひとつとなっている。この方法がもっとも適しているのは、通常一〇〇年を越えない限られた期間内の、ごく限定された小さな集団を対象とした場合である。阿姑とからゆきさんの歴史的な立場からくる複雑な感情の分析につきまとう困難、およびかの女らの生活に固有の矛盾——たとえば動機、圧力、価値観および心境の正確な結びつき——は、収集された伝記や人物スケッチなどによってのみ表現できるものである。この技術は、歴史家にさまざまな文脈や行為の連続のなかでの娼婦という集団の多様な経験、価値観、動機に綿密な注意を払い、大部分の阿姑やからゆきさんの経歴やその意味をひとつにまとめあげてゆくことを要求する。このような種類の研究は、歴史というものの内容と意味を広げるだけでなく、内容そのものが変わることを意味する。

この方法とアプローチのもっとも有望な面は、女性史と社会史とを統合する手段となることである。歴史家たちが過去の東南アジアのふつうの女性たち——娼婦、百姓、労働者——について研究し記述しようとするなら、まず考察と表現の方法を決めなければならないが、それは「経験」（すなわち過去の再現）と歴史過程をミクロ社会学、民族学、集団的伝記の技術とアイディアをもって、結びつけなければならない。その結果、シンガポール社会における買売春の重要性を理解するには、過去を精査し、物語と分析を調和させることになるだろう。そうすることによって、阿姑やからゆきさんを歴史の暗闇という牢獄から解放することができるのである。

第2章　貧困、家父長制社会、繁栄

貧　困

　シンガポールの買売春は、中国や日本の農村社会における経済要因と分かちがたく結びついていた。根深い貧困、家族単位のひ弱な経済基盤、そして豊かになれるかもしれないという期待が、おびただしい数の女性や少女を海外に送り出す供給源となった。(1)一九世紀の後半、中国や日本の生活は、例外なく厳しいものであった。中国には豊かな資源があったにもかかわらず、大半の人びとは、人口過剰な農村部でぎりぎりの生計を営んでいた。とりわけ中国南東部の村や辺鄙な地方では、多くの農民が餓死と隣りあわせの極貧に喘いでいた。この窮乏によって、女性や少女は田舎から港へ追いやられただけでなく、すでに経済的に屈していた両親の犠牲にされた。貧しさは、百姓や地方の労働者の娘たちに、いちばん容赦のないものとなった。何カ月も食べることすらできず、慢性的な経済不安を抱える親は、娘を庇護者になってくれそうな人に売ってしまった。ところが、庇護者はすぐにかの女たちを食い物にした。中国の貧困と救いようのない飢えが、一九世紀末のシンガポールの性産業の発展に拍車をかけることになった。

　貧困の影響は、人口統計に焦点をあてるとさらに明白で、南日本の貧しい農漁村から移住してゆく娘たちに、職業選択の余地などなかったことがわかる。からゆきさんとして貧困地帯を出たこれらの女性が、日本の初期工業化および都市化の負荷と社会的コストの多くを担うことになった。(2)農村の極端な貧困、人口過剰、そして生産性の低さは、ほとんど限界といってよかった。そうした悲惨な地方の状況を軽減しうる数少ない方法のひとつ、それが日本を離れ外国で働くことだった。一九世紀後半に、九州の西・北部から季節労働者として外国へ出稼ぎに行く人は誰でも、「唐行きさん（中国へ行く人）」とよばれていた。唐とは中国の古称である。(3) 仕事や求人広告を流したのは、移民会社や船会社であった。シベリアの鉄道建設で働くため、男も女も天草諸島や島原半島をあとにした。ハワイのパイナップル農園で働く人や、西カナダの凍てつく荒野で木材伐採をする移民労働者もみな、自分たちを「唐行きさん」とみなしていた。からゆきさんという語が、主として九州出身の、外国で売春業につく特定の婦女子を指すようになったのは、第二次世界大戦後のことにすぎない。(4) 山崎の説明によれば、からゆきの意味の変化は、日本じゅうで資本主義が制度化されてきたことと、地域で増大した農民の貧困との関係、およびそのインパクトを歴史的に理解することに直接結びつくという（地図1参照）。

周知のとおり〈からゆきさん〉とは、「唐人行《からひとゆき》」または「唐《から》ん国行《くにゆき》」ということばのつづまったもので、幕末から明治期を経て第一次大戦の終わる大正中期までのあいだ、祖国をあとに、北はシベリアや中国大陸から南は東南アジア諸国をはじめ、インド・アフリカ方面にまで出かけて行って、外国人に肉体を鬻《ひさ》いだ海外売春婦を意味している。その出身地は、日本全国に及んだが、特に九州の天草島［諸島］や島原半島が多かったといわれている。〈彼女たち〉が、天草や島原から殊更に多く生まれたのは、後章に述べるように、根本的には天草や島原の自然的・社会的な貧困のためであるが、そうであれば、〈からゆきさん〉と天草・島原の貧しい農民女性とは、疑いもなく同じ幹から分かれ出た二本の枝だということになる。(5)

徳川時代に、南日本の地方農家の貧困は、おおむね現物で納めた税金（通常、米か麦）が増加したことによる。天草や島原の百姓は、収穫の最高五〇パーセントを大名または幕府に地代として納めなければならなかった。これは通常、年間一万五〇〇〇から一万八〇〇〇石に達した。(6) 農民の家、戸、窓、衣類、酒、豆、麻布などの生活必需品にもさまざまな税が課され、あろうことか女児にも税金がかけられた。(7) 借金がふくれると、いきおい中絶や女児の間引きが横行した。(8) 一八六八年の明治維新以後でさえ、農村に流入しはじめた資本主義とあいまって、零細農民が土地を手放すおもな原因は、税の負担であった。「〃新しい〃はずの

地図1　日　本

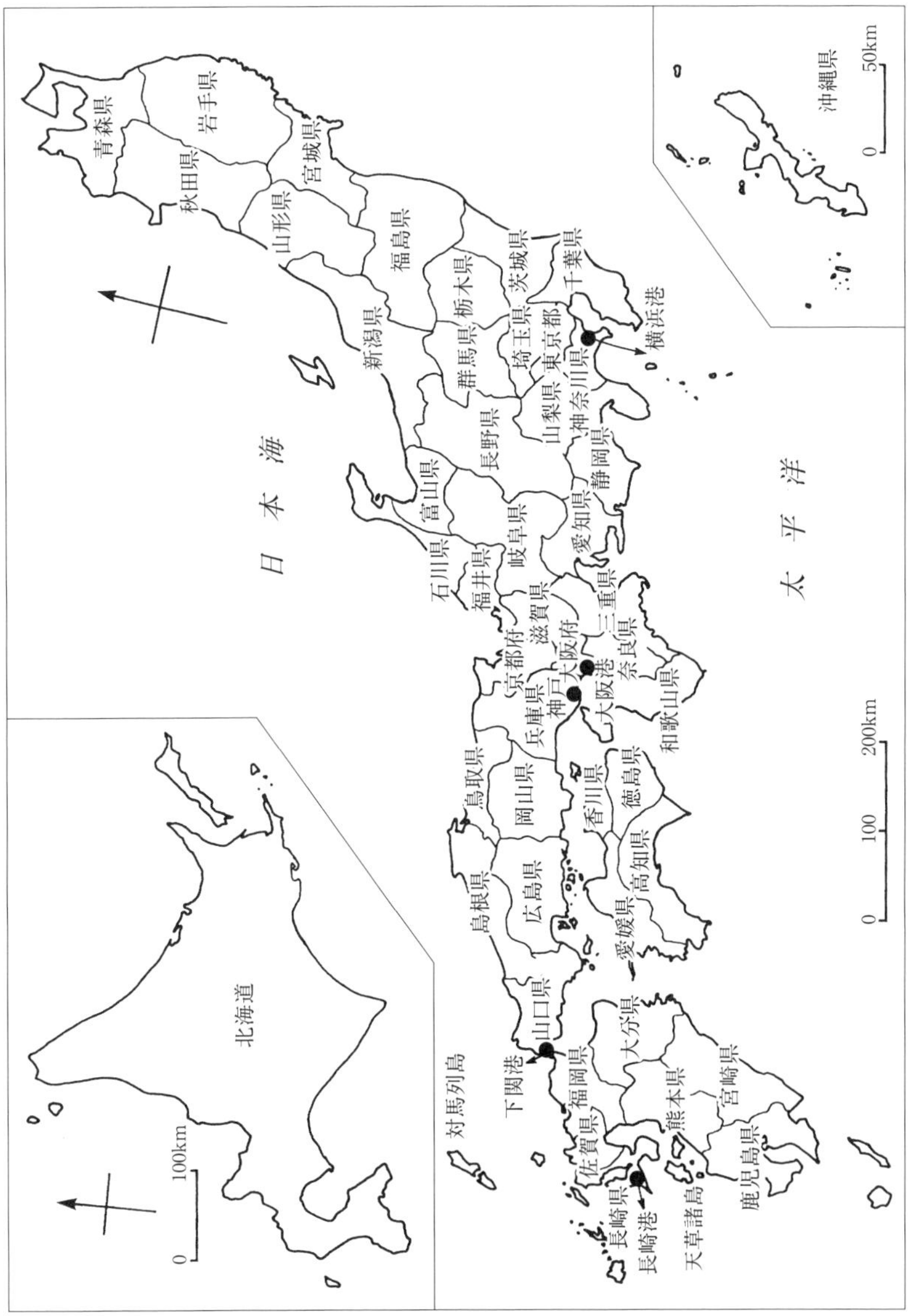

日本人女性を海外に送り出したおもな港。

明治政府は、それも徳川将軍政権を倒して誕生したにもかかわらず、たんに税金納入を現物から金に変えただけで、有為な方法で税率を下げようという試みはなんらおこなわなかった」[9]。大名が農民への税率を上げるにつれ、ときに収穫の七〇パーセントという時さえあったが、小作農民は増えるいっぽうだった。一八七二年から八七年までのきわめて短期間のうちに、小作面積は二九パーセントから四〇パーセントに増えた。その後の一〇年間でペースはいくぶん落ちたものの、農村部の土地が少数の金持ちの手に握られる傾向は、つぎの世紀まで続くことになった[10]。

長崎県の島原半島、およびカヨサキ〔早崎瀬戸〕を隔てて、この半島と向き合う痩せて山がちの熊本県の天草諸島で、からゆきさんがもっとも多く生まれた。九州北部の農漁村であるこれらの地域には、日本でももっとも貧しい村々があった。島原半島と天草諸島は、その貧しさでよく知られていた[11]。これらの地方が資源もなく、経済も発達していないのは、徳川時代に九州のあらゆる社会階層に影響を及ぼした、いくつかの自然現象および社会事象の結果であった。森克巳は、村の戸籍、人口、課税記録を詳細に分析して、一六九一年から一八五六年のあいだに、天草の人口が三倍以上に膨張したのにたいし、米の生産はわずか一・〇八倍しか伸びなかったと述べている[12]。人口が著しく増えると労働力もそれに比例して伸びるのがふつうであり、農業生産性も上がるはずである。ところが、島が荒れ地であるため、人口の増加は逆に貧困に拍車をかけただけだった。火山灰でできた不毛の土壌は、急膨張する天草地域社会の必要を満たすだけのものを産出できなかった[13]。一八六八年からの三〇年間、人口増加、それにともなう農村の貧困はなおも続き、そして嬰児殺しは死刑に値する重罪とされる時代になった。

すでに述べたように、天草の平地の多くはあまりにも不毛であるか疲弊しているかで、最大生産レベルなど期待すべくもなかった。穀物生産はずっと横ばいで、生産レベルと同じく農家の収入も低かった。一八八〇年代および九〇年代には、農業生産性と資本主義の萌芽とになんとか折りあいをつける以外に、農民が子どもたちに食べさせる望みすらなかった。当時、食糧は底をつき、数千の島民にとって餓死の恐怖は日常的なものになっていた。飢えに勝てなかった天草の貧農の娘おサキの生活が、まさにそれだった。「朝から水ばっかり飲んでおって、昼になっても、それから日が落ちて晩になっても、唐芋《からいも》のしっぽひとすじ口にはいらんこともあった」[14]。痩せたわずかな耕地、荒れる海、過剰な人口……農業も漁業も効率とはほど遠かった。収入を増やすには、個人による出稼ぎに頼らざるをえなかった。

天草諸島と島原半島が、長崎港、中国大陸、南洋諸国に地理的に近かったこと、それがこの地域の女性の大量流出に深い関係があった。かくて、かの女たちは一家の生計をなんとか助けようと、わずかな賃金のために海を渡って働くことになった。

中国東南部や日本の地方の娘たちが、東南アジアで少女売春の人生を余儀なくされたのは、二〇世紀はじめの飢饉、洪水、地震などの自然災害のせいであった。災害による死亡や病気が一家の離散をもたらし、何千もの子どもたちが孤児になった[15]。女児は、しばしば道端や井戸のそばに置き去りにされ、ひとりで生きてゆくほかなかった。こうした現象を目撃した西欧人は、つぎのように災害の大きさや原因を記している。長いこと自然災害に見舞われてきた国では、農業の自給自足さえできなかったのである。

青森や北海道の飢饉を仔細にみると、一八八九年以降が最悪であったことがわかる。収穫は例年の一〇〇〇分の一にも満たず、漁業も振るわなかった。地方銀行の取り付け騒ぎが相次ぎ、大勢の人が飢え、親は娘を性産業に売る。少女の一団が、毎日つぎつぎに東京に送り込まれ、外国へ輸出されていった[16]。

家父長制社会

若い女性が両親によって移住を余儀なくされたり、性産業に売られたりするという経験から学びとるもっとも大切な教訓は、人口過剰な地域の農家に生まれた女児の価値の低さである。農業は骨の折れる労働集約的な仕事であるうえに、凶作にでもなれば茶碗一杯の米の収穫でさえ並大抵ではなかった。地方の農夫や漁師にとって、生き延びることがまず第一で、社会的、個人的な目標であった。天然資源に恵まれず、歴史的な意味で抜きがたい弱さをもつ農家にとって、娘を売ることは将来への唯一の保証であった。それでなくても、娘は投資すべきもの、売られる対象とみなされてきた歴史があった[17]。

伝統的中国や日本の文化における家父長制が、女性を経済的、物理的、性的に、また精神的に搾取してきたことの根源であった[18]。シンガポールにおける買売春は、「男」のイデオロギーにもとづく伝統的な家族生活で経験された経済的、個人的問題と直接結びついていた。中国や日本の家族制度は、男系の親族と血統を中心に構成されてきた。家系において男性が尊重される父権の原則は、女性とその社会的役割と性を管理するうえで重要な働きをしてきた。家族や社会のなかで、女性が男性に従属することが、儒教における孝行の重要さにより、また自然の秩序を反映する陰陽道により正当化された。男性中心の父権社会では、家系維持のために男性ができるだけ多数の男児をもうけることが文化的理想であった。

家父長制における女性の伝統的地位についての暗黙の了解は、文化的、宗教的な信条から、女性は「よそ者」あるいは実質的な隷属者だという観念であった。男性優位の中国や日本の家庭では、姑あるいは寡婦としての晩年を除いて、女性は家庭の問題にたいする発言権がなかった。女性は遺産を相続できず、自分の持参金以外は財産をもてなかった。ひたすら従順さを育むことを意図した文化制度と社会構造の一部として、家系のために男児を生んで、家事と子育てに励むのが女性の大切な義務であった。社会史家は、農村の貧しさと同じくらい、家父長制度を強調しなければならなかった。このふたつが、シンガポールにおける買売春、さらに中国や日本の女性の移民や娼婦としての立場や状況の根幹をなしていた。こうした背景のなかで、伝統的な家父長制家族[19]という道徳的、法的枠組みに深く組み込まれた阿姑とからゆきさんの歴史は、とりもなおさず中国や日本の男性の歴史でもあった。すなわち、男性の社会にたいする態度、社会をどのように組織し操ってきたかの歴史であった。

中国や日本の地方では、女児の誕生がめでたいとされることは稀であった。どちらの国でも、家父長制度の伝統のかせが重くのしかかっていた[20]。何世紀にもわたる女性蔑視は、「不具の息子でも、羅漢一八人分の知恵をもつ娘と同じ値打ちがある」とか「少年は少女一〇人分の値打ちがある」といった辛辣な諺に名残りをとどめている[21]。女児が生まれても、祝福や喝采はなかった。男児誕生こそ慶事とする古くからの儒教的偏見のなせるわざといえよう。結婚、産児制限、出産慣習についてインタビューしたとき、ある高齢の中国人女性は、広く深く社会にゆきわたっていた女児への差別をこう表現した。「男の子を生むのは、大きな幸せでした。女の子を生むと、嬉しくなかったわけではないけれど、小さな幸せでしたね[22]」。先祖を大切にすること、男子家系が永続することが第一義の儒教社会では、娘の誕生は、そうした慣習や意義にとって実りが少ないというわけだった。文化的にも宗教的にも、なんら意味をもたないことであった。もうひとつ、女児の誕生にまつわる重大な偏見があった。すなわち、中国の古い家族制度においては、娘はしょせん結婚によって家族とのすべての縁が切れる「よそ者」という通念があった。娘は、他家の家運伸長に積極的に貢献する者であり、わが家族の一員としての権利はないのだ。

母は、たいていの村の女性と同じように、娘は価値のないものと思っていましたね。女の子は一五歳になると、家庭でもっとも役に立つ年ごろでもあり、嫁に出されました。以後、実家との接触はなくなります。嫁の孝養は、夫の家族に捧げられるべきものでしたから。母はとても厳格な人だったので、わたしに愛情を示してくれたことはないし、わたしがいろいろ尋ねてもとりあってくれませんでした。(23)

いっぽう、男子の元気な産声は、一族の命運とその未来の力に結びつけられた。

一九世紀後半の中国や日本の地方で、中絶や女児殺しが多かった原因は、男系の存続のために伝統的に男児を好むという風土にあった。中国南東部や日本の農民のあいだでは、とくに長く悲惨な女児殺しの歴史があった。天草の山間部や広東人の多くが居住する広東省の田舎では、先祖伝来の田畑や年老いた両親を守れるのは、息子だけだと思われていた。儒教的家族のしきたりでは、息子は結婚しても家を出てゆかず、嫁を家に連れてきた。性差別の強い地域で、望まれない性に生まれた女児の生涯は、悲しいまでに短くなることがあった。ある者は洞穴に捨てられ、ある者は婉曲に「橋の下を過ぎる」と言われた溺死をとげる。畑に置き去られて死ぬ子もいた。(24) 自然災害が起こるたびに、こうした恐ろしい習慣が激しく再燃した。

……中国では、女児は無用のものと思われていました。誰かに拾われ、養女にされることに淡い望みをかけて、赤ん坊がよく捨てられていたものです。道端で毛布にくるまれた赤ん坊を見かけるのは、珍しいことではありませんでした。ふつうどうなるかというと、毛布を広げて赤ちゃんが男だとわかると、すぐに養子にする人が現われます。でも女だと、引き取るかわりに一銭が側に置かれ、つぎの通行人が同じことを繰り返すのです。ときには、女の赤ちゃんのそばに、何銭ものお金が積まれることになります。すると、欲張りな人がお金と赤ん坊を家に連れてゆく、でもお金だけとって赤ん坊はまた捨てるのだそうです。冬には、こういう赤ん坊のほとんどが、捨てられた後すぐに凍死しました。(25)

こうした極端な女性蔑視は、捨て子や間引きを免れたとしても、最後は売春につながってゆく。多くの女の赤ん坊の人生は、売るなり、金持ちの家に年季奉公に出すなり、「庇護者」に託すなりして、娘を収入源にしようとする親の胸三寸にあった。「庇護者」は、シンガポールの売春界にかの女たちを転売して金を儲けた。

「娘」「義理の娘」「妻」として、また「母」としてさえ、中国や日本の父権の強い家庭に生きる若い女性は、財産権も伝統的な力もほとんどもっていなかった。男に全面的に従属させるおもなメカニズムは、他を排することであった。自分の両親の家のなかで、女性を権威ある立場から遠ざける決定的な手段は、孝行というイデオロギー抜きにはありえなかった。孝行の観念が阿姑とからゆきさんに与えていたインパクトを考えるとき、社会史家は儒教国家中国や戦前の日本での若い女性にたいする態度と、その社会化が果たした役割に、焦点をあてなければならない。いったい、なぜ家族はこのプロセスやイデオロギーを疑問視しなかったのか、そして、それらを「自然な」また「正しい」ことと受け取ったのかに、焦点をあてる必要があろう。日中両国で、社会関係についての伝統的概念は、家族をもっとも重要なものとみなしていた。家族の一員という個人でなく、家族そのものが、国家の基本となる社会単位と目された。個人、とりわけ女性の権利は、おおむね家族の意志に従属するもので、論理的にもまた、共通の男性先祖から発した一族のメンバーからなる家系の利益に従属するものであった。孝行は家訓の遵守と家族の尊重を意味し、中国や日本で最高の価値を与えられていた[26]。

たいていの場合、阿姑やからゆきさんは、経済的に困っている両親や家族を助けるために苦界に身を沈めた。悪疫が流行ったり飢饉が続くと、飢えている親あるいは無責任な親の頼みで、満足に食べさせてもらっていなかった娘が、借金のかたにシンガポールの娼館での人生を送ることになった[27]。親や親戚のためなら、というけなげな心情から、年端のいかない娘がすすんで犠牲になることもしばしばだった。親はこの孝行のイデオロギーに甘えて、娘を商品価値のあるモノのように扱い、お金を得た。「『お父さんは、あなたが小さいときに、あなたを売ったんでしょ？』かの女の孝心がいかに強いかを知りたくて、わたしは訊いた。わたしの考えを確かめたくもあった。『父さんはあたしを可愛がる余裕がなかったのよ。うちには食べるものが何もなくて。母さんは病気で炕《カン》［オンドル］の上で寝ていたし。あたし以外に、売るものは何も残っていなかったの[28]』」。似たような例は天草でもあり、公然と娘の旅券下付を警察に願い出た者があった。不心得をたしなめようと巡査を派遣したが、あまりに惨憺たるかれらの窮状を知ると、巡査は同情して、かえって南洋行きを世話するほかなかった。

何《なに》しろ両親《りやうしん》とも病気《びやうしん》で思《おも》ふ様《やう》に働《はたら》けない上《うへ》、ヤツと十八になつた其娘《そのむすめ》を頭《かしら》に七人《にん》の弟妹《ていまい》が破《は》れ果《は》て、雨露《あまつゆ》をしのぐことさへ出来《でき》ない小屋《こや》に飢《う》えと寒《さむ》さに顫《ふる》へつゝ辛《から》うして生《いき》てると云《い》ふ有様《ありさま》だつたのだ。紡績女工等《ぼうせきぢよこうなど》ではとても追着《おひつ》かない［。］内地《ないち》の女郎屋《ぢよらうや》へ身売《みうり》したつて果《はた》して半年支《はんねんさゝ》へることが出来《でき》たらうか。恥《はぢ》や外聞《ぐわいぶん》なぞ云《い》つて居《を》られる場合《ばあひ》でなかつた。巡査《じゆんさ》が同情《どうじやう》して南洋行《なんやうゆき》の世話《せわ》をしたと云《い》ふのだから余程惨憺《よほどさんたん》たるものであつたに相違《さうゐ》ない。然《しか》も其娘《そのむすめ》は間《ま》もなく新嘉坡《シンガポール》の花街《ステレツ》で全盛《ぜんせい》を唄《うた》はれ月々欠《つきべか》かさず七十弗《ドル》からの仕送《しおく》りを六年《ねん》も続《つゞ》け、スグの弟《おとうと》は汽船《きせん》に乗《のつ》［ママ］つて運転手《うんてんしゆ》の免状《めんじやう》を取《と》つたし、其次《そのつぎ》の弟《おとうと》も電気学校《でんきがくかう》を出《で》て相応《さうおう》の給料《きふれう》を貰《もら》ふまでになつたのだつた。(29)

伝統的な孝行の概念が、女児をいたく不利な立場においた。村の貧しさゆえに、あるいは口減らしのため子どもを手放さねばならないとき、親がまっさきに考えるのは女児であった。なすすべのない親によって、一一歳以下の女の子が、ほかの家族を救うために人買いに売られることも多かった。娘の面倒をみられない両親は、その娘に衣食を与えてやろうという人がいれば、誰にでも無条件で娘を譲るのも珍しいことではなかった。(30) こうして、家父長制社会を背景に、外国での売春のために婦女子をたえず送り込む流れができた。かの女らは、自分の父親やときには兄の手で、借金のかたにされたり、あるいは赤の他人に売られたりした。人買いは、借金の肩代わりと引き換えに、子どもをシンガポールの娼館主に譲る権利を得た。

繁栄

性産業のための人身売買は、東南アジアの植民地の港町で繁栄する買売春市場が存在したという特異な背景があってのことだった。何万人もの独身移民労働者の生理的欲求を満たすために、シンガポールのような大都市では、植民地政府により買売春街が認められていた。凶作で飢饉がやってくると、結果として家族までが女性の搾取に加担し、経済的、社会的、性的理由から、海外での売春のための女性の売買が助長された。伝統を重んじる中国や日本では、若い阿姑やからゆきさん予備軍が、しばしば自分から従順の美徳を志願したようである。孝行と父権という価値観はあまりに根強く、娘たちがそれも異国で男性に性を享受させる仕事につくのも致し方ないこととみなされた。ことの妥当性が、疑われたことはほとんどなかった。若い女性は服従し、耐えた。

一九世紀末のシンガポールでは性産業が花ざかりで、中国奥地や日本の農村、長崎や広東の港と、香港の波止場街やシンガポールの娼館とをつなぐ、一〇〇万ドル産業に成長した。[31] 一八九〇年代なかばまでに、シンガポールの買売春産業は一大ブームとなり、通りはつねに何万人もの中国人労働者、水兵、イギリス、ドイツ、日本などの商船の船乗りら、単身男性でいっぱいだった。

表2－1　シンガポールへの中国人移民，1870年代から1900年代

年	シンガポールへの中国人移民合計
1871–74	76,657
1881–84	233,357
1891–94	424,970
1901–04	653,077

出典：Lee Poh Ping, *Chinese Society in Nineteenth Century Singapore*（Kuala Lumpur: Oxford University Press, 1978）, p. 86.

シンガポール経済の発展と膨張のためには、道路、ビル、埠頭、倉庫を建設したり、ドックや工場でよく働く労働力が必要だった。こうした新しい雇用のために募られたのが、人口過剰でしかも飢饉の多発した中国南部からの移住労働者であった。一八七〇年代からの激動の三〇年間に、「眠れる巨人」中華帝国清は近代世界に入ろうと苦闘しており、農民はつぎつぎと土地から切り離されていった。生活基盤を奪われて、農民は難民という波となった。その波は、生計と伝統的中国が収拾不能に破綻したために生まれ、多様な階層からなるパニック状態の貧窮化した男たちの大群となって、新しい富、仕事、そして未来を求めて漂い、植民地シンガポールに打ち寄せた。妻を連れてくる余裕のある者はいなかった。しかも日本と違って、中国の家父長制の慣習と法は、既婚女性の移住を社会的に許容しえない違法なこととして禁じていた。イギリスの都市計画者や行政官にとって、低賃金で単純労働に従事する中国人移住者の尽きぬ労働力は、シンガポールの経済成長のまさに「骨と腱」であった。シンガポールの急速な発展は、一九世紀末のこの港湾都市の人口を不自然に膨張させた。表2－1は、一八七〇年代から一九〇〇年代にかけて、移住者の数の異常な推移を示している。

工場や倉庫で働かせようと、中国の田舎町や村出身の労働者を熱心に求めていた植民地当局および中国人実業家頭家《トウカイ》によって、大きな社会問題がもたらされた。かれらは、社会的なバランスとなるべき女性や夫婦者、あるいは老人が極端に少ないところに、文字どおり何千人もの若い単身男性を迎えいれた。クーリーたちは、仕事が得やすいので、粗末な下宿屋が密集する街中にかたまって住んだ。[32] 孤独で退屈しているかれらは、話し相手と性の捌け口を求めて、阿姑やからゆきさんのもとに通った。

> 圧倒的な人数の中国人社会は、きわめて貧しい労働者階級の男性で構成されており、おもな出身地は福建省、広東省と広西省、そして海南島《ハイラム》であった。かれらは生計のために移住してきた者で、ほとんどの者が女性を同伴していなかった。その大部分が、狭い下宿屋、人力車夫の「空子」寮、または工場近くに並ぶクーリー用の仮小屋に住んでいた。市の規則ぎりぎりの狭苦しい場所に住み、夜は文字どおりすし詰めで眠る。食べ物は、こうした住居の一階でみんな一緒に「会食」するか、あるいは大通りに並ぶ何百という青空食堂や行商人の屋台で食べる。こういう状況では、……身内や女友だちから切り離され、混みあうねぐらに女性を誘うこともできない中国人労働者やクーリーが、娼館に向かうのは必然的なことであろう。もっとも強い自然の欲求を満たすためだけでなく、かれらは毎日のみじめな生活サイクルで可能なただひとつの変化を求めた(33)。

こうして、シンガポール経済の発展の結果、この都市の男性人口が女性のそれを大きく上まわるようになり、それにつれて買売春も増加していった。男女差は、一八六〇年で一四対一で、この不均衡は、以後七〇年間、存在し続けることになった。性的能力があってセックスに応じる女性への需要が著しく高まり、植民地政府も阿姑やからゆきさんの存在を正当化せざるをえなくなった。イギリスの植民地官吏は、移民労働者に「人並みな」生活を与えねばならず、買売春と移民と都市経済の発展につきまとう歪んだ関係をすっきり解決することができなかった。男女比の不均衡をとりまく未解決のジレンマと問題は、立法議会および華民護衛司署〔一九〇三年に「華民政務司署」と改称〕の報告書で繰り返し言及された。一八九五年、華民護衛司〔一九〇三年に「華民政務司」と改称〕は、つぎのように書いている。

> これから何年間も、どうすれば不均衡を具体的に減らせるのか、小生には見当がつきません。結婚していても、「船賃を払えないような」乗客は妻をこちらに連れてくる余裕はなく、独身者には連れてくるべき妻がおりません。女性は故国を離れない傾向、親戚や中国人官吏の影響、残念なことだが女性は危険な目にあうという中国での海峡植民地にまつわる悪名、そのほかたとえば祖先崇拝、親孝行といった中国の習慣や考え方、これらすべてを考慮すると、上記の不均衡はさらに増加する傾向にあります(34)。

買売春は、シンガポールの歴史がはじまったときから存在した。おもな理由は植民地に相当数の男性労働者がいたからだが、買売春を真のブームにしたのは、一八八〇年代および九〇年代のシンガポールとマレー半島の経済的発展であった。[35] 中国人や日本人の娼婦および娼館は、シンガポールの労働者居住区の周辺の通りに増え続けた。一八九〇年代なかばまでに商売は大盛況となり、市の両側にそれぞれの紅灯街ができた。この急速な経済発展のあいだ、当局は買売春を必要悪とみなしていた。適齢期の中国人女性がまわりにほとんどいなかったので、妻のいない移民労働者は、いきおい娼婦に頼ることになった。妻や家族との人並みな楽しみがないため、出稼ぎの中国人はとうてい自然とはいえない社会生活を送ることになった。クーリーたちは、禁欲、同性愛、買春のうちから、厳しい選択をせざるをえなかった。多くが娼館を訪ねることを選んだ。[36]

なお、一部の女性にあっては、自らの意志による選択という要素が大きかった。すべての女性が、故国の村や家を泣く泣く出てきたわけではなかった。お金になるという魅力、家事や畑仕事のつらく果てしない労働体験から、シンガポールに引き寄せられた者もいた。家庭の事情あるいは社会的個人問題をかかえ、村での厳しい生活から逃げる手段として、考えたすえに娼婦の道を選んだ者もいた。それが女性がまともな生活費を稼げる、シンガポールでは数少ない職業のひとつだったからである。女中やクーリーの仕事では、最低賃金しか得られず、いい生活ができる望みはなきに等しかった。

近代シンガポール史における買売春の役割を考察するにあたって、からゆきさんと、娼婦やクーリーとしての移住労働者とのあいだの社会的関係を忘れてはならない。すなわち、からゆきさんの存在にたいする日本の態度の変化および反応を考慮にいれなければならない。日本政府は、一八九五年から一九一八年までのあいだに、資本主義と国家の名のもとに、東南アジア全域に日本人女性の移住、売春および娼館が拡がったことに目をつぶっていた。国家が売春の必要性、そして国際的な人身売買に疑問をもたずに受容した事実は、日本社会の性向と極端なナショナリズムを反映していた。若い女性を娼婦として海外に送った女衒(嬪夫)のなかには、自分たちの行動を帝国の錦の御旗のもとに正当化し、性の貿易はみんなにとって有益だと豪語していた者さえいた。これら「肉体の貿易商」の主張には、当惑すべき真実が含まれていた。シンガポールのからゆきさんが住む地区に、日本の小商いが続々と生まれたのは、それからまもなくのことだった。色街の周辺で、呉服屋、薬局、写真館、花屋、洗濯屋、料理店、家具屋、医院、歯科医院などが開業された。かれらの生計は、からゆきさんの存在に依存していた。まだ政治的、軍事的に力が弱く、東南アジアで列強に遅れをとっていた日本は、基盤を築くべく海外移民と売春を暗黙のうちに奨励することで、まず経済的に進出したのである。日本人社会の影響力と富が目に見えて拡大したのは、日露戦争直後のことだった。当時、シンガポールのからゆきさんの数は七〇〇人近くだった。あでやかな着物姿の若い女性が、海南《ハイラム》、マレー、マラバル街の眩いランタンの下から、道ゆくクーリー、船員、兵士に声をかけたものだった。かの女たちは、シンガポールを新金山とよんだ。(37)

クーリーの流入、買売春の市場、そしてシンガポールの経済発展の相互作用によって、阿姑やからゆきさんの存在とその意味、この街の歴史が決定的にかたちづくられた。シンガポールの成長と拡大に必要なクーリーの労働力を維持するために、これらの女性の存在は不可欠であった。同様に重要なのが、安い移住労働者としての娼婦から巨大な利益が得られたことだった。そのおかげで企業家は資本を蓄積し、その経済利権を植民地シンガポールで多角化させることができた。農村の貧困、家父長制度、そして都市の繁栄が一九世紀末のシンガポールにおける男女の数的アンバランスを助長し、直接のインパクトをもたらした。翻って、それが中国や日本の女性に娼婦への道を歩ませ、その市場のために婦女子の貿易ルートを開かせることになった。これはまた、娼館に通った男性の人生にもインパクトを与えずにはおかなかった。

第3章　娼館と娼婦

シンガポールの買売春は、さまざまな場所で、さまざまな形態でおこなわれた。まず、娼館地区とされていた市内二カ所の伝染病条例下で登録された公認娼館、ついでこれら二カ所以外にある市内の公認娼館、さらに登録されず華民護衛司署によっても認可されていない一般に「もぐり」として知られる私的娼館があった。そのうえ、買売春は娼館に住み込まない阿姑やからゆきさんによっておこなわれたり、職業的な娼婦ではないが、下宿屋でからだをひさぐ婦女子によってもおこなわれていた。(1)

一八八〇年代から一九二〇年代までのシンガポールにおいては、指定された紅灯街はその境界を維持するための当然の形態だった。(2)公認娼館は、中国人およびヨーロッパ人を含む中国人以外の客の要求を満たすために、特別に限定された場所にあった。公認娼館のうち、中国人用娼館は川の西側でクーリーの多くが住む「大坡」に密集していた。いっぽう、非中国人用の娼館は、おもに市の東端に集中していた。このように娼館を中国人用と非中国人用に「自然」に分離させたのは、植民地行政が娼婦の営業行為を分割し、抑止し、規制するとともに、性病の拡がりを抑える目的をもっていたためであった。買売春は、医療の法制化と阿姑やからゆきさんの性病検査を必要とし、それは公共の保健衛生にとって切実な問題だった。植民地省が意図したのは、特定の区域の娼館を登録させて検査をおこなうことによって、軍人、船乗り、クーリーが性病に罹らないよう、ある程度安心して行けるセックスの場を提供することだった。(3)シンガポールの発展のためには買売春は廃止しえないと信じている公衆衛生の役人は、娼婦が定期的に医療検査を受けるので「安全」とされる二区域内にある公認娼館に売春客を誘導した(4)。

指定された紅灯街の周辺は主として労働者が居住していたが、社会の主流にあり、かつ体面を重んじる中国人やヨーロッパ人が、その一帯にある公認娼館を寛大に受けいれていたことも重要だった。というのも、その場所が富と権力をもつ階層が「背徳的行為」を「道徳的」なものから隔離したり、背徳的行為の拡がりを阻止する構想を説明・強化するさいに役だったからであった。そして、「自然な」住み分けをおこない、買売春業者や娼館を明らかにして、道徳的に受け入れられない行為に物理的境界を示すことが重要だった(5)。植民地行政の見地から、このようにして阿姑やからゆきさんが主として二カ所で売春をおこない、広東人女性娼館主の亀婆《グワイポー》やママさんとよばれる日本人女性娼館主は、かの女らの娼館に場違いの客が来るのを防いだり、娼婦の出入りをよく把握し、伝染病条例の遵守を確かめることを強制された。

慎重に区切られた売春区域は、地理的にまた社会的に規制の対象となっていた。これら二カ所の「安全地帯」の特色は、そのひとつのスミス街地区がチャイナタウンの中心にあり、もうひとつのマレー街地区がシンガポールの商業地域の中心からさほど遠くない歓楽街と市中のスラムにあったことだった。繁盛する色街の指定区域とチャイナタウンのあいだに生じた空間的な重複は、シンガポール膨張の直接の結果だった。経済と港湾事業が成長するにつれて、移民労働者人口は増加した。阿姑やからゆきさんに依存して生計をたてる亀婆《グワイポー》、ママさん、商人、家具師、服地商、花屋、洗濯屋、医師の数は、この一帯に住むクーリーの群に比べてごく少なかった。厳密にいうと、シンガポールには、隔離された買売春は存在しなかった。特別地帯の外にも公認娼館があったからだ。しかし、紅灯地帯の存在を市の中心部の労働者街のすぐそばに黙認したことによって、植民地政府はうかつにも買売春の重大性を際だたせてしまった。娼館の立地についての黙認政策は、社会的、経済的な境界を定めることを促し、中国人および非中国人の性的な様態や行動を規制することになった。

この一帯に足を踏み入れなければ、性関連産業やその実態を知らずにすむことができた。その反面、特殊地帯を市の中心においたために、その存在を強調し目立たせてしまった。シンガポールのような都市の市民は、わざわざ紅灯街を避けることで、かえってその存在を強く意識することになった(6)。

小坡

北から南へと流れるシンガポール川は市を二分する。東岸の住宅街と商業地域のことを中国人たちは「小坡」、西岸を「大坡」とよんだ。「小坡」にあるマレー街は、すでに一八六〇年代に主要な紅灯街と考えられていた。当時はまだ街はずれで、カンポン・グラムとよばれていたこのあたりは、一九〇五年までに商業と娯楽が一体になった必要不可欠な場所となった。(7) シンガポールは、スエズ運河の開通、蒸気船の登場とともに、国際貿易のおもな寄港地として、ちょうど発展しはじめていた。興味深いことに、『ストレイツ・タイムズ』紙が、早くも一八六四年にカンポン・グラム地区で居酒屋、娼館、ヨーロッパ人娼婦の数の多さに反対するキャンペーン記事を掲載した。これに対応するため、植民地当局は、近くの住宅地に住む一般の女性移民とほぼ同数にまで膨れ上がったヨーロッパ人娼婦を排除すべく、目障りな居酒屋やいかがわしい施設のいくつかを閉鎖させた。(8)

世紀転換までに、東岸の売春区域の輪郭がはっきりした。そこには、マレー街、ブギス街、海南街《ハイラム》とマラバル街、さらにフレーザー街と陳桂蘭街《タン・キーラン》が含まれていた。このうち最初の四つの街路は大きい公道だった。(9) マレー街界隈は場所的にいって、全市の売春区域のなかでもいちばん近づきやすかった。そこは市の海側にある碁盤目状のテラス付き商店街で、ラッフルズ・ホテルから遠からず、またノース・ブリッジ路に接していた。娼婦の居所を告げる「モデル」「マダム・ロレンス」「マダム・ブランシュ」などの標識があった。おもに中央または東ヨーロッパからの貧しい女性で、ハンガリー人、ポーランド人、ロシアのユダヤ人だったが、わずかだがフランスやドイツの女性もいた。(10) 植民地政府は、イギリス人の売春を厳禁していたので、イギリス人女性はいなかった。下船した水兵、上級船員、クーリー、頭家たちは、マレー街の娼館の戸口にたたずんだり、街角で客に声をかけるヨーロッパ人女性に強い誘惑を覚えた。たいていの娼館は、狭くて暗い小部屋の中に五～六人の娼婦を住まわせていた。

一九世紀の終わりには、マレー街とそこに働くヨーロッパ人女性は、芳しくない評判を得ていた。かの女らの多くは、派手でだらしなく、言葉も乱暴な、やつれた街娼で、進駐軍の従軍酒保商人や開拓移民である同国人の男性に追随して東洋にやってきた。優位人種の接客婦として、アジアとそこの人びとを見下していた。かの女らは、自分の尊大で粗野な態度が、礼儀正しく、品位ある、また静かな東洋人女性にくらべ、強い対比をなすことに気づいていなかった。かの女らは、本国のピカデリーやカネビエールなどでは見過ごされただろうが、白人女性が少ない熱帯地方の国では好ましく美しく見えるかもしれない、とそれなりに計算したのだ。[11]

住人の「源氏名」が、灯火に照らされた看板や明かり窓などに表示されていたので、娼婦が阿姑やからゆきさんではなく、ヨーロッパ人女性であることをはっきり表示していた。たとえば、マレー街三〇番「マダム・ブランド」、マレー街三二番「マドモアゼル・イヴォンヌ」、マラバル街三三／二番「ミセス・バーサ」などである。東岸地区にあるマダムとかマドモアゼルなどの標識は、娼婦が中央か東ヨーロッパ、フランスの女性を意味し、中国人や日本人ではなかった。[12]「ミセス」という標識は、少なくとも中国人かマレー人の客にとっては、娼館で英語が話されていることを意味した。客の多くは中国人だったが、女たちの深夜の歌声や騒音、酔った末の路上の喧嘩について、また必死で深夜の客をあさっている女性に、道に面した娼館の軒下の回廊に無理やり引っ張り込まれ、客にされたりして、警察に絶えず苦情を申したてていた。

これらの娼婦はしぶとくて、あばずれで、香水がきつく匂う部屋の下の戸口の階段に座り込んで、大声で自分を売り込んでいた。喧嘩や警官の手入れ、窓から投げ捨てられたビンが割れる音のしない夜はなかった。この悪名高い街路では、だれでも殴られて五〇セントを奪われたり、一ドル出せとナイフを突きつけられる、と恐れられた。ここはあまりにも野蛮だったので、悪評は慎み深いホワイトホール［ロンドン官庁街］の聖域にまで達した。[13]

ファン・ヴィックやユーロパのような近代的ホテルや、ノース・ブリッジ路にあるティンガル・タンゲルのような女性だけの楽団付きのヨーロッパ大陸風ダンスホールなどは、ペラ州奥地からでてきた錫鉱山業者や蒸し暑いスマトラ島東海岸から休暇でやってきたデリの栽培業者などと、すぐ交渉できる、娼婦にとってのお気に入りの場所だった。

植民地政府は、イギリス陸軍兵士や海軍守備隊の水兵、シンガポール在住のヨーロッパ人実業家に媚びを売る娼婦のほとんどが詰め込まれているマレー街の状態を改善するために、適切な措置をとるべきだと認めていた。この区域には、すでに過去最低六〇年間、ヨーロッパ人娼婦がいたという事実があった。市が膨張するにつれて、娼婦追放の圧力が高まり、市参事会は隣接する街路を商業・住宅地区に指定した。一九一三年までに、この「パチョリ香油が匂う……ヨーロッパ風」色街に反対する激しいキャンペーンが相次ぎ、ほとんどのヨーロッパ人娼婦と嬪夫を閉め出した。(14)すでに世紀転換期にはじまったヨーロッパ人女性の紅灯街からの追放は、はじめちょっとした騒ぎになったが、それで街が壊滅したわけではなかった。もっと温和なからゆきさんが、着実にヨーロッパ人女性にかわっていった。

一九〇五年までに、マレー街にからゆきさんが住みついて、娼館の戸口から点滅する色とりどりの日本の提灯の明かりが輝いていた。ステレツにある新進の娼館のいくつかは、早朝まで店を開けていた。からゆきさんは、なりふり構わず目標のために薄暮から喜んで働いた。かの女らがマレー街を意味するときに使用したステレツは、マレー語でも中国語でもなく、天草や島原出身のかの女らが街路を意味する英語の「ストリート」を聞きそこねて、発音を転化させたものだった。(15)ある日本人記者は、一九一〇年の『福岡日日新聞』でステレツをつぎのように紹介している。

九時頃より有名なるマライ・ステレッチ（馬来街）を観る。家は洋館にして青く塗たる軒端に、一二三の羅馬字《ローマ》を現はしたる赤きガス燈を懸け、軒の下には椅子あり。異類異形の姿せる妙齢の吾が不幸なる姉妹、之れに倚りて数百人とも知らず居並び、恥しげもなく往来する行路の人を観て、喃々《なんなん》として談笑する様、あさましくも憐《あはれ》なり。

衣服は目を驚かす色あざやかに派手なる浴衣をまとひ、ことごとく細帯のみにして、髪は高きヒサシに大なるリボンを掛く。多くはこれ二十歳を超えざる妙齢の女子なり。之れをホテルの婢に聞くに、九州ことに島原天草を主とし、紀州中国これに次ぐと云ふ。……(16)

山崎が一九七〇年代のなかごろにシンガポールを訪れたとき、ステレツのあかしになる標識はいっさい消滅していた。その場所は、市街化整備のなかにのみ込まれていた。

私は感慨無量でそれらの街を歩いたが、いま見るかつての日本人花街は、シンガポール人にたいする非礼をかえりみず敢えて記せば、スラムということばがもっとも当っているような街であった。

道の両側に三階建の建物がずうっと続いており、一階は裏日本の城下町に多い雁木造り《がんぎづくり》——つまり連なる建物の軒下を歩道にするという構造で、その歩道に面した大半の家が商店となっている。……二階・三階は貸部屋となっている由で、道路側が唯一の窓であるため洗濯物の行列だったが、日本とは違って竿を窓から直角に外側へ向けて延ばし、そこに多くは原色のシャツやズボンの干してあるのが珍しかった。そしてどの建物も、建ってからすでに六、七十年を経過しているだけにいたるところ壁が剝落して芯の煉瓦が露出しており、それを隠すためか一室ごとに思い思いの色で壁や鎧戸《よろいど》を塗り立てたのが、なおさらスラムという印象をかもすのに拍車をかけていたのである。[17]

そこに、控えめな日本人売春区域が、かって存在したという唯一の目に見える証拠といえば、街角、とくにマレー街の角に建つ建物の側面に描かれた街路の標識だった。建物が並ぶ場所そのものが、山崎に語るものはほとんどなかったが、この街筋にからゆきさんが住んでいたことは、その地の人びとの心に記憶されていた。一九二一年にシンガポールでの日本人による公認売春は廃止され、からゆきさんがマレー街、海南街《ハイラム》、スプリング街から姿を消した。しかし、興味深いことに、それから六六年以上たっている一九八七年に、年老いた中国人住民は、日本人女性がかつて住んでいたふたつの特定売春街を指すヤップン・カイ（日本街）という名称をまだ用いていたのである。[18]

『南洋の五十年』（一九三七年）によると、シンガポールで最高齢の日本人住民は、「米屋の婆さん」だったが、かの女がシンガポールに来たのは、からゆきさんがまだ到来していない一八七七年だった。かの女の記憶では、その後出現したビーチ路から「花街」またはステレツまでの一帯はまだ湿地であった。[19] 二〇世紀になって、風景は一変した。ノース・ブリッジ路からわずかに離れた陳桂蘭街《タン・キーラン》とフレーザー街のステレツの外側に、中国人はアヘン吸煙ができる娼館を軒をつらねて建設し、そこでは二流の広東人阿姑が、「芳しくない」クーリーに媚びを売っていた。中国人古老の多くは、陳桂蘭街は不名誉な「娼婦通り」という印象をもっていた。[20] 八〇代なかばの著名な中国人サロン写真家は、若いときから知っていた娼館街を指折り数えた。サゴ街、サゴ小路、スミス街、海南街《ハイラム》、フレーザー街、陳桂蘭街、「つまり街路全部なんですよ」[21]。

大坡

一九世紀後半の最初の三〇年間、市の西部地区は、主としてノース・キャナル路、香港街、珍珠街《チンチュウ》と振興街《チンヒン》からなっていた。中国人しか客にしない広東出身の娼婦は、一般に風通しの悪い、汚い家屋に住んでいた。さらに、ノース・キャナル路、ニュー・ブリッジ路、ノース・ブリッジ路には、潮州出身の阿姑が住んでいた。いっぽう、どんな人種でも客とする娼婦たち、主としてヨーロッパ人やマレー人は、ノース・キャナル路、梧槽路《ロチョール》、珍珠街に住んでいた。[22] しかし、紅灯街が拡大したので、一八九〇年代までに、その中心は六ブロック西にあるクレタ・アエル地区のチャイナタウンの中心に移動し、市の西部地区にはスミス街、サゴ街、トルンガヌ街、上福建街、振興街が含まれるようになった。[23] これら五つの通りは、おもに中国人と日本人の娼館で占められていた。サゴ街には、戸口から約三〇センチ上に「日本人館」と書かれた貼り紙のついた娼館が、少なくとも三軒あった。[24] 第一次世界大戦以前は、これらの通りの娼館のそれぞれの店先に、一〇人から一二人の娼婦が並んでいるのは珍しいことではなかった。サゴ街は、一八九五年に建立されて、ランドマークとなっていた大伯公《トーペーコン》廟にちなんで、しばしば広東人によって「小寺街」とよばれ、一九〇二年まで少なくとも二六軒の娼館があった。[25] ここで成長した老人は、店と楼屋が一体化した平凡なつくりの何軒かの娼館があった正確な場所をおぼえていた。かれは著者に会うと、思い出すままに通りの名と娼館の位置の短いリストを作りはじめた。著者が、一九一〇年当時のサゴ街の写真を見せると、かれは「もしニュー・ブリッジ路の端に立ったとすると、右手に多くの娼館があったが、左手は少なかった」と答えた。[26] 隣接するバンダ街とスプリング街は、広東語で番寨尾《ファンツァイメイ》すなわち「外国人売春婦小路」として知られていた。なぜなら、そこには多数のからゆきさんがいたからだ。[27] このスプリング街は、クレタ・アエル地区ではヤップン・カイ（日本街）とよばれていた。スプリング街という地名は、中国方言を話さない、または中国人でない人たちのあいだだけに用いられていた。[28]

マレー街の売春区域がノース・ブリッジ路に隣接していたように、スミス街の売春区域は、サウス・ブリッジ路まで延びていた。南北ブリッジ路の二区分は、市の端から端まで中央を走る幹線道路だった。ヨーロッパ人は東部地区に行くほうが多かったが、これは西部地区はチャイナタウンの中心にあったためである。西部地区の常連は、中国人、日本人、マレー人、インド人やジャワ人などであった。スミス街の娼館にはさまれて、真新しいペンキと蛍光色を放つガス灯が輝き、床から屋根の頂上まで照明された三階建ての大きなレストランが並んでいた。[29] 上海からきたリー・チュン・チューは、一八八七年に見たこの紅灯地帯のことをこう述べている。

繁栄度からみて、シンガポールのどの地区も「大坡」とは比べものにならない。ここの海岸通りには、外国商会、銀行、郵便局、税関すべてがあった。いっぽう、「小坡」にもバザールはあったが、売店は土着の人びとが経営して、土産品やいろいろな食べ物を売っていた。そこには、大きなマーケットはひとつもなかった。……「大坡」のなかには、クレタ・アエルとして知られた一角があり、レストラン、劇場と娼館が集中していた。よごれやごみが視界から隠された、もっとも人口が多い区域だった。シンガポールのどんな場所も、これと比較できなかった。一晩じゅう、街の通りはどこもガス灯で照らされていた。……クレタ・アエルに沿って娼館が櫛の歯のように密集して並んでいた。華民護衛司署で登録された公認の娼婦の数は、三千数百人といわれていた。これとは別に、登録されない娼婦や女優は、数え切れないほどいた。みんな広東人で、幼児のときに売られて南洋に連れてこられたか、それともシンガポールで生まれ育ったかであった。[30]

娼館の分布と規模

クーリーの移入と組織買売春が、最盛期にあったときの、娼館の分布、数と所在地の変遷・規模を記したデータの入手には、限界がある。そのような場合、娼館の分布や規模について、信頼できる実態を描き出すためには、一見、関連性のないさまざまな統計資料に頼らねばならない。まず、一八七七年発効の伝染病条例の実効調査をするために、任命された委員会の報告があり、そこには同年二月現在の公認娼館のリストと、各館の娼婦の人数についての貴重な表が添付されていた。つぎに、華民護衛司が植民地省に宛てた手紙の写しがあり、それには、特定の街路にある番号と館主の名前付きの娼館のリスト、警察の協力要請、また一九〇五年の華民護衛司署の記録から得られた公認娼館と娼婦の公的所得申請が添付されていた[31]（これらふたつのリストから、表3－1を作成した）。三番目に、一九〇二年の水道料金用メーターの付いた、娼婦とクーリーの宿泊施設のリストがある。このリストには、給水メーター導入前後の水道料金領収書の明細が付いており、この別なかたちの公的資料を入手したことで、社会史家は阿姑やからゆきさんが潜在的な客層への接近をみこんで、もっとも密集して住みついた街を「発見」することができる[32]。最後に、検視官の死亡診断書と死体検案書は、系統的な証拠、この場合は住居の様態を示し、また娼婦が住んでいた娼館の住所にかんする情報を提供してくれる。

一九世紀末にかけて、市中のクーリー人口の増加につれ、指定区域において営業する娼館の数は着実に増え、指定区域外の娼館も同様に増えた。一八六八年には三四九軒の娼館が営業しており、公式報告にある娼婦の数は二〇六一人だった。このうち一六四四人は中国人で、まだ日本人女性はいなかった[33]。その二年後に、娼館とそこに住んでいる娼婦全員を登録させるという政府のねらいによって伝染病条例が導入され、その後一〇年のあいだに買売春業は目に見えて落ち込んだ。一八七七年には、一七の街路沿いに集中していた二三二軒の娼館が認可を受けた。市の東部では、これらは主としてヴィクトリア街、ノース・ブリッジ路とシェイク・マデルサ小道に密集しており、マレー街では一軒だけが公認娼館として登録された。ノース・ブリッジ路では、すべての中国人女性娼館主は広東人か潮州人で、いっぽうヴィクトリア街では公認二三軒の娼館主の国籍はまちまちで、リナ、クララ、ロザリー・ブラウン、ユティリー・シュワルツとオメリア・グリーンなど、自前で営業していたヨーロッパ人女性が含まれていた[34]。川の西側には、最多数の娼館が三つの大通りに並んでいた。すなわち香港街には四五軒、福建街には三六軒、そしてニュー・ブリッ

表 3－1　シンガポールにおける公認娼館数，1877年と1905年

場所	娼館数	
	1877	1905
東岸地区		
ノース・ブリッジ路	11	2
梧槽《ロチョール》キャナル路	2	2
ヴィクトリア街	23	4
シェイク・マデルサ小道	16	14
海南《ハイラム》街	32	
マラバル街		50
マレー街	1	34
ブギス街		14
フレーザー街		54
陳桂蘭《タン・キーラン》街		36
小計	53	242
西岸地区		
ニュー・ブリッジ路	33	
香港街	45	
ノース・キャナル路	20	4
振興《チンヒン》街	12	17
上福建街	36	36
珍珠《チンチュウ》街	13	
スミス街		17
トルンガヌ街		7
サゴ街		13
スプリング街		5
バンダ街		12
小計	159	111
合計	212	353

出典：この表は，つぎの資料から作成した。List of Licensed Brothels for the month of February 1877, Appendix M, pp. LXI-LXIII, in Report of the Committee appointed to inquire into the working of Ordinance XXIII of 1870, commonly called The Contagious Diseases Ordinance, in Straits Settlement Legislative Council Proceedings 1877, Appendix 7, and Return of Brothels and Prostitute Brothels known as the Protectorate, SSAR, 1905, p. 652.

ジ路には三三軒があった(35)。

一八九〇年代に、娼館の数は激増し、それもこれまで娼館のなかった地区に侵入した。この急速な拡がりは、一八八七年に伝染病条例が廃止され、九四年に娼館の登録制も廃止になり、しかもその間、移民労働者が記録的に増えたことによった。一八九八年に監察総監が政府に提出した人口統計には、市中のすべての娼館が含まれていなかった。日本およびヨーロッパ系娼館を正確に記入したとされる長官の名簿からは、実際に約半分にあたる多数の娼館が脱落していたようだ。それでも、長官の名簿には、未登録の中国人娼館三〇八軒と、それらの館主によって数えられた住み込み娼婦一七五一人が記入されていた。さらに、長官は、「その他の国籍」の娼婦三三五人を抱える一二一軒の別の娼館の名簿を作成していた(36)。一九一七年までに、娼館の総数は劇的に減少した。東岸の六つの通り、すなわちマレー街地区では、二階建て以上の家屋が三三七軒あって、そのうち一七一軒が娼館だった。一二〇軒には九一〇人の阿姑が、残り五一軒には二五五人のからゆきさんが居住していた。西岸のスミス街地区は五ブロックからなり、テラス付きの家屋が三七三軒あって、そのうち六三軒が娼館だった。六一軒には、ほとんどが広東人である六六〇人の中国人娼婦が住んでおり、残り二軒には一二人の日本人娼婦が住んでいた(37)。

二〇世紀に入ると、マレー街地区は異常に発展し、一九〇五年までにすっかり様変わりした。以前、紅灯街は、ジャラン・サルタン、アラブ街、シェイク・マデルサ小道とマレー街に沿うカンポン・グラムに集中していた。一八七七年に、これら四本の大通りには、主としてマレー系娼館があった。これに加えて、ノース・ブリッジ路とヴィクトリア街に沿って中国系とヨーロッパ系の娼館があった(38)。ところが、二八年後の一九〇五年には、東岸の娼館群は西に数ブロック移動して、海南《ハイラム》街、マラバル街、マレー街とブギス街がその中心となり、ヨーロッパ系または日本系の施設が主要な位置を占めていた。さらに、フレーザー街や陳桂蘭《タン・キーラン》街には、アヘン吸煙できる中国人娼館ができた(39)。一八七〇年代の終わりごろ、繁華街の東南には公認された売春宿が五三軒あるのみだった。一九〇五年までに、登録をとりやめた娼館の数は二四二軒に上昇したが、これは実に四倍を上まわる増加を意味した。この期間にもっとも著しい下落は、ヴィクトリア街に沿ってみられた。なぜなら、増加しつつあった興化人と福清人の人力車夫を受け入れるために、娼館からクーリー下宿への転業が多く発生したからである(40)。

チャイナタウンが存在する「川の西側」での娼館もまた

目立って変化したが、別種の変化であった。一八六〇年代と七〇年代には中国人娼館の大多数は、ニュー・ブリッジ路からほんの少し離れた福建街や香港街（通称「棺桶」街）に沿っていた。しかし、娼館の分布データから、スミス街地区で大通りの外側に集中するような大規模の娼館は、一九〇五年までにほとんどなくなったことがわかる。一八八〇年代には、ニュー・ブリッジ街に沿って、多くの商人が店をだして小商いをはじめると、娼館はそこから姿を消した。上級の売春施設は、主としてクレタ・アエルから二、三ブロック北東、すなわちスミス街とサゴ街に挟まれ、かつふたつのブリッジ路に挟まれた地区にあった。さらに、バンダ街とスプリング街の近くで、日本人娼館がこの時代に開店した。一八七七年と一九〇五年における特選街路の娼館の規模について、表3－2はスミス街地区の娼館数軒で娼婦の密集度が高いことを明示している。小さい娼館も上クロス街と振興街《チンヒン》で、それなりに営業を続けていたが、ほかのたいていの業者は、娼婦の数を少し減らしていた。一八七七年の平均的な娼館では、女娼館主と住み込み阿姑七人がいた。例外的に大きい娼館もあった。福建街六番の娼館主チョン・アーロイは一四人の女性を抱え、その街を下がった三三／四番のコー・アージャムもまた同数を抱えていた。逆に小人数の例をあげれば、上クロス街の四軒のうち三軒では、娼婦はひとりずつしかいなかった。(41)二〇世紀のはじめに、娼館の数が二八軒に減ったものの、これらの街にある公認娼館の規模は、一八七七年と一九〇五年のあいだにほとんど変動しなかった。

娼館に居住できる娼婦の数は、すべてその家屋の大きさと収容能力にかかっていた。一八七七年から一九〇五年のあいだに、チャイナタウンでの娼館の総数が着実に増えた。なかでも、たいていの娼館が三階ないし四階であったスミス街は劇的に発展して、娼婦の数もそれに応じて増加した。一九〇五年に、サゴ街やトルンガヌ街にあった典型的な娼館には、一五人から一七人の娼婦が住んでいて、大きい娼館では一七人か一八人だった。いっぽう、陳桂蘭《タン・キーラン》街やフレーザー街では、一娼館の平均は七～八人だった。

一九世紀末から二〇世紀はじめにかけて、日本人娼館の規模はほとんど変わらず、各事業主は、平均五～七人のからゆきさんを抱えていた。しかし、チャイナタウンの西はずれにはもっと多くの娼婦がいて、もっと大きい娼館があった。規模についてみると、サゴ街にある娼館二軒は二三人のからゆきさんを抱え、かの女らはその二軒のあいだを移動するという変則的な営業形態をとっていた。それにしても、市の東西両地区での、日本人娼館の増加ぶりはめざましかった。東岸地区では、娼館はマレー街地区の数ブロ

表3－2　西岸地区内のおもな街路にあった娼館の規模，1877年と1905年

場所	1905			1877		
	娼館の数	娼婦の数	娼婦の平均数	娼館の数	娼婦の数	娼婦の平均数
ニュー・ブリッジ路	33	205	6.2	0	0	0
ノース・キャナル路	20	95	4.8	4	14	3.5
振興街《チンヒン》	12	65	5.4	17	133	7.8
上福建街	36	360	10.0	36	310	8.6
上クロス街	4	5	1.2	10	32	3.2
合計	105	730		67	489	
	娼婦の平均数＝7.9人			娼婦の平均数＝7.3人		
スミス街路				17	237	13.9
トルンガヌ街				7	119	17.0
サゴ街				13	194	14.9
スプリング街				5	38	7.6
バンダ街				12	72	6.0
合計				54	660	
				娼婦の平均数＝12.2人		

出典：この表は，つぎの資料から作成した。List of Licensed Brothels for the month of February 1877, Appendix M, pp. LXI–LXIII, in Report of the Committee appointed to enquire into the working of Ordinance XXIII of 1870, commonly called the Contagious Diseases Ordinance, in Straits Settlements Legislative Council Proceedings, 1877, Appendix 7, and Return of Brothels and Prostitutes Brothels known as the Protectorate, SSAR, 1905, p. 652.

表3－3　1905年にシンガポールのおもな街路にあった日本人娼館の規模

場所	娼館の数	娼婦の数	娼婦の平均数
海南街《ハイラム》	26	153	5.9
マラバル街	27	143	5.3
マレー街	32	179	5.6
ブギス街	6	30	5.0
サゴ街	2	23	11.5
バンダ街	11	67	6.0
スプリング街	5	38	7.6
合計	109	633	
		娼婦の平均数＝5.8人	

出典：Return of Brothels and Prostitutes Brothels known as the Protectorate, SSAR, 1905, p. 652.

ックに集中していた。一八七八年には、日本人娼館二軒がマレー街で営業をはじめた。その後、娼館の数は増加するいっぽうで、一八八七年には一〇〇人以上のからゆきさんがシンガポールにいた。一九〇二年には娼館八三軒と娼婦六一一人が記録され、一九〇五年すなわち明治維新後三七年たって日露戦争をしていた年に、華民護衛司署が公的に得た資料が示すところでは、日本の娼館は一〇九軒、娼婦数は六三三人に達していた（表3－3）[42]。

一八七七年から一九〇五年にかけて、娼館の数は目立って増加した。一八七七年以前にもぐり娼館が存在したという証拠はあるが、その数と分布についての統計資料はない。植民地の行政当局は、タンリン駐屯地の近くにある私的な娼館は別として、一八七〇年代後半に存在した、これらのもぐり娼館の場所についてそれほど無関心だったわけではない[43]。当局は一九世紀末までに、伝染性の高い性病をもった娼婦が、狭くて汚くて概して暗い路地に拡散してゆく数と、その早さに警戒を強めていた（第6章を参照）。この目につきにくい変化は、キャナル路やパシル小道などに建ち並ぶもぐり娼館内で起こっていた。そこは小さな二階建てで、屋根は粘土板で葺かれ、小さい窓ガラスと、さらに小さいドアがあり、濃い化粧をした阿姑が暗がりのなかに座っていた[44]。

娼館の物理的環境

世紀転換期に、阿姑が居住していた家屋は、二階、三階または四階建てで、大きい番号が戸口上の明かり窓にペンキで書かれたり張りつけられたりしていて、番号の後ろには赤色（またはほかの色）のランプがついていた[45]。娼館の番号は、かならずしも通常の番地と一致せず、ときにはまったく関連性がなかった。娼館番号は、市内の公認娼館以外の建物では見られず、またふたつの指定された「安全」区域外の公認娼館にもなかった。この番号の大きさと様式は一定しており、この番号がついた家屋は、警察および華民護衛司が公的に認可した娼館であることを意味した。しかし、この番号が植民地政府の命令によるものか、そうであれば政府のどの役所の命令なのか、またどの法律によるものか、また亀婆《グワイポー》にとっては、法律と同じ効力がある警察の指示によるものか、さだかでない。

客の階層と人種は、中国娼館を上級か下級かに格付けするさいの識別要素だった。金まわりのよい客筋をもっている、より排他的な娼館は、主としてスミス街地区にあった。ここでは中国人商人、学校教師、中流事務員などが、すでに予約済みでなければ、はじめての訪問で、館内の快適な部屋で阿姑との一夜の歓楽が得られた。入口にかかった黒い看板は、その気のある客の注意を、一夜のサービスを提供する、これら豬花宅《ロークイ・チャイ》娼館に向けさせた。クレタ・アエルの住人は、この看板によって近所の商店と高級娼館を識別できた。「わたしが若いころ、看板を見た。入口の目立つところに掛っているこの看板には、通常『××楼』とか『××軒』の字のつく娼館名が表示されていた。楼とか軒で終わる名のつくものは、決まって娼館だった[46]。たいていの娼館には、道に面する窓のすぐ上に飾り立てた低浮き彫りフレームがついていた。長方形のフレームは、装飾が施こされ、ロマンスを連想させる婉曲な字句や絵が刻まれていた。石膏板にも、売れっ子の風貌が「清風」とか「明月」といった詩的な形容詞で宣伝され、当の阿姑たちは、スミス街に並ぶ建物上階の自室の窓やバルコニーから通りを眺めていた[47]。残念なことに、道に面した娼館の標識のほとんどは、時の経過とともに、その上に漆喰がぬられたり、表面がひどく傷んでしまった。ほとんど判別できない実物が、とくにスミス街にまだいくつか残っており、チャイナタウンの生活景観の一部を物語り、シンガポールの買売春の歴史をしのばせている。

たいていの中国風娼館の入口やホールは、蛍光色のガス灯で照明されていた。一九一七年に、シンガポールで電灯のともる娼館は一軒だけで、それはスミス街にある大きな中国風の建物だった[48]。当時シンガポールは、明るく照明された都市ではなくて、市内の高級娼館といえども、この例にもれず照明はたしかに暗かった。二流娼館は、川に近いチャイナタウンの東端にあって、すぐ目についたが、下級の娼館は、マレー街地区だけに厳しく限定されていた。「川の向こう側は低級だった」[49]。これら娼館では、そこに住む阿姑の数以外は、すべてのことは最低水準に抑えられた。家具やそれに類するものは皆無に等しく、セックスは簡便に、素早く、安価でおこなわれた。この安価な娼館は、その地では炮宅（pau chai）とよばれ、そこをよく利用する多くの客、たとえば貧しいクーリー、水夫、兵士や酔漢は、タ・パォ（ta pau）といわれた。これら炮宅にいる阿姑は、炮婆《パオポウ》とよばれた。炮《パオ》は花火を意味しており、そこでのセックス行為は、はかなく燃えつきる花火を連想させたのだろう[50]。

高級な豬花宅《ロークイ・チャイ》は別として、阿姑が住み込んでいる娼館は、人が詰め込まれ、通風が悪く、清潔とはいいがたかった[51]。上の階には、建物の両端まで通じる狭い廊下があった。この廊下にそって所々にある戸口は、湿って薄汚れた長方形の小部屋に通じていた。昼間でも真っ暗で、小さい灯火で照明しなければならなかった。決まって家々の背後にある井戸と便所は、衛生上の観点からみて、とくに洗濯と入浴の面で、あまりにも接近しすぎていた。[52] 主要な出入口以外に、多くの場合、階下にある玄関のホールや店、隣接する娼館にも通じるほかの出口があった。これらの出口は裏口であったり、横側の非常階段であったり、屋根越しの階段であったりして、官憲のだしぬきの臨検や客の殺人行為の場合に、娼婦が逃避できるようになっていた。[53]

ステレッに長く並ぶ、シャッターの下りた日本娼館は、中国娼館と同様に高級と低級に分類されていたが、日本人娼婦は中国人娼婦と違って、人種によって相手客を差別するようなことは、めったになかった。通常からゆきさんは、花代を払う客であれば、どんな男性にもサービスをする心構えができていた。二〇世紀初期の旅行記『最近の南国』のなかで、坪谷水哉はマレー街地区では高級と低級の娼館がはっきり識別できるといっている。

一軒一軒の娼館の「店先にはたいてい中央にテーブルを据え、壁際には腰掛をめぐらし、テーブルの側には二、三の椅子を配置する」が、これはからゆきさんたちが客待ち・客引きをするために置かれたもので、……そして彼女らは、いずれも「冬瓜《とうがん》のような白い面《おもて》を電灯で一段青白くして、支那人の苦力でも印度人の黒ン坊でも、相手選まず声をかけ」ていた……。[54]

これが、からゆきさんの平均的接客方法だったが、なかには「店を張らずに奥で客を待つ稍《や》や上等の部類」もあった。[55] これら高級館前には、椅子やテーブルは置かず、「店から直ちに二階まで階段に氈毹を敷いて」いた。[56] 近くの食堂はステレッにある娼館の別館の役目をして、電灯と彩色による華やかな雰囲気をつくり、客が出入りして、どこでもからゆきさんが見られた。三階建てのレストランには、扇風機、たくさんの絵画、鏡などぜいたくな調度品が備わっており、従業員たちがきびきびとサービスをしていた。周囲のまばゆい照明にもかかわらず、一般的に日本娼館の玄関ホールは、灯油ランプ一個だけで照明されていた。客寄せのために、番地を書き込んだもっと暗い赤いガス灯が、店先の張り出した軒下の通路の上に懸けられていた。[57]

日本娼館の抱え娼婦の数は、中国人にくらべると通常は少なく、そのために日本娼館より小さく、ドアの後にビーズを連ねたのれんがかかっていた。[58] 中国娼館の入口は、横桟を組み込んだ滑り戸が進入路と直角に開閉し、その後ろで垂直に回転する二枚板ドアが内側に開いた。この安全な二重ドア方式によって、垂直板のドアを押し開くと、外側から横桟つき戸の透き間から内側をのぞくことができるが、この滑り戸はなにかないかぎり、施錠されて開かれず、客の出入りを管理した(59)。ステレツにある日本娼館の階上の部屋は、当時の平均的な六畳間の広さがあり、中国娼館の多くで見かけるような、暗くて汚い小部屋ではなかった(60)。しかし、からゆきさんが使用する部屋には便所や炊事設備はなく、各階に共用の便所があり、炊事場は家屋の裏側にひとつあるだけだった。当時シンガポールでは、労働者階級の家屋はどこでも住み心地が悪いという定評があったが、日本娼館もその例にもれなかった。

搾取的な経済——娼婦の階級組織

公認娼館では、亀婆《グワイポー》は、阿姑を金銭的な関係によって、三つの階層に分類していた。シンガポールにいた娼婦は、「売られた」か、「質入れ」されたか、「自前」か、のいずれかだった。売られた娼婦とは、亀婆が周旋屋から買い入れた女性で、娼館に隷属しており、多くの場合、表向きは娼館主の「養女」として取り扱われた。かの女らは、公主《ゴンチュウ》またはアマクサンともいわれ、食べ物、衣類、小使い銭などが支給されるが、かの女らの稼ぎは、全部亀婆に取りあげられ、亀婆はかの女らを自分の所有物として、意のままに取り扱った(61)。

質入れされたか、娼館に貸し出された女性は、幇年《ボンニン》とよばれ、文字どおりに解すると「年季奉仕手伝い」だった。幇年は、からゆきさんと同じように、多くの場合、貧困に苦しむ両親や後見人のために、契約した前借金を働きながら返済しなければならなかった。かの女らは、最低六年間は売春し、その期間の稼ぎの半分は亀婆《グワイポー》に手渡して、部屋と食事を与えられた(62)。残りの半分を借金の返済にあてようと思えば、できないことはなかったが、亀婆から衣類や宝石類を不当に高い値段で買わされ、借金は増え続けた。理論的には、働いて借金を返済する幇年またはからゆきさんは、契約期間が満了して、すべての借金を返済すれば自由になれるはずだった。しかし、期限間近になると、かの女らは移転させられたり売られたりして、別の娼館や新しい買い手との契約履行をはじめることになった。

「灯火を共有する」を意味する搭灯《ダップダン》とよばれる女性、つまり自前の娼婦は、亀婆《グワイポー》の目でみると、幇年《ボンニン》と同じ身分で、食物の支給を受け、部屋代として稼ぎの半分は娼館主に手渡された。大きな相違点は、搭灯には館主に支払わねばならない借入れ元金がなかったことである。したがって、公主《ゴンチュウ》や幇年にくらべると、はるかに自由だった。かの女らの稼ぎの半分は、もし本当に自由な身分であったなら自分用に蓄えることができた。もし、搭灯が誰か老女、しばしば元娼婦であったが、の所有物であれば、稼ぎの半分はこの「ポケット・マザー（鴇母）」に渡った。このような習慣は、一九二〇年代までふつうのことだった。

公主《ゴンチュウ》

シンガポールの中国人娼婦の多くに、自由はなかった。公主《ゴンチュウ》とアマクサンが住んでいた部屋の状態と、かの女らが亀婆《グワイポー》に負う金銭的、社会的、道義的な債務や束縛によって、かの女らは実質的な奴隷に身を落とし、自分自身への権利をなくした「アウトサイダー」であった。「売られた」娼婦は、シンガポールではとくに絶望的な存在だった。

……ここで忘れてならないことは、中国本土にいる娼婦は、自分自身の国にいるのであって、母国語を話し同郷人のなかにいるわけで、しばしば家族のうしろだてや援助があり、絶えずその地方の環境の影響を受けていた。もし、トラブルが起きたり、病気になったりしたときは、いつでもかの女の両親、親戚、友人や同僚の娼婦の同情に訴えることができた。ひじょうに多くの場合、身を落とした理由は、独自で生計をたてられない父母や兄弟姉妹を助けるため、つまり、中国の孝行の道に従ったという、実感できる自信と慰めがあった。(63)

住み込み娼婦は、自分にほれこんだ客がくれる小さな贈物をうまく隠して取り込む場合は別として、売春で得た金を一セントでも手にすることは稀だった。公主《ゴンチュウ》は、体調が良くても悪くても、夜昼の別なく、どんな状況下でもたえず客をとらされた。もし、かの女が過酷な働きでからだをこわしたり、性病にかかったりしたら、必ずといっていいくらい売り飛ばされたり街頭に投げ出されたりした。少女を買い入れた亀婆《グワイポー》は、気のある客が購入代金に金利や諸経費を加えて払うといっても、その少女の解放に同意するとは限らなかった。ここでは、亀婆と公主とは明らかに搾取的な主従の関係にあり、亀婆は、正当な奴隷の持ち主の感覚で、しばしば自分が買い入れた娼婦が特定期間に稼ぎだす商業的価値を、代償として請求できると信じていた。公主となった若い中国人女性の希望とは関係なく、かの女らは自分のからだについてのすべての権利を失っていた。主人の権力にたいしてまったく無力で、無抵抗になっていたことは、かの女らのふるまいでわかった。この点について、中国人住民の消息通で、市政局委員でもあった陳若錦は、つぎのように話している。

これら不幸な女性たちの大部分は、厳密にいって自由な人間とはいえず、とくに娼婦の主力を形成する若い女性がそうなのです。ほとんどの場合、かの女らは売り飛ばされ、訓練され、もっぱら女主人のために金を稼ぐ目的で買い取られたのです。この事実と祖国の古い習慣によって課せられた社会的な制約を考えると、哀れで惨めなかの女らは、当地のような自由な国にいても、とらわれの奴隷とほとんど同じ立場にあるといっても、過言ではないでしょう。(64)

幫年《ポンニン》

窮乏した中国農村の娘を、契約の下にシンガポールの娼館に連れ込む周旋屋と年季証文の制度は、奴隷売買よりましとはいえなかった。幫年《ポンニン》たちは、娼館に入ると食物と貸間が与えられ、ちょっとした治療を受けることもできた。しかし、中国や日本ではよく知られたこの「前借金」の制度は、シンガポールでも盛んで、かの女らの債務はつけで買わされる衣服や宝石類、家具の代金や賃貸料で増えていった。六年間に、亀婆《グワイポー》は年季契約の娼婦に一年間で一着の衣服を与える義務はあったが、もし幫年が多くの衣装を望んだときは自分の勘定で買うなり、借金をせねばならなかった。かの女はさらに茶、油、たばこ、マッチなど細々とした日用品を買わねばならなかった。(65)幫年として娼館に住み込む時点で、かの女が「売られた」か「自分を売り込んだ」代金によって生じた当初の債務は、植民地政府によって公認されず、中国内の非合法取引の根源とみなされた。しかし、幫年が衣服や装飾品の購入で亀婆から借りた金銭は、合法な借金とみなされた。

少女たちが売春の現場に着いたときは、貧しい家の出身ゆえに、当然ながらよい衣服は着ていなかった。きれいな衣服で客に接するために、ときには四〇〇ドルから五〇〇ドルに達するほどの借金を、館主からしなければならなかった。これは、かの女によって生じた借金で……返済すべき合法的借金だった。その段階で、女の子は館主に借金があれば、……稼ぎの半分を返済金として渡し、残りの半分を自分の手元においた。借金の返済が終われば、かの女は自由の身になり、かの女の稼ぎはすべて、自分のものになった。(66)

娼館主には、この契約－債務システムは好都合だった。なぜなら、これで大いに儲かるうえに、幫年《ポンニン》にかける経費や支給実費は微々たるものであったからである。しかし、幇年は、それでは借金を返済しきれないので、この制度を嫌った。

この契約‐債務のシステムは、からゆきさんのあいだでも広くゆきわたっていた。シンガポールの娼館に数年間住み込んだ後でも、若い日本人女性はしばしば少しも裕福にならなかった。借金から解放されず、からゆきさんはその家族や後見人にしばしば送金を中止することがあった。松原久太郎は、一九一二年から二六年まで、シンガポールの小山衣料雑貨店で若い店員として働いたが、山崎にこう話した。

> 店が日本人花街の近くにあった関係から、からゆきさんたちよりしばしば手紙の代筆を頼まれたという。——が、雑貨店のひまな時間を見はからってやって来る彼女たちの手紙の内容は、「主人やミセスに高価な着物を買わされ、そのため借金が抜けないから、今月はこれだけしか送れない」というのや、「不景気で実収《みいり》が少なく、申しわけないが今月はお金が送れない」というのが過半であった。[67]

もし、かの女が売春から抜け出せるとしても、それはたいてい幇年《ポンニン》やからゆきさんが結婚にこぎつければ実現されたが、衣装類を持ち出すことは、身にまとったもの以外はめったに許されなかった。自由になるためには、まず借金のすべてを返さなければならなかった。しかし、幇年が自由になるのは、公主《ゴンチュウ》の場合と同様に、抱え主がかの女のからだに不当な価値をつけているだけにひじょうに困難だった。幇年の自由になりたい意志が強いほど、亀婆《グワイポー》は娼婦の身代金を吊り上げた。それゆえ、自分自身のからだを買い戻す資金を貯めることは不可能で、無期限に幇年の身分から抜け出せず、実際には亀婆の囚人であった。逃亡したり、借金を返済しきれない幇年が自由を得るただひとつの可能性は、かの女との結婚を望んで亀婆の言い値を払う気のある男性を見つけることだった。求愛する男性と逃亡を企てたことが発覚でもしようものなら、幇年は眠り薬を飲まされ、連合マレー諸州やスマトラ島に運び出された。そこで別の娼館に売られて、最初の契約ですでに五年間の年季勤めがすんでいても、新たにもう六年の年季契約で働かされることになった。[68]このような束縛や借金地獄の形態をとる売春業は、一九世紀末にシンガポールで繁盛していた。本質的には、貧困、父権制度と都市の繁栄が、中国人女性を幇年として、シンガポールの娼館のなかに追い込んだことになる。

売られたり、借金のかたになった阿姑やからゆきさんの人生の情況は、かの女らが、肉親、親戚、友人に別れを告げて、遠いシンガポールに住んでいるという事実からみても、複雑だった。かの女らは、亀婆《グワイポー》の操り人形であり、偽りの口実でその街に連れてこられた事実や、抱え主の残酷な仕打ちについて、訴える相手がいなかった。そこでは、恐喝や搾取の実態を覆いかくすために、阿姑と抱え主である亀婆のあいだでは、ことさら擬似親族関係をあらわす言葉が用いられた。娼館のなかでは、公主《ゴンチュウ》と幇年《ボンニン》は、館主の「娘」とよばれ、亀婆は「お母さん」とよばれた。[69]この虚構の関係のもとで、女性たちは売春を強要されたが、これが国際的に婦女子を売買する中国的システムをもっとも長く続けさせた特徴のひとつだった。女性たちは、未知なるものに恐怖心をもっており、「お母さん」に背くことを怖がり、そして、かの女らが住んでいる植民地の行政から得られる自分たちの権利などについては無知だった。娼館奴隷制は、中国で認められた制度だった。中国の刑法では、公的売春は禁止されていたが、中国の慣習として広くおこなわれていた。一般的には、公主や幇年は無条件に亀婆の所有物であって、まず身請けはできないと考えられたので、かの女らは事実上人間として扱われず、法的にいえばなんの権利ももっていなかった。[70]

すでに述べたように、中国の法令では、阿姑として娼館に住み込みを決めた契約金から生じる債務は無効だった。理論的にいえば、公主《ゴンチュウ》も幇年《ボンニン》も、かの女らの「身売り」や「質入れ」から生じる法的な責務を負うことはなかった。中国では、娼婦は「賤民」や奴隷として分類されたが、これは法的かつ経済的に重要な事実だった。[71]娼婦や「賤民」としての阿姑は、中国人社会の要人たちの同情や助けを期待することはできなかった。かれらの多くは、かの女たちの客でもあったが、自分自身のことでせいいっぱいで、かの女らの法的身分や窮状にかかわろうとはしなかった。実際に、阿姑の処遇に絶対権力をもつ娼館主、売買や年季奉公の手配をする者、一般大衆、さらに阿姑自身、すなわち当事者を含めてすべての人が、娼婦というものは、利息がつくかどうかは別として、身売りか質入れの元金の全額を償還し終えるまで、娼館において勤めあげる法的、道義的な責務があるものと考えていた。

阿姑の取り扱い方は娼館主によって異なり、全般的にそれほど過酷とはみえなかった。しかし、病気の娼婦たちに客をとらせるために、殴るという残酷な仕打ちをする者はいた。亀婆《グワイポー》は、反抗したり、稼ぎの悪い阿姑を、娼館内に実質上囚人のように閉じ込めたり、食事を与えないこともできた。かの女らの声は、めったに娼館の壁の外には届かず、亀婆はかの女らを「家財の一部」とみなし、苦役に従事させていた。

娼館主にたいする阿姑の地位や金銭的な従属関係はさまざまで、しばしばかの女らを元の買値以上の特定価格で、亀婆《グワイポー》どうしが売買するのは容易だった。また、「商人が商品を物々交換する」ように、かの女らは借金の見返りまたは借金の抵当として、館主のあいだを転々とした。(72) 娼婦たちが娼館を去ることは法的に自由であり、また植民地政府が救済措置として、「保護」カード発給の通告を娼館内に掲げたが、ほとんどあるいはまったく役に立たなかった。なぜなら、かの女らは読み書きができず、また娼館から抜け出さないように、亀婆によって有効な手段がとられていたからである。自由について望めたのは、裕福な客が身受けしてくれるか、病気になるか、死による解放だけだった。

搭灯《ダップダン》

シンガポールでの買売春業に入る第三の道である自ら選択した搭灯《ダップダン》は、リョン・ウァイ・チェンのように、娼館に住み込むことがなにを意味するのかをよく知っていた。(73) 貧困とか、家庭内の争いごとが動機となって、このような自前の阿姑の人生を歩むことになったのである。搭灯の多くは、生計をたてるためや自分以外の人の生活のために娼婦になった。家庭の貧困、多情な夫の性的いやがらせ、義母の絶え間ないいじめなどから逃げようと、シンガポールに来て、最初は召使いか日雇い労務の仕事を求めた者もいる。(74) しかし、売春以外に自分と家族のための充分な収入を得ることはできず、しばしば阿姑になることを勧誘された。搭灯のなかには、年少のころに周旋屋の犠牲となった経験をもつ者もいた。かの女らは、ごく小さかったころ中国で幼児か孤児として買い取られ、かなりの年月、養育の役をする「ポケット・マザー」または亀婆《グワイポー》の管理下にあった。なんらかの方法で自由の身になれたが、最終的にかの女たちは自分の意志で自前の阿姑となった。これらの女性たちは登録されるとはかぎらないが、氏名や住み込んでいる娼婦名は華民護衛司署に通報されていた。(75) 出身地の中国でみられる自由娼婦の階級のように、搭灯は公主《ゴンチュウ》や幇年《ボンニン》にくらべて、ずっと自由な身分だったので、必要な場合は自分の権利を主張した。

琵琶仔《ペイパッアイ》

植民地当局からは、娼婦とはみなされないが、多くが阿姑になる運命をたどった女性たちがいた。職業的に宴会に侍る琵琶仔《ペイパッアイ》で、琵琶《ペイパ》という弦楽器を演奏できる歌姫として、ものうげで「静かで悲しい人間性」がただよう旋律を奏でた。[76] 琵琶仔は、若く魅力的な女性で、洗練されてしとやかな態度をもついっぽう、レパートリーのひとつとして接客と性技にも優れていたという。かの女らは、シンガポールの音楽ホール、私的なクラブ、レストランにおいて、裕福な中国人の活気ある社交生活にとって、第一級の接待係だった。[77] からだではなくて歌唱を売り物にする本物の女性芸人だったが、街では歌姫と阿姑との境界線はあいまいで、一部の琵琶仔は、いつかは娼婦の仲間入りする運命にあった。琵琶仔は厳密にいえば歌姫であって娼婦ではないが、阿姑のように考えられ、そのように扱われることは珍しいことではなかった。

金持ちが琵琶仔を予約して、クラブに行く。そこで客や友人をごちそうでもてなし、さらに歌姫を何人か呼んで、同席させることもあった。またいっぽう、かの女らは、しばしば阿姑とよばれた。「阿姑を呼んでくれないか」という客の要求に応じて、琵琶仔が召し使いにつき添われて「宴席」にでることがあった。歌姫が客をとることもあったが、自分の評判を保つのにたいそう用心していた。かの女らは、めったに客を呼び込むことはしなかった。自分好みの客を選択できた。かの女らの愛人は、たいていい商人か実業家だった。しかし、すべての裕福な男性にこんなことをする余裕があったわけではなかった。[78]

琵琶仔《ベイパツァイ》は、容姿、魅力、才能のある幼女のなかから選ばれ、将来はエリートや富裕な者を接待する芸妓になるように仕込まれた。かの女らは重要な社会行事、通常は手のこんだ男性主体の晩餐会にでて、優美な動作、愉快な会話、ウイット、歌唱と琵琶《ベイパ》またはツィータの弾き語りなどで場を盛りあげた。呼ばれたときレストランやクラブにでかけて接待することで、通常は時間あたりの定額料金を得た。ロウ・ギオンインは、かれが少年だった一九二〇年代に若い女性たちがどのように、日常的に接待をしていたかを語ってくれた。

> ピパチャイ［琵琶仔《ベイパツァイ》］は、かの女のひいき客の後ろに座り、グラスを満たし、ときおり熱いおしぼりをさしだし、かれのしゃれ、ばか騒ぎ、大声などに喜ぶふりをする。半時間ほどそこにいた後、かの女は場所をかえてほかのひいき客の接待をした。そして、一時間かそれ以上たってから、ふたたび元のひいき客のそばにかえって接待をした。ひいき客ひとりから受け取る通常の接待料は、五ドルだった。[79]

このような社交クラブに入ってみると、琵琶仔《ペイパツァイ》が、老いも若きも、多数の男性客にサービスするなかで、酒宴が盛りあがり、歌が流れ、ツィータが弾かれる光景に出くわしただろう。

男性客たちが着ていた地味な黒白の衣服が背景にあるので、かれらの正妻または妾と思われる女性の素晴らしい衣裳は一段と引き立ってみえた。しかし、わたしは間違っているのにすぐ気がついた。かの女らは、この夜会に呼ばれた歌姫または琵琶仔《ペイパツァイ》だったのだ。……若い女性が着ている刺繍のある絹服は、優雅なパステル調だったが、かの女らのリーダーと思われる女性は、錦地で縁どりされた深い紫色で、ほのかに輝く衣裳を着ていた。……少し時間がたつと、誰もがお祭り気分になって、音楽を所望する声があがった。冷やかしやばか騒ぎがはずんだ後、歌姫たちは、ブランデーを少し飲むようにすすめられた。……突然、バンドが演奏をはじめた。……ヴァイオリンの高い音色、断続的に鳴るドラム、大きく響きわたるブラス・ゴングを、わたしは聞きわけた。……さらにたくさんのご馳走が出され、年配の男たちの関心はブランデーの方に向かった。「その気になった」若者四、五人は、わたしたちにお休みを言って歌姫たちと立ち去った。[80]

ときおり、琵琶《ペイパ》を携えた若い歌姫が、ばか騒ぎのなかで、もの悲しげな弾き語りをした。そんなかの女も、チャイナタウンの娼館で、阿姑としばしばともに体験した服従と搾取についての、静かな代弁者、いやその象徴といえただろう。

まれに、金銭的に独立をなしとげた運のよい琵琶仔《ペイパツァイ》がいた。[81]しかし、通常琵琶仔は、しばしばかの女を搾取する年配女性の厳しい管理と権限のもとにおかれた。この「ポケット・マザー」、すなわち琵琶仔の労働から利を得る人物は、原則的にいつもかの女のそばにいた。これは、ホールから接待の呼び出しがある場合、前もって計算されることはめったになく、接待費の支払いは通常その場でなされるので、それに立ち会うためだった。というのも、琵琶仔は、広東風弦楽の楽団をもつタン・ホールズとよばれるいくつかの社交場を、いつも夜通し求めに応じて宴会を渡り歩いて、接客したからであった。

若い歌姫は、いくつかのホールを忙しく回って、ときには複数のクラブで接待した。たとえば、ウィークリー・エンターテイメント・クラブがかの女を呼び寄せる。その料金《ママ》は通常たった二ドルだったが、実際に歌姫はいつでも呼べる人力車に乗ってあちこち出向き、一〇ドルか

ら一五ドルは稼いだ。当時、これは大金だった。(82)［ママは原著者記入］

琵琶仔《ペイパツァイ》の付き添いは、公衆の目からは女中か召使いのように見えたが、事実はしばしば琵琶仔を管理していた。この座主を兼ねる付き添い《シャペロン》がいつも同行することは、琵琶仔の評判を高め、「体面」を保たせた。これは歌姫のためだけではなく、かの女の「養母」のためにもなった。(83) 若い歌姫が仕事でよく売れると、両者の関係は良好だった。しかし、タン・ホールズやレストラン、社交クラブからの注文が落ち込むと、とくに琵琶仔が年をとって呼び出しが減ってくると、当然のことながら、この実際上の座主は歌姫をだんだんと売春の方向にしむけるか、はっきりと売春を強要したことは、ほとんど疑いない。

　琵琶仔《ペイパツァイ》の人生の背後にどんな事情があったかは、いくつかの検視官の事件証言から知ることができる。通常、シンガポールに来ていた不幸な女性の多くは、破綻した家庭の出身か、周旋屋の被害者のどちらかといえる。リョン・トンフォークは、未亡人ウォン・タイソーの孫娘で二〇歳だったが、スミス街六七番で祖母といっしょに住んでいた。一五歳のときリョンの両親が死んだので、この老女は孫娘を育てた。リョンは琵琶仔になり、二年後娼婦になった。ウォンは、かの女が一九二一年五月五日に仕事に出たときの服装を述べている。「あの娘が午後七時ごろに家を出たときは、歌の演奏会場にすぐ出られるような格好でした。金の腕輪一対、髪かざり、五個の金ボタン、人造真珠をはめこんだ金のイヤリングをつけていました。その晩、かの女は帰ってきませんでした。でも、早朝に帰宅することがたまにあったので、わたしは気にしてませんでした」(84)。

　福建人ホ・ホンミンの場合も、よく似ている。四歳のとき広東人女性に養女に出され、育てられたが、この養母が亡くなった。そこで、義理の姉で阿姑をしていたウォン・ヨンムイが、かの女の面倒をみることになった。一〇歳で学校に行きはじめたが、一五歳になりいくらか英語を読み書きできるようになったころ、学校をやめた。家を出てから、かの女はまず琵琶仔《ペイパツァイ》になって、その後自前のキャバレーのダンサーになった。しかし、ときどき義理の姉の家にもどってくるようになったころは、娼婦の仕事もしていた。(85)

　多数の琵琶仔《ペイパツァイ》は、クーリーの宿舎がたくさんあり、スミス街からわずか数ブロックしか離れていない人口過密なパゴダ街地区に住んでいた。三階建ての家が並ぶパゴダ街を、チャイナタウンの典型例として人口調査したとき、エーカー［約四〇四七平方メートル］あたり一三〇四人が住んでいて、そのうち女性は三五〇人、子どもは五四人だけだった。この調査で

「無職」として回答のあった女性は二九二人だった。何人かは、職業を阿媽《アマ》とか針仕事と回答したが、「無職の女性」の大部分は小部屋に住み込みの琵琶仔か阿姑だった(86)。

性を売り物にする経済

シンガポールで日本人や中国人が経営した娼館売春は、市の経済発展が急速に進んだ時期に、うまみのある商売だった。二〇世紀に入るまでは、シンガポールの娼館経営は、資本蓄積のもっとも容易な方法のひとつと考えられていた(87)。シンガポールに進出した初期の日本人商業は、なんらかの点で娼館売春とかかわりをもっていた。しかし、その経営者は外国において体面を保つという固定観念にとりつかれており、からゆきさんの労苦のなかから相当な利益を吸いあげ続けながら、前面にもっともらしい投資事業をかかげて、売春業とのかかわりを隠そうとした。裏で売春業をやっていない初期の数少ない純粋な日本人商店のひとつに、大和商会があった(88)。他方、一九世紀末の富裕で名望のある中国人たちは、娼館を所有したり、自分の敷地のうえに娼館を建てたりすることが、法に従順な市民としての自己の品位やその利益を損なうとは考えもしなかった(89)。

当時娼館経営がいかにもうかる商売であったかは、公認娼館の営業権が高値で売買されていたことからわかる(90)。さらに、娼館の暴利が、住み込みの阿姑やからゆきさんの数によるものであったことを示すために、一九〇五年ごろスミス街にあった三階建て娼館の持ち主の平均的な経費と収入を調べてみよう。この年度の決算書において、通常の近所の下宿よりは倍ほど高い部屋代、阿姑の病気や客数の時節的な減少を考慮して、毎月の営業日数を最低二四日とみなす経理上の斟酌がなされていた。また、秘密結社への社交機密費の支出と流氓《サムセン》〔暴力団員〕への「上納金」のたぐい、阿姑の福利や保健のための医療費基金への分担が計上された。娼婦は、通常この分担金と同額を基金に拠出しなければならなかった。表3－4にある数字は、一四人の阿姑を抱えたスミス街の一娼館経営者が、年間平均五七〇六ドルの純益をあげたことを示している。実際の純益は、これよりはるかに大きかったようだ。ここで、亀婆《グワイポー》が秘密結社を満足させるために、社交機密費をしばしば支払っていたことに注目させられる。娼館主がそれを払えないときは、部屋代を大幅に値上げして、利益を吸い出すしくみになっていた。さらに、部屋代と阿姑の福利総額が娼館主の粗収入から控除されれば、年間の利益はとても大きいものだったろう。平均的な阿姑は、予測できないことが起らないかぎ

表3－4　スミス街3階建て娼館の館主の収入と支出，1905年ごろ

年収	
3ドル／日×24日／月×12カ月×14人(阿姑)	$12,096
維持経費：食物，衣服と宝石類　$45／阿姑×14人(阿姑)	630
賃借料　$60／月	720
機密・社交費　50セント／日，360日／年	2,520
娼館の医療費　50セント／日，360日／年	2,520
年間経費	6,390
年間利益	$5,706

出典：スミス街娼館の収入と支出は，1883年と1905年の間のシンガポール検視官の死亡診断書と死因検案書より作成した。

り、三、四年のあいだ年間八〇〇ドル以上は稼いでいたはずだ。娼館主は、この三、四年間、阿姑が契約下の働きで得た粗収入を取り込み、さらに契約満了した阿姑を通常約二〇〇ドルで売って、この転売から一七五〇ドルの純利益を得ることができた(91)。

収益の全体図をまとめると、一九〇五年にスミス街地区の最良の場所で平均的なひと晩に人びとの手を渡ったであろう金額が計算できる。もし、スミス街一七軒、トルンガヌ街七軒、サゴ街一三軒、計娼館三七軒の登録された阿姑の総人数五五〇人(表3－2参照)めいめいが、ひと晩標準の三ドルを稼いだとして、その夜は一六五〇ドルの収入があったことになる。これは、三街路での基本的な収入にすぎない。これら娼館の阿姑が最低二八八日働けば、かの女らの年間収入は四七万五二〇〇ドルをわけなく超すことになる。

同時代に、ステレッツにある日本娼館が得た確実な収入を、社会史家は入手した資料から控えめに計算することができる。山崎によると、［由中］太郎造という名の娼館主は、おサキに三〇〇円を支払った(92)。そのころ、ふつうのからゆきさんは、毎日一人から八人の客をとっていた。おサキが太郎造のもとで接客をはじめたとき、夕方からの交替組の娼婦は平均して五人いた。日本娼館は、毎日二四時間、週七日営業していた。おサキと同時代人である善道キクヨは、映画監督今村昇平に、マレー街地区では経費を差し引いて一カ月で最高三〇〇円を稼ぐことができた、と語っている。かの女の一カ月の粗収入は、平均して四二〇円だった(93)。これは、この小柄な女性が毎回二円ずつを支払う客相手に、毎月最低二一〇人に接したことを意味する。この二円の四〇パーセントを館主が取り込んだが、接客数を増やして、かの女は余分の収入を得た。めいめいの娼婦は平均して二五〇円の収入を得たので、六人の娼婦を抱えるマレー街の娼館は年間で約一万八〇〇〇円を得たことになる。もっとも繁盛した場所では、たいていこの倍くらいは稼いだであろう。そして、一九〇五年のシンガポールには、少なくと

も一〇九軒の日本娼館があった（表3－3参照）。

娼館売春は、シンガポールで中国や日本の事業発展のための資本金を供給するという、経済的に重要な役割を果たした。一九五〇年代に森が天草でおこなった現地調査によって、日本がシンガポールその他の南洋方面に経済進出した背後に、からゆきさんと娼館売春が重要な役割を果たしたことが注目されるようになった(94)。呉服屋、レストラン、薬品・化粧品店、菓子店、花屋、下宿屋、その他の新規事業店は、まもなくからゆきさんと運命をともにすることになった。一九〇六年に海南街《ハイラム》二六－二番娼館のおアキが、突然この世から消えてしまったとき、多くの小さな店の経営者は、ちょっとした貸し倒れ損を被った。おアキの遺体の確認に呼ばれた一連の証人から、娼館売春に直接依存していたいくつかの商店の形態を知ることができる。海南街二六番地で喫茶店を経営していた大塚は、検視官にこう語っている。「いま見た死人は、……海南街でうちの近くに住んでいた娼婦のおアキです……。生前のかの女を最後に見たのは、昨日の午前一〇時か一一時でした(95)」。もうひとりの証人おハルは、海南街二六－三番の筋向かいにある仕立て屋で、おアキのような女性のために着物の修繕をしていた。ヨーロッパ人や日本人の医師も、性病医院を開業していて、全額即金支払い条件で週ごとの医療サービスや、伝染病条例のもとで健康証明書の発行をしたりしていた。銀行もまた恩恵を受けた。預金者や為替申し込み人は、圧倒的にステレッツからの人たちだった。

山崎らは、からゆきさんの存在が経済的にみて小売店や企業の発展に大切だっただけでなく、当時かの女らが日本に送金した外貨がいかに重要であったかを強調している。南洋方面で日本の経済進出の先陣を切ったのは、からゆきさんとして移住して働いた女性たちだった。まず、娼館とからゆきさんが進出し、ついで商人、小売り店、医師、そして最後に銀行が続いた。娼館の設立とステレッツの成長は、シンガポールと日本における経済の多様化のために必要な資金の増大を促進した。このタイミングは重要だった。当時、まだ日本は近代工業国として、市場と製品について西欧とうまく競争することができず、予見可能な将来のために外貨を渇望していた。三井物産のシンガポール支店がアサヒビールの販売をはじめると、矢ヶ部商会も日の出ビールと紙巻きタバコのライトの東洋総代理店になった。越後屋呉服店や小山同新店、水野、丸トのような雑貨店・日本酒店は、からゆきさんが進出すると、東南アジアのどこでも店を開いた。一九一二年ごろの商業名鑑や商業雑誌には、日本人呉服反物商の名前が長く連なっていた(96)。

からゆきさんが日本に仕送りした収入は、相当な金額だった。日本政府が、当時是非とも必要だった外貨を得るために、外国で娼館を設立し、農村の娘を送り込む事業をどの程度許容していたのか、確かめることは難しい。山崎とハネの著書は、当時の日本の行動からみて、このような方針があったことは充分にうかがえると明言する。さらに、当時主導的な政治論客だった福沢諭吉は、女性を娼婦として移住させること、とくにその移住先をシンガポール、香港やウラジオストクのように急速な経済発展をしている港湾都市にすることを奨励していた。福沢は、これら女性は、娼婦になること以外に、日本国内で将来の望みがないのだから、かの女らのため、また日本のためには、かの女らが海外に行き、外貨を蓄積するのは望ましいことだと主張し、つぎのように述べている――「人民の海外移植を奨励するに就て、特に娼婦外出の必要なるを認めたればなり。……婦人の出稼は人民の移住と是非とも相伴ふ可きものなれば、寧ろ公然許可することこそ得策なれ(97)」。福沢の考えが実際にどの程度、日本政府の考えや政策に影響したかを知ることは難しい。日本政府は、公然とこれらの女性の移住を支援しなかったが、かの女らの移住や海外での娼館の発展を抑止する手段をとらなかったことは確かである。それは、シンガポールのような海外娼館のある所から、日本に送金されてくる金額が、莫大だったという事実による。長崎郵便局が取り扱っただけでも、東南アジアで働いているからゆきさんから家への送金総額は、基本的に年二〇万円を超えたといわれている(98)。

シンガポールで性産業を営むために、搭灯《ダップダン》、公主《ゴンチュウ》、幇年《ポンニン》、からゆきさんのような婦女子を輸入することは、娼館主や周旋屋に莫大な利益をもたらした。シンガポールで新しい娼妓を必要とする亀婆《グワイポー》やママさんは、自分で中国か日本に行くか、代理人を送るか、あるいは婦女子を買って港街までの輸送を手配する周旋屋を雇い仲介させるかした。琵琶仔《ペイパァイ》も、海外に出向く周旋屋によって中国南部から連れてこられた婦女子の一部だった。宋旺相は、著書『シンガポールにおける中国人百年史』のなかで、『叻報《ラッポウ》』の社説「中国孤児の窮状」に注目した。それによると、孤児たちの多くは盲目で、「ポケット・マザー」によって琵琶仔または街娼として雇われた(99)。世紀転換期に、中国南部でふつうの阿姑の売値は、二〇ドルから五〇ドルだった。シンガポールでは、中国人の移住者の数が増え、これに呼応して性産業のための女性売買が増えるにつれ、かの女らの値段は劇的に高騰した。処女性、年齢、容貌や出身地にしたがって、値段は一五〇ドルから五〇〇ドル、またはそれ以上にあがった(100)。

第4章　人身売買と娼館での買売春

中国や日本での婦女子の売買は、シンガポールの公認娼館での買売春と不可分に連動していた。ともに二〇世紀初頭に繁栄し、組織化された性産業が、圧倒的な数の中国人移住労働者を相手に「荒稼ぎ」することになった。[1]中国や日本にも娼館はあった。しかし、東南アジアのシンガポールと各地の海港をつなぐ娼館ネットワークの存在が、まず国際的人身売買を助長した。一九世紀後半に急速に商業発展したシンガポールをとりまく社会的環境が娼館を必需品とし、[2]マレー街やスミス街地区の娼館は、少女の周旋屋、人買いなどの大得意先であり、阿姑やからゆきさんの取引でかれらは暴利をむさぼっていた。当時、東南アジアでは中国人女性は供給を上まわる需要があり、売買で大金が動いた。同様に日本のからゆきさんも、インド、ビルマ、タイ、オランダ領東インド、フランス領サイゴン、アメリカ領マニラなど、東南アジア全体からの需要があった。[3]少女のなかには、女衒（嬪夫）によってオーストラリア北西の真珠採取基地ブルームや、ボルネオ東海岸のサンダカンといった遠隔の地まで送り込まれた者もいた。[4]中国人や日本人の周旋屋の多様なグループが各地を飛び回り、性産業で稼げる場所を探し求めた。錫採鉱の中心地イポー、タバコ・プランテーションが拓かれつつあったメダン、ゴム農園がありシンガポールに近いジョホールでは、娼婦の需要は相当なものであった。だが、シンガポールの中国人や日本人の娼婦の数は、これらの「市場」すべてを合わせたものを凌ぐほどで、一八九三年にはすでに一八〇〇人以上の娼婦がいた。[5]

シンガポールや東南アジアの主要都市に送り込まれた阿姑は、同国人だけを客とするのがふつうであった。[6]いっぽう、からゆきさんは、国籍に関係なく、あらゆる種類の男性を客とした。日本人女性の国外への流出は、娼婦としてもっぱら外貨を獲得することが目的であり、特徴であった。かの女らは、プランテーションなど外地の産業で働く先駆的日本人の群れに加わったわけではなかった。

シンガポールの、とくに中国娼館の娼婦たちのあいだでは、数においても時間的・空間的にも、回転率が高かった。一九世紀後半の亀婆《グワイポー》やママさんは、娼婦は約六年間はよい利益をあげて働き、その間にかの女の移籍料はつねに上がった、と述べている。阿姑やからゆきさんには、権利というものがほとんどないまま、つねに途方もない値段で新しい抱え主に売られた。周旋屋は、シンガポールからアジアの別の植民地や他国へと、かの女らをしばしば脅迫しては転売した。シンガポールが中国人社会であったことから、そこに供給された最大の女性グループは中国人であった。数ではつぎに日本人が重要で、ずっと数が減ってヨーロッパ人、マレー人、タイ人の女性が続いた。

性産業のためのこの途方もない女性売買には、いくつか重要な理由があった。一九世紀末の移民統計によれば、毎年膨大な数の中国人男性が、単身でシンガポールに流入していた。中国人移民総数にたいする女性の比率は、一九三〇年代までほとんど変わらなかった。人買い業者は、この男女比の不均衡に乗じて、クーリーや商人の要望に応えたといえよう。シンガポールの嘆かわしい住環境や高い家賃からみて、中国人移住者がここで家庭をもち、当たり前の生活をすることは困難であった。(7) 植民地の都市化につきものの暗黒面であるシンガポールの悲惨な貧困や、同様の中国や日本の貧困に、人買いや女衒がつけいったのだった。

国際的なネットワーク

廈門、汕頭、上海、広東と、植民地であった香港やマカオをつなぐ娼婦の売買は続いていた。(8) 香港とマカオは、中国の諸港からきた少女たちをシンガポールへ送る重要な中継基地であった。両港、とくに中国からシンガポールへのたいていの船が寄港する香港の公認娼館は、いわば手形交換所のような役目を果たしており、家族から少女たちを調達する部門と、かの女らをさまざまな東南アジアの目的地に出航させる部門に分かれていた(地図2参照)。国際的な人身売買の犠牲者たちは、「輸出」の準備が整うまでそこに留め置かれた。最終的にどうするかが決まるまで、若い娘をたいした費用もかけずに住まわせて、稼がせることさえできたからである。これらの施設は、シンガポールの

地図2　東南アジアの阿姑とからゆきさん，1900年ごろ

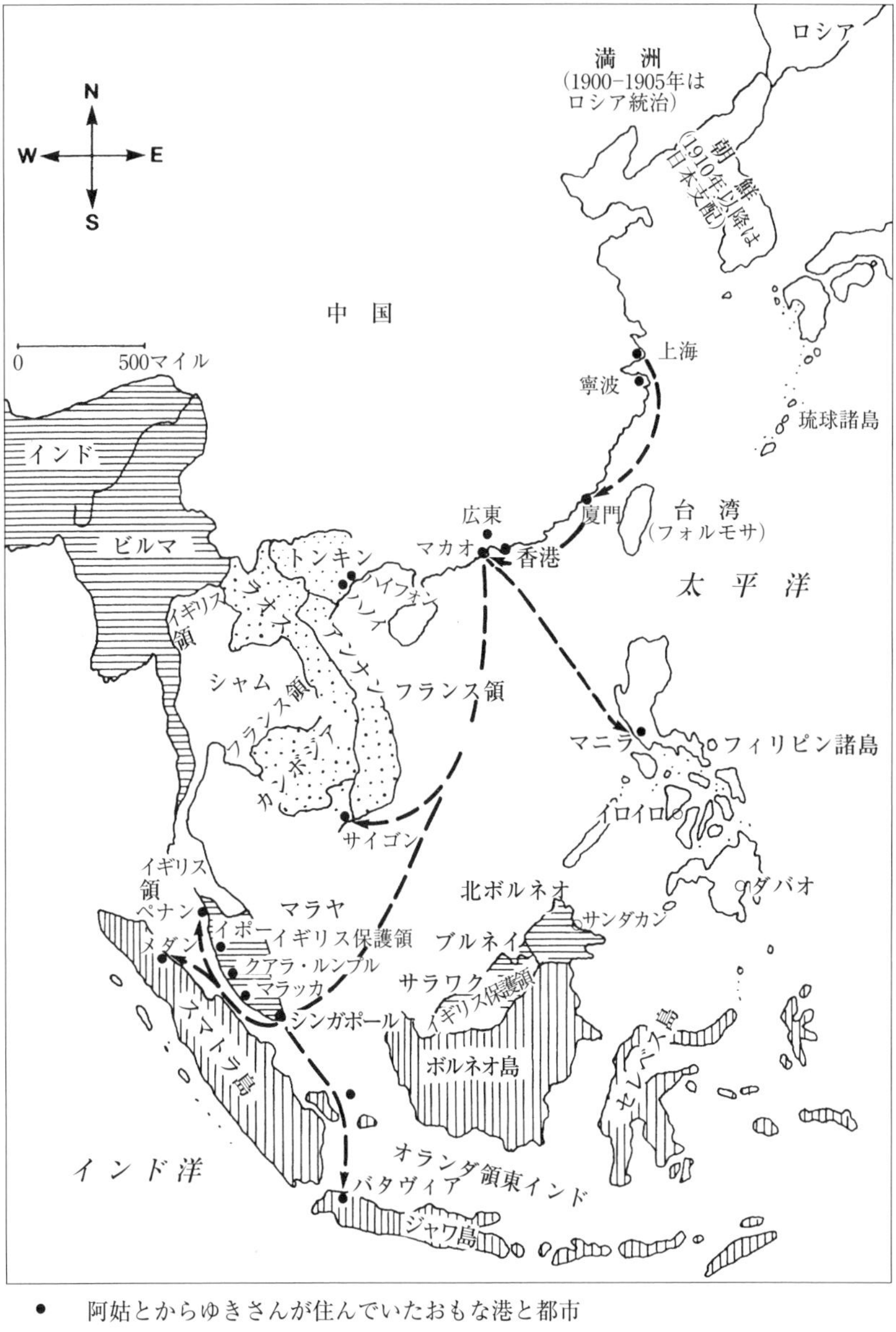

● 阿姑とからゆきさんが住んでいたおもな港と都市

○ (からゆきさんのみ)

— — 広東人婦女子の移動パターン

イギリス植民地　オランダ植民地　フランス植民地

確かな市場に向けて、沿岸ぞいに少女たちを移動させる中国人周旋屋にとって、地理的にも重要な取引拠点であった[9]。

そして、限りない商機を与えてくれるシンガポールは、東南アジアに中国人女性を動かす中心、すなわちジョホールや連合マレー諸州だけでなく、シャム、ボルネオ、オランダ領東インドまで娼婦を置きたがっていた商人にとっての、一大女性流通センターでもあった[10]。シンガポールは香港とひじょうによく似ていたが、シンガポールは地域の玄関口というべき位置にある都市で、乗り継ぎ地となり、目的地の数は香港の一〇〇倍も多岐にわたっていた。中国人婦女子の取引は、シンガポールの交易問題のなかで、いつも最大でもっとも難しかった。かの女らの大半は広東省出身であり、汕頭や香港からジャンク船や蒸気船で到着した。上海から来た福建人も相当いた[11]。かの女らは中国人街を流れるシンガポール川西岸の娼館で数カ月間、過酷に働かされた。この間に阿姑としての初期の投資に見合ういい働きをした者は、そこの亀婆《グワイポー》に抱えられた。しかし、東南アジア地域全体で中国人女性への需要はひきもきらず、相当数の女性が、連合マレー諸州のイポー、クラン、クアラ・ルンプル、タイピンといった町や、オランダ領東インドの東スマトラ、リアウ諸島、バリ島などに送られた。

からゆきさん、女衒、日本人の娼館経営者も、中国各地の港や香港についてよく知っていた。上海と香港は性産業の中心と認識されており、一八七〇年代から八〇年代には、中国各地へ送られる日本人娼婦の集散地として利用された。フランス領インドチャイナのサイゴンやハイフォン、海南《ハイラム》島、マカオなどの港町では、大きなからゆきさん社会はなかったものの、どこにも一軒くらいは日本娼館があった[12]。一八九五年までに、日本人女性の売買拠点は、同じイギリス領の港であった香港からシンガポールに移った。この両港で、イギリス政府は、一般日本人商業とともに日本娼館を建てる許可を与えた。そういう状況下では、日本帝国政府が両植民地で性産業のための日本人女性売買を終わらせようとしても、至難のわざであった[13]。一八八五年という早い時期に、日本の外務大臣は香港の植民地政府に、日本人女性が公娼になる許可をつねに五〇人を超えないように制限して欲しい、と要望し、植民地長官にわが国も女性が中国および朝鮮の港に向け出国するのを制限するさらに厳しい措置をとる、と通知している[14]。しかし、シンガポールは日本人女性の中継地としても利用され、一九〇五年には多数のからゆきさん、女衒、娼館主がシンガポールで生活していた。かれらの商売は年々発展し、南洋での日本人女性売買の拠点としてのシンガポールの役割は、よく知られていた。

中国の法は、売春、娼館、人買いについて不当なまでに無関心であった。婦女子を国際的な人身売買から保護するための特例あるいは法令といったものは存在しなかった[15]。中国人は広東や香港の租界に身元や移動にかんするいかなる法的・行政的規制もなく、自由に出入りすることができたため、一九世紀末にシンガポールへ中国人女性や娼婦を供給するのは、たやすいことだった。多数の労働者や商人を客とする公認娼館に女性を売ることで、人買いたちは投資をすばやく回収した。スミス街の娼館に足繁く通う金持ちや暮らしに余裕のある職人からの需要も高かったので、人買いの利益はますます膨らみ確実になった。薄給のクーリーの必要を満たすだけであったら、危険な人身売買に投資することを躊躇する業者もいたかもしれない。

シンガポールの公認娼館に入り、そして去った女性のその後を追跡した調査から、阿姑やからゆきさんが東南アジア、南アジア、はるかオーストラリアの西海岸まで、場所により数の大小はあるが、散らばっていたことがよくわかる[16]。シンガポールの娼館の認可制度は、人身売買の流れを促進しはしたものの、この女性貿易の進展の範囲や程度は、行き先の国に公認娼館のネットワークがあるかどうかにかかっていた。女性や娼婦の港から港への地理的な流れ、あるいはシンガポール内での娼館から娼館への住み替えは、驚くべきことだった。周旋屋は、娼館主の現実的で経済的な要望に応え、かの女らの大半を定期的に動かし続けた。表4－1は、当局に正式に届けられたシンガポールの娼館を出た阿姑の数字で、一八九一年には三〇人が連合マレー諸州へ、三四四人がジョホールへ、一〇三人がボルネオとオランダ領東インドへ移ったが、一〇一人は中国へ送り返された[17]。同じ年、五一一人の女性が中国から、二四〇人はジョホールから、九七人がオランダ領からシンガポールへ移された（表4－2）[18]。中国や香港への出入りはふつうのことだった。

アジアの港、都市、地域間やシンガポール内での移動が、中国人娼館の人口を流動的なものにしていた。娼館は、年ごとに規則的に補充された。公認娼館と周旋屋のネットワークを通じて売春業に従事する女性を売買する広域組織は、シンガポールから阿姑が出ていっても、中国奥地の貧困地帯から中国人少女を流入させる確固としたルートをもっていたから、すぐに補充できた。地方まわりをする女性または男性の業者が親から少女たちを買い、香港かシンガポールの集散拠点あるいは娼館に連れていった。これとは別に、女中の仕事を求めて町に流れ込んだ少女たちもおり、かの女らが輸入業者に誘拐されたり、だまされたり、あるいは強姦されたすえに、シンガポールに売られることもままあ

表4－1　シンガポールからほかの地域へ移動した娼館住み込み人数，1887–94年

移動先	1887	1888	1889	1890	1891	1892	1893	1894	合計
中国	37	66	91	78	101	181	139		693
香港	1	5	4	2	3			112	127
日本	19	4		1		3	1		28
コーチンチャイナ	1	4	2					1	8
インド	3	5	1			2		1	12
海峡植民地	24	46	23	26	69	31	54	39	312
連合マレー諸州	15	43	21	7	30	105	114	62	397
ジョホール	87	170	343	349	344	143	153	151	1,740
ボルネオおよびオランダ領東インド	21	94	132	93	103	68	44	39	594
英領植民地（ビルマおよびオーストラリア）	4	8	3	10	3			1	29
シャム		2		2	1		3		8
ヨーロッパ	2	5							7
合計	214	452	620	568	654	533	508	406	3,955
				年平均＝494					

出典：Registration Office, Contagious Diseases Ordinance, 1887–94, CO 275/33の統計資料から作成。

表4－2　シンガポールの娼館に入った住み込み人数，1887–94年

移入元	1887	1888	1889	1890	1891	1892	1893	1894	合計
中国		613	465	490	511	571			2,650
香港	469	5	25	7	11	50	785	594	1,946
日本	29	94	52	40	38	14	10	28	305
コーチンチャイナ	5	6	6	3	1	5	8	37	71
インド	7	3		2	3	1	2	1	19
海峡植民地	35	96	55	85	44	25	18	23	381
連合マレー諸州	20	44	65	73	25	26	34	42	329
ジョホール	71	181	231	254	240	117	108	100	1,302
ボルネオおよびオランダ領東インド	25	55	74	100	97	92	66	45	554
英領植民地（ビルマおよびオーストラリア）	3	5	2	2	3	2		2	19
シャム	1	26	12	14	7	24	3	1	88
ヨーロッパ	1	4							5
合計	666	1,132	987	1,070	980	927	1,034	873	7,669
				年平均＝959					

出典：Registration Office, Contagious Diseases Ordinance, 1887–94, CO 275/33の統計資料から作成。

表4－3　シンガポールの娼館の出入住み込み人数，1887–94年合計

移出先		移入元	
ジョホール	1,740	中国	2,650
中国	693	香港	1,946
ボルネオおよびオランダ領東インド	594	ジョホール	1,302
連合マレー諸州	397	ボルネオおよびオランダ領東インド	554
海峡植民地	312	海峡植民地	381
香港	127	連合マレー諸州	329
日本	28	日本	305
合計	3,891	合計	7,467
年平均	556	年平均	933

出典：表4－1および表4－2で使用したRegistration Office, Contagious Diseases Ordinance, 1887–94, CO 275/33の統計資料から作成。

った。

表4－3は、一八八七年から九四年にかけて、シンガポールの公娼館と東アジアや東南アジアとのあいだの、女性の出入状況にみられる著しい差を示している。伝染病条例が施行されていたこの八年のあいだに、三八九一人、年平均五五六人の女性がシンガポールを離れており、一八八九年から九一年のあいだに最大グループがジョホールへ移動している（表4－1参照）。全期間で合計六九三人が中国へ送り返され、オランダ領東インドに五九四人が送り込まれた。中国側最後の女性再配分の拠点としての香港の重要性は、香港に帰された女性がわずか一二七人であったのにたいし、香港から出た女性が一九四六人という数字から、もっともよくうかがえる。この一九四六人という数字をしのぐのは、中国からきた二六五〇人だけであり、これは一八九四年までにシンガポールから中国に向かった人のおよそ四倍にあたる。そのころには、シンガポールの娼館に入る中国人女性は年間平均九〇〇人を超えており、この数字は二〇世紀の最初の一〇年間にほとんど倍になった。[19]

日本人娼婦は、一八八〇年代には中国や朝鮮の港町のほとんどに居住していた。一八八二年に、上海で客の袖を引いていたからゆきさんの数は、推定八〇〇人であった。上海の日本領事館は、そのうち五〇〇～六〇〇人を日本に送還した。[20]この領事館の一網打尽を免れた人は、さらに南のコーチンチャイナやシンガポールに移った。シンガポールが東南アジア全体のからゆきさんの分布の拠点となったのは、そのすぐ後のことだった。『神戸又新日報』は、シンガポールの日本領事館の手で神戸に送り返された一八歳の少女の体験を掲載している。かの女の説明から、当局は広範囲にわたるからゆきさんの分布と女衒の組織を知ることになった。かの女は、大阪から神戸、神戸から香港へ運ば

れ、そこからもうひとりの少女とともに、まずシンガポールに送られた。ついで、スマトラにも娼館をもつというバタヴィアの日本人娼館主に四五〇円で引き渡された。その主人がスマトラの別の場所に、さらにもう一軒娼館を開くと、かの女はそちらに場所替えさせられた。そこで働くうちに病気になり、病院に送られた。シンガポールの領事館の尽力で、かの女は娼館主の費用で神戸に送り返された。かの女が香港からシンガポールに送られたのと同じ日に、かの女と一緒に閉じ込められていた九人の少女は、香港からオーストラリア行きの船に乗せられたという(21)。当時、悲しげなからゆきさんの歌が、三味線の調べにのせて歌われた。中国にいちばん近い九州から、からゆきさんがどのような需要で、どこまで遠くへ行き、その運命はどうなったかを、社会史家に示してくれる。

流れ流れて　落ち行く先は
北はシベリア　南はジャバよ
いずこの土地を　墓所と定め
いずこの土地の　土に終わらん(22)

ヨーロッパ人娼婦

中国や日本の女性が売春のためにヨーロッパ大陸まで行くことはほとんどなかったが、シンガポールに向かうヨーロッパ人娼婦はいた。一九一八年以前、この港町は家庭生活を営むに適していたとはいえず、未婚のヨーロッパ人男性の割合は高かった。シンガポールでヨーロッパ人娼婦を求めたのは、主としてそこに居住するヨーロッパ人、とくにイギリス人で、陸軍や海軍の駐屯兵、または商船の船員やここを訪れた観光客であった。かれらの相手をするのは、フランス、中央ヨーロッパの女性がほとんどで、革命で難民となったロシア人もいた。かの女らは、自国やヨーロッパで売春の道に入り、新しいチャンスを求めて遠くアジアまで足をのばした。女性を周旋するのは、たいてい同国人であった。身体的特徴、実年齢、雇用条件などを詳述した広告が娼館経営者に郵送されたが、偽の出生証明書や旅券を取得するのは簡単なことであった。世紀転換期のポーランドやほかの東ヨーロッパの経済は逼迫しており、仕事を求めて農村部の女性（その多くはユダヤ人）が都市に流れ込んでいた。田舎からの列車が着くところでは、しばしば周旋屋が待ち受けていた。[23] 世間知らずの娘たちを執拗な勧誘から守るため、駅長たちはしばしば力ずくで周旋屋を締め出し、ときには警察を呼ばなければならなかった。ポーランドでは、おもに貧困にあえぐ村々からやってきたユダヤ人少女を騙すために、周旋屋はたいてい結婚という手を使い、または仕事があると偽って、東南アジアに送り出した。[24] 密航者として、貨物船や不定期便の船倉に隠れて長い船旅をした末、女性たちはシンガポールの売春宿に身を置くことになるのがふつうだった。

いったんアジアに来ると、かの女らは組織化された性産業のネットワークを通じて各地を転々とした。シンガポールの周旋屋からマドラスの娼館主に宛てた一通のフランス語の手紙が、ヨーロッパ人娼婦の実態と移動ぶりをよく示している。

お便り、差しあげます。うまくあなたのところに届くといいのですが、……。マドラスで娼館をおもちと、お聞きしております。可能ならお宅に住み込みたいという友人がおります。二三歳のフランス人で、ブロンドで黒い瞳の美人です。条件と、毎日実際にいくらくらい稼げるかを知りたいと言っています。かの女に興味がおありでしたら、お宅の客の料金、そのうちいくら差し引かれるのか、生活費は毎月どのくらいかかるのかといった詳細を、手紙でかの女に知らせて欲しいと言っています。なお、毎日正味六〇～七〇ルピー稼げるとあなたが約束してくださるなら、その詳細を電報でかの女に知らせて欲しいとも依頼されました。そうすれば、かの女はいまフリーですので、時間を無駄にしないで、すぐにもマドラスに出発することができるでしょう。簡便のため、電報の文面は「住所、毎日手取り七〇ルピー可能、署名」だけで結構です。手紙での手配をご希望でしたら、宛先は「マドモアゼル……、局留め、シンガポール中央郵便局」です……。もっと女性をお求めなら、かの女にはブルーネットのかわいい友だちがおり、一緒に行きたいと希望しているそうです。[25]

カルカッタで公娼として登録するために書かれた別のフランス人女性による記録も、シンガポールと南アジアの女性周旋組織とのよく似た密接なつながりを示している。

わたしは、一九〇五年にフランスで生まれました。両親は亡くなり……。パリの娼館で三年働いた後、サイゴンに渡り、そこからマニラに行きました。それからシンガポールに移りましたが、妊娠したので一九二九年に帰国しました。子どもはわたしの姉／妹とパリで暮らしています。わたしはパリの娼館でまた働いていますが、そこで旧知のＪＶに再会しました。わたしがカルカッタに行って周旋屋のＹＢに会うつもりだと言うと、かの女が同行したいというので一緒に連れてきました。ＹＢとは、マニラ時代に同じ娼館に住んでいました。(26)

中国のハルビンや東清鉄道沿線の内陸部には、ロシアからの貧しい難民女性が多数流入しており、かの女らは売春婦周旋屋の餌食になりがちであった。行き先は上海、大連、天津、青島、芝罘［現在の煙台］といった港湾都市である。このケースの人身売買はだいたい中国国内におけるものであったが、ボルシェヴィキ革命の前にも後にも、シンガポールにロシアや東ヨーロッパの娼婦がいたことが公的記録に残っている。(27)

女性の調達方法

一九世紀後半の中国では、人口過剰、飢饉、悪疫、地主制度、外国の侵略とが重なりあって、何万という農民が生存レベル以下の生活を強いられていた。餓死を逃れるため、娘であれば年齢を問わず売るのが、なかば慣習だった。(28) 中国には出生、死亡、結婚を届け出る制度がなく、また清国は瓦解寸前であったので、中国当局あるいは植民地勢力が人身売買を取り締まるのは至難のわざであった。かくて、女周旋屋や仲介者によるにせ養女・養子が横行し、少女や子どもが明らかにシンガポールでの性産業に向けて売買された。

極貧の家族が娘を売って得るお金は、足元を見られて、健康な娘でもわずか二シリングが相場であった。一九世紀末に慢性的な貧困にあえぐ北部の諸省で売られた望まれない娘の数は、驚愕に値する。(29) 一八七六〜七九年の大飢饉では、山西省だけで人口一五〇〇万のうち推定九五〇万が死亡した。若い女性たちは、緩慢に餓死するよりは荷車に積まれて誘拐されることを望んだ。人びとは「家を取り壊し、妻や娘を売り、根っこや死肉、土くれ、ゴミまで食べた。そう聞いても誰も驚かない状態だった」(30)。飢饉や疫病はたえず中国のどこかの省で起こっており、墓が多いのはまさに農業的に豊かで人口過剰な地域であった。「その地方で飢饉があった」という表現は、中国の歴史では慣用句になっている。(31) 死や窮乏のただなかで、不安や恥は周旋屋に利用され、天災の不安から逃れられない状況では、両親に人身売買を抑止する道徳心は働くはずもなく、何千人という一二～一四歳の少女が売られていった。

シンガポールの性産業への流れのなかで、最初に中国国内で婦女子を買うのは、ふつう中年あるいは高齢の広東人女性であった。[32] 目的は、少女たちの娼婦としての稼ぎに寄食することだが、これらの女性が周旋屋なのか、娼館や下宿屋の経営者なのかを区別することは、難しかった。これらの周旋屋は、一般に元娼婦が娼館主や大班婆《タイパンポー》になった者であった。かの女らは、買った「娘」を娼婦に育てあげ、少女の器量や才覚によって、そのまま抱えておくか、あるいは既存の娼館に一括代金と引き替えに転売した。まるで投機商品のように人身を売買するこれらの女性は、お針子、髪結い、女中、「行商人」などとしばしば名乗っていたが、実は元阿姑、大班婆あるいは亀婆《グワイポー》であった。[33] このほか、中国とシンガポールを結ぶ人身売買に加わった別のタイプの目立った女性たちがいた。そのなかには、娼館主や公娼地帯外でもぐり営業するために部屋を貸すシンジケートと関係をもつ有力な女周旋屋もいた。さらに渡航ブローカー、金貸し、翡翠商人、八百屋までも含むこれらの女性たちは、上珍珠《チンチュウ》街や南京街、あるいはバンダ街地区の自分の家に住んでいた。[34] 中国現地では、広東省東莞郡の女性が多く、一八九〇年代にシンガポールの娼館へ少女を送り込むことに関与していた。[35]

かの女らの多くは手数料で稼ぐ代理人にすぎなかったから、その社会的地位は低く、自由になる資金も限られていた。それでもシンガポールの娼館で働く大班婆《タイパンポー》のなかには二〇〇～三〇〇ドルの貯えがあり、一〇〇～二〇〇ドルあまりを借りて中国に少女を買いに出かけた。中国からの船旅のあいだに、買われたり拐かされた娘たちは、役人にどう返答するか、どこへ行くのかを教え込まれたが、ときにはうっかり口を滑らして、華民護衛司署に身柄を拘束されることになった。[36] そんな入国時の手違いがあると、周旋屋の前歴が露見した。娼館の使用人は、ふつう年二～三回中国に里帰りしており、かれらの実質的収入の大半は、シンガポールでの人身売買から得たものだった。阿姑のなかにも、年とって容色や健康が衰えてくると、人生の関心を娼館のための少女の確保と訓練に向けるものが出た。その少女たちも、売春での生活が立ちいかない年になると、こんどは同じように自分たちがより若い世代を餌食にする側にまわった。こうして、皮肉で悲劇的、抑圧的な調達、人身売買、購入の悪循環が、とめどなく続いた。

子どもを売ることを躊躇する困窮した田舎の親を欺くために、また咎めを受けずに少女をさらうために、これらの女周旋屋が用いたおきまりの誘い文句やトリックがあった。香港を出る船にはほとんどみな、「叔母」や「養母」に伴われた少女が乗っていた。召使い、看護婦、髪結いといった仕事を見つけてやり、できれば教育を受けさせるつもりだと説明するにせ親戚もいた[37]。だが、こうした希望のある約束やエサがなくても、人を集めることはできた。酒や賭け事におぼれ、不平をかこち、娘を邪魔に思う無責任な父親は、買ってやろうという誰にでも、おおっぴらに娘を売り払った。妻が相談にあずかるはずもなく、かの女は売られた娘のことをひとり不憫に思うばかりであった[38]。両親や後見人が、養子縁組や結婚を装って、娘や被後見人がシンガポールへ連れ去られるのを許すケースもよくあった[39]。中国で周旋屋や亀婆《グワイポー》に買われた少女たちは、「母さん」とよばれるおもに老婦人である所有者の完全な私有物であり、所有者はシンガポールに着くと同時に「娘」を自分の娼館に抱えるか、あるいは別の娼館主に転売した。転売にあたって、亀婆は周旋屋に払った金額を受け取り、少女は高利のついた金額の約束手形に署名した。そして、周旋屋は中国に帰り、残された少女は娼館主のために働く運命に甘んじた[40]。こうした売買は、ごく当たり前のようにおこなわれ、約束手形つきの少女は、あちらからこちらへと転売され、借金のかたとされた。

　……ある娼館で、わたしはふたりの潮州人少女に会った。かの女らは六年前に中国からシンガポールに到着すると、それぞれ約三〇〇ドルの手形に署名した。その金額は、一セント残らずかの女らを売った人たちが受け取り、中国にもって帰った。ふたりは六年間二、三人の所有主を転々とし、……かなりの金額を何度かに分けて支払ったが、約束手形の元金は残った。わたしが娼館主に強く言って提示させた帳簿から、ふたりは三年間で一人一月二〇～三〇ドル稼いでいたことがわかった[41]。

新婚の花嫁が、仕事を探しにゆく夫と一緒にシンガポールへ行くよう説得されることがあった。だが、到着するやいなや、にせ夫は花嫁を売ったお金を手に、中国に戻ってしまうのだった。

　一八九八年ごろ、シンガポールに来た中国人娼婦のわずか一〇パーセントが、搭灯《ダップダン》であった[42]。残りは、お針子や看護婦というふれこみの地元の仲介人により、あるいは給料が高く照会人もいらない仕事をシンガポールで紹介できると言う中年女性により、娼館に誘い込まれた人びとであった。ほかはいろいろだった。「……金持ちとの結婚という話に騙された寡婦や妾、娼館で生まれた少女、女主人に結婚と言われたのに売られ売春を余儀なくされた家事奉公人、などなど[43]」。

女性の代金は個々の状況により異なるが、数ドルから、特別に美しい処女あるいは娼婦経験のある美女であれば最高四〇〇ドルくらいであった[44]。大金が支払われる女性は、シンガポールの高級娼館に抱えられた。大旱魃の深刻な被害を受けた中国北部の地域では、婦女子の値段は一・五米ドルから七五米ドルまでさまざまであった[45]。このようにして買われた女性にたいして請求される最初の経費には、人買いの交通費や輸入手続きに関連する費用まで加算され、かの女がシンガポールに到着するまでに一〇〇米ドルにも膨れあがった。一九世紀末には、娼館売春用に輸入された女性の値段がはね上がった。一八八〇年代に香港では、ふつうの娘は四五米ドルであったが、シンガポールでは三五〇米ドルにもなった。広東で五〇米ドルで買われた娘が、サンフランシスコの娼館に一〇〇〇～三〇〇〇米ドルで売られた[46]。一八八〇年代後半以降、婦女子売買を阻止しようという運動が高まり、その結果輸入コストが上ったにもかかわらず、儲けも需要もあまりに大きく、人身売買システムに歯止めをかけることはできなかった。

中国や香港の当局は、娼館売春のための女性密航を阻止する面でも等しく無力であった。婦女子を連れ出す地元の女周旋人には、潜ませた人間貨物を摘発されることなく運び込むのを助ける男性協力者がいた。こうした男たちはたいてい広東人か福建人で、年齢もまちまちだった。かれらは中国の港湾都市の下宿屋とつながりがあり、渡航ブローカーであるか、買い手あるいは水夫として雇われ船上で働く男たちだった。つぎに示す中国や香港からシンガポールへの少女輸送に携わる中国人周旋屋の手紙は、海外の中国人コミュニティへの女性輸入を助ける男たちの重要な役割をはっきり物語っている。

親愛なるお母さん
シンガポールの知人から、一四～一五歳の女の子を五～六人買ってくれと頼まれました。それで、是非助けて欲しいのです。すでに何人かいれば、その娘たちをシンガポールに連れてきてください。お金が足りなければ、少し借りて、わたしに電報で知らせてください。その金を送金します。不器量な娘はやめてください。シュン・ヤウやサム・ムイ以下では困ります。できれば、あの娘たち以上にきれいなほうがいい。女の子たちを買ったら、李が買い手をやってる汽船で送り出してください。その際、何人かにはあなたの妹だと言うよう、また残りは姪だと言うよう教えてください。このことは李には言わないでください。……お金が足りないようなら、シンガポールまで信用貸しにするようかれに頼めばいい。女の子たちが来るときに電報をくれれば、わたしが迎えにでます。[47]

海をまたにかけた周旋屋の多くは、地方の当局とヤミ取引できる経験ゆたかな年輩女性で、抜け道を心得ており、しばしば長い航海にずっと付き添った。中国人男性移民労働者を運ぶために使用されていた廈門、汕頭、広東、香港からのジャンク船は、婦女子を運ぶ周旋屋にもしばしば利用された。[48]シンガポール港の錨場という当局の目と鼻の先で、水上警察に摘発されることもほとんどなしに、かの女らは外国船の脇にやってきた小舟に移された。[49]周旋屋が、あの娘たちは親戚のものでオランダ領で移民制限がゆるやかなリアウ諸島の島のひとつに渡るところです、と説明したので、中国からジャンク船でやってきた婦女子の入国審査はたいがい回避された。そして、リアウ諸島からシンガポールへ戻るとき、周旋屋たちが恐れる必要はなかった。オランダ領東インドからのオランダ船が、臨検を受けることはめったになかった。中国のジャンク船はときにはシンガポールに寄らずに、最終的にはシンガポールに運ばれる少女たちという積み荷を乗せてリアウに直行した。[50]シンガポールに行く前に、かの女らを「仕込む」ためにスマトラ島東海岸の新開拓のプランテーションに連れてゆくこともあった。

シンガポールのヨーロッパ人娼館主は、一八九八年にこう証言している――地元の周旋屋と海峡を往来するブローカー組織が、シンガポールと中国の両方にたくさんあり、女、子ども、はては赤ん坊まで、六週間ごとに中国からシンガポールに連れてきては、「商品のように」売っていた。多数の婦女子が一隻の船で連れてこられた場合、成人女性はみな女の子と赤ん坊ひとりずつを自分の子だと、移民局および港湾警察に告げるよう命じられていた。華民護衛司署による検分と審査の後、みんな売られた。乗船してきた護衛司や警察はこんなごまかしは承知していた。そして、ブローカー組織の一員は役人の扱いを心得ており、問題を効果的にスムーズに処理した、と前述の娼館主は述べている。[51]周旋屋の手口は多様で、状況に応じてさまざまな手を使って婦女子を入国させた。シンガポールの周旋屋から押収した手紙から、つぎのようなことが明らかになった。若い女性は、ときに汽船の女中として連れてゆき、通常の方法で護衛司署の審査を受けた。いっぽう、もっと若い処女たちは、旅券をもって汕頭から二等客船で行き、そのほかは密航することになっていた。

少し前に送られてきた電報を調べるのは無理です。MY

は、本月一三日にSNの下宿屋を通じてかの女の商品が検査され、ひとりが香港で拘留されました。汽船「スウェイル号」が二一日か二二日に出港するまでに、一〇以上の商品になることは確実でしょう。CKには、雇用審査すべきものが数点あるはずです。かの女らは二〇歳以上です。下宿屋には五〜六人の若いのもいます。写真は汕頭に一八日にも送られますので、旅券の入手は可能です。人びとを欺くために、二等切符を予約するだろうことは確かです。写真も切符もない娘も何人かいます。この手紙が着き次第、……と相談し、どうすべきかを考えることが肝要かと思われます。今回の航海で、CK、SN、KSのいずれも「商品」をもっています。わたしは重要な仕事があって、香港には二〜三日後でなければ行けません(52)。

中国からシンガポールに到着した女性は、審査のため華民護衛司署に連れていかれた。疑わしい場合、少女たちが売られたり、あるいは意志に反して売春業につかされることはないという人的保証が要求された。こうした当局の健闘にもかかわらず、いったん若い中国娘がシンガポールに上陸してしまうと、かの女を保護することは難しかった。なにしろ少女本人が、たいてい売買の時点で、家族や後見人が周旋屋と交わした約束は守らねばならないと信じ込み、また阿姑として働かされることで親孝行できると思っていた。だから、少女たちは華民政務司の審査を通るためなら、詐欺、にせ申告など、どんな指示にも従ったのである(53)。

日本人の人身売買

飢饉や不作が東北や九州の百姓を襲ったとき、餓死者が出、中国と同じように家族は娘を女衒に売った。明治・大正期には、少なくとも一五回のおもな飢饉があり、深刻な打撃を受けたのは北海道と東北の村々であった(54)。飢饉の年には外地の娼婦暮らしを運命づけられた農村の娘の数はうなぎ上りになり、なかでも一九〇五年と三四年は最悪であった。日露戦争後および先の東北日本での大災害後二九年たった一九三四年、絶望的な飢えに苦しむ本州北部の貧農に残された道は、娘を周旋屋に売って、残りの家族の命を救うことだけだった。その年だけで、北部の六県から一万六〇〇〇人近くの少女が都会の娼館、芸者置屋、レストランやカフェで働くことになった。このほか三万六五四〇人が、女中や紡績工場での職を求めて南の都市へ向かった(55)。困窮する東北各県や九州とその周辺の島々に行き、シンガポール市場に向けて少女たちを買ってまわったのが、村岡伊平治やその仲間であった。かれらは、よく整備されたネットワークを通じて、直接シンガポールの娼館主とつながっていた。渋谷銀治、二本多賀次郎、丹波屋が、世紀転換期のシンガポールの日本婦女子取引および娼館群を牛耳る組織の大物たちであった。[56] 一八九五年から一九〇〇年まででは、求めがあればの供給であった。その後、シンガポールのからゆきさんの数が増え続け、着実な増加とともに女性を餌食にすることを生業とする女衒が増えていった。戦前は床屋をし、生涯の大半をシンガポールで暮らした恩田富次郎（当時八〇歳）は、島原半島出身の草野明次郎兄弟、諫早出身の島田一家、福岡出身の仲一家、長崎出身の宮崎一家が、影響力のある周旋屋だったと、山崎朋子に語っている。[57] しかし、海外でこうした悪辣な商売をした日本人大物のうち、村岡だけが自分の女衒としての活動について書いている。一八八五年、香港に向かうイギリス船の甲板夫として、かれは日本を出た。天津で船を降り、上海や廈門を渡り歩いたのち、一八九〇年から九四年にかけてシンガポールに自分の娼館および活動拠点をもった。その四年間に、からゆきさんになるべき女性三二〇〇人以上を日本からシンガポールへ密航させるのを仕切った、と誇張気味に語っている。村岡は、かの女らを四〇〇〜二〇〇〇円の売値で、西はモーリシャス、南はオーストラリアまで送り込んだ。登録娼館制度が廃止された一八九四年に、かれはシンガポールを離れ、ボルネオ、オランダ領東インド、フィリピンで性産業を起こすパイオニアとなった。一九世紀末までに、それらの地域での娼館売春が確立された。

日本でも、九州や東北の村々と神戸、大阪、長崎をつなぐ売春ブローカーの組織が活発に動いていた。かれらは二〜三円というわずかな前金で少女たちを集めて港町まで連れてゆき、村岡のような連中の手を経て、海外へ送り出した。[58] 百姓の娘たちの大半は、外国での家事労働者、ウエイトレス、子守などではなく、大阪や東京でのまともな賃金労働につけると騙されていた。しかし、女性の五分の一ほどは、自分から志願してきたものと思われる。かの女らは、からゆきさんがなにをさせられるかを知っていた。[59] 性産業のための女性取引が複雑に進展するにつれ、一九一二年までに「朝鮮」「シベリア」「アメリカ」と行き先や需要に応じてまとめられ、呼び名も細分化され、「朝鮮行き」「シベリア行き」「あめ行き」として少女たちは売られ、輸出された。[60]

女性の多くは、長崎と上海のあいだを定期的に往復する石炭輸送船で密かに運ばれた。神戸や長崎に定期的に停泊する汽船の水夫が、しばしば女衒に買収されて、女性を乗船させ、密航を助けた。上海から、かの女らはまず香港に行きしばらく娼館に止宿し、そこで多少の英語を勉強するよう言われた。この植民地で数カ月過ごしたのち、ふたたび船腹に潜んで南のシンガポールまで運ばれた[61]。「不法女性移民」という語がたびたび福岡県の新聞を賑わすようになったのは、この組織化されたシンガポールへの人身売買が広く知れわたってきたことを反映している。日本で買われたり誘拐されたりして、旅券や必要書類もなしに汽船の船底や石炭室に潜んで輸送された少女たちは、シンガポールに上陸すると波止場でただちに娼館主に売られた。値段は、魅力的な若い娘であれば、宿泊料や渡航費が加算されて二〇〇〇円にもなった[62]。

日本国民が中国や朝鮮に行くとき旅券は不要だったので、日本の当局がこの人身売買を取り締まるのは困難であった。それでも在外日本領事館への一連の規制や指示が出され、海外娼館へ婦女子を連れ出す女衒への対策とされた[63]。とはいえ、水上警察や出入国管理局がすべての鉄道駅や船、とくに外国船を見張ることはできなかった。女衒あるいは人身売買の犠牲者に見える人、すべてに職務質問することもできない。そこで日本政府は、一八九六年に女性が自由に出国して、海外で醜業につくことを阻止する重要な法律を公布した。それ以後、行政当局の許可がないかぎり、移住を希望する女性が外国へ渡航できなくなった[64]。そうした試みにもかかわらず、一八九六年から一九一四年にかけて、女性売買がいっこうに減らなかったのは、ふたつの理由による。第一に、ひじょうに儲かるよく組織化された娼館システムが、主要な一家、シンジケート、女衒によってがっちり管理されていたこと。第二に、女衒やからゆきさんがシンガポールからマレー半島や近隣のオランダ領東インドの島々へ散らばってゆくと、その経済効果が現地の日本人商人をうるおし、日本が切実に必要としていた外貨の送金を促進したことによった。

婦女子の移入は禁じられていたから、シンガポール港を通過した女性数の短期および長期の推移を示すのは難しかった。そのいっぽうで、中国や日本から新たに供給される娼婦予備軍が増加し、公認の娼館開設が増えていたのは、まちがいなく需要があったからだと推論できる。それまで職務権限で伝染病条例の実施を監督してきたシンガポール登録長官は、一八七六年に中国人だけを客にしている阿姑の数は一一五六人だと発表した[65]。その六年後の一八八二年、シンガポールの人口は、中国人男性六万六五人、中国人女性(一五〜六〇歳)六六〇一人であった。この数字にもとづいて華民護衛司ピッカリンは、少なくとも二〇〇〇人は娼婦であり、多少の潮州人を含むが、ほとんどが広東人であると推定した。[66]（一九世紀末の人身売買とシンガポールの中国人娼婦のもっとも際だった特徴は、巻末資料1にあるとおり、出身が限られた地域に集中していることだった。[67]）中国政府には、女性の密航やおもに娼婦としての出国を阻止する術がなかったので、周旋屋に連れてこられた者の数は、一八七六年から八七年のあいだに着実に増えた。一八八七年一月一日付で、伝染病条例にもとづく登録台帳に、一六〇八人の「中国人専門の娼婦」が記帳された。月々の梅毒検査に、合計一万七四四四人の中国人女性が出頭した。一回平均一四五三人だった。[68]シンガポールで自発的に娼婦として登録した中国出身の女性の数が増えるにつれ、伝染病条例のもとに登録される阿姑の月平均の数も増えることになった。翌年、華民護衛司署の出した年次報告は、娼館に登録された月平均の数が大幅に増加して二一二四人になり、婦女子売買が着実に増えたことを、はっきり示した。しかし、この需要の伸びが真に勢いを得たのは、一八九四年に娼館登録が廃止され、もぐり娼館が激増したときであった。一八九四年から一九〇五年のあいだに、香港やシンガポールの秘密結社とつながりをもつたくさんの組織が、性産業への女性供給を目的として、広東そのほかに設立された。一八九七年まで、シンガポールに人名を特定できる娼婦が三〇〇〇人以上おり、人身売買の進展を示す指標になった。その四分の三は中国生まれ、残りは主として日本人であった。[69]

これは、おそらく控えめの数字であろう。このほかに、私的な娼家でのもぐり買売春がさかんにおこなわれており、そこでは二〜三人の女性が住み込み、自前で商売をしていたからだ。一九〇〇年代初期に、都市部だけで四〇〇〇人もの阿姑がいたと推定される。護衛司署の役人も、当時シンガポールに「ベビー・ファーム」と称して幼児や少女を抱え育てる家があることを知っていた。公認娼館の亀婆《グワイポー》は、若い娼婦を手に入れたいときはベビー・ファームに行き、一二〜一三歳になったばかりの娘を対象に、娼館の住み込みにならないかと誘った。こうした地元施設から供給された人数は、需要が増すにつれ、海外から売られてきた中国人婦女子の数に加えられていった。[70]

一九一四年以前にシンガポールで娼婦として登録されていた女性のうち、何人が自分の意志で売春をおこない、何人が脅しや暴力により強制されていたかを、当局が語ることは不可能である。しかし、第一次世界大戦後、植民地政策が変わり、輸入される女性数がしだいに減る傾向を示した。一八九〇年代の中国人移民最盛期のように、公認娼館や人身売買者が大手をふる時代は終わりつつあった。一九一九〜二四年に、シンガポールに到着して娼婦として登録された女性三九一一人のうち、二五二二人は本国に送還された。多くは、娼館で働く最低年齢が一八歳だったので、若すぎるとされたのである。売買される少女のタイプは、数の漸減につれて変化しはじめた。周旋屋もそれに見あう娘を輸入しようとした。一九二〇年代の傾向は、従順で商品価値の高い若い娘を少数連れてくるようになった。このころになると、もう少し高い年齢層の女性は、植民地の娼館買売春にたいする政策や対応が変わりつつあることを知っており、秘密をもらしやすかった。したがって、危険がより高く、値打ちが下がった。(71)

一九世紀後半にシンガポールに売られてきた日本女性の年ごとの正確な数は、わかっていない。しかし、一八七〇年代末と一九一四年のあいだに、からゆきさんの数が劇的に増えたことを推定させる若干の資料がある。シンガポールやほかの東南アジア各地の日本領事館の職業別人口調査は、未登録率が高かったことを示唆している。(72)女性の職業一覧表の多くにある「その他」あるいは「特殊業者」という区分は、領事報告では暗黙のうちに娼婦を意味した。領事館に登録しなかった女性の大半は、日本から密航した人びとであったから、ほかの人口調査にも現われなかっただろう。その結果、東南アジア各地の領事報告に記載されたからゆきさんの数は、どうみても控えめなものであった。たとえば、村岡は、一九〇六年の未登録からゆきさんの数は、マニラだけで四〇〇人台に近い、と述べている。(73)領事報告によるシンガポールの人口統計をみると、一八七七年から一九〇一年にやってきた日本人女性の数とパーセントの両方における増大が、まったく信頼できないものであることがわかる。

シンガポールと日本の人身売買・娼館売春とのつながりは、一八七七年までにできあがっていた。当時すでに二軒の娼館があり、一四人すべてがからゆきさんだった。これを悲しい皮切りとして、一九〇五年までに東南アジア全域の娼館でからゆきさんが働くようになった。一八九五年の日清戦争の勝利の余波で、海外に送り出された女性の数が増大したが、軍国主義国家の自尊心、忠君愛国の美徳にあおられた面もあった。(74)世紀転換期に二〇〇〇〜三〇〇〇人の日本人がシンガポールに住んでいた、と村岡は書いている。この女衒によれば八割は女性で、みな人身売買や娼館売春に関係していた。記録がいろいろあるなかで、人口調査は一九〇一年にシンガポールにいた日本女性はわずか五七八人としている(表4-4)。(75)しかし、一九〇〇年代はじめには、毎年貧しい家族の少女五〇〇〜六〇〇人が、香港やシンガポールに送り出されたと推定された。香港においてかの女らは二五〇ドル以上で売れ、シンガポールの市

表4－4　シンガポールの日本人人口，1871-1901年

	1871	1881	1891	1901
日本人男性	1	8	58	188
日本人女性	0	14	229	578
合計	1	22	287	766

出典：日本外務省外交史料館文書 4.2.2.99。

場では最高三五〇ドルという値がついた。村岡のような女衒は、少女ひとりにつき約二〇〇ドルの利益を得ており、楽に年収一〇万ドルは稼いでいたと信じられた[76]。『福岡日日新聞』は、日本女性の「不法移民」や海外売春婦の取り扱いについて論じた記事で、人身売買のおおよその規模を示唆した。それは、村岡のいう数字に近いもので、一九〇〇年までにシンガポールの日本人人口は一八〇〇人、その半分はからゆきさんであったと推定した[77]。

一九〇五年に日露戦争に勝利すると、母国が強大になるには経済的拡大が不可欠との認識がひろがり、多くの日本商店がシンガポールで営業をはじめた。野心と実践志向のある日本人は、男も女も一旗あげようと南洋に進出した。以後、からゆきさんは続々とシンガポールにやってきた。人身売買は繁栄の極みに近づきつつあった。いっぽう、日露戦争の直接の余波で、ウラジオストクやシベリア内陸部にいた多くのからゆきさんが送還された。だが、故郷の村に適応し落ちつくことができず、かの女らはふたたび日本を離れ、シンガポール、スマトラ、ボルネオ、そしてオーストラリアに向かった。人身売買は、引き続き拡大し、大正時代にピークに達した[78]。一九〇六年に、海外で働いていた日本人は三〇万人以上であり、そのほぼ八パーセントにあたる二万二〇〇〇人以上がからゆきさんだった[79]。そのころまでに、シンガポールが日本の娼婦の周辺地域への供給の中心になっており、またつぎの数字が示すようにからゆきさんの数はどこよりも多かった——シンガポール二〇八六人、ウラジオストク一〇八七人、バタヴィア九七〇人、上海七四七人、香港四八五人、マニラ三九二人、サイゴン一九二人[80]。イギリス領シンガポールだけでなく、オランダ領東インド、スペイン領マニラ、フランス領サイゴンなどにも、よく組織化された日本人の売春地区があり、それらは長崎の丹波屋のような「大物」周旋屋により運営されていた[81]。翌一九〇七年も、シンガポールのからゆきさん人口は、「シベリアゆき」がこちらにまわってきたこともあって着実に増えた。ただし、華民政務司署の登録数では、日本人娼婦は六二〇人しかいなかった[82]。実際は、このほかに未登録娼婦、とくにロシアから新たにやってきた女性が多数いた。このころ、日本人水兵が戦勝を祝って娼館目当てにシンガポールに上陸し、ステレツの娼館がいかに賑わい、女衒がいかに潤ったかが、容易に想像される。

この港湾都市に何年も住み、「人身売買」について知り尽くしている老船長が、一九一五年にこう断言した。シンガポールだけで一五〇〇人の日本人娼婦がいた、と。他方で、同年には公認娼館は四〇二軒しかなかったと推定する人たちもいた。しかし、公認娼館以外にも、たくさんの茶屋、居酒屋、料亭、宿屋がからゆきさんを雇って、娼館と同じような営業をしていた。これを考慮すれば、先の船長の推定に近い数、おそらく一一〇〇人余[83]になるが、これは実際の数よりいくぶん多いかもしれない。というのも、総督アーサー・ヤング卿から植民地長官へ宛てた親展の手紙には、一九一七年の三月にシンガポール島全体で、あらゆる年代をあわせても日本人女性は三二八人しかいませんでした、とあるからだ[84]。当時のからゆきさんの正確な人数がどうあれ、シンガポールへの人身売買がその後数年間に急激に減ったことはまちがいない。海外での娼館売春を禁止し、女性たちを帰国させせよ、という廃娼令が出された結果［正式な廃娼令は出されていない。「解説」参照］、一九二一年までに日本人娼婦の人口は劇的に減少した。日本領事館によるこの廃娼令の実施を、イギリス官憲が助け、協力した。東南アジアにおける日本人売春の中心地であったシンガポールでの女衒の活動は、壊滅的打撃を受けた。そこで、かれらは中国に進駐する日本軍将兵の相手をする女性の一団を組織することをもくろみ、活動拠点を北方に移した。シンガポールに残る道を選んだからゆきさんは、マレー街やバンダ街地区で、私娼として働かざるをえなくなった。

からゆきさんが流入する前から、ヨーロッパ大陸、主としてフランス、中央ヨーロッパ、ロシアからの娼婦たちが、娼館を自由に営業できるシンガポールのような土地で見られた[85]。ヨーロッパ人娼婦は、たいがい同国人のジゴロ（souteneur: 嬪夫）と一緒にきていた。ヨーロッパからシンガポールへの売春婦周旋は、中国人や日本人の場合に比べ、いつもひじょうに小規模だった。ヨーロッパ人女性を周旋する組織は存在しなかったが、嬪夫は自分が管理しているフランス人娼婦の集散拠点としてサイゴンを利用し、そこからシンガポール、バタヴィア、マニラなど外国人娼婦に解放された大都市へと、女性を小さなグループで送り込んでいた[86]。華民政務司が一九〇五年に書いた報告によると、ヨーロッパ人娼婦三〇人、主としてフランス人、オーストリア人や東欧出身者が八軒の娼館に住んでおり、かの女らはシンガポールへ来る前から何年も売春業に従事していたという[87]。薄手のぴったりしたドレスを着て家の前に座ったり、ぶらぶら歩いていたり、あるいは階上のヴェランダにたたずむ女性たちの多くは、同国人の男性の周旋屋に連れてこられたり、ときには納得してシンガポールに来たと警察は解釈していた。ジゴロは、「商品」と一緒にフランスまたはサイゴンから、ときには上海から、定期便船で一組か二組ずつ到着した。女性たちは、たいてい衣類セールスマン、ドレスメーカー、メイドなどと称していた。[88]シンガポールでは、ヨーロッパ人娼婦の数が、上海ほどだったことは一度もない。二〇世紀初頭、上海の娼館には二〇〇〇人を超えるヨーロッパ人娼婦がいたと推定された。

シンガポール政府は、一九一三年から一六年にかけて、娼館のジゴロとヨーロッパ人娼婦を取り締まる措置をとった。一九一三年には、以前から娼館の住み込みでなかった者が、新たに娼婦になることを禁じた。名の知れたジゴロたちが検挙され、強制送還された。立法議会の非公式メンバーとの注意深く配慮にとんだ協議の末、総督は一九一五年にこの植民地を離れたいと願うヨーロッパ人娼婦なら誰でも無料で船に乗せる、と発表した。[89]ロシア総領事ロスポポフは、これらの女性が別の土地、主として上海へ移動する手はずを整えるのを助けた。シンガポールで登録されていたヨーロッパ人娼婦三二人（ロシア人二九人、ルーマニア人二人、フランス人一人）のうち、二六人が政府の申し出に応じ、ほかの六人はシンガポールに私娼として残留した。[90]シンガポールの東部買売春街でヨーロッパ人娼婦を見かけるのは過去のことになり、一九一七年以降の公式統計では、シンガポールの娼館にはヨーロッパ人はひとりもいなかった。もちろん公的数字は、一〇〇パーセントの事実ではないだろう。なぜなら、政府の出国をうながす無料乗船策にもかかわらず、私娼として働く道を選んだ者も少数ながらおり、またその後二〇年間に男性周旋屋によってシンガポールに連れてこられたヨーロッパ人娼婦が存在したからである。そんなひとりであるセリーナ・シモンズは、一九一七年一一月に上海にやってきた。情報局は、かの女の書類を審査した後、かの女の監視をやめることを決定し、かの女の母親について、つぎのように記している。「シンガポールのメトロポール・ホテルの営業免許更新の申請にあたり、ヴィクトリア・シモンズ夫人（セリーナの母）は自分をルーマニア人だと言っていたことが判明した。この女性が絶えず居所を変えているのは、政治的な傾向からではなく、『道徳的』な理由からだと思われる」[91]。

秘密結社

娼館で働く女性の輸入を統制しようとする、植民地当局の努力にたちはだかったのは、三合会という秘密結社とその構成員たる流氓《サムセン》というやくざであった。シンガポールは中国人が優勢な都市であり、中国人コミュニティで移民の数に直接比例して秘密結社や危険な要素が増していることを、護衛司署の役人はいち早く察知していた。強大な地下組織が発達し、魔の手がクーリー貿易や娼婦の調達をがっちり握っていた。[92] 香港では、大洋をまたにかけるブローカーが、相互援助と保護のための階層組織である三合会と組んで仕事をしていたが、その関係は数百年も昔からのものであった。これらの結社の活動や構造については大半が謎であったが、護衛司署のベテランであるピッカリンやダンロップは、香港の地下組織とシンガポールの主要な秘密結社が密接に協力しているという確信を強めていた。香港や中国で見られるのと同じ搾取や保護のパターン、すなわちゆすり、売春、女性の密航、麻薬などおきまりの犯罪が繰り返されていたからである。シンガポールの秘密結社は、同郷と同業の寄りあいからしばしば組織されていた。ちょうど香港の三合会が、まず自分たちの地域社会を食べていけるようにし、中国から来た小グループ群の〝海を泳いだ〟後、充分な金と力を蓄えて自分たちのテリトリー以外の方言別集団を餌食にしたように、シンガポールの秘密結社も同じパターンで成長した。

結社は、また娼館の生活でも、基本的な要素を占めた。威嚇と保護をたくみにかみ合わせ、影響力、メンバー数、資本を伸ばしていった。女性の調達と秘密結社の正確な関係は多くの点でまだ不明だが、周旋屋の一部が三合会のメンバーであったこと、そうでない周旋屋も間接的に三合会の活動に関係していたことはまちがいないだろう。[93] ヴォーガン著『中国人の作法と慣習』によれば、一八七九年に中国人娼館のすべては明らかに秘密結社とつながりがあった。マレー街やスミス街を含めたさまざまな娼館、および「内密の」すなわちもぐり施設の亀婆《グワイポー》はみな三合会のボスたちと会っていたことを、当局は知っていた。かの女らは「黄色の紙を燃やす」儀式で三合会との関係を固め、生涯そのメンバーであった。[94]

シンガポール島で、秘密結社は互助や福祉をベースとし、出身地別方言別のきわめて活発かつ影響力のある集団であった。その活動はゆすり、贈収賄、不服従にたいする恐喝と暴力、保護料の取り立て、円滑な娼館経営のために娼館の門口を見張る用心棒、客の踏み倒しの防止、独自の掟や命令を娼館街やその周辺で守らせること、など多彩だった。[95] 結社は、その支援を求める娼館に大いに依存していた。結社どうしの競争や対立から、深刻な騒ぎや、当局を悩ます問題が果てしなく生じた。女性の調達輸入の支配権や、市の特定地域での娼館経営をめぐる抗争が増えたのは、一八八〇年代なかばにクーリー貿易が急増し、それに付随した買売春が急増したのと時を同じくした。秘密結社は、売春という特殊な職業の保護や搾取をめぐって闘っただけでなく、紅灯街またはその一部という特定地区の支配を争った。そんな地区には、娼館売春に関連するさまざまな商売が存在し、マレー街の一角やスミス街の周辺のように娯楽と遊興が集約されていた。一八八七年、『叻報』紙の社説は、保護料という名目で阿姑に金を強要する「娼館泣かせの」結社間の抗争について述べている。「まず、結社Xが、クレタ・アエル街で営業する娼婦から、保護料を取り立てはじめた。後から、結社Yが同じ目的でそこへ乗り込んできたが、すぐにXに敗れて追い払われた(96)」。

秘密結社にとって、一般的でもっとも金になるゆすりは、亀婆《グワイポー》、娼婦、付近のコーヒーショップ経営者、商人、行商人から「娼館保護料」を集金することだった。これも昔からの三合会のパターンに倣うもので、毎月の寄付や会費というおとなしい形式をとり、植民地政府の興味をひかないよう、取り立ては厳密に結社内部のものだけに限られていた。各結社は一定数の娼館を配下におき、月会費は、抱える少女の数、娼館の立地なども考慮され、ふつう娼館の利益の一五〜二〇パーセントであった。亀婆は、みな自分の地区の結社に、毎年娼館の阿姑ひとりひとりにたいして払い、また娼館を「保護」してくれたことにたいし、結社への一括謝礼を納めなければならなかった。たとえば、義福《ギーホック》結社は、一八七七年に香港の娼館一軒にたいし、年間保護料一〇〇ドルを課していた。そのうえ、娼館主は娼館の女性ひとりにつき月二〇セントを払い、近所に住む何人かの流氓《サムセン》の生活を援助する義務があった(97)。二年後、『中国人の作法と慣習』のなかで、ヴォーガンは娼館売春にかんする結社の機構、脅迫戦術のパターン、犯罪的強要行為についてこう書いている。

かれら（結社の頭領たち）は、かれらの命令を厳密に実行する流氓《サムセン》という乱暴者をつねに多数抱えていた。流氓たちは娼館を広く掌握し、女たちを守る「保護者」として行動し、自分たちと頭領の利益のために気の毒な娼婦たちにたかる機会を見逃さなかった。シンガポールの娼館はすべて、さまざまな結社のそれぞれ決まった頭領の保護下におかれ、抱えられている娼婦は自分たちにかんすることだけでなく、与えられた保護にたいし、ゆすりめいたお金まで払わされていた。賦課金は、最大の金づるであるこれらの女性だけでなく、零細な商店主にまで及んでいた(98)。

一九世紀末、結社は娼婦の調達を手広く支配していただけでなく、配下の流氓《サムセン》の威嚇的な存在を通して、娼館の生活をも支配していた。娼館周辺を頻繁に訪れる流氓の数が増えたことで、亀婆《グワイポー》は「鎖」を断ち切ろうとする少女たちに嫌がらせや脅迫を思いどおりにおこない、乱暴な客から自分や娼婦を守り、また花代を踏み倒した客を探しだし「金を払わせる」、そんな手段を得た。(99) シンガポールの老商店主が、かれの若いころクレタ・アエル地区のいたる所にいた流氓の存在について話してくれた。

流氓《サムセン》は、いつもすぐ側にいた。一九〇五年ごろ、秘密結社のメンバーは、そこらじゅうをぶらつき、どの通りにもいた。客が金を踏み倒したり、女を殴ったり、値切ったりしそうになったら、すぐ流氓を呼びにいけたから、すごく重宝だった。かれらが殴ると脅せば、それで充分用心棒の役になったし、払わなかったら、もっとまずいことになったものさ。(100)

検視官や警察が娼館で問題を起こした客が殺された事件を調査すると、結社のギャングが関与した疑いがあった。敵対する結社どうしのあいだで、縄張りをめぐる暴力沙汰や抗争もたびたび発生した。(101) こうした騒ぎが地域社会の広い範囲に影響しはじめて、やっと植民地官吏は、結社の機構やいったい誰がメンバーなのかについて訊き出し、その一端を知ることができた。

婦女子の保護条例

売春のための婦女子の売買、娼館の管理と規制は、一九世紀末のシンガポールにとって重大問題であった。性病の蔓延という、社会秩序や公衆衛生への潜在的な脅威であったからだ。同時に、中国の地方とシンガポールの両方における適齢期の女性の純潔を守るため、増大する中国人男性移民労働者にたいし阿姑に犠牲になってもらうことは、実質的な社会的コントロールとして必要であり、道徳的な一策になった。シンガポールにおける買売春の取り締まりは、政府および華民護衛司署にとって、はじめから奇妙な逆説的状況を呈していた。役所たるものは、娼館売春のためにシンガポールに婦女子が不法に流入することを阻止しなければならなかった。しかし、シンガポールや周辺の開発がすすむ地域で、中国人男性労働力の需要、ひいては娼婦の需要があるかぎり、そしてシンガポールで娼館経営が不法とはみなされないかぎり、女性売買による不法移民は存在し続けた。労働、移民、資本の入り交じる複雑な社会状況に内在する矛盾にもかかわらず、護衛司は中国人社会の支援を受けて、一〇年足らずのうちに試行錯誤しつつ行政的制度を急速に働かせはじめた。すなわち船上での臨検と女性の登録、娼館の登録・定期的な医療検査、そして伝染病条例にもとづく疾病娼婦の一定期間の拘留などである[102]。

一八八〇年代に、護衛司署は婦女子の売買を規制する最初の措置をとった。しかし、娼館そのものを、あるいは自由意思で売春するプロの移民を禁止することはできなかった。一八八〇年代はじめに、中国からシンガポールに連れてこられた婦女子の八〇パーセントが、娼館に行く運命にあったと推定されたので、華民護衛司の目的は、もっぱら不法な人身売買と秘密結社や娼館売春との結びつきを断ち切ることにあった。シンガポール当局が直面した婦女子の国際的な取引の問題のなかで、中国人女性の売買は数の多さからも、これを阻止する国際的協力の難しさからも、最大の悩みであった。中国から到着する婦女子を保護する効果的な制度をつくろうと、シンガポールは中国政府やその地方当局に共同作戦を呼びかけ、さらに香港政庁や護衛司署、および中国開港場の外国船会社とのあいだに、監視の取り決めを結んだ[103]。香港やシンガポールで犠牲者になりそうな人びとについて、出発地と目的地で呼応してとられた措置は、質問の強化や一時的拘束から、現地居住者による有効な保護や保証金の要求までさまざまであった。さらに、一八八〇年代なかばに保良局が設立されると、現地中国人社会による正式かつ法的な引き受けや、人身売買の犠牲となる疑いのある未成年者の後見まで取り扱った。シンガポールに向けて乗船する女性渡航者にたいし、当局間の協力がとくに必要と思われた港は、上海、廈門、汕頭であった[104]。香港に向けてこれらの港を出る婦女子については、中国当局からいかなる保証も要求されなかった。いくつかの船会社や、クーリー手配に雇われている船長や代理人は、婦女子売買を阻止する見地から、役人が乗船して臨検することを許した。しかし、イギリス、中国、日本の汽船会社のなかには、そのような協力をかたくなに拒むものがあった。

一八八二年から八七年にかけて、護衛司署は、中国から到着するすべての婦女子が護衛司署に行き、「中国通」の経験豊かな役人から渡航事由について質問を受ける制度をつくった。その供述は、香港護衛司署から回付された供述書と照合され、かの女らの身の振り方の確認が要求された。雇い主または後見人のほうは、女性たちが意志に反して娼館に売られないことを証明するため、定期的に少女たちと一緒に護衛司署に出頭するよう命じられた。疑わしい者は、保良局に送られた。この審査で、自分は娼婦であると申告しなかった場合、かの女は原則的に以後娼館に入ることを許されなかった。どうみても二〇歳以下の阿姑は、つぎの船で中国に送り帰された[105]。

この制度は、ときに水際で乱用されやすかった。娼館買売春のための女性売買がシンガポールの港を通過しないよう、移民等級での中国人婦女子の乗客のいる船はすべて厳しい検査の対象となった。それがために、まもなく港湾役人やピッカリンの部下さえもが買収され、女性の不法入国を見逃していることが判明した。中国から調達された少女たちの多くは、非識字者で質問に満足に答えられなかった。また、事前に周旋屋から吹き込まれていたこともあって、役人にたいし、しばしば異常な恐怖を抱いていた。かの女らは法律などまったく知らず、「白人の男」は信じるな、と教え込まれていた。中国で、役人はもっとも恐い存在であった。したがって、「恐ろしい外国のお役人」像を、かの女らにたたき込むことは簡単なことだった。少女たちは、護衛司署での質問にどう答えるべきかを、注意深く教え込まれていた。訊かれるであろう個人データ項目から、シンガポールやサンフランシスコの地理までを網羅した指導書が、中国の諸港や香港で広く出まわっていた。ブローカーによる指導が乗船するとすぐにはじまり、シンガポールに着くころには、暗記はほぼ完璧であった。お役人にけっして自分のことを打ち明けない、と少女たちは誓わされていた。秘密をばらしたら、罰は通りでの突然の「事故死」、あるいは裏切りそうな女性を絶えず見張っている秘密結社の手にかかって殺されることだった[106]。誓いは田舎出の非識字者の少女にとって重大なことであり、現実感をもった恐怖であった。親への義務と外国人役人への不信感が結びついて、この誓いはかの女らに親あるいは夫、友人探しにシンガポールへ来ました、と言わしめるのだった。どんな手段であれ、護衛司署役人を騙すのは、少女たち自身のためなのだ、と思いこませるのは、難しいことではなかった。

一般に、香港経由でやってきて保護をもっとも必要としていたのは、そして華民護衛司署で精査の対象となるのは、広東人女性であった。かの女らが審査を受けるとき、亀婆《グワイポー》など娼館に関係あるものは誰も同席を許されなかった。そのため、まれにどうしていいかわからなくなった少女が、シンガポールの護衛司の質問や訓戒を受けて口を割ることがあった。しかし、親戚や友人から切り離され、役所の外の地理にもまったく不案内であるとしたら、結果としてリー・アーチャイのような悲惨なことにもなりかねなかった。

わたしはリー・アーチャイといい、夫はいません。旧暦九月一三日に香港を出て、［一八九七年五月五日］今朝一〇時にシンガポールに着きました。ほかのふたりと一緒に華民護衛司署に行きましたが、上の部屋でひとりにされました。ひとりにされたので恐くて、窓をあけ飛び降りました。部屋のドアにはカギがかかっていました。誰のせいでもありません、わたしが自分で飛び降りたんです。香港では、売春婦でした。ここにも売春が目的で来ました。振興街《チンヒン》、サン・イエック・ファー店にアー・モイというおばがいます。同じ場所にリー・シンというおじもいます。誰が助けて、病院に連れてきてくれたのか知りません。飛び降りたのは、恐かったからです。誰もわたしがその部屋に入れられたのを知りませんから。それを見ていた人は、いませんでした。(107)

一八八二年に、政府は刑法を改定して、中国、香港、シンガポールのあいだでおこなわれていた女性売買を禁止する法的措置をとった。強制または騙されて「不法な性交」または「売春生活」をしている、あらゆる女性の保護を拡大したのである。同法は緊急に必要とされており、とくに少女を人買い業者や拡大する性産業から守るべく、翌年から施行された。当時中国の農村部では、しばしば一三〜一四歳の少女が親から売られ、まともな生活ができる、結婚もできると騙されてシンガポールに連れてこられていた。

植民地省の役人は、この新しい保護条例がどこか不適切、いや危険だとさえ感じていた。理由は、条例が華民護衛司に広範な権限を与え、またその条文のいくつかが不出来であったからである。しかし、ホワイトホール〔イギリス本国政府〕がそれを廃案にしようとした形跡はほとんどなかった。条例は、かたちばかりとはいえ、二〇歳以下の外国人女性を性活動に適さないとして、植民地が拒否することを可能にした、とシンガポールの護衛司署役人は感じていた。結局、一八七〇年の伝染病条例は廃止され、娼館売春は事実として受け入れられた。護衛司は周旋屋を取り締まるため、つぎつぎと同条例の改定案を通過させて権限を伸ばしたが、亀婆《グワイポー》の扱いにかんしては一八八九年に大きな後退をした。このとき、娼館の登録免許を取り消したり一時停止させる権限を失ったのである。さらに、世紀の変わり目ごろ、つぎつぎと強化された婦女子保護条例は、中国問題の権威とみられていた高官のひとりから、大失敗と宣言された。連合マレー諸州の華民政務司だったG・T・ヘアは、中国と対決することなしに、周旋屋による婦女子売買を禁じる先進的刑法を執行しようとしても無益だと感じており、「中国での供給源を断たないかぎり、法律によってシンガポールの中国人の奴隷的性産業をやめさせることは絶対できない」、と本音を述べた。(108)

女性の不法売買を制限し、結社が娼館街でそれぞれの縄張りを築くのを禁じるための闘いに燃える護衛司ピッカリンは、これらのえせ保護団体を力の法則だけで支配するのは不可能だと思っていた。植民地の役人が中国の習慣や言語を理解することの重要性を感じ、また結社を取り締まる最善の方法は、かれらを登録させて間接的に管理することだと信じた。しかし同時に、この華民護衛司は、娼館に寄生する結社の扱いには、より強硬な手を使おうとしていた。一八八七年七月、この試みはピッカリンの命を危うくした。ピッカリンは義福《ギーホック》結社のチョア・アー・シアーに肉切り包丁で襲われた。この暗殺未遂から三カ月後、一八七八年にシンガポールの植民地長官であり、そして中国語に堪能なセシル・クレメンティ・スミス卿が、香港からこのたびは総督として赴任してきた。ピッカリンは秘密結社を登録させて管理するのがベストだと強く主張したが、スミスは登録をなくし結社を解散させることを望んだ。そして、新総督は一八八九年の結社条例を制定し、これが九〇年一月一日から施行された。結社は、活動の後始末に六カ月の猶予を与えられた。護衛司署の記録では、シンガポールには一八九〇年に一〇の結社があり、一三〇〇以上の事務所、六万八三一六人のメンバーがいた。この数は一八九一年の在シンガポール中国人総人口一二万一九〇八人の半分以上であった。[109]

新しい秘密結社政策は、旧来の三合会をロープに追いつめた。ひとつにはクレメンティ・スミスの「弾圧」と、一八九〇年に直接管理に戻ったことにより、かれらの富と影響力、そして女性の調達および娼館との取引にかんして、法をだしぬく自由が危機に瀕したためである。結社が公然と保護を約束できなくなって、結社の犯罪的側面は地下に潜った。いかなる結社も地下で活動するのはずっと難しくなるだろう、と政府は期待した。だが、そうでないばかりか、結社が小さなグループに分散したので、以前より捉えにくくなった。義興《ギーヒン》は一〇八グループに分裂、義福《ギーホック》は「八」グループ、グアン・サンは「三六」グループとして知られるという具合で、流動的になった。各グループが暴力団として細分化され、あるものは勢力を得てさまざまな分野の仕事をし、仲間を厳しくコントロールし、娼館を独占する存在になった。一八九一年以降、ただちに犯罪活動の拡がりを抑える努力の一環として、政府は多くの結社リーダーを追放した。しかし、『星報』紙の編集長は、地下にもぐった結社は時節を待っているにすぎず、引き続き娼館の生活にとって重大な脅威であるから、追放措置や結社条例の運用は、誤った平穏感をもたらしただけだと主張した。同紙はさらに一八九二年四月に、結社とのより効果的な闘いは、娼館を廃止してかれらの大資金源を断つことだ、と書いた(110)。しかし、これは、男性移民労働力の膨張にたいして、この案がもたらすだろう逆の社会的結果を考えると、政府が聞き入れるわけにはいかない過激な改革案であった。

秘密結社を押さえ込み、婦女子保護条例を実施しようとした努力、とくに一八八〇年代に繰り返された改訂を含めて、すなわち華民護衛司が娼館や入港する船に立ち入り検査までした努力は、最小の成果しか生まなかった(111)。とはいえ、それらは人身売買問題がいかに大きく深刻であったかを示す正確な指標であり、またシンガポールでは売春婦や娼館がけっしてなくならないという逆説を示唆するものだった。

人身売買と闘おうとした華民護衛司署の努力が実らなかったのは、その施策が的をはずれていたためではないだろうか。娼館での買売春にかんする政府の政策を批判する人は、周旋屋や秘密結社にとってのマーケットである公認娼館を、護衛司署が廃止することを望んだ。しかし、植民地は娼館の廃止を考えたことはなかったばかりか、現実の社会経済的な理由から、これを黙認した。また、中国と日本から若い娘が絶えず供給されることがなかったら、娼館は存続しえなかったはずだ。これらの皮肉な状況のもとで、華民護衛司署は重要な存在ではあったが、一八八二年から一九一四年にかけての、シンガポールへ向かう婦女子の売買を根絶しようとした闘いは、ゆるやかな前進しかできなかった。

第5章　伝染病条例

シンガポール政府は、婦女子の売買とそれにともなう虐待を抑止するのは不可能であり、また娼館を違法とすることも無理だと考えていた。[1] 廃止が無理という前提で、一八七〇年の伝染病条例（CDO）が制定され、公認娼館を規制することになったものの、明確な方針もなく性病の予防にはほど遠いものだった。阿姑とからゆきさんを監禁や虐待から保護するために、とりあえず娼館と娼婦の登録および立ち入り検査のシステムが導入された。これは、はじめ登録局長の管轄でおこなわれた。[2] このシステムは娼館における買売春を黙認したうえで、イギリス法を娼館に適用すること、さらに不法居住者を自由にすることを目指した。[3] 記録によれば、登録と検査に賛成した役人たちは、娼館を黙認する以上、このシステムが中国人や日本人娼婦たちの自由と福祉を守る唯一の方策であると確信していたらしい。[4]

官僚たちは、一八八〇年代から九〇年代を通じて、娼館を分類し管理するシステムと娼婦の医療検診の義務づけは無関係であり、むしろ登録と検診が娼館に束縛されながらも、それに依存する状況から逃れられない阿姑やからゆきさんを保護する一方法である、と繰り返し主張していた。[5]

既存の法律は、とくに人身売買にかんするかぎり、登録と規制のシステムがなければ、実際役に立たなかった。娼館売春を目的とする女性や少女の調達、売買を禁止する手段がなかったのである。これにたいし、登録担当官は娼館の大きさに応じて住み込む女性の人数を制限し、また施設の清潔や換気をいつも保つよう強制する権限があった。[6] 登録制は、登録官、のちには華民護衛司に、捜査令状なしに売春をしている疑いがある家を立ち入り調査する裁量権を与えていた。[7] それはひじょうに簡単なシステムであったが、一定の機能を果たした。公認娼館の女性はすべて、居所を確認され、写真撮影された。写真は一枚を護衛司署が保管し、もう一枚は亀婆《グワイポー》が娼館備え付けの台帳に貼り付けることになっていた。(8) 阿姑の写真には、登録番号、名前、住所が英語の活字体で書き込まれているうえに、とくに護衛司署の役人が定期的に見まわりに来るので、娼館主が女性を追放、虐待などしにくいようになった。亀婆は、自分が重い罪に問われたら、娼館が永久閉鎖の憂き目にあうだろうと恐れた。護衛司署には、営業停止あるいは認可取り消しの力があったので、亀婆にとっては阿姑によくすることが利益につながった。護衛司署の役人のほうも、女性たちと娼館の妥当な管理を実行し、娼館主が娼婦たちにたいし違反行為をした場合、ただちに処罰することができた。

娼館の登録制が完全に実施されるようになり（のちにライポン卿の命令によって一八九四年に廃止されるまで）、各娼館は公式の「登録娼館第〇号　居住人表」を備えることになった。この表には、許可された娼婦の人数、各人の名前、年齢、国籍が記されていた。この表は、明らかに宣伝にも使えるものだったが、この表から阿姑の名が消えるのは、かの女が移籍、結婚、死亡により娼館を去ったときのみだった。(9) 女性や少女たちは、所属する娼館の名と登録番号が記された保護カードを与えられ、必要なときに保護が受けられた。登録制と写真のおかげで、娼婦たちは植民地官吏との接触が容易になり、虐待されたときは当局が守ってくれるのだということを知った。定期的に娼館にやってくる華民問題課の担当官が、もし必要なら亀婆《グワイポー》にたいし直接命令する権限をもっていることを、かの女らは登録制を通じて知ることができたのである。

一九世紀の後半、シンガポールは華民護衛司と警察による娼館の管理と封じ込めという政策をとり続けた。登録制度は、娼館経営者による婦女子の搾取を防ぐためのものだった。(10) それは、また娼館と犯罪、麻薬とのかかわりを絶ち、公共への被害を最少に留めることも目的とした。しかし、二〇世紀にはいる前に、この制度は何度となく批判の対象となった。中国人関連の担当官と警察が腐敗しているという指摘があり、そのうちの何件かは事実だった。(11) 残念ながら、どのような批判があったかを確認できるような記録は、ほとんど残っていない。阿姑には、もともと同国人である亀婆《グワイポー》や流氓《サムセン》による掟と制裁を恐れる傾向があり、ヨーロッパ人官吏の権威もさほど信用していなかった。娼館に抱えられているうちは、中国人女性は自ら発言することはほとんど許されず、年齢、出生地、家族、前の職業、娼婦になった経緯などを訊かれても、担当官には多くを語らなかった。(12) 阿姑がいろいろしゃべるのを防ぐために娼館主は、しばしばかの女らの保護カードを取りあげた。そうすれば、「許可証」がないと仕事がなくなると怯える無力な阿姑を意のままにできたからだった。

　登録制の効果を物語る文書、引用、統計などが華民護衛司署の記録にいくらか残されている。未成年者が亀婆《グワイポー》の仕打ちを訴え、救助されるきっかけとなることを恐れて、娼館主たちは同居人全員を担当官に面接させざるをえなかった。[13]護衛司が娼館を即座に閉鎖する権限をもっていたため、娼館主は新入りの少女、女性を必ずこの「大人《タイジン》」のところへ連れてゆき、おかげでかれは全員について注意深く記録をとることができた。[14]このように、亀婆は阿姑の最新のリストを作成し、護衛司に提出させられた。調査官の定期的訪問と営業停止の恐れのほかに、女性たちは不定期にかつ通知されてから短い時間内に、護衛司署役人の事務所に呼ばれ、待遇について入念な調査を受けた。男女とも八歳から一六歳の者は、公認娼館内に住んだり出入りすることが禁じられた。[15]

　厳しい質問、頻繁な調査、さらに面接もあったため、黙認娼館に住む女性たちの一部は、華民護衛司の事務所をしばしば訪問した。[16]いろいろな理由で娼館から出たいと希望する女性たちは、かの女たちの言葉が話せる護衛司に自分たちの苦情を直接報告しようとした。一八八三年までに、何人かの中国人女性は実際に登録制度を利用してその境遇から抜け出した。かの女らは自分のカードをうまく管理し、保護または助けを求めるために事務所へ持参した。娼館主が家を離れるのを許さなかったときは、信頼できる友人を介してカードを届けた。[17]その年には、七〇人の娼婦が結婚して（相手の大半はクーリー）、娼館を去った。該当する男性と女性の名と、妻となる女性が将来安全で正しい扱いを受けるための保証人として、町の頭家［実業家］あるいは商店主の名前も台帳に書き込まれた。[18]表5－1は、シンガポールでの結婚は望まないがこの仕事から抜けたいと希望し、政府によって一八八一年に中国の身よりのもとへ送還された者のリストである。[19]シンガポールへ来たときの船名を明かしていないことからみて、かの女らは香港または中国から目的を偽って入国してきたことは明らかである。ホ・アーイェとホ・アームイの場合は、仕事につく許可を得るために必要だった護衛司署の役人との面接の結果、シンガポールに着いて二～三週間後に中国へ送り返されることになった。しかし、シンガポールで見合い結婚するか、中国沿岸へ無料で送還されるかの選択を与えられたとき、多くの阿姑は前者を選んだようだ。一八八一年の三月末から一二月末までのあいだに、護衛司署は一四人の娼婦を送還した。護衛司署が伝染病条例の実施を受け継いだ一八八

表5－1　シンガポールから中国へ送還された娼婦リスト，1881年

名前	入国した船名	入国年月日	送還された船名	送還年月日
Cheung Ah See			SS Stentor	1881. 3. 29
Ho Ah Ye	SS Japan	1881. 6. 22	SS Marlborough	1881. 7. 9
Chan Tai Ngang	(n/a)		SS Carrisbrooke	1881. 7. 27
Chueng Ah Cheng	SS China		SS Carrisbrooke	1881. 7. 27
Mak Ah Kwai	SS China		SS Carrisbrooke	1881. 7. 27
Chan Ah Yan	(n/a)		SS Marlborough	1881. 8. 10
Ng Sin Choe	(n/a)		SS Carrisbrooke	1881. 9. 5
Tang Ah Mey	(n/a)		SS Carrisbrooke	1881. 9. 5
Wong Wun Choi	(n/a)		SS Plain Meller	1881. 10. 18
Yueng Sam Mui	(n/a)		SS Plain Meller	1881. 10. 18
Chan Hi Choi	(n/a)		SS Plain Meller	1881. 10. 18
Chen Ah Yeok	(n/a)		SS Antenor	1881. 12. 3
Ho Ah Mui	SS Arratoon Apcar	1881. 11. 23	SS Cheng Hock Kian	1881. 12. 24
Wong Ah Kwai	(n/a)		SS Cheang Hock Kian	1881. 12. 24

出典：Table E, Straits Settlement Government Gazette, 31 March 1882, CO 276/13から作成。

一年から法が廃止される八八年までのあいだに、シンガポールとペナンでは五〇〇名近い娼婦が結婚のために娼館を去った。[20] 一八八七年から九四年にかけては、シンガポールのほうが細かい統計が残っており、四〇一名が結婚によって娼館を去るチャンスを得た。最高は一八八八年の七三名、最低が九一年の一七名、そして平均して年間五〇名が結婚したことになる。[21]

登録制度は、娼婦のための幅広い強制的検診にかんする規制法、すなわち伝染病条例の一部をなすものであった。その伝染病条例は、ヴィクトリア朝の強い衛生改善の気風を反映しており、一八六四年から六九年にかけて、ふつうなら口蹄疫にかんして使用される名称で議会を通過した一連の法令が基礎となっている。[22] この伝染病予防法という婉曲な名称は、実際には「淋病を含む性病」を意味した。三法令のうち最初のものは、一八六四年に慎重に議会を通過したが、同法の目的はイギリス軍駐屯地や海港都市の守備隊で性病、とくに梅毒が蔓延しないよう抑制することにあり、つぎのような序文が付されていた。「……海軍や陸軍のこの特殊な状況、男性が陥りやすい誘惑などを考えるとき、兵士の健康保護と効率よい活動を確保するため、特別な予防手段が必要であることが認められる」[23]。イギリスの港および駐屯地における陸海軍の行動範囲で営業する娼婦

は、膣検診を強制され、性病感染者は、政府が承認した性病病院に法で定められた期間、入院させられた[24]。法令は広範な社会管理のシステムを設け、それによって娼婦は登録、強制検診、性病感染者の病院隔離の対象となり、地域警察の監視下におかれることになった。一八六八年と六九年には特別委員会がつくられ、伝染病予防法の実効調査にあたった。特別委員会は、同法をイギリス国内の軍が駐屯していない町の一部にも、注意深く拡張すべきであると勧告している。

シンガポール政府もまた、駐屯地や港町の兵士や水兵のあいだで感染率が高まるのを恐れるヴィクトリア朝期の風潮を受けて、大都市の買売春と性病の拡がりを抑えるために、国が管理する隔離の制度化を急いだ。植民地政府幹部のみるところ、伝染病条例の導入は、イギリス軍兵士や水兵を保護するために不可欠であった。このような下級兵士は、シンガポールで家族と暮らすだけの経済力がなかったし[25]、「ほかの階級」の者は「高い道徳意識」や売春街を避けるだけの教育も自制心もないと思われた。フランス軍やドイツ軍にみられた部隊付属の慰安所を、議会はインド以外の在外イギリス軍にたいして許可しなかった[26]。したがって、シンガポールの娼婦にたいし強制登録と検診の制度を設けたのは、イギリス駐屯軍兵士が野放しの性病にかかるのを防ぐためであった。伝染病条例の導入は、中国人クーリー保護がおもな目的ではなかったことは明らかであった[27]。

一八七〇年に、伝染病条例はシンガポールの法令集に掲載され、間接的に娼館売春を許可するという植民地の方針が、ここに明らかになった。海峡植民地総督であったハリー・オード卿は、香港で施行されていたものに沿う構成で、四四条からなる「ある種の伝染病の拡大を防ぐための条例」の通過の詳細報告の前文に、こう書いた。

性病はシンガポールとペナンの港に、この数年間に著しく蔓延した。両港とも船の往来が激しくまた駐屯地にヨーロッパ兵がいるので、たとえば娼館を統制し検査するような健康保護の手段を拡大するのが望ましい、と考えられた[28]。

総督の私設秘書官であったH・F・プラウが登録官に、アンダーソン博士が巡回医務官に任命された[29]。オード総督がこの条例を導入した理由は、中国駐屯地の提督からの絶え間ない非難に対応するためであった。イギリス軍艦がシンガポールへ寄港すると、伝染病条例が制定されている香港よりはるかに高い確率で乗組員が性病に感染していた[30]。軍艦の医官は、性病がもっとも悪質な病気であると断言した。

提督は、海軍省と陸軍省に、「汚い家にひしめきあい、医療管理もなく病気をまきちらし、自分たちの健康を失い、命さえなくしてゆく」多数の娼婦たちを管理するなんらかの処置がとられないならば、自分の艦隊はシンガポールへ一瞬たりとも立ち寄ることを拒否する、と書き送った(31)。こうして、一八七〇年、伝染病条例が性病の蔓延防止のためシンガポール議会を通った。主たる目的はイギリス陸海軍兵士を守ることであったが、成立した以上、中国人労働者が多数を占めるシンガポール社会全体に、法は適用されることになった。

伝染病条例は一八七二年九月二日にシンガポール川西岸で施行され、一一月には東岸でも施行されたが、検診がようやくはじまったのは一八七三年三月のことであった(32)。はじめこの条例にたいし、ひじょうに強い反対があり、数カ月のあいだほとんどなんら医療検診ができなかった。伝染病条例の実施にあたって最大の難関は、中国人女性が医療検診を受けることに抵抗を示したことであった(33)。係官はこっそり姿を隠す娼婦に手を焼き、娼館主は店を閉め廃業するつもりだなどと公言した(34)。しかし、反抗もしだいに弱まった。亀婆《グワイポー》は、政府が本気で伝染病条例を実施する決意であると悟ったのだ。年末には、登録官は定期検診に近いものを実施できるようになった。しかし、植民地医務官のA・F・アンダーソンは女性に検診を受けさせるのに手こずっていた。かれは、娼館の経営者や所有者を定期的に訪問して、説得に努めなければならなかった。伝染病条例は、医師にはなんの権限も与えていなかった(35)。

伝染病条例の実施にあたっての植民地医務官の役割は、まず建物を検査し、つぎにかの女らの居室とその清潔さを調べることだった。医師は、娼館から娼館へとまわって女性たちを検診しなければならず、これはすぐにあまりに煩雑であることがわかり、娼婦たちがカンダン・クルバウにある病院へ行くようになった(36)。この方法も阿姑にとって不便すぎることがわかり、マーチャント路と珍珠《チンチュウ》街のふたつの建物が診療所として開設され、検診に使われるようになった(37)。性病病院は総合病院の敷地にあり、通風のよい木造二階建ての建物には、三病室二〇床があった。一室は一二床を備え、ほかの二室は各四床で、うち一室はヨーロッパ人用であった。二階は婦長や看護婦の居室と共同食堂になっていた。病院は竹垣で囲まれ、女性たちが逃げるのを防いでいた(38)。

数百人の日本人、ヨーロッパ人、インド人を含む「多国籍グループ」の女性は、毎週検診を受けた。月に一週間以上が、「中国人のみ」の検診にあてられた。検診の後、医師は罹病しており性病病院送りとなる者にたいする伝染病条例にもとづく入院指令書に署名した。「多国籍グループ」の女性で異常のない者には、健康状況を記入したカードが渡された[39]。重要なことは、医務官も医師も、中国人女性たちに健康証明書を同じように出さなかったことだ。これらの中国人女性にたいする消極的な態度は、一九世紀末のシンガポールの植民地医療関係者のあいだで際だっていた。その差別的な扱いの結果、多くの中国人男性とくにクーリーには、阿姑との性的接触による危険が知らされず、はかりしれない被害が拡がることになった。一八九八年に、医務官のマグリストンは、初期の性病病院における阿姑の検診を「おぞましい仕事だった」と回想している。「わたしはローウエル医師やレスター氏ほどの専門家ではなかった。わたしは一時間に約一一〇人、レスター氏は約一一五人、ローウエル医師は約一二〇人の検査をした。このペースで三〇〇〇人を検査すると、いったい何日かかったかわかるでしょう[40]」。

一八七〇年代から八〇年代前半まで、性病の多くは淋病であり、梅毒はほとんどみられなかった[41]。月一回の中国人娼婦の検診で性病蔓延を防ぎえないことは、関係者にははじめから明らかだった。女性であれ男性であれ、淋病に罹りそれを他人に感染させることは、一カ月以内に起こりうることだった。男性をも女性と同じく組織的に調べなかったことが、伝染病条例の成功がはじめから疑わしかった大きな原因であった。医療担当官は、中国人女性を「多国籍グループ」の娼婦と同様に毎週検診するのは不可能だと感じていたし、医務官がかかりきりになっても男性まで手がまわらなかった。この無情さのゆえに、シンガポールの中国人たちは、一八八〇年代の性病感染の勢いから逃れられない運命にあった[42]。人の流入が増すにつれて、娼婦やクーリーが性病にかかる危険性も増した。その危険性は緩やかに増大したが、一気に拡大する可能性があった。にもかかわらず、中国人娼婦やクーリーにかんしては、感染を抑えるためのそれ以上の措置は不必要というのが、当局側の一致した意見であった。

一八七三年に総督オード卿は、伝染病条例の導入と性病病院の設立により、「条例の適用がいっそう進むので、シンガポールが凋落する理由はいささかもない[43]」、と歳入はむしろ増加すると予測した。かれが予測したように、性病病院の運営は政府にとって魅力的なものだった。一八七三年から八二年のあいだに、政府は伝染病条例のもとに二〇万ドル以上の歳入をあげたが、その大半は阿姑からの収入であった[44]。一八八七年には、病院の経費はわずか八五〇〇ドルであったが、娼館主から集めた料金は登録料を含め（会計はこれらを分離していなかった）三万八二〇〇ドルであった。阿姑とからゆきさんが性病病院から請求された金額は、一般病院でふつうの患者が払う一日一六セントより高い金額だった。亀婆《グワイポー》は、娼館に抱えている女性ひとりにつき、月あたり五〇セントを請求された。この金額を支払ったのは娼館主であるが、これを後で亀婆が娼婦の収入から差し引くのをやめさせることは不可能だった。(45) 性病との闘いに勝利する使命をもつはずの政府の医療係官が、娼婦とクーリーの診療という儲かる私的ビジネスにもかかわっていた。政府はそこに利益の衝突があるとは考えず、もし伝染病条例の実施を担当する医療係官をそのような私的ビジネスから閉め出すと、かれらの給料を上げなくてはならないという実務的意見を展開した。(46)

伝染病条例が施行された後、L・シュリーダーのような薬剤師は、性病向けの薬品をそれまで以上に広範に販売した。かれは病状に応じて中国人娼婦に薬を処方するだけでなく、必要とあれば検診までした。(47) R・A・マイルズのような薬屋は、医者とタイアップし、薬を求めて店にきた娼婦たちを医師のもとに送り込んだ。マイルズは審問の場で、多くの中国人医師は薬、おもに水銀をかれの店から買い、それが性病にかかった阿姑によって用いられたと述べている。(48) 先生《シンセー》とよばれるこれらの中国人医師は、広東で教育されたかシンガポール内の病院で訓練されており、水銀を軟膏や錠剤のかたちで与えた。薬品が見境なく使われたため、歯を失ったり、禿たり、腎臓をいためるなどのケースが後をたたなかった。(49)

伝染病条例が導入され、長蛇の列をなして中国人女性が、植民地医による外科医療器具を用いた膣検診を受けた。阿姑は、ヨーロッパ人医師の内診を受ける不名誉に強く抵抗したが、その多くは重症で、それでも仕事を続けることを強制されていた。(50) 医療検診は中国人娼婦たちにひどく嫌われ、かの女らは伝染病条例が施行されている国への移住はできるだけ避けた。(51) 阿姑が病院に送られることを嫌ったのは、そのためにしばしば借金で縛られる期間が長くなったからであった。性病感染の可能性があるとして検査されることを恐れ、恥じたにもかかわらず、患者として性病病院を経験した女性たちは、例外なくそこで受けた手当に満足と感謝を述べたものであった。(52) 娼館主たちは、まもなく自分の娼館の女性たちが病気にかかっていないかを確かめ、もし感染しているなら性病病院に入れられないよう、早めに治すほうが得策と気づいた。検診のさいには、しばしば刑事や通訳も秩序を保つために動員された。それだけ、騒がしく混乱がひどかった。亀婆《グワイポー》は呼び出し状を受け取ると、娼館の責任で女性たちを連れていかねばならなかった。だが、阿姑のなかにはどうしても行かない者がいて、そんなときは代わりを連れていった。一八七〇年から七七年のあいだは、女性個人を確認するシステムがなかったため、検診の実効性ははかばかしくなかった。

一八七五年末まで、毎年登録された女性の数の平均は、一四〇〇名だった。公認娼館だけをとって考えても、この数が実態よりはるかに少なかったと信ずるに足る理由は多い。中国人女性の検診では、替え玉のケースがひじょうに多く、すぐに有名無実になった。植民地医務官の意見では、これを防ぐには写真撮影がもっとも効果的だということだった。[53] 娼館にいるすべての阿姑が出向いたか、また住み込み女性がすべて登録されているかどうかを知っていたのは、住人リストをつくる亀婆《グワイポー》だけだった。伝染病条例を実施する登録官、調査官代理および医師のいずれも、病気の娼婦の身代わりがやってきても、ほとんどの場合それを見破ることができなかった。[54] 感染していても病院に送られたくない女性は、しばしば替え玉として大班婆《タイバンポー》を検診に差し向けた。[55] 一八七二年から八一年まで、娼館主の裁量で身代わり検診が横行したが、女性になんらかの特徴でもないかぎり、医師がそれを見分けることはできなかった。[56] 女性は名前や住所をひんぱんに変えて申告したので、病院側の記録は個人の確認にはたいして役に立たなかった。さらに困ったことに、伝染病条例には病気の女性の代わりに健康な者を差し向けてきた亀婆にたいする罰則が規定されておらず、違反のかどで告訴するしかなかった。そのような場合、治安判事はふつう二五から一〇〇ドルの罰金を課した。[57]

身代わり問題が、条例の適用にあたって最大の障害のひとつだった。これを止めるには、写真を撮るか、身体的特徴を記録して、それで個々の女性を確認するしかないという意見が出された。伝染病条例の効果を調査するために、一八七七年に指名された委員会が強く支持したのは、これらのふたつの折衷案であった。女性が故意に名前や住所を変えた場合、確認が困難になる可能性があったが、顔や身体は簡単に変えられなかった。担当官や医師がその女性が誰かを確認するためには、全員の身体的特徴を記した最新の台帳が必要だ、というのが委員会の結論であった。[58]

計画は登録局で実施に移され、新たに設けられた華民護衛司署がこの替え玉問題に取り組むことになった。そして、一八八一年に護衛司署が伝染病条例の指揮を執った。亀婆《グワイポー》と秘密結社のボスに、検診制度を納得させるのに手こずった経験をふまえて、登録制度が改良された。女性は写真を撮られ、それぞれの登録番号付きカードが渡された。それには中国語で、苦情がある場合や虐待された場合、あるいは娼館を出たいと望むとき、いつでも登録官または植民地医務官へ訴えでる自由がある旨が記されていた。[59] カードには娼館番号と登録台帳に記載されている少女の番号が書かれていた。亀婆は、女性たちにつぎ込んだ多額の投資がむだになることを恐れ、抗議した。実施するなら暴動、ボイコット、閉店も辞さないとほのめかし、脅した。公認の看板を投げ捨てる、床を木靴で踏みならして喚きたてるなどの大騒ぎのすえ、かの女らはやっとあきらめ、しぶしぶ法律に従った。(60)

入院させられた阿姑の将来について、娼館主たちが心配したのも無理はない。伝染病条例の結果として性病病院に隔離されているあいだ、つねに娼婦の状態や環境は改善された。娼婦たちは娼館での奴隷的な抑圧からしばし解放されるため、健康面だけでなく全体的に気力がよみがえり、家族との生活に戻ることを選んで去ってゆく者が少なくなかった。(61)病人はこれ以上娼館での生活には耐えられない、かの女には気候があわない、と医療係官が判断した場合は、病気が治った後、命令により中国本国に自動的に送り返される場合もあった。(62)華民護衛司ピッカリンは一八八六年一二月九日の植民地長官宛ての報告で、伝染病条例は「シンガポールの娼婦たちの惨めな状態を改善しうる唯一の方法だ」と述べている。(63)

伝染病条例は最初、「中国人」を除く「多国籍グループ」の女性にのみ適用される予定であったが、まもなく対象が「中国人」にも拡がり、「多国籍グループ」は週一回、「中国人グループ」は月一回検診を受けることになった。これが廃止される一八八八年には、シンガポールの登録娼婦の数は一七九二名、そのうちわずか一二四名が中国人以外の国籍として登録されていた。当初、イギリス軍人の健康と福祉が目的であった条例は、(イギリスでは当時おそるおそる許可されたばかりの)強制的検診と隔離を通して、すぐに社会管理システムに衣替えし、伝染病条例の意味もわからず望みもしなかった在外中国人労働者の大社会を監督する制度になった。しかし、その登録条項がはからずも、娼館に売られてきた多くの女性を守る唯一の手段となったことも、また疑いないことであった。

性病拡大、婦女子の不法売買、秘密結社の浸透などの対策として、一八八一年から華民護衛司署という政府の単一組織が統制する、厳重な登録と健康管理システムが発足した。(64)伝染病条例の導入には、当初から強い支持があった。黙認されていた娼館をきびしく管理し、買売春を統制することは、中国人労働者にたいする政府の影響力を強化することを意味した。統制の責任は、政府の肩に重くのしかかった。貧しく孤立した中国人の生活を管理し、危険な要素を封じるうえで伝染病条例がもたらす影響を、オード総督は見逃さなかった。かれは、一八七一年につぎのように書いている。

本条例に関連して、ふたつの好ましい影響があるだろう。それはイギリスでは同類の法からは生まれない性質のものであるが、ひとつは不運な女性たちを保護する効果であり、もうひとつは秘密結社や、しばしば植民地の平和を乱す無頼の輩に与える効果である。中国人の売春観はヨーロッパ人のそれとは異なるものであり、売春に手を染めているからといって必ずしも不名誉とはみなされない。娼館の所有者は、ひとつの商品を扱う商人であり、奴隷商人がその商品を扱うのにひじょうに近い権力をもっている。そして、商品を貸し出すだけでなく、当然のように商売の都合によって自由にそれを売り買いしている。(65)

それから一年半以内に、総督はこの社会的手段が中国人社会に与える影響についての自分の予測が正しかったことを書いている。

条例が部分的実施に移されてから五カ月が経過した、……円滑に実施でき、主要目的、すなわち病気の拡大抑制において、すでに相当な効果をあげているだけでなく、同時にシンガポールの中国人人口の大きな部分を掌握することにもつながり、適切に運用すればひじょうによい結果を生むことは、ほとんど疑う余地がない。(66)

市内の娼館を伝染病条例のもとに統制しようというシンガポール政府の計画は、一見めんどうな問題にたいする現実的な一解決案のように思えた。ところが、植民地省とイギリス国民一般には、伝染病条例が性病の増加を防ぎ、イギリス兵士と船員を娼館から遠ざける単純でまちがいない案にはみえなかったようだ。(67) 伝染病条例は中国人や日本人女性の性的産業に破滅的効果をもたらすもので、プリマスやサザンプトンのような港町の「粗野で」貧しい人たちにもたらされたのと同じ打撃だった。(68) 法にもとづき医師の内診および護衛司の面接を受けることは、法により娼婦の烙印を押されることであり、阿姑やからゆきさんは消しえない精神的な傷まで負うことになった。

伝染病条例のもと、一八七〇年から八七年のあいだに登録された娼婦の数の平均は、男性中国人労働者のシンガポールへの流入に呼応して年々増加した。植民地の社会対策としての伝染病条例とイギリスの伝染病予防法のあいだには、大きなずれがあった。植民地政府は、中国人社会では女性が基本的に平等でなく、あたかも財産の一部であるかのようにみなされ、買売春も社会システムの一部であることを充分認識していた。女性の多くが娼館主のなすがままの悲惨な状態であることを地方官は知っていたが、どうすることもできなかった。伝染病条例は、周旋屋や亀婆《グワイポー》を罰することで、窮状をわずかに緩和する皮肉な効果があったものの、護衛司署の視点からみて、けっして充分な力を備えた法ではなかった。シンガポールや香港で、イギリス人役人は伝染病条例の力で娼館と娼婦たちをしめつけ、周旋屋や犯罪組織を港から追い出そうと努めていたが、いっぽうで阿姑とからゆきさんは、社会的な蓋をかぶせたうえで存続させる必要があると考えていた。中国から何万人もやってくるクーリーは独身だった。クーリーは収支を合わせようと懸命に働き、しばしば重労働者として欠くことのできない骨の折れる仕事をした。そして、ときに淋しさ、ストレスから、金で買った女性による肉体的慰めを、とくに必要とした。

一八八〇年代を通じて、シンガポール政府に支持された華民護衛司署と本国の植民地省のあいだで、伝染病条例とシンガポールの中国人社会の基本的な生活要素であった娼館売春をめぐって、長い攻防があった。護衛司ピッカリンが伝染病条例の権限と条文を拡張し、自分の権威を治安判事よりもあげようとしたことにたいする、よくある権力争いだった。ピッカリンは不法な人身売買を抑え、その一味を速やかに摘発し、できるだけ厳しく罰したいと決意していた。(69) いっぽう、ホワイトホールはシンガポールのような都市で、買売春統制にかんする法的自由裁量権をもたせて、担当官を現場に派遣するのは危険すぎると考えていた。ピッカリンはまさにその危険人物で、いつも率先して行動する性格であり、かつ中国語や中国の習慣に通じた貴重な人材であった。伝染病条例の改訂案をつくり、護衛司署により多くの権限を与えて、不法な人身売買を取り締まろうとしたかれの努力は実らなかった。一八八二年八月、かれは、そのような力が与えられないなら、かれとかれの部下たちは「自分の才覚で女性と子どもを保護する」努力を続けるほかない、と書いている。(70) 植民地省との争いにおいてピッカリンは、伝染病条例にかんする香港での経験と立法形式から学び得るものはほとんどない、と強調している。中国人問題、とくに女性の売買と娼館売春にかんする長い報告書のなかで、シンガポール独特の経験にもとづく伝染病条例の改訂が必要だ、とかれは繰り返し主張した。(71) かれが言うとおり、伝染病条例の導入は間違いなく性病との闘いに有効であったし、女性たちにたいしてもある程度プラスになったが、結局植民地の政策を決める力はロンドンにあった。地球の反対側の大英帝国では、シンガポールの伝染病条例をめぐる動きはホワイトホールだけでなく、一八八七年までにヴィクトリア朝期の啓蒙的な一派の怒りを買い、そのことがシンガポールの中国人社会にとって悲惨な結果をもたらすことになった。

ヴィクトリア朝期に、性病がイギリスの港や駐屯地の町を襲うかもしれないという不安が起きたとき、まず危険の高いグループを隔離するという手段を考えたのは、医学的に考えて妥当なことだった。一八六〇年代、イギリスでの性病の流行は遠い話だったが、イギリス人兵士や船員のあいだでの拡大を恐れて、伝染病予防法が議会を通過した。反対する側にいわせると、この法令はヴィクトリア朝期イギリス市民中最大の「見捨てられた者」だった娼婦、女中、重労働をする女性、とくに「しろうと娼婦」とよばれるパートタイム的娼婦などの、市民的自由にたいする不必要な侵害であった。[72] 一八六四年に制定された同法では、娼婦の登録、検診、病気と判明した際のいわゆる性病院への収容などについて、細かなシステムが規定されていた。娼婦である疑いがもたれると、私服刑事によって治安判事の前に呼び出されるという内容で、女性の市民権にはほど遠い法だった。[73] 伝染病予防法は、出廷した女性に診断書を提出するよう要求したが、批判派や撤廃論者は膣鏡を振りまわして群衆にショックをあたえ、このような措置を「器具によるレイプ」とよんだ。[74] 感染している女性は最大九カ月間病院に留め置くことができ、収容中、法は強制的に道徳・宗教教育を施した。登録と検診を拒否する女性は、投獄や重労働を課せられた。

ヴィクトリア朝的、家父長的、権威主義的な道徳観と態度が、伝染病予防法における性差やジェンダーへの軽視にみてとれる。逸脱した性的行動というものは、公的にも私的にも、どんな文脈においても、すべて悪いのは女性たちであり、性病に感染している女性はすべて頭から犯罪人として扱われた。ヴィクトリア朝期の性管理の失敗は、性病の保有者である男性個人のプライバシーを守るために、同じ基準と法を上流の紳士たち、兵士たち、船員たちに等しく適用しなかったことにあった。そのために、「予防法」の目的が台無しになり、当時のダブル・スタンダードや買売春と貧困階級にたいする「尊敬すべき」階級の性的偏見が、明らかになった。

道徳改良家、フェミニスト、宣教師、市民的自由主義者たちは、とうぜん人権保護のための予防法の条文が不適切だと攻撃した。多くの者は、その手段自体がモラルに反し実効性がないとも考えた。一八七〇年代はじめから八六年の同法廃止までのあいだ、複数の圧力団体が手を組んで議会の内外で活発なキャンペーンをおこない、この法律の目的である「罪深い安全」をつぶしにかかった。一八八〇年代までに買売春の国家管理にかんする法を廃止しようというキャンペーンは、初期の公共の場での主張から、自由党を説き伏せることに成功し、さらに道徳、社会のための急進派と非国教派の運動が、複雑なネットワークを形成して拡がっていった。(75) ジョセフィン・バトラーのカリスマ的役割と思想、および伝染病予防法の廃止のための婦人全国協会（LNA）は、廃止運動の成功において中心的役割を果たした。同法に反対する団体のうちでももっとも好戦的な婦人全国協会は、予防法における性道徳のダブル・スタンダードの問題をとらえて、反対運動のポイントにした。婦人全国協会は、予防法の対象となった地域で登録している女性に法のボイコットを呼びかけ、娼婦たちを救援する活動をおこなった。(76) 個人の自由を目指すこのフェミニスト団体と戦闘的活動家は、一八八〇年代はじめに教会やそのほかの道徳改革グループとの結束を固めた。バトラーは、伝染病予防法の個人的生活、労働者の生活に与えるインパクトについての公共討論をおこない、新聞に意見を書き、教会の集会や労働者協会でスピーチをし、慈善協会で訴え、またフレンド協会と救世軍の協力を得て、国じゅうで大規模な祈りの集会を組織して家庭に訴えた。(77) しかし、結局一八八〇年代の社会的政治的環境のなかで、この活動は議会への独立した行動でも、同法を廃止するための「新・廃法主義者」の祈祷会でもなくなった。むしろ、議長としてのジェームス・スタンスフィールドの努力によって、同法廃止は自由党の政策の一部として決定された。(78) バトラーとそのほかのヴィクトリア朝期の政治文化のリーダーたちによる、伝染病予防法廃止に向けての長期のキャンペーンは、一八八六年についに大英帝国全体、とくにシンガポールに広範囲に影響を与えてきた同法廃止にこぎつけた。シンガポールでは、伝染病条例の条文は買売春の統制において収監と懲罰も同然と思われていた。

本国植民地省は、当時のシンガポールの特異な人口増加と社会的要求を、正確に理解していたとはいえないにもかかわらず、伝染病予防法を廃止した後のシンガポールの中国人社会のために、社会的規範と性的行動の制限を定めた基準を布告した。一八八八年に、八万六〇〇〇人の中国人男性にたいし、少なくとも二五〇〇人の娼婦がいたシンガポールほど、東南アジアで性病蔓延の影響が大きかった土地はなかった。(79) また、一八九〇年代のクレタ・アエル地区ほど、ジョセフィン・バトラーの道徳運動の余波が強く感じられた場所はなかった。阿姑とその客たちはそこで性病に感染し、病み、移動し、死んでいった。性病の大流行が、いまにも起ころうとしていることは、中国人コミュニティ全体の問題だった。大規模な中国人移民、極端な男性過剰、ディケンズの小説さながらの移民労働者の悲惨な暮らしを背景に、シンガポールにおける買売春は、きわめて複雑で扱いの難しい問題になっていた。そしてヴィクトリア朝期の良心主義では、放っておいて大目にみるということは、とうてい理解できる性質のものではなかった。影響力のある宗教人や社会改革論者たちは、シンガポールの伝染病条例の廃止、性病病院の禁止および売春の取り締まりを唱えて、議会でロビー活動をおこなった。かれらは、この登録制度は中国人や日本人の下層女性を抑圧し、腐敗させ、かの女らの更生を不可能でないまでも困難にする、と感じていた。(80)

政府の指名を受けたピッカリンは、本当に伝染病条例はシンガポールの利益になるのか、という本国植民地省からの質問に迅速に答えて、長い報告を書いた。ピッカリンは、中国語の深い知識といい、仕事を通しての直接の経験といい、疑いなくこの難しい政治的質問に答えるのに最適の人物だった。そうではあるが、ピッカリンは中国人社会の管理についてややオーソドックスでない考え方をもち、もともと伝染病条例の主要目的について批判的だった。さらに、かれの強いキリスト教信仰が色濃く出すぎて、報告書の結論の全体的なインパクトは弱められてしまった。(81) ピッカリンは、伝染病条例が登録官に与えた権限のおかげで、またかれの率いる護衛司署が中国にかんする知識を使ってその力をより効果的に発揮したので、隷属と依存は残存するものの、阿姑とからゆきさんの生活事情はかなり改善されたと主張した。伝染病条例にたいするかれのおもな不満は、条例が適用される娼婦の保護のためには、伝染病条例の厳格さがまだ充分でないということだった。かれによると、法は「女性と子どもの保護のために絶対に必要である。廃止すれば、ひじょうに多くの女性を奴隷的状態に追いやることになり、多くの場合死んだほうがましということになるだろう」ということだった。(82)

これを根拠として、また中国人社会の「尊敬すべき」指導層の支持をバックに、かれは伝染病条例を補うものとして、婦女子保護の法案を国務長官に提案した。一八八一年から八六年にかけての経験によって、伝染病条例が適正に運用されれば、娼館での最悪の虐待は幾分か抑制でき、そしてこの婦女子保護の条例が加われば、華民護衛司署はそれを完全になくすことができる、とピッカリンは確信していた。

ピッカリンの非国教徒的良心は、基本的には「罪深い安全」をつくることになる買売春街の社会的公認には反対だった。しかし、中国人や日本人女性が強制的に屈辱的検診を受けさせられるという、性的差別には反対しなかった。それが公認娼館に住む女性の保護には不可欠と考えたからであり、かれは伝染病条例のすべての条文についてそう考えていた。[83] ピッカリンは、伝染病条例が性病拡大防止のために通過した法律であることを知っていたが、このことについて長々と批判することを控え、伝染病条例がおもに娼館の女性の状態の改善に果たした役割に限定していたことは、注目すべきである。一八八七年四月の率直な言明には、娼婦の医療検診についての、かれの考えが明確に示されている。

この法が施行される前は、娼婦たちは（肺結核、肺炎などの）病気、あるいは性病に罹っていても仕事を続けることを強制されていました。そして、健康状態がひどくなって、この植民地では仕事が続けられなくなると、（ジョホールの）ジャングルのプランテーションや出身地の鉱山などへ売り飛ばされて、そこで死んでいました。検診の制度がなくなったら、この不運な人たちは、この悲しい運命にふたたびさらされます。中国人たちだけが行く娼館については、検診は月一回以上でなくてもいいでしょう。この変化は、中国からの女性を喜ばせるはずです。中国人は、検診という新しいこと自体を疑いの目でみていますので。しかし、少女たちのためには、検診を要求する権力が必要であることはまちがいありません。わたしはイギリスにおける買売春の状況を知っているとはいえませんが、かりにもこの植民地の状況についてのわたしの報告の真実性が認められるならば、慈善的な意味でも宗教的意味でも、この地のみじめな女性たちの医療検診にたいする妥当な反対意見はありえないと考えます。かの女らはなんの落ち度もなしに、売りとばされ、買売春の世界に投げ込まれたのです。よりよい生き方を知ることもなく、また概してほかにとるべき手段もなく……。わたし自身キリスト教徒で、自分なりに努力し、自分の良心の許すかぎり、自分の宗教の模範に従うことを明言します。これらの原理を心に抱きながら、あのみじめで、無力で、苦しんでいる人びとに癒しの手が伸ばされるべきである、とわたしがもっとも強く主張しないならば、わたしは主の望まれることに従って行動していない、とたしかに感じるのです。かの女らが娼婦であれ、ほかの種類の罪人であれ、政府がかの女らを強制検診によって助けないなら、治療を受けられないまま、かの女らは苦しみ、しばしばみじめな状態で死んでゆくのです。[84]

ピッカリンの華民護衛司署の行政下で、伝染病条例が登録娼館に住む阿姑とからゆきさんにある程度恵みをもたらす働きをしたことは疑いないことだったが、執行委員会のメンバーの多くは、かれの報告は的外れだと感じた。シンガポールが性病の拡大と必死で闘っている事実をかれらは知っていたが、それは単身の中国人男性移民を奨励した政府の政策と、制度化された買売春の統制が直接の原因だった。「もし、これらの法を撤廃する条例を導入しようというのなら、ここへ移住しようとする男性たちは適切な比率の女性を伴わなければならない、という条文を入れるべきである。そうすれば、みんながこの問題の拡がりを理解するだろう(85)」。

そのような環境のなかで、伝染病条例を廃止すべきかどうかは、ほとんど医学的な問題に還元された。諸問題の公的見解は、移民の増加と病気拡大の可能性におかれたことで、シンガポール植民地行政のイデオロギーが明らかになった。それは、安い中国人労働力を性病の危険から遠ざけながら、かれらを労働階級の居住地区に引き寄せることで、同条例は継続のほうに傾いた。

わたしは、宗教や倫理をことさら強調した議論が、本国やそのほかの地域にこの手の問題を不必要にもちこんでいる、と考えている。現実的な行政の立場からみて、われわれの問題はつぎのようにいえよう。伝染病条例はその意図どおり、性病の拡大を少しでも防いだのだろうか？　もしそうなら、シンガポールやペナンのような大きな港湾都市で、駐屯軍もいる地では、伝染病条例の活用は容認されるべきである……。娼館とその居住者の登録、かれらの定期的検診等は必須であると思われる……(86)。

植民地医務官と医師たちによると、伝染病条例の導入以前は、病気になっても娼婦が治療を受けるチャンスはほとんどなく、病気はだんだん悪化してゆくのがふつうだった。当時の経験にもとづく完全な記録は残されていないが、植民地の病院の統計データと一八七二年以前の陸海軍の記録は知られており、伝染病条例の効果的な実施により公認娼婦の性病患者数が減少し、兵士、船員、一般市民の患者数はひじょうに少ないことが認められた。要するに、娼婦は目立たず、誰にも迷惑をかけず、管理下におかれ、病気になると手当が受けられたのである。首席市民医務官ロウエルは植民地省に、もし現在の法がみだりに変更されれば、とんでもない事態が起こると警告した。

問題を道徳的および物理的にみて、この法は継続するほうが絶対に植民地の利益につながるという結論しかありえない。シンガポールには、絶えず移動し、入れ替わる大勢の男たちがいる。かれらは世界のいろいろの場所からやってきて、何時間か何日間かやりたい放題ですごす。かれらを管理することはできない。もし法が廃止されれば、それが人間性を守るために果たしてきたすべての効果が失われてしまう。そして、当然異常な犯罪行為の増加がみられるだろうし、ある種の病気にかかる可能性、危険が大きくなるだろう。これは、おそらく人間がどんなものであるのかを、もっともよく示す性質の病気であり、その影響はある程度続くだろう、いまのところ一応抑えられてはいるが……。(87)

シンガポール駐屯軍司令官のハラハン陸軍中佐は、伝染病条例の廃止は兵士のためにならないと強く感じ、上級軍医官の報告では、駐屯軍のなかには性病患者は少ないが、これは伝染病条例がうまく機能しているためだ、と述べている。さらに、陸軍軍医たちは、シンガポールに伝染病条例が導入されて以来、駐屯軍では性病のケースが減っている、と強い言葉で繰り返し主張した。海軍については、総督が、イギリス軍艦「チャリブディス号」のハザム艦長が法廃止による重大な危機を心配して、自分に書いてきた手紙を、そのまま引用しているほどだった。総督は、多くの海軍軍医も、この一〇年間、この条例の必要性について同様の意見を述べてきた、とつけ加えている。(88)

シンガポール政府と市民のあいだでは、無制限の男性移民が続くかぎり、性病の拡大を許容範囲内に抑えるために条例の存続が必要だという意見が圧倒的であった。にもかかわらず、シンガポール中国人社会のための、みたところより大きな現実的利益は、ヴィクトリア朝期の政治文化の小さな内部社会の利益のために、ひとりの国務長官によって犠牲にされた。国務長官は、伝染病条例廃止の問題について、かれにもたらされたすべての議論と警告を聞こうとはしなかった。かれにとって政治的に都合がよいのは、イギリスにおいてはすでに解決済みの強制検診廃止のコースをとりつつ、シンガポールにおいては登録と監視の強制力を保持し続けるとともに、「チャリブディス号」のハザム艦長が廃止すれば重大な危険がある、とかれに書き送った伝染病条例のそのほかのすべての部分を存続させることであった。艦長は、シンガポール周辺海域の帝国海軍の艦船に、多数のイギリス人水兵や船員が乗務していることもつけ加えていた。しかし、中国人のみの娼館には月次検診を強制する必要はないが、公認娼館にたいする登録制は娼婦たちの条件改善のために絶対に必要だと主張するピッカリンの矛盾をはらんだ報告書が、植民地省では勝ちを占めた。

いかなる新たな条文を提案するとしても、それが女性たちを基本的に保護するものであり、性病防止だけが目的でないことを示さねばならなかった。医療担当官やそのほかの者の医療面のみから法の存続が必要であると主張した報告書、付属資料および添付の書状類（総督の文書に添付された）をしかるべく考慮し、かつこの問題が「ひじょうに困難で複雑な」ものであることを認識したうえで、国務長官は廃止の指示を出した。[89]

> これらの主張がこの国で強く要望されたが、議会において否決された。そして、特殊な地域的理由のない以上、議会の決定に従わざるをえないと考える。そのため、法のうちの女性の強制的検診を義務づける部分の廃止を準備するよう命ずる。しかし、わたしは、これらの不運な女性たちに、無料の性病病院において治療が受けられることを周知させ、法改正によって恐れられているような危険が拡大しないことを望む。同時に、現時点では、娼館の登録制と政府によるその全体的監督を廃止する意志はけっしてない。[90]

この事態が信じられず、怒った総督フレデリック・ウェルド卿は法改正の指示を出すのをためらった。シンガポール政府が娼館の登録制度と監督を続け、規則違反には娼館支配人に厳しい罰則を課し、そして無料の性病病院を提供せよという指示を完全に実施できるとは思えなかったからである。また、シンガポールにイギリスの諸都市と同じように議会決議を適用すべきでなく、強制検診を続けるべき地域的特殊理由がある、と国務長官を納得させる期待をもっていた。[91]各年の人口統計結果や移民統計は、とくに二〇歳から四五歳のあいだで、シンガポールの女性人口が男性に比べていかに少ないかを示していた。ウェルドは遠慮することもなく、女性の供給が需要に追いついていないと率直に述べた。阿姑とからゆきさんと一般大衆を性病から守るただひとつの手段は、定期的な医師と登録官の介入であった。もし、検診をやめれば、阿姑は自分の意志で無料の病院に入ることは許されないだろう。かの女らは、衣食など経済的に依存している亀婆《グワイポー》を「お母さん」とよんでいるほどだ、とかれは強調した。[92]ピッカリンが伝染病条例の範囲内でおこなっていた救援活動について、ウェルドはこう書いている――「華民護衛司はできるかぎりのことをしており、よくやっていると言わなければならないだろう。しかし、この問題にかんしては、医師の存在がなければかれは無力である」[93]。伝染病条例が廃止されたら、娼館にいる女性たちの多くの運命がどうなるかについて、ウェルドは強い意見を抱いていた。

強制検診を廃止することは、娼館における奴隷的な扱いによる深刻な虐待の一部を放置することである。すなわち、娼館主は、これらのみじめな女性たちに肉体がぼろぼろになり、病気でだめになってしまうまで売春を強要し続けることができる。そうなれば、かの女らはそのまま見殺しにされるか、遠いところへ放り出されてしまうことさえある[94]。

一八八七年七月から九月のあいだに、ウェルドは植民地省とイギリス政府にたいし、かれの異議を真剣に受けとめて方針を変えるよう必死の努力をしたが、その結果は自らの更迭であった。かれが新しい政策をなかなか実施しようとしなかったことは、上司からみれば相当な規則違反であった。年末には、新任の中国語ができる強硬派の総督として、セシル・クレメンティ・スミスが任命された。かれは植民地省の提案を実施する方針であり、かれのもとで一八七〇年からシンガポールで実施されてきた伝染病条例は廃止された。娼館や娼婦の登録にかんする婦女子保護のピッカリンの新しい条文がそれにかわったが、強制的検診と性病病院において、患者の治療費を亀婆《グワイポー》から徴収することは、一八八八年初頭からすべて廃止された。新しい法令は、止義より、むしろ政治にもとづいたものだった。

イギリスにおける買売春の国家管理に反対するジョセフィン・バトラーのキャンペーンの成功と、保守的イギリス政府と植民地省の現実的政治が現地の知識と意見を踏みにじったことが、シンガポールにおける医療検診を廃止されるにいたった二大要因だった。そして、その結果「真の災厄」である梅毒と淋病の蔓延が、一九〇〇年までにシンガポールの中国人社会全般を覆うことになった。

第6章　性病の蔓延

一八八七年一二月三一日、シンガポールでは登録料と強制検診が廃止されたが、公認娼館で働く娼婦を保護するほかの条文は、まだ有効だった。[1] 華民護衛司署は、亀婆《グワイポー》や阿姑に、無料治療や医療援助を利用するよう熱心に説いた。政府内での統制派は、娼館での買売春を抑えることはできない、これは社会の必要悪だ、と主張した。しかし、いまや護衛司署役人と植民地医務官たちは、性病に感染した娼婦の自発性に待つ総合医療対策という憂鬱な仕事に立ち向かわねばならなかった。

シンガポール政府が伝染病条例を廃止したことへの中国人社会の反応は、厳しいものだった。役人の威信はひどく失墜し、政府は中国人社会の中心人物の信頼と尊敬を失った。シンガポールの志気は落ち、立法議会の中国人議員、とくに陳若錦《タン・ジャックキム》と陳明遠《タン・ベンワン》は失望から政府を見限り、感染の恐怖との闘いに勝つための助けを市の長老たちに求めた。[2] シンガポールでは、中国人社会の構成という点で労働者が経済的にも政治的にもあなどりがたい集団であったから、労働者階級と親しい関係をもたない中国人政治家は少なかった。伝染病条例の廃止を、主席市民医療官ローエル医師は「未曾有の愚行」とよんだが、性病が流行りはじめたとき、蔓延を防ぐために市政局委員がなんとかすべきだというのが、中国人有力者たちの一致した考えであった。[3] ふたりの陳は、人口一三万九二〇八人のうち登録された娼婦のみで二〇〇〇人近くもいるシンガポールのようなクーリーの街で、伝染病条例を撤廃したらどんな結果になるか、強く警告した。港には世界のあらゆるところから病気が入ってくる。[4] ふたりは、またイギリス本国のプリマスやサザンプトンのような港の若い女性と、シンガポールの中国人少女の大半とは、境遇がまったく違う、と訴えた。中国人少女たちは、医療機関に近づくことなどほとんど、いやまったくなく、亀婆《グワイポー》にあごで使われ閉じ込められているのだ、と。(5) 陳若錦は、新しい婦女子保護条例は、女性の市民的自由を確保し、公衆衛生を守るうえで、まったくもって不充分だと強調した。この条例のもとで、護衛司署役人は理論的にはいつでも娼館を立ち入り検査し、娼館主や娼婦を出頭させて尋問することができた。亀婆は、罰金や投獄の対象にもなった。にもかかわらず、陳氏によると、実際には娼婦たちのほとんどが自分の望みに反して娼館に拘束されているし、まだ登録リストに載っているにもかかわらず、そこから検査のために自由に性病病院に行くことはないだろう、と述べた。力強い演説の後、かれは動議を提出した。

買売春による……伝染病の拡がりを阻止するための規制がないことは、当地の公衆衛生にとって有害であることが判明している。よって、ここに市条例五六項のもとに、市政局委員が公衆衛生保護のために必要な対策を講じ、これを実行することが望ましいと決議する。(6)

政局委員には、市条例のもとでこの件にかんして法を策定する権限はないという理由で、決議は採択されず、ついで動議はとりさげられた。伝染病条例廃止の影響について、統計そのほかの情報を集める事実調査委員を任命する修正案が通過し、ようやくシンガポール政府が市内の娼館売春を取り締まる修正市条例を承認できることになった。(7)

これらの中国人指導者たちは、性病（ＶＤ）がこれ以上拡がらないよう政治的かつ教育的キャンペーンを展開した。市の条例準則を通過させ、性病が大蔓延する前に予防的キャンペーンをおこなおうとしたのだ。市委員会の最新情報への要望にこたえるために、数年の余裕さえなかった。移民労働者人口は、一八九〇年代はじめに一五万人に近づいていた。新総督セシル・クレメンティ・スミスは、伝染病条例を廃止したら猛威をふるうであろう性病の恐ろしさをはじめ軽視していた。そして、冷淡な書簡のなかで、植民地省を満足させるため、亀婆《グワイポー》から護衛司署役人までの、虚偽、愚かさ、無能さを書きたてていた。しかし、肝心の阿姑たちの多くが、無料の病院に留まることを拒んで無差別の性行為をもち、明らかに自分と大衆を感染の危険にさらしていたことについて、なんの言及もしなかった。(8) 一八八八年一月三〇日付の一連のスミス書簡の最初の主要点は、一五〇〇人の中国人娼婦の異常な行為で、かの女らは勝手に性病病院を抜け出し、護衛司署や医療局役人の「安全な性行為」キャンペーンに協力しようとしない、ということだった。理由は簡単明瞭であった。治るまで自分の意志でそこに残ると商売にさしつかえ、借金が増えるからだった。(9) からゆきさんは、最初入院を拒否する阿姑よりはましに見えた。少数のからゆきさんは、すすんで検診と治療に応じたからだ。かの女らは、いずれも娼館または家で使う薬を無料で支給された。(10) にもかかわらず、総督はまだ政策失敗のおそるべき兆候や市全体の大きな問題を認めようとせず、自分から入院する娼婦の数は増えるはずだ、感染している中国人娼婦も来るだろうと、楽観視していた。(11)

伝染病条例の強制条項を廃止したため、一八八八年末までに性病病院の存在は事実上無益なものになっていた。入院を望むものはほとんどなく、また入院しても大半が完治しないうちに退院した。ただわずかに、性病伝染を封じようというキャンペーンとして、薬品が無料で支給されていた。(12) 毎月のシンガポールからの医療報告は、おこなわれた検査回数の下降を示していた。細々したアイデアをたくさん盛り込んだ近年の改革政策が、中国人に最悪の影響を与えたという厳しい非難を、植民地省は懸命に否定して、健康証明書の検査証は請求があっても出さないようにという指示を出した。(13) この措置の結果、みな民間の開業医から検査証を入手したので、検査を受ける阿姑の数はさらに減少した。植民地省官僚の目から慎重さに欠けると断じられたスミスは、年次報告書で検査証は健康な女性から病気の女性に簡単に譲渡されるので検査証を交付できず、その結果性交渉で感染する病気の拡がりを助長した、と述べた。しかし、早くも一八八九年九月のスミス書簡から、シンガポールの性病との闘いは絶望的である、とかれがやっと理解しはじめたことがわかる。総督が至急詳しい統計的資料を求めていることから、伝染病がピラミッド型に拡がりはじめていたことが読みとれる。ピラミッドの上段は、おもに軍の病院や公的病院で性病と診断された増加しつつある一群で、中段は記録されていない性病患者で、主として中国人クーリーの一群だった。かれらは淋病や梅毒の症状である体重減少、リューマチのような痛み、頻繁な頭痛、発疹、胸部の痛み、息切れを示していたが、公衆衛生当局に相談に行くことはまずなかった。ピラミッドの底辺部に拡がるのが、「潜伏期間の」娼婦の一群で、かの女らの多くは淋病に感染していたが、廃止直後の数年間は病気のはっきりした症状はでていなかった。(14)

東南アジアの港近くではどこでも娼館が密集していたが、シンガポールほど性病の衝撃的影響を受けたところはなかった。性病が猛威をふるいはじめたとき、重大な被害を受けたのは、寄港した船の水兵や商船員、そして港湾で働く荷揚げや石炭積みのクーリーであった。総督は、イギリス帝国軍艦「オリオン」の感染者リストにかんする海軍上級士官の書簡を、伝染病条例を廃止した結果、性病感染が増えたという開業医の署名入り覚え書きとともに、ホワイトホールに送った[15]。一カ月早い一八八九年一〇月一〇日付の市政委員会の議事録にも同じような記述があり、性病が波止場の「うす汚れた」娼館で手に負えない状況になっていると警告した。オランダ領東インド総領事もまた、市政委員会に伝染病条例について手紙で問い合わせをおこなった。その手紙には、オランダ軍艦「ファン・スペック」の船員たちが八月二一日に健康証明書をもってシンガポールに入港し、三週間後にリアウ諸島に向けて出航したところ、四二人が感染していたとの報告を受けた、と書かれていた[16]。「ファン・スペック」の警告すべき体験以来、オランダ軍艦のシンガポール寄港慣習にはっきりした変化が生じた、と政府は知らされた。石炭積み込みや修理という絶対に必要な日数以上は、シンガポールに停泊するな、との命令を受けたのだ。このことは、数週間ドックに停泊しなければならない「ファン・スペック」のような軍艦に起こりうる明らかに憂鬱なシナリオだと、植民地相は指摘された[17]。しかし、軍隊輸送船、定期郵便船、商船の船員たちがどうなるかを考えると、事態はさらにゆゆしきことだった。シンガポールに二四時間停泊する乗組員や乗客のあいだで、影響は深刻に受けとめられ、しかも憂鬱なことにその影響を知る方法がなかった。

シンガポールにとって、大打撃の九〜一〇年間が続いた。中国人社会は怒りと焦燥を抱いたまま、勢いづく伝染病と闘うことを余儀なくされ、いっぽうで植民地省のさまざまな部署の出す一連の文化的神話や根拠のない仮説とも、たえず闘わなければならなかった。一八八九年に、伝染分布のピラミッドの上部でみられたような性病の急増が、かわって救貧病院でみられるようになったが、患者数はどの病院からの報告でも大きくなっていた[18]。植民地医務官は、梅毒が以前よりありふれたものになっており、ひとたびそれが拡まりはじめると、感染の機会は一時逗留のクーリーや商船員にも拡がったことを認めた[19]。続く二年間に、治療件数と症状の重さの両面で、性病禍は大きくなったことがシンガポールのいろいろな病院からの報告でわかった[20]。これらの病院報告の数字が示すとおり、かつては条例のもとに強制検査を受けていた阿姑とからゆきさんにたいして、ほとんどなんの対策もとられていなかった。用心しながらの楽観ムードさえ、もうなかった。総督は年次報告で、一八九一年の統計を引用し、中国人社会を待ち受ける予兆として、娼婦たちの絶望的な状況を記している。それによると、一八九〇年の二九パーセントにたいして検査のために名乗り出た娼婦、日本人八八名、中国人七名のうち七五パーセントが性病にかかっていた。(21) 同じ年、刑務所医官たちは、性病で病院に移送された者の数にかなりの衝撃を受けた。囚人は、病状が労働に耐えられないほど悪化するまで入院させてもらえなかったのに、その年は一一二人が病院で治療を受け、「数え切れない」ほど多数の囚人が毎日性病の症状を訴えていた。(22) 国務長官は、シンガポールの性病の増加にかんする多くの経験的証拠に取り組もうとしなかった。かれは、そのデータが婦女子保護や娼館にかんする規制の新しいシステムを、大きく変更しなければならないほど充分説得的だったにもかかわらず、たんに信じなかった。イギリス大衆の意見および保守党の政治文化や要求におもねって、長官は伝染病条例を再導入すべきだという、いかなる提案にも背を向けた。「一八八八年一一月三〇日のわたしの通達で述べたとおり、わたしは目下、娼婦の強制検診を禁止したことによる病気の増加問題について話しあうつもりはない。それは、保健問題以外からでた措置であるから(23)」と述べた。

華民護衛司署は、熱心にキャンペーンを展開した。中国語のポスターが通りの壁に貼られ、公共の建物に掲示され、看板が街角に立てられて、性病の疑いがある者は出頭して政府の病院で無料治療を受けるように、と呼びかけた。この「恐怖削減」キャンペーンは、感染の拡がりや誤った情報を減らすことに成功したとはいえない。性病にかかった中国人労働者は、治療の呼びかけをありがたく思うどころか、まず告発されるのではないかと恐れた。亀婆《グワイポー》は、伝染病条例が廃止されて義務がなくなったので、当然自分のところの阿姑を治療に連れていこうとはしなかった。(24) 新しい法のアキレス腱は、病気の娼婦が死ぬまで働かさられたり、こっそり売り飛ばされることのないよう、華民護衛司が娼館登録の免許を取り消したり、停止したりする権限をもたなくなったことにあった。(25) この法の変更のせいで、阿姑の運命はますます娼館主の人間性次第となった。

植民地省の見解は、娼婦は「自由行為者」としての権利を充分に承知しているというものだった。(26) からゆきさんはある程度そうだったかしれないが、一八八九年にシンガポールにいた二四一五人の娼婦のうち二二二七人の大半を占めた阿姑には、それはあてはまらなかった。かの女らは生まれや育ち、生活様式、人買いや亀婆《グワイポー》に教え込まれたことに強く支配されており、到着時に娼館の女主人とともに護衛司に説明されたことなど理解できようはずもなかった。法的強制力を奪われ、しかも「イギリス式行政原則」で仕事をする護衛司署が、娼館で亀婆が行使する世俗的権威に太刀打ちできないことを、本国政府は理解していなかった。(27)

植民地長官に宛てた報告書では、亀婆や阿姑に性病病院のサービスは無料だといくら説明しても無駄だ、と総督スミスは所感を述べている。かれは四半世紀以上中国人を相手にしてきた経験から、阿姑は亀婆のまったく意のままだと信じていた。スミスにとって、亀婆の頑強な抵抗が問題の根幹であった。かの女らはたいがい秘密結社に縛られているので、政府医務官とかかわりをもちたがらず、医務官を豊かな生活源である阿姑を自分から取りあげようとしている植民地政府のまわしもの、とみなしていた。総督は、中国人女性にかの女らが自由で、亀婆の意志に反して無料の医療が受けられることを理解させることは、護衛司署のむなしい努力だと感じた[28]。

阿姑たちの大半は、新しい法のもとで実効性のある手段が講じられており、自分がまったく自由に行動できるようになったことさえ知らなかった。かの女たちは政府役人を「外国の鬼」あるいは「毛むくじゃらの野蛮人」としか考えていなかった。困り果てた総督は、かれの見識を物語る書簡のなかで、清朝社会の女性の身分と社会的地位にかんする植民地省官僚の考え違いを糺そうと努めた。かれがこの基本的に不平等な状況から導き出した論理的な結論は、娼婦というこの女性階層に、西欧流の自由意志や自律を押しつけるのは誤りであり、したがって効果はなく、また不可能であるというものだった。

この問題を西洋の思想や原則からみるのは、あらゆる点で不毛であり、賢明かつ分別ある行政とはいいがたいと具申する。それは一世代いや数世代後にすべきことで、目下は、それが無数の害を罪なき個人に与えるばかりだ。家父長制度は中国のすべての家庭に陰をおとしている。親の権威はとてつもなく大きい。親を殴打した子どもは死刑に値する。娼館で主人の娘という立場にある女性は、すでに述べたとおり、娼館主をお母さんとよぶ。そのような状況で、われわれが考えるような意味での自由という観念は存在しないのだ。女性たちは未知なるものに、すなわち「ポケット・マザー」に背いたら自分はどうなるのだろうという恐怖に、怯えている。また、名目上その支配下に暮らしている政府に関連することすべてについて、恐ろしいまでに無知である。かの女らを臣民の自由についてイギリスの標準まで教育するのは、問題外である。それは、かの女らの故国では知られていないことである[29]。

重要な点は、前の規制はイギリス法の保護を女性たちに及ぼしたが、新しい条例ではその保護はうまく請求できれば与えられるにすぎなかった。この重大な政策転換は、娼婦が二〇歳以上でその生業を続けたいのであれば、保護カードのうえにはっきりと書かれていた。一面に英語で、他面に中国語で、「華民護衛司より娼館の娼婦および少女に発行された通達。娼婦または少女に不服あるときは、その者は護衛司署に行き苦情を申したてることができる。その者の意志を阻止する者は何人であれ逮捕され、厳しく罰せられる」[30]と書かれてあった。一八九〇年から九四年にかけての首席市民医務官の報告書は、かつては伝染病条例の強制条項により出頭していた中国人女性の、検査や治療にまったく改善がみられないことを示していた。かの女らは、自発的制度を活用しなかった。[31]

一八九〇年代はじめ、イギリス兵士や水夫が駐屯していた海外植民地における娼館登録や公娼制度が知られると、イギリスの道徳改革団体の注意は、シンガポールに向けられた。アピール文書、演説、議会での質問は、本国で廃止されたのにシンガポールでは黙認されている娼婦がいるという問題の多い制度に集中し、廃止論者に香港同様シンガポールで登録制度をなくそうという決意をさせた。かれらは、そうした植民地では娼館がなくなるものではないという事実を、受け入れることができなかった。多くの人には受け入れられなかったが、娼館売春を容認するもっともな議論が、繰り返し政府でおこなわれた。しかし、一八九〇年代はじめに、イギリス保守党政権の植民地相であったジョセフ・チェンバレンにかかったのと同種の圧力が、いまや新植民地相のライポン卿にも充分に力を及ぼし、登録制度と娼館の統制を終わらせようとした。皮肉にも、伝染病条例廃止後、シンガポール社会が気にかけていた重要な問題は、登録や検査がまだ十分機能しているかどうかということであった。登録制度の廃止は、娼館や住み込み女性を適切に統制できないことを意味し、医療検診、個人的治療、健康水準、娼館の慣習は、いまや娼館ごとにまちまちの自主管理に移行していた。一八九四年以後、護衛司署役人に定期的に娼館を検査する権限がなくなったので、亀婆《グワイポー》は実質的にノーチェック状態だった。[32]制度を廃止すると、娼婦への効果的な援助をすべてやめることになり、性病拡大阻止への努力はさらに弱まることになった。それについての配慮や検討は、まったくなされなかった。

登録の廃止はシンガポールを性病の危険にさらす、と総督はふたたび本国に警告し、立法議会および華人参事局など中国人社会の指導者たちも、こぞって同様に制度の廃止に反対を唱えた。[33]総督の至急文書とともに、代行兼副護衛司の報告書も本国に送られた。その報告書は、娼館での阿姑の立場や状況、護衛司署の視察を亀婆《グワイポー》がいかに組織的に回避するか、登録はいかにおこなわれてきたかにかんする貴重な情報を記したものであった。植民地長官からの返事は、すみやかで簡潔、道徳改良派のロビー活動に屈したものであった。「わたしが制度を廃止すると決めたのは、貴下が提案する類の制度を支持する議論を充分に検討してのことである。したがって、わたしの決定を再考する理由は、なんらみあたらないというのが、わたしの唯一の解答である」[34]。登録制度下では重要な部分とみなされていなかった「保護カード」が、護衛司署の存在をつねに思い出させる規則と性病封じ込め政策として残されたすべてであった[35]。ライポン卿による一八九四年の登録制度の廃止にともない、華民護衛司とそのスタッフは、特別な情報でもないかぎり、街の娼館に行くことをやめた。登録の廃止は護衛司署を無力にし、ほかの誰よりも安全と福祉の助けを必要としていた移住者階級である中国人娼婦の保護を不可能にした。護衛司は、もはや中国から到着して審査を受けた阿姑がかれの事務所を出た後、どこへ行くのか知ることができなくなった。まして、娼婦がシンガポールから東南アジアのどこへ流れ流れて行くのかは、まったく知る手だてもなかった。

なお悪いことに、登録廃止は、植民地省の決定の背後にあった想定とは無縁の、予想だにしなかった結果をあらわした。セシル・クレメンティ・スミス卿は秘密結社を禁止し、その首領たちの追放を断固としておこなったが、やがて結社の男たちが最悪の政治的敗北からいかに復活するかをみせつけられることになった。その復活は、一八九五年までにたんに植民地当局にたいしてだけでなく、亀婆《グワイポー》や阿姑にたいしてもだった。スミスは、三合会がすでに粉砕されており、追放の後しばらく、新しい法律や自分が初期に精力的に発揮した行政力により、かれらは地下に潜っている、とロンドンに報告していた。しかし、一八九四年末には、護衛司署はかれらがまた地上に戻り、チャイナタウンを闊歩しているという、噂以上のものを聞くようになった。規制や封じ込めは、川の東西の娼館地区で、もはや効果的に実施されていなかったので、護衛司署は「穴だらけにされた」法や制度を支えようとしている、と非難された。娼館主たちは、登録廃止のせいで中国人一般がもはや娼館主は護衛司署の保護下にあるとは思っていない、と述べていた[36]。川の両岸に住む一五六人の亀婆は、主要な秘密結社のリーダーが政府に追われた四年前のように、無秩序で危険になった娼館街をなんとかしてほしい、と娼館地区の警察による保護を護衛司署に陳情した。クレタ・アエル地区、上福建街、香港街、そしてフレーザー街の娼館、そのほかの商売は、たちまち復活した秘密結社の流氓《サムセン》の好餌となり、娼館主と娼婦は恐喝され、不快でひじょうに危険な生活に逆戻りした。[37]

娼館にいまや政府の威光は届かず、警察の保護も限られたものになっていた。シンガポールの娼館は、警察とはまったく関係のない華民護衛司署に管理されるべきだというのが、植民地省の考えだった。新しい法律のもとでは、娼館や娼婦の取り締まりについて、警察はほとんど裁量権を与えられておらず、街のほかの地区での通常の秩序維持程度のことしか期待されなかった。[38] 植民地省が歓楽街の特別警護に頑なな立場をとり続けたので、秘密結社による無法状態はつのり、警察はたくさんの仕事やトラブルを背負い込むことになった。それと同時に、もぐり売春や性病の増大は、植民地省がもはや隠しおおせる問題ではなくなっていた。登録制度の廃止により摘発の恐れがなくなっていたので、秘密売春は中国人、マレー人、ユーラシア人社会でも増大していた。[39] 性病に感染している可能性のある中国人女性が、「眼前の法の恐怖」がもはやないのをいいことに、労働者階層が住む地区はずれの下宿屋に出没し、一ドルから五〇セントの部屋の使用料を払っていた。[40]

一八九五年の登録制度廃止から性病患者数は着実に増加し、数年のうちに、シンガポールは大英帝国でもっとも不健康な都市のひとつとして鳴り響くことになった。一八八九年には、性病はシンガポールで大きな問題となり、一八九四年以後さらに深刻な問題になった。しかし、公の本当に深刻な問題となったのは、ようやく一八九〇年代後半のことで、性病が軍隊や中国人社会において猖獗といえるレベルに達してからであった。その遅さは、シンガポールの性病への懸念が急速にたかまったのに、よくある噂が先走るようなこともなく、ばかげた恐怖がパニックを引き起こすこともなく、そして伝染源である危険グループにたいする差別が燃えあがることもなかったためであった。そのうえ、イギリス道徳改革派が、シンガポール政府に性病病院や登録制度を効果的に廃止させたため、一八八八年と九四年のあいだに、歓楽街の私的売春宿が急増し、かって娼館などみかけなかった地域にまで急速に拡がり、とくに苦情の種になった。封じ込め政策の失敗と、もぐり売春施設の急増は、さらに性病の拡がりを促進することになった。[41]

クーリー、兵士や水夫を、娼館から遠ざけておくことは難しかった。規制がなくなったので、労働者や兵卒は暖かさと慰めとセックスを求めて、最下級のもっとも性病の危険のある歓楽街に走り、まずシンガポール駐屯イギリス陸海軍兵士のあいだで性病が猛威をふるい、一八九五年以降になると中国人社会にも蔓延した。伝染病条例廃止の一八八八年から娼館検査の廃止の九四年のあいだに、イギリス本国の政策は、予想どおり惨憺たる結果に終わった。海峡

表6－1　伝染病条例下（1884–88年）とその廃止後（1892–96年）のタンリン兵舎での性病認定数

年	兵士数	第1期梅毒	第2期梅毒	淋病	総数	1,000人あたりの比率
1884	551	25	5	38	68	123
1885	639	13	11	28	52	81
1886	673	10	5	32	47	70
1887	576	34	43	16	93	161
1888	639	25	30	129	184	288
合計	3,078	107	94	243	444	145
1892	647	82	41	91	214	331
1893	618	65	50	49	164	265
1894	748	100	70	92	262	350
1895	753	211	101	153	465	618
1896	728	134	143	136	413	567
合計	3,494	592	405	521	1,518	426

出典：Straits Settlement Association to the Colonial Office, 8 November 1897, CO 273/232.

植民地協会の調査委員会は、その恐るべき罹病率を明らかにした。この調査は、シンガポールだけに限られていた。このコミュニティ全体での性病罹病率を証明することは不可能であったが、この限界ある統計は一定の階層や機関にたいして有用であり、なおその性格や代表的な数値を明らかにした[42]。

イギリスから来た兵士や水夫がシンガポールに性病を持ち込んだ可能性を示すものは、ほとんどなかった。いや逆に、軍隊は性病を持ち出していた、というのが医療機関一般の観察であった。兵士や船乗りは、無届けの私娼館で感染する危険がとくに高い人たちだった。海峡植民地協会は、伝染病条例を復活させようとして、タンリン地区駐屯部隊の性病状況を、条例廃止の前と後の数値で提示した（表6－1）。条例が施行されていた五年間には、タンリン兵舎で暮らす年間平均六一五人のうち、平均一四・五パーセントが性病で入院していた。登録廃止後の一八九二～九六年のあいだは、平均六九九人のうち入院率四二・六パーセントで、実に二八・一ポイントの増加であった[43]。

これらの統計は、雄弁に条例廃止後に性病が漸増したことを結論づけていた。シンガポールの兵舎に長く滞在すると決定的な累積効果がでることは、第二リンカーンシャー連隊の年平均入院率を詳細にみるとわかることであった。

一八九五年まで同連隊は三年間駐屯し、その年の入院率は六一・八パーセントという凄さだった[44]。翌一八九六年、在シンガポール全軍の病気の五〇パーセントは、性病からきたものであった。淋病の特徴はとくに悪性の新しい病原菌で、これはノース・ブリッジ路の小さな診療所で兵士たちが買うたいていの薬では効き目がなかった[45]。その年だけで、陸軍保健衛生局は、第二期梅毒の一八一症例を認めた。うち一人は死亡、七人は傷病兵として送還、四人は病気除隊となった[46]。シンガポールでは第二期梅毒で入院した者は、一八八四年の駐屯兵五五一人のうちの五人から、九六年の兵士七二八人のうちの一四三人に跳ね上がった[47]。

　表6－2は、一八八〇年代と九〇年代の香港とシンガポールの駐屯兵を、性病という面から比較したものである。

表6－2　1884年と1896年の香港とシンガポールでの性病認定率（1,000人あたり）

年	香港	シンガポール
1884	145	123
1896	360	567

一八九六年のタンリン兵舎の駐屯兵の性病の拡大がいかに深刻であったかを示している。その重大さは、一九世紀後半のプロシア、フランス、アメリカの軍隊での罹病率が七・〇～一二・〇パーセントの率であることと比較すると、さらに衝撃的である[48]。

　シンガポールの海軍の罹病率を示す統計はない[49]。しかし、一八九〇年はじめに出航した軍艦「オリオン」のブルース船長は、仲間の半分以上がその年に性病で入院した、と述べている。また、軍艦「エゲリア」の医務官は、一八九一年の乗員の健康状態について、つぎのように記している。

　性病について、実施された検査結果は、実に嘆かわしい。なかでも、悪性の梅毒が、香港とシンガポールの伝染病法廃止以来、猖獗をきわめ、なんらかの手だてをうたねば、ここでの軍務に支障をきたすばかりか、罪のない妻子に測りしれない害毒を及ぼすことになるだろう。現在、点呼のたびに多くの若い乗員がやつれているのを見、予防しうるはずの病気によってかれらの勤務ぶりがかくも劣悪になるのを見るのは、遺憾きわまりない。感染者の数は憂慮すべきレベルで、病院に送られる者の半数は性病の患者である[50]。

　一般市民の性病感染については、さらに言及することが難しい。入手できる公的資料は、主として誰の目にも「危険な」グループの高い罹病率を明らかにしており、男女別の感染率、感染における年齢の要素、男女人口の不均衡、不特定多数との娼館での性交、クーリーや娼婦が果たした役割を際だたせていた。病院の記録、監獄の報告、精神病院の年次報告などの植民地省記録は、伝染病や感染への背景説明だけでなく、シンガポール市なかでも中国人社会における性病の社会的な意味と影響を示していた。[51] 性病は民族、階級、性差にかかわりなく伝染するものだが、シンガポールではいくつかのグループでより高い罹病率となった。シンガポールクーリーの住む港街であったため、病気はクーリー、囚人、貧民、精神障害者、そして娼婦といった下層社会にたやすく拡がった。

一八八八年から性病によるさまざまな市立病院への入院が、毎年増えはじめた。一八九二年に第二期梅毒だけで六八二人が入院し、うち三七人が死亡した。[52] 男女別人口が不均衡で検診が強制的でなくなった社会であったから、女性の感染比率は男性の感染比率に近かった。一八九二年に自発的に検査を受けた女性九五人は主として娼婦で、九一年の大半は日本人であったが、このうち八三人すなわち八七パーセントが感染していた。ちなみに一八九一年は七五パーセント、九〇年は二九パーセントであった。これらの検査の結果は、性病保菌者および登録廃止のインパクトをはっきり示す重要な事実をつきつけていた。一八九二年から九六年にかけて年次医療報告で、首席市民医務官のM・F・サイモンは、この植民地のさまざまな病院で治療中の性病件数が引き続き深刻に増えている、と述べることから説明をはじめた。一八九三年には、入院総数の一〇分の一近くが性病患者であった。一八九四年にやや減少したとはいえ、性病例は二〇〇〇件以上にのぼった。第二期、第三期梅毒により病院で死んだ者の数は、一八九四年七六人、九五年一一一人、九六年一三五人と著しく増えた。[53] 梅毒を発端とする多数の余病もまた、院外の施療所で不気味な規則正しさで増加していた。第二期、第三期梅毒の高い死亡率は、この病気が過激に進行することを示していた。

一八八八年以後、陳篤生《タン・トクセン》医院に性病で入院した者の数は、伝染病条例が撤廃される前の何年かに比べて異様に多く、そうした施設と政府双方にとって好ましくない問題と結果を生み出した。[54] 貧困層や失業者のあいだで性病が蔓延したため、すでにひどい過密状態になっていた病院の運営委員会としては、病気の種類ではなくお金のあるなしで、入院を許可するようになった。[55] 治療代の払える性病患者は総合病院にまわされたが、まだ歩けて身のまわりのことができる貧乏な患者は外来とされた。[56] その結果、運営委員会は、一八九〇年四月付で、性病患者の無料入院の数が引き続きあまりに多く、すでに苦境にある病院の経済的な危機と過密状態を招くなら、もっとも重篤な場合を除き、これ以上性病患者を収容できない、と政府に通告した。[57] 病院の破産状態は、中国人社会の個人援助者が病院に資金援助を続けなかったことによった。伝染病条例が廃止されて以来、一部の資金援助者は病院の経済的逼迫に背を向けた。性病流行にともなう経費の増大は、悲劇的なものになったことは明白だった。強制検診条項の廃止は、あまりに高くついたといえよう[58]。慈善家が病院への資金援助から手を引いたため、政府は主として年間助成金を増やすかたちで援助をおこなおうとした。しかし、その額は貧しい労働者階級への感染を防ぐ医療サービスには、ほど遠いものであった[59]。これらの富裕な中国人層は、表面的な伝染病問題はおもにシンガポール政府およびイギリス本国のジョセフィーン・バトラーの熱烈な支持者の責任、とみなしていた[60]。これは、現実的にいえば、性病を病む一般中国人は、陳篤生医院への入院にかんし政府からの全面的援助を受けられなくなったこと、また中国人の擬似福祉団体の従来のネットワークからは、仕事、安宿、多少の医療、中国に帰る船賃しか得られなくなったことを意味した。これらの同方言・同姓の慈善団体は、移住労働者がこの都市に住みつき仕事が続けられるよう、基本的な面で助けてきた。しかし、性病の蔓延のなかで、必然的に入院といった社会福祉にまで拡げることはなかった。

　このような背景に反して運営委員会は、つぎのような根拠で自分たちの対応をまちがっていないと正当化した。

> 強制検査の廃止は、植民地社会の意志に反して、下院に従順な本国政府により押しつけられた。……その不幸な結果に付随する経費は、陳篤生医院のような慈善団体ではなく、名誉ある下院に代表されるイギリスの納税者によって払われてしかるべきものであると考える[61]。

政府による病院への援助の努力は、シンガポールでの性病流行を回避できなかった政府がその失敗を暗黙に認めたものにほかならない、と中国人社会はみなした。一部の中国人にとって、その決定の影響は経済的なものだけにとどまらなかった。伝染病条例を廃止し、性病流行が現実に起こったときに、防御キャンペーンを誤った政府と植民地省を当惑させる政治問題に発展した。このようにして、決定はシンガポールの性病にかかった貧しい一般中国人にとって、皮肉にも苛酷なものになった。かれらは市の唯一の貧民病院での医療サービスをもはや利用できなくなり、市のどの病院でも重病人が性病患者より短期間しか入院できなくなった。

　最低の生活を強いられ危険の多い職業についている下層民のあいだで、感染の拡がりを止めるのは不可能だった。一八九〇〜九六年の監獄年次報告は、「犯罪者」「囚人」に分類されたグループのあいだで、この伝染病は手がつけられない状態になっていたことを示した。[62] 一八九六年に監獄に収監された三四九七人のうち、一七三二人はいつの間にか感染しており、一八九四年の五九七人、九五年の一六九二人より増加していた。一

表6－3　刑務所収監者数と性病感染者数，1890–96年

年	収監者数	感染者数
1890	4,856	202
1891	4,404	n.a.
1892	4,510	n.a.
1893	3,446	609
1894	2,979	597
1895	3,028	1,692
1896	3,497	1,732

出典：Straits Settlement Association to the Colonial Office, November 8, 1897, CO 882/6.
n.a.：データなし。

八九〇年の新入監者四八五六人のうち、性病患者はわずか二〇二人であった。[63] 数字は驚くべき推移を雄弁に語ってくれる。一八九〇～九六年に監獄担当医は、治療のために入院した囚人の総数は減少したが、淋病や梅毒を病む囚人の比率は増加し続けた、と報告した。

表6－3が示すとおり、囚人のあいだでの性病が後半の三年間で三倍に、六年間では実に八～九倍に増加した。[64] 男性囚人の感染数は、女性のそれをはるかに上まわった。一八九六年には、男性囚人の四九・五パーセントが感染しており、これは同時期にタンリンに駐屯していた兵隊の感染率をも凌ぐものだった。

性病の拡がりが続いていたことは、シンガポールの精神障害者施設の報告書をみてもわかる。一八九二～九六年に、年平均入院者五人という娼婦を含めて、同施設でも梅毒患者で激烈な症状の者が年々増えていた。責任者であったW・G・エリス医師が、イギリス医療協会（海峡植民地支部）に宛てた一八九三年一月の報告書で、同施設で急速に拡大した梅毒患者の戦慄すべき数字をあげている――一八九〇年四パーセント、九一年六・五パーセント、九二年一八パーセント、一八九三～九六年一三～一八パーセント。[65] 一二人の娼婦が収容された一八九六年には、収容者の三・四七パーセントが梅毒による精神障害に苦しんでいた。同じころのイギリスでは、一八九二～九六年の五年間に男性精神病患者の一パーセント、女性患者の〇・六パーセントにすぎなかった。[66] エリスは、報告書の結論として、伝染病条例の廃止によって中国人社会での性病患者が数的にも深刻さにおいても、驚くべき増加をみた、と強調した。

性病流行のピラミッドの底辺に娼婦問題があることは、早くからわかっていた。シンガポールの買売春が性病の発病率と蔓延に及ぼした影響度は、時期によりばらつきがあるものの、一八九〇年代のあいだ、ずっと感染源の少なくとも八〇～九〇パーセントが娼婦といえた。ピラミッドの頂部および中層部を占めるのが、市井の何万人もの性病患者あるいはその予備軍で、これは主として市の男女人口比

の大きな不均衡によるものであった。軍および民間病院の性病統計は、一八九六年まで一片の制約や医療検査なしに売春に従事していた三〇〇〇人近くの娼婦がいたことの指標になっていた。植民地医務官のマグリストンは、「これらの女性の全員が、現在あるいは過去に性病歴をもつ」と感じていた。(67)かれが全面的に正しいとはいえないにしても、二〇〇〇人以上の中国人および日本人女性が性病の保有者であり、一八九〇年代についていえば、この数字はオーバーなものではなかっただろう。一八九三年に保健局長代行であったエリスが、認可されていた娼館の衛生状態を視察したさい、一七一〇人の娼婦を診察し、膣検診はしなかったが、その大半にさまざまな進行状態の性病の兆候をみた。かれは、これらの娼館に先天性梅毒の乳幼児二二人、まだ発症していないが感染の疑いのある多数の児童がいたことにも言及した。(68)

ヨーロッパ人娼婦たちは、とくに性病にかかりやすい状態にあった。ドイツ人、オーストリア人、そしてハンガリー人の娼婦に養われていた嬪夫は、ほとんど皆性病にかかっており、ヨーロッパ人医師や薬局に始終ヨードフォルムを求めていた。(69)上等な服を着て、最高級ブランドの葉巻をふかし、気ままに酒を飲み、金が必要になり気に入らないと女性をむち打っていた。これらのジゴロは、通りで出会った不用心な男性客、つまり観光客、水兵、プランターといった一時滞在者をつかまえ、しばしばマレー街きっての「良いところ」に案内し、性病に感染している東ヨーロッパ系娼婦との買春をとりもった。(70)軍隊でのすさまじい性病伝染にかんがみ、植民地医務官たちは、嬪夫がヨーロッパ人社会に性病を拡げる元凶だ、と警察に警告した。取り締まりキャンペーンが実施され、嬪夫はノース・ブリッジ路地区から閉め出された。しかし、かれらは、たんにシンガポールの別の場所に移っただけだった。(71)

性病は、阿姑のあいだでとくに蔓延していた。個人的に娼婦を治療したヨーロッパ人医師たちは、かの女らがひどく無視された存在であるため、中国人女性の性病症例が最悪であるとしばしば感じていた。(72)かの女らの多くは、外界から全面的に遮断されており、病気であっても客をとり続けることを亀婆《グワイボー》に強要された。(73)一八八八年以後、阿姑は病院に行く義務がなくなった。感染者に治療を受けさせるか、医者を呼ぶかは亀婆まかせだった。一八九三年の娼館視察のとき、エリスは高熱をだしていた中国人少女が、とくに気になった。亀婆がたまたま席をはずしたとき、少女は泣きながら、自分は性病でひどく具合が悪いこと、しかし前夜も三人の客を休みなくとらされたことを訴えた。阿姑の大半が、自分自身が重度の性病であることを知っているにもかかわらず、売春を強要されている状況では、中国人労働者のあいだでの感染を阻止することは不可能だ、とエリスは感じた[74]。

他方で、中国人女性のなかには、自分が治療を必要としていることを知らず、早期であれば治せたはずの淋病や梅毒を治癒不能なところまで進行させた者もいた。阿姑がたいしたことはないと感じやすい第一期梅毒は、程度はさまざまなかゆみ、発疹、痛みをともなって、しばしば再発する皮膚疾患をおこした[75]。まず、局部にひりひりするような痒いような感じの軽い病変を覚えた。やがて、ときには数年後に、より深刻な梅毒の症状が発現して、骨がきしむような激しい痛みが、とくに夜に起きた。しかし、無数の中国人娼婦は、最初の軽い感染状態のために梅毒にかかったことに気づかず、症状なき保菌者の大グループとなって、単身の男性移住労働者のあいだに性病を拡げた。阿姑は、からだにあらわれた皮膚疾患を手当することはほとんどなく、せいぜい亀婆《グワイポー》か漢方医に焼灼薬を少し塗ってもらう程度がつねだった[76]。性病の紛れもない症状がでても、かの女らはしばしばそれを否定し、働き続ければ他人に感染させるという事実さえ受け入れず、大勢の客に病気をうつした。仕事を諦めるのは、患部が大きな潰瘍性のただれと皮膚病となって手術をするような場合のみで、そうでもなければ医者に行くことなどめったになかった。ついに個人病院にかつぎ込まれるころには、からだは悲惨な状態であった。第二期あるいは第三期梅毒に進行し、炎症の重大さを理解しているかどうか疑わしい。「中国人が、皮膚の炎症の重大さを理解しているかどうか疑わしい」とマグリストン医師は語った。「だから、かの女らは病院に来ないのだ。それを指の外傷くらいにみており、致命的な病につながることがわかっていない[77]」。

日本人女性は、そこまで自分をないがしろにしなかった。からゆきさんは、通常ヨーロッパ人か日本人の開業医に診てもらって病気がわかると、主人に自分は客をとれないと告げた。この願い出は、きいてもらえることが多かった。感染すると、性病が拡がるのを防ぎ、療養するために、かの女は別の家に移された。しかし、ときに日本帝国艦隊の軍艦が数隻入港して商売が忙しいような場合、ママさんはこれら病気の少女も呼び出さざるをえなかった。そんなときは、ママさんでさえ娼婦に戻って働くことがあった[78]。

中国人の職人、行商人、クーリーの感染率が上がるにつれ、かれらの一部はヨーロッパ人を含む開業医、おそらく性病ことに梅毒の治療で評判の高い医師たちを訪れるようになった[79]。病気になってから何年もたっていた患者にとって、治療はあまり効果がなく、高くつき、また長引くものだった（巻末資料3参照）。当時、梅毒の治療に通じている医者はあまりいなかった。第二期や第三期梅毒を除けば、すべての性病患者にそれほど肉体的苦痛があったわけではなかった。しかし、性病を病むクーリーや娼婦すべてに、心理的に大きな苦痛をもたらした。治療法がなかったので、梅毒は癩病と同じように社会的烙印をおされる病であり、感染者との性交は相手を危険にさらすことであった。それゆえ、梅毒感染者は、自分の恥辱が明らかになるというトラウマと良心のひけめなしに肉体関係をもつことができなかった。[80]感染したクーリーや娼婦は、自信や自尊心を失うことにひどく苦しみ、人間関係でも職場でも絶え間ない困難と道徳的ジレンマに直面することになった。この中国人社会への心理的・社会的ダメージについては、性病の増加の事実を政局委員会で証言した医師たちの多くでさえ言及せず、充分に理解もしていなかった。働けなくなるかもしれないことへの個人的不安は膨れあがり、性病患者が苦しむ破滅的な心の傷を広げていった。

　性病治療にあたったシンガポールの植民地医師たちは、この伝染病の深刻さを過小評価する傾向があった。しかし、検視記録から感染した男たちが性的不能、精力減退、あるいは破滅的な怒りの爆発を経験したことがわかる。ひとたび進行した症状がでれば、ある者は疑いなく怒り狂い、できるだけ多くの娼婦に感染させてやろうと決心した。なぜなら、真っ先に考えるのは、「自分は死ぬ」ということだったからである。死んだ者もいれば、生き延びた者もいた。別の者は、仕事や自尊心を失い、性病が自分の生活を打ち砕き、仲間や阿姑との長いつきあいを崩壊させたと感じた。仕事や友情やセックスが遠ざかり消え失せるにつれ、後悔、狼狽、恥辱の思いがより激しくなった。不安と恐怖に打ちひしがれて自殺した者もいた（巻末資料3は、一八八三年から一九二六年の、性病に冒され娼館で自殺した中国人職工やクーリーの検視記録）。多くの場合、男たちは仕事を失ったことに絶望し、未来をはかなんだ。テー・キイチャイは、陳篤生医院の病棟の外の手すりから手ぬぐいで首を吊った。かれは第三期梅毒で、一八九四年に自らの命を絶ったのは、入院して一五カ月目のことであった。[81]チュア・ロトはそんなに長く辛抱できなかった。かれは、梅毒に感染した翌年の八月に、監獄病院に行った。かれの心配は、テー・キイチャイのそれと同じくらい深刻であったことが、検視官の調査で明らかになった。かれの梅毒の徴候はもっとも悪性で、ペニスはほとんど腐食し、その痕跡はけっして消えないと知っていた。かれは窃盗罪で八月二九日に監獄に入れられ、その二日後に自分の房で首を吊った。第三期梅毒の慢性的な衰弱は、荷車でサトウキビを行商するウン・グイのような男には惨めすぎ、結局早すぎる死を選んだ。[82] 六カ月以上にわたる足の耐えがたいリュウマチ性の痛みから逃げようと、自分の弁髪で首を絞めた。看病していたかれの弟で清涼飲料売りのウン・クァイは、一八九七年三月一〇日の運命の夜に、豬仔館（クーリー部屋）でなにが起こったかを語った。

わたしは、ニュー・マーケット路に住む氷やライムジュースの行商人です。検視官がうちのベッドで昨日ごらんになった死体は、兄のウン・グイです。兄は元々サトウキビの行商人でした。梅毒からくるリュウマチで、ここ六～七カ月寝込んでいました。わたしたちとほかに一五人が（ニュー・マーケット路八二番の）その部屋に一緒に住んでいます。一〇日の夜、わたしたちは部屋で寝ていました。兄はベッドに横になり、わたしは隣のベッドで寝てました。一一日の朝三時半ごろ、わたしはいつものように起きて、用はないかと聞きました。兄は病気なので。でも、兄はなにも答えませんでした。で、そばへ行くと、死んでいました。部屋には明かりがありません。明かりをもってきて見ると、兄は首のまわりに弁髪を巻き付け、それを右上の釘に引っかけて右手にもっていました。ベットに半分座ったような格好で。冷たくなってましたが、固くなってはいませんでした。頭家を呼んだら、頭家が駐在所に報告するようにと言いました。兄をベッドに寝かせてから、ニュー・ブリッジ路駐在所に行き、兄がリュウマチで死んだと報告しました。朝六時ごろでした。最初リュウマチで死んだと思ったのですが、検視官が調べた後、たぶん首をくくって死んだんだと思いました。[83]

政府は、中国人社会での性病の蔓延と、梅毒の恐ろしさにたいする自己増殖のように繰り返される不安の増大を押さえようと努力した。にもかかわらず、感染する危険度が高く、しかも不特定多数を相手にする女性から、聞き取り調査で伝染病学的データを得ることは難しいと判断した。[84] 淋病や梅毒が、以前は登録していた娼婦から感染したものかどうかを確認して伝染病学的にコントロールする試みも、無駄だということがわかった。[85] 患者、とくに巷の医療機関での患者は、いつも性病を拡大する恐れのある女性たちについての情報を出すことを拒否した。客の追跡のむずかしさや登録漏れは、公的記録による性病の数字が、どうみてもシンガポールの伝染病の全体像ではないことを意味した。病院から得たデータは、先生《シンセー》（漢方医）などの施設外で治療を受けた中国人大衆を勘定にいれていなかった。首席市民医務官は、公営の病院での治療ケースに加えて、多数の人が開業医や民間病院で治療を受けたはずだと考えていた。検視記録も性病のケースを若干扱っており、保健省の年間統計がシンガポールでの性病罹病率の全体を語るものでないことを示していた。問題の大きさは、中国人社会でひどく過小評価されたことで、とくに梅毒については、すべての「沈黙」の事例を考慮すれば、おそらく多くて四〇パーセントであっただろう。

政府は、伝染病封じ込め策に進捗がみられないと感じていた。性病での入院件数は、増加の一途をたどった。一八九七年、総督はシンガポールが恐怖の市と化しており、性病感染、娼館での買売春、性の乱脈を取り締まる効果的な措置をとるべきだとふたたび強く訴えた[86]。一八九〇年代、市の女性梅毒感染者のほとんどすべては娼婦であり、初期発症者が著しく増加した。そのため、労働者のさかんな流入とあいまって、この植民地の悲惨さは増幅することになった[87]。残念ながら、ここの中国人労働者のあいだで、性病感染がいかに蔓延していたかを教えてくれる統計はない[88]。伝染病条例をめぐる論議は終わったとする植民地省は、医療局および華民護衛司署の長官たちが、中国人社会全体に性病が増加したという情報を集めたり報告したりすることに意味を感じていなかった。セシル・クレメンティ・スミス卿は、一八八九年には当該問題について証拠を提出する政局委員調査会に出席することすら、重要視していなかった[89]。そのクレメンティでさえ、もし危険な伝染病を二年という短期間に制圧するとしたら、正確な統計が不可欠であると認識していた[90]。一八九一年になると、クレメンティにとって性病はすでに公衆衛生の重大関心事であり、純粋な政治問題以上のものになっていた。病院や精神障害者施設での検屍および検屍官や病理学者の報告から判断して、性病での入院件数は、クーリーのあいだでの高い梅毒感染率のため、一八九八年までに記録的な数に達していた[91]。

一八九〇年代のこの性病にかんする研究の主目的のひとつは、植民地省の政策担当者とシンガポール当局とのあいだにある動機や態度の複雑な変化を明らかにし、また政治的見通しや政策、官僚の動向、文化的神話が、具体的な歴史的「事件」、伝染病条例の廃止とそれにともなう性病のおそるべき蔓延にどう結びついたかを考察することにある。意識的な温情的委任統治、貧しい中国人の管理、伝染病条例実施を通じての性産業の規制は、それぞれ異なり、いくぶん矛盾する動機だが、植民地の役人、とくに華民護衛司署や植民地医療機関で働く役人の心に共存していたものだった。政府強制の医療検査がなくなったことで、一八九〇年代には社会的統制および経済発展という目的のために、民間の制度が重要性を増した。そのため、淋病や梅毒は、大規模な都市の成長と人の流れという環境のなかで、発見され、治療されることになった。

一八九四年以後も、病気で働くに適さない阿姑を雇っているのが見つかれば、自分の娼館が閉鎖されうることを、亀婆《グワイポー》は知っていた。伝染病条例は、ずっと植民地支配の意識的な道具であった。その強制検診がなくなったので、民間のヨーロッパ人男性開業医によって複数の娼館医療クラブが開設された。かれらはコロニアル・ヘルス・サービスの名簿に載る医師、またときには植民地医務官であった(92)。通常こうした制度のもとでは、軽い性病であれば、医師の診察室で、あるいは娼館への往診による治療がおこなわれた。入院、手術、長い療養と看護を要する重い病人は、いわゆる娼館地帯またはその周辺にある個人病院で治療をうけた。これらの医師は、小さな診療所あるいは病院を経営し、特定の街路や地区の亀婆と月極めでひとりいくらの契約を交わし、住み込み女性の治療にあたった。病院やクラブに支払うお金は、ふつう一日一ドルだった(93)。緊急の場合、これもクラブ制度の一環として、植民地医療機関で働くマグリストン、シンプソン、ローウェル医師らや林文慶《リム・ブンケン》のような開業医が、娼館への往診をし、事故、早産、傷害や殺人、自殺未遂にたいする治療をほどこした(94)。膣検診が娼館クラブ制度のおもな目的であったから、医師は毎週の回診で性病感染に注意をそそぎ、治療の必要のある婦女子を自分の病院に移した(95)。

この制度の利点のひとつは、以前の登録娼婦の医療検査が政府の手を離れたことだった。検査は有能な個人医の手に移り（まだ公的機関で働く医師もかなりいたが）、公には見えなくなった。そして個人医たちは経済的な関心から、代行医療行為に励むようになった。医師のなかには、「中国人」や「娼婦」をひどく嫌っていた者がいたにもかかわらず、娼館相手の医療は唯一の副収入源であったから、医師はすすんでこの制度に参加した。こうして、かなり優れた私的医療が上流の中国人や民間ヨーロッパ人、ユーラシア人のあいだで保証された。都市の健康は、二の次にすぎなかった。

一八九〇年代に中国人のためにつくられたもっとも重要な娼館医療制度は、植民地医務官マグリストンが経営していた。かれは、広東系娼館のほとんどすべてがある二地区で、「平安堂」「保安堂」など四つのクラブを運営し、これらにそれぞれの地区の亀婆《グワイポー》のほとんどが加入した(96)。診療代は、会費として娼館主が納めた。女性が稼ぎのすべてを娼館主に渡している場合は、娼館主が全額を負担し、女性が娼館主に借金がある場合や、搭灯《ダップダン》として自前で働く場合は、双方で折半した。マグリストンの会員リストに載っている娼館主たちは、政府診療所のカウンターから、ほかでは不可能な割引価格ですべての薬をもらえる仕組みになっていた[97]。この植民地医務官は、自分の公的立場と、娼館にだけ割引価格で薬を処方する個人医の立場のあいだに、なんら矛盾を覚えなかった。事実、マグリストンの広東人医療クラブの成功は、かれが公務として長く伝染病条例の実施にかかわっていたこと、また一八九四年以前に婦女子保護条例のもとで娼館の衛生検査をおこなっていたころ、すべての娼館主と知りあっていたことによった。娼館主の側でも、まったく知らない人よりは、地位と影響力と経験をもつ信用できる医者を雇うほうがよかった[98]。

植民地医務官が経営するクラブの利点は、かかりつけの医者がいることのほかにもあった。娼館での死亡事件はすべて警察の取り調べを要する、という華民護衛司署からの強い命令が存在した。ただし、資格のあるヨーロッパ人医師による自然死だという死亡証明書があれば、そして警察の取り調べを要するケースだという根拠がなければ、警察による死後検視は必要なかった[99]。しかし、早く医師を呼ばなければ死因を確定できないこともあり、そのときは資格のあるヨーロッパ人医師といえども自然死であるという証明を出せないことを、娼館主は知っていた。その点、マグリストンのクラブは、日ごろから性病の伝播を防ごうと試みていたこともあり、亀婆《グワイポー》にとり好都合であった。娼館で死なれると警察の取り調べや検視があるあいだ、店を閉めねばならなかった。クラブ制度のおかげで、重病の娼婦をクラブの療養所に送って、病勢が吉凶どちらかに決まるまで、マグリストン自身あるいはかれのスタッフに任せることができた[100]。亀婆は、娼婦がかれのクラブで死んだ場合、自然死を証明するうえでもマグリストンが有利な立場にいることを知っていた。かれのクラブは、政府とはまったく関係ない一開業医院であったが、実際は一八九四年の登録廃止直後に、シンガポール政府の暗黙の承認を得て、マグリストンがこの制度をつくりあげたものだった。大勢の中国人女性がかれの治療をうけたが、同じくらい多くの女性がほかの医師たちのところに行っており、後者は性病が最悪になったケースばかりであった[101]。中国人の娼館でマグリストンやかれのスタッフが診察したのは、診療所に連れてこられた性病患者あるいは往診を依頼された病人に限られていた。

ヨーロッパ人医師が開業した「病院」――かりにそう呼べるなら――は、病気の娼婦にとってひじょうにありがたいものだとはいえなかった。「病院」は賃貸の下宿屋またはホールを、仕切り板一枚で、性病とくに梅毒患者の病棟と瀕死の患者の病棟とに分け、収容している場所にすぎなかった。狭い病室は概してあまり清潔とはいえず、換気も充分ではなかった。各人にあてがわれたベッドらしき素っ気ない板を除けば、事故や緊急の治療に加えて病気の女性が入院する場所だと思わせるものはほとんど、いやまったくなかった。重症の阿姑が、このように設備もスタッフも貧弱な「病院」に入院したら、死ぬ公算が強かった。中国人とヨーロッパ人の血をひくマクブリーン夫人は、カンポン・マーチンで広東人娼婦のためのこうした施設を経営していた。かの女は植民地医務官C・P・ロジャースと共同で仕事をしており、阿姑が死亡すると埋葬するのはかの女の仕事であった[102]。ロジャースが述べたところによると、病院は大きなビルだったが、月に五〜六人以上の患者がいることはなかったので、ベッドはほんの少ししかなく、マクブリーン夫人は最悪の状態、つまり末期症状の患者だけしか引き受けなかった、という[103]。こうした「病院」についての言及は、検視記録にときおりみられる。スミス街の二〇歳の阿姑ウォン・アー・ブイの中絶事件から、ドイツ人医師E・W・フォン・トゥンゼルマンが、植民地医務官シンプソンと共同でサゴ小通り八番で別の産院を営んでいたことがわかる。シンプソンは、亀婆《グワイポー》の言葉を借りれば、トルンガヌ街の多数の娼館の「かかりつけの医者」であった[104]。別の報告では、シンプソンは、数ブロック離れたパゴダ街三七番で療養所も開き、運営はリョン・アー・スィーに任せていたとある[105]。また、ある広東人娼婦リー・アー・チョイの自殺の検視から、林文慶が上南京街二二番で、重病の娼婦のための民間病院を経営していたことがわかる[106]。広東人古老も、子どものころ珍珠《チンチュウ》街近くやバンダ街に、本来の目的がわからないような名前をつけた何軒かの施設があったことを覚えていた。そこには、病気の娼婦が療養あるいは死を待つために送り込まれていたという[107]。

日本人の娼館主もまた、伝染病条例の廃止後、自発的な検診制度をつくった。かれらはドイツ人に医療の助言と協力を得る契約を結び、マグリストンの広東系医療クラブ制度とはまったく関係をもたなかった[108]。一九〇〇年に植民地医務官代行になったフォン・トゥンゼルマンのような医師が、週二回からゆきさんを診察した[109]。診察代は、本人と娼館主が折半した。けれども、娼館のための医療にかかわったすべての者が、フォン・トゥンゼルマンのように日本人女性を往診する適格者であったわけではなかった。マラバル街のママさんの多くは、ドイツ人の薬剤師を、きちんとした資格のある医師だと思って、抱える女性の検診に雇っていた。一八九六年二月、娼館主おサダ(Osadu)は、店の使用人が死んだ後で、自分が雇った薬剤師が本物ではなかったと知り、ショックを受けた。

ドイツ人薬剤師は、あの娘が死んだ後で見にきて、「死亡」証明書をくれました。それをわたしはキン（Quinn）警視に送りました……。「医者」だと思っていたので、頼んだのです。ほかの娼館主何人くらいが同じように思っていたかは存じません。うちの女の子たち一一人は、毎週、かれから性病にかかっていないという証明書をもらってました。(110)

検視記録から、その娼館の向かいに住む行商人エスカトは、死んだ使用人のおサイを知っており、ほかの隣人と同じく日ごろからその付近の事情に通じ、そのドイツ人の医療行為を信じていたことがわかる。「たくさんの日本人があのドイツ人薬剤師を雇っていて、ちゃんとした医者だと思っていました。ほとんどみんなそう思っていたから、かれを雇ったんですよ」(111)。自分の家を掃除するだけでなく、毎朝通りの溝まで掃除するようなからゆきさんは、自分たちの健康に誇りをもち、「健全」の証明をもらうために毎週二回の検診を受けるのだった。(112) 日本人娼婦は感染をひじょうに気にしていたので、かの女らにとって仕事でいちばん大切なことは、医療関係者から性病に感染していないという証明書をもらうことだった。(113) 客から訊かれたときのために、よく寝台の上に掛けてあった証明書は、このような女性にとって清潔さと自尊心のシンボルであった。さらに、シンガポールのかの女らが職業上必要とする、政府や医療機関からのお墨付きでもあった。クアラ・ルンプルきっての娼館主おハナによれば、ヨーロッパ人の客はからゆきさんと交渉をもつ前に、必ず証明書を見せるよう要求した。(114) 別のドイツ人医師ヴィスバウエルは、一八九八年の性病にかんする政府の調査会での証言で、日本人の娘は中国人より独立性があるように思われ、毎週の往診時にすすんで膣検査を受けたと述べた。(115) そのような往診が日常的なことであったことは、海南《ハイラム》街の娼館主おサンが自分の店のおアキの死亡にかんして検視官に語った記録からもみてとれる。

三年ほど前の一九〇〇年にうちへ来たころ、あの娘は性病にかかりました。それで性病病院のカンダン・クルバウに、一カ月半ほど入院させました。近ごろは、熱や歯痛以外にこれといって悪いところはありませんでした。うちはフォン・トゥンゼルマン先生に定期的にきてもらっていました。(116)

ヴィクトリア朝期のイギリス人のあいだでは、中・上流階級で性への抑圧（上品ぶった堅苦しい生き方）があって、公にはつつしみのためとあれば食卓の足までカバーで覆い、陰ではポルノグラフィーや買売春が花盛りであった。シンガポールで娼館医療クラブを経営していたイギリス人医師たちは、そうした性の抑圧と人種的嫌悪に根ざした複雑な気持ちをいだき、そのような態度をとりつつ、伝染病をうつされるかもしれない中国人女性を日常的に治療していた。概して、一九世紀なかばのイギリス的文化の産物である医師たちは、シンガポールの買売春を避けがたい「大きな社会悪」ととらえており、秩序を守る唯一の歯止めの期待として政府による規制を唱えた。この考えは、市の植民地社会の大半の考えだった。しかし、娼館クラブに関与した医療専門家は、人間としての阿姑に真の関心と懸念を示したことはほとんどなく、「娼婦」は堕落した不健康な存在、それゆえその環境への援助や配慮に値しないとしてしばしば軽蔑していた。膣検診による規制に賛成するこれらの人びとは、文化的にこれらの女性を威圧しようとし、嫌った。医師側に心の葛藤はなかった。マグリストンに代表される医師たちの報告書には、優しさや憐れみは皆無で、かの女らが娼館から出て看病してもらえることに感謝しているときでさえ、性病にかかった中国人女性を「獣」「無知」「人間以下」と表現した。医師たちは自分たちの態度に罪悪感を覚えず、一八九四年までシンガポールで性病をこんなにまで拡めた、これらの女性の状況をひたすら忌まわしく危険だとみなしただけだった。このような状況で、医師たちは娼婦を搾取する側には寛容で、亀婆《グワイポー》から平然と定期的にお金を受け取り、娼館買売春を最大限支えたとしても、驚くことはないだろう。クラブ制度は、公的機関で働く医師の収入を増やすもっとも効率的な方法でもあったから、医師たちはこれを抑える試みをつぶすことに努めた。

シンガポール政府は、マグリストンが自分のクラブ・ハウスで娼婦を治療したり、自発的にやってきた健康な女性に証明書を発行する権利に干渉する気はなかった。しかし、植民地省は、公務員として任官されたかれにその官職が直接ものをいう現地での開業を許してよいのか、という疑問を一八八九年という早い時期に、呈したことがあった[117]。国務長官は、一八九五年に娼館登録の法制廃止を受けてマグリストンの広東人クラブ制度にかんする特別報告を命じた。阿姑たちには、公的任務を果たす植民地医務官と、個人の資格で働くマグリストン医師との的確な区別はできないし、定期的な検診がどうみても「自発的」とはみなせない、と長官は感じていた[118]。国務長官チェンバレンは、伝染病条例を廃止した法がどういうかたちでも行き渡って欲しくない、本当はそう言いたかった。総督は公務員である医師、教師、そのほか植民地の社会福祉省庁の職員、法務担当官が、中国人社会の利害関係に巻き込まれて、公共の利益や植民地政策とその実施にマイナスになるかたちで利益を得るべきでないことに同意した。だが、総督はまた、植民地省が性病の拡がりを封じるという困難な問題を採用したときの安易な態度も放棄した。総督は、公職経歴および広範な個人診療活動の概要を記載したマグリストンの報告書を本国に送り、植民地医務官が公務を遂行する時間は充分にあり、また遂行してきた、と強調した。[119] マグリストンは、自分の報告書のなかで、公務員はなみなみならぬ責務があるが報いは少なく、経済的自立はほとんどできないと書いた。かれは、出世の機会の乏しい公衆衛生部門に縛りつけられている、と感じていたようだ。

国務長官は、わたしの私的診療収入が公務員俸給の倍以上であることに明らかに驚いておられるようです。かれは、わたしがペナンやシンガポールで最低俸給の医務官であることをご存知でしょうか？　陳篤生医院やカンダン・クルバウ病院で働く、わたしの助手たちでさえ、わたし以上の給料をもらい、無料の住宅、充分な年金の権利があるのです。[120]

かれは職業的な強い責任感をもっていたが、シンガポールの中国人社会のかかえる社会的、性的問題にかんする法の支配やその適用を現実的な目でみており、自分自身が大英帝国官僚としての恩恵を得ているとは考えていなかった。かれは、公的立場を利用しながら買売春地区界隈でなんらかの私的診療をおこなえることを知り、一八八九〜九六年に植民地省との関係をより独立的なものに変えていった。かれ自身のような植民地で公務につく医師が、私的診療をおこなうことを禁じる法を知らないというマグリストンの主張は正しかった。公務にありながら私的な利益のためにマグリストンが自分の品位を汚していると主張する、植民地省の見解も実際正しく、かれの論理の欠陥は、道徳観の欠如や、植民地官僚に反抗するような政治的意志にあるのではなかった。問題はむしろ、医師としての独善的な態度を変えようとしなかったことからきていた。公務外資格で診療した女性たちに、かれはもっと親切で責任ある態度をとるべきだった。信念や態度はさておき、マグリストンの療養所の状況は顰蹙ものであった。診療の主たる目的は、無知と危機のさなかにある阿姑の心身を犠牲にしての「自分のより安楽な生活」にあった。

わたしの立場を簡潔に申しあげます。イギリスのロッサールでふたりの息子を、そしてライザンで娘を学ばせなければなりません。妻とわたしの生活があり、生命保険も払わねばなりません。仕事がなくなっても生きていけるよう、年金がないことを埋め合わせる蓄えも必要です。率直に申しまして、俸給とその倍の収入を足しても、これらすべてをまかなうには少ないくらいです(121)。

しかしながら、これにたいする植民地省の解決策はかれへの批判をもみ消すことではなく、政府の医務官が娼館で診療することや、どのような状況であれ診察した娼婦から料金を受け取ることを禁じる、原則的な規定を将来導入するというものだった(122)。

シンガポールの性病は、本質的には香港やジブラルタルのようなほかの植民地と同じパターンで蔓延した。一八八八～九八年の一〇年間に性病感染率が上昇したのは、伝染病条例の廃止によるものであり、また単身男性労働者が急速に増えて、とくに若い広東人娼婦との性交渉が増えたからであった。医務局の記録は、保菌者の発見が稀であったこと、追跡調査をしようにも保菌者の相手をした者と場所を特定し見つけだすことが、つねに不可能だったことを示した。客の身元が世間に知れないように細心の注意を払っても、大部分の人の協力は得られなかっただろう。したがって、客の任意の協力による追跡調査は、市の何千という感染ルートのスタート時点から失敗した(123)。マグリストンの医療クラブで性病感染者であることが判明した何百人もの女性について、かれのスタッフはもはや大部分の足跡を見失っていた。一八九四年以降、植民地保健担当官は、これらの感染女性の少なくとも七五～八五パーセントは、なんの制約もなく娼館で働き続けているという感触を得ていた。植民地省の政策があるため、シンガポール政府は法的にかの女らを営業停止にできなかった。せいぜい、個人医が娼館で診察をすることをすすめ、移民労働者の相談にのり、機会があれば娼婦に性病への用心あるいは廃業を説得することしかできなかった。

しかし、性病蔓延の非を、娼婦にばかり向けてはなるまい。そのはじまりは、本国政府および下院がとった道徳的・政治的手段の直接の結果なのだから。医学的にいえば、シンガポールにおける性病の拡がりは、ほかの伝染病と同じように管理されるべきであったが、イギリスの政治家と道徳主義者がそれを拒否し続けた。性病はまた、クーリーの街で娼婦と性交渉をもつ労働者たちの、放縦な性的行動、標準以下の健康状態、福祉の欠如の結果でもあった。娼婦は、そもそも同僚からうつされたのではなく、客から感染したのだった。だが、公的記録には、娼婦を買った男性も性病伝播に寄与したという言及はほとんどなかった。シンガポールの性病問題は、娼館での買売春にとくに関連するが、娼家は規制できるし、病気は一八八八年以前には封じ込められていたと政府は考えていた。性欲を自制できない出稼ぎ労働者、かれらの人生につきものの低い生活水準や無頓着な生活は、政府がつねに言及を避けてきた問題であった。政府は、住宅や社会的必要や福利娯楽の欲求は、解決できるものではない、と主張してきた。だが、海峡植民地協会は、シンガポールの人口における決定的特徴、すなわち中国からの女性抜きのクーリーの流入を、市が蒙っている性病危機の核として鋭く指摘していた。協会は、まさしくこの異常な状況であるがゆえに、シンガポールの未来の安寧は、男女比のバランスにかかっていると主張した。性病問題は、社会全体に影響していた。

> 本協会は、罪深い慣習を阻止しようとする道徳的運動の効果を過小評価せんとするものではなく、あらゆるかたちの強制的な法律に反対する人びとの高潔な動機を素直に認めております。さりながら、本協会は、男女比の著しい偏り、出稼ぎ的、流動的人口の特徴、および生活条件一般が、……かくも例外的であれば、例外的な法律を必要とするもの、と謹んで申しあげます。[124]

伝染病条例の主たる規定の廃止と婦女子保護条例の取り下げは、イギリスで決定された線にそって植民地省の絶対命令下におこなわれた。それは、シンガポール政府、立法議会の非公式メンバー、軍の将官、民間と軍の医療スタッフ、および一般大衆の抗議にもかかわらず実行された。性病がほとんど無警告のままで急速に拡がり、街に壊滅的な打撃をもたらした。絶えず流動する人口はほとんどが非識字者の中国人労働者で構成されていたので、伝染病に対抗しうるものは、危険度の高いグループ、とくに娼婦に強制検査の再導入、当局が掌握している感染者の綿密なモニター、および公教育であった。協会は、完全な登録と医療による管理を備えた「マレー街システム」の復活を強く唱道した。それによって、将兵のあいだやクーリーが住むスラム街に性病が蔓延するのを防ぎ、一部の場所での客引きをやめさせ、軍隊の幹部や将校がたびたびやってくることをなくそうと考えた。[125] 協会は、護衛司署の教育キャンペーンは失敗し、感染した娼婦は客との性交がはらむ危険を正確に認識せずに、市の性病の拡がりを抑える助けにならなかった、と主張した。[126] 既述の手紙に含まれていた軍と刑務所の性病にかんする数字もまた、一八八八年以前の伝染病条例の実施は、病気のレベルをおさえるのに相当の効果があったことを示していた。[127]

植民地省にたいし伝染病条例にかんする政策撤回を求め

た闘争では、議会や植民地省のロビーで専門家の知識を駆使して、大圧力をかけた海峡植民地協会のようなロビー団体の重要性を見過ごすことはできない。シンガポール政府に代わっておこなった協会の提案は採択されなかったが、無制限の移民、娼館での買売春、そして性病の増加にかんする協会の断固たる主張は、ロンドンの政治家や官僚に明瞭に示された。ついに、総督代行J・H・スウェッタナム卿は、一八九八年の性病問題にかんする特別調査会の召集を余儀なくされた。七回の会議で、医師、華民護衛司、警視、そのほかの有識者により証拠が提出され、性病の蔓延と娼館売春にかんする国務長官の施策が検討された。集められた証拠は、市の娼館地帯を規制する強い自治権の必要性を示すものばかりであった。

執行委員会は、立法議会が委員会の結論に同意した旨の声明とともに、委員会報告を公表すべきだと決定しました。しかし、性病を抑制する適正な展望を示すいかなる手段も喜んで採用しました。この病気を抑制するために、ある入念な制度が現地で試みられたが、連合王国での国民感情を尊重して廃止されました。容認された悪の救済に反対する者がこれに代わるものへの備えをなさねばならないのは、政治の公理であると信じます。廃止派が、この植民地の人びとを病気から守る唯一の防壁を破壊する前に、効果的な対策を工夫しなかったのは遺憾というしかありません。閣下は、従来の登録制以外の娼館での奴隷的売春をもっとも効果的に抑制する方法を、わたしが把握することを望んでおられます。わたしは新たな制度を考案することができましょう。しかし、連合王国の世論の大半が反対するような制度を創出するのは、断念いたします。なぜなら率直に書きますが、本国世論は、この植民地で達成できる法や道徳の状態を把握し、充分に考えることなど不可能に思われるからです。[128]

チェンバレンがシンガポールでの伝染病条例の再導入を拒んだ背景には、党の政策に関連するある「事実と状況」があった。かれは、条例廃止後の恐るべき性病増加を認識するいっぽうで、法令集に伝染病条例を入れようというい かなる努力も、イギリスで強い反対に会うことはまちがいない、と繰り返していた。[129] イギリスの性にたいする道徳的また政治的スタンスが、ふたたび非常事態のシンガポールの中国人社会に押しつけられた。国務長官は、女性の強制登録あるいは娼館および娼婦の登録を含むいかなる制度の再導入も許可できなかった。そのような措置は、まっさきに廃止されるだろうと恐れていた。[130] 導入を勧告することは、ジョセフィン・バトラーの信奉者、ほかの廃止論者、そしてほかならぬかれの保守党の仲間の道義的、政治的怒りを引き起こすことを意味した。かれは政治的自殺をするつもりはなく、伝染病を止める「ほかの手段」が現地で採用されることを望んだ。チェンバレンは、市で買売春が完全に抑止されることはありえないと認識し、婦女子の売買や性病のさらなる拡がりを封じ込めるために、かれらの活動にたいして法と秩序がおよぶ地域を限定し、娼館を監督するなんらかの手段を講じるべきだと考えていた。皮肉にも、かれはシンガポールの政府と人びとに、自分はいま、華民護衛司署と警察の権限を回復する準備をしていると述べていた。それは、両機関に娼館の監督をより直接におこなわせるために、植民地省により一〇年前に意識的に制限されてきたことだった。かれは護衛司署の役割や、婦女子保護条例にかんする法的措置を意識的に変質させてきたのであり、それによって、シンガポール政府は、いまでは一八八九年から一九二七年に公的に認められていた娼館の超法規的制度を維持する基盤として、娼館を閉鎖させるか否かをその裁量で決めることができるようになった。華民護衛司署は、黙認している娼館、その経営者、住み込んでいる娼婦についての内部リストを所持していた。ヨーロッパ人向けのこれらの娼館、なかでも日本人娼館は、特別の注意を引いていた。昔と同じように、新しく到着した娼婦は面接を受け、その非公式リストに載った経営者は、営業停止という処罰をおそれて、自家の女性に定期的に個人医の診察を受けさせていた。この準規制とでもいうべき制度の発展は、ヨーロッパ人向けの娼館での感染の拡がりに歯止めをかけることはできたが、中国人の大多数は新しい世紀になっても、ますます危機的な状況におかれていた。このことは、政府にとって少しも驚きではなかった。そもそも性病は、娼婦とクーリーの男女の性をめぐる問題であったのだから。性病は、こうして出稼ぎ労働者が第一次世界大戦まで増え続けるのにともなって、拡がり続けた。

第7章　廃　止

シンガポール当局が娼館売春を黙認したことは、本質的にこの都市の経済発展と拡大にかかわっていた。男性移民を無制限に受け入れる労働政策なしに、娼館売春がそのかなりの重要性を保つことはなかっただろう。シンガポールは、一八八〇年代の経済的な拡大にともなって買売春を切実に必要とし、世紀転換期にはさらに大きな需要があった。この都市と島の経済的なインフラストラクチュア整備のために中国人移民労働者は不可欠で、男女人口比のバランスが崩れた結果、売春婦も不可欠となった。無制限に男性移民を受け入れた政策は、イギリスからの軽蔑と批判にもかかわらず、買売春を正当化させることになった。植民地省の指導によって制定された、娼館、娼館主および住み込み人にかんする法によれば、「黙認娼館」は法的な根拠をもたず、一八九四年以前と事情はまったく異なっていた。しかし、この事実ははっきり一般に知らされたわけではなく、大衆は娼館売春は公認された存在だと引き続き信じていた。世紀転換期に、隔離された区画中の娼館は、公認も禁止も法的な意味で黙認もされていない超法規的な存在であった。いっぽう、買売春は法的に可能で、娼館主が目にあまる行為をしたり、娼婦が社会秩序を乱すことさえなければ問題にされなかった。[1]当時の法では娼婦を罰することはできず、処罰の対象となるのは亀婆《グワイポー》、人身売買業者、および嫖夫のみであった。この都市の経済的成長と発展、平穏のために、政府官吏は婦女子の売買を黙認していた。

黙認娼館が引き続き存在することは、植民地官吏や都市計画担当者の政策目的や長期計画の中心的な部分をなしていた。しかし、イギリスの道徳改良論者、新聞編集者、政治家などは、多数の娼婦が明らかに存在し、これらの娼館維持のために女性の売買が繰り返されていることを攻撃し続けた。その結果、シンガポールの超法規的な買売春政策は長くは続かなかった。ロンドンに本拠のある各種団体がシンガポールにおける人身売買と娼館売春の問題について、パンフレット、新聞論説、植民地省への申し入れ、下院での論議などのかたちで引き続き攻撃を強めようとしていた。いまや娼館自体への批判から、黙認娼館経営の複雑怪奇さにともなう婦女子売買の根絶へと関心が移っていった。

新たな人身売買廃絶運動の観点からすれば、一九一二年にアーチボルド・マッカーディ夫人とW・N・ウイリスが書いた『白人奴隷市場』は、まさに絶妙のタイミングで出版された。(2) この本はとくにシンガポールを例にひいて書かれており、イギリスでセンセーションをまき起こした。同書には、ヨーロッパ人娼婦の麻薬乱用、嬪夫クラブ、マレー街でのヨーロッパ人自殺事件、その近くでヨーロッパ人娼婦が殺され排水溝で見つかった未解決事件が大げさにとりあげられ、娼館廃絶論者を煽った。同時に著者は、中央および東ヨーロッパからシンガポールとそのほかのアジア地域の都市へ送られる白人奴隷のルートがあると称して脅威を与えた。(3) 本に書かれたことには正しい部分もあり、それだけで恐ろしいものであったが、シンガポールにおける人身売買と買売春についての内容に根拠はなく、ウイリスはベストセラーにするためにでっちあげた疑いがあった。ウイリスの主張の中心である、毎年何百人、もしかすると何千人もの娘がだまされて東洋へ送られている、というのはシンガポールではありえなかった。(4) かれはマレー街の黙認娼館の数を誇張し、あるときの標準として五一〇軒、一軒に八〜三〇人の女性がいる、とはるかに水増しして、マッカーディ夫人を誤解させた。さらに悪いことに、シンガポールの性病の状況にかんして大げさな誇張がなされた。かれは、まことしやかに何千人もの中国人と日本人の女性が病気に罹っていると、水増しした人数をあげて読者を驚かせた。シンガポール政府は、かれの記述をページごとに細かく反駁し、かれがあげた病気の女性の数が嘘であることを述べたが、一九一一年の時点でシンガポールの娼婦の九〇パーセントが性病にかかっている、と書かれてしまったインパクトは大きかった。この本はイギリスのあらゆる新聞に引用された。『ザ・タイムズ』紙は、公表のためではなく情報としてのシンガポール総督からの詳細な反駁状、および何通もの同様の反論をシンガポール在住通信員たちから受け取ったが、それは遅すぎた。同書が与えた印象はあまりに強かった。道徳改良論者や買売春廃止論者の詮索好きな眼と狂信的な情熱は、シンガポールの娼館売春の超法規的システムと女性の病気とを直接結びつけた。シンガポール政府が、オーストラリア人であるウイリスの身元を調べたのも驚くにはあたらない。総督アーサー・ヤング卿は、植民地の売春システムにかんして一八九四年以来もっとも激しい騒ぎをひき起こしたこの一匹狼の著者を、軽くみて放置しておくわけにはいかないと考えた。元オーストラリアの議員であったウイリスは、国土大臣との一連の土地疑惑に関与していたことがわかった。そのスキャンダルのため、かれはオーストラリアを出て一九〇五年にまず南アフリカへ行き、そこで競走馬の飼育を手がけ、競馬場の詐欺師という評判をとった。それから、一九一〇年にシンガポールへ移ったかれのことを、警察長官はこう報告している。「ウイリスのシンガポールでの仲間は、競馬騎手、ノミ屋、嬪夫でした。マレー街へしじゅう行き、ひどく酔っぱらい、あまりひどいのでここの総合病院へ入るのを断られたことがあります。かれを診てやろうというヨーロッパ人の医者がいなかったのです」[5]。この問題の著者が、娼館売春と女性売買についておこなったシンガポールにたいする告発がかなりの空想の産物だったとしても、この問題にかんするイギリスで起きたパラノイア再発にたいし、当局はなにができただろう。ヤング卿は、かれの前任者の何人かがやったような、批判者たちや廃止論者の知性、意欲、政治的成熟度を過小評価するのは、賢明な策ではないことを知っていた。

『白人奴隷市場』が出版され大きな評判となったため、シンガポール当局は、もはや買売春と密接につながる港市の婦女子の売買という不愉快な問題に、眼をつぶることはできないことをさとった。大半の役人にとって、人身売買は扱いたくない問題だったが、もはや看過することはできなかった。政府は、これまでシンガポールの特定の地域内での娼館の設置を黙認する大胆な手段をとってきた。この都市の厳しい現実からみて、多くの人びとはこれにかかわってはいけないとみていたが、たとえば道徳ならびに社会健全化協会のような道徳家や女性団体にとって、それはもってのほかであった。しかし、白人奴隷売買の恐怖が拡まった結果、ヨーロッパ人娼婦とその嬪夫は、マレー街地区から姿を消さざるをえなくなった[6]。ウイリスの本に登場したヨーロッパ人のジゴロ、娼婦と女のバーテン、フランスからのプロ売春婦などは、その多くが中央および東ヨーロッパからの避難民で、かの女らの存在は、政府を当惑と不安に追い込んだ。イギリス社会で勢力を増しつつあった娼館売春反対の十字軍をなだめるため、シンガポール当局は、ここで営業していた下級のヨーロッパ人娼婦を排除することにした。

問題を解決する試みは一九一三年にはじまり、その翌年、緊急に法を改正して、嬪夫を追放したり、投獄したりできる婦女子保護条例が通過した。[7] ひじょうに多くの嬪夫が、この警察の捜査網に捕らえられたり、追放されたりしたが、大半は自分は香水売りだと主張した。女性たちの協力が得られなかったので、嬪夫を有罪と認定するのは難しかった。この追放という安全だが、強引なやり方に頼らざるをえなかったのは、シンガポールのヨーロッパ人買売春問題のひじょうな困難さを示していた。一九一三年五月にいかなるヨーロッパ人女性も娼館居住者になることを許さない措置がとられ、一九一六年に知られるかぎりの娼館にひとりのヨーロッパ人娼婦もいなくなって、この措置は終了した。この三年間にヨーロッパ人女性はアジアの他地域へ転進し、閉鎖された娼館には、しだいにからゆきさんが入ってきた。[8]

これらの対策がおこなわれたにもかかわらず、シンガポール社会の健全化キャンペーンは「絶え間」なく続行された。直轄植民地における管理買売春と人身売買に反対する、この二〇世紀の十字軍は、一九一四〜一八年の戦争中にはずみをつけた。[9] 性病と闘う全国評議会やそのほかの女性団体、とくに道徳ならびに社会健全化協会は、いっそうの圧力を植民地省にかけて、社会現象として永続しているシンガポールの買売春を許している法を変えるよう迫った。アジアで著名な社会改革論者ジョン・コーエンは、一九一二年にコロンボで、一四年にラングーン（現ヤンゴン）で隔離買売春の反対運動を主導したが、一六年にシンガポールにおける公娼にかんする長く詳細な報告書をロンドンの道徳ならびに社会健全化協会の本部に送った。コーエンは、一九一五年一〇月にわずか一週間弱シンガポールに滞在しただけで、かれの意図や報告内容を現地当局と相談もしなかったが、同協会の幹部はかれの調査を鋭くかつ正確であると保証した。[10] コーエンは、売春地帯の東部や西部に突然現われて、娼館入口で娼館や売春婦の数を調べ、客に質問し、また寄港して休日上陸するイギリス軍兵士や船員に、公娼の問題や女性売買についての諫言をした。かれの現地報告は『白人奴隷市場』がつくりだしたイメージをさらに強め、シンガポールが東洋の一大売春センターであり、有名なマレー街地区の「淫らな」娼館街やごみごみした波止場の一帯が、伝染病の「たまり場」になっていることを強調した。[11] かれの「恐怖を生む」報告は、シンガポールの買売春問題についての誤解とヒステリーをいっそう拡大させた結果、シンガポールの買売春をやめさせ、戦地に送られたイギリス兵への性病感染を防ぐ最後の闘いへの第一撃となった。

これらの事実を直視しなければならない。わたしの知るかぎり、シンガポールの二大娼館地区を政府が甘んじて保護しているために起こっている堕落の状況は、アジアのイギリス領のなかでも最悪である。表面上はとりつくろわれてはいるが、たとえばラングーンではヨーロッパ人娼婦が公道をバスタオルをまとって歩くというひどい状態であるが、シンガポールでおこなわれている公然の、制度化した売春より結果としてまだましと思える。ここでは公共の富が毎週、毎月流出し、政府がこれを黙認、むしろ法と警察によって協力し、生命、健康、財産がひどく浪費され、キリスト教精神などないがごとくに無視され、きわめて多数の娼館が、まっとうで尊敬されるべき事業であるかのように、公然と看板をかかげて堂々と営業している。この植民地は、それを誇ってでもいるかのようである。(12)

コーエンの、それまでのセイロンとビルマにおける「教育的」キャンペーンは、成功だった。イギリスの改革組織のおもだった人びとは、両植民地の管理売春について強い関心をもつこととなり、隔離区域の撤廃と不適切な場所にある娼館の抑制が達成された。いっぽう、かれのシンガポール報告は、それを受けてロンドンに本拠をもつ各団体が連合して植民地省に娼館閉鎖を迫るべく積極的に動き出したという点で、計り知れない働きをした。道徳ならびに社会健全化協会は、戦争のさなかでもあり、たしかに攻撃的愛国精神をもっていた。コーエンの現地観察は、つぎのように続いた。

……イギリスの統治にとって汚点であり、キリスト教への恥辱である。帝国政府がただちに対処する必要がある。閣下のような責任ある地位にいる人が、われわれの意見だけで行動するとは期待していない……。しかし、われわれは貴下に、この往来の激しい港に存在するおぞましい醜行を是正するのに、必要な調査をただちにおこなうことを希望する。現状はイギリスの名を汚すものであり、そこに駐屯あるいは極東への行き帰りに寄港する帝国軍兵士の健康にたいし、また社会の安全にとってきわめて危険な状態である。(13)

運動家たちの声明には早とちりで法外な要素もあったが、植民地省は現地の「ひどい状態」を指摘されたことに衝撃を受けた。(14)シンガポールの娼館売春の問題が、中国人男性移住者の人口と労働力を考えるとひじょうに難しいことを認識した国務長官は、報告中のいろいろな指摘にたいし、シンガポール政府と連絡をとったうえでないと返答はできないと拒絶した。植民地省が、シンガポールの公娼問題にかんする充分な現地政府の報告を求めていたことを、協会は正式に知らされた[15]。

マッカーディとウイリスの本が出てからの数年間、シンガポール当局は娼館売春の問題をひじょうに気にかけてきた。そして、コーエンの物言いに応えたヤングの隔離か非隔離かについての報告書は、かなり長いものになった[16]。管理された買売春の問題がふたたび立法議会の非公式会合で非公式メンバーの前に提示された。かれらは超法規システムは存続すべきであると考えた。娼館が街のあちこちに散らばることで、性病がいままで無事だった地域にまで拡大するよりも、ある地区に限定したほうがまだましであろうというのだ[17]。ヤングは報告のなかで、二大娼館売春地区は自然にできたものであり、政府はそれを事実として認めているだけだ、そして常識ある人間ならば、シンガポールのような都市で買売春を廃止することは不可能と考えるだろうと主張した[18]。かれの書いたことの多くは、隔離と非隔離のあいだの「奇妙な妥協」についての政府の仮定に集中していた。ヤングは、買売春の廃止は不可能であり、植民地の社会的、政治的、文化的枠組みのなかでは、娼館を認めるのは妥当であると感じていた。かれの戦略は、コーエンが一連の誤った想定によって、娼館の登録も、なんらの制約も課せられていないと誤解していたことを示すことにあった。コーエンの想定はそのとおりだが、かれの観察は不適切であり、多数の中国人がいるシンガポールでかれが見たものは、もぐり娼館を含めて、コロンボやラングーンと比較すると問題にならなかった[19]。ヤングは報告の後半で、政府は一八九四年以来、公娼にかんするいかなる政策もとらなかった、と説得力のある主張をしている。かれはコーエンの市の娼館売春批判への反論にあたり、隔離と規制の部分にもっとも注意を払った[20]。中国人およびイスラーム教徒諮問委員がみせた態度は、かれらがヤングの買売春対策、すなわち封じ込めを支持していたことを示した。また、市は公に認められていた政策にかかわっていないとした。

いっぽう、ヤングは娼婦と娼館の立ち退き、解散を命じるつもりはなかった。この二〇年以上にわたる植民地の経験から、それがどんなに破滅的な結果になるかわかっていた。明らかに、安全地区にあるすべての娼館を閉鎖しても、買売春も性病もなくなるものではなかった。にもかかわらず、ヤングはそれでなくても長文であった報告にさらに長い説明を加えないかぎり、性病の問題を詳細に扱うのは不可能だということを理解していた。ヤングはコーエンの指摘にたいし、報告書本文で答えることができなかった。そこで、かれは香港、サイゴン、バタヴィア、ラングーン、コロンボにおける娼館の認可と隔離について調査をおこなった後、そして自分自身が一九一七年三月の夜に、二時間マレー街とスミス街を視察した経験にもとづいて、別冊というかたちで、その大部分を記述した(21)。総督は結論として、コーエンの非公開の報告には、作成に用いた資料、想定および個人の性格に問題があるとして、はっきり信用できないと断定した。かれは、これでホワイトホールの本国政府を説得し、新たな決定や法改正をしないですめば、と期待していた。そして、娼館売春は、市の経済発展、労働政策、およびシンガポールの中国人の文化と生活になくてはならないと主張した。ヤングは、「コーエンの覚書は、全体として実態を示していない。偏見が生んだあらゆる誇張と、狂信者のとんでもない誤解を示している」と信じていた(22)。

一年以上かけて入念に作成された総督の報告書は、おもにコーエンの攻撃を完全に否定するものだった。植民地省は、ヤングがこの「恐ろしく困難な」問題を妥当で健全なやり方で扱い、またなるべくシンガポールに影響を与えずにかれの裁量範囲ですべてをおこなっている、と感じていた。このような状況下で、植民地省の古手の官僚でまだ一八八八年と九四年の決定の衝撃を記憶していた者は、口を出さずにヤングにすべてをゆだねるのが賢明だと考えた。植民地省も、道徳ならびに社会健全化協会からの激しい攻撃の標的になるつもりはなかった。同協会の議長に宛てた短い手紙のなかで、国務長官はヤングがこの困難な問題に現実的な方針で対処していると全面的信頼を表明し、コーエンの報告を基本的に正確なものとして受け入れることはできないと述べた(23)。ヤングは、超法規的システムが「政策なき政策」のもとに日々どのように運営されているかより、ひじょうに幸運にも、かれの批判者とその不正確な主張に関心を集めさせることに成功した。植民地省がかれを支持した姿勢の背景にある前提が、公に検討されたり議論されることはあまりなかった。基本的に、政治的、軍事的決定であったといえよう。しかしながら、こうしたことも、ヤングが望んだ隔離問題、植民地官僚が公娼についての政策決定に果たす役割や、シンガポールの生活から中国人社会の性病にたいする恐れに満ちた反応を切り離す効果は、期待できなかった。

一九一九年末、ロンドンからは地球の裏側にあたる東京でも、からゆきさんをシンガポールから退去させるという手段がとられた。一九〇〇年代のはじめに、生活がよくなるという誘いにのってシンガポールにやってきた日本人女性にとって、この市のひどい生活条件やときとして危険をともなう娼館での仕事は、第一次世界大戦の終わりごろに生じた、故国日本の誇りと名誉にかかわる大きなハードルに比べると、とるに足らないものだった。海外買売春の将来についての問題は、この地域において経済の興隆をはかろうとする日本の先兵であったからゆきさんの是非をめぐる、一八八〇年代後半にはじまる世論を分ける激しい論議を背景としていた。日本政府は、一八八九年つまり伝染病条例改正の一年後、中国との開戦の五年前に、シンガポールに領事館を設けた(24)。領事たちは当初からからゆきさんの存在を国辱と感じ、その増加は日本が引き続き弱小国である明白なしるしであると指摘し、明治政府にもっとバランスのとれた経済政策をとるよう進言した。しかし、初代領事である中川恒次郎らの意見は、たんに歴史的事実や天草・島原の実態にたいする感覚に欠けていた。中川はそのような個人的犠牲の経済的、政治的、社会的コストをすばやく分析して、許容できないと結論づけた。からゆきさんの存在は、市でまっとうに暮らしているほかの日本人にとって困惑の種というわけだった。領事がかれの最初の報告書のひとつで指摘した問題点は、つぎのとおりだった。

……独《ひと》り支那人《しなじん》のみならず印度人《いんどじん》、馬来人《マレイじん》の如《ごと》きも中々《なかく》狡猾《かうくわつ》に且《か》つ侮慢《ぶまん》にして特《とく》に日本人《にほんじん》を軽蔑《けいべつ》し且《か》つ愚弄《ぐろう》すること甚《はなは》だしきものあり是《こ》れ他《た》なし従来当地《じうらいたうち》に居住《きよぢゆう》する者《もの》は一に小売商《こうりしやう》、行商《ぎやうしやう》を除《のぞ》くの外《ほか》は淫売女《いんばいをんな》及《およ》び之《これ》に由《よ》りて口《くち》を糊《のり》する水夫上《すゐふあが》りの者《もの》のみにして彼《かれ》の行商《ぎやうしやう》の如《ごと》きも右《みぎ》の女子《ぢよし》を以《もつ》て得意《とくい》となし、彼等《かれら》の居所《きよしよ》に出入《でいり》し加之《しかのみならず》紳士《しんし》紳商《しんしやう》と云《い》ふ者《もの》にして来往《らいわう》の途次《とじ》又《また》歩《ほ》を枉《ま》くるか故《ゆゑ》に日本人《にほんじん》と見《み》れば必《かなら》ず淫売女《いんばいをんな》に関係《くわんけい》ある者《もの》と思《おも》ひ軽蔑《けいべつ》するものなり、……(25)。

同様の率直な手紙が、一八九二年にある日本海軍高級将校から領事宛てに送られた。かれは、新しく建造された戦艦「松島」の指揮をとるため、フランスへ行く途中にシンガポールを通ったのだが、ここで日本人がおこなっている大規模な買売春を許している政府の生ぬるい態度を憤慨して、つぎのように書いている。

われわれの政府が長年の刻苦と犠牲のもとに高度の文明化と道徳を目指してきたこと、その結果諸国の尊敬と評価をかちえてきたことを考えると、この努力の結果がわが国の最下層の女性たちによっていくらかでも損なわれるのはまことに嘆かわしい。日本を訪れたことのない外国人が海外で出会う日本人がほとんど最下層のものたちだとしたら、かれらは日本の社会状況をどう考えるだろうか。かれらが日本を軽蔑するようになっても苦情は言えないだろう(26)。

この若い士官の心には、女性たちへの思いやりはまったくない。かれの態度は手紙の最後でさらに強硬になり、同国人としてからゆきさんの存在を大目にみることはできないとしている。

シンガポールであろうがほかのどの国であろうが、日本人の娼婦が存在するのを絶対に許すことはできない。閣下や同僚士官だけでなく体面を重んじる日本人なら誰でも同意見だと信ずる。しかしこのような状態は日本の領事がこの者たちをもっと厳しく扱い、政府もかの女らが出国できるようなパスポート発行について慎重になりさえすれば容易に解消すると考える。かの女らを全員シンガポールから追い出すのは困難にしても、領事がこの問題について真剣に考慮すれば事態はずっと改善されるだろう。(27)

しかし、からゆきさんの将来について、日本の世論は分かれた。福沢諭吉のような影響力をもつ評論家は、かれらが近代的自由経済の形成の助けになると強調した。外国資本の導入を熱望し、日本の都市工業部門を近代化の流れにのせることに努力している人びとにとっては、からゆきさんの財政的貢献は国益にかなっていた。これらの近代化論者はからゆきさんの仕事をまったく実用的な面からみていた。いっぽう、廃止論者は、女性を移住させ、海外で娼婦をさせるような九州の地方社会の、将来の発展と福祉にもっと気を配るべきだと主張した。しかし、一八九〇年代のからゆきさんには、外交官や海軍士官、政治家、経済人と、自分たちが海外にいることが「国辱」になるのか「国益」になるのか、というような議論をしている暇はなかった。すでに日本のゆがんだ経済成長の犠牲者であったこれらの女性たちは、今日のそして明日の暮らしをなんとかしたいだけだった。売春はひとつの生活手段であり、かの女らの送金で日本にいる家族たちは助かり、負債を解消し、土地そのほかを購入できたので、田舎の村の小さな経済はうるおった。しかし、一八九四年に明治政府は移住労働者を統制するための政策指針を発表した。その法案は、シンガポールで娼館の登録制がなくなったのと同じ年に通過し、海外で働く娼婦や娼館主を一掃する条文を含んでいた。そこでは、今後出稼ぎ女性の雇用は、国内に限定することを明確にしていた。しかし、それをどう実施するのか、またその地方の行政との関連はどうするのか、未解決のままだった。政府は地方役人と警察が中心となって実行してくれるのを望んでいたが、そこには矛盾があった。周旋屋の説得、賄賂あるいは報復のおそれなどに抗しきれず、また経済的危機をなんとかしたいと必死だった家族が、からゆきさんを海外へ送り出すのに協力していたからであった。

一九〇九年にはシンガポールの日本人社会の有力者と宣教師が、日本人娼館の閉鎖要求をはじめた。廃娼論者にとっては、国家の名誉と権威にかかわる問題であり、西欧人から「文明」国とみられるかどうかがかかっていた[28]。批判派や改革派には、日本が自国の人びと、とくに女性を国策の利益のために犠牲にして、西欧の経済成長をまねて近代化と自給体制をはかろうとしてきたことは、愚かに思えた。資源に富んだ植民地をもち、道徳派勢力も抱えるイギリスやフランスのようなヨーロッパ列強は、九州のような地方を本州の都市工業の利益のために貧困に追い込み、女性たちが海外で娼婦として働かなければ、地方経済は破綻し人びとが飢えるような経済政策を、疑問視していた。日本と海外との交流が強くなるにつれ、当惑したシンガポール在住の日本人は、からゆきさんの黙認に反発しはじめた。大戦に先立つ五年間、合法的なビジネスの従業者や日本人のキリスト教宣教師は、救世軍と連携してからゆきさんの禁止と市の娼館の強い統制を訴えた。

梅森豪勇牧師［・幾美］夫妻のような勇気と熱意にあふれた社会改革論者は、タンバリンと祈祷書だけを防具に、毎週マレー街を訪れて、政治的、経済的にもっと賢くなるよう、女性たちに説いた[29]。この献身的な夫妻にとって、廃娼は買売春と人身売買の結果としてのからゆきさんの性的な従属だけでなく、経済的、政治的な従属を解消することを意味した。かれらの説教は、家族と国家への奉仕に関連して、公私にわたって家父長制的価値を批判するものだった。その活動は、男性優位の文化と国家の性政策を暗黙のうちに批判し、性産業に頼って暮らしていた娼館主やそのほかの連中を憤激させた。ふたりが娼館の外で賛美歌を歌い、大声で聖書の言葉を唱えながらタンバリンを叩いて通りを行進し、人びとにマレー街に近づかないように説きはじめたため、衝突は避けられないものとなった。娼館主たちは、ごろつきを雇って牧師に暴力を加えたが、かれは屈せず買売春反対を唱えた。かれの個人的運動が実り、何人かのからゆきさんが、娼館を去って日本へ帰った[30]。

一九一三年、廃娼主義者にとって事態はうまくすすみはじめた。藤井［実］領事が植民地当局と連携して、女性の人身売買の抑制に動き出した。かれは、名の知られていた周旋屋や嬪夫を、すべてシンガポールから追放した。領事の努力の結果、「醜業」に従事していた七二人の男が追放された[31]。しかし、この手段は、決定的なものとはいえなかった。女性の出身県同様、シンガポールの日本人社会の経済は、娼館が大きな役割を担っていた。一九一四年のキャンペーンの［直］後、女衒（嬪夫）は公然と活動することはなくなったが、からゆきさんと市の性産業を裏で操り、いっぽうシンガポール当局は娼館売春を引き続き許容していた。

それに続く数年間、最初の追放運動によるギャップを埋めようとするシンガポールの有力な女衒たちのあいだで、勢力争いがあった。女衒の活動がふたたび活発になってきたとき、領事館に差出人不明の手紙が届くようになり、一度ならず公衆の面前で乱闘があり、血で血を洗う抗争のなかで、互いの猜疑心は高まっていった。一九一四年四月に領事館はこの機会をとらえて四人のおもだった周旋屋を捕らえた。ひとりはまもなく逃亡したが、ほかの三人は投獄され、その後送還された。ゴム園主、歯科医、雑貨店主など、もっともらしい看板を掲げていたにもかかわらず、イギリス当局の送還決定にたいして、かれらは抗議しようとしなかった。[32] 女衒と娼館関係者はふたたび「壊滅作戦」の前にあわてて逃げ出し、残された者は写真（正面、横、背面の三面撮影）を警察に残して追放されたのであった。[33] イギリス当局は領事と連絡を取りあい、一九一五年六月の二回目の掃討作戦の直後に、売春を目的とする日本人女性は今後植民地に入国させないという決定がなされた。この結果、女性たちの数はだんだん減り、最終的になくなることが期待された。領事は、日本という国家の威信がかかっていると考え、この件に強い関心をもっていた。[34]

しかし、東南アジアの各領事館からの報告にもとづき、海外における娼館売春禁止にたいする、効果的な手段が最終的に準備されていたやさき、またも不安定な経済情勢のために勅令は延期された。日本は、一九一五年に経済的に過敏状態になっていた。東南アジアの華僑は、日本が中国に突きつけた二一ヶ条要求に抗議して、強烈な地域的ボイコットを展開し、金融戦略や信用経済政策から切り離された多くの日本人商人を窮地に立たせた。[35] 外貨を蓄えて物価と為替レートの安定を保ちつつ、経済成長に必要な流動性を維持するという日本の金融戦略は、崩壊寸前だった。その結果、第一次世界大戦終了までの何年間かは、からゆきさんからの送金が消費を刺激し経済回復の助けになることをあてにして、日本の初期の経済戦略を変えなかった。日本政府は、沈黙にたいしてなんら理由を明らかにしなかったが、戦時の資金調達と経済発展の必要性のために、海外廃娼にかんする政策論議が停止してしまった。海外中国人商人によるボイコットは神経を過敏にさせ、一九一五年の経済的混乱とその反響のために、娼館売春禁止へと動き出していた情勢がストップし、シンガポールの領事を不快にさせた。[36]

日本の経済は、中国人商人のボイコットによってはじめ打撃を受けたものの、その後戦争が終わるまで順調で、人口も増加した。[37] 日本は、交戦中であるドイツとイギリスの経済勢力が東南アジアで後退するのにかわって、貿易と投資の機会をつかむことができた。二〜三年前には想像できなかったことであったが、短期間のうちに日本の海運会社、輸出入業、それに多くの小投資家がシンガポールにやってきて、アジアで最強の国家になるためのきわめて重要なステップを踏んだ。一九一九年に存在した有力五〇社のなかには、銀行、海運、輸出入代理店、あわせて四五〇人ほどを雇用する雑貨店などが含まれ、このうち三五社以上は一六年以降に設立されたものだった。[38] 地域社会の公共的団体であるシンガポール日本人会は、法的問題や金融統制、将来の経済問題についての調査を引き受け、ますます重要な役割を担うようになった。シンガポール政府が一九一七年五月に外国人登録法を通過させると、日本人会は娼婦も含めて日本人の登録漏れがないようにする業務を引き受けた。一九一七年の市の日本人男性人口は一八〇五人で、そのほぼ半数は商業、写真館、理髪業に従事していた。人口統計で女性人口は九四七人で、その多くがからゆきさんであった。[39]

東南アジアにおける日本の経済発展は、戦争中のできごとに直接影響を受けていた。外務大臣は、とくに戦勝国グループのあいだで、アジアの経済先進国としての日本のイメージを高めたいと望んでいた。からゆきさんは、日本がうまく近代化をすすめているという印象を与えるために、邪魔になりつつあった。[40] 数年間にわたる空前の輸出の伸びによる所得、売掛増の結果、一九二〇年までに日本はアジア一の経済国の座についた。ただし、この東南アジアにおける記録的な貿易の恵みは、天草や島原の海辺の村や農村から密入国して、シンガポールの娼館で働いていた田舎の女性たちにはまわってこなかった。むしろ、事態は悪いほうへ働いた。からゆきさんの預金の相対的な低下は、戦後の日本の新しい経済状況から、これまで圧迫に苦しみながら稼いだお金が、国家にとってその重要性を低下させたことを意味した。女性たちは、西欧列強と資本－軍国主義の線に沿って経済的、政治的に競争し、発展しようとしている日本の野心のために、切り捨てられようとしていた。日本政府は、このまま海外での娼館売春を許容し続ければ、日本が本当に文化的に洗練され、啓蒙された社会であるかどうか疑われ、イギリスやほかのヨーロッパ諸国から悪宣伝に使われる危険を認識していた。日本がからゆきさんの生活基盤を消滅させようとしたとき、資本主義と「近代」化が違った意味をもちはじめた。一九世紀後半に西欧への扉を開いたとき、日本は外国とほとんど貿易していなかった。そして、九州と本州から海外へ渡った女性が、日本がのどから手が出るほど欲しかった外貨を送り続けてきたのだが、一九一九年にはもはや日本社会のなかで許容できないものとなっていた。からゆきさんが存在し続けることは、日本の恥と考えられ、また経済競争する世界に伍していけない証明になるとされた。日本は、もし西欧先進国と政治的、経済的特権を共有したいなら、海外の娼館を閉鎖するよう、諸外国からますます圧力を受けるようになった。

ヨーロッパの植民地や外国でのからゆきさんの存続は、日本の国威や海外での利益の健全な発展に影響するとして、帝国政府は各領事館に海外のすべての日本人娼婦を帰国させる手段をとるよう命じた。女性たちは強制送還に相当するケースではなかったが、かの女らを出国するよう説得するのは領事の義務だった(41)。現地の日本人は積極的に領事を助け、一致団結してからゆきさんに国の名誉のために帰国するよう圧力をかけた。シンガポールほど、速やかに精力的に廃娼政策を実行したところはなかった。外務省から一連の長文の指示が届いてから数年以内に、市の九割以上のからゆきさんがやむなく日本へと去っていった。経済的損失を恐れ、またこの国際的な港市の通りを行き交うヨーロッパ人紳士の袖を引く「欲張りな雌狐」という日本人女性のイメージを払拭するため、領事は一九二〇年にからゆきさん全員を出国させるようイギリス当局と共同作戦をおこなったからであった(42)。山崎平吉総領事代理も、これをよいタイミングだと考え、果断な行動をとった。かれは、日本人社会のおもだった者を集めて、廃娼についての決定をするために二日にわたる会合をもった。違う状況下なら反対者もでたかもしれないが、客観的かつ公正と称された雰囲気のなかで、みんなが同じ流れにのった。シンガポール政府に宛てた手紙で、かれは娼館閉鎖についての植民地側の協力の重要性を説いた。

> 謹んで以下についてお伝え申し上げます。一月五〜六日にシンガポールで開かれた在住日本人及びその他の団体の代表者……との会議において、いま存在するすべての日本人娼館を、可能ならば本年末までに……閉鎖する努力をするという決定がなされました……。ペナンのすべての日本人娼館は、昨年末までに閉鎖されました……。しかし、わたくしは政府のあたたかいご援助をお願いしたく……。これをやりとげるために……必要なのです。現状においてお願いしたいのは、新たな日本人娼館が……許可されないようなご処置を……そして、権威ある機関が……現存する日本人娼館が閉鎖されるように指導

をいただきたく……。[43]［英文］

　廃娼布告によってマレー街社会に衝撃が拡がった。娼館に依存してきた小商店は厳しい状況になるか、領事館からの圧力で閉店するかだった。領事による法の厳格な適用は、女性たちと娼館主たちに難題とパニックをもたらした。送還の最終期限の翌年の六月は、非現実的だと思えたからであった。[44]しかし、娼館一掃はあまりにも早く、その実行はシンガポールやそのほかの東南アジアに住むからゆきさんにとって非情なものだった。[45]日本で一般に考えられていたからゆきさんのイメージと違い、女性たちは貧しく不安のなかで暮らしていたにもかかわらず、自尊心を失ってはいなかった。かの女らはマニラでおこなったように、個人であるいは集団で抗議した。マニラでは、一四件の訴訟が第一審裁判所の記録に残され、侮辱的な布告とそれを強制しようとする警察を訴えた。[46]シンガポールのからゆきさんが、社会をおおっていた雰囲気と法に反発していたことも公的記録に残されている。かの女らは自分たちの生活の将来をある程度決めることができ、自分たちの扱いと公然たる侮辱に抵抗する道をさぐった。黙って姿を消した者もいた。シンガポールを出るのを拒み、仕事を変えるより私娼の道を選んだ。シンガかの女らは、仕事を変えるより私娼の道を選んだ。

エイトレスのような仕事を見つけたり、いままでの顧客の妾になったりした。[47]日本に帰れない者もいた。かの女らは借金や掛け買いをしていて、大半は性病にかかっていたのだ。

　こうして日本政府は、西欧と同席したとき、海外の売春を廃止し、女性の売買を終わらせたといえる。しかし、日本に帰ったからゆきさんの多くは、どう暮らしていいのか途方に暮れていた。日露戦争以降、何百万円も日本のために稼ぎ、日本が近代国家になってゆくのに少なからず貢献したかの女らは、イギリス統治下のシンガポールでも差別されたが、いまや祖国日本でも同じ目に遭うことを知った。帰国への冷淡な反応は、大東亜共栄圏思想の欠陥のひとつを示していた。ほとんどの女性たちは、最後まで日本人であることを誇りとしていたが、いつも日本を誇りにしたかどうかは別問題であった。とくに、一九二〇年代にかの女らに向けられた冷たい反動的な雰囲気のなかではそうだった。老いた女性たちが当時について語った回想は、ふつうの生活に戻るのが難しかったこと、村人や現代的な考えをもった都市の若い人から排斥されたこと、またからゆきさんがみんなのために払った犠牲は忘れられ、かの女らの存在が恥とされたことを伝えている。[48]海外でヨーロッパ人、中国人、マレー人、インド人や［日本の］商船員、兵士たちを相手にする性産業に従事したこの不運な女性たちは、故郷で最悪の種類のうわさ話の対象となり、差別に苦しんだ。『サンダカン八番娼館』のおサキさんのようなからゆきさんは、シンガポール、マニラ、サンダカンでどんな暮らしをしたか、故国の人びととの断絶、失われた年月、悪夢にどのように耐えてきたのか、そしてそれらの苦労にたいして少しも気遣ってくれない国へ帰ってきたことを語っている。山崎は、日本が経済的に安定してからはじめて売春を禁止した、と主張している。日本の当局は、からゆきさんをなんとも惨めなかたちで帰国させた。かの女らは、もよりの港でなんの財政的援助もなく放り出され、かの女らがこういう立場に陥った理由にかんして、なんらの考慮も払われなかった。いろいろな年齢層の女性たちが行く場所もなく、まったくの孤独におちいった。自分自身を守らねばならない立場におかれ、屈辱と怒りから家族や村に背を向け、日本軍について中国へ行った者がいたのも驚くにはあたらない[49]。年長者で、いままでのセックスとアルコールの生活から立ち直れない者は、自殺を図った。

このころシンガポールでは、日本人娼婦との交渉で淋病に感染するケースが増えていた。一九二〇年以降、日本人娼館がもぐりになって、しかるべき管理はなくなり、残留していた娼婦のあいだで性病感染率が急に上がったためだった[50]。市全体にもぐり娼館が続々とでき、日本人女性は警察の取り締まりを避けて、あちらからこちらへと移動した。個人の医療受診は少なくなり、売春宿の女性の多くが感染者だった。黙認娼館に来ていたよい客層が遠のいたので、からゆきさんはもっと低い階層の客をとりはじめ、その結果、多くのもぐり娼館で、マレー人やタミル人のクーリーがおもな客になった。バンダ街は、いまや着飾った日本人女性をよくみかける地域のひとつになった。ある老中国人実業家の話では、広東人たちはバンダ街やその近くのスプリング街を「番寨尾《ファンツァイメイ》」(外国人娼婦通り)とよんでいた。一九二〇年代初期、多数の日本人娼婦がその地域に移動したころの社交生活の一端がうかがえる[51]。女性たちの一部は近くのコーヒーショップの店員になって、陰でもとの仕事を続けていた。しかし、多くはミドル路、海南街《ハイラム》およびマレー街の近くの日本人居住地域内から出ていって営業していた。女衒や娼館主は、日本帝国の禁止勅令を逃れるため、残っていたからゆきさんをレストラン、下宿屋、カフェなどに勤めさせ、同時に日本人居住区の外に散在していた安下宿屋街を利用した。そこは、市当局と政府の目の届かない所だった。また、第一次世界大戦後の一九三〇年代なかばごろには、ラベンダー街を日本人の紅灯街の中心にしようという動きがあった[52]。政府は、市内に散在する一〇〇軒前後の日本人のもぐり娼館を規制しようと努力したが、ほとんど効果はなかった。

もぐり阿姑の人数はさらに多く、またこっそり営業する中国人娼館が増えていたことを認識しておくことも重要である。一九一九年から二一年の不況は、多くの「知られた」娼館や亀婆《グワイポー》の繁栄に打撃を与えた。亀婆は家主の要求する高い家賃を払えず、閉鎖せざるをえなかった。大勢の阿姑がもぐりに転じ、からゆきさんの例にならい、客層をあらゆる人種に拡大した。もぐり娼館で働くか、あるいはコーヒーショップ、食堂、屋台の茶店で働いていた中国人女性のほとんどが、性病感染源として危険な存在であったことが、経験上わかっていた(53)。屋台に雇われていた女性たちは、しばしば仕事の割に高い賃金をもらっており、護衛［政務］司署の役人が、セクシーな服装をしていたかの女らがもぐりで売春をしている、と考えていたことはまちがいなかった。コーヒーショップ、食堂、屋台で雇われる女性は、市に名前を登録することになっていたが、これを遵守させるための充分な体制ができていなかった。一九一三年と二三年のあいだに給仕する中国人女性がひじょうに増えたが、かの女らにたいしてまったく医療面の管理はおこなわれなかった(54)。

一八九四年以来、シンガポール政府は、娼館売春が法的に容認されていないことを強調してきた。しかし、日本人娼館の閉鎖と一九一九〜二一年にわたる不況は、政府と市当局にひじょうに深刻な問題を投げかけた。不法娼館が爆発的に増え、その統制がひじょうに困難になった。コーヒーショップや食堂のなかには許可申請さえしないものがあり、またもぐり娼館の経営者を取り締まるためには、市の条例は役に立たなかった。市は、食堂に許可証を発行し、それは毎年更新された。ある役人によると、誰かがレストランなりコーヒーショップの開業許可証を申請した場合、申請者の素性にかんする調査はなされなかった。申請者は手数料を払うだけで、なんの質問も受けなかった(55)。たとえば、多くの日本人経営のホテルや下宿屋の場合、下が食堂で上が下宿屋になっており、そこで売春がおこなわれた。

一九二二年一月の事件では、二軒のホテル経営者がもぐり売春に場所を提供していたとして有罪判決を受けた。この事件は、シンガポール中心部のやや外れにある日本人ホテル街で起き、状況の深刻さから一般の関心を引いた。もちろん例外もあったが、わずかだった。なにも知らないヨーロッパ人旅行者が市を訪れ、高級ホテルに泊まるほどお金を持たない場合、なにが起こるか、という深刻な疑問が提起された。『シンガポール・フリー・プレス』紙は、これらの施設での活動について疑問を呈した。

すべての日本人ホテルは、一握りの月極めの下宿人以外に、本当の旅行者や宿泊者を受けつけているのだろうか。実態は、これらのホテルを不道徳な目的で使っている者たちの騒がしい声や、酔っぱらいの喧嘩に、不快を強いられている数少ない滞在者にしかわからないだろう。日本人経営者は、個人的にはひじょうに礼儀正しい人びとだが、そのわざとらしい慇懃さの裏にひそむ狡猾さにお気づきだろうか。多くの場合、これらのホテルの借り賃は異常に高く、経営者に「お茶代」を払う人たちは、当然多額の金を払う不利さをまずあげるが、それでもどのようにして月末に収支を合わせているのだろうか。そんな高額の室料を、どのようにして払うのか。わずかな月極め居住者からの収入では、とてもまかなえないことは確かだ……。そこに表面上は女中として住む女性たちの運命について、説明の必要はないだろう。経営者と手下の召使の取り立ては、厳しいのだ[56]。

からゆきさんの場合、部屋を利用させてくれるホテルか下宿屋がおもな営業場所だったが、中国人やマレー人の娼婦の仕事場は、たとえばクーリー下宿の奥の小部屋、公園、ドックのものかげなどの場合もあった。

日本政府とシンガポール当局の抑制策には、街から娼婦を一掃する効果がなかった。もぐりの娼婦たちは、レストラン、映画館、バー、ナイトクラブのまわり、新世界や国民公園のような繁華街で、客を拾うようになった。このような地区が、善道キクヨのような女性が、ある程度用心しながら自分の存在を示して、娼婦を捜している客と簡単に話をつけられる場所になった。今村昌平に、善道キクヨは若い娘だったころの一九一九年以後、どのようにマレー街と海南街《ハイラム》の交差点にある廃業した日本料理店の上に部屋を借りたかを話している。かの女は、定期的に近くのレストランに出かけて日本人のみの客をとり、一回一〇円から二〇円をもらった。キクヨは当時わずか二三歳であり、「無事に帰国する」気はなかった[57]。この映画製作者に語ったところによると、廃娼政策は多くの日本人女性にとっては災厄であったが、かの女の場合は皮肉なことに一定期間「自由な仕事」ができることになり、ちょっとした贅沢な暮らしを楽しめた。「シンガポールで、もぐり娼婦をやっていた七〜八年間が、生涯で最良のときだった」、とかの女ははっきり言っている[58]。西岸にいたほかのからゆきさんは、シンガポール改良信託局のような公的な機関からバンダ街やスプリング街の部屋を借り、そこを毎晩売春宿として使った。税務官、守衛、市政府職員は警官同様、その派手な状況を知らないわけではなかったが、賄賂に弱かった[59]。

日本人娼館の閉鎖はまた、帰国した日本人女性にかわってマレー人、タイ人、ユーラシア人女性たちが、もぐり売春に入る機会を与えた。一九一九年以前は、もぐり娼婦をやっていたのはおもにマレー人とタイ人だった。しかし、廃娼後の何年かのあいだに、ずっと多くの女性たちが、連合マレー諸州やジョホールの田舎、またタイの地方から移ってきた[60]。未亡人、捨てられた者、貧困層などからなる女性たちは、かくれ売春宿に受け入れられ、シンガポールでもぐり売春がさらに増加する原因となった。かの女らが住む売春宿は、シンガポール周辺の開けつつあった郊外で、街から容易に往き来できる地域に点在していた。いちばん繁盛していたのはブキ・ティマ路沿いの閑静な通りであった。入口の門の後ろは、ココヤシとハイビスカスの植え込みにさえぎられ、奥に広いれんがづくりのバンガローがあり、スズ鉱山経営者、農園主、軍人などとの密会場所になっていた。

シンガポールにおける性病の蔓延は、一九二三年にはひじょうに深刻な問題となった。街に残っていたからゆきさんは、日本人女性の一大送還がおこなわれたときに姿を消し、もぐりとなって活動していた人たちだった。ヨーロッパ人も、かくれ売春宿の常連になり、たまに善道キクヨの ような日本人女性と関係をもったりしていた。黙認娼館の閉鎖は、市に残っていたからゆきさんに深刻な結果をもたらした。すぐに、警察と医務官は、日本人女性のあいだで性病が著しく増加したことを知った[61]。からゆきさんは、自分個人の健康や衛生についての考えとは別に、当初から顧客、とくにヨーロッパ人の客の期待に応えるためには、清潔さと「安全なセックス」という評判を確保しなければならないことを知っていた。しかし、かの女らの多くは、日本人娼館の閉鎖により定期検診が経済的にますます困難になったと感じていた。

これらの娼婦を性病から守ることは、別の経済的理由からも難しかった。レストラン、ホテル、下宿屋で働く日本人女性は、しばしば九州や本州の地方に住む貧しい家族を支えていた。廃娼政策では、ほかの仕事につかせる努力は、ほとんど成功しなかった。まだ二〇歳前の者も含まれ、職を得るのに必要な教育や技術がなかったのも確かだが、たとえ教育や経験があっても売春ほど収入のいい職を見つけることは不可能だった。善道キクヨやドゥヤ・ハダチ(Duya Hadachi)のようなもぐり娼婦の稼ぎは月一五〇ドルで、一九二四年の人力車夫の平均的月収の五倍以上だった[62]。まだ売春を続けているからゆきさんは、一九二〇年に送還されたグループよりはるかに「清潔でなく」、そのなかに性病感染者がいる危険が高かったことを示す明らかな証拠があった。軍上級医務官は、新たな伝染病の規模と危険性を正確に示した通知や回覧を、何度も出した。つぎの文書は、軍本部の要請により華民政務司がとった典型的な処置の一例である。

ＥＡＰＣは、マレー街二番に所在するものを含む八軒の日本人「もぐり」売春宿を手入れした。それらを閉鎖し、性病感染女性を治療する処置がとられている。マレー街二番には二名の女性がおり、うち一名は淋病患者であった。三番には四名の女性がおり、すべて同じ病気の患者だった。(63)

検診を受ける頻度が減ったうえに、かくれ売春宿の急増、数も定かでないもぐり娼婦の存在、高い性病感染率などの結果、シンガポールにもうひとつのきわめて危険な伝染病が迫ろうとしていた。

残されている記録によると、一九一九年から二三年にかけての梅毒の拡がりは深刻な現実であり、その三～四年間にかんしては淋病より増加率が高かった。(64)性病パニックが、ふたたび起きた。植民地医務官は、中国人社会のクーリー層が相当な比率で梅毒の症状を示しているという事実を、政府に報告した。(65)この活気に満ちた国際港湾都市中に、警告が鳴り響いた。一三のおもな開業医から任意に提出された数字からの推定では、男性患者の性病の比率は控えめにみて五〇パーセント、高い数字では八五パーセントにもなった。この推定値の差は、開業医による患者の階層だけでなく、民族が違うことにもとづくとみられた。この数字は、初期の性病の患者についてのものであり、もっと後期の、梅毒が表面化した時期のものではなかった。第二期、第三期の梅毒患者発生の程度についての推定値を出すため、当局は陳篤生医院、精神病院、監獄の診療記録から統計を作成しなければならなかった。(66)中国生まれの貧しい労働者層で、娼館通いをしていた石炭鉱夫や人力車夫などのふつうの中国人に性病が蔓延し、着実に増加していたことは明らかだった。エルダー医師は、性病の蔓延が将来の社会保健・福祉にたいする脅威であり、「おそろしい」というほかはない、と的確に報告した。(67)一九二三年になると、性病にかかっているのは、もはやありふれたことになっていた。黙認娼館に住む常習的娼婦や中国生まれの中国人女性で、毎月何十人かのクーリーと性交渉をもつ者は、すべて性病感染者であるといってよかった。かの女らは検診を受けず、重症になって営業ができなくなると、医者へかけ込むのが関の山だった。

一九二二年にカンダン・クルバウ病院にひとりの女性医

療官が配され、女性、子どもの性病治療のための院外診療所を担当した。そこで、数年間にわたって続けられた調査によると、既婚女性と子どもの梅毒による直接、間接の死亡は、記録されている件数よりはるかに多かったことがうかがえる。この間に先天性梅毒をもって生まれた子どもの悲劇は、性的ダブル・スタンダードをもつ中国人の家父長制の存在と部分的に関連していた。中・上流階級の男性が結婚前に性的関係をもつことは問題とされず、その相手は娼婦であることが多かった。性病をもっている娼婦もおり、これらの独身男性に感染させた。別の感染源としては、社交クラブ、レストラン、裕福な中国人宅での宴会などに呼ばれた琵琶仔《ペイパツァイ》がいた。一九二〇年代になると、かの女らのなかには相手を選び、しばしば月極めで雇われて一種の売春をおこなうことがあった。華民政務司のみるところ、シンガポールの富裕な中国人の性病感染源の多くは、これらの琵琶仔であった。[68] いっぽう、中国人の若い女性は、花嫁になるまでは純潔でいることが期待された。

一九二〇年になると、前記のような事情で、若い夫による妻への感染がシンガポールで一般的になった。[69] 一九二〇年代初期に、中・上流の海峡生まれの中国人の家庭生活に先天性梅毒が浸入しはじめた。結婚後、花嫁が夫から梅毒に感染することは、例外的というよりむしろ一般的になった。峇峇《ババ》［海峡生まれでマレー化した中国人］社会は、ますます性病に悩まされた。まず父が、つぎに母が、そのつぎに子どもたちが感染した。まだ、出産と流産がしばしば繰り返されるのが、ふつうだった。病気の母親から胎児に感染した先天性梅毒の症例が、あまりに多かった。医師は、また新生児が淋病性の眼炎にかかっている例を頻繁に見かけるようになった。治療せずに放置すれば、角膜が犯され失明する恐れがあった。赤ん坊や小さな子どもに持続する黄疸、骨の腫脹、皮膚の発疹がみられた。[70] ある医師は、一九二三年にシンガポールで性病の蔓延率を調査している委員会に出席し、そのころ中国人児童の実に四人にひとりが梅毒をもって生まれている、と述べた。[71]

中国人労働者階級の乳幼児の先天性梅毒の問題は、クーリーの妻となるべきふつうの女性がほとんど移住してこず、セックスの対象が娼婦しかいなかったことから激化の道をたどった。[72] 移住労働者がシンガポールで見いだすことの期待できる「妻」は、実際娼館に住んでいるか、保良局で世話してもらい更正した者しかいなかった。植民地当局は、クーリー層の男女比のアンバランスの問題と梅毒の流行が続けば、かなりの数の中国人の子どもが、元娼婦で梅毒に感染していた母をもつことになることを知っていた。次世代の中国人に与えるこの嘆かわしい人口統計学上の影響を、政府は重々承知していた。シンガポールの死亡率は、つねに出生率をはるかに越えていた。しかも中国人人口の減少を防ぐには、継続的な移民の流入しかなかった。先天性梅毒のための死亡率の破滅的な意味を論じて、一九二三年の性病委員会の報告は、こう結んでいる。

これらの中流の中国人のあいだで起こっていることは、すでにおそろしい状況にあり、年々悪化している。しかも、歯止めをかけないと、もっと悲惨なことになる。そのような状況が存在し、しかも進行してゆくのを見過ごした政府が糾弾されることは疑いない。(73)

一九二〇年代はじめには、性病はヨーロッパ人男性にも拡がっていた。ハンター医師は、一九一五年のマレー街地区の娼館の閉鎖から三カ月のうちに、ヨーロッパ人の性病診断書を以前の六倍発行するようになった、とためらいもなく報告した。ほとんどの場合、病気は市中に乱立しつつあったもぐり売春宿で感染したものだった。(74)性病のため、軍の病院に入院する者が増えたのは、驚くにあたらない。毎年はじめに、交代のために若い兵士が大半を占める新しい大隊がシンガポールに到着したためと考えられる。新兵担当の医務官が定期的に性病問題について教育していたが、多くの兵士は感染がどれだけ本当に危険かを理解せず、もぐり売春が横行している好ましくない場所は立入禁止とされた。(75)兵営でさまざまな警告が与えられたにもかかわらず、性病感染数はしだいに増えていった。また、過度の飲酒が、植民地駐屯軍における性病感染例の重要な要素であり続けた。(76)多くの人力車夫は、娼婦と結託しており、酔った兵士が兵舎へまっすぐ戻るんだと抗議しても、勝手にもぐり売春宿へ連れていった。(77)

第一次世界大戦後の性病流行のおもな原因は、多数のもぐり娼館の出現であった。そこは病気の娼婦を抱え、伝染の繁殖地となった。娼婦たち自身も定期的な検診に行こうとせず、営業のために危険な性的活動を続けた。(78)もちろん、かの女らだけに責任をかぶせることはできない。適切な組織的医療管理は、保菌者としての男性、とくに中国人労働者を対象として、市中全体で制度的におこなう必要があった。しかし、病気拡大防止策を求めて政府が集めた資料の多くは、もぐりの娼婦はたいがい感染しており、まして黙認中国人娼館の居住者には、感染者が少なくないことを強く示していた。(79)

性病の劇的増加を受けて、シンガポール当局は植民地省から流行を抑えるために特別対策をとるよう指示された。政府は、一九二三年にただちに性病対策のための小さな専門家の委員会を発足することを決定した。委員会は、「（a）性病蔓延状況、（b）蔓延の原因を調査すること、つぎに（a）拡大防止策、（b）治療法を勧告すること」を求められた。[80] 委員会は、政府指名による二名の医務官、海峡植民地協会の指名による二名の医師、市保健局指名による植民地医師一名からなり、さらに官吏から委員長が指名された。一一回の会合が開かれ、各民族を代表する専門家の証人たちが具体的に調査に協力した。価値ある覚書が、華民政務司から提出され、また長文の声明書と統計データが、おもだった医師と市保健局看護課から提出された。刺激的な統計付表に加えて、精神病院、総合病院、陳篤生医院、カンダン・クルバウ病院を含む政府各部門から、性病の詳細にかんする資料が提供された。軍当局も、タンリン軍病院における一九一二〜二二年にかけての性病の治療件数を積極的に報告した。[81] 七月に出そろった資料は、シンガポールの状況がただごとでないことを示しており、当局は性病蔓延の深刻さに懸念を強めた。ヨーロッパ人およびアジア人社会を代表する一三人の医師から意見を聴取してから、委員会は全員一致の見解を出した。データには、性病の拡大が近年著しいことが示されており、その原因は黙認娼館の閉鎖にともなって出現したもぐりの娼館であった。かつては、ヨーロッパ人娼婦との対抗上、からゆきさんとやや不熱心ではあったが阿姑の一部は、自分と顧客の安全のために事後の感染予防の処置をしていた。予防についても、性病の伝播にかんする事実の確認のとき以上に、証人たちは強い一致した意見を表明した。国務長官に委員会が提出した主要提案は四項目からなっていた。

一、娼婦、娼館、娼館主は登録させること

二、売春街は隔離すること

三、娼婦の強制的、定期的な医療検診の再実施（提案の重点）すること

四、病気の娼婦を無料で治療すること、ただし強制隔離はしないこと。[82]

委員会は、イギリス世論の道徳的非難と怒りを恐れて、それまでに提出されたすべての情報を秘密扱いとし、公開しないことに決めた。二巻からなる政府の報告書は、統計資料と口述資料が満載され、超法規的制度を中止し、娼婦の検診と娼館の登録の再実施を求めていた。委員会の意見は、現状を考えれば、感染娼婦の強制隔離をのぞく、伝染病条例の全施策を事実上再導入するのが当然、とする以上のものであった。[83]

しかし、シンガポール政府は、国務長官の承認がないと、これらの現実的な手段を実施できないことがわかっていた。そして、今回の報告がどう評価されるかについて、一八八八

八年と九四年の売春公認と性病問題についての論争を記憶している古参の当局者は、不安をもっていた。イギリスでは、この非公開の報告に、陸・海軍省が強い関心を寄せた[84]。植民地省は、実情に驚き、事態を深刻に受け止めた。官僚たちは、明確かつ率直にこの「恐るべき状況」は、政府にかかった外部の圧力によってとられたふたつの手段、すなわち伝染病条例の廃止および娼館登録制の撤廃が原因であると認めた。国務長官は報告と資料から、条例が正しい政策であると強く感じた。本国政府が重い足をひきずり、初期の政策と決定へ戻ったのは、海峡中国人たちが性病で消滅するのを防ぐためであった[85]。それでもなお、植民地省で主流を占めたのは、報告中の勧告、とくに徹底的な規制をするという政策は、イギリス国内で反対とひどい圧力に遭うだろうという考えだった。そのような状況下で、これらの勧告に盛られた施策を、どこまで認めうるか、あるいはどこまで認めるべきか、という意見を形成するのは不可能に思われた[86]。ホワイトホールは、政治的時限爆弾であるこの報告をいつまで秘密にしておけるか危ぶみ、確信がもてないまま、シンガポール当局に重要問題の解決のための一連の実施案を求めた。ギルマード総督は、いまこそ報告を公にすることが重要と考え、またどんな犠牲を払っても遅らせてはならないと感じていた[87]。委員会のすべての勧告をただちに支持した立法議会を代表して、かれは改善策を提案し、植民地省が報告の即時公開を了承するよう求めた[88]。ローレンス・ギルマード卿は植民地相から直接の指示がないかぎり、植民地省側からの反対が起こらないよう、自らその公表に携わった。かれは、なによりも植民地相に公表を押さえる役目をさせるわけにはいかないことを知っていた。植民地省は、新しい世代の道徳改良論者や廃止論者からの批判の集中砲火を恐れて、ひじょうに不承不承ではあったが、ただちに報告の印刷を承認する電報を打った。ホワイトホールは、ギルマードにかれが提案した施策をできるだけ早く立法議会に通知すべきであるが、それはまだ国務長官には提出されていないことを明らかにするよう強調した。植民地省は、シンガポールで制定されるどんな法も最小限のものにしたかったので、案全体が明らかにされるまで判断を控えたかった。ホワイトホールでは、統制は正しい政策であると考えられたが、裏では果たしてそれが政治的に可能なのかという深刻な疑いがもたれていた。「おそろしい状況」を明らかにするような報告書の公開は、イギリスで激しい抗議にあうのではないか、という心配が強かったのである。直轄植民地から提案された施策をそのままとりあげると、政府は伝染病条例を復活させたと非難を受け、それが議会でとりあげられる心配があった。

シンガポールにおける性病と買売春を扱う法の草案が、一九二五年一月に立法議会で作成され、イギリスで抗議の嵐となった。シンガポールの社会情勢を、西欧の基準で判断するのは無意味であるだけでなく、不正、誤解を招くという警告が繰り返されたにもかかわらず、公開された報告書の内容とそれにともなう国家統制の修正案にたいして、議会内外からの批判の集中砲火が降り注いだ。新たに設けられた社会衛生諮問委員会には、手強いネヴィル・ロルフ夫人とアスター卿夫人がおり、最初の報告で娼婦の定期検診にたいする提案に激しく襲いかかった。かの女らは、性病の拡大を防ぐための近代的な一連の社会的、医学的、法学的、行政的手段と、すべての「知られている」すなわち黙認されている娼館を、ヨーロッパ人が顧客になっているものから順次閉鎖を進めてゆくよう勧告した。(89)買売春の国家統制を全員一致で否定してゆく過程で、諮問委員会は重要な要素を完全に無視した。すなわち、性病の蔓延が著しいことを示す多くの事実、無制限の移住者受け入れと、娼館売春やシンガポールの中国人の生活、とくに男女比のひどい不均衡や、移住労働者には「家庭」生活が欠けていること、および中国人の性にたいする態度との関係などを無視した。国務長官レオ・アメリーは、政府内で個人的な政治問題を起こしたくなかったので、総督の案を否決するしかなかった。かれは、諮問委員会の勧告をとりあげ、ただちに実施するよう強く指示した。

黙認娼館閉鎖へ向けての第一歩は、一九二七年に香港の華民政務司に送られた、今後プロの娼婦はシンガポールへ入国させないという通知だった。(90)一九二九年には、かの女らはまったくいなくなった。クレタ・アエル、上福建街、陳桂蘭街《タン・キーラン》とその周辺にあった中国人娼館の一掃は、黙認娼館のお抱えが、ほとんど例外なくよそ者で、中国東南部、広東省の出身だったのでやりやすかった。娼館への新規雇い入れ中止により、阿姑の人数がしだいに減少し、娼館経営はもはや成り立たなくなったと娼館主が気づきはじめた。この経過は、一九二七年の黙認娼館の登録数の激減からもわかる。一九二七年初頭に一九〇軒あった黙認娼館のうち、二七年には四五軒が、二八年には五〇軒が自発的に閉鎖された。(91)娼館を閉鎖させるためのもうひとつの重要な手段は、婦女子保護条例を近代的に改訂することであり、娼館経営を不法とするものであった。このような条例改定がなされると、当局は定められた期限までに娼館を閉鎖するよう、亀婆《グワイポー》と阿姑に最終通告をするだけでよかった。知られている娼館については、この命令は完全に守られた。最終通告が出されてから、娼館を去る娼婦たちが増えはじめた。(92)ある者は売春を続けても法的には問題がない中国へ戻り、別のある者は市で別の方法を探し運試しのもぐり娼館へ移った。そのほかの者は、しばしば年長者だったが、針子、洗濯婦、女中に転職するケースがあり、顧客の愛人になる者もわずかだがいた。

全面的廃娼の新政策は、建て前として達成され、警察と華民政務司の年次報告に記載された。護衛司署役人と植民地医務官は新システムによって、状況ははるかに改善されたと感じた。もはや周旋屋の市場は確保できなくなり、女性や子どもの移入は減少しはじめた。人身売買と娼館買売春は、新法によって著しく抑制されたというのが、一般に共通した意見だった[93]。しかし、このシンガポールを清潔にしようという努力には、もぐり娼館の問題を解決するだけの力はなかった。まだ、何十という売春宿となっていたホテルや下宿屋が存在する通りが残っており、なじみ客や中国人労働者は、夜間外出禁止令にもめげず娼館通いを続けた。それに関連して、性病撲滅も難しい問題として残った。シンガポール社会には、今回の措置はまたもや強力な社会改革派のロビー活動にそって押しつけられたものであり、必ずしも弱腰のイギリス政府の意志ではなかったという認識があった。一九三〇年以降に、イギリスの熱烈な運動家によってシンガポールに押しつけられた硬直的な買売春抑制キャンペーンは、マレー街やスミス街が紅灯街として悪名高かったころよりも、いくつかの点で状況をより悪化させた。娼館は閉鎖されたが、シンガポールのある高名な弁護士が言ったように「人の性情は閉鎖できない」[94]。ディケンズの小説に出てくるような貧相な小部屋から、住宅地の広いコロニアル風バンガローにいたるまで、もぐり売春宿はなお市内の方々にあった。西洋人の夜の女性がオーストラリア人やアメリカ人を加えてむしろ増えており、かの女らは夜ごとの「人力車パレード」で客を拾ったり、女性ひとりで住むアパートに客を迎えたりしていた。これらは、娼館閉鎖政策の失敗のしるしとみられた。第二次世界大戦にいたるまでのあいだ、買売春を管理下におく機会を封じられたシンガポールの不運な結末は、高名な弁護士ローランド・ブラッデル卿の執筆になる、この都市についての重要な著書ではっきり言及されている。

結果的に生まれたのは、もぐりの買売春、性病の蔓延、人生の破滅、健康の破壊などであり、これが道徳運動の高価な代償となった。恐ろしいミスがなされたわけであり、いまこそ現地の状況を正しく認識できる、われらが医師、警察幹部、政治家に仕事を任せるべきだときがきた。一九三二年の市の保健局長の梅毒にかんする報告は、実に寒心に耐えないものであり、長年住んでいる医師な

ら誰でも、どうしてこんなことになったのかを知っている。(95)

かれは、イギリスの政治世界で権力、地位を守ってゆくためには、植民地省が「上手に立ちまわる」ことを知っていた。植民地省は、シンガポールが一九二三年に提出した勧告をとりあげる決断の機会を拒否したのだ。それは植民地省が、やっかいな選挙民を刺激したり、婉曲にシンガポールの「社会衛生」とよばれるものをめぐってかれらが政府に対しておこなった熱心な抗議に立ち向かうことを恐れたからであった。

大恐慌が深刻化するにつれ、レストラン、下宿屋、マッサージ、ダンス学校などを装ったもぐりの売春宿には、おびただしいパートタイムの売春婦や袖ひきがみられるようになった。(96)一九三〇年代はじめには、街の多くの場所、とくに公園や遊歩道は、かの女らの宣伝の場となった。道で客を拾う女性たちは、安下宿屋、クラブ、ホテル、個人のアパートなどを根城にして営業した。シンガポール政府は、すでに性病抑制のためにできるだけのことをし、力尽きていたので、街娼禁止や外国人娼婦、周旋屋の市外追放処置の励行などの一時しのぎ的な処置をとる程度であった。一九二七年の娼館閉鎖は致命的な失敗だった。これ以後、娼婦たちは、おおむね個人的にひそかに営業するようになり、性病は中国人社会のあいだで猛威をふるい、それはシンガポールが「日本の侵攻によって」陥落する前夜まで続いた。

第Ⅱ部　阿姑とからゆきさん——その生活

第8章　農村の困窮

　中国と日本での家父長制は、長男の相続によって維持され、性別と年齢といった父系原理にもとづく家族ヒエラルヒーのなかで、婦女子の権利を従属的なものにしていた。(1)父・夫・兄弟は、妻や娘を、投資または交換のためのモノとする権力をふるってきた。経済的危機や自然災害による飢饉に見舞われたとき、実の家族から引き離され売られてゆくのは、中国や日本の娘の宿命であった。

　女性を売ることを正当化する道徳観は、孝行という包括的な定義にもとづいていた。これは、家庭内の社会関係を支配している伝統的な妥当性や、賃金労働という従来の概念を、はるかに超えるものだった。この原理が、男系の継続や父親の権威のために使われ、父親による家庭経済の管理などを維持するために、規律、服従、義務、自己犠牲(2)が持ち出され、孝行な娘なら身を売ってでも家族を助ける責任がある、と家族は娘を説得したのだった。いったん孝行の重要性が一家の存亡や労働の場という経済的危急に向けられると、少女の未来は犠牲にされた。従順な若い女性はこのエトス（社会気風）を受け入れ、家という苛酷な運命の制約のなかに自らをまともに置くことになった。

　農民がきわめて小さな土地しか保有していなかったこと、これが一九世紀末の中国と日本の農業の特徴であった。保有農地の規模が、効率的な耕作や利益、ひいては農民世帯の収入や生活水準を左右していた。東南中国で農家の平均農地は一・四一七五ヘクタールだったが、ほとんどの郡部で、農家の多くは平均以下の規模のため自給もままならない生産状況であった。(3)日本の農家はさらに小規模で、五ヘクタール（一町）を保有するものは二パーセント以下、一九四〇年以前は、農家の大部分は一ヘクタール以下の農地を耕していたにすぎなかった。(4) 重労働と貧困が、こうした狭い土地を耕作する農家や小作農民の生活を特徴づけていた。

中国と日本の農村女性は、まず母親として位置づけられたにもかかわらず、農業労働者として田畑で働き続けた。ただし小作農としてであり、必ずしも自分の土地で働いたのではない。農家の娘の大多数は、貧しい農家から同じく貧しい農家に嫁いだ。めったに村を出ることもなく、農家の妻たちは、料理、裁縫、畳［むしろ］編みなどの家事や農作業に明け暮れた。広東や九州の農家出身の婦女子は、絶望的な貧しさからくる荒廃をきわめた田舎の環境で育ち、男性と同じように働くことを期待されていた。妻や娘は土地を耕し、薪を拾い、屎尿を集め、水を運び、家禽や動物の面倒をみた。村の生活は、容赦なく厳しかった。畑仕事はつらく、単調で喜びがないばかりか、果てしなくのしかかる肉体労働で、かの女らはいつも疲労困憊していた。ある年配の日本女性は、自分の若いころの苛酷に続いた畑仕事を「必死で生計をたてている家族のために働くのは、そりゃたいへんなことだった。とにかく仕事がきつかった。足が棒のようになって、手洗いでしゃがむにも難儀した」と述懐した。(5) 一八八八［一八八〇］年に諏訪［河合角川］に生まれた別の老女は、一九世紀末の飛騨の山村で、典型的な農家の少女の生活はどんなものだったかをこう語っている。

　ワシは百姓がいそがしくって、ついに糸ひきに出してもらえなかった。仲間のいない村で山に小屋をかけナギ畑をつくり、そこで、ヒエ、アワをとった。……米一俵とうどん粉一箱を背負って雪の深い山道を二里も登ったこともある。ナギ畑への道は雪が腰までもあった。いつも男六人と一緒に働きながら六人の子供を育てた。(6)

東南中国（地図3）の村娘の多くもまた、骨身を惜しまず働くようしつけられていた。しかも、伝統によって家族のなかでもっとも恵まれない立場で。

中国では農家の成功は、土地の保有ではなく土地の良し悪しにかかっていた。自作農か小作農かよりも重要だったのは、自分たちが実際に耕す農地がどれだけ収穫をあげるかであった。東南中国の家族の大きさは、しばしばその農家の生産性と比例しており、広東と福建では五人家族が平均値であった。(7) 山西のことわざが、耕地とそれが養いうる一家の員数との直接の関係を示している。

　五人家族を養うためなら
　百姓は蟻のように働く

地図3　東南中国の広東人移民地域

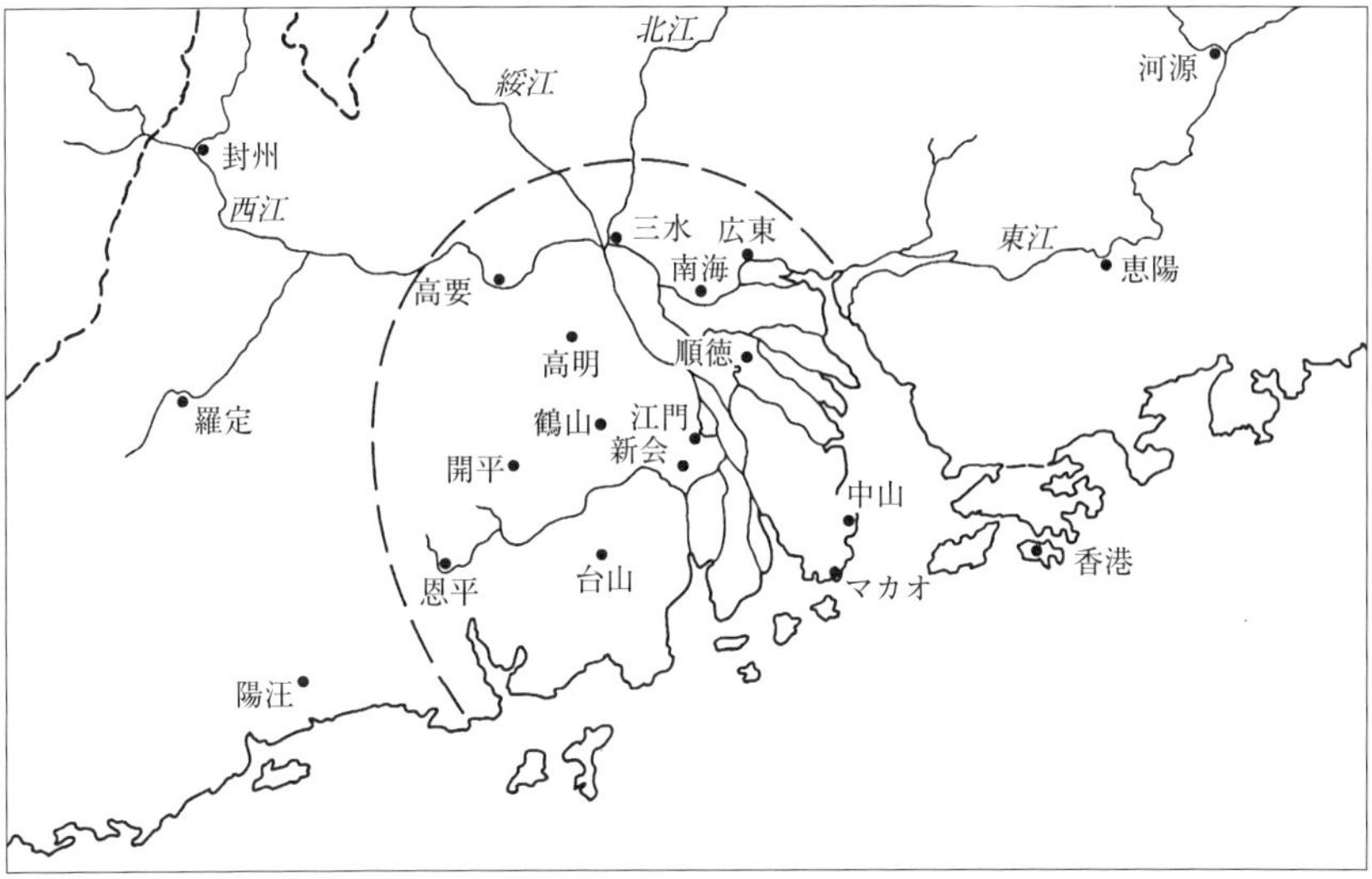

　しかし、六人家族を養うとなると
　鞭で打たれても、働こうとしない(8)

かたや南日本では、土地の保有と家族構成のあいだに明白な関係はなかった。もっとも零細な世帯や小作農一家でも、その地域の裕福な農家と員数的には変わらないことが多かった。小作農家がほとんどで、もっとも貧しい部類の農村社会である九州の北西部（地図4）では、女性は八人ほど子どもを生み、その多くは早死にした。ある老農婦は、母親の立場からつぎのように語っている。「百姓は子どもがいるの。三人じゃ足りない。最低五人は生まなきゃならない。子どもが少なすぎると農業はやれないし、多すぎると養うのがたいへん。でも、農家には少なくとも五人の働き手が入り用でした(9)」。天草諸島生まれのおサキも、山崎朋子に一九世紀末の小作農だった自分の家族について、そして父親の博打好きのため生活が破綻したことについて、詳しく語っている。

　お父っさんは山川万蔵というてな、御先祖様からずうっとこの村で百姓ばしてきとった家じゃが、むかしはどのくらいの田畑ば持っていたものかのう。うちが四つになったときに、病気で死んでしもうた……。ひどう博奕《ばくち》の好きな人で、すっかり田畑ばすってしもうて、夫婦して、分限者《ぶげんしゃ》の家の畑に日傭取《ひようと》りに出ておったと聞いたことがあるワ。

おっ母さんのほうは、サトという名でな、おんなじ村の川島ちう家から嫁入って来たもんで、……。

田畑があってさえ暮らしかねるごとあるとに、夫婦して日傭取り暮らしじゃけん、さぞきつかったことじゃったろう。なにしろ、兄《あば》さんの矢須吉、姉のヨシ、それにうちと、子どみも三人おったけんねえ。それでもお父っさんが生きとらすうちはまだ良かったばって、お父っさんが病気になって死んでしもうと、もう、どうにもこうにもやっていけん。それまで住んどった太《ふと》か家も、とうとう売ってしもうたと。家を売ってしまえば住むところはなかが、おっ母さんの兄《あば》さんがきつう妹思いのお人でな、売った家のじき近くに小《こ》まんか家ば建てて、そこへうちら一家を入れてくれた。畳が四枚敷けるかどうかの小《こ》まんか家でな、……。

それからというもん、おっ母さんは前よりいっそう日

地図4　西北九州におけるからゆきさんの出身地

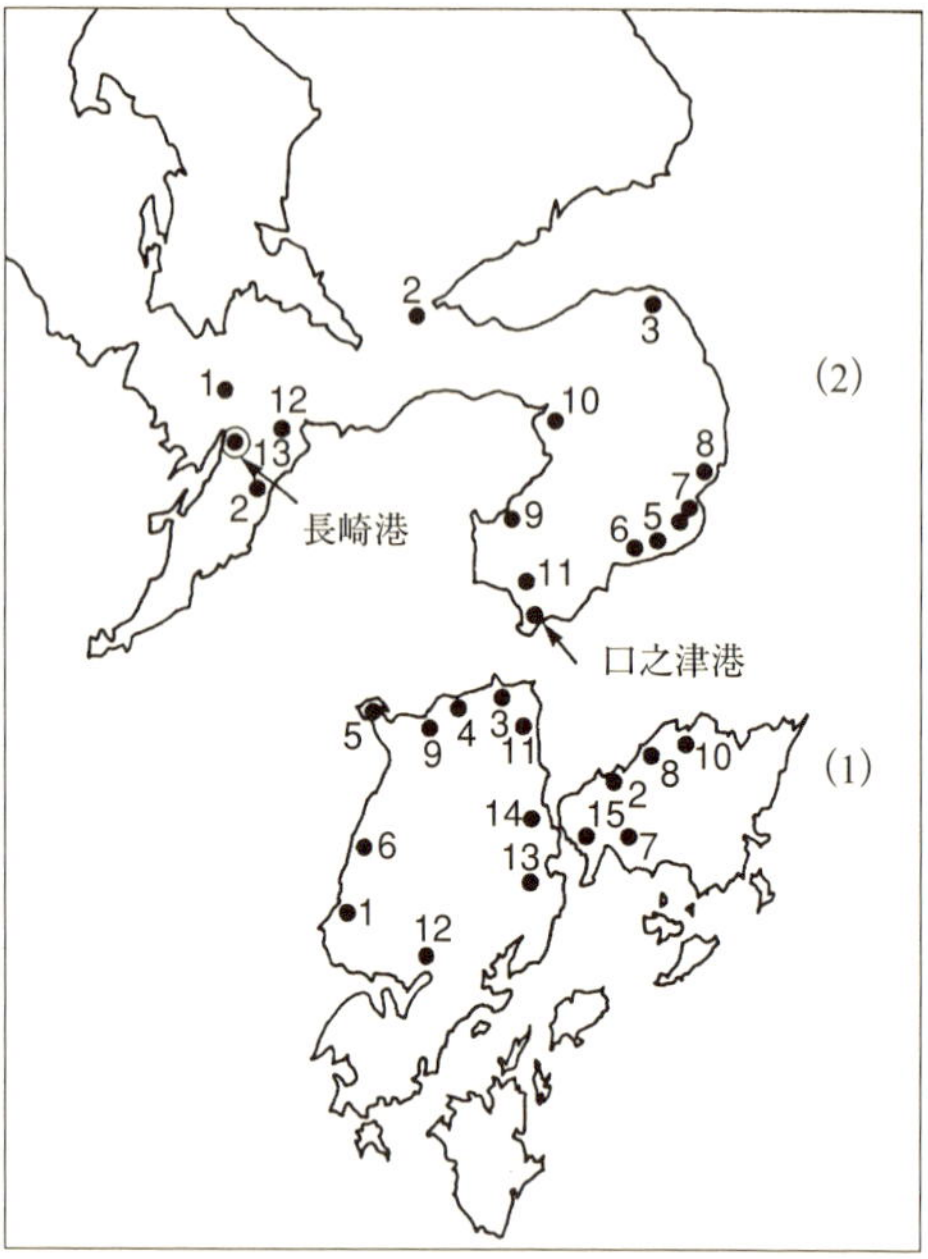

1921年に送還された女性の数

(1) 天草諸島		
1	高浜村	4
2	島子	2
3	鬼池	8
4	二江	2
5	富岡	2
6	下津深江	1
7	栖本	1
8	上津浦	2
9	坂瀬川	1
10	大浦	1
11	御領	2
12	一町田	2
13	宮地	1
14	亀場	1
15	下浦	1
不明		3
計		34

(2) 島原半島		
・西彼杵郡		
1	西浦上村	2
2	茂木	7
	不詳	3
・南高来郡		
3	土黒村	1
4	布津	1
5	南有馬	2
6	西有馬	4
7	布津	2
8	深江	2
9	串山	1
10	千々石	3
11	加津佐	1
・北高来郡		
12	諫早村	1
・長崎市		17
13	不明	1
計		48

出典：地図および数字は，JMFA, Vol. 6 より作成。

傭取り仕事に精ば出して、……。[10]

ほかのからゆきさんの記録から、貧しさは同様であるが、多くの家族の構成がもっと大きかったことがわかる。一九三〇年代に婦人評論家として活躍した山田わかは、一八七九年に貧しい家族の八人兄弟姉妹の三番目として生まれた。同じように、今村昌平の記録映画「からゆきさん」の主人公、善道キクヨは、一九〇〇年に広島の小さな村［当時、豊田郡椹梨（くわなし）村大字椋梨］で生まれた。けなげに生き抜いた部落民の娘、キクヨは八人の兄弟姉妹の末っ子で、おサキ同様に四歳で父を失った。一九七〇年代のはじめ、マレーシア、スランゴール州の老人ホームに住んでいた川本ハルは、半世紀以上も前の子ども時代のことを語れるほど日本語をまだ覚えていた。かの女は一八八〇年代なかばに天草のイチダ町［一町田］の貧農に生まれ、全部で八人の兄弟姉妹がいたという。[11] ときには、家族の急な必要から、少女が日本に帰るよう助言されることもあった。神奈川県住吉村出身のオヤマ・おチヨ（Oyama-Ochiyo）姉さんこと、カワダ・ハルは、一九〇五年、在シンガポール日本領事との面談で、家族についてつぎのように述べている。かの女のほかに五人の兄弟姉妹がいた。

本名は、カワダ・おチヨです。若いころ、おスエとよばれていました。一番上の兄はスズタロウ、弟はゲンジロウといいます。ほかにふたりの兄と姉がいます。わたしは九カ月目で生まれました。兄は紙職人で、父はお菓子屋に雇われていました。母の名前はアオヤマ・おクニ（Ah-Oyama Okuni）、父の名前はカワダ・ハキド（Kawada Hakido）です。わたしが日本を出たのは一六歳のときで……。姉は、おトミといいます。わたしが日本を出たころは、両親も生きていました。[12]

一九世紀末の当時、飢えもまた、中国での売春の根本原因で、これは日本も例外ではなかった。広東や福建の零細農業地域では貧しさが極まり、多くの家族は生きるか死ぬかの瀬戸際にいた。老シンガポール人のホ・ユウクンは、福建省のチュアン川岸辺の村の、それももっとも貧しい部類の家の出である。母親はすでに子どもふたりを売っていたが、ユウクンのほかにまだ四人の幼児を抱えていた。ユウクンは、かの女の子ども時代の、決まりきった貧弱な食生活をこう語った。

故郷の村は、そりゃあ貧乏でした。川岸は土がぜんぜんない岩の丘だったから、なにかを植えることもできませんでした。だから、わたしらの主食は瓜でした。瓜のお粥でないときは、瓜のスープ。たまに、落花生を二〜三個加えるくらいでした。「花粥」も食べましたよ……。米が充分になかったから、瓜のお粥に米粒が浮いて花びらのように見えたんです。そのころは、まともな米のごはんが何カ月先に食べられるのかだれにもわからないまま待つだけでした(13)。

農家の娘たちは、およそ人間的な優しさや慰めを受けることのない生活に耐え、がまんできないほどの大所帯で、ひしめきあって暮らしていた。教育も受けず、ろくな食べ物もなしに、一日じゅう、戸外で限界を超える重労働を強いられていた。九州の農村出身の紡績工が、典型的な食事の思い出をこう語った――「いちばん嬉しいのは、食べたいものを全部食べられること。故郷では、サツマイモと木の実をこねたものをよく食べていました。それと白いごはんではなく、大麦をまぜた玄米。うちでは、魚は年に一回、正月に食べるだけでした(14)」。

若い娘が外国で娼婦になる気になったのは、そして親や後見人がそれに同意したのは、たいていの場合、米の粥、野菜、漬物を日々食べることさえ不自由だった結果にほかならなかった。シンガポール、そして東ボルネオのサンダカンでからゆきさん生活を送ったおサキは、幼いころのつらい生活をこう回顧した――「朝から水ばっかり飲んでおって、昼になっても、それから日が落ちて晩になっても、唐芋《からいも》のしっぽひとすじ口にはいらんこともあった。おとなになってもそうじゃが、おまえ、食いざかりの小《こ》まんか子の口に一日なにもはいらんちうのは、そりゃ可哀《むぞ》げなもんじゃぞ(15)」。寡婦になった母親が子だくさんの男と再婚して去ったとき、おサキは七歳で、おサキと兄と姉は、飢えと背中あわせの絶望的な自活を強いられた。

冬になるとしゃが、麦櫃《しねびつ》も芋の桶もからっぽになって、麦のお粥さんどころか芋の汁さえ啜《すす》れん日がつづいたとじゃもね。前の太か家と違《ちご》うて、こんどの小《こ》まんか家は畳ちゅうもんが無かったけん、山で枯れ枝拾うてきて火だけは焚いたが、兄妹《きょうだい》三人空き腹ばかかえて板敷に座っとると、頭に浮かんでくるとは食いもんのことばかりだったぞい(16)。

一九世紀後半の東南中国と西南日本の歴史をみるとき、膨張する人口、極端な貧しさ、農民家族の栄養不良、生存ぎりぎりの暮らし、そして自然災害の繰り返しと、そのひどさには暗澹とせざるをえない。自然災害は、ただでさえ貧しい農民を絶望と飢餓におしやった。飢饉が多発した地域では、「食べられさえすれば、なんでもいい」[17]というのが、お腹をすかした少女たちの口癖だった。成長なかばの時期に、かの女らは食べられる根っこや草を探して野辺を歩きまわり、旱魃や飢饉のたびに、若くして死んでいった。そうした絶望的状態が続くと適者生存の法則が働き、どの農民一家でも弱いメンバーは長く生きることはできなかった。

東南中国でも洪水、旱魃、蝗禍による深刻で慢性的な食糧不足があったものの、広東と福建の飢餓は、日本の南西部や東北各県における飢饉とは別種のものだった[18]。一八七〇年から一九三七年のあいだに、中国では六回の長い潰滅的な飢饉があり、何百万人もが死亡し、婦女子が荒れ果てた村から町や港に流れ込んだ。地域特有の水不足、鉄砲水、人口増加などによる極貧と飢えのサイクルが、さらに頻繁に起こるようになり、しかもいっこうに止まなかった。中国の一部地域、とくに江蘇省の北西部では、周期的に運河や堀が氾濫するか、あるいは乾期が長引くかして、広い地域で食糧不足になった。

日本では一九三四年の飢饉が、近代日本史上未曾有の大厄災となった。岩手県では五〇万人以上が餓死、子どもの死亡率は劇的に上昇した[19]。政府が被災者に充分な食糧を供給できなかったため、死者数および栄養失調の娘の売買は驚くべき数にのぼった。この悲劇がもたらした社会的衝撃は、当時、日本の政治指導者に理解されていなかったが、北海道の農家の娘の日記に記録されている。かの女は一九三〇年代なかばまで農村部をおおっていた貧困の深刻さと、飢饉が発生するたびに少女売買が繰り返されたことを書き記した。

昼、家族六人と叔母さんで、白米でできたお粥を食べた。それぞれ茶碗一杯半食べた。午後、父さんと、苗を植えたばかりの田んぼの見まわりにいった。「おヤス、どう思うかね。うちは今年も肥料を充分にやることができなかったから、たぶん四～五俵以上の収穫はできまい」と、水田に目をこらして、父さんがため息まじりに言った。両親は、母さんがわたしの嫁入り支度に縫いためてくれた着物を二～三枚売らねばならないだろう。それでもたいしたお金にはならない。涙が頬を伝うのがわかった。田んぼから帰る途中、わたしは脱穀場の親方に出会った。駄菓子屋のおイトちゃんが東京のテラジマというところに売られた、と親方が言った。これで、今年になって売られた娘は四人。この小さな村から、家族が生き延びるため、借金を返すために、もう四人の女の子が売られてしまった。わたしたち百姓娘にとって、つらい当たり前のことだ。[20]

一九三四年の日本の農村では、六つや七つの幼女まで含む少女の売買が、日常的に淡々とおこなわれていた。本州北西部の秋田を訪ねたジャーナリストは、都会の売春地帯への人身売買と飢饉とのつながりに容易に気づいた。その貧窮地帯における少女売買の横行ぶりは、たまたま見た人でも気づくほどで、日本でその年の最悪例のひとつに数えられたにちがいなかった。

ほかに頼みとするものがないとき、農民は娘を売る。両親は、自分たちが空腹でも娘を手放す気はない。だが、娘が「両親が苦しむのを見ていられない……」というのだ。娘は犠牲になることを、自分から言いだすのだ……。先日も、少女六人が芸者と工場の見習いになるために、タカマツの村を出たところだ。昨年来、村から二〇〇人の少女が売られたという。一一月には、さらに二〇人が売られることになっている。村役場の元事務員のふたりの娘でさえ、遊郭に売られた。村役場の人と青年団のリーダーは、村からのこうした流出を止めようと声が枯れるまで訴えるが、かれらの抗議もかいない。ある者は隣村から出る汽車に乗るため、山を越えて村をでる。それゆえ、ほかの人が知らないうちに村から売られてゆくこともままあった。娘を売っても、両親が前金として受け取るのはせいぜい一〇〇円である。[21]

広東・福建の農民や天草・島原の小作人の田畑は長年の洪水や旱魃、酷使で荒れており、これが飢饉の悪循環を生んでいた。そのような自然災害は土地への負担や農耕コストを増大させ、一九世紀末の東南中国や西南日本では、土地を失い借金をかかえる者を確実に増やした。経済的必要からやむなく多数の男女が、非農業部門での賃金労働に流れ、珠江デルタや九州の娘たちは、同時代の他地方出身の労働者とは急速に距離を隔てていった。かの女らの多くが、借金の重圧や餓死の亡霊から逃れるために、国内の新興の絹糸や紡績の工場だけでなく、東南アジアの都市や港町の娼館での仕事を求め、その数が増えていった。

一九世紀の少なくとも最後の二五年間、経済的な「必然性」から、これらの女性の流動性は地理的にも社会的にもきわめて高かった。何千という男性が仕事を求めて広く移動せざるをえず、それが女工か娼婦のどちらを選ぶにせよ、女性をあとに続かせる促進剤ともなった。これらの女性にとって、家族から離れたり、途中で命の危険を冒す動機は、人間的なもの以外のなにものでもなかった。しかも、九州の農民の娘たちは、けなげな自立心に根ざす独特の考え方をもっていた。それが、おそらく搾取されることがわかっている工場や危険な産業、海外での売春のような仕事をいとわぬ者たちが、前例のない多さで出現したことの説明となろう。明治政府が一八八〇年代に海外出稼ぎを奨励しはじめたとき、それは農村の失業を緩和し、あわせて外貨を得るための絶好の手段とみなされた。女性労働者の波が日本の大都市や、アジアのいたるところに押し寄せた。村には仕事がなく、多くの若い女性が、出てゆく機会を待っていた。どこで働くのか知らないが、経済成長中の「外」にはいつも仕事があり、賃金もいい、そう思われていた。その価値観と、家族や村を離れて外へ出てゆく伝統が、明治維新から一〇〇年以上たってもまだ残っていた。一九七〇年代に、ある年配の芸者が、自分が故郷を出たときのことや、娘たちを待つ運命について話してくれた。かの女らが外に出たのは、たんに村に居場所がないからだった。

ここには、全国から来た女の子がいます。でもいちばん多いのは九州からだと思う。いつもそうだった、実際……九州じゃ、女が家族から離れて仕事をさがす伝統があるのよ。満洲まで行った博多出身の馬賊芸者、東南アジアに行ったからゆきさんを考えてみて。九州はいつも貧しくて、女も自分でやっていかなきゃならないんです。どうせ家を離れるなら、みんななるたけ遠くへ行こうとするの。わたしも九州出身。三〇歳で、ここ熱海に来て芸者になったの。身内に芸者はひとりもいません。ここじゃ親が芸者だったという者には、たぶん会えないでしょう。そう、無知だったからこそ、来ることができたの。[22]

ほとんどの若い広東女性も、畑仕事以外にできることはなかった。絶望的な経済状態で、栄養失調だった。三水、韶州、嘉応、肇慶の娘たちは、櫛とスカーフを木綿の袋に入れると、河ジャンク船に乗るか、または長い陸路の途についた。数カ月間、かの女らは歩き、たまに牛の荷車に乗った。近くの汚い宿屋で待ち合わせ、埃っぽい道を歩き、家畜小屋や道端で寝た。旅の終点は、賑やかな港町の広東か汕頭であった。娘たちは、都会の工場、食べ物屋やお茶の屋台で働くためにやってきた。その賃金は、しばしば雀の涙ほどだった。それでも、ときに悪夢となってあらわれる過酷で非人間的な農家の暮らしと比べれば、ここの生活は必ずしも最低ではなかった。

同じように、一九世紀末に貧しい日本の農家の娘たちが毎年何千人も、東京やそのほかの大都市に女中の職を求め、あるいは本州中部や西部の絹や綿の工場での働き口を求めた。娘を年季奉公に出したり、召使として雇ってもらったりした前金で、無学で貧しい親兄弟は、借金を返したり、暮らしを改善することができた。たとえば善道キクヨの父親は、かの女がまだ四歳のときに死んだ。小学校四年生のころ、母親も死んだ。そこで、かの女は、姉のひとりがすでに働いていた岡山県の畳工場にやられた。生糸の生産は一〇年間で八倍になり、一八九四年には八〇倍、一九二七年には実に六〇〇倍に成長した(23)。二〇世紀ももうすぐというころ、毎年、飛騨から険しい野麦峠を越えていった若い女性労働者の行き先は、諏訪湖周辺の活況を呈する製糸工場や、隣接する群馬県の織物工場であった。

厳しい年季契約のもとに、労働条件はきつく危険であった。かの女らの多くは、ディケンズの小説さながらの寮の鳥籠のような部屋に住み、一日一二時間またはそれ以上の長い時間交代勤務で働かされ、賃金はだいたい一日一〇銭か二〇銭で、一八九〇年代の男性の賃金の約半分であった(24)。にもかかわらず、諏訪の元女工だった老女が、紡績工場の仕事は村での農業ほど辛くなかった、と述懐するのは珍しいことではなかった。職場での事故率は高く、病気になった者も多いのに、である(25)。製糸工場での危険な状況下でひどい扱いを受けながらも、かの女らは後悔の様子をみせなかった。姉たちに倣って雪に覆われた野麦峠を越えなかったら、村であっけなく餓死していたかもしれないのだ。

男系を尊ぶ家族制度にもとづく日本や中国の暗く貧しい状況において、女性はよそもののように片隅で暮らしていた(26)。国際連盟のファイルにある統計や簡単な記述からは、家族に食べさせるために苦闘していた農民夫婦の悲惨なくらしの詳細は、とうていつかめない。厳しい貧困や自然災害のために一家の生活基盤が崩壊しはじめると、両親や後見人は、娼婦として、召使いとして、または工場労働者として娘を売ることを選んだ。一四歳の広東人女性KYに養女として一四〇ドルで売られた。その女性が、自分をシンガポールに連れていった……。そして誰かの家に連れていかれ、KYが売春を強要した。つぎにマラッカに連れていかれ売春に従事、……またシンガポールに戻った(27)」。ロ・グエットグォは生活に行き詰まって、連れていた女児を売り、その金で生活した(28)。一八九七年にシンガポールに来たとき、商店主のティー・エンホクは、「娘」を養女にした経緯をこう説明した。

「親は厦門の住民、……わたしは中国人女性KYに養女として一四〇ドルで売られた。

死んだテオ・ガンクシオンはわたしの養女です。前は、上珍珠街《チンチュウ》(娼館)の歌手でした。わたしがよく通っていた歌廳で、かの女は一〇年前から働いていました。そのころ（一九一三年）一四歳くらいで、両親はいませんでした。中国でだれかに買われ、シンガポールに連れてこられたようです。そして歌廳の持ち主がかの女を買いました。その女は上海の出身で、中国に帰りました。わたしはその歌廳の持ち主と話をつけて、死んだ娘を養女にしたのです。(29)

三三歳の広東人娼婦ウォン・ヨンムイは、妹の出自について検視官に率直に語っており、幼女のやりとりについての厳然たる証拠を残してくれた。

写真の女性はわかります。わたしの妹で、名前はホン・ミンです。妹は福建人です。わたしは広東人です。妹は四歳のとき、わたしの母に贈りものとして貰われました。母が妹を育て、母が死んでからは、わたしが妹の面倒をみてきました。死んだ妹の両親の名前や所在は、知りません。(30)

このような望まれない娘は、地域的拡がりをもつ女性市場の一角をなし、児童やローティーンの労働権や人間そのものが日常的に売られたり交換されたりした。買った子を転売したり取引するすべての権利をもつ人買いが、とくに欲しがったのは、法的後見人のいない父なし子、つまり未亡人の子どもや父親に捨てられた家族の子どもであった。このような資料は、広東、福建、天草・島原の農家が身内の女性を売春界に売るということにたいして心に傷を受け、苦渋の選択であったことを示している。だが、出稼ぎは困窮した家族にとって重要なことであり、娘を売って得るものと失うものを考えあわせれば、中国や日本の地方の貧民が生き残るために果たした売春の役割は、充分に説明される。日々の生活は、自然と文化の葛藤の場となった。農民、土地、自然の力がせめぎあう環境のなかで、小作農民と地主のあいだの地代値上げをめぐる争いが荒れ狂っていた。しかし、もっとも悲劇的なのは、夫、兄、後見人といった男性と母や娘とのあいだの葛藤だった。飢饉に見舞われた岩手県を取材してまわったある記者は、貧しい農民が娘を苦界に売る決定をするさいに見せた現実的な態度と経済というもののおそろしい力について学んだ。

気が進まなかったが、ともあれわたしは質問した。ところで、わずかな収入のために娘さんを売る家族がありますか、と。その老人は黙ったままだった。そして、静かに頭をあげ、わたしを見つめた。しわの刻まれた顔がいろりの熱で赤黒く染まり、泣こうとしているのか笑おうとしているのかわからない表情にゆがんだ。それから、かれは言った。「あんたにこういうことがわかるかどうか知らんが、吹雪が山を襲ったら、鳥のさえずりはまったく聞こえなくなる。鳥は、丘が嵐で荒らされることを知っており、どこかに飛び去るんだ。この村の鳥も、それと同じさ……[31]」。

人買いは貧しい農村地帯をくまなくまわって、娘が多すぎて養いきれない家を選んで、ほとんど例外なく父親に買いたいと申し入れた。父親が承諾すれば、娘を女郎または女工としての年季奉公に出す見返りに、父親は人買いまたは周旋人から一時金をもらう。長野県出身の老いた元製糸工女は、父親が契約して会社から前金を受け取ったときのことを覚えていた。「父は前金二〇〇円を受け取って、わたしと妹を川岸〔長野県〕にあった工場に送り出しました。そのお金で父は家を建てました[32]」。日本や中国の貧農の娘は、一〇歳か一一歳になると売られることが稀ではなかった。一九二一年にシンガポールから日本に送還されたからゆきさんにかんする個々の事例や表8-1の統計分析から、九州北西部の親は、主として長女または末娘を売ったことがわかる。

娘を人買いに渡すことを決めるさい、親たちはふつう、切迫した事情があること、そしておそらく飢餓に直面しているほかの人たちも同じ選択をしていることを理由に、自分たちの行為を正当化しがちだった。娘を三～四人生んだある女性は、長女を娼館に売ることに決めた理由を、つぎのように説明した。

借金を返さなきゃならないし、それにひとりでも口減らししたくて、うちは長女を売りました。六年間の奉公にたいして、八〇〇円でした。その二割は仲介人にもっていかれ、支度金やなんやかやが差し引かれたから、わたしらが手にしたのは五〇〇円です。ここまでわたしらが育てたんだから、自分の娘を売るのが悪いことだとは思いません。物見遊山に行くために、売ったお金を使う人がいます。そのお金で温泉に行って楽しむ人だっている。だけど、うちは、借金を返すために売ったんです。だから、恥じることはないと思っとります[33]。

親孝行は道徳のバックボーンであり、中国や日本では最高の美徳であった。親の愛に感謝し、これに全面的に報いることを意味した。それが誇張されて、とくに日本では、親の絶対的な支配、そして子どもの無条件の服従というところまでいった。一九世紀後半、親孝行は、家族の絆を強めるというより、しばしば絶望から無責任になった親の意向を、ひいては娼館からの求人需要を支えることになった。したがって、長年遵守されてきた慣習や倫理的価値として、またシンガポールにおける売春という生活への究極の推進要因として、親孝行の概念を理解し、それがどのように日常生活として表われたかを理解することは、中国と日本の貧農の家族関係だけでなく、その社会構造一般にアプローチする鍵である。

　おサキの場合のように、若い天草女性の多くは、自分が南中国海を渡り娼館に身を売れば、両親や兄が家や土地を買ったり結婚できると思っていた。おサキの姉はすでに、村人のひとりに説得されてラングーンの娼館に住み込んでいた。その村人の姉が、娼館の経営者だった。おサキは、子ども時代の人の移動事情を、こう述懐した。

表8-1　本国に送還されたからゆきさんの家族での続柄，1921年

続柄	人数
筆頭者または世帯主	10
長女	37
二女	15
三女	9
四女	2
末女（不詳）	16
養女	3
叔母	1
妻	1
非嫡出子	1
合計	96

出典：日本外務省外交史料館文書4.2.2.27，第5巻は，Sone, ‘The Karayuki-san of Asia, 1868–1938: The Role of Prostitutes Overseas in Japanese Economic and Social Development’, M.Phil. diss., Murdoch University, Murdoch, Western Australia, 1990, p. 260所収。

　今度のいくさの終わったあとは、もう、どこのおなごも南洋さにゃ行かんが、うちが小まんかときはな、あすこの家からもここの家からも出かけたもんぞ。ふた親のおらんうちらの家ばかりではなか。うちと同じ頃に外国さん行った者《もん》は、この小《こ》まんか村内《むらうち》だけでも、二十人の上もおるわい。

……

　うちが外国へ行くことになったのはな、ちょうど十《とう》になった年じゃ。うちら子どみばっかしで借り畑して暮らしておっても、一向にどうもならん。矢須吉兄《やすきちあば》さんもだんだん若い衆《し》になったばって、一枚の田畑も持たん男は一人前にあつかわれんし、嫁ごの来手《きて》も無か。……うちは、心から何とかして兄さんを男にしてやらんばいかんと思うとった。となり近所の姉《あね》さんたちが、大金もろうて外国へ行きよるとば見ておって、子どみ心にも、おなごが外国さん行けば、兄《あば》さんは田畑ば買うて、太《ふと》か家ば建てて、良か嫁ごば貰うて立派に男になれると思うてな、

じゃけん、うちが外国さん行くことにしたとよ。[34]

さらにこの老いた元娼婦は、自分にかわって、兄がどんなふうに自分の三〇〇円の売買交渉をすすめたのかを、山崎に語った。からゆきさんの多くが、似たような経験をもっていた。

崎津から大江ば回ってもっと西へ行くとな、高浜というところがある。その高浜から南洋へ行って成功しとる親方に、由中太郎造《よしなか》どんいうのがおっての、その親方がある晩うちらの家にやって来たと。親方と兄《あば》さんといろり端へ座りこうで、長か夜の更《ふ》けるのもかまわんで話ばしておったたい。そっで、ようよう話しがまとまって、……。[35]

皮肉にも、親への愛と絶対的服従という価値観の誇張が、姉娘と親または後見人との絆を引き裂くことになった。多くの場合、未婚の娘は年長者の願いにあまりに密着し同化していたので、どんなに辛くとも孝行第一と思い、売られてゆくことを受け入れた。そうした取引はしばしば一時的なものではなかったので、家族という構造や精神的絆を壊されて売られてゆくとき、かの女らの自我および個人という観念が傷つけられる可能性は大きかった。それは、若い娘に消えることのないトラウマを残すことになった。無心で純真であるべき子ども時代に、自分の名前、家族、ひいては将来の自己確立の源を失った女性たちは、シンガポールの人身売買と娼館売春のるつぼのなかで辛酸をなめつくして大人になり、根深い悲哀感を身につけていた。過去および両親とのつながりは、全面的に断ち切られていった。あるシンガポール人女性は、稀な自伝的スケッチのなかで、南中国での子ども時代に味わった絶望と見捨てられた寂しさについて、つぎのように述べている。

わたしの場合、引き渡しは、人買いを通じての間接的なものでした。女の子たちは、貧乏な両親あるいはなにかの理由で女の子を追い払いたかった人から、人買いに渡されてました。……汕頭を出ることが決まり、一緒に住んでいた家族にさよならを言ってから、汽車に乗りました。わたしたちは近くの町に行って、わたしは面倒を見てくれる人と一緒にそこに残り、両親はわたしの継父の家に戻ることになる、と言われました。その旅行は、わたしにはたいへんすぎると思われたのです。……事実、その前の旅はもっとひどいものでした。両親は三カ月《ママ》たったら、わたしを迎えにくると言いました。はじめ、わたしはそれを受け入れましたが、よく考えると母がいない三カ月なんて耐えられない気がしました。それで、わたしは嫌だと言って抵抗しましたが、両親には勝てませんでした。わたしたちはある金持ちの大きな家にいって、二～三日そこに泊まりました。そして、あの朝がきました。一生忘れないだろうあの朝、母が二五セントくれて、いい子にしてなさい、すぐ迎えに来るから、と約束してくれました。わたしは継父と母について戸口と中庭を横切りました。それから、泣きながら、ふたりを見送りました、だんだん姿が小さくなって遂に見えなくなりました。ふたりを見たのは、それが最後です。[36]

第9章　人身売買

　阿姑やからゆきさんの運命を直接左右したのは、娼館に売るためにかの女らを勧誘あるいは誘拐した男女の人身売買業者であった。女性たちの人生は、人買いの活動と密接につながっていたはずだが、シンガポールの娼館売春の歴史学的・社会学的な文献は、女性の調達についてほとんど記述していない。これらの周旋屋は、中国人や日本人婦女子の売買だけを収入源とし、社会の影でうごめく存在として、港湾都市と農村のあいだを往復し、香港やシンガポールまでやってきた。世間や人目をはばかる仕事をし、定職もなく暗黒街を漂うというかれらの行動パターンが、周旋屋の生活や仕事の実態を調べようという歴史家の試みを難しいものにした(1)。

　多くの人買いの人生も、阿姑やからゆきさんの人生に似て、しばしばひどい貧困からはじまっている。人買いの手先や自ら人買いをした日本人男性の大半が、田舎出身で、たいていは家族もお金も仕事も資格もなく、貧しい農家の二、三男坊で、故郷での安定した将来は望めなかった。あるいは、食い詰めた船乗りや元囚人、犯罪者は、海外で運試しでもするしかなかった(2)。人買いの手先は、下等な仕事だが実入りがよく、長崎県や熊本県で安い賃金しか得られない小作人として重労働するよりはるかにましだった。その一群に、前科者、逮捕寸前に日本から逃げ出した男たちも加わった。こうして一九世紀末、貧困から脱出するために仕事を得て、よい生活をと夢見る九州の女性たちを餌食にして、シンガポール向け人身売買が加速された。

　一八九〇年に村岡伊平治は、何十人もの食いつめて自暴自棄になった博徒、盗人、すり、婦女暴行者、横領犯などを手先として抱えこんで、娼館をもち、大きな女性周旋組織とネットワークを作った。かれらは社会に蔓延していた困窮に乗じ、時代の風潮を利用して自らの貪欲さを満たそうとした。一八八〇年代後半に、香港と上海で運に見放された村岡は、廈門で中国人の海賊と漁師を相手に働いていた五〇〇人を超える日本人娼婦と出会った。村岡は憤激して、かの女らを解放しようと決心した。事実、かれの助力で女性五〇〇人が自由の身になった。しかし、自由になったかの女らを養わねばならないことに気がつくと、かの女らを香港、トンキン、シンガポールに売る前に、自分の経営する娼館でましな条件で働かせた。その後シンガポールに移住し、日本国と明治天皇のためというあやしげな愛国心から、あるいはそう信じているふりをして、かれは東南アジアじゅうに日本人娼館を拡大するのが義務であると確信した。

村岡は、手下に天皇崇拝のあれこれを教え込み、天皇を国家・経済発展・権威ある政治の象徴とみなした九州風の尊皇神話をぶった。時流に乗った宣伝によれば女衒――そしてからゆきさん――も、日本人兵士や水夫と同じように、天皇の意志を挺しており、その心意気は、村岡の同輩やほかの帝国臣民の願いと同じであった。村岡は、周旋屋の一団をシンガポールから日本に派遣して、成長を続けるかれの売春帝国に配備するために少女を誘拐させた。その利己的な貪欲さと行動さえ、現人神である天皇への忠誠心にもとづく行為として正当化した。かれは、手下への「激励訓話」のなかで、娼館とからゆきさんは日本の礎であり、天皇の先兵で、後に続く商人や兵隊がシンガポールのような場所に進出するのを助ける、と繰り返し述べた。

ただ〳〵皆さんが、日本国民として生まれながら国家に仇をし、国民性を失い、身を持ち崩して、尊い先祖の墓に足を踏むことさいでけん身のありさまを不憫に思い、あなた方を国民の一人として、国家百年の事業にたずさわらせ、……。……拙者より一人につき百円か二百円の金を与え、二、三ヵ月の後には四、五千円の資産をきずかせ、数年のうちには国元に錦を飾り、また当地で生業に努め、国産品の輸入をしたり、めいめい随意に事業ができるようにしてあげます。それまでは拙者十二分の保護をいたします。そのためにはもう一度国法を破り、罪《ざい》を重ねる必要があります。お分りの方は手を挙げてください。お分りない方には改めて説明いたします。そこで皆さん、天皇陛下に御託を致し、われら国民の一人として、今日より改まるように、八百万《やおよろず》の神に祈るわけであります。(3)

この「最後の罪」とは、天草と島原の女性を誘拐して、からゆきさんにすることだった。明治政府は、このような搾取行為を取り締まる意志がないどころか、下層庶民の日本女性を、工場での低賃金労働者や海外娼婦として、帝国主義的拡大と西洋の高度資本主義に追いつくために利用しようとした。

この商売の非情さ、手口の安易さ、村岡のような女衒の行動半径と組織(真の動機は人身売買による自己の利益であり、友愛的なものはなにもなく、根元的な人間の欲望を利用した冷酷な組織)については、大物の人身売買業者が当局に逮捕されたさいに、九州の新聞紙上でときどき暴露された。一九〇七年の『福岡日日新聞』は、日本と東南アジア間の人身売買と、娼館業の大物だった多田亀吉の記事を掲載した。一八七〇年に神戸で生まれた多田は、長崎でマニラ行き汽船に女性八人を乗せて密航させたが、そのなかのひとりを惨殺したかどで逮捕・起訴された。取り調べと裁判の過程で、かれの配下にある二八〇人を超える集団が、長崎、門司、神戸、香港とシンガポールで暗躍している事実が公けになった。(4) その二年後、もうひとりの「成功した」女衒だった松尾嘉四郎も、商売仇をジャワで殺害して長崎で逮捕された。一八六八年、明治維新の年に長崎で生まれた松尾は、一八八〇年代後半に、日本、朝鮮、中国を股にかけた女衒稼業に入った。軍国主義と帝国主義の拡張の波に乗って、すぐに組織は膨張し、利益は増大した。目先のきく松尾は、日清戦争が終わると、子分と女性五六人を連れて台湾に渡り、そこで南中国海を南北につなぐ独自の組織網を築いた。長崎－朝鮮－上海－台湾－香港のルートである。一八九九年、かれは拠点を台湾から香港に移したが、その目的は、東南アジアに日本人女性の新市場を開拓することであった。松尾は、長崎、上海、香港、ハイフォン、マニラ、シンガポールおよびラングーンの諸港を包含する航路に沿って、その組織を西はビルマまで拡張した。(5)

興味深いことに、一九〇三年シンガポールの検屍法廷に持ち込まれた殺人事件は、多田亀吉、松尾嘉四郎のような女衒の手先たちが、カモフラージュのためにどんな職業を使ったかを教えてくれる。シンガポールに七年いたマツシタ・リオサクは、住居がマラバル街三六番にあり、表向きは菓子職人だった。かれはまたノース・ブリッジ路で骨董店を経営していた。マラバル街の家は借家で、二階を付近で「娼館を営む女性たち」に又貸ししていた。マツシタは人身売買に関係していないと主張したが、検視官への供述書の「商品」は周旋業界の隠語で、実際には日本人女性のことであった。

五月一四日の午後四時ごろ、わたしがマラバル街三六番の店にいたとき、被告人セキ・コウタがやってきて、かれから買いつけた商品の未払い分を要求しました……。わたしの計算では、残額は五〇〇ドルほどでしたが、囚人《［ママ］》は五五〇ドルを要求しました。この差額五〇ドルについては、それまでに何度も言い争いをしていたのです[6]。

マラバル街二〇番にある娼館主おマサ（Omassa）は、マツシタの家で二〇歳の日本男性ユクヲ（Yu Ku Wo）がナイフで襲われたのを目撃した。かの女は、被疑者に引き会わされて加害者と確認した。平然と交わされた異常な会話から、女性の取引、現金の動き、突然の暴力による死などがみてとれる。

おマサ：あたしは死んだユクヲを知っています。マラバル街三六番で、かれが昨日の午後四時から四時半のあいだくらいに、このセキ・コウタという囚人に刺されたのを見ました。

セキ・コウタ：お前は、マラバル街二〇番の娼館の女将じゃないのか。あの娼館の持ち主は、マツシタなんだろう。

おマサ：いいえ、あれはあたしのみせで、マツシタにはなんの関係もないわ！

セキ・コウタ：娼館の売上げ金を、おまえが毎朝マツシタに届けるんじゃないのか。

おマサ：とんでもない！

ブラス・バサー路にある日本人下宿に住んでいた独身女性おカマは、マツシタの妻だと名乗った。おマサと違い、おカマは、マツシタは菓子を売って生計をたてていた、とそれほど強く主張していない。「わたしはセキ・コウタさんを一月から知っているだけで、一～二度しか会っていません。夫とセキさんが、日本から女の子を連れてくる取引にかかわっていたかどうかは知りません」。

女性、とくに東南中国の女性たちには、農民の親や都市貧民から子どもを買ったり売ったりする周旋や仲介を職業とする者がいた。阿姑出身者は、ふつう大班婆《タイパンポー》、お針子、路上の物売り、亀婆《グワイポー》で生計をたて、かたわら周旋業で稼いでいた。娼婦をやめたこれらの老女たちは、収入を得るために、若い女性たちを食い物にした[7]。元からゆきさんが、女街に転じた例もある。しかし、かの女らは、広東や福建の女性のように、必ずしも年をとっていなかった。熊本出身の二三歳の後藤ミユキは、一九〇九年の数日間、警察に監視されていた。九州各地の旅館での行状に、不審なものがあったからである。当局の疑いは的中した。元からゆきさんだったかの女は、日本から女性を密輸出する取引に加担してすばやく儲けようと、出身地の女性たちに近づいていた。一九〇〇年にかの女自身が、わずか一四歳で、周旋屋によってシンガポール経由でインドの娼館に売られたことを思えば、皮肉ではあるが、意外ではない。生きてゆく選択として、自分が周旋に実践的に関与することで、かの女の人生は完全に一巡したことになる。かの女は、自分のからだを商品とし、家族や国からは商品として扱われる、という多くの九州女性が海外で経験した仕事を九年間つとめて、資本金二〇〇〇円を日本に持ち帰ったばかりだった(8)。同様に、香港の日本料理屋の女将、横山キクノは、少女たちを植民地［香港］に連れてゆき、売春させようとしたかどで長崎警察により起訴された(9)。

ときおり、外国人家族の遺産を得たからゆきさんが、ダイヤやルビーの指輪をつけて、村に帰ることがあった。その日暮らしに追われる村人はそれを見て、海外でよい生活ができるという期待や希望で興奮したものだった。これらの女性は娘たちの興味を刺激し、何人かの少女は、九州地方の女性たちの経済的または社会的な状態を改善するのに、娼婦はひとつの生き方だと信じるにいたった。しかし、女周旋人たちは、娘を売る決心をした家族とは、残酷なほど事務的に取引した。

周旋人や女衒たちは、貧しい農家の無学な、外国事情にまったく疎い娘を選ぶという手口を用いた。村岡は、中等教育を受けていたり、親がいくらかでも資産をもっている娘は避けよ、と手下の無頼一団に具体的に指示していた(10)。人身売買業の観点から、少女たちの交換価値は、出身地、経済事情、売買春の市場で決まっていた。

周旋人たちは、農家の無邪気な娘たちを売春に誘い込むために、いろいろの計略をめぐらせた。シンガポールやほかの東南アジアのモンスーン地帯の都市では、道路、鉄道の建設、積み荷の揚げ降ろし、工場内作業などに従事するクーリーがあふれ、中国人・日本人娼婦にたいする需要の伸びは、周旋屋の人身売買を活発にした。かれらはまた、労働者周旋という一面をもっていた(11)。故郷の人脈を利用し、崩壊寸前の家計に乗じて、人買い商人たちは言葉巧みに外地での働き口を触れまわった。生き抜くための金銭上の利点が力説されたので、広東や九州の少女たちにとって、シンガポールのような都市の魅力は強烈だった。そして、行き先が遠いほど、周旋屋の描くメイド、ウエイトレス、店員という仕事は、より魅力的になり説得力があった(12)。もし若い娘たちが人身売買や娼館売春の現実を、出発前に少しでも知っていたら、東南アジアにそれほど惹かれることはなかっただろう。しかし、シンガポールという約束された都市への信仰に近い憧れが、海外で仕事をする夢をかきたてた。あるいは、広東や九州の農民は、その地の歴史に根ざす移民本能によって外地に引きつけられたのかもしれない。女性たちは、金の心配のない家族の生活のために、すすんで新しい場所で新しい仕事をしようとした。

　ある天草出身の老女は、一八九〇年代に行商人を装った女衒がやってきて、九州の遥かかなたの「夢の地」を村娘のかの女にどのように描写したかを語っている。

> わたしは天草の農家の娘です。一八八九年か九〇年ごろ、口のうまい男が島に来ました。長崎で加工された海産物を売りにきたんですが、通りでよく外国についておもしろい話をしました。ウラジオストクの近くでは鮭が豊富で、子どもたちが舟で遊んでいると、鮭は舟に飛び込んでくる。東南アジアの海岸では、子どもたちは真珠やさんごで遊んでいる。アメリカの川岸では、金塊がころがっている、って具合にね。祖母の家でかれのそばに近づくと、かれは長崎に遊びにいこうと強くわたしを誘いました。家から長崎までの距離は、目と鼻の先。小舟で一時間たらずだったし、月明かりの夜、わたしはかれと小舟に乗りました。(13)

野中ツルはシンガポールで歓迎を受けた。そこでの日本人娼婦にたいする需要は、ヨーロッパ人だけでなく、中国人やマレー人のあいだでもあった。福江島〔長崎県〕出身のほかの少女のように、ツルは当時九州の若者を満洲・朝鮮・東南アジアに駆り立てたのと同じ冒険的開拓精神の持ち主だった。インタビュー当時九〇歳近くだったかの女は、おぼろげになった日本語に、流暢なマレー語をまじえて、六人兄妹（女五人、男一人）のひとりだったかの女が勧誘人の勧めで、一七歳のとき家族と村を捨ててシンガポールにやってきた経緯を、山崎に語った。

> それはある春の日のことで、背の高い中年の女が娘たちの集っているところへ現われて、「シンガポールというところへ行くとゴム園があって、そこで働くと、日本では考えられないような高い給金がもらえる」と話したのだという。九州のはての島育ちで、常に島の外にこそしあわせがあるように感じていた娘たちは……。ツルさんのほかにもうひとり、村の医者の娘とがシンガポールのゴム園へ行くことにしたのであった。

ツルさんがその旨を話すと、父親は一所懸命止めにかかった。……しかしツルさんたちは、勧誘人が女であることに安心し、……。[14]

川本ハルもまた、シンガポールに渡った日本人女性の群れのひとりだった。家と土地を買えるくらいの大金を稼げる、という誇大宣伝にだまされたのだ。「シンガポールへ行ったらなァ、宿屋で働いて高い月給くれるということを聞いて、それでやって来ましたです。……〔周旋屋は〕わたしのところの者でないです。どこかよその者《もん》です」[15]。一九〇四年、ミナミ・ハルも、ある旅館で働けばそうとうな給金がもらえるという話に飛びついた。天草の若い女性は、銭湯で年配の女性に声をかけられ、もしバーの女給として働けば六円五〇銭もらえると言われた。

当時は米が一升十銭、女で月に一円稼ぐのは容易でなかった。父は日雇。五人の子供をかかえての暮しに、六円五十銭の支度金は大金であった。港の宿屋に行くと、黒マントの紳士がいた。……その夜、小舟で口ノ津に渡った。口ノ津で外国船に乗りかえ、船倉に追いこまれた。そこには同じ年ごろの娘が二十人ばかりいた。食事は一日にコッペパン一つ。シンガポールまで二十九日かかった。[16]

南中国海と日本海は、千年も昔から、中国と東南アジア間の、あるいは日本とアジア大陸間のヒトやモノが往来する道であった。一九世紀の後半、この海は人身売買や移民ルートの中心となった。石炭船が到着し、ジャンク船が出帆する。女性は運ばれ、このふたつの海をとりまくすべての国々に送り込まれた。一八八〇年代後半までに、東南アジアやオーストラリアに送られる娼婦の中継港かつ市場であった香港は、その地位を同様に繁栄するアジアの競争相手であるシンガポールに徐々に譲った。シンガポールは労働者不足に直面しており、その状態が長く続いていた。一八九〇年から一九〇〇年にかけて、シンガポールでの婦女子売買は急成長し、それにつれてやり口はいっそう冷酷になった。膨張する娼館売春や「接客業」の需要に追いつくため、婦女子をさらってくることが周旋屋にとって新たな急務となった。一八九七年発行のイギリス国教会系の雑誌に掲載された手紙のなかで、リー・ペガンは、強い好奇心が災いして広東でさらわれ、後にシンガポールで売りとばれたいきさつを説明した。

わたしは広東の生家で幸せに暮らしていました。両親とも健在で、兄弟や姉妹もいました。しかし、ある日、ひとりの女性と偶然に出会い、かの女はこれから劇場に行くので一緒に行こうと言いました。最初は行きたくなかったけれど、もうこんな出し物は二度と見られないと言われて、わたしはその気になってしまったのです。するとかの女はわたしを自分の家に連れてゆき、すぐ身のまわり品の荷造りをはじめて、わたしと海岸べりに出ました。どこに行くのかと訊くと、向こう岸だと言いました、広東では小舟に乗って、数分で川を渡るのはよくあることなんです。でも、小舟は汽船の側に着き、ギョッとしました。船上に運ばれ、わたしは泣き叫びました。それからずっと船酔いが続き、シンガポールに着くまでなにもわかりませんでした。まもなく、わたしはひとりの女性に売られたのです……[17]。

この若い広東女性の手紙には「わたしを信じて」とあり、かの女はその後救い出されて、ミッション・スクールで教育を受けた。

地方新聞は、友だちと近くの旅館や街に行ったまま、二度と帰ってこなかった農村の娘たち、真夜中に村から誘拐団にさらわれ、小舟や荷車に放り込まれた娘たちの事件を報じている。これらの記事の多くは、とくに九州地方では、誘拐問題について世間の注意を引くにいたらなかった。長崎、門司、口之津そして神戸は、西南日本から中国と東南アジアに女性を移送する主要な港だった。一九世紀末、若い女性のからだ同様、石炭は日本の近代化に重要な役目を果たしていた[18]。とくに三池炭鉱のものは、長崎県から大量に輸出された。高島炭はイギリスの船会社が好んで使い、上海は一八八〇年代まで、石炭を主要供給地九州に依存していた。長崎－上海航路は三六〇海里の距離にあったが、イギリス汽船やほかのヨーロッパの石炭船が定期的に往来しており、その船倉には誘拐された女性たちが高島炭とともに詰め込まれていたものだった。

一九歳だった善道キクヨは、勤めていた工場の同僚で女郎あがりのトミコという女性に、神戸に行こうと誘われた。この同僚の評判は芳しくなかったが、キクヨは港町のホテルで働く技能を身につけたかった。井川と名乗る男が、ホテルでトミコとかの女を待っていた。かれは無理やりにキクヨとほかの五人の少女を、シンガポール行きの日本の汽船に乗せた[19]。もうひとつ例をあげよう。一九六〇年、口之津出身の七六歳の女性がラジオで、かつてかの女がどのように「さらわれ」、シンガポールに輸送されたかを語っている。

わたしが（外国に）出たのは、一八歳のときでした。

［そうなんですか、あなたひとりで？］

いいえ、わたしは密航させられたんです。だまされて。女友だちが出発するというので、わたしはかの女について行きました。わたしは両親になにも言わずに長崎へ行きました。友だちは周旋屋の下宿がどこにあるか知っているると言って、それからわたしを門司まで連れていったのです。門司に着いたつぎの日から一カ月間、周旋屋の家に閉じ込められました。そしてある晩、わたしたちは石炭船に連れていかれました。驚いたことに、ほかに一九人もの若い娘が船に乗っていました。みんな誘拐されてきて、密航者として国外に送り出されたのです。[20]

中国沿岸の港町や日本の石炭積み出し港の商人や船員は、婦女子を海外売春市場にひそかに運び出すうえで、重要な仲介人だった。ある老船員は、長崎の周旋屋が田舎娘たちに話をもちかけることからはじまって、どのように密輸の手順が進行するのかをこう説明した。

……外地じゃ、白人の家庭は高い給金をだして、かの女らを雇うだろう、ともちかけるんだ。女の子が三人から五人集まると、周旋屋は香港やシンガポールに送った……。汽船の幹部船員たちは、甲板長から少女ひとりにつき一定の手数料を受けとって、少女たちを周旋屋の親方に届けた……。当時の商船は、貨客船を除くと、たいてい帆船で、貨物運搬船のうち七〇〜八〇パーセントは帆船だったろうよ。アメリカ北部の太平洋岸にある製材工場はみな、世界各地に材木を運ぶために、一〇隻から五〇隻の帆船を所有していた。そういう船の料理人は、たいてい日本人で、一隻に四〜五人乗っていた。東南アジアに向かう船は、必ず長崎に寄港し、そこで日本人女性を積み込んだ。[21]

料理人が仲介者となって、女性を上海または香港にひとり頭五〇〜六〇円で密航させるという話が、船長または機関士とのあいだでまとまった。密航者は、たいてい早朝に波止場で乗り込んでくるか、船が港を離れて当局の監視区域を出てから漁船から乗り移ってくるかだった。[22]

九州の新聞に警告的な記事が掲載されはじめ、アジアにおける娼館売春のネットワークのために、日本人女性を外国船で密航させることが知れわたった。このネットワークは九州にはじまり、北はウラジオストク、南はシンガポール、東はカルカッタ、西はオーストラリアのブルームに及んだ。たとえば一九〇五年一〇月から一九〇六年二月まで

表９－１　口之津から香港への密航者数，1905年10月～1906年２月

記事掲載日	密航者数	周旋者数	発見場所	船舶の国籍	共謀者
10月10日	48	8	海上	ノルウェー	Niel
10月10日	7		口之津	ノルウェー	Niel
１月24日	24		香港		ノルウェー人２人
２月13日	35	2	口之津	ドイツ	ドイツ人１人，水夫数人

出典：『東京《ママ》日之出［東洋日之出］』および『福岡日日』1905年10月11日は，Sone, 'Karayuki–san of Asia, 1868–1938: The Role of Prostitutes Overseas in Japanese Economic and Social Development', M. Phil. diss., Murdoch University, Murdoch, Western Australia, 1990, p.116所収。

の六カ月間に、口之津、神戸と門司から密かに積み出された一〇七人の密航者にかんする四件の大きな記事（表９－１）が長崎県の地方新聞に掲載された。口之津の元助役である白石正秀の言葉によると、周旋屋が港に停泊中の外国汽船に女性を連れ込んでいるあいだに、地方当局の注意をそらすために、しばしば藪で放火による火事が発生した。港の人びとは、こうした少女のたどる運命を「にっこうゆき」（日光への巡礼）とよんだが、これは「みっこう」をもじったものだという。(23)

福岡の新聞が報じた記事のうちもっともセンセーショナルだったのは、香港に向けて九州の門司港を出帆したノルウェー船の石炭庫で、四八人もの日本人女性が発見された事件である。平均年齢一七歳のこれらの少女たちは、八人の周旋屋によって各地から門司へ連れてこられた。石炭用はしけで船まで運ばれ、三日間も食事をせず、船倉に隠されていた。(24) ぼろをまとって貧困に喘いでいた農家の少女が、周旋代理人の注意を引き、南日本じゅうから誘拐されていたのだった。おもな出身地は、熊本県（と天草）、鹿児島、佐賀、長崎、福岡、門司を含む山口、香川、愛媛だった。二〇世紀最初の一〇年間、東南アジアの娼館売春が増大するにつれ、組織化された密航や誘拐の報道が増えてきた。一九〇二年にマニラに向かった「ダイフク丸」は、長崎港を出たところで少女一五人と周旋屋一人を乗船させた疑いで拘留された。(25) イギリス商船員ロバート・ハントンが香港政庁の註冊司署でおこなった供述から、娼館向けにどのくらいの人数の婦女子が、無理やり石炭船で運搬されたか、その概要が明らかになった。かれは、警察や移民局の臨検のとき、かの女らがどこに潜んだかまで証言している。

わたしは「マルシア丸」の二等航海士で、二年一カ月間乗っています。船は長崎と香港のあいだを往来する、高島炭鉱会社のチャーター船です。船はよく日本人女性を香港に運搬していました。航海のたびに運んでおり、一二月三一日の場合は、女性が三六人、男性が三人でした。

船長の名前はマッキントッシュ、かれは女性ひとりにつき九ドルを受け取っていました。女たちは、長崎で乗ってきました。たまに港内で密かに乗り込むこともありましたが、たいてい港の外に出てから乗船してきました。長崎で船が検問されたことはありません。わたしの知るかぎり、一〇〇人以上の女性を運びました。わたしは、三年契約でしたので、その件について、これまでは通報しませんでした。香港で港湾管理局役人の臨検があるときは、みんな船上の狭い通路や船室に移され、隠されました。船長たちは当局に嘘の報告をしていました。報告書は、船長の指示で事務長が作成していました。女性たちは、娼館に連れていかれました。スタンレー街四六番には、「マルシア丸」で運ばれた少女が六人か七人います。香港からほかの港町に運ばれた者もいるかもしれませんが、それについては知りません。わたしは、明日故郷に出発します。足の治療のため、ここ五カ月は入院していました。帰国は、そのためです。わたしの供述については、機関士たちが証言してくれるでしょう。かれらも、五月には契約期間が切れてこの船を離れます。[26]

組織化された日本人女性の売買は、一八九〇年代のはじめに三菱の設立した日本郵船が新航路を開設し、寄港地が増えたのにともない、さらに拡まった。定期航路は、横浜からシンガポールやボンベイへ、神戸からシンガポールやマニラへ、が設けられた。

上海と香港への密航を組織化していた日本人周旋業者の活動は、当局の女性不法出国取り締まりが厳しくなったので、これら業者は以前のように外国船に頼ることはできなくなった。そこで、一八九〇年代の後半には、これにかわるネットワークが、かなり違った経路にそって設けられた。朝鮮にもっとも近い日本の島である対馬が、主要な中継地になった。香港やシンガポールに送るため九州から誘拐された村娘たちの話によると、かの女らは深夜に長崎を出る帆船に乗せられ、対馬の朝鮮側の岸に集められた。船は危険なほどの定員超過で運行され（当局にはしばしば前もって賄賂が渡されていた）、からゆきさん予備軍の女性たちは強風に荒れる海でつねに沈没の危機にさらされた。水上警察はこれらの「不法出国者」について、たまに厳しい警戒を実施したが、たいていの場合、地元の船にたいしては目こぼしした。対馬から上海と香港へ女性を密航させるには、できるかぎり汽船が使用された。香港から先はジャンク船が使用され、この航海には通常八日から一〇日かかった。[27] 長崎出身で二一歳のハシモト・ウサが体験したのは、このような旅だった。かの女はシンガポールに行くはずだったが、結局、木曜島に送り込まれた。

かの女の申し立てによると、その年（一八九七年）の六月長崎でコニシという男が、シンガポールで下宿屋を経営している姉／妹に会いに連れていってやろうと誘った。深夜、かの女はほかの若い女性一〇人とともにパスポートなしで帆船に乗せられ出発した。上海に着いても上陸はせず、香港行きの汽船に移された。香港では、みんな日本人下宿に入れられた。この下宿屋の主人が、かの女の身代金としてそうとう多額の金をコニシに払ったようだ、とかの女は述べている。主人はかの女にパスポートなしではシンガポールに上陸できないので、パスポートなしで上陸できる木曜島に行くことを強要した。かの女は同意して、ほかの女性たちとともに、マツバラという男につき添われて木曜島に送られた。マツバラは、シオサビ（Shiosabi）という木曜島の娼館主に、現金と引き換えにかの女らを渡した[28]。

　これらの日本人や中国人の少女は、中国船、不定期貨物船、石炭船に積み込まれ、入管を避けて密航し、海路シンガポールに送られた。つらい、不快な旅が二週間以上続いた。犠牲者も出た。通常、船員の手引きで密かに乗船し、船底に押し込まれた。しばしば劣悪な環境で、身動きする余裕さえほとんどなかった。たまに石炭夫が、夜間にわずかの食事を運んでくることもあった。

　極秘のうちに汽船に乗るために波止場にやってきたり、あるいは小舟やはしけで海に出て船に乗り移り、火夫の手助けで船底に押し込められた。これらの少女の多くは、すでに神戸や東京で女中や子守りになる夢を破られ、乗船のとき、シンガポールで娼婦になる不安と絶望の旅に出たことを知った。善道キクヨは、都会での生活に憧れて神戸に来たときから半世紀後、神戸の港近くを映画監督の今村昇平と歩き、深夜の港の音と明かりを背に、かつてシンガポール行きの名も知らぬ古い石炭船に乗り込んだ一九歳の部落民少女の話をした。小柄なかの女は、垂直に近いタラップの急な斜面を昇りながら、全財産が入った小さな袋を握りしめていたという。

「そして今度は車でね、舟場に連れて行ったの」

「……早よう（ハシゴと舟をつなぐ板を）渡った渡ったとこうなん。暗いし、段がもう急でいくつってあるんですよ。恐ろしゅうしてね、その上がっていくのが、こんなに急なハシゴですから……まあやっぱり船の人ともう話し合いがあったんでしょう。今度船の人が電気、あの懐中電気を照らしてくれて上がった上がった早く上がった……その時ムスメさんが私たちの他に四、五人かね一緒じゃった……今度、船の底に入れられた……それでも食べりょうは……みんな日本のものを時間時間にね、運んでくれよらしたんです。」

「暗隅（くらすみ）で……（わたしたちは）心配してばかりいましたわね」

「……もう船から上がる折はみんな泣いたけれども、もう帰してはくれないんですからね、いくらどんなにジタバタして泣いたって帰してはくれないですから、もうしょうないからあきらめたわけですわ。……言葉はわからないでしょう、……だからもう親方の言うなりにならなきゃあ仕様がないわけですわ[29]」

かつて甲板で泣いた天草の老女たちの打ち明け話は、航海の衝撃的な内容を告げるだけでなく、船倉の暗闇に投げ込まれた状況下での、絶望の淵にある哀れで弱い人間性についての証言である。一八八四年生まれのある九州の女性は、一九〇二年に一八歳で石炭船に乗せられたときの、地下四階くらいに相当する船底の様子や航海についてこう述懐した。

あれは中国人所有の石炭船でした。わたしは船倉まで深く深く降りて行きました。何も見えず、マッチの火さえつきませんでした。みんな、船底の木の格子の上に横たわっていましたが、ほかの女の子の顔は見えません。こわくて泣きました。これからどうなるのか。なんでこんなところにいるのか。食事も用を足すのも、その場所なんです。香港に着くのに、八日かかりました。大げさではなく、わたしは一粒の米も食べず、食べたのは少量の海藻だけ。密航はほとんど死ぬ一歩手前で、ほんとうに辛かった。わたしたち一八人か一九人は、真っ暗闇（石炭庫）のなかで抱き合ってましたが、顔は石炭の粉でよごれ、着物はぼろぼろになりました[30]。

周旋屋がどんなお慈悲と意図をもっているか、ぼんやり想像するしかなかった世間知らずの密航者にとって、航海の体験はとても恐ろしく、幸せをつかむ幻想は消えた。若い女性の多くは、暗闇の恐怖に絶えられず、パニック状態だった。

（一八九四年に）一四歳だったわたしは（南方に）行きました。密航者として口之津港を出て、そこ（シンガポール）には一二月二五日ごろに着きました。

どんなふうに出発したのですか?

ほんの子どもだったわたしは、なにもわかりませんでした。家に帰りたくて、船のなかで泣きつづけました。ひとりの男が、船はもうすぐ（無事に）わたしの家の前に着くよ、と言いました。わたしは信じました。でもやがて、シンガポールに着きました。

やはり、あなたは騙されたのですね?

そう、子どもだったんですよね。

船内の様子はどうでしたか?

わたしは船倉にいましたが、そこでは溝にたまった汚水がいつもピチャピチャ波打ってました。わたしはネットで眠りました。出港すると、わたしは上の棚に移されました。絶望のあまり、わたしは泣きわめきました。

ほかの少女も同じでしたか?

いいえ、ほかの人たちはわたしより年上でしたから……。わたしが泣くので、周旋屋はいずれ家に帰してやると言い、わたしは泣くのをやめました。(31)

移民局役人の厳しい検査を逃れるため、女性を隠すのにときに巧妙な方法がとられた。動く余地、新鮮な空気、食べものとはおよそ無縁の箱や樽や木枠のなかに、日本人の少女たちが詰め込まれた。中国人の人買いは、広東人女性たちを目的港まで密航させるために、コンテナに潜ませたり、少年に変装させたり、石炭容器に隠したりした。(32) 偽造パスポートを持っている場合には、付き添いのいる船客として旅した。

この船旅は、悪夢のように残酷なものだったろう。しばしば脅迫や暴力にさらされ、また人買いや船員たちが女性を誘惑したり、レイプしたり、そのほかの屈辱的な性的虐待を受けた。ある誘拐された女性は、船員が「もし見つかるようなまねをしたら、海へ投げ込むぞ」と言ったのを覚えている。「とても恐ろしいことです。まったく、いまから考えれば、わたしは女の密航者でしょ、これはたいへんなことでした」(33)。いったん船が出帆すると、少女たちは、人買いと乗組員のなすがままだった。長崎からの航海中に、多田亀吉は引き連れていた八人の女性のうちひとりをレイプして、絞め殺し、海に投げ捨てた。船員とセックスして稼げ、という多田の命令を、かの女らが頑強に拒んでいたことへの見せしめだった。残りの女性たちは、結局マニラで売られたのだが、勇気を奮い起こして、この殺人を告発する血判付きの手紙を日本に送った。(34) しかし、たいてい女性たちは沈黙を強いられた。要求を拒否しても、船員に性的に暴行されるか、船上からあっさり消されるかだっだ。航海中の暴虐にどう対処するかより、逃げ出すチャンスを探した者もいた。口之津出身のある老女は、生々しい感情がこもる、鮮明な記憶にもとづいて、生まれ育った世界から地獄に突き落とされたこと、船員の目を盗んで、船から、地獄から必死で逃れようとしたことについて回想している。

人買いが、香港に着いたぞ、と言いました。かれが上陸して買い物をするあいだ、わたしたちはそこ（石炭庫のなか）で待たされました。夕方、かれがはしけに乗って帰ってきて、ほかの女の子ははしけに降りはじめました。わたしは甲板を走って逃げました。でも中国人の船員が気づいて追ってきて、わたしをつかまえ海に投げ込んだんです。ところが、下に張られていた安全網にひっかかって……で、そこに隠れていました。やがて、船長が帰ってくるまでに帆を揚げておかなきゃ、と船員が話しているのが聞こえました。わたしは危いと感じて網から出てはしけの甲板に移り、夜になってから密航仲間のところに戻ると、我慢して無茶なことはしないで、と四人に泣きつかれました。もしわたしがつかまったら、そのことで全員が罰を受けることになるというのです。わたしも泣きましたよ。結局、わたしたちは、人買い商人と一緒に香港のホテルに一週間逗留し、それからシンガポールに連れていかれました。情けないことに、わたしたちは、そこで売られたのです。[35]

さらに不運だった人びとは、香港やシンガポールに着くまえに、積み荷でいっぱいの船倉内で悲惨な死を遂げた。女衒、船長、警察官はみな、汚水槽や石炭庫にいた女性が、航行中に荷崩れのため、あるいは三池炭に火がついて、悪夢のような状況で命を失ったことを憶えていた。一八九〇年代にアジア大陸と日本を結ぶ航海で起こった多くの事故は、九州からシンガポールへ向かう不法移民の流れにスポットを当てた。石炭庫に隠された密航者は、荒波にもまれて崩れ落ちた石炭で、生き埋めになったり、押しつぶされて死んだ。一八九〇年に、一一人の女性が日本の貨物船の船倉に隠されていたが、船が縦揺れしたとき、足元の床板が突然崩れ石炭に埋もれた。三人は危険な状態ながら、なんとか生き延びた。ほかの八人は貨物船がシンガポールに着いたときには、死んでいた。この集団墓場の発見が、日本領事館に報告された。[36]

石炭庫内の酸欠と高温は日ごとに耐え難いものになり、密航者たちは死にものぐるいで水を求め、結局悲惨な死を遂げた。中国航路の船長だったカトウ・ヒサカツは、九州から香港の航海で発生した事件について、こう回想した。

……水道管の水圧低下の原因を調べていた機関士は、船底にいた飢えと衰弱で半死の女たちを発見した。かの女らが、水ほしさに水道管を歯でかじって穴をあけたのだ。そばには、傷だらけで石炭に埋められた人買商人ふたりの死体もあった。死が迫ったと感じた女たちが、血みどろの復讐を実行したのだった。(37)

二〇世紀のはじめに、九州、香港およびシンガポールを往来していた「カチダテ丸」では、九人の女の幽霊が出るという噂があった。航海中にボイラーが爆発して、ボイラー室とバラスト・タンクの隙間に押し込まれていた女性たちが焼死した。火夫たちはその死体を密かに投げ捨てたが、霊は船から離れようとしないのだという。(38) しかし、もっとも恐ろしい運命に会ったのは、石炭が自然発火したため焼け死んだか、あるいは熱気による消耗で徐々に死んだ女性ではなかったか。かの女らの存在した証拠は、石炭夫のシャベルにすくわれた黒焦げの着物と骨だけだった。

日本の郵船会社汽船「伏木丸」が一八九〇年三月二六日に香港に入港したとき、密航者一二人が、鍵がかかって血でよごれた石炭庫で発見された。明らかに手はずの狂った密航の犠牲者であった。八人は窒息死したもようで、残りの四人は瀕死の状態だった。庫内は、四六～四八時間密閉されていた。生き残った福井出身で三七歳のアオキ・キク、長崎出身で二〇歳のカネコ・スマ、長崎出身で一八歳のマツオカ・ハマ、姓は不明だが福岡出身で一七歳のセツは、三日後に長崎に帰り、港湾管理当局にかの女らの火炎地獄さながらの体験について証言した。それによると、死んだ人買いは、油の行商をしていたのでアブラ屋とよばれ、香港での「いい暮らし」を約束して、かの女らを乗船させた。アオキ・キクが述べたところでは、アブラ屋の指示でみんな石炭クーリーに変装し、かれ自身も石炭庫の隅に潜んでいた。みんなでそこに入った翌日、鉄の扉が閉められ、石炭庫は隣接する火室と炉の熱を吸収してかまどのようになった。室温が上昇するにつれて、女性七人と人買いは窒息してけいれんを起こし、鼻血にまみれた。「伏木丸」の真っ暗な船倉の阿鼻叫喚を生き延びた四人は、ひからびた死体の上に折り重なって倒れていた。(39)

この事件発生後、女性の密航にかかわった船長は、免許を剝奪されることになった。にもかかわらず、日本船のほとんどは、しっかり三〇人ほどの女性をシンガポールに運び、何人かはただちに各地に振り向けられ、密航者の数はむしろ増加した。(40) 人身売買の利益はそれほど大きく、石炭船の船長は命にかかわらないかぎり、止めることはできない、と語った。儲かる密航のプロセスの鍵となる石炭夫や火夫たちの気性は荒く、船長といえども、検査のために石炭庫に立ち入るのは、命がけだったという。こうした事件や犯罪は地方紙に報道されたが、日本や中国の若い女性たちは、生計をたてるために外国に行くという希望をけっして捨てなかった。多くの村娘が、貧困にあえぐ家庭や村での生活より、不法な密航による脱出に賭けた。

娼館売春用の女性市場の拡大は、シンガポールの単身男性移民人口の急増と関係していた。そういった男性は、港で港湾労働者やクーリーとして、街中で行商人や人力車夫として、または地方でプランテーション労働者や工場労働者として働いていた。国勢調査によれば、港市で働く労働者人口は、一九〇一年に一六万四〇〇〇人を超えた。阿姑やからゆきさんにたいする需要が増加し、供給は不足していた。中国人や日本人少女の最初の仕向け地は、一八九〇年代に香港からシンガポールに移行した。

密航者やクーリーを運ぶ中国や日本からの船はシンガポールに着くまでに、三週間から一カ月かかったのにたいして、香港からのジャンク船は一週間ほどだった。日本人少女の悲惨な船旅は深夜の人気のない波止場で終ることが多く、上陸するとすぐ、女性たちは「家畜のように」売られた。[41] 床屋だった恩田富次郎は、戦前のシンガポールの生活について山崎に話をしたときは八〇代だったが、若いころ女性売買の現場を何度かその目で見ている。

……恩田富次郎さんは、女衒が娘たちを娼館主に売るところを、若気のいたりで幾度か見に行ったことがあるが、そのいわば競売の場所は何と船着場の倉庫の前であったという。女衒たちが、船底から引き出した娘たちに着替えをさせて倉庫の前にならばせると、そこへ彼らの親方の娼館主がやって来て競《せり》をはじめ、器量の良い娘には千円から二千円くらい、見映えのしない娘には四百円、五百円といった値をつけて買って行く。[42]

一部の少女は、目的地に達して売られても、もっと前に予期すべきだった（恐ろしい）ことが起ころうとしているとは思いもしなかった。ナイーブでまったくの世間知らずで、ただ戸惑い恐れていたので「ただおとなしく売られて行くが、それは彼女らがまだ女衒のことばを真に受けており、自分はこれから旅館かホテルで働くものと信じきっていたからであった」。[43]

恩田が見たように、女性の売値はそれぞれの器量や、変りやすい需要の動向によりいろいろだった。このような売買行為で、女衒にとっての最大の出費は、ひとり当たり五〇〜六〇円の旅費と移民局役人への口止め料だった。一九〇〇年から一〇年のあいだ、日本人女性がシンガポールの波止場で売られる平均値は、五〇〇〜六〇〇円だった[44]。同じころ、中国南部から輸入された平均的女性につけられた値段は、移民の数が年ごとに増えるにつれて、一五〇〜五〇〇ドルになった[45]。当時八歳で、怯えて戸惑うばかりの少女だったジャネット・リムは、シンガポール到着直後に自分が売られたときのことを鮮明に覚えていた。

「シンガポールだ」とだれかが叫んだので、わたしは波止場越しに見ました。男の人が働いていましたが、これまでに見た人たちとは違っていました。わたしにはわからない言葉を話していました。シンガポールが中国からとても遠いことを知って、涙がこぼれました。わたしの気持ちにお構いなく、横にいた女性が言いました。「わたしがお前に言ったことを、忘れるんじゃないよ」と。はい、覚えています！　かの女のことを聞かれたら、この人はわたしの叔母さんです、と答えるように、みんな言われていたんです。すぐに税関手続きがすんで、わたしたちはカンポン（村）に連れていかれ、そこで行ったり来たりしろと言われました。だれかがわたしを指して言いました。「この子の鼻がもう少し高けりゃ、値打ちがあるんだが」。二〜三語理解できたので、自分が売られるのだとわかりぞっとしました。その夜、仲間のうち七人が残りました、女の子五人と男の子二人。男の子たちは、例の「叔母」の息子ということでしたが、わたしたちより良い扱いを受けていたわけでもありません。だんだんほかの女の子がいなくなり、最後に二人だけ残りました。低い鼻のおかげて、わたしは助かるかもしれないと思いはじめました。もうひとりの女の子が、そんなわたしを不思議そうに見つめました。でも、八歳のわたしが、かの女にどう説明できるでしょう。わたしたちは、これからのことで不安でいっぱいでした。まもなく、その女の子も自分の運命を知りました。かの女は、わたしより二日早く売られてゆきました。わたしは、じろじろ見られ、あら探しされ、あれこれ駆け引きされたあげくに、二五〇ドルで売られたんです[46]。

娼婦として売る目的で連れてこられた中国人女性を保護するのは、当局にとって並大抵のことではなかった。農村からシンガポールに来る広東人少女は、偽造旅券で入国するか密入国のいずれかだったが、クーリー運搬船が入・出港するときの騒動と混乱はたいへんなもので、華民護衛司署の役人が乗客名簿を充分にチェックし、売春目的で入ってくる少女を見いだすのは至難のことだった。一八七九年の報告書には、検問乗船についてこう記されている。

船が波止場まで曳航されてきて、その騒音と混雑のなかで七〇〜八〇人もの女性を検問するときは、もっと落ちついておこなうときに比べて、見落としが多くなる。船の事務職員の積極的な協力があっても、まともな乗客検問ができるだけの静粛・秩序を保つのが不可能なことさえままあった。いっぽう、役人に訴え出たい者も、嬪夫や人買いに取り囲まれていては、なかなか実行する勇気がわかなかっただろう。(47)

乗客名簿に、母親として、あるいは家族再会のため息子に会いにきた者として記載された女衒や人買いにともなわれて、少女たちは正規に下船した。にせ書類を持った人買いにとって、両親とか親戚を装うのは易しいことで、検問乗船した役人にどう応対すべきかを教え込まれたハタ・ソノのような少女が、「養母」が指示した上陸目的を否定するおそれはまずなかった。かの女は、日本人娼館主のシオヤ・トヤ［後出ではトヨ］と一緒に一九〇四年一月にシンガポールにやってきた。このオカーサンは護衛司署役人に、「シオヤ・トヤの養女、シオヤ・ソノ、一七歳一〇カ月」と記載したパスポートを提示した。その数日後の一月九日、「両親の知らないまま日本を出ていた」ハタ・ソノは、娼婦としての登録を護衛司署に申請し、さらに調査がおこなわれた後、かの女は公式台帳にからゆきさんとして登録された。(48)

シンガポールの停泊地で、石炭船、不定期船、ジャンク船から下船したすべての女性がすぐ売られたわけではない。何人かは、チャイナタウンでは「奴隷収容所（barracoons）」といわれる下宿に一時逗留させられ、特定地区の娼館あるいは近くの下層階級向けの売春宿に売られるまでのあいだを過ごした。村岡伊平治は、一八九〇年から九五年まで、シンガポールでそんな中継旅館を経営していた。周旋人たちは、かれらの「商品」が娼館主や金持ちの中国人に売れるまでかれの旅館に無料で滞在したが、女性たちはといえば部屋代と食事代として毎日二円五〇銭という高値を請求された。(49)しかも、両親に支払われた前渡金と渡航費にたいする複合利息は、一時逗留している女性たちの借金として累積していった。反抗的な少女の場合、ここに長く逗留させられ、自尊心と威厳を失うまで働かされた後で、さらに増えた借金とともに高級娼館に紹介されるのだった。

周旋屋は、広東や天草出身の少女たちを連れ出すときに、力ずくまたは詐欺まがいの手を使い、いったん娼館主の手中に入ると、かの女らは借金に縛られ自由を奪われた。安楽な生活があると言われた目的地に着いても、娼館主に支配され、契約で両親に支払われた前渡金を返済しなければ自由を取り戻せなかった。土地の言葉はわからず、金銭も衣服ももたず、いつも娼館主や、女中や先輩娼婦などに抱えになるようにと脅され、すかされ、かの女らは無力そのものだった。鉄のような意志があり、そんな環境に反抗しようとした者も、借金返済義務という罠にはまった。領事を装う女衒は、少女たちには恐れ多い権威に思えたに違いない。

……娼館主に日本領事館だと教えられた建物へ訴えて行けば、田舎育ちの娘の眼にこそ髭《ひげ》いかめしい領事と見えるけれど実は女衒の化けた偽ものがあらわれて、「なるほど、聞けばそなたの身の上は気の毒だ。しかし、娼館主はすでに千円という金を出しているのだから、国の親に言ってやって、その金を払ってもらうがいい。その金が払えないなら、娼館主の言うとおりにするほかはあるまい――」とおごそかに宣言されるからだ。[50]

証文や身分証明書の手配をすべて兄／弟や女衒に任せていた少女としては、書類が女衒の手にある以上どうすることもできず、最後は借金返済のために言われるままになった。井川に六〇〇ドルの借金のあった善道キクヨも、その例にもれず、シンガポールに着くと混乱のあまり反抗することもできず、身の不運と諦めた。上陸して二～三日後、密かにキクヨは護衛司署に出頭し、娼婦として登録できるよう年齢を偽って申請をした。同じように、貴重な入国記録簿からハタ・ソノが入港後娼館に入ったことがわかる――「オソノ、一九歳、日本国マラサキ出身。日本にいる両親は、わたしの出国を知っています（かの女は嘘をついている）。わたしはここで娼婦になりたいのです。いま、わたしはおトヨの娼館に住んでいます」[51]。娼館に入ると、先輩たちは高価な衣服、ローンで買った宝石を身に着けており、部屋と家具があてがわれていた。むろん、その費用は最初の渡航費に上乗せされていた。さらに娼館主は、営繕費、食費、部屋代、新しい衣服の代金として、娼婦の稼ぎから一定額を差し引き、その残金まで借金（通常五〇〇～六〇〇ドル）の返済保証として保管した。からゆきさんや阿姑は働いて借金を返済し終えると、自由になった。しかし、完済するには、少なくとも数年にわたり数千人の客を相手にせねばならなかった。完済するまで、年季奉公の娼婦は、どの点からみても自己の権利をもたない人間[52]、譲渡可能な財産にすぎなかった。たいていの場合、かの女らは、安物の宝石、高価な衣類、香水、酒、そして一部の阿姑が虜になりその中毒は生涯つきまとうことになるアヘンなどで積み重なった借金のために、清算する望みをなくしていた。稀な例として、ある広東出身の女性にかんする年季奉公の期間、前渡金、娼婦の稼ぎから留保される割合などを取り決めた一八八六年の契約書がある。

契約人シン・ジンは、その雇用主にたいして中国からの渡航費について負債があり……、一二〇五元の前渡金にたいして四年半のあいだに、この負債を返済するため……、自発的に娼婦の役務をおこなうものとする。この金銭については、利息をつけないものとし、シン・ジンは賃金を受け取らないものとする。この契約期限が切れると、かの女は、自分の意志で自由になるものとする。それまでは、シン・ジンは、もし顧客の要望で外出するときは、まず雇用主の許可を得なければならない。もし、かの女が四種類の忌むべき病気にかかった場合、かの女は一〇〇日以内に戻されるものとする。その期間を超えた場合、周旋人は責任を負わないものとする。月経不順の場合は、休息は一カ月に限定する。もし、シン・ジンがなんどきであれ一五日間以上病欠した場合、一カ月間余分に働くものとする。妊娠した場合、一年間余分に働くものとする。もし、シン・ジンが契約期限終了前に逃亡した場合、かの女を見つけ連れ戻すのに要した費用は、かの女が支払うものとする。この契約書一通は、雇用主が、両者同意のしるしとして保管する。

　アー・ヨが受領した一二〇五元の領収書。契約者シン・ジンの拇印。光緒一二（一八八六）年八月一一日。[53]

両親に売られたり誘拐されたとき、中国人や日本人の少女は一〇歳から一二歳で、八歳かそれ以下の者も多く含まれていたが、阿姑やからゆきさんになる前に見習いとして過ごした。通常数年間、娼館で「母親」や娼婦の世話をし、そこでの生活に慣れ親しんでいった。この期間、かの女らは密航者か年季奉公者だったので、報酬はもらえず、とうぜん借金の返済もできなかった。海外娼館での生活は思春期の少女にとって淋しくみじめなものだったが、いくらか良いこともあった。おサキの場合は、飢えの心配から解放された。まず、

……うちらは、南洋さん来たこつばふしあわせじゃとは思わんじゃった。お姉さんたちのしておるお娼売がどげな仕事か、よう分らんちゅうこともあったが、とにかく、朝、昼、晩と白か飯の食えたもんな。天草におったら、白か米ンめし食うとは盆正月と鎮守様のお祭りだけじゃったし、うちのごたる親なし子は、その日だってろくろ

く口にはいらんだったもんが、明けても暮れても食えるんで。……

おかずには、魚さえ膳にのぼったと。天草は四方が海じゃし、うちらの村は崎津の港からじきじゃとに、うちらは魚なんぞ食ったことはなか。(54)

幼い少女たちは長時間働き、一四歳くらいになったら自分がどんな仕事を最終的にさせられるのか、見ながら学んでいった。雑巾がけ、オネーサンたちの小間使い、客へのお茶の給仕、アヘン吸飲の準備といった雑用をしながらも、(55)いつ自分たちも娼館で客をとるようにいわれるのか不安だった。おサキはわずか一〇歳で、自分や仲間がいつどんなふうに客をとらされるのかと、気がかりだったことを述べている。

おフミさんやおヤエさんのことを、うちらまだお娼売に出ん者《もん》は、〈オネーサン〉と呼んどったがの。そのお姉さんの毎晩やること見とって、うちは、おハナさんとツギヨさんに、「太《ふと》うなったら、うちらも、あげなことせにゃならんとじゃろうかな――」と話ばしよっと。お娼売がどげなもんか、うすうす見当はついとっても、本当のことは誰も教えてくれんし、訊《き》かれもせんし、悉皆《しっかい》わからんたい。(56)

見習いが一三歳になるころまでに、からゆきさんになるための職業的な訓練はすでにはじまっていた。思春期に達した少女は、「オネーサン」から性的接待者になるための技術を習った。この具体的な訓練期間中に、性技とマッサージについて細かな技能を教えられた。性愛手引き書、エロチックな絵画やパンフレットを使って、媚薬やほかの性具の使用法、顧客をどう扱うかの特殊な知識が伝授された。(57)一三歳から一五歳のあいだに男性を喜ばせる技術の見習いをすませると、初客として競り勝った金持ちの相手をした。水揚相場は、数百ドルあるいは千ドル以上であった。(58)初売りと処女喪失は、娼館の祝いごとであり、広東や天草の少女にとっての通過儀礼であった。それが何歳で起こるかによって、中国語では特別の表現がある。一三歳なら〝試花〟、一四歳なら〝開花〟、そして一五歳なら、世間一般でもなじまれた用語、〝摘花〟だった。(59)

山崎は、若いころ海外で売春を強いられた年老いた女性の話を聞きに九州に行き、天草の村で元からゆきさんとしばらく一緒に暮らした。「彼女らと同じ生活をし、彼女らと哀楽を共にし、そのことによって彼女らの固く閉ざされた心の解きほぐれるのを待」った。(60)おサキが最初に太郎造によって娼館に連れていかれたのは一〇歳のときだった。天草で貧窮にあえぐ兄にとって、おサキの器量がよいのはもうけものだった。村を出てから三年目、からゆきさんとして娼売した最初の夜、かの女は処女を失った。恐ろしい現実、衝撃、そして一三歳の少女が自分の未来を知ったときの嫌悪感について、おサキは淡々と、しかし切々と語った。

> うちらが客ば取らさせたとは、二、三年たって、うちが十三になった年じゃった。忘れもせん、ある日昼飯の済んだとき、太郎造どんがうちら三人に向こうて、「おまえら、今晩から、おフミらのごと客ば取れ」と言い渡したと。ツギヨさんもおハナさんもうちも、「お客なんか取らん、なんぼ言うても取らん」と言い張った。すると、太郎造どんがな、みるみる恐ろしか鬼のごたる面《つら》になって、「客ば取らんで、何のためここまで来たっか？」と責め立てたとじゃ。うちらは三人かたまって、口ばそろえて、「小《こ》まんかときは何の仕事と言わんで連れて来て、今になって客ば取れ言うて、親方の嘘つき！」と言い返したと。
>
> ――ばってん、親方はびくともせん。今度は捕えた鼠ばねぶる猫ごたる調子でな、「おまえらのからだにゃ、二千円もの銭《ぜに》がかかっとる。二千円返すなら客ば取らんでもよか。さあ、二千円の銭ば、今すぐ返せ、さあ返せ、返すことが出来んならば、おとなしゅう、今夜から客ば取れ」と言うとじゃ。一銭の銭も持たんうちらに、二千円の銭ば返せるわけがなかろうが！　そっで、とうとううちらは負けてしもうて、嫌じゃ嫌じゃ思いながら、その晩から客ば取らされてしもうたと。[61]

静岡県江尻出身のおテルも、娼館主に否応なしに押しつけられた、その日の運命を受け入れる準備はできていなかった。

> その夕方、中年の女性が……おテルに告げた。「あんたは、娼婦としておつとめするのよ」。「わたしは仰天し、そんなことできません。どうか許してください。ほかのことならしますからと言いました」と、かの女は回想した。嘆願すればするほど、みんなに折檻され、身震いするのをやめるように言われた。……過去を思い出して泣きながら、かの女は言った。「わたしは、自分の一生を決める過ちをしたのです[62]」。

このような屈辱からはじまって、おテルのような少女は本物の娼婦となり、やがて娼館の抱えとなった。最初の抑圧的な二〜三週間のうちに、若いからゆきさんや阿姑は緊張と挫折感に馴らされていった。自分の声、自由な発言は、それ以前に失っていた。最初おサキは、娼館での生活が感情的・社会的に意味するものに反抗した。

うちは、おハナさんとツギヨさんと話し合うて、一緒に親方のところさん行って、「うちらは、ゆんべのごたるこつは死んでも嫌じゃ。もう、こがん娼売はせん」と言い張った。太郎造どんは、意地の悪か目ェでうちらを眺めて、「こげなことせんで、ほかに何《なん》ばすっか?」と言うて、うちが肚《はら》決めて「今までどおりにしとる。誰が何と言うても、ゆんべのごたる娼売はせん」と強《きつ》か口で言うと、太郎造どんはお内儀《かみ》さんのほうば見て、「おサキ、おまえには閉口する」とぼやいとった。―ばってん、晩方になると親方は、うちらのところへやって来て、またぞろ、あの「二千円の銭《ぜに》ば、今すぐ返せ」を持ち出して、うちらを店に出したと。二千円の銭のこつば言わるると、うちらは、何がどげなことになっとるか分らんけん、それだけに何やらえろう大変な気のして、正面からよう口答えがでけん。そって、仕方無しにまた客ば取ることになったとじゃ。(63)

多くの資料からわかるように、はじめは恥辱という気持ちが強いが、借金を返済するために、ほとんどの阿姑やからゆきさんが、しだいに昼夜を分かたず娼売に励むようになった。自分の収入も増えてゆくが、その頑張りはほかの者をさらに潤した。かの女らの送金は、ほかに生計をたてる手段のない村では主要な助けとなった。

シンガポールにおけるこの職業の階級的仕組みのなかで、阿姑とからゆきさんには、自分たちの運命や社会での位置を決めるうえでの共通点があった。(64)出身または出生地、年齢や容貌が、少女の勧誘、訓練、振り分け先を決める重要な要素だったのである。シンガポールの阿姑の大多数は、当地生まれではなかった。広東人が主力だが、中国の移民地帯である広東のどこから来たのかを正確に知るには、残っている華民護衛司署文書、検視官調書、裁判記録をもってしても難しい。スミス街の高級娼館で裕福な頭家や役人に性的サービスをする上級クラスから、鹹水妹《シアンスイメイ》として手漕ぎボートで港にひしめくはしけ、ジャンク船、汽船、曳き船へ出かけて、外国人船員や水夫を相手にする下級クラスまで、広東人の阿姑の守備範囲は広かった。潮州人の娼婦はおもに汕頭周辺から来ており、同郷の移民労働者を客層とした。潮州人娼館のランクは中級ないし下級であった。福建、福州、客家出身の客は同郷の娼婦を好んだものの、なんといっても広東人女性がこの職業の主役であったようだ。潮州人阿姑は、営業上、いくらか広東語を学ばねばならなかった。クーリーと接するとき、広東語のアクセントで話さないと、労働者や水夫などの下級の客のうけが悪かったからである。潮州人阿姑は、しかたなく生まれは広東〔広州〕だと偽ったりした。

シンガポールにいたからゆきさんの出身地は、中国人の阿姑よりずっと明快だ。二〇世紀のはじめごろに田舎の村々を訪ね、農家の少女に大きくなったら、なにになりたいかと訊いたら、かの女らは「南方に行きたい」と答えたに違いない。福岡、長崎、熊本の各県では、生活をなんとかしようと、村全体が海外の労働市場やシンガポールの娼館売春に傾斜し、伝統的な家族制度が壊れつつあった。シンガポールの日本人墓地には、娼婦として働いた何百という九州女性の墓があり、出身地が刻まれている。明治から大正（一八六八〜一九二六年）にわたる時代をここで娼婦として生きた大半が、九州とくに天草を含む熊本県や長崎県の島原半島出身で、四二五人以上の女性たちが埋葬され、出生地が墓石に刻まれている。(65) 領事報告が示すところでは、一九〇二年一〜八月に、女性だけで四五八人がシンガポールに上陸し、その出身地は一八七人が長崎県、九六人が熊本県、二九人が山口県、二二人が福岡県、一九人が佐賀県、一九人が愛媛県、一六人が大分県だった。その大部分は、門司－香港－シンガポール航路の船で密航してきた。この地域からの移民出国を調査した森の報告では、村岡の自伝に登場する三〇四人の娼婦の最大グループは島原と天草出身で、五五パーセントを占めた。最大が長崎出身の三四パーセントで、ついで熊本の一六パーセントであった。(66) 同様に、これらの地方からの出身地と移動にかんする調査で、一九一一年に香港にいた一四六人の日本人女性のうち、九〇人は長崎県（六一人）または熊本県（二九人）の出身であった。(67) その一〇年後、日本帝国政府による海外廃娼令〔廃娼帰国者保護の通牒〕が出され、シンガポールとマレー半島から日本に送還されたからゆきさんのリストには二四六人のうち一二〇人は長崎県、七〇人は熊本県、一〇人が佐賀県、五人が福岡県の出身であった。換言すれば、一九二一年になっても、九州は引き続き、シンガポールのからゆきさんの最大の供給地であった。

天草の村々のなかには、シンガポールへの海外出稼ぎに娘たちを送っていることで有名で、その港街からの多額の送金で経済が潤っていることを誇らしく思っているところがあった。島原半島のある仏教寺院〔理性院大師堂〕には、「天如塔」玉垣にかなりの数の信心深い娼婦の名前が、海外での働き場所と寄進した金額とともに刻まれている。寄付金は、東南アジア全域からで、マラッカ、ペナン、スマトラ、ボルネオ、それにオーストラリア、とくにシンガポールからが多かった。東南アジアにおける日本人女性の地域分布の観点から言えば、シンガポールは九州出身の少女の転売の好市場だった。娼館所有者は、和歌山、山口、佐賀と愛媛出身の女性も買ったが、それでもからゆきさんは長崎県と熊本県の村の生まれが多かった。大正期にシンガポールの小山衣料雑貨店で働いていた松原久太郎が山崎に語ったところでは、これら二県でステレツの娼館のほとんどの女性を供給していた。店がマレー街地区の近くにあった関係から、松原はからゆきさんからしばしば手紙の代筆を頼まれたという。手紙の宛先は、長崎県南高来郡および西彼杵郡と、熊本県天草郡がほとんどだった。九州の地図を見れば、長崎県南高来郡はすなわち島原半島であり、熊本県天草郡とは天草諸島であることがわかる(68)。

娼館主が、阿姑やからゆきさんをいつから、どの楼で娼婦として働かせるかを決めるときの第二の要素は、年齢であった。年齢と容貌は、中国人や日本人少女が、どんな客の相手をし、どれだけ稼げるかの大きな決め手だった。史料をみて驚くのは、シンガポールに娼婦として渡った広東や九州の少女の多くが、未成年であった事実である。少女が若く器量がいいほど、女衒や人買いからの引く手は多く、家が貧しく卑しいほど、親族はかの女を早く手放したがった。一八歳以下の娼婦は、シンガポールのどこでもみられたが、とくにチャイナタウンの長衫楼や、マレー街地区の日本人娼館に多かった。ある程度の人数の、若くて魅力的な阿姑やからゆきさんを置くべきだ、と娼館主は考えていた。その存在は客にとって大きな魅力であり、したがって投資の見返りも確実だったからである。

これらの娼婦たちの年齢分布は、その移動性とこの職業に固有な人口統計的特色を示すもので、シンガポールの特性をはっきり印象づけた。二〇世紀初頭、中国人男性は全人口の七二パーセント以上を占めた(69)。当時、シンガポール在住の中国人のなかで、娼婦以外の女性の数はきわめて少なかった。一八八三年から一九三八年までの検視官記録にある事例が示すとおり、広東系の阿姑は主として一六歳から二五歳の女性であり、最多グループは二〇歳から二二歳の年齢層であった。日本人少女の年齢構成も驚くほど似ている。一九〇五年にノルウェー船で見つかった四八人の密航者の年齢は、一五歳から二四歳であったが、二〇歳以上はわずか七人だった(70)。一九二一年の領事館員の談話から、シンガポールから日本に送還された一〇五人のからゆきさんの年齢分布、かの女らが娼館に来て働き出した年齢、および仕事に従事した期間を知ることができ、大半は最低で

表9－2　1921年，シンガポール居住からゆきさん105人の年齢別構成

年齢	からゆきさん数	到着時の年齢（7年間居住にもとづく）
20–25	32	13–18
26–29	36	19–22
30–35	20	23–28
36–39	8	29–32
40–45	7	33–38
46–49		
50–85	2	43–48

出典：日本外交史料館文書 4.2.2.27，第5巻は，Sone, ‘The Karayuki–san of Asia’, M. Phil. diss., p. 261所収。

表9－3　1911年，香港居住からゆきさん146人の年齢構成

年齢	15	16	17	18	19	20	21	22	23	24	25	26	27	28	29	30	31	32	33	34
からゆきさん数	2		4	3	16	9	14	25	20	15	11	9	9		5	2	1			1

出典：日本外交史料館文書 4.2.2.99は，Sone, ’The Karayuki–san of Asia’, M. Phil. diss., p. 200所収。

も七年間はつとめていたことがわかる。

女性たちがそれまでに少なくとも七年間働いたと想定すると、表9－2が示すように一九一一年には、その九八パーセントは一三歳から三八歳の年齢層に入っていたことになる。この職業は、女性たちに思春期の魅力・健康・若さを求めたのだ。表9－3は、一九一一年一二月現在の香港在住一四六人のからゆきさんの年齢分布を示している。調査当時のかの女らの年齢は一五歳から三四歳にわたるが、ここで圧倒的に多いのは一九歳から二九歳までの層である。七五パーセントは一九歳から二五歳、一六パーセントは二六歳から二九歳である。重要なことに、一七歳以下の女性はわずか四パーセント、三一歳以上は一パーセント、三四歳以上のからゆきさんはひとりだった。最多グループは二一歳から二五歳にわたっていた。一九一一年から二一年にかけて、シンガポールと香港のどちらでも、三五歳以上の日本人娼婦の割合がきわめて低いことから、年をとるにつれ、収入能力は先細りになったことがうかがえる。最盛期を過ぎたからゆきさんは、美貌のなごりはあったとしても、シンガポールの娼館ランクを底辺まで下っていったのであろう。

世紀転換期のシンガポールの娼館売春でみられた特徴は、女性や少女のさかんな人身売買と、ここに住み着いてから

の従属的な身分である。これら一〇代の女性の大部分は、意志に反して連れてこられたわけで、そこには、ある共通の特徴がみられる。第一にかの女らの極端な若さ、第二に買売春の公認や女性の売買などを男性の特権とみなす中国や日本の家父長制社会の存在、第三に極度の貧困である。とりわけ第三の特徴が、多くの中国人や日本人少女をその生まれ故郷から引き離し、娼婦としてシンガポールで働かせる大きな要因であった。

第10章　娼館の家族と日常生活

娼館主

シンガポールの組織的売春の中心はスミス街やマレー街の娼館周辺であり、そこで働いていたのが阿姑とからゆきさんであった。入手できた資料から、これらの娼館を所有し経営していた娼館主についてある程度のことがわかる。「亀婆《グワイポー》、老鴇《ラオバオ》、ママさん、オカーサン」などとよばれていた女主人たちは、お金と「後ろ盾」をもつ年輩の女性であり、たいてい元娼婦または娼館の元女中であった。老シンガポール人実業家は、若いころに観察したそうした女性についてこう語った——「亀婆は、しばしば五〇〜六〇歳くらいで阿姑上がりがつねだったね」。そして、「なかには虚栄心が強い者がいた」とつけ加えた(1)。人買いあるいは地元のギャングの親分と結婚した者もいれば、秘密結社とのコネをもつ者もいた。そうしたコネがあれば利益は増し、当局の捜査を逃れる手段も増す、というのが、この種のビジネスであった。

とくに広東人の場合だが、オーナーが娼館を女将の名義にすることがよくあった。亀婆《グワイポー》がみせを切り盛りするが、別の人、ときには夫が実際のオーナーである場合でも、いつも娼館は亀婆の名前で登録された。たとえば、一八九七年の検視官への証言で、米の行商人リー・アーチュウは、ニューブリッジ路七六番地の元娼館に住んでいたライ・アーセンがサゴ街やジョホールに別の広東人女性の名義の娼館を何軒かもっていた、と述べている(2)。娼館の経営面のことはライ・アーセンやチャン・アーヒーのような男性がおこなっていた。かれらは表向きは洋服屋、レストラン経営者、商人あるいは職人だったが、実際は娼館のあがりで生計をたてていた。チャン・アーヒーはマラバル街七〇番娼館のオーナーであったが、そのみせは、パートナーである五九歳の広東人女性テン・アーヒーの名義で登録されていた。かの女は亀婆として玄関ホールのすぐ後ろの区画に住み、女の子や客、宿泊の面倒、市の規則や警察への対応など日常のこまごましたことを取り仕切った。かの女には印刷工で、ヴィクトリア街から離れたアレクサンドラ道に住むホ・アーペンという息子がいた。かれは、母親が死んだとき、かの女が身につけていた金と翡翠の対の腕輪やイアリングから、身元を確認した。「マラバル街七〇番娼館は知っています。おふくろが住んでました。……娼館の女将だったんです」(3)。マレー街一三番娼館の経営は、オーナーのヤマダが酔って二階のバルコニーから落ちて事故死するまでは、ひじょうに順調だった。ヤマダと妻である女将のユーが力を合わせて働いていたからだ。かれはヴィクトリア街三五〇番地に住み、もうひとつの仕事、洗濯屋をしていた。清潔なシーツやアイロンをあてたばかりの浴衣を、マレー街の娼館に届けていた(4)。

　中国人や日本人女将の多くはたんなるマネジャーであったが、独立した事業主だった人もいくらかいた(5)。手腕があり先を読める女性だけが、娼館の抱えから亀婆《グワイポー》やオカーサンに出世し、娼婦時代には自分の稼ぎの一部しか受け取れなかったのに、女将として自家の「女の子たち」や部屋貸し娼婦から取り立てる身分になれたのである(6)。おナツは自前娼婦として、二〇世紀初頭のシンガポールやサラワクでそんな人生を歩んだ。一九〇二年一二月、マレー街一一－一番の女将おトモは、元の隣人の出世物語をこう語った――「おナツさんはわたしの友だちで、一〇年かそれ以上のつきあいです。三二か三三歳でした。うちの隣に娼館をもっていたこともありました。最近はずっとサラワクに住んでいました」(7)。ヴィクトリア街で開業していた中野［光三］医師も、おナツが自分の娼館を経営するようになる前に、マレー街でからゆきさんとして何年か働いていたことを覚えていた。マラバル街の下宿屋で自殺を遂げる前日、おそらくサラワクで辛いことでもあったのだろう、おナツはかれの病院を訪ねた。しかし、かの女は医師になにもはっきりと語らず、薬を求めるでもなかった。かの女の死について心当たりを最後に訊かれたのは、マラバル街でカフェと宿屋を営むオダであった。なぜオカーサンとして娼館を続けるのが嫌になったのだろうかと問われ、前年の五月におナツと知り合ったばかりのオダは首をかしげるだけだった。「かの女は（一二月）一四日にサラワクから出てきて、うちに泊ってました。お金はもらっていません。友人として泊めたんです。サラワクに女の子を抱えた娼館をもっているのは知っています。幸せそうではなく、顔色も悪かった。でも、愚痴はこぼしてませんでした」とオダは証言した[8]。

娼婦をやめるためにおナツが貯めた金額は、並大抵のものではなかった。広東人娼婦の場合、娼婦をやめることは困難で、チャン・アームイくらいの年輩の女性は、娼婦にするために買った少女を一～二名養女として育て、かの女らの稼ぎに寄食するというのがもっとも一般的であった。養女のひとりイプ・ムイチャイは、一五歳になると母のために登録娼婦となった。キャナル路で娼館を経営していた年輩の広東女性チャン・アーユウは、四九歳の元阿姑が養女をかの女のみせに始終連れてきていた様子を述べている。「かの女は、事件の前の三カ月間ほど、毎晩うちに来てました。母親がいつも一緒でした。この三カ月間、あの娘は大勢の客をとりました[9]」。チャン・アームイのような年輩の女性は、なじみ深いシンガポールで、「娘」が稼いだお金を元手に娼館を開くこともあった。移民人口と娼館の数が急速にのびた一八九〇年代なかばに、とくにみられた現象である。老母に売春を奨励される娘にとって、最終的に娼館経営がもうひとつの仕事になった。娘たちは母親の仕事をしばらく手伝い、母親が年をとると正式に仕事を引き継いだのである。一九〇九年、ウォン・アーイーは、死んだ三〇歳の娘について検視官にこう語った。「わたしは上福建街六四番地に娼館をもっています。……チョ・チャトムイは、わたしが中国で生んだ娘です。娼婦じゃありません、昔はそうでしたけど。いまは、わたしが経営しているみせを手伝ってくれていました[10]」。同じく元阿姑であったリョン・アーヨークは、自家の料理人の死体の身元確認をしたさいに、自分の経歴に触れている。「わたしは、マラバル街六八番娼館の女将です。死んだロク・アーリムは、うちの料理人でした。亭主じゃありません。わたしは、母が亡くなる直前の四年くらい前に、みせの仕事を引き継ぎました[11]」。

娼館主やほかの娼館の使用人は、性別や年齢、出身地や民族にかかわりなく、中国や日本の家族内での肉親にたいする伝統的な呼び方を愛用した[12]。これらの擬似家族関係を示す呼称は、その界隈では娼館主と娼婦の特殊な関係を示唆する業界用語となっていた。娼館内部では、娼婦、娼館主、オーナーからなる社会集団あるいは「家族」の共通価値が、多様な性的アイデンティティとあいまって阿姑やからゆきさんの行動や思考をかたちづくっていた。娼館での和を保ち、利益を最大限にすることはひじょうに重要だったので、娼婦どうし、客、隣人のあいだのあらゆる関係は、とくに肉親関係の用語で表現された。中国人オーナーは阿姑に老爸爸（父）とよばれ、より一般的には嫖頭または亀公《クワイクン》（売春宿のオヤジ）とよばれた。中国人の女将は娼館内では女性たちに老媽媽（母）あるいはママさんとよばれたが、外部の人にはしばしば亀婆《グワイポー》とよばれていた。亀婆とあまり親しくない人は、老鴇《ラオバオ》という侮蔑的な言葉を使うことを好んだようである。娼婦は娘とよばれたが、お互いのあいだでは年齢や格を強調して「姉さん」「妹」とよびあった。いっぽう、客は「旦那さん」および「にいさん」という身分であった。(13)

家族的なよび方は、シンガポールにおける娼館売春の社会的ビジネス関係に通常連想される冷酷な無関心を、カモフラージュする現実的な方法であった。阿姑やからゆきさんはしばしば亀婆《グワイポー》やオカーサンの財産であり、娼館主はいつでも労働や売春を命じられたし、商品として日常的にかの女らを売買することができた。「母」と「娘」をつなぐこの虚構の言語は、両者を隔てる身分と富の面でのおおきな違いを隠すうえで、ジェンダーよりも影響力があった。阿姑やからゆきさんのほとんどが独身で、故郷や家族から遠く離れた異国にいるか、あるいは音信不通の境遇にあった。こうした若い娘が寂しく孤独であったことが、家庭崇拝や家族もどきの関係を作りあげるのを助けた。「母」とか「娘」とかという用語は、そのような儀式化した親族関係のなかで特殊な価値および永続する特性をもち、頼るものはそれしかないという帰属意識を少女らに与え、ときには「鴇母」と「養女」のあいだに、ほんものの愛情や人間的絆が生まれることさえあった。

阿姑やからゆきさんの身元や個人的なつきあいを調べる検視官は、女将は例外なく「ママさん」とか「オカーサン」とよばれ、当事者の娼婦は「うちの子」あるいは娘とよばれている事実をしばしば記録している。

擬似家族アイデンティティが、または同性であることや経験の共有が、かの女らの利害の対立や社会的溝をどれだけ埋めえたかという疑問に答えるのは難しい。植民地の記録文書、新聞に出た自殺や逃亡にかんする事件、そして掟や折檻についての聞き取り調査からみて、家族的なよび方が必ずしも娼館のみんなを伝統的な意味での社会的義務や義理で結びつけたわけではなさそうだ。理想的に家族や養子縁組を結びつけたそのような言葉や、機能、儀礼が永続的な一体感を強化していたなら、親孝行で従順な娘たちの幸せや個人としての言動にたいする女将の注意深い気遣いがあったであろう。そして、かの女らのいろいろな苦労、とくに仲間や「オカーサン」との葛藤を和らげるのを助けたであろう。

皮肉にも、そんな言葉を使用したがために、女性による女性の根本的な抑圧が娼館のなかで二四時間続くことになった。擬似家族のなかにおける阿姑やからゆきさんの「娘」という架空の役割と、現実の待遇や状況には天地ほど隔たりがあったと、それを目撃した人びとは証言している。かの女らの運不運は、ひとえに娼館主の意向と性格にかかっていたという事実が、一九世紀後半にみられた。一八九〇年代に率直にそれを認め、公にした政府役人も、亀婆《グワイポー》の横暴ぶりと阿姑の苦境をこう語っている「中国人女性の声は、家の壁の外には届かない。かの女らを家財の一部のようにみなす人びとによって拘束されている(14)」。悪辣な娼館主、とくに広東人は、阿姑をまるで囚人のように扱い、仕事のとき以外はぜいたくな衣服や宝石や化粧品も取り上げ、かの女らの稼ぎの大部分を契約だ家賃だといって奪っていた。給金をまったくもらえない広東人娼婦は、下着さえ自分のものではなかったため、逃亡でもしようものなら、泥棒よばわりされた。病気や生理で収入がない期間には、殴打や食事抜き、はては日々の民間信心行事の禁止まで、その自由を束縛した。もちろん、亀婆や使用人の厳重な監視や同行なしには、阿姑の外出は許されなかった。

多くのからゆきさんは、オカーサンとの「母子」関係において、そこまで管理されていなかったことが、役人に知られていた。若い娘がシンガポールに到着したとき、かの女には多大の前借金があり、高価な衣装代、渡航費、部屋や調度の代金を働いて返さなければならなかった。一定の期間、娼館主の支配下にいることになるが、その束縛は阿姑ほどではなかった(15)。からゆきさんはひとりまたは仲間とステレツでの散策や買い物を楽しめた。いっぽう、亀婆《グワイポー》はいつも、阿姑を娼館から出したら逃亡するのではないかと恐れていた。

娼館主による阿姑やからゆきさんの待遇は、極端な虐待が報告されることはあったが、一般にそれほど苛酷ではなかったようだ。一部の下級娼館では長い労働時間、粗末な食事、衛生施設の不備、折檻などが、娼婦の生活や仕事をみじめなものにしていた。女性を五年の年期で買う娼館オーナーは、かの女の値打ちが毎年五分の一ずつ減少するとみなしていた。いきおい、かれらの関心は、その五年のうちに「娘」から最大限の利益を引き出すことだった。数年後に若い女性がぼろぼろになろうと、重病になろうと、そのような娼館主は気にかけなかった。いっぽうで、女として、性の商品として、人間をうまく操るのは、娼婦と「姉妹」との善意や協力しだいであったとすれば、完全に敵対的な関係になれば、亀婆《グワイポー》やオカーサンにとって利益となる

とはまずなかっただろう。(16)

いい常連客をもちたいと思う亀婆《グワイポー》やオカーサンは、それなりの資質と性向を備えていなければならなかった。女将がいつも「娘たち」を大切にしたのは、かの女らとその上客を維持したかったからである。一九〇〇年ごろシンガポールで娼館をうまく経営するには、気丈さ、性格を見抜く力、四六時中働けるスタミナ、救急医療の心得、婦人病の処置能力、すぐれた自衛技術まで必要であった。自家での女性どうしの反目を避けるには、なみでない機転やユーモアのセンスも欠かせなかった。一九〇三年、おアキは、娼館主のおサンが決めた取り分に納得していなかった。おアキと「姉妹」たちとの口論、感情の行き違い、殴りあいの喧嘩を解決することが、その海南街《ハイラム》の娼館では難しくなり、おアキは自殺してしまった。かの女はオカーサンに四〇〇ドルの借金があり、また「姉妹」とのトラブルで金銭的な危機に陥っていたと主張していた。しかし、おサンは、死んだおアキは自分になんの借金もないと繰り返し検視官に供述した。さらに、発作的な最後を遂げる直前の、おアキとほかのからゆきさんの関係をこう表現した。「おアキが家に来てからの三年以上のあいだ、あの娘がヒステリックになったことはありません。でも気が短くて勝ち気で、ときどき朋輩といろいろ小さな喧嘩はしていました。わたしとは、口論をしたこともありません」(17)。女の子たちが客との金の貸し借りをめぐるトラブルを起こさないようにし、かの女らが孤独な気分のときや病気やけがのときに気を配るのも、娼館主の仕事であった。

秘密結社のメンバーが娼館主を脅したり、警察が文句をつけてくることもしばしばであった。そっとしておいてもらうために、亀婆《グワイポー》は秘密結社に金を渡すのがふつうだった。気は進まなくても安全のためには流氓《サムセン》を頼みとし、脅迫や暴力から身を守るために保護料を払うのであった。亀婆やオカーサンというのも、なかなかきつく危険なビジネスであった。しかし、ビジネスとはみんなそんなものかもしれない。

「姉妹」どうしの関係

阿姑とからゆきさん社会の基本は、姉妹関係だった。この家族関係には、序列、一体感、そして共存が織り込まれていた。新入りの少女と先輩娼婦の違いや義務関係をはっきり示す言葉が妹であり姉であった。(18)この用語は前述のように、娼館一家内で和を築き、競争を減らし、ふたりの「姉妹」の親密さを育てることを意図していた。初期の移民が愛唱したバラードの哀しい詩句は、本当の家族の絆のない娼館という虚構の家庭のなかでの姉と妹の関係の大切さを強調している。福建語の歌詞は、若い女性移民は家族がいれば生き残れるとはじめている――「親類がいれば、あなたは魚が食べられる。いなけりゃ涙を呑むばかり」[19]。

たまに、実の姉妹が同じ娼館で働いていた例もみられた。ウォン・アーソーンはアルメイダ通りの娼館の使用人で、姉/妹のウォン・アーカウは九カ月間、同じ家で娼婦として働いていた[20]。おサキは同じ村の親しい友人、おハナとツギヨと一緒に国をでた。シンガポールに来てから、三人の姉妹分としての結束や仲間意識は本物になった。おサキの太郎造への初期の激しい抵抗から、「姉妹」の団結ぶりがうかがえる――「うちは、おハナさんやツギヨさんと話し合うて、一緒に親方のところさん行って、「うちらは、ゆんべのごたるこつは死んでも嫌じゃ。もう、こがん娼売はせん」と言い張った[21][22]」。そのようなことと関連して、初期のつらい日々に、おサキは「オネーサン」で友人であったおフミを懐かしんだ。

> ただ、ふたりのオネーサンだけが、うちら三人ばまことの妹のごつ可愛《むぞ》がってくれた。とりわけおフミさんはな、「あんたら三人とも、うちと同じ天草者《あまくさもん》じゃけん」と言うて、親方やお内儀さんがひどかこと言うとき、うちらの味方ばしてくれた。だけん、うちはおフミさんを好きになってしもうて、今でも仲良うしとるとたい。――おフミさんも、外国から無事に戻って、今は生まれ里《さと》の大江におる。四年前に会《お》うたきりじゃが、……[23]。

「姉妹」としての共感や親近感は、ときとして血のつながり以上に強かった。おサツはマレー街二四番にあった自家の雰囲気はよそより良好で、女の子たちは仲良くやっていると思っていた。だがおタマにとって、「姉妹」のおハツが亡くなってから仕事や生活は耐え難いものになっていた。悲鳴をあげて悪夢から覚めたり、自分の頭が破裂してしまう幻影に怯えてベッドから走りでたりするようになった。夢のなかでおハツの死による衝撃、怯え、孤独が激しく甦ったのだろう、娼館主のおサツにはそう思えた。おサツは、おタマの寝ているあいだにおこったトラウマの徴候を、つぎのように語っている。

> 故人は、このところ問題ありませんでした。一週間前には、頭痛を訴えていましたけど。治療を受けなさいと言ったのに、そうしなかったんです。あの日は、とくに変わったところはありませんでした。夢をみると、いつも

頭痛がするとこぼしていました。あの娘は、だれとも喧嘩なんかしてません。三年半ほど前（一八九六年）に、病院で死んだおハツという友だちの夢をみたと言ってました。ふたりは香港から一緒に来て、うちに住み込んでいたんです。おハツは、高熱を出して死にました。故人はときどき神経質になる娘でした。二一歳でした。(24)

娼館一家での「姉妹関係」の心得は、阿姑やからゆきさんの日常的つきあい、交友関係、態度、集団力学を管理するために、意識的に活用された。虚構の親族関係からなる娼館「一家」の社会的重要性にもかかわらず、娼婦たちは友情や連帯の必要性や利益について理解していないときがあった。おサツのような寛大な女将のいる娼館においてさえ、多くの女性たちの生活は辛く、仕事は不安定で、不快な競争や猜疑心、ときには大っぴらな諍いはつきものだった。お金にはなったし、高級なクラブや金持ちの家を訪ねる機会もあった。ヨーロッパ船が港に停泊したので、結婚とまでは言わずとも、娼館にいてなんらかのかたちで援助を受けられる希望さえいつもあった。そういう環境であれば、ライバル意識や嫉妬は阿姑やからゆきさんの生活の避けがたい一部となっていた。だが、こうしたありがちな悪い噂や陰湿な競争、ときに酔った勢いでの男性をめぐる争いはほとんど世間に知られておらず、たくさんの襲撃事件や殺人事件のときの客たちの様子のほうが、裁判を通じて表面化するため知られている。客や流氓《サムセン》、警察が女性たちを抑圧すれば、当然ながら、かの女らは身を寄せ合うしかなかったのだ。阿姑やからゆきさんが「姉妹」に怒りや不満を向けたとしたら、それは自分自身へのやりばのない憤りだったのではあるまいか。

娼婦の子どもたち

子どものいる阿姑やからゆきさんもいた。華民護衛司署の年次報告書には、大きな中国人娼館には、しばしば赤ん坊や一〇人もの幼児が同居していたという記述がある。伝染病条例の実施状態についての調査委員会に呼ばれた参考人はみな、「娼館には子どもが大勢いますか」という質問にたいし、「はい」と答えている。(25) 娼館地区に住む仕立屋で、阿姑の常連客であったリョン・チョンタイは、娼館主の子どもだという三～四歳の幼児を見たことがあるという。(26)「かなりの数の子どもを見かけました。かれらは、廊下に置かれた木製ベンチで寝ていました」と、イギリス人の個人開業医も述べている。植民地衛生医務官は、抱かれた乳児から思春期までの子どもたちを、中国人娼館のロビーや玄関ホールで見るのは稀ではない、と記している。伝染病条例が実施されていたころの検査官のひとりは、香港街三七番のある娼館に小さいときに買われた子、あるいは阿姑の生んだ子がいた、と実例をあげている。一八七七年三月、その家には娼婦一〇人、一二〜一六歳の子ども一二人、そして一二歳未満の子どもが二〇人もいた！[27]　一九一七年ごろになっても、スミス街の娼館では女児の数が優勢であった。

これらの子どもたちは、「家族」の人間的な側面およびシンガポール娼館売春を象徴するものだった。子どもは、阿姑とからゆきさんの存在が社会的にもつ意味を、目に見えるかたちで示していたといえる。クレタ・アエル地区の通りやステレツには、娼館街世界を象徴する子どもでいっぱいであった。単身でやってくる男性移民であふれる港湾都市が存在するかぎり、この問題はついてまわった。片親として妊娠、出産、育児をするのは、娼婦にとって深刻な問題だった。危険をはらむ中絶は、必ずしも得策ではなかった。阿姑の生んだ赤ん坊は、その生得権が非嫡出およびまたは遺棄とみなされ、「無法児」とよばれた[28]。その数の多さが、不幸な悪循環をもたらした。娼館に生まれた望まれぬ赤ん坊、とくに女児の市場が世紀転換期に成長したのは、母親や娼館主がこれらの乳幼児を売ったり捨てたりしたことを意味する。「あのころ、阿姑たちはときどき子どもを手放したんです。子どもは、いまのように大切に思われていませんでしたから。時代が違いますもの、子どもはポイでした」と語った老シンガポール婦人は、捨てられた子どもたちのいたスミス街で成長した。子どもたちの存在はチャイナタウンのそこかしこになじむ光景であったが、その運命は痛ましく敗北的なものであった。シンガポールでは「親代わり」による捨て子のやりとりがさかんであった。阿姑やからゆきさんのなかには、寂しいのは嫌だという者もいれば、妊娠で体形が崩れることを嫌う者もいた。中国人や日本人の娼婦が、望まれずに生まれた女児を養女にし、娼婦に育てあげようとしたことが知られている。一八九四年、やせ衰えた三〜四歳の中国人女児の死亡事件の調査で、イプ・アーカムにはたんなる広東人阿姑以上の苦労があったことがわかった。二〇代なかばから、サゴ街の娼館で数年間働いていたかの女は、自分と家族とそれに「養女」の生活まで支えなければならなかった。かの女が検視官に述べたところによれば、その養女は帰国した阿姑からの贈りものだった。

わたしは、サゴ街三三番館に住む娼婦です。本月一日

（一八九四年九月一日）、死体仮置き場で検視官さんが見た遺体は、わたしの養女のイプ・アーガンです。もらって二年以上になります。あの日、朝八時ごろ熱を出して、一一時ごろ死にました。いつも、からだの弱い子でした。ごはんはよく食べるんですが、元気がでなくて。シー・タイからあの子をもらいました(29)。

娼婦が母親をつとめるのは、役割としても実行面でも容易なことではなかった。不幸なことに、これらの女性は稼業をこなすだけでもたいへんで、育児、家事、料理などの大きな楽しみを味わう余裕はなかった。しかし、大規模な娼館では、年長の子どもや使用人が、擬似家族の一員と自覚して、母親を助けて幼児の面倒をみた。阿姑が娼館での主役を引き受けるなら、陰と陽のバランス上、広東人使用人が「家族」のなかで脇役をつとめるのは自然なことであった。娼館の子どもはたいてい、上級の使用人だが給料はわずか月三ドルくらいだった乳母に育てられた、とフォン・チョクカイは当時について語った。「阿姑たちは、使用人に子どもたちの面倒をみさせてました。学校に行っていた子もいたし、別に借りた部屋で育てられる子もいました。あのころは、使用人が安く雇えたからね(30)」。

子どもを娼館で育てることは、禁止されていた。華民護衛司署の役人が抜き打ちでやってきて、たまたま子どもが発見されると、その子は保護されて調査がおこなわれた。ふつうに育てようと努力していたにもかかわらず、母親の職業から連想される不健康なイメージが、ときとして子どもの生涯に悲劇をもたらすことがあった。一九一七年、あるからゆきさんの七歳の娘が、マレー街の娼館で役人に発見された。少女は日本人学校で教育を受けており、その日はたまたま母親を訪ねてきただけだった。だが、婦女子保護条例にもとづき、施設への入所手続きがすむまで、子どもの監護権はうろたえ悲しむ母親から取り上げられた。このような事件があるいっぽう、一九一五年に八歳と一〇歳の別の少女が、マレー街一一／四番娼館でまだ母親と一緒に住んでいたという証拠がある(31)。

ひとたび母親の人生の断片的な記録から抜けおちると、これらの子どもの消息はほとんどわからなくなる。通常、貧しく読み書きもできなかったから、その社会的上昇の機会は限られていた。まだ幼いのに女の子は奉公に出され、下働きしたり晩餐や祝宴の給仕をした。男の子は娼館の走り使いをしつつ、路上で生きてゆく方法を学んでいった。かつて使用人だった老広東人は、男か女かによって新生児の運命がどうなるかについてコメントしてくれた――「男なら、ふつうママさんの息子として育てられた。女なら娼婦の娘になって、最後は母親と同じ仕事をすることになるんだ。女の子は阿姑かママさんか、あるいはその両方を自分の母親とみていた。それは、その阿姑の格とか状況しだいだったね」[32]。

娼館にとどまっていた男の子は、母親のライフスタイルのせいか、「社会不適応者」あるいは敗残者になりがちであった。娼館という所帯での主役は女性であり、生活費を稼ぐのは実母か「一家」の「姉妹」のみである。そういう世界で男の子が父親不在で育てば、男性としての成長や将来が明るいわけがない、と古老たちは指摘した。そのせいか、私生児に生まれたコンプレックスは、概して女の子より男の子のほうが強く感じていた。そのような少年はしばしばゆりかごから街頭へ飛び出して、一定のサイクルで娼館に戻ってくることになった。五〜六歳になると娼館に居場所がなくなり、少年は五脚基［ゴカキ。強い日ざしやスコールをよけるため、軒からひさしを出し、その下を通路としたもの。華南の伝統的建築様式を移住地に移植したもの］に追い出されて自活し、母親はかれの収入をあてにするようになる。そのときから、かれはチャイナタウンやステレツの路上で生きてゆくための実習を受けることになった。小金をせしめる手口から盗みまで、秘密結社がぬかりなく仕込んでくれるのである。広東人結社のリーダーは、自分をこう紹介した――「小僧どもを仲間にひき入れて、ひったくりやヒモになるよう訓練することで、いい暮らしをしてるちょっとした商売人ってとこだな。だが、これはほんの片手間仕事だ。ギャングの頭目として、俺は数件の殺人やら、数えきれない盗みにかかわってきた」[33]。スリやギャングになるほかに、少年たちは娼館に客引きとして雇われた。船着き場からやってくる観光客や水夫をつかまえようと、おもだったホテルの前や上クロス街にたむろする少年たちの姿が、昼も夜も見られた。かれらはまた、反抗的な娼婦あるいは乱暴な客を脅す用心棒としても仕込まれていった。

娼館売春の世界で生まれた多くの女児が、母親と同じ道を歩んだことが裏づけられている。しかし、いくつかの資料は、すべての娼婦がそれを望んだわけではないことも明らかにしている。何人かは、子どもを信頼できる使用人に託して娼館外で育てたり、寄宿学校にやったりした。わが子が就職したり結婚できるよう願ってのことだった。

使用人

娼館での家庭生活は、使用人の助けなしではやっていけなかった。だが、伝統的な中国人および日本人家庭は血族からなり、女中、料理人、用心棒、人力車夫のような娼館で働く使用人は含まれていなかった。[34] 使用人たちは、娼婦を「姐さん（ma'am）」とよび、阿姑やからゆきさんから適当な社会的距離にあるほうが好ましかった。親しみはあっても、当惑やトラブルとは無縁でいたかった。たいがいの娼館は、少なくとも数名の使用人を抱えていた。大きなところでは六人以上の女中がおり、仕事の役割による区別があった。

大班婆《タイパンポー》

有能さで伝説的な広東人阿媽《アマ》（女中）は、たいてい独身で、貧しい農家出身者であったが、娼館で働くことは稀だった。これらの若い女性は、裕福な頭家《トウカイ》や外国からの駐在員の家庭でまったく異なるタイプの仕事につき、雇用主一家に忠実に仕えていた。[35] 一九八七年、黒白はっきりものを言う年輩の阿媽は、同じ家事労働者でも、娼館で働く人を自分たちとは別種とみなしていた。救世軍老人ホームに住む七六歳のロウ・ヘンシーは、ベッド脇の古ぼけた籐椅子に座って、「娼館の女中はわたしたちと違うと思っていたし、こちらもそう思ってました」[36] ときっぱり言った。同じホームの住人で元乳母だったコー・アーヘイは、若いころ自分たちと花柳界の広東人使用人の社会的隔たりをさらに具体的に示してくれた。かの女と同じ下宿から近所の娼館に仕事を求めた娘はいたかと訊くと、「とんでもない（Mola）」と強い調子で否定した。厳然たる差があったのだという。「娼館とは絶対関係したがらなかったの、まともな人間は」[37]。クレタ・アエルに住む老人も、これらふたりの阿媽のいうまともな生き方や社会的通念を裏づけてくれた。かれは、第一次世界大戦前にスミス街やサゴ街の娼館で働いていた女中や使用人について知っていた。「独身の広東人阿媽は、個人の家庭で働いていました。みんなとても若くて、そしてわたしの知るかぎりじゃ、娼館では働かなかった。かの女たちは処女だと思われていたから、娼館で働くことは許されなかったんです。娼館で働くことになったのは、阿媽の一〇〇人に一人ってとこかな」[38]。

多くの大班婆《タイパンポー》は、結婚していた。既婚であることが、実入りのいい娼館女中として雇われる前提条件であった。チア・アーホイのような女性は、阿姑の女中かお針子になることが多かった。[39] パン・ソンヘンが大班婆である母親をリョン・アータイの娼館に訪ねた事例は、母親と亀婆《グワイポー》とのあいだには距離があったことをはからずも強調している。亀婆は、かの女に息子がいること知らなかった。陳桂蘭《タン・キーラン》街一番でアヘンハウス兼娼館を経営していたリョン・アータイは、検視官にこう言った――「九月一五日の夜のことは覚えています。知らない若い男が訪ねてきて、うちの使用人であるその男の母親を呼びました。かれはお腹が痛いと言っていて、母親が出てきて息子と話をしました。わたしは、かれを向かいの病院に連れてゆくように指示しました」(40)。この事例はまた、大班婆のウォン・ヨンタイが病気の息子を助けようと、主人であり娼館世帯の長であるリョンを頼りにしていたことも示している。かの女は、言われたとおり通りを横切って、病気や死に瀕している阿姑のための病臥施設を経営していたウォン・アームイのところへ息子を連れてゆき、治療を頼んだ。「わたしは、九月一五日の夜に死んだパン・ソンヘンの母親です。死んだ場所は、陳桂蘭街で、深夜ごろです。番地はわかりませんが、病人の娼婦の面倒を診てくれるところです。……わたしはその家に息子を連れてゆき、そこでかれは死にました。ウォン・アームイが、うちの娼館かかりつけの医者を呼んでくれました」(41)。

　これらの大班婆《タイバンポー》は、通常三〇～四〇歳の女性で、スミス街地域の住人によれば、夫の収入を助けるためか、あるいは最近シンガポールに来たばかりのため、最初の仕事に飛びついたかのどちらかだったようだ。

　大班婆《タイバンポー》という語は、これらの女性がおこなった業務にヒントをあたえてくれる。大班は「家のすべての仕事をする人」を意味する、と老シンガポール人が教えてくれた。娼館の維持・経営に関係する家事全般をみるために亀婆《グワイポー》が雇った人なので、大班婆とよばれた。それゆえ、イプ・チョンファンはつぎのように書いている――「仕事は部屋を掃除し、シーツを交換し、お茶を出すなどで、いわば女中だった。また、大班婆が玄関に座って、あの阿姑はいくらだとか、あの妓はもう予約があるか、などと訊くお客に応対していたものだ」(42)。阿姑の個人メイドとして雇われていた大班婆もいた(43)。かの女らはまた、小間使い、洗濯女、お針子、玄関番などの仕事もした。酔客や無頼な客を入口で撃退しなければならない玄関番は、夜がふけるにつれ、危険になることもあった。つぎの例は、玄関番をしていたチャン・アーチュウの機転とすばやい行動が、襲撃犯の逃走を防いだことを示している。

　被告人は、みせに午後七時半ごろ来ました。かれは、土間にいたわたしに声もかけずに、女の子たちが座っていたホールに入りました。フォン・ロクムイも入れて三人いました。被告人は、フォン・ロクムイを上階に呼びました。……五分か一〇分後に、上階の床でどしんと踏みつけるような音がしました、声はしません。わたしは玄関の閂を締めて、呼び子を吹いて裏口に回りました(44)。

しかし、多くの大班婆《タイバンポー》のおもな仕事は、阿姑の洗濯物がないときや通常の個人メイドの仕事がないとき、娼婦たちの買い物や、指定された場所への出張に付き添うことだった。娼館主と阿姑のあいだの命令伝達係りでもあった。「オカーサン」に代わって「娘」の行動を監督するお目付役としての役割も軽視してはならない。スミス街娼館のウォン・アーウォンとほかのふたりの阿姑は大班婆としてコク・アーメンを雇っていたが、コクがかの女らから二~三歩以上離れることはほとんどなかった(45)。

料理人

料理人も、多くの娼館に欠かせない存在だった。大きな娼館になると、蒸す者、炒める者、食事の支度全般をする者など、数人の男性料理人を雇っていた。護衛司署が娼館に住み込みで働くことを許していた唯一の男性で、よく亀婆《グワイポー》の夫と間違えられた。

夜明けに買い出しにいって、炊きたてのご飯、新鮮な野菜、魚や肉でいっぱいの食卓を用意するだけでなく、料理人は厨房の仕事がないときは家の周囲の重要な仕事もこなした。ときには大班婆《タイバンポー》にかわって阿姑につきそい、また盗みや襲撃のもっともおこりやすい明け方には、玄関番もした。アルメイダ街の娼館で働くラム・アーファンにとって、宴席で歌うために呼ばれた娼婦のウォン・アーカウを送り迎えするのも、仕事のうちだった。近くの金細工商のところで働くクーリーが、日本街の下宿屋に来るよう、この小柄な阿姑を指名した。ラムは、数時間の酒盛りのあいだに起こったことを検視官に説明した。「かの女は上階に上がりました。わたしも一緒に上がってみると、たくさんの人が歌っているのが見えました。ほかにも六~七人の娘がいました。午後一〇時半にかの女が運び降ろされるまで、下で待っていました。口も利けないほど酔っているのがわかりました。かの女の姉/妹も、午後九時にはそこにいました。アーロクが辻馬車を呼び、わたしはかの女の姉/妹とともにアーカウを連れて帰宅しました(46)」。

料理人の多くは、いざというとき玄関番の役にたつように、ホールで寝ていた。マラバル街七〇番の大班婆《タイバンポー》コー・アーロクの証言は、料理人の深夜の日常を描写している。その晩、料理人のアーマンはいつもの一一時の夜食の支度を拒んだ。なぜだかわからないが、すぐに姿を消した。亀婆《グワイポー》の金や翡翠の装飾品と一緒に。

わたしは三階で寝ます。午前二時に、寝に上がり、一階のホールには料理人が残りました。……かれは、座ってタバコを吸っていました。表口、つまり門とドアは閉まっていました。料理人は玄関番もするんです。……朝七時ごろに起きたとき、……料理人はいませんでした。八時に、市場に行くのが決まりなんですが。これまで、トラブルはありませんでした(47)。

アーマンと違い、フォン・アーヤムは法を恐れる必要はなかった。殺人事件の解決を助けるため、かれは警察にトルンガヌ街一〇番の玄関わきでの夜間の仕事について説明し、問題の夜、二二歳のホン・ヨウクムを刺した常連客が、誰かを確認した。

わたしは娼館で寝起きしています。四月一〇日は、午前一時に寝ました。わたしは被告人を知っています。よくうちに来てましたから。九日の夕方七時ごろ、かれを見かけました。ヨウクムを指名してました。わたしは階下の表戸の側で寝てました。一〇日の午前四時半ごろ、最初に事件に気づいた者が女将さんを呼びました。女将さんが上階に行くとき、わたしが内側の門をかの女のために開けました。女将さんは見に上がって、降りてくると、女の子が刺されたと警察に報告しに出てゆきました。そのとき店にいた男は、わたしと被告人だけでした。その晩、わたしは門に錠を下ろす直前の真夜中に、客のひとりを送り出し、さらに一時と三時半ごろにそれぞれひとりを送り出しました(48)。

夜警兼よろず世話人であった料理人は、しばしば自殺する阿姑を最後に見、最初に悲惨な現場を見つけ、危急を知らせることになった。ロウ・アーセンはリー・チョウフォンが住み込みで働いていた香港街二一番館の料理人だった。一八八三年一二月二一日の夜、その広東人阿姑は、夜九時に潮州人の客をとった。翌朝五時に客が娼館を出たとき、かの女は眠っていた。ロウは、かの女に変わりがないことを確認している。四時間後、かの女は昏睡状態だった。大班婆《タイパンポー》が阿姑を呼んで起こしても返事がなかったその現場に、かれは居合わせた。雇われて間がなかったが、本能的にその恐ろしい静寂の意味を理解した。自殺だった。

中に入るためにドアを壊しました。内側で開かないようにしてあったんです。手遅れと感じたので警察署に報告すると、巡査が来てくれました。わたしが、リー・チョウフォンの後始末をしました。チャンドゥ（調合アヘン）の滓は、かの女のものです。かの女は、アヘンを吸っていませんでした。わたしは店に来てから六カ月ですが、かの女はずっと前からここにいました。大事に扱わ

れていて、故人が泣くのを見たことはありません。わたしは、女将さんとなんの関係もありません。(49)

四年後、ウン・アーワーは、アヘンの犠牲者として生涯を終えた。この事件でも、料理人は新入りであったが、瀕死の阿姑の発見者だったので当局に呼ばれ、「家族」の一員として、かの女の最後の夜を明らかにするのを手伝った。トルンガヌ街三五番の娼館で、ロウ・アーチャウが生きているウンを最後に見たのは、一八八七年一〇月二日であった。同じ日に、死体安置所で「女性中国人娼婦」としてのその阿姑の身元確認をすることになった。朝四時に、かれはかの女の姿を見かけていた。

わたしは、その晩の中国人客と一緒に、かの女が下に降りてくるのを見ました。かの女はドアまで客を見送ってから、自分の部屋に戻りました。お客の中国人についていは、前に見たことがなく知りません。ふたりは、静かに別れました。喧嘩なんかありませんでした。かの女がアヘンを持っていたのか、夜の間に出かけたのか、あるいは家のだれかがかの女のためにアヘンを買ったのか、わたしにはわかりません。朝九時ごろ、食事を知らせに上階のかの女の部屋に行きました。ドアは閉まっていましたが、鍵はかかってませんでした。呼んでも返事がないので、ドアを開けてベッドに近づいて呼びました。かの女はこちらを向いたけど、口が利けませんでした。カップもアヘンもかの女の側には残っておらず、部屋はいつものとおりでした。わたしは、女将さんを呼びました。女将さんは、ウン・アーワーの様子を見てから、クレタ・アエル署に事件を知らせに行きました。あの妓はアヘンをやってませんでした、保証します。あの妓に悩みがあったかは、知りません。わたしは去年の二月に雇われて、そのときかの女はもうこの家にいました。(50)

阿姑とからゆきさんの日常生活

遅い朝

二〇世紀初頭、スミス街やマレー街の阿姑やからゆきさんの毎日はどんなものだったのだろうか。答えを見つける最善の方法は、夜のカーニバルがはじまる前、「一家」がどんな社会関係をもち、午後遅くまでその界隈でどんな活動をしていたかを観察することだ。これは、社会史家が見落とされがちな、昼間の社会生活を垣間見ることを意味する。古い写真や絵はがきが、娼館街の特徴である正午前の静けさを映し出している。夜は人があふれ活気を呈していたマレー街、スミス街、陳桂蘭街《タン・キーラン》、トルンガヌ街のような目抜き通りはまったく人気がなく、前夜のゴミを掃除するクーリーの物音を除けば静まりかえっていた。阿姑やからゆきさんは深夜族であり、午前一〇時や一一時前に起きることはめったになかった。[51]かの女らが昼間街に現われることはなく、娼館の庭やホールはがらんとしていた。女の子たちは未明まで働いているので、ママさんやオカーサンは、昼間の客が来ると誰かひとりに降りてくるようにいい、客に娼婦を選ばせなかった。前夜ひっきりなしに働き、疲れきっているその娼婦は、それでもやぼな客に笑顔を向けて上階に連れていったものだった。そういう客を除けば、昼間のこの世界を、数ブロックにわたる似た境遇の女だけの不思議な「家族」のネットワークでつながったコミュニティを見たものは少ない。

　娼館内あるいは近くに住むさまざまな年齢の「姉妹」たちの親近感と愛情の絆は、強いものだった。客がいない時刻に、ゆっくり起き出した阿姑やからゆきさんは互いに訪ねあったり、静かな通りにあるカフェでゴシップの常連に加わった。ある老広東人男性は、阿姑がかれの仲間と夜を過ごして、翌日をどんなふうに過ごしていたかを覚えている。「ふつう、かの女らは朝一〇時ごろ起きて朝食をとり……軽く化粧をした。当然、身なりには気を使わなければならなかったさ……。かの女らは、広東劇を見るのが好きだった。それに、カード、とくにジン・ラミーに似たゲームの十五胡をよくやっていた。あのころは麻雀は人気がなかったんだ」[52]。気分転換とお金の節約をかねて、女たちは地元のお針子に頼まずに、自分の上着や下着は自分で繕った[53]。

　夕方七時半から仕事をはじめるのがふつうだったので、翌朝一〇時の阿姑やからゆきさんは別人のように見えた。顔色は冴えず、家の裏に頭から足まで水をかけるだけの入浴に行く足どりにも元気がなかった。一一時に姉妹と食卓に着くまでなにも食べていないような場合は、まだ疲れているの、と訴えたことだろう。仲間とひとしきり話をして立ち去る女性の櫛も通していない髪が、客にはけっして見せられない変なかたちで一方に垂れ下がっていたことに、「姉妹」は気づいたことだろう。陳桂蘭街《タン・キーラン》を巡回する巡査は、阿姑のグループが午前中の仕事が暇な時間をどう過ごしていたかを描写している。

　回廊のついた舗装道路に群がって、享楽の街のご婦人がたは人を見ていた。……うさんくさげに。かの女らは、そんな時間に客をとるつもりはなかったからね。若い広東娘たちは、娼館の前でしゃべったりタバコを吸ったりしていた。束ねていない豊かな髪が肩までたれ、白粉をたっぷりはたいた小さな顔をふちどっていた。……女の子もおしゃべりな阿媽も、広東女性の普段着のつやつや光る黒い上着とズボンを着ていた。(54)

けれども、つねに中で寝ているほうがよいという者もいて、女将や料理人が朝食のとき起こさなければならなかった。検視官ファイルにある一連の事件は、食べ物の並んだ食卓についた阿姑やからゆきさん、非番の何人かの娼婦はわずかに衫褲《サムフー》か襦袢という姿でおしゃべりし、料理人は厨房で忙しく働くさまを垣間見せてくれる。上福建街二二番館のママさんチャン・アーロイは、自分の「娘」アームイの朝の行動について詳しく語っている。「今日（一九一〇年一〇月二五日）、朝八時ごろアームイは食事に降りてきました。それで、わたしがお客さんは帰ったのかいと訊くと、「いえ、まだ」と答えました。一〇時半ごろ、食事をして入浴すると、上にあがりました」(55)。二〇年後の日付もほとんど同じころ、トルンガヌ街で娼館を営んでいたチャン・アーシーが、食事時間のことや、みせでは「フォンシン」とよばれていたリョン・チャイハの日常を描写している。「いい娘だったので、出入りは好きにさせてました。……かの女は食事を済ませて、一〇時ごろひとりで出かけました。……午後一時ごろ帰ってきました。いつもそのころ帰宅するんです。……三時半ごろ、ごはんを食べに降りてくるように言いました。何度も呼んだのですが、返事がありませんでした」(56)。同じく阿姑のチョウ・チャットムイは、まる七時間も眠った後、「オカーサン（mother）」に朝食にくるように呼ばれた。「……みんな午前三時ごろに寝ました。今日の一〇時、わたしが食事のためにかの女を起こしにゆきました」(57)。八四歳のある広東人使用人は、スミス街最大の娼館のひとつでは食事の支度、その雰囲気がどんなものだったか、なにを食べたかなどを語ってくれた――「料理人がふたりいました。かれらは流氓《サムセン》として、女の子を守るわけではありません。阿姑たちは広間で食べました。食卓が二～三あって、それぞれに八人から一〇人が座ります。食事はすごくよかった。中国正月のあいだは、アヒルやソーセージまで、あらゆる伝統料理が出ました」(58)。

ステレツでも、食事は娼館の奥でからゆきさんのために準備された。「姉妹」は互いに肩ふれあわせて数種のごちそうを堪能し、しゃべり、お茶を飲んでだらだら過ごした。おサキには、なかでも毎食の主食であった滋養たっぷりのタイ米のことが思い出深かった。

……とにかく、朝、昼、晩と白か飯《めし》の食えたもんな。天草におったら、白か米ンめし食うとは盆正月と鎮守様のお祭りだけじゃったし、うちのごたる親なし子は、その日だってろくろく口にはいらんだったもんが、明けても暮れても食えるんで。ばってん、米は日本の米と違うてな。あれはシャム米じゃな。……ねばり気が無《の》うしてばさばさしとって、炊き上りは真っ白とは言えん、うすか紅色《べにいろ》ばしとった。うちら、まだ小まんか子どみじゃけん、その飯《めし》ば見て、「赤のまんまじゃ、赤のまんまじゃ」と言うて、手ば打って喜んだもんじゃったよ。

おかずには、魚さえ膳にのぼったと。天草は四方が海じゃし、うちらの村は崎津の港からじきじゃとに、うちらは魚なんぞ食ったことはなか。うちはお父っさんとは死に別れ、おっ母さんとは生き別れじゃが、継親《ままおや》はおらんじゃったけん良かったが、ばって、おハナさんは正田の家の貰いっ子じゃったけん、年じゅう継親《ままおや》のこごとば飯代《まま》りに呑み込うでおった。そげな暮らしにくらべたら、米の飯と魚が膳にのぼる暮らしのほうが、どれほど良かか(59)。

一五歳のとき密航者としてシンガポールにきた別のからゆきさんは、新聞記事のなかで、午前遅くと夕方に料理人が用意した栄養たっぷりの食事について話している――「けっして幸せではありませんでした。でも、もう耕す土地もなければ、鎌で刈るイネもありませんでした。きれいな着物を着ることもできたし、イモでなく白米を食べることができた。魚だって肉だって食べることができた。朝早く起きる必要もなかった。……以前の暮らしと比べようもない天国のように感じました(60)」。

娯楽

朝食の後、ある者はよく寄り合ってカードに興じた。賭けはかの女らの生活で大きな部分を占め、また好まれた。がらんとした娼館あるいは近所の家で、阿姑やからゆきさんは苦労して稼いだお金を、カード、十五胡というさいころ、ナガサキハナなどに惜しげもなく賭けた(61)。ときには娼婦だけでなく、女将やその娼館の利権をもっている街の有力者や隣近所の招待客も、この賭博に加わった。このようにして、ついていない娼婦の稼ぎが「オカーサン」や地元有力者へとリサイクルされた。たとえば信頼しあえる「姉妹」がいない阿姑などは、奴隷のような束縛や早死にという現実に自暴自棄になり、持っているすべてを賭けることもあった。ジョホールの賭博場ですべて失うということは、娼館に何年も拘束されるということを意味した。一九〇八年、ひとりでジョホールの賭博場通いをするのが癖になっていたシン・ショウは、すべてを失った。賭け金は、いつもかの女に不利になるように仕組まれていたのだ[62]。その翌年、チョウ・チャトムイもジョホールで賭をし、大きく負けた。かの女は、すでに五〇〇ドル相当の宝石を、すべて質に入れていた。ジョホールから戻ると、チョウは食事をとらなくなった。自由時間に「姉妹」だけを相手に運を試していればよかったのに。上福建街六四番館の、この根っからのギャンブラーの友だちであった阿姑のヤン・アーイーは、検視官につぎのように語っている——「チョウ・チャトムイは、友だちでした。四年くらい前から知っています。かの女はジョホールで負け続け、ふさいでいました。ひと月ほど前、頭痛で半狂乱になりました。……ジョホールから帰って以来、しょげきってました[63]」。

賭けごとを除くと、広東系娼館は、ステレッツの娼館より管理がはるかに厳しかった。昼に外出したくても、たとえ隣人の訪問でさえ、ままならなかった。阿姑の前に立ちはだかっていた障害についての記録は、中国娼館内の「家族」という一見なごやかな管理方式が飾りものにすぎなかったことを示している。序列によって、一部の阿姑は多少の自由を許されていたものの、自分たちだけで街に出ることは許されなかった。契約に縛られる阿姑にとって、昼間に京劇、メンバー制のクラブ、あるいは社交仲間で楽しむことは不可能だった。ママさんたちは阿姑が客と逃げることを心配するあまり、そういう楽しみを許そうとはしなかった[64]。しかし、トップクラスの阿姑だけは、昼間の限られた時間、外出を許された。それもさんざ文句を言われたすえに、お目付役の使用人と、あるいは大班婆《タイパンポー》や女将と買い物に出かけたり、人力車での外出をしたりした[65]。この度を超した用心ぶりは、ママさんにとってかの女らがどれほどの値打ちがあったかを示していた。「母」と「娘」が一緒に界隈を人力車で乗りまわしていたことは、検視官報告書にも記録されている。ジャラン・スルタンの娼館の亀婆《グワイポー》オン・キョクは、つぎのように語っている——「三月二四日、一二時三〇分ごろ、人力車を雇いました。ファースト・クラスでした。うちの福建の娘プア・チーライと一緒に乗りました。ヴィクトリア街からアラブ街に向かいました[66]」。フォン・チョクカイは、年季契約の阿姑が朝食後外出するときはママさんの許可が必要で、時間制限もあったこと、それらを守らなければ罰せられたことを記憶していた[67]。自前阿姑の場合、状況はかなり違っていた。「年季契約の阿姑はママさんに厳しく監視されていましたが、自前阿姑はもっと自由で、ほとんどどこにでも行けました。化粧品や、服や、日用品を近くの店で買っていました、でも付けにはしてもらえなかったんですよ」[68]。娼館主たちのいくつかの供述も、自前阿姑の行動はがんじがらめでなかったことを物語っている――「……死んだ阿姑は、いつものように午前一〇時ごろ外出しました。……どこへ行ったかは、誰も知りません。午後一時ごろ帰宅しました」。そして、「リオン・チャイハは……うちへ来てから二～三カ月ですが、きちんとした娘だったので外出は好きにさせてました。一〇月二六日土曜日の朝、からだの具合も普段どおりでした。……食事をして一〇時ごろ、ひとりで出かけました。いつも、そのころ出かけていました。行き先は知りません」。そして、最後にチャン・アーウンも、似たような状況でリー・アーチョイ二二歳を確認した――「確認した遺体は、……うちのリー・アーチョイにまちがいありません。うちに来てから一年ほどでしょうか。……いつでもどこでも、好きに出かけさせてました」[69]。

売れっ子の阿姑は、しばしばひとりであるいはグループで、客から観劇や昼間の食事に招待された。タン・マウンリーは、常連客が高級阿姑をワヤン（路上劇）に同伴できたこと、ただしママさんが阿姑のサービスを厳しく管理していた、という子どものころのことを、いまでも覚えていた――「常連は阿姑をオペラなんかに連れ出せたんだが、……阿姑が逃げるのを心配して、ママさんがくっついてきた。よく来る客でも、どこの住人であるかを知らなかったから、油断はできなかったんだ」[70]。チャイナタウンには、広東劇を上演する場所が四～五カ所あった。一九〇九年にシンガポールにやってきて、一九一五年には華民護衛司署で通訳をしていた孫崇瑜《スン・チュンイー》は、七〇年以上を経ても、スミス街の中国劇場がどんなだったかをありありと記憶していた――「建物全体は、木造でした。香港や広東からの俳優が来演しました。暑かったですよ。一階には、木製のイスが並んでいました。上の階の一方には小部屋がいくつかあり、ほかの一方にはイスやベンチがありました」[71]。そこで旅公演があるとき、阿姑とその客は一緒に見にいった。切符は三～四セントと安かったのに、孫やいたずらな従兄弟はわざわざ忍び込んで、阿姑や海外からのスターをひと目見ては喜んだ。

> 小さく仕切った、なにもない小部屋がありました。扇風機さえなくて、みんな中国扇を使っていました。その小部屋には、夫や父親と一緒の女性ではなく、パトロンに連れられた阿姑や歌手がいたのです。そんなときは、これみよがしに花籠が並んでいたもんです[72]。

しかし、王や道化、アクションや舞踊という胸躍る舞台への招待に応じられたのは、ごく一部の中国人娼婦だけであった。理由は簡単だった。八〇代の大班婆《タイバンポー》によれば、劇そのものや芝居見物のもたらす興奮と刺激から、阿姑が一座の俳優と駆け落ちしないか、あるいは一座に誘拐されるのではないか、と亀婆《グワイポー》が恐れたからだった。この銀髪の大班婆は、阿姑は昼間の買い物もままならなかったと続けた――「大班婆がママさんからお金を預かって、衣類や化粧品を買いにいかされました。中国正月でも、みせに閉じ込められていた娘だっていたんです(73)」。

大きな娼館ともなると、自家用の人力車をもっていた。しゃれた人力車で、両脇にはアーク灯をつけ、前部にはカーペットが敷かれていた。お仕着せ姿の車夫は、客をうまく扱ってもらわなくてはならないので、ママさんや阿姑に大事にされていた。立法議会メンバーである李俊源《リー・チュングアン》や林文慶《リム・ブンケン》博士をパトロンとする売れっ子阿姑が、峇峇《ババ》・クラブに昼間招待を受けると、かの女らは往復に自家用人力車を用いた。高級娼婦はスミス街地区にある三～四階建ての大きな娼館に住んでおり、そこはエリート用クラブにも近かった。多くの名士が足繁くやってきた峇峇・クラブのひとつ「ウィークリー・エンタテインメント・クラブ」が、クレタ・アエルの大きな市場や商店が並ぶ繁華な場所にある孫崇瑜《スン・チュンイー》の叔父の店舗の向かいにあった。ここからそう遠くないところに、よく知られた下級の夜の街もあった。これらのクラブは贅沢な食事とショーが売りものであったが、主要な目的は名士たちにくつろいだ雰囲気で特権的な場を提供することにあった。かれらはそこで飲み仲間に会い、商談をし、そして阿姑と会うというプライバシーを確保した。金の腕輪やイヤリングや髪飾りをつけた華やかな女性が、始終人力車に乗ったり降りたりするのを、孫《スン》は間近に見たものだった。「紳士がたも、たぶん奥さんが恐いから、阿姑を家には連れていけない。それで、かの女らとそこで会う出張契約をしていたわけです。合図はたぶん『わたしはクラブに行きます。あなたも麻雀をしに来てください』といったところだったでしょう(74)」。

阿姑がそんな訪問をするときには、二〇歳の名歌手リョン・トンフークのような女性が広東風バラード（yueh on）を歌って耳の肥えた観客たちを楽しませたこともあるようだ(75)。ときには、こうしたヘタイラ［古代ギリシャの教養ある遊女］の何人かは、『天南新報』の社主邱菽園《クー・ショクワン》のような裕福で、有力な市民の家を密かに訪ねた。情熱的で寛大な邸は、家族の祝いごと、祭り、そして著名な中国人文学者や政治家がシンガポールを訪れたときなどに、自宅を開放した。そんなとき、有名な地元の阿姑は必ず出席していた(76)。

信仰

「姉妹」との賭けごとやパトロンとの広東劇観劇のないとき、伝統行事や信仰が、阿姑の活動や習慣のある部分を占めていた。中国の神々や精霊への礼拝は、毎日かかさずたいていの娼館の奥にある祭壇でおこなわれ、中国正月のような重要な祭りのあいだには、近くの寺社にお参りした。主祭壇には、守護神が序列にしたがって並び、「家族」のメンバーの拝礼を受けた。[77] しかし、ある娼館の使用人によると、家内で精神界をほとんど独占していたのもママさんであり、かの女が「娘」たちにかわって家の繁栄と調和を祈った。いっぽう、災難がふりかかると、悪霊や幽霊のせいにし、しばしば非難した。超自然的な敵は、いつも家の平和の理想を守らない「家族」のメンバーにとりついた影、あるいは隣近所の者や死んだ客が特定の娼婦や娼館にもたらそうとしている祟り、と思われた。娼館内外での事故死、殺人、自殺は、家族という理想的な調和を乱し、円滑な経営を危うくするものであった。ママさんが熱心に土地の神にお参りしても、不幸なできごとは防ぎえないこともあった。総合病院の外科医フォードは、ヨン・ギーセンから聞いた幽霊や死についてのめずらしい話を、検視官に語っている。易をやっていた料理人のヨンが、最近出産で死んだ妻の、成仏できない飢えた魂が陳桂蘭《タン・キーラン》街の隣りにある娼館に入っていったのを見たのだという。しかし、この奇妙な話の真の悲劇は、近隣のパニックをなんとかして終わらせねばならなかったことにある。幽霊が出る娼館の料理人、カム・センは、不浄な霊と交わったかどで、隣人を警察に訴えることで幽霊騒ぎを解決しようとした。一九〇五年三月、瀕死の隣人は、医師と治安判事の前で、つぎのような供述をした。

わたしは、陳桂蘭《タン・キーラン》街の洗濯屋「クオンジーベン」で働く料理人です。わたしは、悪い人間で悪い性格だといういいがかりをつけられたので、自分自身を切りました。カム・センが、わたしを訴えたからです。かれは、わたしが魔法をかけるといったんです……。いいがかりの理由は、かれが娼館の料理人であり、わたしの女房の魂がその娼館に入って女の子たちを悩ましたからです。わたしは、今日女房の霊を見ました、隣に入ってある娼婦を悩ませているのを見ました。女房は、去年死にました、病気で、妊娠してたんです。わたしを死ぬように仕向けたのは、女房の幽霊ではない。カム・センが、わたしは魔法を使うなどと訴えたからです。かれは、わたしが魔法の本を持っていると言いつのりました。わたしはたしかに二冊持っていますが、それは友だちが置いていったも

のです。(78)

こんな事件があると、霊をなだめるために、阿姑たちは近所の寺にお参りしたものだった。サゴ街の大伯公《トーペーコン》寺院で、お供えをささげ、美の女神（Fa Fan Fu Yan）などの神像の前で線香を焚いた。(79)大班婆《タイバンポー》に付き添われて、阿姑たちは小寺の門前をにぎわし、幸運と金持ちの客の御利益をと祈るのだった。かの女らは数字を書いた棒きれが入った箱をゆすり、月々の運勢を告げる棒きれを振り出した。寺の物陰で商売する占い師たちは、昔ながらの存在だった。線香を焚き、お祈りをした後の娼館に戻る道すがら、娼売の見込みを路上占いに教えてもらう阿姑もいた（仕込まれた雀が、吉を告げるカードをくわえてくることもあった）――数時間後、お客が街路に現われるだろう、と。

夜の身支度

午後も遅くなると、阿姑は化粧をしはじめ、その夜のための衣装をつける。容姿への関心や気配りは、かの女らの生活で大きな部分を占めていた。スミス街の娼館では、石鹸ではなく挽いた米粉で磨いた独特のなめらかで若々しい肌が、大人びた娼婦の美しさを子どもっぽい後輩から際だたせていた。大きな娼館に香水石鹸や香水を売りにやってくる行商人から、慣習に逆らって化粧品や洗面用品を買うほうが好きな阿姑もいた。(80)いみじくも、五時すぎのこの時間のことを、広東語では着衫《サムフー》――着飾る――という。口語での「着衫」は、阿姑が近隣の女性とは違う姿に変身する、昼間の終わりという時間の尺度を意味するだけでなく、一流の阿姑としての地位を意味し、また着ているきらびやかなロングドレスを連想させる響きがあった。(81)

女の子は、大班婆《タイバンポー》や近所の人びとに手伝ってもらって身支度を整えた。なかでも髪結い、花屋、仕立屋は、ささやかな生活の稼ぎを娼館に依存していた。世紀転換期のかれらの商売の成功は、スミス街やマレー街コミュニティの娼婦らにかかっていた。阿姑は髪をのばし、白粉、口紅、アイシャドーを塗って、女らしさを誇示した。髪結いは毎日やってきたが、髷がくずれるまでの数日間は結いなおすことはなかった。かの女は、一時間足らずのうちに、手早くすべての女性の髪を整えた。(82)それが終わると、大班婆が伝統的な化粧を阿姑にはじめた。そんななか、年輩の使用人が、元阿姑もいたが、おしゃべりしながらも機敏に働いていた。かの女らは、

膝をついて女の子たちの顔に白粉を塗り、スムーズに仕上げていった。けっして手を止めて出来具合をみたり、

筋張った手の届く範囲に並べられたクリーム類やオイル類のひとつひとつの効果を考えたりはしなかった。色こそ控えるが、巧みな画家より確かなワザをもっていた。さっと真紅の唇を描き、柳眉を描いて、変身は完了した。わたしたちが、もう一度見直すと、頰豊かに眉は輝き、黒い瞳が長く反った睫の下で魅惑的にきらめく若々しい美人になっていた[83]。

最後に、花屋の中年男性が、長い伝統に従って小さな生花で阿姑の髪を飾った。「漆黒の夜の闇に、きらめく星座を散りばめるように[84]」。スミス街のある娼館入口のいい場所から、好奇心でいっぱいの若者だったタン・マウンリーは、「花屋」が大変身の最後を飾るのを見守ったものだった。

一三歳のころ、わたしは腕白で、娼館のなかを覗くのが好きでね。なかでなにをやってるのか、自分で発見したかったんだ。親には訊けなかった……。ただ、阿姑がきれいな服を着るのを見ていただけだが。そりゃあ、きれいだった。髪を梳き、油をぬり、編んで、それを丸くかっちり束ねるんだ。最後に、その髷に本物のジャスミンの小さな花づなが巻き付けられた[85]。

一流の阿姑は、金メッキの宝石のイアリング、ネックレス、指輪、腕輪で飾りたてられた。宝飾品がママさんの借り物であるときは、客と上階へ行く前に、阿姑たちはそれをママさんに用心のために返した。珍しいことに、ひとりの警官が、陳桂蘭《タン・キーラン》街の娼館で垣間見た、支度が整った女性の姿について記述している――「光沢のある白絹のぴったりした服を着た少女が、戸口のひとつに現われた。かの女の飾りは、服の首まわりと短い幅広の袖の淵にあしらった帯状の緑と金の刺繡だけだった[86]」。

スミス街地区で働く何百人、おそらく一〇〇〇人はいる若い広東人女性は、伝統的な中国服を着て入口を開け放った屋内に座り、道行く中国人男性だけを目当てにしていた。夕闇が深まると、座堂すなわちホールに、「飾りもの」の人形のように座る時間であった[87]。輝くばかりのあでやかさで愛想よくじっと座わっていても、阿姑は、通りから覗いて「品定め」する男たちからは切り離されており、むやみに接触できなかった[88]。からゆきさんのほうは、もう少し直接的な営業活動をしていた。かの女らは娼館の格子戸のそばか、ベランダの下に置かれた縁台か、籐椅子に座っていたので、通行人を間近に見たり、親しく話しかけることもできた。ステレツの娼館の内と外の隔たりは、たそがれの薄暗がりのなかでスミス街の娼館の内と外ほど離れていなかった。

からゆきさんの順応性

からゆきさんと阿姑では、日常の生活パターンはいくぶん違っていた。からゆきさんは四六時中働く傾向があり、あらゆる国籍の客を迎えた。ステレッツの娼館の人間関係や衛生状況は、一般によかった。毎朝、からゆきさんは自分の家だけでなく、通りの溝まで掃除した。床を拭き、洗濯をすると、みんなで料理を作ったり、近所の好きなところで食事をとった。仲間五〜六人で、広東人の料理人を雇うのもふつうだった。(89) また自分たちの費用できちんとした資格のある医者を雇い、週二回の検診を受けていた。シンガポールに三五年間住んでいた日本人医師が、その回顧録のなかで、朝の早い時間にこれらの女性にたまたま出会ったことを記している。西村竹四郎は、一九〇二年にシンガポールに来た直後に、非番のからゆきさんの一団を見て、道行く男性を片端から誘っている姿ではなかったことに、強い驚きを覚えた。

漠然と上陸はしたもの丶どこへ行けばよいか皆目知らなかつた。兎に角日本人の跡を追へば、どうにかなるだらうと腹を極めた。箱馬車が来た。三人の邦人女客が乗るのを見たので空いた一席に割り込んだ。さてどこへ落ちつくのか薩張り判らない。馬車は海岸に沿ひ高い建物の前を過ぎ、街路樹がアーチの如く繁つた坦々たる路を通り、左折右転、漸やくマラバストリートの松尾旅館の前に停つた。女客の後に続いて二階に上ると、妙齢の女群が二十人余り居つて僕の顔をジロジロ看る。其の女達の仕駄羅なさ、片袖を脱いで乳は丸だし、髪を櫛巻に口には巻煙草といふ姿態、妖艶を通り越して廃頽の気分が泛ぶ。側には足の低い食卓に食器が散乱し御櫃が転がつて居る。此の殺伐荒涼たる光景にド膽を抜かれ顰蹙せざるを得なかつた。近所の家の窓から白粉の顔が覗く、何んと魅惑的な挑発的な猥褻な顔だらう。自分は彼女等に見られる事が却つて恥かしく顔を赧めるのであつた。茲は有名な東洋のアントワープ日本娘子軍の本場なのであつた。

讃岐丸同船者の三等室婦人、船内では何食はぬ顔して収まつて居たが、此の家に来て初めて正体が知れた。……(90)

からゆきさんは二四時間営業だったから、好きなときに起き、着替え、食べ、客はいつ来てもいいように準備をした。色鮮やかなキモノを着て、編んだ髪には赤や黄の絹のリボンを結んでいた。交代制で仕事をしていたが、それぞれが個室をもっていた。オカーサンは、「母」として稼ぎの半分を取って借金の計算をする以外は、女の子の個人的な生活にはあまり介入しなかった[91]。家事の手伝いや定期的な医療検診がなければ、日中は自由で、いつも好きなときに娼館から外出できた。ただし信用のできる客の招待を除いて、かの女らがステレツの境界を越えて遠出することは稀だった。二二歳の「チビで丈夫な」からゆきさんのおアキは、オランダ人船長と親密で、港に停泊中のかれの船を何度も訪ねていた。その蒸気船の一等航海士がよく海南街《ハイラム》のかの女のみせにやってきて、船長が今夜船に来て欲しいと言っている、とかの女に伝えたものだった。客室ボーイのソウ・バンスィーは、一九〇三年の前半に、かの女がしょっちゅう船に来ていた、と述べている。「写真の女の子は、汽船「マイヤー号」によく来て、フォス船長のところで泊まっていた日本人です。これまでにも、船で何回か見かけました。船が港に入ると、ひとりで舢舨《サンパン》［小さな平底舟］に乗ってやってきました。誰が呼んだのかは、知りません。わたしが朝起きたときには、たいがい陸に戻ってました」[92]。三年後、マラバル街の娼館主おフクは、おイチは「好きなときに出入りできました。出かけるのを誰も止めたりはしません」[93]と供述した。からゆきさんが客と軽い関係をもち、一緒に飲んだ後、さらにかれの家に招待されるような場合、からゆきさんに付き添いがつくのは稀だった。招待に応じるのは、ふつうかの女がよく知っている客に限られていたからだ。そうしたある招待で、客は酔って具合も悪かったが、ハルゲ（Haruge）はひとりでその客の家に行った。これが、かの女がこの信頼する客に同伴した最後となった。

わたしは海南街《ハイラム》八番娼館に住んでいる娼婦です。シマ・クニン（Shima Kuning）さんのことは知っていました。二六歳の日本人男性で、ウィルキー路二八番地に住む薬の行商人です。七月一八日……シマさんは夜一〇時にみせにきて、わたしのところに泊まりました。その前の三晩は飲んでましたが、一八日夜は酔っておらずビールを少し飲んだだけです。暑い、暑いと言ってました。わたしたちふたりは、昨日の朝一〇時にみせを出てウィルキー路に向かいました。なにかを飲んだところは見ませんでしたし、持病があったかどうかは知りません。ただ具合が悪そうだったので、シザ（Shiza）［後述ではR. Shiza］先生を呼んだのですが、シマさんは先生が来た午後八時前に亡くなりました[94]。

阿姑とからゆきさんの日常での大きな違いは、通りから女性を物色する通行人とのかかわり方にあった。海南街《ハイラム》やマレー街の日本人女性は、マレー人船員のマヤッセン、オランダ人船長のフォス、イギリス人兵士のアルバート・チャックスフィールド、そして薬を行商する日本人のシマなどに出会う機会があった。だが、阿姑は、理想的な中国の家族構造を模した娼館のヒエラルキーのなかに封じ込められ、外界の影響から切り離されていた。中国文化と中国人男性のなかだけで暮らしていたので、シンガポールに居ながら「非中国的生活」を体験するのは困難だった。からゆきさんのチャンス、ものの感じ方や見方は、客やパトロンたちの民族的な多様性によって広がった。日本人女性は自分たちの社会でのまとまりやアイデンティティを維持しながら、個々の客や外国の影響にも対応して、ダイナミックに適応しなければならなかった。お客とのいい関係を求めて、諸国の衣服や言語を部分的に取り入れたり、社会的変化や新しい文化に反応することで、それを実践した。からゆきさんはマレー語、英語、フランス語をいくらか操り、日本の衣服にマレー人のファッションやモチーフを取り入れた新しいスタイルを発明し、どの国の人の視線も惹きつけるよう努力した。いいかえると、いわゆる伝統的日本文化が、影響され、変化し、シンガポールに住んだり通りすぎた人びとによって発展した。ある者は、暑い日中にマレー人の民族衣装サロンやクバヤを着て過ごし、料理人やステレツで出会う人とマレー語で話をした。ある老ユーラシアン女性は、ラブアンに住んでいたころ、祖母が自分はシンガポールでからゆきさんだったとマレー語で語ったことを覚えていた。「かの女は、英語がぜんぜんできませんでした。ひとり暮らしをしていて、わたしたちとはマレー語で話をしたんです。かの女がキモノを着たのを見た記憶がないの、いつもサロンを着ていました」[95]。

おアキ（Oarki）のシンガポール港での悲惨な自殺をめぐる事情を調べるうちに、検視官はかの女とオランダ人船長は深い仲で、かれはおアキをマレー街の娼館から身請けしたいと思っていたことがわかった。借金を苦にして発作的に甲板から海に飛び込んだ日、おアキは白いクバヤ、濃い色のサロン、黒い靴下、赤いベルトを身につけていた、と船長が証言している。その日の朝、かれの船で起こったことを、巡査部長につぎのように話した。

おアキがその手紙を受け取ったところは見ませんでしたが、それをランプの側で読んでいるのを見ました。読んでとても興奮しました。船にいたそれまでは満足げで静かだったのに。かの女は女主人のことを言い出し、boso [busuk]（腐っている）と非難しました。これまで女主人に大きな借金があるようなことはまったく言ったことがありません。おアキはマレー語で、いまのような生活を続けるなら死んだほうがましだとも言いました。とても興奮していましたが、船で飲んだワインのせいではありません。夕食のとき、グラス半分ほどのクラレット［赤ワイン］を飲んだだけでしたから。[96]

二番目の供述は、マレー街一四番のからゆきさん、おリス（Orisu）によるものだった。かの女も「マレー語が上手」で、パレンバン行きの「マイヤー号」の乗客であった。[97]

オカーサンのクワナ・ムタ（Kwana Muta）は、外国人がシンガポールの街で生き抜くには、まずマレー語その他の言葉を話し、道をゆく群衆の機嫌をとり、とりわけ顧客を開拓しなければならないと悟っていた。そして、一九〇二年、娼館で下級伍長アルバート・チャックスフィールドが剃刀で娼婦おトヨを襲ったとき、元からゆきさんのクワナ・ムタはすでにマレー語に堪能だった。かの女は海南《ハイラム》街の娼館で発生したその襲撃事件について、おトヨとおヨキ（Oyoki）が心配げに日本語で語る長い説明を、検視官のためにマレー語に通訳したのだった。[98] 言葉を知らなければ、危急のさいに大きな障壁となったが、運よくマレー語をマスターしていたクワナ・ムタは、「娘」を助けることができた。何代にもわたる天草移民の適応本能から、かの女には若い女性がシンガポールへ移住したら新しいことを学ばなければならないことがわかっていた。いっぽうで、ステレツのほかの場所では、読み書きができない少女が代書屋か少し教育のある「姉妹」に手紙を読んでもらったり、返事を代筆してもらう光景が見られた。ときにはオカーサンのためにマレー語で手紙を書く者もいた。おタマは、海南《ハイラム》街二六－二番の娼館主おサンが口述する短い手紙を筆記するため、懸命にペンを走らせた。返事を書く必要があった、とおサンは検視官に説明している。

おアキが生きているのを最後に見た夜、わたしはこの手紙をあの娘から受け取りました。届けに来たのは中国人の少年で、女の子たちはかれが船長のボーイだと知っていました。手紙は、船長とパレンバンに行くので三日間の休みが欲しい、そして承知なら自分の衣類を託してほしい、というものでした。もし不承知なら、その旨の返事が欲しいとも書いてありました。これが、わたしの出した返事です。手紙はうちのおタマに口述筆記させました。わたしの手書きだと、おアキが読めないかもしれないと思ったので。[99]

カメラの眼を通して

シンガポール経済の急成長により、一九世紀末の娼館での買売春がさかんになることは当然のなりゆきだった。貿易や商業はまた、シンガポールの写真業の発展の原動力になった。一九世紀の最後の二〇年間、この植民地に在住した写真家G・R・ランバートと、T・イッシ(Isshi)、F・オガタ、I・フジサキは、この都市のヒト、モノ、風景を記録することがビジネスになることを見いだし、写真館の売上げも毎年伸びた[100]。この赤道付近の植民地とその発展ぶり、エキゾチズムを本国の人びとに紹介する安価な絵はがきは、そうとうなインパクトがあった。何千枚ものシンガポールの写真が撮られた。しかし、それほど撮っても、初期の写真家の目には、撮りすぎとは思えなかったようである。ロンドンの一般人、地元のシンガポール人、そして北九州の村人にとって、シンガポールの写真への要望は容易には満たされなかった。からゆきさんは、いつでもどこでも、そしてイメージの点でも、カメラの猛攻に積極的に応えた。二〇世紀初頭にもなると、シンガポールでかの女らの時代を後世のために記録するには、写真館が不足したほどであった。

からゆきさんを記録した写真には、いくつかのタイプがある。まず、日本の家族や友人に送った写真があり、誰かが「今日は写真館に行きましょうよ」と言いだして撮ったと思われる性質のものである。メッキした額入りの全身写真の値段は、六～七ドルであった[101]。オーチャード通りのランバート写真館のようなスタジオでは、一〇分か二〇分足らずで撮影が終わったものだ、とあるシンガポール人写真家が語っている[102]。女性たちは必ずうるさく値切ったが、それでもランバート館の助手のイッシやオガタに大枚をはたいてグループ写真を撮った。けっしてステレツの店先あるいは南国的風景の街中で写真を撮らなかった。人物のみ、それも少しでも安くあげようとふたりかグループでカメラに収まった。一枚の写真があれば、両親や親戚はそれを村のみんなに見せればいい。女性たちは素っ気なくあるいは上品に、控え目にレンズを見つめており、そして歴史家はときとしてそこに悲しみや失意を垣間見ることができる。第二のタイプは、公娼登録用の写真であった。現存する若い日本人女性の肖像写真は、娼館家族の一員としてひとりであるいは集団で撮られており、時の経過につれて、若かった自分、娼館での過去のもろもろ、故国と現在の状況のあいだで大きくなるギャップについて思い起こさせたことだろう。からゆきさんはたんにひと握りの海外娼婦だったのではなく――たしかに一九一八年に日本のメディアに載った写真ではそう説明されたが――やむなく東南アジアに散らばらざるをえなかった階層の女性であり、シンガポールのような異境で懸命に生きた人びとだった。一九二〇年に廃娼令［「からゆきさん」追放決定］が出されたとき、一部の女性はすでに老い、髪は灰色になり、孤独であった。写真に記録された姿と、娼館で「家族」の一員として過ごしてきた思い出だけしか残っていなかった。ごく稀に、苦い終わりが近づいているのを感じたとき、写真スタジオに行くおイチのようなからゆきさんもいた。負債や「オカーサン」のおフクとの関係など、なにもかも放り出す前に写真を撮ろうと、おイチは「姉妹」に借金までしている。しかし、かの女は写真館に行かなかった。死のほうが、先にかの女を訪れたのだ。写真のかわりに、オカーサンに宛てた遺書が、かの女の部屋の机の上にのっていた。写真を（おそらく、シンガポールに着いたときの登録写真のことだろう）、わたしのことには触れずに、日本の姉／妹に送ってください、と書いてあった。おイチの北九州からシンガポールまでの足跡を証言するものとして(103)。

世紀転換期のシンガポールでは、写真には美術品なみのエネルギーと審美感覚が注がれた。ランバート・スタジオの作品は広く知られ、そこのカメラマンたちは芸術的な野心をもって撮影に時間を費やした。上質な記念写真でありながら、自由な表現も追求されている。ランバートの肖像写真のうち、四人のからゆきさんのイメージをよく伝える作品（第Ⅱ部、冒頭の見開きページ）において、写真家はロマンティシズムと優雅さの輝きを創造しながら、細部を正確に写し出している。ソフトフォーカスされた牧歌的な背景や、座る三人の膝元の豹の敷物から想像が広がる。濃い色のキモノ、首にかけたカメオのロケットや金の腕輪といった装飾品が、心の目に焼きつく。髪はかんざしやリボンでしっかり飾られ、伝統的に結われている。キモノを見なれていない目には、かの女らは伝統に包まれているように見える。だが、からゆきさんは新しい着方を取り入れていた。まず、低めに結んだ帯はふつうより幅が狭い、そのほうが着心地がよかったのだろう。伝統に従えば、育ちのよい未婚の若い女性は、帯を胸高にきつく締め、純潔を誇示するために半襟は白でなければならなかった。からゆきさんは、心地よいとはいえない女性を封じ込めるような着方を無視する傾向があった。実際、明るいオレンジ色やブルーの半襟と低く結んだ帯は、一九二〇年代後半のシンガポールでからゆきさんの正調トレードマークであった。

カメラの目は恣意的であり、信頼できるものではない。

しかし、ランバートは日本人少女たちの表情に見たものを、その写真に語らしめた。これが一八九〇年代のかの女らの世界であった。ほかの写真家と同じく、かれは自分のやり方で対象を見たが、ポーズを強要しなかった。左端の女性に腕を「姉／妹」にかけるようにとか、明るい色のキモノを着て視線を落としている女性にカメラを見るようになどと注文をつけず、その瞬間を永遠にとどめた。この四人の日本人女性のスタジオ写真にみられるように、当時のシンガポールで仕事をする写真家の芸術的センスはなかなかのものだった。しかし、それも自分の人生を記録しようという、からゆきさんの写真への強いこだわりが、それを芸術にまで高めたのではなかったか。肖像は、そのなかにかの女らの日常生活やその存在をいつまでも留めている。そうした文脈で眺めると、静止画像のイメージは、当時ではなく、いまこの瞬間に、時空を超えて語りかける手段であったようだ。

シンガポールの紅灯街の内側で撮られた写真はない。娼館内部のもの、たとえば壁で仕切られた二階の部屋、メッキした鉄製フレームのベッド、薄暗い灯油ランプに照らされた光景は一枚もない。ホールに静かにしんぼう強く座っている女性たちの姿は、残されていない。そうした写真があれば、さまざまな魅力や無邪気さや経験がコントラストを描き、人間の性格についてわれわれを不思議な思いにさせずにおかなかっただろう。しかし、からゆきさんの別の写真がある。絵はがきを作ったり、働く人びとの写真を撮る中国人やヨーロッパ人写真家がいたのだ。かれらは街中の法被をきた使用人や通りの光景をカメラに収め、マレー街のからゆきさんに襦袢やキモノでポーズをとってくれないかと頼んだ。広告になり料金もよかったから、引き受けた人もいた。しかし、そんな写真のいくつかに見える浮かぬ表情は、シンガポールの生活の厳しさのせいか、カメラに曝されている時間の長さのせいか定かでない。にもかかわらず、ほどよく洗練され、注意深く計算されたイメージは、旅行者や世界の人びとに、シンガポールという土地の一面と娼婦の世界とのつながりを連想させた。誰もが南国の椰子や、成長する都市のパノラマや、船から吐き出されアリのように数珠繋ぎのクーリーの列、活気づく商業、物質的変化のスピードといったシンガポールを代表する写真に興味をもったわけではなかった。シンガポールの観光用広告は公然と性産業を売り、日本人女性のエロティシズムを一般に暗示した。ロマンティシズム、エキゾチシズム、手軽なセックスの中心地としてのシンガポールのイメージが、旅行の大きな動機となった。からゆきさん絵はがきの目的も、そこにあった。多くのホテルや旅行会社は実際のところ、屏風を背にした伝統的な髪型でなまめかしい襦袢姿の日本美人の「エキゾチック」な写真を、かなり利用していた。氾濫していたそのような安い絵はがきは、旅行者にわれがちに買われ、西洋の家庭に忍び込んだ。やがてそれは、口にできず触れてはならないもの、しかもいいようもなく美しくエキゾチックな現実の存在、ただし遠くの、になっていった。[104]からゆきさんは鮮烈に「見える」存在であり、その評判を高める広告作戦に好意的に反応した。かの女らの絵はがきはどこででも、シンガポールの最貧地区でさえ、見かけることができた。その姿を描いたマッチ箱は、フィリピンにもあった。

からゆきさんと対照的に、阿姑のおもな関心はシンガポールの中国人社会に同化することであった。日常の行動に制約を受けていたため、シンガポールをあれほど変容させた阿姑の写真は、ほとんど存在しない。その生業のゆえに、カメラの目から隠れていた。一九八七年、イプ・チョンファンは阿姑が目立たなかったことについてこう説明した――「日本人女性が、なぜ写真を撮ってもらいたがったのかわかりません。阿姑は、ママさんがそれを許さなかったから、絶対写真を撮りにいけなかった。それを逃げる機会にするんじゃないかと、ママさんは恐れていたんです[105]」。

からゆきさんは、別の社会からの移民であった。働くことや、大衆や後代のために写真を撮るという、まさにその行為によってかの女らは新しい現実を主張し、いっぽうで優勢な現地中国人社会と自分たちを意識的に区別していた。かの女らがどうやって日本人であることを守ったかは、ステレツが日本人の飛び地であったこと、仲間うちでは毎日天草方言を使い続けたこと――これらは人身売買が続き、より確かなものになっていった――、擬似家族の絆をつくりたいという願望があったこと、カメラを通して熱心にイメージづくりしたことなどと深い関係があった。しかし、また、阿姑と違って、からゆきさんは日本からもってきた文化とシンガポールで見つけたものから、新しい生活法を日々あみ出していった。

第11章　客たち――夜のカーニバル

売買春が成立するには、二種の人間、つまり阿姑やからゆきさんとその客が必要である。買売春は、娼婦だけでは理解することはできない。客の社会的分析、およびこれら二者の経済的、文化的関係を明らかにすれば、世紀転換期のシンガポール社会のエッセンスがわかってくる。中国人や日本人の女性に接した客については、これまでほとんどなにも書かれていない。娼婦というものが、名もなくひっそりとした存在として、娼館売春の歴史を担ってきたためであろう。シンガポールの娼婦たちを買った男たちは、検視記録や口述史料にごく断片的にしか姿を現わさず、女性たちの人生のなかでもっとも再現が難しいグループに属する。それでもなお、検視官の検分や審問といった直接的資料から、社会史学者はスミス街やマレー街の娼館の客について、性の好みや、場合によってはなぜ阿姑やからゆきさんを求めたのかを考察することができる。娼館主や娼婦たちは、客の人種、年齢、職業、既婚か未婚か、また個人的な習慣や好みなど、知っていたことすべてを検視官に報告している。検視記録のデータを組み立てると、通常の客は平均的な男性、つまり労働者や職人であったことがわかる。しかし、いくつかの例には、個人としてのより詳細な事実が、すなわちなぜかれらが阿姑やからゆきさんを求めてきたのか、しかもある特定の女性を選んだのかが示されている。

シンガポールのような植民地の港湾都市では男女人口の差が大きく、急増する労働者の性のはけ口として娼婦が不可欠なことを、当局は認識していた。街中で、ドックで、倉庫で働く単身労働者は孤独で、ストレスのもとにあり、いきおい阿姑やからゆきさんからの肉体的な慰めを必要とした。検視官の検分と審問から、客の大半が労働者層や貧しい者であり、船員、兵士、旅行者は少なかったということがわかる。これらの記録から姿を現わした個人は、さまざまな人間性をもつ集団であった。激しい労働に身を削る人力車夫、沖仲仕、炭坑クーリーといった人びとは、心の通う人間関係から見放されていた。ほかにも、なんとなくなにかを求めてやってくる金持ちの一〇代の学生、兵士、ホワイトカラー、失業者などがいた。誰もが一様に、慰めを求めて阿姑とからゆきさんのところへやってきた。これらの客や娼婦についての考察から、人間について学ぶことができる。娼館での暴力沙汰、偶発事件による死、客の自殺などを調べてゆくうちに、著者は、金と性に飢えた失業者の群れ、半狂乱の船員から娘たちを救ったママさんの勇気、泥酔したイギリス人兵士の自殺の巻き添えにされかけたからゆきさんの悲話、などにめぐりあった。(1)

男性が、とくに重労働者が、世紀転換期の人口の大部分を占めていた。出稼ぎ人として家族がなく(だいたいにおいて)、女性と縁のない暮らしをしていた。だが、一九世紀後半、単身男性の移住をすぐに必要とした植民地政策のために、女性が絶対的に不足していた。男女差はますます拡大し、その結果深刻な社会問題となっていった。一八八〇年には、女性が足りなくて結婚できない独り者世代が生まれた。かれらは単調な仕事や孤独を逃れようと、商業的なセックスを求める傾向があった。事実、娼婦たちがしばしばかれらを慰さめ、性教育をした。客として娼館地帯を訪れなければならなかった者には、男性移住者のみが増え続ける不満と退屈であふれるシンガポールの真実がみえた。その一帯には、みじめで厳しい労働や混乱した日常生活を忘れさせる一種の親しさ、興奮、ユーモアがあり、憂鬱な見知らぬ者どうしがセックスと辛さを分かちあっていた。

シンガポールの娼館にはランクがあり、それによって客と娼婦のあいだのしきたりも違っていた。娼館の立地とその「商品」が、性の奉仕をする場所が違うということで、客である頭家《トウカイ》とクーリーのあいだの歴史的な階級差を明らかにしていた。(2)にもかかわらず、外部世界に存在する社会グループ間の垣根が、一文無しの客は冷遇されるにしても、娼館のなかでは低くなった。娼館地区では、楽しみと興奮のせいで一種民主的な仲間意識や社交が生まれた。娼館、アヘン窟、レストランなど限られた空間で、「上」から「下」まで各層がある程度混じりあうよう「設定」されていた。中国人とヨーロッパ人のエリートもときどき娼館で顔を合わせた。阿姑が、劇場や有力商人の内輪の宴に招かれることもあったという記述がある。検視官の記録からも、娼館界隈では商人と労働者が同席するといったふつうでは考えられない驚くべき現象があったことがわかる。営々と稼いだお金が、ときには厳格な社会的境界を克服したのだ。頭家の息子、銀行職員、行商人、人力車夫、高級官吏、レストランオーナー、植民地駐屯兵、暗黒街の住民など、およそありえない交流をとりもったのは、阿姑とからゆきさんの魅力と美しさだった。

二〇世紀のはじめ、阿姑は、からゆきさんとほかの国からの娼婦を合わせた総数の四倍近くいた。日本人女性と違い、阿姑は同国人の客しかとらなかった。娼館売春が、阿姑をこの街の中国人以外の男性や旅行者から隔離する傾向を保った。夕方になると、中国系性産業は、近くの同郷人集団居住地域からの中国人客を、阿姑のところへ呼びこんだ。ある老女の回想では、労働者居住区と娼館が近くにあるのは重要なことだった。この「立地」、きまり、慣行のために、地元の人が近づくことを妨げられるということはなかった。「娼館……わたしは、テンプル街とスミス街にあったのをよく憶えています。軒を連ねて集まっていました。女性を求めてきた人びとは、ちょっと歩いてそこへ行き、見て、選べばよかったのです[3]」。かの女は、阿姑が通りから見えることが重要だったことを憶えていた。「そうそう、女の子たちは一階に座っていました。部屋は上なんですが、……。女の子たちは夕方になると、屋内の椅子に座り、男たちは通りすぎながら選ぶのです[4]」。ママさんだったチュ・アータイは、検視官に客の同郷志向について強調し、サゴ街一五番のチョップ・ウォン・ファーは「広東人向け」娼館だと述べている[5]。チュ・アータイの娼館の二四歳の広東人阿姑、ウォン・マウタンの客は、商人と労働者だった。かれらはもっとも貧しい地区からやってきたが、絶望してはいなかった。かれらの多くはひじょうによく働き、生活レベルに格差はあったが、使うだけのお金を持っていた。ウォンと「姉妹たち」は、いつもこのグループに誘いをかけていた。職人、ガンビールや胡椒農園のクーリー、はしけ乗り、人力車夫、商店クーリー、波止場労働者、等々であった。一八九八年、これら労働者階級の月収は、せいぜい一〇〜一五ドルだった[6]。

シンガポールの娼館の何千という客は、眠ることと身の回り品がおけるだけの小部屋に住んでいたが、二七歳の広東人の靴職人ライ・チンもそのような客のひとりだった。親方のウォン・ユーによると、「おとなしく、いい職人」だったライは、クイーン街の店内に住み込み、兄とともに働いていた[7]。シンガポールでもっとも過密な界隈の娼館のひとつに、たまに上がるのがライや仲間の靴職人の唯一の娯楽だった。混み合った下宿や横町は阿姑の客たちが生きる場所であり、ライのように市中に住む職人や労働者が、窮屈な住まいを抜け出しては、近くの街に楽しみを求めて出かけたものだった。阿姑は、すぐ手近かな場所にいた(8)。

シンガポールが商業的に発展するにつれて、何千もの移民労働者が毎年この都市に流れ込み、劣悪な住居に押し込められた。ロウ・ギオンインは、ヴィクトリア街近くの売春はライ・チンの時代に事業として繁盛していた、と結論づけた。かれの記憶では、「年上の仲間に近くの娼館へ連れていかれたもんです。母が許してくれたわけではありません。みんな女たちと冗談のやりとりをしてました」(9)。これらの男たちは、自分が結婚できる境遇にないことを知っていた。妻や家族をもつと責任が重くなり、経済的にもやっていけなかったからだった。

ライ・チンやその兄よりさらに苦しく恵まれない男たち、すなわち日雇い労働のクーリーがいた。かれらは中国東南部の極貧の農民で、日々の食べ物と賃仕事の約束でシンガポールにやってきた。一文無しでやってきて、やっと貯めた金でときどき阿姑を訪ねるクーリーからは、娼婦もたいして稼ぐことはできなかった。これらの客たちは道路・鉄道・埠頭を建設し、蒸気船に石炭を積み、荷の上げ下ろしをし、工場や農園で働いた。異郷にある名もなき大群衆であるかれらは、一連の世相絵はがきのなかに、「カーニバルの景観」として、娼館で一夜をともにしたかもしれない日本人女性とともに、登場した(10)。だが、絵はがきの背後には、クーリーのひどい貧困、肉体的・社会的な人間喪失、そして激しい肉体労働の世界があった。一九〇七年、三一歳の広東人労働者リム・ホンチャイは、スミス街の阿姑を事件に巻き込んだ。検視官の調べでは、スミス街一四番の亀婆《グワイポー》、チョン・タイホーはその労働者を知っていた。「七時一五分ごろ、女の子のリョン・サンヨークが来て、酔っぱらいが自分の部屋で寝ていると言いました。友だちが七時半に戻ってきて、かれを連れて帰りました。いま見た死人は、その男性です。それほど頻繁ではありませんが、ときどきうちに来ていました。昨日はどの女の客にもならず、友だちと会って酒を飲んだだけです」(11)。いっぽう別の女将は、二カ月後、上福建街の自楼への客について、なにも知らなかった。個人としての顔をもたない、広東人労働者群のひとりにすぎなかったのだろう。阿姑たちは誰も、かれが誰で、どこに住んでいて、なにをしているのか、まったく知らなかった。それも当然で、労働力不足のシンガポールには、かれのようにほんのたまにしか休みがとれない何千人という労働者がいたのだ。チャン・アーロイは、こう証言している。

わたしは広東人で、娼館の女将です……。死んだあの人を、これまでに見たことはありません。かれは上福建街二二番のわたしのみせへ、一〇月二四日午後一一時ごろ来ました。ひとりでした。かれが広東人だという以外、なにも知りません。特別に変わったふうはありませんでしたが、片手にビールを一本ともう一方の手にオレンジを二個持っていました(12)。

そのような客は、娼館に行かない日はしばしば賭博やアヘン吸飲に憩いを求めた。家族もなく不安定な生活を送り、たまに少しの時間とお金が手に入るだけの男にとって、娼館買春と同じように賭博もまた必然的に生活の一部になっていた。賭博は禁止されていたが、当局が取り締まるのは不可能だった。クーリーたちは隠れて小さなグループで集まり、カードやサイコロ賭博に興じた。仕事の後で近隣のギャンブル好きが寄り集まり、一〇人あるいはそれ以上の人数になると近所の賭博場へ行き、時間をつぶすのが常だった。集まった者は、お互いをあるいは親を相手にカードや賽の目に稼ぎを惜しげもなく賭けたが、それは社会生活の一部であり、人気のある遊びでもあった。頭家《トウカイ》——たいていは隣接する娼館の利権をもつ者——が経営する賭博場で、クーリーは文無しになることもあった。雇い主のなかには給料日に賭博をするよう勧め、しなければ仕事を与えないぞと脅す者さえいた。当時よくいわれた言葉に、その風潮が反映されている——「博打にも女郎買いにも行かない者は、飯の種が干上がる(13)」。こうしてクーリーの収入は「リサイクルされ」、一枚のカード、サイコロのひと振りによってすべて失われた(14)。ただでさえ病気や栄養不良で足元が崩れてゆく環境では、生き延びるには強い意志が必要であった。自分の給料はどうなったのだと思い、送金しなければ家族はどうなるだろうと考えた不運な労働者たちは、希望から絶望まで（肉体的な愛を含む）あらゆることを経験したにちがいない。しかし、多くの者は賭博の後にセックスについて話し、娼館にくりだした。勝った者は三人、五人といった小グループで阿姑のところへ行った。勝った者が、不運な友人の支払いをしてやるときもあった。チョン・ケオウチャイは、そのころのことをこう回想している。

わたしは新客《シンケ》で、稼ぎは月一〇ドルくらいでした。博打でかなり、八〇～一〇〇ドルくらい勝った人が、わたしを娼館に連れていってくれました。……三～五ドルです、さらに別の女と泊まると八～一〇ドルの料金でした。……四人で行き、ほかの者は女たちの品定めにゆきました。わたしが入口に立っていたら、阿姑がやってきて、わたしを部屋へ連れてゆきました。……娼婦に会ったのは、それがはじめてです[15]。

制限なしの移住最盛期のシンガポールには、ふたつの世界があった。ひとつは陸上、もうひとつは水上で、それぞれ別のタイプの娼婦が働いていた。阿姑はだいたい娼館に住んでいたが、「鹹水妹《シアンスイメイ》」とからゆきさんの一部は船や波止場によく出かけた。客は、ほとんど船員だった。かの女らは波止場近くのバーやホテル・ラウンジへもよく出かけ、その付近の路上で客を拾ったりした。営業場所は船上、ドック周辺の売春宿や「ゲスト・ハウス」などであり、客は外国船船員だけでなく、港で仕事をする石炭置場の労働者、沖仲仕、あるいは大舶（twakow）での労働者であった。

はしけ船頭は平底船の舳先に立って巧みに舵をとり、シンガポールの経済にとってなくてはならない役割を果たした。かれらは、シンガポール河の上流と下流を往復し、生活の大半を水上で過ごした。上流には材木工場、精米工場、製油工場のような軽工業の工場が並び、下流の河口には倉庫が並び、かれらは道路沿いに停泊した貨物船から荷物を運んだ。大きくて丸い河ジャンク船は荷扱いだけでなく、かれらの住居にもなった。水上警察その他の記録から、鹹水妹《シアンスイメイ》たちはこれらのはしけやトンカン「ジャンク船に似たマレーの舟」に乗ってシンガポールと近くの港とを往き来して客を拾ったことがわかる。外国領事たちも、シンガポール停泊中の特定の船に、物売り舟で「出前」娼婦を送り届ける手配をおこなったものである[16]。女の子たちは港に停泊中の船の船員から食・住の提供を受け、僚船があれば船から船へと渡り歩いた。鹹水妹たちは、広東人船員が寄港時に賃金の前払いを受けること、船員たちが航海の後でセックスを求めていることを承知していた。

長く船員を相手にしてきたからゆきさんには、国籍に好みがあった。長いあいだ女性なしで航海してきたヨーロッパ人、日本人、中国人は、とても気前がよかった。低賃金で働くマレー人とインドネシア人の漁船・商船の乗組員はもっとも歓迎されない客で、かれらのプラフ「マレー快走帆艇」は食事も住み心地も悪かったので、これらの島内船船員はたいてい直接ステレッツにある娼館へ行った。おアキやおリスらは停泊中のヨーロッパ汽船に寝泊まりしていたが、このような船の船員もむろんよく娼館に出かけた[17]。客になってくれる確率からいうと、マヤッセン、レーマン、モハムマドのような船員は、ほかのどのような職業にもひけをとらないことは確かだった。一九〇五年、これらのマレー人船員はシンガポールとオーストラリア間の貿易貨物船「ミニリャ丸」で働いていた。マヤッセンは船がドック入りすると即座に人力車を雇い、からゆきさんと近づきになろうとマレー街を目指すことに、なんらためらいをもたなかった。しかし、かれはマラバル街の娼館で、おセキと関係をもつ前に酔いつぶれた。ふたりで過ごす時間はひと晩あったが、かれは理想的な客とはいえなかった。かの女はかれの酩酊にうんざりしていたが、それでも親切に、アルコール中毒で死にかけていたマヤッセンの側にいて、しばらく介抱した。(18)

都市労働のつらさや倦怠、あるいは海上生活でのストレスや寂しさから逃れて娼館へやってくる客にとっては、アルコールよりも性病のほうがはるかに恐ろしい存在だった。伝染病条例改正以来、客に性病が広がる機会は飛躍的に増大した。シンガポールは東南アジアへ来るほとんどの船の寄港地であり、陸海軍の駐屯地であるというだけでなく、周辺の国々や島々を含む交易の中心地であり、夥しい華僑人口が住む労働者の街でもあった。(19) 一八九〇年代はじめには、クーリーや船員を客とする中国人娼婦に性病が蔓延していることが知られ、医療問題・社会問題にもなった。人びとがひしめきあって暮らす貧困地帯の阿姑の状況は深刻で、事態は年を追って悪化した。移民と貿易が増大するにつれ、症状のない淋病をもつ「病の貯蔵庫」である中国人女性の性的活動によって、客である職人、労働者、船員にたいする感染が拡がっていった。タン・アーモクはトゥルク・マタ・イカンで採取された貝殻を焼いて石灰をとる仕事をしていたが、「街の灯」に惹かれて仕事を辞めた。かれは街で阿姑と遊び、性病にかかった。誰も、かれの病気にたいした注意を払わなかった。かれは元の雇い主のところへ戻ったが、もう働けなかった。一九〇二年、かれの雇い主の頭家《トウカイ》タン・アーチュウは、田舎暮らしを捨てる若い男は阿姑に病気をうつされるだけだ、とはっきり証言した。

タン・アーモクはうちのクーリーで、海岸でとれた貝殻を焼いて石灰にする仕事をしていました。わたしはそのプランテーションの所有者で、ここに店をもっています。かれは二〜三カ月前にうちを辞め、シンガポールで働いてました。そこで性病にかかったんですよ。一五日くらい前に、わたしのプランテーションに帰ってきました。かれは病気だとは言いませんでしたが、仕事はしませんでした。(20)

重労働者や船員についての記録でみると、中国人はお金があるときに娼館へ出かけるのは当然のことと考えていたようだ。さらに、検視記録と性病対策委員会の報告書から明らかになったひとつの事実は、福建人、広東人、潮州人が主体の中・上流社会でも、夫の不貞は問題にならなかったことだ。スミス街の阿姑の買春客の多くは既婚者だった。裕福な中国人はしばしば娼館へ出かけて琵琶仔《ペイパツァイ》のパトロンになり、性病を家庭へもち帰って妻（たち）や妾に伝染させる危険について気にしなかった。

シンガポールの中国人社会で妻の置かれた立場を知ろうとする社会史家は、結婚した女性は夫から内人《ネイレン》（家の中の女主人）あるいは箒を持つ女性を表わす婦《フ》とよばれることに留意しなければならない。これらの言葉は、中国での女性の役割は家の奥のほうにあり、家庭と家事を管理することだという認識を強めるものであった。夫はこれにたいし支配者、あるいは主人に相当する尊称でよばれた。よき夫、優れた父親であっても、買春するのは当然のことであった。重苦しい家族の束縛、家庭生活の緊張から逃れたい人もいただろう。家族をあまり尊重しない人、妻と姑のあいだのいざこざに巻き込まれた人は、息抜きのため阿姑を訪ねたものだった。阿姑を囲うのも、非現実的な期待や要求をされる伝統的な婚姻関係を築くという重圧の証拠であった。既婚者が阿姑に会いに来るのは、その場かぎりのことであり、人間関係や感情に後腐れがなかったからだ。それがあまり頻繁にならないかぎり、悪評を受けることもなかった。

一九〇九年のアヘン農園の中年事務員のケースは、これにはあてはまらない。タン・ペンは、ある阿姑に破滅的に惹かれてしまった。妻には魅力を感じなくなり、毎晩のように家族から離れて過ごすようになった。北京街の家主によれば「正直で、ちゃんとした人」だったが、かれは上福建街四四番の娼館に一月一四日の深夜に行き、ここへ来てまだ三週間だったウォン・アーヨークを指名して、その夜一緒だった。タンは、この魅力的な阿姑を五カ月以上前から知っていた。以前、陳桂蘭《タン・キーラン》街の娼館にいたウォンのところに通っていて、その運命の夜に上福建街にかの女を探しにやってきたのだ。しかし、今回でそのロマンスも終わった。三五歳の事務員は、翌日身元が確認された。明け方に、梅毒性の心臓病で脳出血にみまわれたのである。発作は性交のために起こったのかもしれない。皮肉なことにウォンはかれの名前さえ知らず、二階のかの女のベッドに、仰向けに寝かされた遺体の身元は、結局従順な妻であったクー・ウィービーによって確認された。枕の下にあった財布付きベルトには一〇ドルと五〇セント玉一枚が入っており、女将は警察に「この人は、わたしにもあの妓にもお金を払っていません」と述べた。この朝、逆の立場にあるふたりの女性は、娼館で顔を合わせた。クーが巡査部長に語ったことから、かの女の結婚生活、夫の力と気ままな行動、夫婦の意志疎通のなさがみえてくる。

わたしは死んだタン・ペンの家内です。シンガポールで、六年前に正式に結婚しました。かれとのあいだに、ふたりの娘がおります。夫は、アヘン農園の事務員でした。収入は、月五〇ドルです。住まいは北京街で、アヘン店の上の部屋です。あの人は、昨夜九時すぎに家を出ました。どこへ行くのか、知りませんでした。六時半ごろ家を出て、深夜に帰ることがよくありました。でも昨晩は九時まで家に帰らず、すぐまた出かけました。行く先は知りません。ときどき娼館へ行くのは、知っていました、朝帰りしたこともあります。今日は朝八時に、叔母のコー・グァイから夫が娼館で死んだと聞かされました。そこへ行くと、かれはベッドに横たわっていました……。完全に死んでいるようでした。夫が昨夜一緒だった阿姑に会いました。かの女のことは知りませんでしたし、会ったこともありません。よく訪ねてゆく女が娼館にいる、と夫が話したことはあります。かの女を囲っていたとは思いません。夫が病気だとは知りませんでした……。これから埋葬します(21)。

『天南新報』のオーナーだった邱菽園《クー・ショクワン》のような裕福で教育ある男も、官能を楽しむ独自の権利がある、と一般に理解されていた。邱やかれより年輩の世代の多くは、それを当然だと思っていた。古典詩人として文壇でも有名人であった邱は、とくにスミス街の娼館における美的感覚と人間関係への理解を深めていた。この若者はもっとも洗練された客であり、知人に自分が阿姑や娼館の人たちのあいだでいかに有名であるかを印象づけようと、シンガポールのすべての中国人娼館をひと晩借り切ったことがあった。この行動は大きな話題となり、かれの悪名はとみに高まった(22)。一九世紀末に、一部の高級阿姑から特別の敬意を受けるには、このようなふるまいとお金の消費が必要ということになった。美しい娼婦らは邱のような金持ちの客に、日常生活と仕事の要求に適応しながらも、この手本を追求するよう勧めた。ある年輩の娼館の大班婆《タイバンポー》は、このような売れっ妓の社交生活が大きな祭りのときなどには普段にもまして活気づいたことを回想している。「施餓鬼祭では、有名な阿姑たちは金持ちの贔屓客から贈られたカラフルなめでたい意味をもつ大きな字で飾られた赤い布（wang choy）、お金、贈り物、そのほかの品物を窓から見せびらかして、人気を競ったものです(23)」。

世紀転換期のシンガポール中国人社会ははなはだしい男性天国で、若い男性が娼館へ繰り出して、羽目を外すのは当たり前、いっぽうで女性は貞節でなければならなかった。グループで娼館へ出かけ、そのうちのひとりがすでに阿姑を予約していた場合、広東語で tai tak shui wai といわれ、この言葉は娼婦を訪問することと、そのときのグループのひとりひとりの両方を意味した[24]。ある老シンガポール人は、しょっちゅう娼館へ行く仲間と一緒によく tai tak shui wai したことを憶えていた。そんなときは楽しく戯れ、ほかの阿姑を予約した。そうでないとき、ホストと娼婦が上階へ上がる（kam fang）ときはほかの仲間と引き上げた[25]。別の老人は、自分はほとんど阿姑のところへは行かなかったが、たまには行ったと語った。「グループで何度も "tai tak shui wai" しているうちに、誰でも遅かれ早かれ行く気になってしまう。問題は自分で女性を選ぶ勇気があるかどうかだった[26]」。裕福な客のグループは、きれいな部屋でもてなされ、高級娼婦にワインをついでもらい、アヘンを吸い、ご馳走を食べて夜を過ごした。そのような客のひとりが、若いときに何度も通ったスミス街の高級娼館の内部について話してくれた。

> ……寝室は上階でした。サイドボードと、おそらく茶を飲む人のためでしょう、大理石のテーブルと椅子があり、横になりたい客のためにカウチもありました……。四～五人の仲間が行ってもいいくらいの数の家具がそろっていました。みんなひどく騒いで、隣室にも聞こえたでしょうが、あのころは誰も騒音など気にしなかったんです[27]。

調子にのったあげくの喧嘩騒ぎのおかげで、マラバール街の娼館でのそうしたグループの行動をのぞき見ることができる。一九〇五年の一二月、喧嘩がはじまる前に二グループ四人の福建人がおり、みな娼婦と一緒にアヘンを吸っていた、とママさんのウォン・アーサムが検視官に証言している[28]。

一九〇〇年までスミス街のみせは値段が上がってしまい、つけや会社払いのできるホワイトカラーや金持ちでないと手が届かなくなった。娼館の飲食物はみな高価だったので、客は麺類、お茶、ソフトドリンクなどを行商人や近くの食堂に注文した[29]。琵琶仔《ペイパツァイ》を呼ぶと、かの女の料金まで伝票に加えられた。いっぽう、宴会の中身は高尚から卑賤にわたり、機知に富んだ会話と手の込んだ食事にはじまり、いつもアヘン吸飲と酔っぱらいのどんちゃん騒ぎに移っていった。

二流の阿姑も、金持ちの学生を相手にすることを好んだ。しばしば猥雑な会話が交わされ、そこまでは無料だが、若いお客のために大理石の円テーブルに運ばれるビールやソフトドリンクは一本一ドルから二ドルで、労働者や職人の日当とほぼ同じだった！ 孫崇瑜《スン・チュンイー》は、阿姑の味と娼館通いを早熟なクラスメイトから教わったが、かれらはこういう女たちのいる場所で落ち着き払っていたという。富とそれにともなう文化的たしなみとして、当然という気負いであったのかもしれない。

二流の娼婦はみんな中国人、大部分は広東人でした……。娼館のなかには、誰でもいつでも入れました。かの女らは、ホールに並んで座っていました。覗いて、それから部屋へ入りました。ソーダ水一〜二本で一ドルでした……。ラッフルズ校の一部の学生はしょっちゅう来ていました……。わたしはラッフルズ校に入ってから、金持ちの友だちに娼館へ招待されました。娼婦たちは学生を好んでいましたが、高いところではビール一本が二ドル以上もしました。そのころ、学生はめったにビールは飲みませんでした。先方が気に入ってくれれば娼婦と関係することができましたが、別にいくらか払う必要がありました。そこに泊まるとなると、女性と契約しなければなりません。それは、とても、とても高かった。[30]

からゆきさんは阿姑ほど、客を同国人に限定しなかった。外国人であるからゆきさんは地元社会に受け入れてもらう必要があり、シンガポールの誰とでも柔軟に接しようと努めたのである。マレー街娼館のスイング・ドアは、ふつうの客にも変わった客にも、昼夜の別なく開かれていた。からゆきさんのサービスを求めて、主として低所得層の独身労働者が街の方々からやってきた。中国人の職人、マレー人船員、シーク人警備員、タミル人清掃員、ヨーロッパ人の兵士と船員などだった。[31]もっと金持ちの上客である中国人実業家、ヨーロッパ人や日本人の海軍士官、西欧の外交官などは金払いがよく、日本人娼婦の生活水準を上げてくれた。なかでもステレッツの美女たちは、その仕事ぶりで贅沢な生活ができたが、むろんその繁盛は永久に続くわけではなかった。社会的・経済的利益のためには、中国人がいちばん歓迎された。かれらはもっとも頻繁に来てくれたし、からゆきさんを身請けする熱意がもっとも高かったからである。マレー人の客は金離れはいいのだが、媚薬を使うことでも知られており、危険をともなう客だと考えられた。からゆきさんを求めてくる独身者のなかでは、からだの大きいシーク人と裸足のタミル人はいちばん人気がなかった。最初、女性たちは日本人として、裸足のタミル人クーリーを受け入れるのを嫌がった。一九一四年以前は、寄港中の海軍士官や商船員以外には、からゆきさんが日本人を客とすることはめったになかった。だが、第一次世界大戦の終わるころにはシンガポールに相当数の日本の貿易商社や小売商店が進出し、またジョホールにゴム農園が開かれたこともあって、日本人男性移住者が急増した[32]。その結果、一九一八年にはマレー街の盛り場に日本人男性の姿が目立つようになった。

世界各地からやってくる船員たちも、シンガポールの性的に活発な男性群に加わった。たいていの船員は、入港前に二～一〇週間を海上で過ごしていた。一九〇五年にオーストラリアからやってきた蒸気船「ミニリャ丸」の乗組員は、実に二カ月近くも海上にいた。この船との契約が切れたマレー人船員は、埠頭で賃金の支払いを受けた。かれら船員がシンガポールに上陸して、ステレツの赤い灯にすぐ引き寄せられるのは無理からぬことであった。オマー・ビン・ハジ・アブドゥルは、義理の兄弟にあたるマヤッセンのことを「稼いだ金を全部すぐ使ってしまう不注意な若者」と、手厳しい言葉で検視官に語った[33]。

マヤッセンのような期間契約船員や「日本人娼婦と街路から見えるところで、不品行を働く二六～二八歳の白い制服のイギリス商船の高級船員」は、一九一五年のステレツにかんする報告に書かれ、給料袋だけでなく性病をも娼館に持ち込んだことはまちがいない[34]。船員たちが、前回の上陸休暇中に病気を拾う時間は充分にあった。日本人娼館は医療機関と連携して、からゆきさんが病気を拡めないように、罹らないように相当な用心をしていたが、当局の見解は「船員は、性病を持ち込むより、そこで感染することのほうが多い」というものだった。しかし、からゆきさんは、性病はあらゆる国籍の船員を客にすることからくる職業病であり、船員が外国通貨とともに病気を持ち込む危険性が大きいことを知っていた[35]。

日本帝国海軍は、一八九〇年代の終わりごろ、とてもいいお客であった。野心家の流れ者、村岡伊平治は周旋業から娼館オーナーの代理となり、ついで瀟洒な娼館のオーナーに出世して、寄港した軍艦から休暇で上陸する水兵にサービスを提供した。弩級戦艦がシンガポールに旭日旗を翻らせると、長いあいだ女性に接していない乗組員は、女性を求めてどっと上陸した。停泊した軍艦が大きい場合は乗組員の数も多く、村岡のような経営者は供給量の二〇～三〇倍にも達する同国人からの需要に圧倒された。ときどきまき起こるこの特需に応じるため、娼館経営者はこれらの上陸者だけのためにすべての女性を動員した。シンガポールのからゆきさんの多くが壁に天皇の写真を掲げていたことからわかるように、かの女らはみな毎年この同国人によるシンガポール陥落前の最大の侵入に、すすんで挺身する覚悟でいた。からだはひとつしかないが、マレー海域を訪れた同国人に愛国的サービスをし、またその機にお金も稼ぎたかった。日本の妻や家族から遠く離れた何千人もの水兵が上陸したら、少なくとも一度はステレツに足を運ぶと期待された。そこは、昼間は安い食堂とバーの街だったが、夜は娼館が開いて、中で遊ばないかと若い日本人女性が多感な水兵たちを誘った。

水兵と士官の多くは、「自分の」からゆきさんを求めてマレー街、マラバル街、海南《ハイラム》街、ブギス街に面した一〇〇軒の娼館のどれかに行った。[36] これらの海員たちは、二〜三日の休息と娯楽のためにシンガポールに寄り、娼館のベランダに下がった色鮮やかな提灯に誘い込まれた。そこでは、飲みものを勧めてくれる若い日本人女性が、魅力のポイントだった。そこで酔いつぶれるか、ひと晩「自分の」からゆきさんと過ごそうとする者以外にとっては、女性と一杯飲むのは罪がない楽しみで、あまりお金もかからなかった。休日で上陸する水兵の数があまりに多かったので、娼館まで隊列を組んで行進し、娼館の前に順番を待つ行列ができた。二列縦隊で待つ青い上着の船員や水兵は、ひとりずつスイング・ドアを押して入ると、そこで立ち止まるよう命じられた。せっかちな連中は待ちかねて酔っぱらったが、性病チェックには時間がたっぷりとられた。上階の部屋へ行くドアはまだ閉ざされており、からゆきさんはその内側にいた。つぎの命令「入って！」で、かれらはひとりずつズボンを下げて入っていった。

このようなとき、からゆきさんはみな、限られた時間内にできるだけ多くの人にサービスしようと真剣だった。日本の船隊が入港しているときは、精神的にも肉体的にもたいへんな仕事になったが、できるだけ稼ぐためにひと晩じゅう、「お楽しみ」を求めてやってくる船員たちの相手をした。そんな一夜だけの出会いをずっと思い出にとどめている女性もいた。軍艦「金剛」と「比叡」が、日本の沖で嵐で沈没したトルコ船［一八九〇年に紀伊大島沖で遭遇した「エルトゥールル号」］の生存者を乗せて入港したとき、後に対馬海峡でのロシア艦隊との戦いで武名を上げた上村［彦之丞］大尉が、ある晩マレー街の娼館を訪れた。帰るとき、かれは一夜をともにしたからゆきさんにサイン入りの写真を与えた。かの女はその後スマトラへ移ったが、有名な海軍士官の写真をその偶然の出会いの記念として大切にしていた。[37]

日露戦争直後に「ヒノマル」を誇らしく掲げて日本の軍艦が入港したとき、ステレツの通りという通りには三味線の音が響き、水兵と派手なキモノを着たからゆきさんの歌声と踊りで夜通し賑やかだった。一九七〇年代にまだ存命だった九州の年老いた女性は、その異常な繁盛ぶりと愛国の熱情をまだ憶えていた。ひと晩二〇〜三〇人の客の相手をしたことも珍しくなかったという。

客の九〇パーセント近くが外国人だったころ、からゆきさんは在住日本人の相手をほとんどしなかった。そのため純日本的な装いにこだわらず、鮮やかな色あいのキモノの腰に細い帯を巻いたり、モスリンのクバヤとサロンも着用した。しかし、一九一四年以降、欧米人の客が著しく減ったため、その生活パターンは目に見えて変わりはじめた。戦争中、娼婦を訪れるヨーロッパ人旅行客が減ったのである。山東をめぐるシンガポールでの反日感情もまた、女性たちに影響を与えた。中国人が、日本人娼館をボイコットしたのだ。そのような状況下で、かの女らは在住日本人を相手にせざるをえなくなった(38)。新しい客の多くは、海運会社や商社の正規の社員、出稼ぎ商人、あるいはミドル路の礼儀正しい商店主などであった。南洋で運をつかもうとやってきたこれらの野心的な若い世代は、シンガポールのからゆきさんにもっと典型的日本人を期待した。一九一六年から一九年までの検視官記録から、ステレッツ世界を育て、この都市での日本人の評判をさらに盛り立てようとした客の素性の一端がわかる。一九一六年、二六歳のシマ・クニンは、薬局の店先で働いていた。ウイルキー路二八番に日本売薬会社の支配人であるタケンチ（S. Tackenchi）と住み、店内で特許の薬や一般の薬品を売っていた。開業医のミドル路一四番のシンザ（R. Shinza）とワシエ（S. Washie）はシマを少し知っていると述べたが、海南街《ハイラム》の娼館のからゆきさんのハルゲはかれに何度か会っていた(39)。同様に別のささやかな企業家のヘイエ（Heiye）は、マラバル街三七－一番に住む愛人のマクス（Maksu）の友人だったが、化粧品を販売し、またショート街で石鹸製造をしていた(40)。

安い運賃と旅客船が、あらゆる種類の訪問客や旅行者をシンガポールに運んできた。その一部は（飲んで騒いで警察の目にも触れたが）、港に一～二晩滞在し、セックスと冒険を求めてステレッツに向かった。世紀転換期のこの旅行者の増加は、マレー街地区の娼館売春に繁栄をもたらした。シンガポールに押し寄せ、夜はからゆきさんと遊んだ「旅行客」には、乗り継ぎ客、実業家、休暇旅行者、出張農園経営者、外国人官吏などが含まれていた。バンコク、サイゴン、ジャワ、香港、オーストラリアからの汽船は、街を一望できるジョンソン埠頭沖に停泊した。乗客と荷物は、ランチで陸に運ばれる。港からステレッツまで、車ならすぐいける。マレー街地区は、シンガポールを訪れる旅行者や駐在員がもっとも憧れる名声高いラッフルズ・ホテルに隣接し、ホテル・ヨーロッパやファン・ウェイクのような有名ホテルの玄関先にあるといってもよかった。これらに泊まった客で、変わった社会的・肉体的冒険を経験してみたい者は、しばしばからゆきさんのところへ行った。海外旅行を楽しめる身分の、身なりのよいヨーロッパ人たち——イギリス人、オランダ人、フランス人——がマレー街を、自動車、人力車などで、しらふであるいは酔って訪れた。セックスを期待してシンガポールを訪れた人びとは、夕暮れに貸し馬車や人力車に乗ってホテルの前を通るからゆきさんに心惹かれたことだろう。旅行客、商船員、軍関係者にとって、シンガポールは「東洋のブエノス・アイレスのようなところ」だった。[41] ある警察官僚は、旅行者のイメージにあるマレー街の世界的な評判について、回顧録にこう記している。

一九一四年の戦争前のシンガポールについて、世界じゅうで知られていたことは、「ラッフルズ・ホテル」と「マレー街」の二語につきた。汽船の乗客がそれを知っていたのは確かだが、ここの住民よりずっと多くの人びとがシンガポールを通過していった。かれらが出世する人びとであることは、わたしのアメリカとイギリスの経験からわかった。……伝統のラッフルズ・ホテルは絵になる姿で、頭上の吊りうちわや上着のポケットに弁髪をたくしこんで音もなく動く中国人のウエイターは、西はコロンボ、東は香港で見られる光景とよい対照をなしていた。……しかし、マレー街はユニークであり、多くの旅行者が自分の目で確かめようとして人力車に乗って訪れた。それはたしかにありふれたものではなかった。一団の青い上着の日本人が街へ行進し、停止し、そしてある時刻にまた集まるよう命令を受け、解散して玄関で日本人女性からにこやかに迎えられていた。一組の騒々しいグループが家具をある家から別の家に運んでいたかと思えば、娼館での騒ぎと警官の笛が聞こえ、扉を開け放った家々の列とあらゆる種類の娼婦たちがみられた。[42]

一九一四年以前には、シンガポールで働くヨーロッパ人独身男性の数は、白人女性を約二〇対一の比で上まわっていた。かれらにとって、シンガポールは女性のいない社会だった。ある若いイギリス人は、その異常なありさまを後にこう書いた。

ときには何週間も、白人女性と話す機会はまったくないことがあった。ある男が女性に自己紹介したことを記録し、ノートに付けていたことを知っている。たとえば「六月一七日、J夫人に会う。白人女性と話すのは二カ月ぶり」。また「八月三日、ジョアン・Kに会う。未婚の女性と会うのは五カ月と四日目である。デートの申し

込みをしようとしたが、三カ月間詰まっているとのこと、諦める」とあった。(43)

そのころ支配者としてシンガポールにいたイギリス人は、品行方正に見えることを社会的にも政治的にも厳しく求められた。かれらは、地位と特権に強迫観念とでもいえるほどこだわっていたのだ。クラブでの会話、植民地での厳格な社会規範、銀行や商社の雇用契約にある条項などが、若い人たちの結婚を、ヨーロッパ人の妻を充分に養える収入になるまで阻んだ。イギリス人やヨーロッパ人で、いくぶん格下のファン・ウェイク・ホテルで、フランス人、ドイツ人、ロシア人などの娼婦を指名するのに興味がない者は、日本人娼婦を好んだ。イギリスの威光を守るために社会的な距離を保つことは不可欠だったので、若い「トアン」［マレー人が男性にたいして用いる敬称］がアジア女性と一緒にいるのを見られる訳にはいかなかったが、日本人紅灯街の娼館を訪れることには問題がなかった。あるイギリス人は自分の独身生活について書いた本で、戦前に仲間とともにからゆきさんを訪れた放埒な夜について触れている。

わたしはおコマさん、おミツさんなど何人かを知っていた。無責任な仲間たちと一緒に、わたしはフットボール試合のあとの馬鹿騒ぎに参加した。その後はたいてい「街に繰り出す」ことになり、日本のビールをしたたか飲み、「ポティファーの妻」とか「かの女は貧しいが、正直だ」のような淫らな歌を歌った。人形のような日本娘は笑って手を叩き、娼館の女将はわれわれの浮かれ具合を読みながら料金を計算した。われわれのドルをかき集めつつ、ときどき比較的酔っていない者に、もう少し静かにしてほしいと頼んだ。わたしは日本の言葉を二～三と、日本の詩の一～二節を憶え、三味線の伴奏の鳴らし方を知った。(44)

ヨーロッパ人がからゆきさんの常連客であった時代、からゆきさんは西洋のしきたりに通じていた。一八九四年の娼館登録制の廃止後も、政府は非公式に日本人娼館売春を奨励していた。女性は、とくにシンガポールに駐屯する陸海軍基地へのサービスに役立つからだった。東南アジアにおけるイギリスの砦である植民地の力と安全を保つには、大英帝国の兵士や水兵を満足させる必要があった。東ケント連隊のアルバート・チャックスフィールド下級伍長やクリストファー・サンダース砲手にとって、日本人女性と酒のために金を使うのは恰好の娯楽だった。それが、タンリン兵舎やフォート・カニングの消灯ラッパが吹き鳴らされるまでの街の生活だった。[45] シンガポールのからゆきさんは、旅行者にたいして長期的関係は夢にも期待できないことを知っていた。キップリング［一八六五～一九三六年。植民地を舞台とした小説で有名なインド生まれのイギリス人作家］時代から残留している不運な農園主や会計係など、イギリス人のしがない飲んべえたちも同様に見込み薄だった。街のオフィスで四年間の任期で働く職員か、二年任期のタンリン兵舎の軍人だけがかの女らを妾とし、借金と貧乏から抜け出すチャンスを与えてくれた。[46]

　夜の八時から深夜までが、阿姑とからゆきさんにとってもっとも忙しい時間だった。一八八〇年から一九二〇年のあいだに、シンガポールの中国人労働人口は八万六〇〇〇人から三一万六〇〇〇人に爆発的に増加し、客はこのピーク時にチャイナタウンの娼館に確実に現われた。人力車は、年中無休で夕方ごろからみせに着きはじめた。中国人労働者と職人の人波はたえず明るく照らされたレストランの前を通って、スミス街、陳桂蘭《タン・キーラン》街、フレーザー街に密集する二〇～二五軒の中国人専用娼館の前で行列をつくった。中に入ると、一〇人以上の阿姑が座れるくらい広い入口ホールがあった。世話をする大班婆《タイパンポー》が入口の前にしゃがんでおり、手には夜が更けて仕事が終わった後に引き戸にかける鍵を持っていた。内側のスイング・ドアは開かれて、行列の先頭にいるか、あるいは道を通りすぎるだけの人にも目当ての阿姑が見えるようになっており、事実多くの人が眺めて通った。女の子たちは「明るい色の絹のドレスを着て、赤い唇、「柳」眉を描き、たっぷり白粉を塗っていたので、白子に見えるほどだった」[47]。みんな無表情にまっすぐ座り、外に群がって品定めしている男たちには、まったく興味を示さない風だった。もちろんそれが重要であり、かの女らの落ち着いたのどかな様子が、見る人の性的好奇心をかき立てたのだった。スミス街やフレーザー街の娼婦たちの宵の口の行動に比べると、マレー街の日本人娼館のお抱え女性たちはずっと積極的だった。

　日が暮れるとドリル地（織物、雲斉、葛城）のズボンとプリント柄の開襟シャツのいかつい老人たちが、ホテルや下宿をゆっくりと出てマレー街やマラバル街へ向かった。もっと若い太い首の長期駐在の兵士たちは、行きつけのバーのいつもの椅子に座るか、夜明けまでバーからバーへ専門の特別人力車で繁華街を乗りまわした。ヨーロッパ、オーストラリア、オランダ領インドから着いたばかりの旅行者は、目を見張って、これがクック旅行案内で読んだ活気と異国情緒あふれるシンガポールなのだろうかと首をかしげた。旅行案内や地元紹介誌は、この港湾都市の「東洋の魅惑」を激賞し、土産としてハイ・ストリートで買えるマレーの銀器、マラッカの籐から上等の宝石、レース、彫刻、絹まで、シンガポールで手に入るものを勧めていた。からゆきさんの陽気な誘いについての警告は、記されていなかった。マレー街、海南街《ハイラム》、マラバル街を歩いている途中に、日本人娼婦に誘いかけられるのは珍しいことではなかった。日が暮れると、熱心なからゆきさんは籐椅子やベンチに座って、「夜のカーニバル」がはじまるのを待った。おサキは一三でこの世界に入ったころ、「オネーサン」たちがどんなふうに客を呼び込んだか、こう話した。おサキと近くの娼館のからゆきさんは、毎晩六時から［翌朝］五時まで働いていた。

うちやおハナさんが三番館に行ったときには、おフミさんやおヤエさんはお娼売をやっとった。昼間でも客の来ることもあるばって、ふだんは、昼間はひまでな、寝ころんだり遊んだりしておるが、夕方になると、紅《べに》おしろいばつけて、店の前に腰掛け持って行って、おもてば通る男ばつかまえるとたい。うちらの三番館のお女郎はおフミさんとおヤエさんのふたりきりじゃったが、となりは二番館、そのとなりは五番館で、そこからもお女郎が腰掛け持って出て何人も座っとるけん、ずうっと、お女郎の行列のごたるさまじゃった。男が来ると、日本人なら日本語、イギリス人ならイギリス語、支那人なら支那語、土人なら土人のことばで客ば引くと。港に船がはいるときには、アメリカもフランスもおった。大勢きゃらきゃらしとったお女郎衆が、ひとり、ふたァり、またひとりと、客といっしょにいつの間にやら見えんごとなってしまうと。―ばってん、いっときたつと、その客を済ませて二階の部屋から戻って来て、またおもてに並んで客を引いて……それをひと晩じゅう繰り返すとじゃがね。(48)

暗くなると各娼館は軒下にガス灯をつけたが、そこには娼館の番号が記されていた。一軒あたり六～七人のきれいな日本人少女が、入口ホール付近かベランダの下で座って最初の客を待っていたが、ときにはオカーサンの指示で通りに出て、ヨーロッパ人などの袖やコートを引くか、色っぽい声で呼びかけた。「こんばんは、だんなさん。いらっしゃい」と甘い声で英語、フランス語、マレー語で、女の魅力をふりまいた。おアキ、おファキ（Ofarki）のような二二歳の若くて魅力的な女性たちは道行く人に、片言で「カミンサ」（どうぞお入りください、英語）、「ムッシュ・ル」（ムッシュー、フランス語）、「マリシニ」（いらっしゃい、マレー語）などと誘った。(49)故郷の身内に送金するため、この情景はマレー街地区の娼館やバーの密集した通りで夜ごと何千回も繰り返された。いまはからゆきさんがいなくなって久しく、マレー街は静かである。しかし、その昔サマセット・モームは、ここで日本人女性とともに騒いだことがある。かれは一九一四年以前のシンガポールの夜の生活の鋭い観察者であり、行き会った人や場所について、率直にときには辛辣なウイットをこめて語っている。モームの短編小説『ニール・マックアダム』には、娼館を訪れたふたりのイギリス人を歓待しようと、からゆきさんが努力するほほえましい情景が描かれている。コンラッド風の気のいいブレドン船長と若い美術館館長助手のニール・マックアダムのあいだの会話をのぞいてみると、典型的なイギリス中流のピンクの頬をした若者が、海外へ出て「厚化粧の女性」の前で当惑し、いらいらしている様子がうかがえる。

……「まあ、一緒に来なさい、日本娘を置いている家へ行ってみよう。あそこでなら、君の気に入る女が見つかることは、まず太鼓判だな」

人力車は外に待たせてあったので、二人がそれに乗って船長が行先を告げると、車夫はすぐさま走り出した。やがてまた一軒の家に連れて行かれ、肥満した中年の日本婦人が二人を迎えに出て、彼らがその家に入ろうとしたとき、その婦人は頭を低く下げてお辞儀をした。案内された部屋は、きちんと整頓された清潔な感じで、家具らしいものとしては、畳床の上に下敷が何枚か置いてあるだけだった。二人が腰をおろすと間もなく、小娘が盆の上に緑茶を入れた茶碗をのせて入って来た。その小娘ははにかみながらお辞儀をして、それから二人にそれぞれ茶碗を差し出した。船長は中年の女になにか話しかけていたが、女はそれを聞きながらニールの顔を見て、くすくすと忍び笑いをした。彼女は小娘になにか言いつけたらしく、小娘が部屋から去って行くと、しばらくして四人の女が弾むような足どりで入って来た。キモノを身にまとい、つやつやした黒髪を巧みに結い上げた彼女らは、なかなか美しかった。みな小柄でふっくらしていて、円い顔の目もとにはにこやかな笑みが溢れていた。彼女らは部屋に入るとまず低く頭を下げ、それから行儀よく鄭重な挨拶の言葉を囁いた。その言葉を聞いていると、まるで小鳥の囀りのようだった。それがすむと、男の左右に一人ずつ座って、なまめかしくしなを作って彼らにたわむれかけて来た。ブレドン船長はぬかりなく、左右の二人のほっそりした腰に手を廻していた。女たちは四人とも、すごい早口でよく喋った。みんな大変なはしゃぎようだった。ニールは船長の両側にいる女たちが自分のことを笑い草にしているらしいのを感じた。先ほどから、その二人がきらきら光る眼を、いたずらっぽく彼の方へ向けて来ていたからだ。ニールは顔を赤らめてしまった。あとの二人は彼にぴったりと身体をすり寄せて、笑みをたたえながら、ニールになにもかも話が通じるとでも思っているのか、さかんに日本語で話しかけて来た。その態度があまりにも屈託なさそうで、あどけない感じなので、彼はとうとう笑い出してしまった。彼女らは実によく気がついて、彼にお茶をすすめるべく茶碗を手渡し、飲んでしまうと、手に持っていなくてもよいように、すぐ茶碗を取ってくれるのだった。煙草をくわえると直ちに火をつけてくれるし、もう一人の方が小さくしなやかな手を差し出して、灰が服の上に散らないように受けとめてくれたりする。ニールのなめらかな顔を撫でたり、大きく若々しい両手を珍しそうに眺めたり、まるで仔猫がじゃれついているようなものだった。

「さて……と、どれにするかね?」しばらくして船長が言った。「もう、きまったかね?」

「きまったって?」

「君の方がきまったのを見届けてから、私の方でもしけ込もうと思ってね」

「ああ、僕は……どっちにも用はないんです。僕は帰って寝ますから」

「なに、帰って寝るって? どうしたんだ? こわくなったんじゃあるまいな?」

「いいえ、そんなことはありませんが、どうもあまり気が進まないんです。でも、どうか僕のことは御心配なく。独りでホテルへ帰れますから」

「いやいや、君がやらんのなら、私だってやる気はないのさ。私はちょいと女の子といちゃつきたかっただけなのさ」

船長は例の中年女になにか話しかけていたが、それを聞いた女たちは一斉に驚きの眼をみはってニールの方を見た。中年女が返答をすると、船長はやれやれという風に肩をすぼめた。娘たちの中の一人がなにか一言いうと、皆がどっと笑いこけた。

「なんて言ったんですか?」ニールが訊ねた。

「君のことをひやかしているんだよ」船長は笑いながら答えた。

しかし船長は笑いながらも、もの珍しそうにニールをまじまじと眺めていた。今しがたみんなを笑いこけさせた娘が、今度は直接にニールに向かってなにか言いかけて来た。彼はなにを言われているのか、さっぱりわからなかったけれども、娘の眼つきに浮んでいる嘲弄の色は見てとれたので顔を赤らめながら眉をひそめた。どうも笑い者になるのは困ると思った。するとその娘はおおっぴらに声を立てて笑いながら、ニールの首のまわりに手をかけて、軽くキスした。

「さあ、帰ろうぜ」と船長は言った。

二人が人力車を乗り捨ててホテルへ入って行くとき、ニールは船長に質問した。

「みんなが大笑いしたとき、あの女は一体なにを言ったんですか?」

「あれはね、君のことを童貞さんと言ったのさ」

「そんなことが、あんなに大笑いするほどおかしいのかなあ」ニールはのっそりしたスコットランド人の抑揚で言った。

「本当にそうなのかね?」

「まあ、そうですね」

「いくつなんだね、君は?」

「二十二です」

「発展せんことにしているのは、わけでもあるのかね?」

「結婚するまでは……と思っているんです」

船長は言葉を返さなかった。(50)

この有名な歓楽街の夜の情景を、日本人読者のために報道した記事もある。しかし、一九〇九年［五月六日］『福岡日日』の記者は、これらの女性の多くが貧しさゆえに九州の地方から押し出されことには触れていない。日本で仕事の機会は充分になく、あっても低賃金だった。


九時頃より有名なるマライ、ステレッチ（馬来街）を観る。家は洋館にして青く塗たる軒端に、一二三の羅馬《ローマ》字を現はしたる赤きガス燈を懸け、軒の下には椅子あり。異類異形の姿せる妙齢の吾が不幸なる姉妹、之れに倚りて数百人とも知らず居並び、恥しげもなく往来する行路の人を観て、喃々《なんなん》として談笑する様、あさましくも憐《あわれ》なり。

衣服は目を驚かす色あざやかに派手なる浴衣をまとひ、ことごとく細帯のみにして、髪は高きヒサシに大なるリボンを掛く。多くはこれ二十歳を超えざる妙齢の女子なり。之れをホテルの婢に聞くに、九州ことに島原天草を主とし、紀州中国これに次ぐと云ふ。

新嘉坡《シンガポール》の人口約二十五万、在留日本人約一千八百、而して其過半は醜業婦なりと云ふ。又之れを当地在留の某氏に聞く。彼らの来るや単身国を去つて密航を企つるもの、約全数の三分の二。これに反して悪漢の手に誘拐せられ、甘言の下に当地へ来り、身を売らるる者、残り三分の一。[51]

阿姑やからゆきさんのサービス料金は、基本的に決まっていた。標準料金制のため、客は同じ代金を支払い、またほとんどの阿姑は、経験や人気に関係なく、客と過ごした時間にたいし同じ支払いを受けた。[52] しかし、例外もあった。中国正月のあいだには、とくに優雅な阿姑と一夜を過ごすためには、通常料金の二〜三倍を払うこともよくあった。一九〇三年から〇七年に、スミス街またはフレーザー街の娼館では三〜四ドルで、自分が選んだ阿姑と一二時間遊ぶことができた。客の興味やスタミナがなくなっても、他人に権利を譲ることはできなかった。これらの娼館でひと晩過ごすのに必要な額は、労働者の日給の二〜八倍だった。一九〇七年に、熟練した人力車夫は一日一・七〜二ドル稼いだが、クーリーの平均日当は五〇セントで、石炭積み労働者は一ドルが最高額だった。[53] 料金は確実に上がってゆき、一〇年たたないうちにひと晩の通常料金は六ドルになった。中国人娼婦の料金は、一九二六年ごろにひと晩八ドルに標準化されたが、アヘンを吸いながら同時に娼婦と遊ぶことができたアヘン・ハウスで働く落ちぶれた病気の女性などは、二〜三ドル得られればいいほうだった。貧しい労働者相手のもっと下級の娼館の阿姑のサービスにたいしても、やはり固定料金制度があった。女性は、「塩漬けの豚肉」を味わうことにたとえられていたこれらの「塩豚肉娼家」においてさえ、阿姑と客のあいだで料金を決めることはできなかった。[54]

広東人の阿姑は、経営者のために平均月八〇ドル稼ぐことを期待されていた。広東人、潮州人、客家人のお客は一回三ドル支払った。かの女らの週ごとの稼ぎ高は、二〇〜二四ドルだった。世紀転換期の料金はひと晩三ドルで、食事と住居費を自分で払う阿姑は一・二五〜一・七五ドルを受けとった。衣食住と小遣いをもらっていた阿姑は、一銭ももらえなかった。これらの娼婦は、チップか贈り物に頼るしかなかった。

泊まり客は、めったに前払いをしなかった。翌朝出てゆくときに、娼館の人間に直接支払った。しかし、阿姑の短時間のセックスサービスにたいしては、その場でママさんか大班婆《タイパンポー》に支払われた。タン・ペンは泊まり客として、支払いの方法と額に決まったルールをもっていた。アヘン農園の事務員で安全を心がけるかれは、ウォン・アーイオクを訪ねるとき、財布付きベルトをチップの五〇セントとともに枕の下に置いたが、料金はいつもママさんに支払った。[55] しかし、検視官の事件簿から、料金が阿姑に直接支払われたケースがあることもわかっている。客が支払い方がわからないことさえあった。ある娼婦は、直接料金を受け取るのは仕事の一部だったと言っている。「かれは最初の晩、わたしに八ドル支払いましたが、つぎの夜には支払ってくれませんでした。夜の一一時半に友だちと一緒に帰ろうとしたので、わたしは料金六ドルを支払うよう頼みました。かれは、その金を取りに行くんだと言いました。かれが帰ってきたとき、わたしはお金を請求していません[56]」。

ひと晩の楽しみのためにからゆきさんに支払う料金は、中国人の客がシンガポールの同じ地区の阿姑に支払うものより安かった。おサキは山崎に、かの女のいた娼館では男がすぐ帰った場合、からゆきさんは二円［二ドル］受け取った、と語っている[57]。善道キクヨは、「チョンの間」のほうがいい、その場合自分が料金の六〇パーセントをもらえるから、と言った。「二円は、四分六に分けられます。女の取り分が六分。……チョンの間がいいですよ。すぐ帰るでしょう[58]」。もし男がひと晩泊まれば、日本人女性は一〇円の支払いを受けたが、戦前のシンガポールでは、その額でサロンとクバヤか、サンダル一足、櫛、それに化粧品を買うことができた。おサキは、客の支払った金が、太郎造によってかの女の借金を返すため、どう分けられたかを語っている。

> 戦《いくさ》のあとの今の銭と違うて、大正時分の二千円はそりゃ広大なもんじゃった。その二千円の借銭《しゃくせん》が、十三のうちらのからだに、ずっしりと懸かっておったとじゃもんなあ。それを、うちらがからだで稼いで返すとじゃけん、うちらの花代はな、泊らんですぐ帰るとが二円、泊りはひと晩十円じゃった。その銭を親方とふたつ分けすることになっとって、親方は部屋と三度の飯《めし》ば出し、お女郎は着物代《きもんだい》と化粧金《けしょうがね》が自分持ちという決まりじゃった[59]。

チャイナタウンの娼館主は、阿姑を選ぶ手順についてとても厳格で、客がある阿姑を過去に何度か指名したことがあっても同じだった。中国人客は自分の選んだ阿姑と遊ぶのに、決まった手順を経なければならなかった。客は娼館に入ると、ローズウッドの椅子に彫刻のように座っているお目当ての阿姑を、亀婆《グワイポー》に申し込む。すると、作法手順にうるさい亀婆は、法で登録が義務づけられていた登録表にあるその娼婦の名を指す。一九八二年に、当時七〇代なかばだったファン・チュンイーは、阿姑を眺めて選ぶ制度について、こう語った――「男たちは通りを歩きながら……選びました。もし気に入った相手がいれば、娼館に入って亀婆に「あの妓にしたい」（指さして）と言った。そして、上の階の女の部屋に上がる、そういう方式でした[60]」。検視官の検分と審問からも、広東人娼婦と一夜をともにした客について、いくらかの事実がわかる。タン・ペンは陳桂蘭街《タン・キーラン》の娼館にいたウォン・アーイオクのなじみの客だったが、上福建街のかの女の移転先の娼館に泊まる前に予約していた。亀婆のチュン・アーウンの話では、タンは「昨夜の一二時ごろ、うちに来ました。かれはホールにいた妓を申し込んで、指名しました。それからすぐ戻ってくるといって、出てゆきました。そうして午前一時ごろ、みせを閉めようとしていたときに戻ってきました」(61)。いっぽう、娼婦のほうは、客がかの女との一夜を希望したら、かれを待たせることはできなかった。娼館住み込みの広東人阿姑ホ・アーライは、夕方の七時半ごろフォン・ロクムイと玄関番の老大班婆《タイバンポー》チャン・アーユーと一緒にホールにいた。そこへウォン・アーカムがやってきた。ホはその後の成り行きをこう語っている――「わたしは、下の入口ホールでほかの女の子ふたりと座っていました。朋輩のフォン・ロクムイともうひとり。フォンは、わたしとコーヒーを飲んでいました。ウォン・アーカムが入ってきて、フォンに上の階へ行こうと言いました。かの女は〝先に上がってて、すぐ後から行きます〟と言いました。かれは上の階へ行き、かの女もコーヒーを飲み終えてまもなく上がりました」(62)。

下級の娼館では、娼婦が一日に扱う客の数をできるだけ多くしようとした。これらの娼館では、阿姑は性的サービスについてほとんど自分で調整することができなかった。給料日や祭りの季節には労働者、船員、そして酔っぱらいで混み合い、夜じゅう、客はひっきりなしにきた。「お客さんは、時間で支払いました。時間がくると、ママさんがドアを叩いて叫ぶの、〝客を外へ出しなさい〟って」(63)。老建設労働者は、亀婆《グワイポー》がかれのような客に厳しく注文をつけたことを憶えていた。

俺たちだってやる前に、少しは話をしたかった。だけど、すべては半時間、長くて一時間に限られていた。うちとける時間は、ほとんどなかった。ママさんは、時間超過を許さなかった。もし客が長く居すぎたり、話をしているのが聞こえると、ママさんは階下から「すいませんが交代してくださいSong Ha Sau」って叫ぶんだ(64)。

阿姑は、これらの娼館で毎晩一〇人以上もの客を相手にするだけの体力を維持しなければならなかった。一〇人、一五人、忙しい週末に三〇人もの男を客とした後は、肉体的にも精神的にも疲れはてた。娼館に抱えられている阿姑は、ピーク時に客を拒むことはできなかった。陳桂蘭街《タン・キーラン》、フレーザー街の最下層の娼館では、娼婦の肉体的消耗は早かった。単調で厳しい、役畜と変わりない境遇で働かせられた。

からゆきさんも、毎日多くの男性の相手をしなければならなかった。一部のオカーサンは一日一〇人以上の客をとることを強要し、自発的に娼館に入った女性たちも毎月多数の男性の相手をした。ミチワキ・おヨカ（Oyoka Michiwaki）［後述ではミチカワ］はマレー街二四番館のオカーサンだったが、絶世の美人からゆきさんと、かの女をマレー語で背の高いことを意味する「パンジャン」とよんで列をなしてやってくる客について、つぎのように話している。

> 故人は、殺される一カ月と二日くらい前にうちに来ました。わたしたちはかの女のことを、「パンジャン」とよんでいました。本名はドゥヤ（Duya）でしたが、名字は知りません。自分からわたしの娼館に来ました。以前からシンガポールにいたようですが、どれくらいの期間かは知りません……。かの女とは、部屋代と食事代として月四〇ドル前払いでもらうという約束でした。かの女には、日本人、マレー人、中国人、インド人などの客が来ました。月に一五〇ドル以上は稼いでいたと思います。被告人のシンドウ・ヘイザフロ（Heizahuro Shindo）は、三日と空けずに昼間かの女のところに来てました。毎回、どれくらいの時間いたかは知りません。もうひとりのノナカという人も、何回もかの女のところに通ってました。一五回以上、来たと思います。わたしの知るかぎり、ノナカさんと被告人は、わたしのみせでは会ったことはありません。[65]

善道キクヨは今村昌平に、多いときは一日八人くらいの客の相手をしたと語り、「お客と寝てよかったことはない。どうせ年じゅうのこと、毎日の義務だったから」とつけ加えている。[66]おサキも、たくさんの客をとらねばならなかったといい、それには借金が関係していた。

かくしてからゆきさんに仕立て上げられた娘たちは、それからのち、夜ごと数人から多いときには三十人にもおよぶ客を取らされたが、その前借金――当初に娼館主から女衒に渡された金および彼女らが郷里の貧しい父母に送るために借りた金は、なかなか完済にならなかった。彼女たちが客から貰ういわゆる玉代の半分は娼館主が取るのだったが、前借金はそれが巨額なだけに利子もかさんでいつまで経っても完済にならない仕組みになっていたのだ。[67]

阿姑やからゆきさんは、客から分離した存在だった。あいだには「よそよそしさ、仕事とレジャーの区分、そして男女の特殊な出会いについての文化の違い」という事実があった。[68]見知らぬ客は一時の訪問者にすぎず、娼婦の人生の実質に立ち入ることはほとんどなかった。その結果、阿姑やからゆきさんと、かの女らに慰めと快楽を求める男性との相互作用は、一般に人間味のないものとなった。娼館でのセックスは行きずりで人目を忍ぶものであり、中国人やヨーロッパ人の男性のほとんどにとって、感情的要素の薄いものだった。客は自分をある種独特の異邦人と感じるだけでなく、女性をオブジェとして扱う傾向があった。料金を支払って客になったことで、男は阿姑やからゆきさんを支配下においた。一時的に、ひとりの人間を商品として購入し、「モノ」として女性を扱う権利を手中にした。娼館のよく知らない阿姑を喜ばせる必要はないし、いつも自分の好きなようにふるまえばよいと感じた。そのような状況下で、客はよそ者としてあまり自分の本当の名や実体を明らかにしなかった。[69]

リー・アーチョイの言葉は、福建人客をフレーザー街の娼館で扱うときに、この「一過性」が基本にあったことを印象づける。「わたしは、娼館主のリー・アーシーと一緒に住んでいる阿姑です。いま霊安室で見た死人は、昨夜みせでわたしと過ごした客です。いままでかれにも、その友だちにも会ったことはありません。あの人は名前も言いませんでした」[70]。リョン・タイホーは、洗濯屋のタム・アーチェンを二日続けて客にしたが、わざわざ名を聞いたりしていない。「死んだお客さんが、誰なのか知りません。この前七月一六日に一度来た以外は、うちに来たことはありません。かれは真夜中にみせに入ってきて、わたしを選び、一七日の朝七時までいて、三ドル支払いました。一八日の朝九時にまたやってきて、わたしを指名しました……」[71]。いっぽう、ホン・インはその客の名を知らなかったが、まったくの見ず知らずではなく、少なくともかれの職業とどの辺に住んでいるかは知っていた。しかし、それも二カ月間に数回通ってからの話である。この阿姑は、ポン・ソーンジュアンが自分と一緒に祭日を祝うために、フレーザー街の娼館へ来たのだと語った。

九月二四日の真夜中に、あの死んだ人は娼館に来てわたしを指名したんです。友だちひとりと一緒でした。知っているお客ですが、名前は知りません。これまで、わたしを七回くらい指名してくれました。かれは、海南人《ハイラム》です。洋服屋でホローウェイ道に住んでいるということでした。友だちと真夜中に来たので、みんなで上の階のわたしの部屋へ行きました。あの日は中国の祭日で、かれがお菓子を持ってきたのでみんなで食べました。友だちは、九月二五日の午前一時に帰りました(72)。

仕事と遊びの関係について、記録からわかるおもしろい事実は、定期的に足を運ぶ多くの労働者は年増を選んだことである。「下級の」職業の若い男性は、料金の安い中年の阿姑を選ぶ傾向があった。日給九〇セントの労働者がスミス街で泊まるのは、ほとんど不可能だった。「一度女のところに行くと、四ドルかかりました。それほど、たびたびは行けませんよ」とウォン・チューは認めた。「女の年齢は、いろいろでした。二〇歳過ぎ、三〇歳過ぎ、それより年上の人もいました。おれが選んだのは、三〇歳から四〇歳でした。もちろん、そのほうが安かったのです。おれよりも年上でしたから、それほどそそられる感じじゃありませんでしたがね(73)」。

娼館買売春は、なによりもお金の関係で成り立っていた。阿姑やからゆきさんの性的満足は二の次だった。娼館における双方の関係は、単純だった。客が金を渡し、中国人や日本人女性が性的サービス、もてなし、あるいは慰めを提供した。亀婆《グワイポー》とオカーサンは、娼婦たちに客を扱うときには感情を抑制するよう教えた。阿姑とからゆきさんの仕事は、本質的に一種の「情緒的労働」であるため、娼館支配人は「感情ルール」と、客との直接の「感情的経験」とのあいだの重大な違いを強調した(74)。しかし、タム・アーキットから数カ月のあいだに三九回もの訪問を受けたチャン・ユットゴーのような阿姑、あるいは特定のヨーロッパ人客との関係が何年にもわたったおアキやおトヨのようなからゆきさんは、そうした相手にたいし、一時的にせよ好意を抱いたのではあるまいか。店員のタムは中国に妻がいたが、よく娼館へ通った。チャンは、自分の腕のなかで数時間前に死んだ広東人男性との関係をこう述べた――「わたしは、ここ陳桂蘭《タン・キーラン》街一〇番館に住む阿姑です。亡くなったタム・アーキットは、五月二四日午後一〇時にひとりでここに来ました。そして、わたしの寝室へ一緒に上がりました。おなじみさんです。かれは、一月からずっと週に二回くらい定期的に来ていました。かれは、クリン街五一番のライ・チョンで金箔を売っています(75)」。

何千人という客のあいだのはっきりした違いは個人の性格差であり、それは社会の拡がりに対応して千差万別であった。ほとんどの中国人男性は、将来結婚の見込みなどなかった。現実には、シンガポールで家庭をもつことなど不可能で、独身で生きることを選んだ。何万人もの孤独な男たちが人力車を曳き、石炭をすくい、河ジャンク船から荷を降ろし、建設現場で働く。単調な労働がほとんどで、なんの楽しみもなく、くる年もくる年も同じことが続いた。このような労働の性質から、独身クーリーの生活は空虚で、人並みな家庭の楽しみや親としての喜びがなく、友だちさえいない者もいた。無力感と孤独がかれらの生活を特徴づけていたことが、検視官記録からみてとれる。大きな下宿屋の上階に住んでいた男たちは、同じ棟に住んでいても居場所が違えば互いに識別もできなかったようだ。グリーンホーンズは下宿屋に住むクーリーたちが、いかにドライであったかを知るにいたった。たまにこの無関心さが、労働者から若さの最良の部分を奪い、入りたいと切望したシンガポール中国人社会の周辺に、かれらを置き去りにした。娼館支配人は阿姑とからゆきさんに感情や行動を抑えるように言って聞かせたにもかかわらず、一部の娼婦がこれらの独身労働者にたいして果たした役割は、原初的な母親またはは姉妹に似たものだったろう。つかの間の出会いは、たとえば二〜三週間に一度、一時間ほど会うだけでも、ひたすら堪え忍ぶ男たちの生活のなかで、きわめてささやかな心の養分だった。そのような男たちが頻繁に通った阿姑の寝室は、かの女らがかれらに避難場所……孤独や拒否の恐れのない「家庭」……を与えてくれたがゆえに、特別な価値があったといえよう。

客のもうひとつのタイプは、ふつうの結婚の悲哀を経験した男たちである。中国人の結婚観は、永続的な家父長制度と家族を形成することであり、その動機はまず息子を育てることだった。シンガポールの中国人の結婚においては、互いに多くの複雑な期待をもち、男子家系を永続させ長期的安定を確保するという現実的課題がのしかかった。そして、結婚には必ずしも深く継続的な愛情が必要とはされなかった。クー・ウィービーとの名ばかりの結婚というしがらみをひきずり、タン・ペンは阿姑のウォン・アーイオクを繰り返し訪ねることで、結婚では得られなかった情緒的な満足をなんとか得ようとした(76)。

客にたいする個人的感情を抑えまいとした一部の娼婦たちの情緒的労働は、仕事の内外で問題を引き起こした。たんに雑談すること、それが阿姑やからゆきさんが客をもてなし相談にのるためのもっとも効果的なやりかたのひとつだった。悩みを抱えた客は、最初の半時間にすすんで身の上話をすることもしばしばだった。娼婦たちはときとして検視官の審問において、一部の客には会話がぜひとも必要だったと答えている。かれらの秘密が、噴き出してくるのだった。客と娼婦のそのような関係には、きわめて複雑なものがあった。男たちは同情と理解をしばしば求めており、ときには娼婦にたいして友だちのように接した。いつも、なにか救いを求めて娼館に来たのである。一本のビールか、一杯のお茶とちょっとした会話のためだけに、寄ることもあった。お金が要るので来ることさえあった！　アー・ソウは友だちであり信頼できる顧客だったので、リー・タイホはかれに八〇ドルの価値がある金の飾りのついた籐の腕輪一対を、質草として渡した。(77)別の例では、客のタム・アーチェンはセックスをしなかった。まったくの見知らぬ世界に投げ出された孤独な男でも、阿姑といっしょにいるだけで慰めが得られ、少しは孤独感が薄らいで帰ってゆくことができた。リョン・タイホーは、労働で打ちひしがれたこの貧しい男が、ふつうの移住者にはとても手の届かない生活を夢見て、盗みを働いたと述べている。社会的変動や仕事場が、タムのような客にどんな影響を与えているか、阿姑が理解できるとは限らなかった。かれは、そのとき、一九二三年から四年間、シンガポールを揺るがしていた不況という社会的変動に翻弄されていたのだった。かの女は検視官に、そのとき性交はなかったと報告している。実際そのとき、ふたりはろくに話もしなかった。それは沈黙の出会いとでもいうべきものだった。

わたしはみせの三階の部屋に住んでいます。七月一八日の……朝九時ごろ下の入口ホールにいました。タム・アーチェンがやってきて、わたしを指名しました。かれを三階のわたしの部屋へ連れてゆき、わたしは下に降りて食事をしました。一〇時半に部屋へ戻ったとき、タム・アーチェンは部屋でベッドに座っており、べつに具合悪そうでもありませんでした。話は、しませんでした。わたしは、降りて風呂に入りました。……わたしは、タム・アーチェンを知りませんでした。前に来たことはありません。かれが来て指名したとき、何時間いるつもりかは言いませんでした。性交はしてません。……とてもおとなしい人で、わたしにほとんど話しかけませんでした、お金はもらっていません。お客さんが帰るときに支払うことになっているんです。(78)

一九〇四年に日露戦争がはじまる前は、一二〜一三歳くらいの少女がからゆきさんの見習いになった。貧しい親に幼少のころ売られ、最初は娼館の女中になった者もいた。性技と客のもてなしかた、礼儀やしきたり、会話術などを数年間かけて仕込むのは、高級娼館の必要条件だった。そのせいか、からゆきさんはしばしば客の心の垣根を破り、悩みを吐き出させることができた。女性たちの体験談の口述記録から、森崎和江は、かの女らの生気と魅力は、村の生活の価値観や伝統に根ざした道徳感からきている、と述べている。天草や島原でおこなわれた早期の性教育と自立のしつけが、地方の娘たちに客と接するうえでの大らかさと大人の優しさをもたらしたのである。若い村娘として比較的のびのびと行動し、率直に話し、解放的に暮らしたこと、そして淫らな冗談、飲酒、性的な歌、婚前の性交渉などの見聞があったため、若いからゆきさんはとても官能的でありながら、社交性や節度を心得ていた。これらのことすべてから学べることは、九州の農村生活は性について肯定的であり、天草や島原の娘たちは柔軟で、暖かく、陽気な優しさがあったということである。多くのからゆきさんたちは、クーリーの町シンガポールの悪いところは、お互いを思いやる会話が欠けていることだと知っていた。かの女らの伝統的価値観にもとづく情緒的サービス精神、職業的訓練、一定の文化的しきたりがあいまって、男たちを暖かく遇し慰めることができた。ある客は、マレー街の娼館でみられた男性にたいするかの女らの典型的なふるまいと姿について、こう語っている。

かの女たちは何回もお辞儀をして、わたしを優雅に迎えてくれた……。そして、テーブルに席を調えてくれた。つり下げられた明かりからみて、顔は中年の容貌で、わたしの推測では四〇歳以下ではなかったと思う。ふたりのうち年長ほうが、テーブルにビールとタバコを出した。そして、シンガポールの映画館についての明るい会話に、わたしを引き込んだ。ふたりとも、客になりそうな男というより、敬意を払うべき客というように、わたしを扱った。その話しぶりと態度は、これまでに会った娼婦に見たことのないものだった。美人とも可愛いいともいえなかったが、気持ちのいい話し相手だった。その笑い声は、どんなかたくなな道徳論者でも、一緒に笑わずにいられないようなものだった。粗野なふざけや、淫らな口説きはなく、わたしがいるあいだ、一度もその夜のベッドの客になるよう強要しなかった。かの女らには浅ましいとか、うさんくさいとか、醜悪なところはまったくなかった。わたしは実際、その娼館で見聞きしたことすべての品位（これ以上にふさわしい表現はない）に感銘を受けた。まちがいなくあのふたりの女性は、ロンドンやパリの高級売春婦にも勝るとも劣らない存在だ。しかし、高級売春婦たちはその国では一定の社会的地位を得ており、伝統的な形式と儀式にかなりの重点がある。このふたりは、たんに女性としての魅力を発揮するだけで、客が肉体的にも心理的にもくつろげる雰囲気をつくっていた。わたしがビールの代金を支払いおやすみを言うと、ふたりはドアの片側に立ってお辞儀をし、礼を述べた。

そして、トゥアン［だんなさん］が短い訪問を楽しんでくださったなら嬉しいです。トゥアンがまた通りかかられることがあれば、また来てください、とつけ加えたのだった。(79)

世紀転換期のシンガポールの核心に入り込みたいと思うなら、阿姑とからゆきさんがいる娼館の世界の実体や、陳桂蘭街《タン・キーラン》やブギス街のみすぼらしい部屋がどんなものだったのか理解しなければならない。かの女らはそこで新顔の客の悩みを聞いてやり、慰めを与えた。検視官記録を調べてゆくうちに歴史家がイメージでき、理解できるようになることは、人間相互の交流と娼館売春という職業の性格である。これらの簡明な記録の一部から、ひじょうな迫力で、独身労働者たちが「つかの間の安住の場」を見いだしたこと、その対象はたいてい娼婦であったということがみえてくる。もし客が中国人娼館に宿泊したいと望むならば、セックスの面にかんするかぎり、その阿姑に予約がないか確かめなければならなかった。娼婦の答えは、ふつう単純だった。もし予約がなくても、「ノー」が返ってくることは珍しくなかった。

泊まり客は、阿姑と少なくとも二回はセックスできるという了解があった。三五歳の潮州人の果物売りリム・スーカウのように熟睡していても、阿姑は客の要望を満たすために起こさなければならなかった。チェン・センチョイは、街を売り歩く人には、そういう好意が必要だと知っていた。かれは脚気にかかっていたが、その阿姑を熱烈に求めていた。気持ちを確かめるため、それまでも何度かかの女の客になっていた。「わたしはマラバル街四番館の阿姑です。検視官が一〇月二五日にあそこでごらんになったのは、その前夜わたしと一緒に寝たお客です。わたしたちは一時に眠りました、そのときは具合が悪そうには見えませんでした。そして、五時にかれを起こそうとしました。そう頼まれていたので」(80)。客が泊まった場合、サービス面で阿姑にかかってくるこのような肉体的、精神的負担について、ある大班婆《タイパンポー》はこう言っている――「とにかくたいへん、たいへんな仕事でした」(81)。パン・ライチャンは、セックスが終わった客が長居するのを好まなかったようだ。具合の悪くなった見知らぬ客にたいして、かの女はほかのなじみ客にたいするような好意は示していない。

かれはわたしと午前一時まで関係をもたず、その夜一度だけやりました。五時にかれは目を覚まし、息が苦しい、胸が痛むと言いました。それで、わたしは家に帰るように言いました。かれは、「いま雨が降っている、やんだらすぐに帰る」と言いました。それからわたしは眠り、八時に目を覚ましたとき、かれはアヘン・ベンチで眠っていました。[82]

ある晩、見知らぬクーリーがビールとオレンジをもってロー・アームイの娼館に来た。妙な服装をしていて、かれは慣習的な敬称で「阿姑」と、かの女に呼びかけた。娼婦は検視官に、その孤独な客との一夜がどんなふうだったかを細かに説明した。かれは、アヘンに抗しきれなかった。

わたしは、上福建街二二番に住む阿姑です。ここに来て四年になります。死んだ男の人は、昨夜一一時に娼館に来ました。バジュ［上衣］のポケットのひとつに、スタウト・ビールの大瓶を入れ、別のポケットにオレンジを二個入れていました。バジュを二枚着こんで、ズボンを二本はいてました。腰には紐を一本巻いて、ベルトはしてませんでした、お金にもチャンドゥ片にも気づきませんでした。ぜんぜん知らない人で、うちの娼館のお客ではなかったです。ここにいたまる四年間まったく見たことはありませんから。ふたりになってから、かれはビールを飲み、オレンジを食べました。わたしは食べてませんでした。わたしたちは、アヘンもタバコも吸いませんでした。一一時から午前一時までかれはアヘン・ベンチに横になって、わたしはかれのそばに座っていました。わたしたちは午前一時と二時にベッドへ行きまして、起きたときもう一度関係しました。それから四時まで眠り、起きたときもう一度関係しました。それからまた眠って、朝六時にかれは便所に行きました。それから一〇分くらいして戻ってきて……、ベッドのわたしの横にきて、一緒にまた眠りました。わたしは八時ごろ起きて、かれをベッドに寝たままにして、風呂に入りました。一〇時半ごろ部屋に戻ると、あの人はベッドから床に落ちていました。生きていましたけど、口が利けないんです。女将さんを呼びました。水を飲まそうとしましたが、飲みこめませんでした。からだじゅうびっしょり汗をかいてました。息を引き取るまで、側にいてあげました、一一時半ごろでした。警察は、正午に来ました。わたしは便所に行ったとき、二〜三のチャンドゥ片を見つけました。それで、かれがアヘンをやったのかな、と思いました。[83]

労働者が日に一二〜一四時間、疲れ果てるまで働いていた時代に、阿姑とからゆきさんには、客あしらいで、ある顕著な差があった。一八九〇年代の末、新来のからゆきさんが、ホームシックのつぎに恐ろしい、誰でもかかる疫病は性病だと気づくのに二〜三週間もかからなかった。日本人娼館では、性病はよく知られていた。からゆきさんは、すべてといっていいほど、中国人労働者や船員からうつされた。その結果、マレー街の娼館へ行く客は、すべて事前チェックを覚悟しなければならなかった。病気の兆候があれば、日本人女性はその客を受け入れてくれなかった。病気の客は、すぐに追い返された。これにたいし、不幸にも阿姑のほとんどが自衛手段をとらず、多くの中国人娼館は「清潔」でなかった。キモノを着て待っている女性と相対して、客は恐慌をきたし赤面してしまうこともあった。それが、きまりだった。「ズボンを脱いで!」と、からゆきさんはやさしく迫った。もし淋病か梅毒にかかっていたら、男はからゆきさんに男性たることを発揮することなく、近くの自分のねぐらへ帰るしかなかった。

この処置の第一の動機は、利益よりも衛生ということだった。とくに治りにくい淋病菌は、多くの中国人労働者から阿姑への贈り物であり、娼婦たちはそれを無償で香港や東南中国に船員を通じて輸出し、そこで感染中国人女性を増やしていった。第二の動機は、もしからゆきさんが、痩せこけて熱のある病気もちの客を取っているという噂がたてば、常連のいいお客が来なくなる恐れからだった。「日本人女性は国家のために稼いでいたが、われわれに性病予防法も教えてくれた」とクレタ・アエルに住むある老人は言い、スプリング街のほうを指さして、こう続けた。

日本人女性はとても注意深く、とても厳格でした。お客を受け入れる前になにか病気の兆候がないか、まずチェックしました。自分の部屋で自身でそれをやっていたもんです。かの女は、お客に服を脱ぐように言いました。もしからだが汚れていれば、客はまずシャワーを浴びるよう言われました。もし性病にかかっていれば、かれを客にはせず、追い返しました。[84]

別のチャイナタウンの老住人も、からゆきさんは自分を性病から守るためあらゆる努力を払っていたが、つぎのような予防処置もしてくれたと語った――「日本人女性は、とても清潔でした。かの女の部屋でセックスをした後、かの女はたらいを持ってきました。〝薬の水〟とよばれた過マンガン酸カリが、入っていました。誰でも、そこで洗わなくてはなりません。清潔だったたらいの縁に、汚れがつくのがわかりました[85]」。

娼婦と客の関係の探究は、ここまでは、孤独と渇望でいっぱいのシンガポールの夕暮れの世界の果てしない散策といったところである。検視官記録はたいてい、阿姑やからゆきさんと客が娼館で一時を楽しく過ごし、ベッドを離れればなんの関係もなくなることを示している。両者の関係の本質的なプライバシーが完全に明るみに出るのは、客が女性にたいして抱いていた夢が破れて、娼館への訪問が悪夢になり、性的な葛藤がついに殺人や自殺といった結末を迎えたときだった。そのような事件が現実となったとき、女性あるいは自分自身に恐怖と苦痛をもたらす男たちが、不安、凡庸さ、絶望などとけっして無縁でないことがわかる。寒々とした暮らしが、かれらの多くを娼館通いやアヘン吸飲へと向かわせた。客もまた、家族、祖先、故郷の寺院から引き裂かれた漂泊者だった。母国でこそ男は優位にあったが、シンガポールでは男女ともにみじめな存在であるという点で平等だった。仕立屋のチャン・アープーは、兄／弟が陳桂蘭《タン・キーラン》街の娼館で死んだことを、友人から聞かされた。中国に妻と一一歳の子どもを残してきたチャン・アーティンは、中程度のアヘン吸飲者で、娼館へよく行った。ブランデーをそうとう飲み、ときには一本空けたと報告にある。生活は下り坂で健康上の問題も起きていたかれに、阿姑が同情を寄せた。この苦闘中の潮州人にとって、陳桂蘭街へ行って広東人娼婦のタイ・カムと会うのは、故郷の空気に触れることであった。かれはいつも癒され、南洋の生活の厳しさを忘れることができた。妻や子どもを、しみじみ思い出したりもしたであろう。かれの兄／弟は、検視官にこう語った——「かれが、陳桂蘭街二八番の娼館によく行くのは知っていました。なじみの女性がいたのです」[86]。

スミス街の阿姑と違い、陳桂蘭《タン・キーラン》街の阿姑にはなじみ客が少なかった。その区域の客はおもにクーリーで、かれらは二〜三カ月に一度以上同じ阿姑に会うことは稀だった。生活が苦しく、なじみになる余裕がなかったのである。ウォン・チューは、セックスを感情や人間関係と結びつけて考えたことはなかったし、そうした角度からみる余裕もなかった。一九八七年に、娼婦と人間的な関係があったかどうかを、著者が訊ねたとき、この背が高くがっしりした広東人労働者は、こう答えた——「金がなくて、恋愛などとてもじゃなかった。金持ちだけが、なじみの関係になれました。貧乏だったから、女性と自分の関係をまじめに考えたことはありません。そんな余裕はなかった。娼婦が、わたしのような金のない者と恋愛関係になることもありえないしね。わたしは、娼館に泊まれる客層じゃありませんでしたから」[87]。阿姑のなかには、どうやったらかの女らと親密になれるか教えてくれる者もいたし、一部の男たちにはそれが必要で教えてもらっていた。生活の不安と欲求不満をまぎらわそうと、これらの男たちは特定の娼婦とベッドをともにしようとたびたび訪れ、相手にひとりの女性として興味を感じた。娼館主のチャン・アーヤットはタム・アーキットを見知っていたが、名前は知らなかった。「しょっちゅう来て、いつもチャン・ユットゴーを指名しました」。別の娼館主ル・アーホーは、ホン・インと羽振りのいい仕立屋との関係を、こう語った――「わたしはポン・ソーンジュアンを知っていました。かれはよくうちに来て、ホン・インを指名しました」。洗濯屋のロク・オンも、ガン・キウの亀婆《グワイポー》とは、すでに顔見知りだった。「ンガン・キウの部屋にいた客は、みせに二〇回くらい来たことがあります。いつもンガン・キウを指名しました。月に三回くらい来てましたっけ。名前や住所は知りません」。船員のラム・ロースーはスミス街六五番を頻繁に訪れ、「ウォン・アーウォンという名の娘といい仲だった」と記されている[88]。前に述べたが、アー・ソウとリー・タイホとの親密さは、この三〇歳のクーリーが阿姑の宝飾品を借りて質入れするほどだった。信用できる顧客であり、リー・タイホの「友だち」と見られていたこの男は、一八歳の阿姑を頻繁に訪問していた、と娼館主のリー・タイヨウは証言している――「アー・ソウという男は、会えばわかります。かれはクーリーのようでした。わたしのみせに、ここ四～五カ月のあいだ、月に七～八回は来ていました。いつもリー・タイホを指名しました」[89]。

有責性の殺人事件では、前戯中に酔った兵士が日本人女性の喉を切ろうとしたベッドルームでの恐ろしい状況を含めて、なじみ客のアルバート・チャックスフィールドとからゆきさんおトヨの恋愛関係が、ずっと詳しく記述されている。検視官は時間をかけて、かれらが感じたことを引き出し、襲撃者の動機と、ふたりのあいだになにがあったのかを確認しようとした。検視官はこの事件にかんする自分自身のメモを書き、それを警察の協力を得て仕上げたが、その後に多くの個人的な感想をつけ加えた。おトヨと若いイギリス人との関係は、二年以上続いていた。かの女は、「チェック」と愛称でよぶほど、よくかれのことを知っていた。かれの様子が変わったことに気づいていたが、事件の直前の異常な状況にどう対処すればよいのかわからなかった。

一一月六日の夜八時ごろ、かれがみせに来ました。七日の朝六時までみせにいて、それから出ていきました。そして、七日の午後二時にまた来たときは、千鳥足でした。服は汚れ、よろよろしていました……。「チェック」は前の日の夜八時に来たときも、少し酔ってました。そのときは、あの人の態度や行動はいつもと変わりませんでした。でも、先月まで酒を飲んだり、酔ったりという姿を見たことがありませんでした。今月になって、かれはひどく酔って来たことが二度ありました。そして、先月の一五日にも、……[90]。

ひどく酔ってはいたが、その下級伍長はからゆきさんを信用しており、乱痴気騒ぎに出かける前にかの女にお金を預けた。「死んだあの人は、わたしに一二ドル預けました。それは一九一二年一一月六日の夜のことです。そして、わたしの分として三ドルくれました[91]」。

似たような関係で、おアキは寄港中のフォス船長の船で過ごすことがよくあり、そのオランダ人を心から信用していた。船長は、からゆきさんにたいして二〇ドルから三〇ドルのつけをためていた。その負債のことが、かの女がパレンバンへの三日間の船旅に行きたいと頼んだときに、オカーサンが自分の「娘たち」のひとりのおタマに口述筆記させたおアキ宛ての返事のなかで、こう言及されている――「おまえの手紙を、受け取りました。おまえの字がはっきり読めないけど、だいたいわかりました。気をつけて、それから検診に間にあうように帰りなさい。お金を貰いなさいよ。食べるものに気をつけて、果物は食べないように。これまでに船長に貸した分をもらって下さい[92]」。

その三年後、マラバル街のおイチの部屋のテーブルに残されたまったく性質の違う手紙も、客とからゆきさんのあいだの親密な関係を示している。近くのミドル路の薬局で働いていたS・ヤマザキ宛ての率直な手紙には、別れの言葉とかれの親切にたいする感謝が述べられていた。「おイチの親しい友人」と記されているこの薬剤師は、月一度はかの女を訪れていた。一九〇六年二月一六日、九時から一時までふたりは一緒だった。おイチは一時ごろにかれを起こし、帰るように言った。かれはおイチに一ドル置いて帰ったが、それはテーブルの上に置かれたままだった。かれの話では、ふたりはその夜、仲良く別れた。そのあと、孤独な二四歳の女性はオカーサンに遺書を書いてから、その特別な男性にたいする親愛の情と感謝の心を綴っている。かれはほかの男たちのように行きずりではなかったが、二度と会うことはなかった。おイチがわら半紙に書いたふたりの睦まじさを伝える遺書は、ついに送られることはなかった。「ヤマザキさんはわたしのところによく来ました。同情して、優しくしてくれました。死んだ後もご親切は忘れません[93]」。

夜のカーニバルが終わると、客は阿姑あるいはからゆきさんに料金を支払わなければならなかった。料金にごまかしや誤解があった場合、それが娼婦と客のあいだで問題となった。たいていの客は定められた額を支払った。しかし、娼婦たちは客にだまされ迷惑することがよくあった。夜遅く来た客などが、朝方勘定を支払う段になると有利な立場になった。もし客が金がないとか、玄関番が寝ているそばをすり抜けて帰ってしまうと、娼婦たちはどうしようもなかった。その客がどういう行動をするかよく知らなかったある阿姑は、検視官にこう述べた――「あの男は最初の夜わたしに八ドル払いましたが、二日目は払っていません。かれの商売は知りません」(94)。警部がかれのよれよれの上着のポケットを探ると、質札が二枚と七四セントの小銭しかなかった。結末がまったく異なる別の事件では、阿姑がなじみの客に金をごまかされたあげくに、スミス街の娼館の入口ホールでナイフで刺された。しかし、その「娘」を助けようとして致命傷を負ったのは、勇気あるママさんのロー・サイソーだった。

あの晩、わたしはあの男を部屋に入れまいとしました。かれが、お金を持っていなかったからです。三回相手をしたのに、三回目のお金を払わなかったんです。最初の二晩は、それぞれ三ドル払ってくれました。でも、昨夜は払いませんでした。だから、もう客にしたくなかったんです。女将さんはかれが前回踏み倒したことを知っていましたが、なにも言いませんでした。あの晩、かれを部屋に入れまいとしたのは、わたしなんです。(95)

第12章　歓楽の夜の裏側

暴力と虐待は、阿姑とからゆきさんが直面する重大問題であった。夜の世界の片隅に、かの女らを餌食にしようとする者がしばしば潜んでいた。中国人や日本人娼婦は、これまでも重労働や貧乏に泣き、つらい運命を生きてきた女性ばかりだった。一九〇〇年に娼館に登録されていた何千人ものこうした女性たちのうち何人かは、個人的あるいは職業的なしがらみから、または不運のせいで、殺人の犠牲となった。非業の死の恐怖は、たえず阿姑やからゆきさんにつきまとっていた。それとどう向き合い対処すべきか、いつどのような悲運が自分を襲うのか、一時的にせよどのように難を免れうるのか……これらはかの女らの日常生活や夢をおびやかし、なににもまして悩みの種であった。

世紀転換期のシンガポールでは、雑踏する市街での犯罪はごくありふれたことだった。それでもなお、とくに娼婦の惨殺事件は、世間の耳目を引いた。阿姑やからゆきさんが無残な手口による刺殺や傷害の犠牲になると、暴力に慣れたこの街の市民でさえ、警察と検視官の事件簿に加えられた新たな統計にショックを受けた。検視官記録や元娼婦の直接の証言から、暴力を内包していた社会システムが明らかになった。多くの下級娼館の実態を記した公的資料は、戦慄すべきものを含んでいる。娼婦たちは、プライバシーなどない薄い壁で仕切られて並ぶ小部屋で働いていた。男たちは、波止場、倉庫、工場からの帰りがけのことが多く、粗野で乱暴だった。自分の存在に意味を見いだせない生活を送る労働者にとっては、原始的な肉体の存続だけが望みうるすべてであったにちがいない。過酷な人生が、コミュニティが共有するはずの絆や人間らしさを枯渇させていた。男たちは、そんな社会的・物理的環境のために、逆境にありがちな荒んだ気持ちと闘おうとしたいっぽうで、すべてを壊したい欲求に駆られることもあった。このような時代の空気のなかで、クーリーと娼婦とのあいだの暴力的な衝突は、しょっちゅうであった。

娼婦と客のあいだの暴力沙汰についての本章での検討は、一九〇三年から三七年までに故意の殺人や暴力沙汰に巻き込まれた阿姑とからゆきさんにかんする検視事例にもとづいている。公認娼婦の死亡は検視官に報告する義務があり、かれのサインした証明書がないかぎり、埋葬は許されなかった。(1) 巻末資料7と8から明らかなように、何人かの阿姑とからゆきさんが、客による襲撃事件を経験した。通常、娼婦が植民地衛生医務官に提出した申し立て書は、娼館を訪れた男性による暴力という性質のものに限られていた。(2)

殺人の場合、検視官はまず治安判事のようなアプローチで事件の審問にあたり、つぎに捜査官らしい断固とした冷静な理性をもって捜査に臨んだ。かれは、阿姑やからゆきさんの殺害には一般にはあまりなじみのない証拠があると知っており、なにが悪かったのかできるだけ立証しようとした。肩や胸を刺された被害者にとって、体験したばかりの恐怖にふたたび触れられるのは辛いことであった。ウン・アーイェクは、事情聴取にたいし懸命に記憶をたどりながら答えていたが、二〇分後にはついに泣きだし、理不尽な被害状況をろくに語れなくなった。ハム・チュンは、はじめて会った男に、喉を掻き切られそうになったのだから。(3) 若い女性にわずか二～三時間前、あるいは数日前の事件を思い出させるのが、検視官の仕事だった。なかには検視官の質問に答えることで気持ちが落ちつく者もいたが、ほかの者にとっていくつかの質問はあまりに辛いものだった。にもかかわらず、「事件」の性質のせいか、娼婦たちの供述には真に迫るものがあった。殺された同僚の容貌、病歴、かの女が最後に言ったことやしたことにかんするかの女らの宣誓証言は、八〇年以上も昔のことであるのに、声なき忘れられた人びとの生活を生々しく再現している。

傷害や殺人の目撃談のなかで、娼婦たちははからずもかの女らの日常生活と職場環境のさまざまな断片を証言することになった。検視官記録によって、われわれはシンガポール史の暗部を、個人による物理的また性的暴力が悪意にみちて病的に横行していたことを、知ることができる。検視官は、非人間性と日常生活のあいだに潜む深淵に関心を寄せていた。危険をはらんで日常生活が続く超現実的な次元での経済的利益、性的な不安感、疑心暗鬼、そして嫉妬から、知らないうちにママさんをつけ狙う黒い影や、阿姑につきまとう男が生まれ、暴力犯罪として爆発したのだった。一八七〇年代以降のシンガポールの男女比不均衡を理解するにあたり、民間施設内の性が絡む事件が表沙汰になっているものについては、社会史家は残存する公的記録を使用すべきである。娼館における買売春、暴力、性的な人間関係について、歴史的資料から掘りおこされる暗い悲しい証拠には、読む人をぞっとさせずにはおかない切実さがある。

世紀転換期のシンガポールで、阿姑やママさんの死はとくに目新しいことではなかった。一九〇三年、ふたりが刺殺された。人手が足りずオーバーワークのシンガポール警察の悪夢は、一月二七日にはじまった。老娼館主ロー・サイソーが、心臓など数カ所を刺されて死んでいるのが発見された（巻末資料7）[4]。一一カ月後、リー・タイホ（一八歳）が、喉を切られて倒れていた。現場は、ローが娼婦狙いのストーカーの犠牲になった地点からいうと、街の反対側になる[5]。シンガポール当局が市の盛り場に危険な殺し屋がいることに気づいたのは、この若い阿姑が一九〇三年のふたり目の犠牲者になってからのことだった。この阿姑は、かの女の恋人が質に出していた宝石を取り戻したいと語っていた。かの女の死によって、警察と娼婦のあいだに、犯人はシンガポールの犯罪に走りがちな若者や「娼館ゴロ」に英雄視されている、という危惧が拡がった。

襲撃や殺人の件数はしだいに増大し、犯罪はより過激になりさえした。一九〇三年以後、殺人犯は再三、深夜に泥棒に入っては、襲った娼婦の腹部や胸を滅多刺しにしたり、大きく裂けた喉といった、これみよがしの犯跡を残しはじめた。殺人犯は、剃刀や飛び出しナイフを手にしていた[6]。頸動脈を切られ、財布を空にされるような目にあうのは、シンガポールで人目を忍んで営業していた私娼ではなかった。巻末資料7に列挙された阿姑のほぼ全員は、公認娼館で働いており、借金を抱えていたため、通りすがりの客でも誰でも受け入れねばならなかった。殺傷のほとんどは犯罪の多いクレタ・アエル地区およびステレッツで発生しており、そこで夜間に聞こえる悲鳴は道ゆく人力車の音と同じくらい平凡なものだった。しかし、その後殺人はパシル道や市の他地区にも拡がり、しかも白昼に起きるようになった。これは前例のないことで、殺人犯が複数であることを示唆していた。

ウン・アーイェクは、ほかの人よりましだったろう。かの女の運命など誰も気にとめない都会の真っ暗闇で非業の死をとげても、とくに珍しくはないのだから。どんなに用心しても、娼婦の首を絞めたり喉を切り裂いたりしようとする水夫やクーリーとの、死の遭遇から完全に逃れるわけにはいかなかった。時刻はかなり遅く、ウンは眠たかった。娼館にいた人はみな、すでに眠っており、ハム・チュンがかの女の喉を切ろうとしているのに気づいたとき、かの女は口が利けず助けを呼ぶこともできなかった。しかし、若い女性の度胸と勇気が、かの女を救った。必死で抵抗し、賊を本能的に仰向けにひっくり返そうとした。ウンは鋭いナイフの端をつかんで、啖呵をきり、かれをそこから追い出した。(7) すんでのところで、九死に一生を得た。ガン・キウ、二四歳は、五年後に似た状況で同じようにして難を逃れようとしたが、ロク・オンの手に掛かり、喉と指をひどく切られて死んだ。(8)

なお、客の暴力沙汰についての証言はあるものの、検視官記録は犯罪パターンの全容や、娼館内部での性的暴行を示すものでないことに留意しなければならない。これは、警察の統計や記録にあるギャップ、つまり摘発されなかった犯罪が残りの証拠を不完全なものにしているからである。(9) そこで社会史家は、シンガポール警察のこの不完全部分に焦点をあてなければならない。過去の経験からいえば、娼婦にたいするママさんによる虐待事実や、男性によるありふれた乱暴狼藉を、警察記録は過少にとどめる傾向があった。現存する警察起訴台帳は、性的暴行や娼婦虐待の実態について控えめな報告しかしていない。沈黙、すなわちファイルに残されなかった事件や、低い逮捕率からみると、当局が無視した類の犯罪について大きな疑問が生じる。(10) 告発は、故意の殺人や襲撃事件に限られていたことが、歴史的研究から明らかであろう。

阿姑やからゆきさんと客との力関係や、かの女らが置かれた労働環境から考えて、すすんで内部告発する女性はほとんどいなかった。最下級の娼館では、客ひとりにつき三〇分という制限時間があり、客は射精したらただちに退出するのがきまりだった。娼館主は、男たちが阿姑に個人的愛着をもたないよう、また女の子たちができるだけ効率的かつ機械的に最大数の客をとるよう、注意を払った。阿姑やからゆきさんが接した男たちは、かれらの身分や仕事に応じた行動をとる傾向があった。賃金労働者は、シンガポールに一定期間在住できるが、ここでのかれらの将来は限られていた。いっぽう、現実には中国はかれらが帰国することを望んでいなかった。多くは、シンガポールに親戚もいなかった。検視官記録およびアヘン委員会への証言によると、アヘンの虜になってしまい、ある種の仲間意識から、アヘンを吸飲する娼婦に面倒をみてもらう労働者が大勢存在した。暴力的な客は、たいていこのような若いクーリーであり、並外れてきつい石炭掘り、重い袋の荷降ろし、車引きなどをしていた。かれらは、ほかの労働者よりはるかに若いころから、シンガポールの波止場や巷で働きはじめていた。かれらは、仕事場で、先輩に差別されていると感じないまでも、孤独であった。検視官記録は、女性たちと娼館が醸し出した一種のファンタジーや、男性が犯罪を犯すほど攻撃性を高めた理由を、不充分ながら垣間見せてくれる。娼婦と娼館が、多数の若い労働者を引きつけながら、なぜこれほどの憎しみの的にされたのか。襲撃する男たちは、自分の怒りや鬱憤をいちばん向けやすい相手が娼婦だと知っていた。かの女らが、より弱い立場にいたからである。客が女を自由にする権利を買うということは、たとえばタム・イェンメイとホン・ヨウカムがなんの抵抗もできない危険にさらされていることを意味した(11)。多くの検視官は、まずこうした事件における人間の社会的相互作用に気づき、凶行におよんだ労働者や水夫もまた、孤独、危険、絶望とけっして無縁ではなかったことに思いいたった。なにが悪かったかといえば、かれらの住む世界があまりに酷薄で非人間的だったのかもしれない。官能とは創造的なもので、たんなるセックスよりも満足感があるはずだ。だが、セックスをあれだけ過剰かつ簡単に手に入れながら、男たちは官能の悦びを得られなかった。そうした怒り、不安、屈辱が、かれらの暗い意志を実行させるのを助け、客と阿姑やからゆきさんとの関係の中心に暴力や横暴を持ち込み、実行させた。

検視官記録や新聞記事を読むと、事件は毎日でも起こりえたことがわかる。それは阿姑やからゆきさんがけっして忘れられず、逃げられもしない最悪の過去になるものだった。よく知っている男が戸口に立ち、まさかと思うようなことをママさんに言いだし、災難を及ぼすこともありえた。著者にとって、検視官記録のうちで衝撃的かつ重要な発見のひとつは、クーリーの娼婦にたいする突発的暴力や、情欲による犯罪がじつに広く頻繁に発生していたことだった。ドックや倉庫で働いていたシンガポールの労働者の多くは、たぶん娼館で、とくに自慢できないようなことをしたり、あるいは見聞きした。そうした暴力は言葉による侮辱、敵意、実際の攻撃的な行動で現わされた、と検視官は記している。何人かの娼婦は、男たちがまるで悪いことをした者に罰でも下すような態度で、辛辣な汚い言葉をあびせた、と不平を述べている。

一八七〇年から一九四〇年のあいだに、なんらかの性犯罪と殺人が発生しなかった路地は、娼館街にはなかったにちがいない。とはいえ、クーリー、事務員、商店主などの客とのあいだにも真の恋愛、性的陶酔がみられたことは、人間の本性についての不可思議な思いと畏怖でわれわれをいっぱいにする。悲惨な事件の多くには、娼婦の死につきものの大きな動機、すなわち嫉妬があった。一八九一年五月一日、サゴ街の登録娼館に住む女性が、そのときかの女の相手であった労働者ホ・アーサイに襲われた。巡査が駆けつけたとき、すでに阿姑はこと切れ、犯人も自殺していた。動機は情事のもつれとされた[12]。翌年の同様な事件では、痛ましい失恋の結果、もう少しで事件の主役たちが破滅するところだった。その一八歳の阿姑は、かわいいわがままな子ども、気取った女、傲慢な娼婦を、思いのままに演じ分けていた。三月五日の朝、トルンガヌ街の娼館で、アン・ティアヒは嫉妬に駆られ、かの女の喉を切ったあと、自殺をはかった。ふたりは病院に運ばれ、命をとりとめた。被告人は最高裁で有罪となり、三年間の禁固を言い渡された[13]。

警察事件簿に残るこれらの事件は、紅灯街の事件捜査において、検視官が客と娼婦の奇妙な関係を実によく把握していたことを示唆する。検視官のある者は、襲撃者の都会での孤独と疎外感が鬱屈を昂じさせた結果とみていた。一九〇三年、数年にわたる「娼館通い」のあげくに、ある水夫の不満が爆発した過程を示す検視官記録がある。この事件は、「娼館通い」による気まぐれなセックスは、気持ちのつながりや人間的関係を築けないことを例示したといえよう。スミス街六五番の常連客ラム・ロースーは、ウォン・アーウォンに夢中だった。ふたりのあまりにせわしない逢瀬は三カ月間にわたり、訪ねて行ける日には約八時間のうちに三回も交わっていた。かの女との逢瀬がかろうじて気持ちの支えとなり、かれの人生はそれがなければ耐えられないものになっていた。船や港の日々の世界から解放されて、その瞬間のためだけに生きているようなラムは、この阿姑に夢中だった。かの女はかれに興味をもっていたし、かれに性の手ほどきをした仲でもあった。だが、一月二四日午後七時四〇分、かれにとってたんなる遊びではなかったふたりの関係が冷めたように思われるものになった。かれは一階の表の部屋で、娼館を出てどこか余所で、一時でも永遠にでもいい、一緒に暮らそう、とかの女を説得するつもりだった。たとえかれが阿姑の心をつかんでいたとしても、水夫と娼婦とのあいだには大きな隔たりと見解のズレがあったことが、この事例からわかる。かの女は、娼館を出ることを拒んだ。しかも、金がないなら自分の部屋に通さないとまで言った。その日かれは三回、かの女の客となっており、三回目は料金を支払っていなかった。女将のロー・サイソーは、かれが前にも料金を踏み倒したことを知っていたが、介入はしなかった。その夜、かれを部屋に上げないと主張したのは、女将でなくウォンであった。

しかし、最終局面は、予期されるような無理心中ではなかった。ラムがウォンを刺し、かの女の「自由」を終わらせようとその顔に酸をこすりつけたとき、ウォンを救おうとママさんが勇気をふるったのだった。スミス街六五番に住む別の阿姑ウォン・アーガンは、挫折した愛が動機のこの襲撃を、つぎのように述べた。

かの女（ウォン・アーウォン）は、表の部屋にいました。……わたしは、ラム・ロースーがうちに来るのを見ました。かれはまっすぐ、同じ部屋にいた女の子たちのひとりのところへ行きました。かれはかの女のバジュ［上衣］をつかむと、なにも言わずに、手にした脱脂綿にしみこませたなにかを、かの女の顔にこすりつけた。すぐ顔が黒ずむのがわかりました。あれは、酸だったと思います。かれは黙ったままベルトの背中側につけていたナイフを抜き、かの女の右の後ろ肩を刺しました。そのとき、女将さんがわたしたちのいた部屋に駆け込んできました。かの女の名前は、ロー・サイソーです。女将さんは、ウォン・アーウォンを守ろうとかの女にかじりつきました……。かの女すると、かれは女将さんの左脇腹を刺しました。かの女はすぐに倒れ、悲鳴もあげませんでした。死んだのは一〇分くらい後だと思いますが、ひと言もしゃべりませんでした。ウォン・アーウォンはまだ大丈夫で、女将さんが倒れるのを見て、上の階に駆け上がりました。女将さんが倒れると、かれはナイフを自分の腹に突き立てました。誰もかれの武器を取り上げようとしませんでした。……申しあげたことは全部、この目で見たことです。ほかの人に聞いたことを繰り返しているのではありません。使用人が女将さんを助けようとしましたが、だめでした。事件のとき、その部屋には一二人くらい女の子がいました。男の人はいませんでした。お客さんがふたり来ていましたが、そのときは女の子と一緒に上の階に上がっていました(14)。

審問で興味深い事実がわかった。二～三カ月前に、娼館を出て自分についてこないなら殺すと、ラムがウォンを脅していたのだ。アヘンを吸って自殺するとも言っていた。だが、阿姑はそれを真に受けず、冷やかし気味におもしろがっていたことが悲劇につながった。

同じ年、フレーザー街の娼館で起こった別の事件は、潮州人のクーリー、アー・ソウの若い阿姑リー・タイホへの過剰な入れ込みが、エキセントリックな激しい関係を生み出した結果だった。アー・ソウはリーを愛していた。だが、阿姑を愛せば愛すほど、かれの借金はかさみ、かの女をますます傷つけたくなるのだった。一八歳のこの広東人娼婦は、この種の陰鬱な事件のうちで、その年もっとも目立った犠牲者にすぎなかった。アー・ソウは五カ月のあいだに、三五回以上もリーの客となった。事件の二日前の一二月五日、リーとアー・ソウはかの女の部屋にいた。夜八時ごろだった。隣室の娼婦ウォン・イプホーは、その阿姑が、アー・ソウが以前借りて質に入れたかの女の金の腕輪をお正月に使いたいから返して、とかれに頼んでいるのを漏れ聞いている。かれは、質屋から受け出すだけの金ができていない、と答えていた。その直後のアー・ソウの殺人の動機は、まちがいなく、その朝かの女が身につけていた髪飾り、イアリング、指輪などの宝石を盗むことであった。しかし、娼館通いというものをはじめる前に、自分の気持ちがそこまで暴走すると知っていたら、娼館はそれほど魅力的なところではなかっただろう。リーはかれを愛人として選んだのに、子どものように甘やかしてしまった。アー・ソウは精神的にかの女に頼りきっていたが、経済的にも頼るのは恐ろしいことだった。精神的にリーに頼ってしまうと、労働者にすぎないかれは金銭的にも頼らざるをえなくなった。阿姑に払う月々のものが膨れ上がってきたとき、誰かが犯罪の犠牲になる運命にあった。喉笛を切り裂かれたので、かの女は悲鳴をあげることも助けを呼ぶこともできなかった。(15)

一九二〇年代のマレー街地区の事例に、社会的身分の異なる愛人ふたりと美貌のハダチ・ドゥヤという名のからゆきさんとの三角関係があり、それは衝動的な感情の激しさから頂点に達した。ステレツの世界では、つかず離れずの官能的な遊び方が理想とされた。(16) だが、マレー街地区の女性すべてが、現実の生活のなかで、ファンタジーのルールを守って、人形のようにふるまえたわけではなかった。凝固した血の海と化した三階の部屋で死んだとき、ハダチ・ドゥヤの長い青みを帯びた黒髪はかっちり結いあげた束髪からほつれ、熱帯の気候のため化粧にはうっすらと湿気が浮いていた。ここへ来て一カ月でこの事件に出くわしたカワタ・ナカは、とても背が高かったのでかの女のことを「パンジャン」とよんでいた。艶めかしく優雅でほっそりしたこの女性は、殺される前のほんの一カ月間ここにいただけだと、オカーサンのミチカワ・おヨカは供述した。(17)

ドゥヤは、驚嘆すべき存在だった。明るい色のユカタの襟を抜きぎみに着て、帯をゆるく締めていた。ときにはからだの線に沿わせた黒いブラウスとサロンをまとい、王族のようにカウチの腕に片手を休ませ、注目を一身に集めていた。検視官の調べによると、日本人、マレー人、中国人、インド人など、客は毎日引きも切らなかった。客のいく人かがたちまちかの女に恋をし、ここではタブーの感情と緊張が高まり表面化した。危険は明らかだったのに、この娼婦は三角関係に夢中になり、非業の死を遂げる結果となった。若くてハンサムなシンドウは、大工見習いだった。いい職人で、親方のワタナベ・ベンジに迷惑をかけたことなど一度もなかった。親方はパンジャンのことを知っていた。かの女がシンドウに会うため、ウォータールー街の親方の家によく来ていたからだ。あのからゆきさんはうちの徒弟と親密な関係で、奴の汚れた衣類を持ちかえって洗濯するほどだった、とワタナベ・ベンジは述べている。「ふたりは恋仲だった。少なくとも俺はそう思った。ふたりがシンドウの部屋にいるところを、何度も見かけた。そこでかの女が寝たかどうかは知らないがね」(18)。喧嘩しているのを聞いたことはないし、かの女は毎週一度くらいシンドウの部屋にきていた、とワタナベは検視官に告げた。オカーサンも、シンドウがだいたい三日ごとに、昼間ドゥヤを訪ねてきたと証言した。

見習い大工がなぜそれほど嫉妬と不安に悩まされたかについて、手がかりとなる事情を述べたのは、ミチカワ・おヨカだった。オカーサンは検視官に、ドゥヤのもうひとりの常連客だったノナカも尋問すべきだと語っている。かの女の記憶では、かれは一カ月のあいだに少なくとも一五回は通ってきた。ノナカ・ユキチは、ウォータールー街のシンドウとは逆の端に住んでいた。スマトラにホテルを所有し、愛人もまだそちらにいた。最初にシンガポールに来たとき、たまたまハダチ・ドゥヤに出会った。かの女もスマトラにホテルをもっていたので、かれは四年前からかの女を知っていた。当時、ふたりは「ただの友人」だった。ノナカは、検視官に旧交をあたためた経緯を説明した。

最初、マレー街二四番でかの女に出会いました。二四番の女将に会いに行ったとき、ハダチ・ドゥヤが戸口を出たところに居たんです。話しかけると、かの女はわたしをぜんぜん知らないと言いました。かの女が誘ったので、三階のかの女の部屋についてゆきました。日没まもないころでした。そこに一時間ほどいました。そのときはなにもしませんでしたが、つぎの夜、かの女の部屋に泊まりました。二日後に、また行って泊まりました。全部で、五~六晩、かの女と過ごしました。一度、アルハンブラに連れていったときは、ふたりで散歩しました。泊まったときは、毎回一〇ドル払いました(19)。

そのホテル経営者は、見習い大工のことは知らなかったが、かの女の部屋でかれに一度だけ会っていた。それはいみじくも殺人事件の日だった。続く証言では、ひとりの娼婦をめぐる恋仇の男たちの、得がたい率直な会話が記録されている。

シンドウがわたしを呼ぶため、ドゥヤを寄越しました。わたしがマレー街一二番にいたら、ドゥヤが午後四時ごろ来て、シンドウがかの女の部屋でわたしに会いたがっている、と言いました。シンドウとは誰だとか、なぜ会いたいんだとかは訊きませんでした。かの女と一緒に部屋まで行って、シンドウと会いました。シンドウが口を切りました――「ご足労かけて、あいすいません。ちょっと旦那にお話ししたいことがありまして」。それから、「俺、シンドウっていいます。ドゥヤ・ハダチと別れることに決めました」って言うんです。そりゃいい考えだ、たとえわたしがここに始終来れる立場にないとしてもね、とわたしは答えました。すると、シンドウが言いました。「仰るとおりなら、そりゃお気の毒に」って。それで、わたしは日本に女房や子どもがいると話し、もうドゥヤには絶対会いに来ないと約束しました。かれはとても嬉しそうで「一杯飲みましょう」って言うんです。ドゥヤがビールを二本持ってきたんで、三人で飲みました。それから、そこを出ました。ドゥヤとシンドウは残りました。出たのは五時ごろです。それ以来、そこに行っていません。そこを出たときは、万事平穏でしたよ。ドゥヤは、この結果にとても満足していたようでした。[20]

ドゥヤを諦めるとはっきり言ったとはいえ、シンドウの真の意図をノナカ・ユキチがひどく誤解していたのは実に意外で、悲惨な結果を招いた。シンドウはからゆきさんが裏切ったと思い、それに耐えられなかった。シンドウは、かの女がノナカ・ユキチと会うのをやめてほしかったことは、成り行きからみて明らかだった。かれは、かの女を自分のものと思っていた。大工見習いは愛する女を刺し、他人を独占する究極のポーズとして、自分の命も絶った。心中というおそるべき行為は、かれにとって真の所有を意味した。震えながら、カワタ・ナカは、目の前でドゥヤが死んでいったありさまを述べた。

シンドウは、うちにときどき来ていました。わたしの隣室の「パンジャン」に会いに。かの女は、わたしの部屋で死んだのです。一一月八日の七時半ごろ、かの女はわたしの部屋に、突然走り込んできて倒れました。なにも言いませんでした。ただじっと横たわって、うめいて、それから死にました。わたしはすごく怖くて、階下に逃げようとしました。ほかには、誰もいませんでしたから。開いていた扉ごしに、パンジャンの部屋を見たら、シンドウさんが部屋のなかで、このナイフを手したまま立っていました。わたしは階下に駆け降り、警報を鳴らしました。[21]

マレー語のニックネームをもつこの魅惑的なからゆきさんは、花柳界のルールを破っていた。仕事としての恋愛ごっこと現実の愛が、かの女のなかでぼやけていた。ステレツでは恋愛が禁じられているという事実を、かの女は認めようとしなかったのだ。[22]

禁じられた愛や嫉妬を別にすると、娼婦が受ける暴力のおもな動機は、盗みであった。路上でも娼館でも、阿姑とからゆきさんは、盗みを働こうとする客や犯罪者のかっこうの餌食になった。ある老いた大班婆《タイパンポー》は、スミス街娼館の阿姑たちが、いつもイヤリング、ネックレス、指輪、腕輪といった金メッキの宝石類を身に着けていたのを覚えている。[23] 阿姑のウォン・イプ・ホーは、月給八・五ドルのアー・ソウがリー・タイホを殺して盗んだ宝石の正確な価格について検視官に語った。それによると、死んだ阿姑の「籐に金を飾りつけた対の腕輪の値段は約七〇～八〇ドル、金の指輪ふたつは約三〇～四〇ドル、イアリング一対は二〇ドル、金のヘアピンはおそらく二〇～三〇ドルはしたはずです。それにかの女は、綿や絹のバジュ［上衣］やズボンをいくらか持ってました」[24]。

地元の人が、娼館に近づくことを制限するきまりやしきたりが存在した。深夜または早朝に、常連でない者が娼館を訪ねることについての規則も定期的に施行されていた。娼館の多くは泊まり客が閉館後に友だちを連れてくることを禁じていたが、これなどは、一八九〇年代に横行した強盗から娼婦を守るために作られたきまりだった。一八九六年の一事件は、娼館泥棒の典型であった。夜八時ごろ、広東人の男三人が振興《チンヒン》街一九番の娼館に押し入った。阿姑のロー・アースンの部屋に入り、かの女の目に唐がらしをすり込み、宝石を奪った。そして、三人は街に消えた。[25] 同様の事件では、三人の中国人がトラス街六一番の娼館に、閉店間際の午前二時一五分に侵入した。ナイフを持った男たちは阿姑にさるぐつわを噛ませ、かの女らから締めて四八〇ドル相当の貴金属を奪った。最初の事件と違い、犯人は誰も捕まらなかった。[26]

いっぽう、世紀転換期の新聞記事は、娼婦が外出すると巷での接触機会が増えるわけで、これは武装強盗や襲撃をつのらせるばかりだと、大々的に報じた。地域社会が大きな祭りなどで活気づいているとき、とくにそういう傾向があった。一九〇〇年一月、阿姑たちが新年を祝う準備をしていたころ、強盗事件が二週間のうちに三件も通報された。

ふたりの阿姑がフィリップ街で着けていた髪飾りを盗まれ、もうひとりは、夜に街角に立っていたとき、ふたり組の広東人男性に二五ドルもした一対の金の装飾品をひったくられた。さらにフレーザー街の娼館に住む別の女性は、二二〇ドル相当の宝石類を盗まれたという[27]。

阿姑は、しばしば娼館をあちこち変えて客をとる傾向があった。移動がほんの一～二ブロック先でも、たいてい美しく着飾り、金のアクセサリーを身につけていたので、女たちは人力車を呼んだ。こんな移動は、とくに危険だった。強盗が人力車を襲って娼婦から金品を奪うのを、警察は防ぎきれなかった。事件は白昼でも嘆かわしい頻度で起こったので、娼館主たちは、少しでも悪漢を撃退しようと呼び子を持ち歩いたことがわかっている。ジャラン・スルタン五六番の娼館オーナー、オン・キョクは、中国人の一団がかの女の人力車の速度を力ずくで落としたとき、呼び子を吹くだけの落ち着きがあった。一九一九年三月二四日の正午に、かの女は人力車を雇って、抱え娼婦のひとりの福建人少女のプアー・チーライと一緒に出かけた。アラブ街を目指してヴィクトリア街を走っていたとき、目的地に着く前に中国人の男がひとり突然あらわれ、人力車の幌の後部にとびついた。さらにふたりの中国人が人力車の脇にきて、それぞれの曳き棒をすばやく抑えた。泥棒が人力車の幌にとびつくのを見た瞬間、女たちは「トロン」（マレー語で「助けて」の意味）と叫んだ。オンは呼び子を取り出し、吹きはじめた。だが、ふたりの男はそれを取り上げ、そしてオンとプアーの貴金属を奪った[28]。このような事件があると、車夫が仕事を失うことがあった。自衛のため応戦してけがをしたり、手荒な賊が壊した人力車の修理で蓄えを使い果たすからだった。娼婦を乗せるのは、功罪があった。いい収入になったが、危険をはらんでいた。

巻末資料7に示した強盗・殺人事件のうちもっとも凶悪なもののひとつが、一九一八年一〇月九日の朝三時ごろ、マラバル街七〇番で起こった。娼館料理人のアー・マンが仲間を手引きして集団強盗を計画し、五九歳の老ママさんのテン・アーヒーをもっとも悲惨な方法で殺した。かの女の部屋を荒らし尽くし、極上の衣服と、約二六〇〇ドル相当の貴金属を盗んでいった。娼館のほかの住人は上階で寝ていたので、なんの音も聞かなかった。だが、シンガポールに来て一〇カ月の阿姑リョン・ワイチュンは、たまたま女主人の部屋とは廊下を隔てただけの小部屋で病床にあった。かの女を縛ると、賊はママさんの部屋をひと晩じゅうあさりまわった。仕切り壁の板材をはがし、マットレスを切り裂き、ドアを蝶番から外した。かの女は怯えてはいたが怪我はなかったので、明け方になんとか逃げ出した。警察は、捜査の助けとなる証拠がたいしてなかったので、かの女の供述をおおいに参考にした。

一〇月九日の朝早く、わたしは廊下の反対側の部屋で寝ていました。……八日の午後一〇時にそこへ行ったんです。午前四時ごろ、男に首をつかまれて目が覚めました。静かにしてろ、と言われました。灯はついていましたが、油が燃えつきかけていて、男の顔ははっきりとは見えませんでした。かれは中国語を話しました。かれが行ってしまってから、向かいの部屋でなにかが落ちる音がしました。テン・アーヒーが「なにごとなの?」と叫ぶのが聞こえました。あとは何人かのささやき声しか聞こえませんでした。起きようなんて思いませんでした。それから料理人がわたしの部屋に来て、物音をたてるな、さもないと刺すと言いました。それから、明かりを消して出てゆきました。人が箱を動かしているような音が、聞こえました。午前五時ごろ男が四人来て、わたしの手足を縛ると出てゆきました。やがて静かになったので、わたしは歯でいましめを解きました。青い布切れで縛られていたんです。上の階に行ってチャン・アーヒーに事件を知らせると、かの女はわたしが夢でも見たんだと思ったみたいです。でも階下へ行って、門を閉めて、テン・アーヒーの息子さんのところに行きました。……わたしは、すごく心配していました。亡くなったご主人は、貴金属をたくさんもっていましたから。怖くて気分が悪くなりました。……わたしは病気だったんです。だからあの晩、階下で寝てました。普段は、女の子はあそこで寝ないきまりなんです。(29)

驚くことではないが、犯人は捕まらず、宝石やドレスも戻らなかった。

うさ晴らしと快楽を求める中国人男性の多くにとって、買春はいきずりのことで、気持ちの満足などどうでもよかった。阿姑やからゆきさんは、重労働の労働者でも、障害者でも、老人でも、かれらがけっして拒まれる恐れがない場を提供していたにもかかわらず、男たちの屈折した怒りや暴力がかの女らにぶつけられた。娼婦に気晴らしを見いだす男性の多くは、極端な疎外と苦渋のなかで生活していた。たとえば、労働者が仕事を失い、もう仕事につけないかもしれないと思ったとき、不安と怒りと絶望がみえないところで煮えたぎっていただろう。そういう男は、いつもとても孤独だった。自分自身を立てなおすために、赤の他人である娼婦とのセックスを必要とした。目撃者の証言から受ける印象だが、殺された娼婦は、見知らぬ暴漢の見地からいえば、消耗品であった……女の子はたくさんいる、どんな女の肉体でも性の欲求を満たせる、しょせん殺された女はただのモノなのだ。

会話の記録をみると、検視官、警察、娼館主は、常連ではなかったこれらの疎外された男たちの暗い思いや感情をほとんど理解していなかったことがわかる。かれらは強盗の心理や三角関係の機微は知っていたが、強姦や殺人にまでいきつく男の絶望の本質についてはわからなかった。娼婦が見知らぬ男の手にかかって死んだ場合の性的虐待や暴力は、しばしば戦慄的であった。この種の暴力の犠牲者はほとんどが若い阿姑で、かの女らにとって、さし迫った死から自分を救う手段はほとんどなかった。

一九一六年八月八日午前五時二〇分、タム・イェンメイは二～三メートルよろめいて最上階の階段の手すりに摑まった。腹部を抑えたとき、自分の足元の血に気づいた。刺された、賊は家の裏手から逃げた、というかの女の恐怖の叫びは、二階の自室にいたママさん、チョン・アーキンのところに届いた。タムの隣室の阿姑、ウォン・ソウイェンも動転した。陳桂蘭《タン・キーラン》街のこの娼館は、一瞬、静まりかえった。タムは死ぬ、とふたりは直観したが、それでも助かりますようにと祈った。

ママさんと使用人が、タムのからだを表の部屋のベッドに横たえた。ロープは血まみれだった。「姉さん」を介抱しようとその部屋に入ったウォンは、騒ぎのさなかで見落とされていた重要な手がかりに気づいた。八セント入ったコート、緑色の帽子、木靴（下駄）一足、これらは犯人のものであった。病理検査で、阿姑の上半身と左臀部に大きな刺し傷が三つ見つかった。左臀部の傷は、筋肉層をすべて切断し小腸に達していた。ナイフの先端が折れて、大腿骨にきつく食い込んでいて、決定的な致命傷となっていた。腹部のふたつの刺し傷も、それぞれ致命傷だった。どの一撃も力いっぱい加えられたもので、襲撃のとき、かの女はまったく無防備だった。死ぬ前に録取されたタムの証言から、シー・ギアプが無言でかの女の腰のあたりを摑み刺したことがわかった。

午前五時二〇分ごろ、わたしは寝室で座ってました。煙草を吸おうとしていたんです。その夜、わたしを買った名前を知らない福建人も部屋にいました。その男がわたしの腹を三回刺して、厨房のほうに逃げました。わたしは階段のところまで追いかけ、助けを呼びました。わたしの頭家《トウカイ》［ママさんの誤り？］で広東名チョン・アーキンが来てくれたときには男はいなくて、かの女はその福建人が壁を登るところを見ただけでした……。(30)

その瞬間までの推移からみて、阿姑はなんの不安ももっていなかった、と警察はみた。かの女は客を信頼しており、かれがなにかのかたちで自分を襲うとは思いもしなかった。シーはソバを注文し、少し前に一緒に食べ終わったばかりだった。その後、戯れ、口づけし、最後に性交に及んだ。明け方になって、福建人はかの女のもとをそのまま去ることができなかった。シーは、「もう終わりか、全部終わってしまったな」と考えたにちがいない。目覚めた阿姑が起き上がり振り返ったとき、かれは阿姑を床にころがし腹と尻を刺した。チョンは、タムの最期のおびえきった声を生涯忘れないだろうと思った。ママさんは検視官に、自分があの気丈な阿姑の部屋に一見客の悪漢を通させたのが間違いだったと述懐した。

タム・イェンメイの部屋は、二階の表側です。八月七日の夜七時半ごろ、被告人が来て、ひと晩かの女を指名し、ふたりは上に行きました。八日の午前二時ごろ、死んだあの娘の部屋に熱いお湯をもってゆきました。そのときは、ふたりは楽しくやってるようでした。その後、部屋へは行きませんでした。……広間で横になって寝ました。午前五時二〇分ごろ、タム・イェンメイが「アッサム（Assam: ママさんが詰まったもの）」と呼ぶのが聞こえ、「お客が、ナイフで襲ってきた」と叫びました。上に行くと、タム・イェンメイが……手すりにすがりついて……左側を指さして、客が家の裏手に逃げたといいました。わたしと使用人は賊を追うまえに、タム・イエンメイをベッドに寝かせました……[31]。

シーは、捕まった。その晩かれが着ていた服や、ナイフを包んでいた血で汚れたハンカチが、物的証拠となった。おろかにも、かれは三つに裂いてつないだそのハンカチを腰のまわりに巻きつけていた。ナイフをくるんでいた布は、ハンカチ兼ベルトだった。

たいして世間の話題にもならなかったタムの不慮の死の記録は、これらの女性たちの知られざる歴史を問わず語りしている。娼館に住む女性のあいだに、また近隣の家や通りで、このような惨殺事件が恐怖の淵を拡げており、そこには強い現実感があったようだ。自分の部屋に現われる見知らぬ襲撃者のおそろしい夢、いつ来るかわからず防ぎようのない暴力は、阿姑の心に恐怖、敵意、狂気の、ぬぐいきれないイメージをつくりあげた。検視官の審問での証言、警察事件簿、検屍解剖、はては襲撃者自身の供述まで、広範多様な資料は、一九一四年に阿姑が危険を感じるあらゆる理由が存在したという隠れた真実を明かす、充分な証拠となる。
　総合病院の医務官トマス・バーンが悩まされたのは、チャン・ヨークシムの上半身に加えられた恐ろしい暴力のイメージであった。かの女はめった斬りにされ、腹、胸、首、右の腕と前膊、右膝に刺し傷があった。心臓にふたつの傷、腹と小腸に一六カ所の傷があった。九時半ごろ、チャンの娼館のほぼ向かいの娼館に雇われている大班婆《タイバンポー》のチョン・イーソーは、福建街を横切って、同じく大班婆のリー・アーシーに会いにいった。チョンが友だちと玄関ホールに腰を降ろしてすぐ、ふたりは助けを呼ぶ阿姑の声を聞いた。そんな場合、大班婆は迷わず行動しなければならなかった。チョンは奥の部屋からのチャンの叫びを聞くと、勇気をふるってその部屋に入った。そこで、残忍な方法で阿姑が襲われているのを目撃した。

　男が阿姑を襲っているのを見ました。五～六回すばやく襲っていました。ナイフには気づきませんでした。チャン・ヨークシムと男は、階段の下のベンチの側に立っていました。わたしは被告人に、やめてと叫びました。すると、かれはわたしに殴りかかりました。表の間まで逃げたとき、わたしは殴られたところから血が出ているのに気づきました。胸の左側です。怖くなって、表の間に続く小部屋に駆け込みました。そこには阿姑が三人いて、わたしもそこに隠れました……。(32)

　一二月一三日のあの朝、ママさんのチョン・アータイも、女中ふたりと玄関に座っていた。阿姑のひとりが一階に降りてくる足音を聞いたのと同時に、二回、別の娼婦が必死で助けを呼ぶ声がした。女中に続いて、娼館主もその部屋に駆け込んだ。激情にかられた刃傷沙汰を止めようと思ったのだ。

　男が、片手でヨークシムという娘を掴み、もう一方の拳固で殴っていました。近づいて、殴らないでと叫びました。すると、男はわたしの胸の左側を二回刺しました。それでナイフを持っているのに気づきました。やられたと思って……わたしは表の間に逃げて、警察を呼んで、と叫びました。巡査がひとり門に近づくのを見たので、開けて入ってもらいました……。それから、わたしは気を失いました。(33)

　この阿姑殺しのような事件は、シンガポール特殊地帯の危険さについて、世間の病的な好奇心をしばしば刺激したようであった。それは、数百人の野次馬が押し寄せるに充分なドラマになっていたことが、検視官の調査からわかる。検視官が上福建街の娼館に着いたとき、おびただしい野次馬がつめかけ、内も外も事件のことでもちきりになった。おそらく、階段の下のベンチの上で喉笛を掻き切られた少女を見たかったにちがいない。娼館の前の群衆を見て、検視官はこれは間違いなく恐ろしい事件だと確信した[34]。

二〇世紀のはじめに、阿姑やからゆきさんが耐えなければならなかった辛苦の大きさには、信じがたいものがある。娼館街は、それまでもいつも厳しい環境にあった。暴力があふれていたが、それでも理由のない殺人は少なかった。チャン・ライキウンの死は、殺人や襲撃の病的流行が拡がり、市が死の地帯に変わってゆく過程での最新のもの、と検視官は評している。娼婦のなかには、増大する犯罪、麻薬、娼館や街路での危険などを理由に、市の特定地区を出たがる者がいた。みんな、殺人が怖いので売春から足を洗ってほかのことをしたいと、始終ママさんに言っていた。しかし、証言が語るように、多くの娼婦たちに選択の余裕はなく、恐怖のなかで仕事を続けるしかなかった。

多くが貧しい家族を支え、借金を抱えていたが、愚かではなかった。自衛のために武器を身につけたり、枕の下に小刀や剃刀を忍ばせることは、娼館主に禁じられていた。したがって、夜、寝室に入るときは、生きて出てこれるかどうか、つねに確かなわけではなかった。ある者は用心して、大事なものを別のところに隠した。そうすれば、一度にすべてを失うことはない、あるいは泥棒はもっとあるはずだと思うだろう。もし少しずつ出せば、賊はこれで全部とったと思うだろう。娼婦たちがあまりたびたび襲撃や盗難にあったので、一九一四年には、この仕事に危険は当たり前、と思われるまでになっていた。

だが、見知らぬ犯人による無意味な殺人にたいして、阿姑やからゆきさんになにができたろう。娼館フォン・ロクムイの住人たちは、落ちつかぬ気持ちで客間に座っていた。仲間のひとりが殺されて以来、ときに諍いはあっても、団結するようになっていた[35]。六月に、二四歳のガン・キウが殺されたのだ。阿姑たちも用心深くなり、客になるかもしれない男の歩き方、話し方、服装にいちだんと注意を払うようになった。「娼館には料理人以外に男はいなかったから、なにか恐ろしいことが起こると、女たちはしばしば隠れようとした」と、大班婆《タイパンポー》のひとりは語っている[36]。善道キクヨのように、気まぐれな不運に身を任せるよりは自衛しようとした者もいた。かの女は今村昌平に、豚の脂を戸口やベッド支柱に塗って、マレー人が惚れ薬を使ってムスメを連れてゆくのを防いだ、と目に見えるように語っている[37]。しかし、豚の脂のまじないが、イスラーム教徒の客にいつも効いたわけではなかった。

検視官記録によると、阿姑やからゆきさんの生活に一貫してつきまとうものは、激した客から受ける苦しみだが、なかには反撃に出る者もいた。五月二九日の夜、ガン・キウは陳桂蘭街《タン・キーラン》二六番に住み込んでいた。五名の男が客となり、かの女と一夜を過ごした。翌朝、阿姑は自分の部屋で、喉を切られて血まみれになって発見された。必死で抵抗したのであろう、かの女の指はひどい切り傷だらけであった。(38) 阿姑やからゆきさんが襲われているのを、玄関ホール越しや階上から実際に目撃したケースもあった。なかには助けようとした者もいたが、たいてい傷を負うはめになった。それで大怪我をしなければ、幸運というものだった。(39) 近隣の特定の街路や娼館を守るために「茶代」を取っているはずの流氓《サムセン》は、こういう犯罪には関与しなかった。かれらの警棒や、二〜三発のパンチ、正確なキックが襲撃者に向けられたことはほとんどなかった。喧嘩ワザは、もっぱら、若い阿姑の料金を踏み倒そうとする旅行者や地元の客のために温存されていた。秘密結社は、そのような強盗は警察の仕事だと感じ、いかなる方法でもかかわらないように注意していた。ママさん、娼婦、料理人などふつうの人びとが、自分たちの手で暴力に立ち向かうのは望ましくないことだったが、そうせざるをえない場合もあった。ママさんのロー・サイソーは半狂乱のラム・ロースーの前に進みでて立ちふさがり、うちの阿姑のウォン・アーウォンを放して、と叫んだ。強迫観念に駆られた水夫のラムは、ウォンを店から連れてゆくと脅していた。かれは、その阿姑を抱えて少しずつ娼館主から離れ、注意深く出口に向かった。ローは阿姑の腕を摑むと、自分のほうに引き寄せた。すると、かれはナイフでママさんの胸の脇を突き、それからナイフをねじって抜いた。このとき、スミス街の娼館の玄関ホールにいた誰もが、総立ちで息を飲んだ。恐ろしい光景だった。大乱闘のすえにラムを取り押さえたのは、ウォンの大班婆《タイパンポー》だったコー・アーメンと、居合わせた十数人のうちの何人かであった。しかし、使用人は銃もなければナイフもなく、ただママさんが死んでゆくのを見ていただけだった。この律儀な大班婆の脳裏から、事件はその後も長く消えなかった。(40)

衝撃的な事件が発生すると、ママさんのおとなしい外見ではわからない芯の強さが発揮されるようだ。イウ・アーイプは、危急のとき、驚くほど気丈で勇気があったことがはっきりわかった。マレー語が話せないので、警察に行って自分で事件を説明できないことについても慌てた様子はなく、「女の子がひとり刺されたと警察に伝えるよう近所の女将さんに頼みなさい」と、自分のみせの阿姑のひとりウォン・ガンチョイに命じた。フレーザー街二番のチョイ・ファットの娼館主であるチャン・アークワイは、近所の娼館で見たこと、助けを求める使いが来た理由を、緊張がとけたのか涙ながらに検視官に語った。

二七日午前七時ちょっとすぎ、ガン・チョイがうちに来て、女将さんが呼んでいると叫びました。で、わたしがガンと一緒にムン・ファット娼館へ行くと、女将さんが女中と一緒にチャン・リエキウンを支えていました。一階の廊下で、リエキウンの部屋のドアのそばでした。それで、わたしは警察を呼びにゆきました。警察署に行く途中、フレーザー街の端、ビーチ路七一九番で巡査に会いましたので、二八番娼館へ行ってください、わたしは警察署まで行きます、……とお願いしました。わたしはマレー語が話せるので、警察署へ行くよう頼まれたのです[41]。

このような暴力沙汰で強く印象に残るのは、これらの事件が娼館の人びとを結束させたということだった。事件が引き起こした恐怖や驚きと並んで、機敏で頭のいい娼館の女性たちについての話がいくつもある。たしかに、セックスや暴力にかんするかぎり、娼館は生半可な場所ではなかった。一九一二年、ステレッツで注目すべき事件が発生した。はじめ、アルバート・チャックスフィールドがおトヨの部屋にいたことに、誰も注意を払わなかった。からゆきさんのひとりが言うように、かれは信頼された客のひとりだった。しかし、おトヨが廊下で「あの人が切りかかってくる」と叫んだとき、全員の目はおトヨに注がれた[42]。おトヨの恐怖に満ちた言葉は、おヨキ（Oyoki）にどう聞こえたのだろうか。勇敢にも、おヨキはすぐに「姉妹」の部屋に駆けつけた。見ると、その下級伍長は、自分の喉を切っていた。かの女はすぐかれにタオルを投げわたし、日本人医師に電話した。同時に、急いでおトヨを病院に連れてゆくよう、別のからゆきさんに指示した。電話を終えると、床に落ちていた剃刀を見つけ、警察のためにそれを机の上に置いた！

死はどんなものであれ、パニックを招くものだ。惨劇があった娼館では、直後のひと晩かふた晩、娼婦たちは働くことを拒否したこともあった。広東や九州からやってきたばかりの女性たちは、シンガポールにはいい生活のために来たのであり、命を落とすためではない。とはいえ、チャイナタウンやステレッツの一部娼館では、怖がっていると思われるのは賢明でなく、また女性たちにしても弱さを認める余裕はなかった。しかし、娼婦たちが落ち込み、神経質になった様子から、場合によって娼館主たちは譲歩せざるをえなかった。ことはただの盗みではなく殺人、それも計画的なものだったとしたら。スミス街や海南《ハイラム》街のみせでは、娼婦たちが客のいない玄関ホールに物憂げに座り、不安げに悲しい話をしていた——糸の切れた美しい操り人形のようだった。夜は、闇のなかから鋭い刃物をもった誰かが忍びよるかもしれないと、喉に手を巻いて寝る者もいた。

娼婦目当ての殺人や性的暴行は、それを直接目撃するのもかの女らであり、その衝撃はしばしばトラウマとなった。阿姑やからゆきさんのある者は、意識的に無感動になろうとした。「姉妹」が突然、暴力による死を遂げたとき、それを個人的なものとして受けとめるのは辛すぎた。傷ついた仲間の面倒をみるストレスは、そういう女性たちを麻痺させ、あるいは混乱させた。まだ比較的若く、経験も浅いウォン・ソウイエンは、重傷事件の目撃を強いられた。タム・イェンメイが負ったような傷を見る心の準備ができておらず、神経がまいった。「八月九日、わたしは陳篤生医院へ行き、午前一〇時ごろそこの霊安室で、検視官さんの前でタム・イェンメイの遺体と対面しました。その後その日の午前中に、一列に並んだ九人の福建人に会わされました。でも、タム・イェンメイが死んですっかり動転しており、わたしは犯人を見分けることができませんでした(43)」。

殺人や暴力的襲撃のような重苦しいストレスのせいで、内向的になる娼婦もいた。殺人や襲撃の時に、どういう気持ちだったかをお互いに話さなくなると、問題はより複雑になった。性労働が社会的に管理される性質のものであるため、もっとも戦慄すべき悲劇的な事件においてさえ、阿姑やからゆきさんは感情をしばしば抑圧するという点で共通していた。だが、感情を発散・整理しないまま、検視官記録に残るほどの異常な体験を乗り越えるのは無理であった。阿姑やからゆきさんのなかには、自分の感情を語らず認めないことで、後にシンガポールでの経験がもとで心理的に困難をきたす者もいた。

中国人や日本人の娼婦殺しが未解決であると、売春街は一般大衆の怯えにも対処しなければならなかった。残忍な殺人者は大手をふって歩いているわけで、阿姑やからゆきさんには見知らぬ通行人は誰でも疑わしく見えた。悪質な病的殺人鬼の動機ははっきりしなかったが、犯人が娼館やそれを取りまく商売に及ぼした影響はあまりに明瞭だった。数千人の労働者、商店主、娼館に依存する人びとが、買売春街の内外で暮らしており、通常かれらはスミス街とマレー街の娼館に途切れずに入ってくるドル札で、景気よく算盤を弾いて暮らしていた。だが、若い阿姑が見知らぬ客に冷酷に殺されると、その娼館を取り巻くバー、レストラン、茶館、近隣の商店は、たちまち空っぽになった。これらの殺人事件は、被害者となった娼婦への悪質な攻撃というだけでなく、急速に拡大していたシンガポール市と港のサービス産業や娯楽産業への連鎖的な大打撃になった。

紅灯街の暴力には慣れっこの市民は、さらに一九一四年、別の女性が刺殺傷された事件に震撼した。若い娼婦がまたもいわれのない残忍な殺人の犠牲となり、当局の出番となった。娼館地区での犯罪の悪循環への対応として、警察はなによりも娼婦襲撃に取り組まねばならなかった。世紀転換期の記録によると、チャイナタウンやステレツでは、巡回したり辻に立つ警官の数が増加した。娼館地区のマレー人巡査の数を増やして恐怖を和らげようというこの作戦も、全面的に効果があったわけではなかった。犯人を逮捕し裁判にかけようと司直も努力したが、検視官記録にある阿姑やからゆきさんの殺害事件のおよそ半数は、迷宮入りした。特定されなかった犯人は、早朝のシンガポールの狭い迷路や建物に逃げ込んで、逮捕を免れることがしばしばだった。

自分や仲間への暴力や殺害の記憶に加えて、娼婦たちはいくつかの別種の暴力や騒ぎ、とりわけ客の予想外の死傷事件に巻き込まれた。一九〇〇年ごろには、石炭運搬人、商船員、兵士、そして旅行者が、クレタ・アエルやステレツにある娼館に群がった。労働者たちはいつも疲れきっており、クーリーや港湾労働者、人力車夫は一二時間から一四時間働いて、しばしば病気になった。かれらの多くが、雨季になるとインフルエンザや結核に、暑い季節にはコレラや腸チフスにかかった。すべて、人口密集と貧困に関係するものだった。暗い生活にやりきれず、娼館での飲酒やアヘン吸飲も増えてゆく。娼婦は、病気で死んだクーリーや、面子を失ったとか借金とかの理由で自殺した者をも、目撃させられた。薬を飲みすぎて死ぬ者、花柳界につきものの情死、アルコールが原因の娼館での事故死、年齢を省みず精力を発揮しようとして心臓発作で死ぬ者など多様だ。かと思えば、ただたんに通りや娼館のベンチで死んでいるのを娼婦に発見された者もおり、検視官の原因不明の死者リストに加えられた。巻末資料5にあげた死者統計の相当数は、自分で飲んだか阿姑に勧められたアルコールかアヘンが原因の心臓発作であった。

かれらの生活の復讐的で気まぐれな暗黒面には、ゆがんだ皮肉があった。下級の阿姑やからゆきさんは、貧しい労働者、水夫、アル中患者、麻薬中毒者らを客とし、恍惚状態の客の急死にショックを受けることになった。たとえば、マレー人水夫マヤッセンは、桁はずれの大酒飲みだった。マラバル街の日本人娼館のおセキに会いにきたとき、すでに泥酔していた。嘆かわしい状態でやってきた水夫は、女性から同情も得られなければ尊敬も得られなかったことだろう。はた目にもわかるほど震えながら、おセキはその夜をともにした痩せて大酒のみの水夫が病気になり、口も利けなくなったことを、検視官に説明した。

わたしの部屋で死んだあのマレー人は、昨晩ひとりでこの娼館に来ました。人力車で来ました。ひどく酔っていましたが、口は利けました。服を脱ぐと、わたしのキモノを着ました。上にあがると、三ドルくれました。時間は、真夜中でした。かれはわたしと寝て、起きたのは朝の五時でした。あの人はすごく震えていて、そのときは口も利けませんでした。わたしは大声で話しかけましたが、返事をしませんでした。ベッドで洩らしたので、わたしがかれをかついで床に降ろしました。九時ごろまで、待ちました。よくなると思ってました。静かになったり、震えたりしていました。それから、女将さん（おヤエ：O'Ahye）を呼びにゆきました。［林］文慶先生が一〇時すぎに来てくれて、男は死んでいると言いました。昨晩、はじめて会ったお客です。[44]

検視官は、まだ二六歳というマヤッセンの死は、アルコール中毒によるものとみた。娼館主は、酔って朦朧とした客が上の階から落ちて死んだ届け出までしなければならなかった。三六歳の石鹸工場主のハヤシダ・ハイエ（Haiye Hayashida）は、娼館の二階の表側窓からすぐ下の道に落ちて、頭蓋骨骨折で即死したとき、泥酔していた。マクス（Maksu）は真夜中に、真向かいのマラバル街二〇番のオカーサンのオギ（Ogi）の声で起こされた。かの女の隣人が、なにか重いものが落ちたような大きな物音を聞いた。かの女が暗闇のなかで見ると、道に男のからだがあった。オギが窓からマクスに、「お宅の前の道路に、人が倒れているよ」と叫んだのだ。マクスはマレー語も英語も話せなかったので、代理でオギがカンダン・クルバウ警察署に通報にいった。[45]

セックス・暴力・ジェンダーの社会関係の歴史を、酒による乱暴と人種差別という文脈で考察しようという試みにおいて、おトヨと下級伍長アルバート・チャックスフィールドの事件は、おそらく警察ファイルのなかでもっとも象徴的なもののひとつだろう。イギリス兵とからゆきさんの禁断の愛という問題は、植民地と人種／民族という観点からみるとシンガポールにおける異人種間の性的交わりにたいする不安と偏見を説明してくれる。研究対象である時代を通じて、日本人女性がその一部をなした娼館買売春を検証するとき、これはとくに重要な要素であり、また日本人とヨーロッパ人一般の関係においても鍵となる。ヴィクトリア朝時代のイギリス人は、人種的純血と許容できる性的行為の限界を意識しており、それは雇用規則や、イギリス人男性とアジア人女性の関係についての社会的言説に強くあらわれていた。このことが、若い下級伍長チャックスフィールドのようなイギリス人とおトヨのような日本人娼婦が、お互いをどう見てどう交際するかを左右していた。

　この悲劇的事件には、人種差別、罪、償いと死がからんでいた。また、深酒に逃げるか、あるいは勇敢にもたんなるヨーロッパ中心主義ではない世界を見いだすかによってしか消すことができない、個人的な悩みや社会のしきたりとも関係していた。シンガポールという植民地社会という背景のなかで、後者すなわち勇気ある選択は、チャックスフィールドには難しすぎた。死期が迫っているかれの母親、心配で憂鬱な息子の苦しい夢、海南街《ハイラム》の娼館に住むおトヨとの秘めた長年の関係、これらすべてがもう何年も絶対禁酒していたチャックスフィールドを、泥酔の果ての解決に走らせた。かれはおトヨを殺して、自分も剃刀で喉を切って死のうとした。母親の末期の病状とは別に、下級伍長の生活には大きな苦悩があった、おトヨである。第一の苦悩は自分に生命と肉体を授けてくれた女性とまもなく別れなければならないことだった。第二の苦悩は、かれがシンガポールで踏み込んだ不自然な世界でのおトヨとの関係であった。その関係は、一九一二年末になって精神的にかれを追いつめていた。はじめて会ったとき、おトヨは二〇歳になったばかりで海南街二八番で働いていた。かれは、女王陛下と国のために働く二四歳の兵士であった。小柄で穏やかに話すおトヨは、かれの目をまっすぐ見つめてかれの生い立ちを聞いてくれた。この可憐な日本人女性は、若いイギリス人にとって母親のように頼りになる存在でもなければ、性奴隷でもなかった。長いあいだ待ち望んでいた手に触れ、からだに触れて、かれはからゆきさんとの恋に落ちた。立ちはだかっていた大きな障害、すなわち植民地社会の性的タブーを超えて。

　一一月七日の夜二時、「チェック」（おトヨはそうよんでいた）が一緒に寝ようとかの女を呼んだ。かれは、ひどく酔っていた。かれに「アモーリ（恋人）」とよばれていたからゆきさんは、検視官の前で事件を振り返った。

　かれと上のわたしの部屋にあがりました。かれが先に部屋に入って、服を脱ぎました。……キモノを着て、床につきました。わたしは側へいって、酔ってるのかと訊きました、「ユー、マボック？」って［ユーは英語、マボックはマレー語］。かれはなにも答えず、剃刀を取り出しました。……わたしを切ろうとしたんです。わたしは左手で剃刀を摑んだので、手が切れました。喉を剃刀で切ろうとしたんです。わたしは恐くて部屋を走り出て、「おっかさん、おっかさん（Ocksan）」と呼びました。おっかさんが来たので、あの人が剃刀を持っている、と話しました。そこは表の部屋だったので、わたしはおっかさんと自分の部屋に戻りました。「チェック」が喉を切って倒れていました。すごい血でした。まだ、生きていました。わたしはなにも言えませんでした、恐くて。それから医者へ行って、自分の傷の手当をしてもらいました(46)。

クリストファー・ソーンダーズが、この血生臭い事件のことを最初に聞いたのは、フォート・カニングの一室にいたときで、兵士が海南街《ハイラム》で喉を切った、という電話連絡を受けた。かれは、娼館で酔って瀕死の状態にあった友人について、おそらく母親の死を悲観してのことだと、つぎのように証言した。

金曜日の夜……一一月五日、八時半ごろノース・ブリッジ路のオリエンタル・ホテルで、かれに会いました。私服でした。話をしてから、わたしは一杯飲みました。一緒にいたのは、ほんの五分くらいかな……。その後かれを見たのは、海南街《ハイラム》二八番の一室で、昨日の午後二時ごろです。床に横たわっていました、半身ベッドの下で、頭は整理ダンスに支えられていました。喉が切れており、まわりは血だらけでした。チャックスフィールドは、まだ死んでいませんでした。わたしがかれの頭を支え、別の男がブランデーを飲ませると、二～三分後に口を利きました。かれは「ハンカチを緩めてくれ」といいました、ハンカチ二枚とタオルが一枚、首のまわりに巻かれていたのです。傷口の血を止めようと思ったのでしょう、とてもきつく巻いてありました。わたしは、ハンカチを少しゆるめました。かれは、淡々と話しました。……傷のことや、なぜそんなことをしたのかは言いませんでした。火曜日に会ったときは、精神的に参っている様子はありませんでした。いつも、明るく陽気な奴でした。火曜日の夜は、家から悪い知らせがあったと言ってましたから、つぎの手紙でお母さんが死んだという知らせがあったのかもしれません(47)。

しかし、自殺にはもうひとつ、もっと悲しい動機があった。おトヨの窓近くのふたつの箱の上に座布団が置かれ、その上に遺書があった。

親愛なるみなさま
わたしは、今日でおしまいです。わたしと恋人は、あの世へ行きます。どうか、ふたりを一緒に埋めてください、そして墓石には、破滅させた者と破滅させられた者と刻んでください。故国の両親をお願いします。でも、わたしたちふたりを引き離さないでください。

ひとりの分別ある男
オールド・チェックス

そのからゆきさんの運命は、兵士の心のなかでは母親の運命に直接結びついていたのかもしれない。だが、植民地における人種主義の結果として、「体面の悪い」女の烙印を押された娼婦は、最終的に犠牲者のひとりになってしまった。チャックスフィールドにとって、かれの酔った頭をよぎる、ほかの男とすごすおトヨのイメージは、おそらく心理的に耐え難いものであったのだろう。植民地主義により課せられた支配者の役割のゆえに、イギリス軍人がシンガポールで公然と日本人娼婦と暮らすことはできなかった。泥酔は、その苦悩を物語っている。母親の病気を知ったときにも、泥酔したものだった。心中をすれば、人種的排他主義の植民地社会でもふたりを一緒に埋葬することは許されるだろう。そして、それが酒、セックス、悩みを終らせる唯一のものだと思えたにちがいない。

酒絡みのもうひとつの問題は、娼館での酔った客どうしの人種的・民族的関係が自然発生的に悪化することであった。中国人、日本人、マレー人、タミル人、イギリス人、ドイツ人、フランス人、オランダ人その他が、あるときは二人種間で通りでもみあい、あるときは多人種間で娼館内で乱闘におよんだ。これらの騒ぎは、ときとしてふつうの娼婦が夜間娼館街を歩くことを危険にした。さらに中国人どうしでも、幇《バン》に頼れる福建人と潮州人は比較的裕福であったが、娼館周辺のコミュニティ住人は別の方言グループであり相対的に貧しかった。また、優勢な方言グループ、すなわち福建人と潮州人が若い広東人阿姑との関係を増やせば増やすほど、ほかの方言グループの中国人は阿姑との接触機会が減るため、後者は恵まれたグループへの嫌悪を抱きがちになった。酔ったときに、これが異なる幇どうしの衝突というかたちで表面化した。

一九〇五年一二月一六日の夜更け、マレー街地区のある人気娼館では、客が引きあげはじめる時刻だった。リム・アーリムと仲間は、飲み過ぎてやや足元がふらついていたものの、ごきげんで帰ろうとしていた。このときリムが軽率に、リョン・アームイの部屋の入口のカーテンを上げてしまった。そこでは三人の福建人客が、かの女とアヘンを吸っていた。カーテンを上げることは「無礼千万」で、阿姑を巻き込んでのおきまりの乱闘になった。マラバル街七〇番のママさんウォン・アーサムの証言によると、「喧嘩していたのはどちらも福建人の三〜四人のグループで、みんな多少の差はあれ酔っていました」[48]。酔漢は、娼婦だけでなくかれら自身にも、大きなトラブルをもたらした。酔うと、ライバル意識の本音をむき出しにした。ふだんは穏やかな人でも、少し酒がすぎると、ときに凶暴になった。一九一二年九月三日、タン・アーサムとチョウ・キムワーは、サゴ街の娼館でひとりの阿姑をめぐって喧嘩になった。タンは、チョウをその阿姑の目の前で刺して、逃走した。かれの逮捕には賞金がかけられたが、その後なんの情報も出てこなかった[49]。

ヨーロッパ人とアジア人の客どうしの深刻な喧嘩はほとんどなかったが、国籍の違うヨーロッパ人どうしの喧嘩は珍しいことではなかった、と警察の報告書が記している。暴力は、たいてい飲酒と関係があった。喧嘩は娼館から通りに移り、また娼館のなかに戻った。ライバルの人びとや兵士の夜の喧嘩は、女性にとって脅威であり、男性にとって発散する機会であった。喧嘩を求めて娼館地区をぶらつく兵士や商船員のグループが暴力源となり、警察の警備が強まったにもかかわらず、暴力沙汰は一九一四年までずっと増え続けた。港の成長や人口の増加につきものの暴力に対処するため、とくに娼館地区で警察はすでに一〇年以上も特別シフトで働いていた。どこかでガラスが割れる音がすると、マレー街の娼館の角に静かに立っていたマレー人巡査は調べにゆき、割れたビンを振りまわすフランス人船員に、それを渡せと命じた。突っかかってくる若いフランス人の腕を摑み、ビンを奪い、出てゆけと命じた。一件落着すると、巡査は持ち場に帰った。五分後、三〇〜四〇フィート先のマレー街一三番の娼館の裏窓から、四人のフランス人船員とテーブルの上で踊っていた娼婦が転落した。飲んだくれの残した悪しき遺産、死んだ女性のまわりに群衆が集まっているが、巡査が到着する前に船員たちは逃亡していた[50]。検視官の審問がおこなわれ、事故死の検屍評決が下された。

客はセックスと麻薬を求めて、アヘン吸飲娼館に来た。純度の高い吸飲用の調合アヘンのチャンドゥを買って死んだ人もいた。過剰摂取だった。そんなときに客を助けようとする阿姑もいれば、金を盗む阿姑もいた。上福建街、スミス街、陳桂蘭《タン・キーラン》街にあふれる娼館では、クーリーや職人はひと晩わずか三ドルで、麻薬で陶然としながら、娼館から酒場へと梯子することができた。一九〇五年九月八日、四二歳の潮州人の染色工は、陳桂蘭街のうす汚れた娼館で広東人阿姑と一緒に、割引価格の高級チャンドゥを吸っていた。娼館主と阿姑のタイ・アーキムによれば、かれは気を失って二度と意識を取り戻さなかった。翌朝、仕立屋をしているかれの弟が、阿姑の部屋で死んでいたかれをチャン・アーティンだと確認し、中国に妻と一一歳の息子がいると告げた。(51) 数時間後に検視官がこの麻薬がらみの死についてタイに聞いたとき、かの女はまだ少し動揺していた。

死んだ人は、わたしの方言を話せませんでした。部屋に入るなりベンチに横になって、一〇セント分くらいのチャンドゥをパイプで吸いました。関係はもちませんでした。そのうち頭が痛い、少し眠りたいと言ってベッドに倒れ込み、そしてまもなく息絶えました。わたしは階下に急を知らせ、チャン・アーシーがビーチ路の警察署に届け出に行きました。(52)

二年後、上福建街に重なりあうように並ぶみすぼらしい娼館の、同じような安い部屋で広東人男性が死んでいるのが発見された。死因は、アヘンの過剰摂取だった。階下の玄関ホールで、若い阿姑のロー・アームイは、その見知らぬ客がなにを身につけていたかや、かれがチャンドゥもなにも注文しなかった事実を詳細に語っている。

わたしは、上福建街二二番に住む阿姑です。ここに来て四年になります。死んだ男の人は、昨夜一一時に娼館に来ました。バジュ［上衣］のポケットのひとつにスタウト・ビールの大瓶を入れ、別のポケットにオレンジを二個入れていました。バジュを二枚着こんで、ズボンを二本はいてました。腰には紐を巻いて、ベルトはしてませんでした。お金にもチャンドゥ片にも気づきませんでした。ぜんぜん知らない人、うちの娼館のお客ではなかったです。ここにいたまる四年間、まったく見たことはありませんから。(53)

ママさんのチャン・アーロイの推測では、見知らぬ男は便所でチャンドゥを三片飲み込んで自殺を図った。客がひどく具合が悪く口も利けない状態だとローに知らされたとき、かの女は応急手当を試みたと述べている。

今日の午前八時ごろアームイが食事に降りてきたんで、お客さんは帰ったのかいと訊くと、「いいえ、まだ」と答えました。一〇時ごろ、かの女は食事をとり風呂に入ってから、自分の部屋に上がってゆきました。すぐにかの女が、上がってきてくれ、お客さんがベッドから落ちている、とわたしを呼ぶんです。部屋に上がってゆくと、故人が左半身を下にして床に倒れていました。生きていましたが、口が利けない状態で。服が全身から噴き出す汗でびしょぬれなのがわかりました。アームイとわたしでかれをスツールの上に助けおこし、わたしはなんとかコップの水を飲ませようとしました。でも、かれは口を開けることができませんでした。(54)

麻薬は店頭販売されていたから、定職も住むところもないチウ・ヘンのような悩みの多い孤独な男が、上福建街の娼館で阿姑の目の前で自殺するのは簡単なことだった。かれはサム・スーンスンという娼館に午前八時二〇分ごろ入ってきたが、娼婦の大半はまだ寝ていた。大班婆《タイバンポー》のひとりは、かれが酔っぱらいのようにふらつき、ほとんど口が利けないことに気づいた。出てゆくように言ったが、男は歩けなかった。かれは内側の部屋の床に横たわり、そこで数時間後に死んだ。女中が誰に用なのと訊くと、傷心の男はただ「友だち」と答えたという。(55) 短い遺書が、ポケットから見つかった。

マダム　アー・エンへ
二六日の夜一〇時に、チャンドゥを飲んで自殺することを知らせる。俺が死んだあとは、あんたはほかの男についていっていい。親父に、このことを知らせる手紙を書いてくれ。
チウ・ヘン

チャイナタウンの娼館地区では、麻薬が絡む死亡や自殺が多いことを検視官は知っていた。こうした自己破壊にいたる背景には、しばしば男性の女性にたいする恨みのようなものがちらついた。チウは、自分の命を人知れず終わらせることに満足しなかった、男たちのひとりであった。かれらは、自分の暴挙をただの過ちではなく、都市生活の重要部分である性産業を担う娼婦への非難の一手段とみていた。自殺は、ときにこれらの女性の良心をうずかせるための、力をもった行為であった。隠れた動機をもつ男たちが、たびたびグループで、調合アヘンと一流阿姑のもてなしを求めて、スミス街の娼館にやってきた。パン・ライチャンは、見知らぬ客家人とその三人の仲間が、かの女のサービスとみんなで一片のアヘンを注文したと説明した。翌朝、かの女は自分の部屋で前夜を過ごした客家人が、アヘン・ベンチで意識不明になっているのを発見した。かれの側にはアヘン・パイプとランプがあったが、チャンドゥはなかった。途方にくれた娼婦は、その見知らぬ客は一文も払っておらず、その夜の代金四ドルを借りたままだと述べた。それからかの女は、三〇歳ほどに見えたその男が、アヘン大量吸飲で死ぬ前の夜、どのように過ごしたかを思い出した。

みんな客家人でした。あの死んだ人がわたしを選んで、四人がわたしの部屋に上がりました。かれは、アヘン・ランプをつけてくれと言いました。それからチャンドゥ一片分の一五セントをくれましたが、あの人はぜんぜん吸いませんでした。わたしがパイプを三~四本用意し終わると、かれがわたしに下に行っていいと言いました。九時半ごろでした。九時五〇分ごろ戻ると、まだ四人ともいました。そのとき、あの人は元気そうでした。午後一〇時ごろ三人の友だちが帰るまで、わたしはみんなとそこにいました。それから下へ降りて、自分の部屋に戻ったのは一一時四五分ごろです。一〇時から一一時四五分までかれはひとりでした。一一時四五分に戻ったとき、あの人は寝ていました。午前一時まで、かれと関係していません。その夜やったのは一回だけです。五時ごろかれがわたしを起こして、息が苦しい、胸が痛いと言いました。それで、わたしは家に帰るように言いました。すると、「雨が降ってる。雨がやんだらすぐ帰る」と答えました。それで、わたしは八時まで眠りました。起きたとき、かれはアヘン・ベンチで眠っていました。呼んでも、返事をしません。それでわたしは女将さんのところにとんでゆきました。……死んだあの人が、チャンドゥを自分で持っていたかどうか、わかりません。[56]

阿姑とからゆきさんには基本的な個人としての権利がなかったため、かの女らはママさんやオカーサンからも精神的また肉体的な暴力を受けた[57]。山崎は、からゆきさんは愛する自由さえなかったという事実を考慮しなければならないと記している[58]。かの女らはそもそも最底辺にいた「弱い存在」であり、尊厳や自主性とは無縁だった。娼館主による娼婦にたいする暴力や虐待は、下級の娼館ほどひどかった。中国人や日本人女性たちは、残酷な客だけでなく、女性たちを借金で縛っている娼館主に打たれ、殴られ、蹴られることにも、抗しなければならなかった。阿姑やからゆきさんの大半は、日銭を稼ぐことを期待されていた。マレー街やスミス街の娼館では、休みはまったくなく、週七日、一日八~一〇時間働かされた。病気になったり、性病に感染したり、生理で働かなかったりすれば、稼ぎは減った。収入のない期間とは、絶対的依存をさらに高める危機的状況を意味した。娼館主は過度の脅しや暴力によって、娼館の擬似家族関係を形成する「経済的権力にともなう道徳《モラル・エコノミー》」の境界を踏み越えることさえあった。一部のママさんは元娼婦であり、かつては自分も主人を呪い、罵っていたにもかかわらず、いまや、もし阿姑が妊娠していても、気遣うことさえしなかった。妊婦は働けるかぎり、働かなければならなかった[59]。

すでに指摘したように、下級娼館で働く娼婦は、裕福な人びとのために働く娼婦より虐待される度合いが高かった。しかしながら、表面だけでは見誤ることがあった。検視官記録にある断片的情報は、高級娼館の主人たちの「横暴」を暗示しており、高級娼婦も同じように「オカーサン」を恐れていたことを示唆している。おイチの事件をみると、おフクのような口やかましい女性が、若い従順なからゆきさんを消耗しきるまで、死を選ぶほど、働かせたことがわかる。おイチのオカーサンは絶えずかの女を叱り、辛くあたっていたにもかかわらず、少女のほうはまだ「オカーサン」に愛着をもっていた。一九〇六年のおイチの遺書は、注意深く読めば、娼館売春や人身の保有といった事柄、おフクによるかの女への虐待を当のからゆきさんがどのように見ていたかを、歴史家に理解させてくれる。

おみせの女将さんへ
いつもへまばかりしていたことが恥ずかしく、重々申し訳なく、わたしは死んでお詫びをします。
最後の切なるお願いですが、どうかわたしの写真を日本のわたしの家へ送ってください[60]。

冷酷きわまる心から生まれた折檻は、意志をくじく見せしめが目的であり、見るも恐ろしく、胃の腑をこわばらせるものだった。中国人や日本人の娼婦は、両手の親指を縛ってつるされ、籐のステッキで打たれ、閉じ込められ、からだじゅうに煙草の火を押しつけられることなどに耐えねばならなかった[61]。客をとることを拒んだら、どうなっただろうか。とくに残酷な女主人は娼婦のふくらはぎを針で突かせたり、食事や睡眠を禁じた。ある老シンガポール人は、そうした折檻から逃れる方法はほとんどなかったから、結果はいつも娼館主の勝ちだったと述べている。さらにかれは、忌まわしい暴力的環境におけるママさんの立場についてコメントした――「かの女にとってすべては仕事だったから、感情への余裕なんかなかったんです[62]」。娼婦がお客を受け入れてはじめて、ママさんやオカーサンの生計が成り立つのであるから、自分たちに逆らう阿姑やからゆきさんは脅威であった。クレタ・アエル界隈の別の長老は、秩序を乱す者への懲罰についてこう語った――「娼婦が客を拒むと、ママさんはかの女を殴ったものです。長い籐の杖が使われました[63]」。しかし、猫の袋叩きほど効果的に、気の強い阿姑を屈服させる罰はなかった。はじめて見た者は、こんな奇抜な罰があるものかと驚かざるをえなかった。猫のひっかき傷は、阿姑の従属の証となった。猫の爪は娼婦の経済価値を台無しにするが、ほかの女性たちへの見せしめとしては最高であった。イプ・チョンファンは、この異常な折檻を、つぎのように描写している。

娼婦がママさんの言いつけに従わなかったり、人前でかの女に大恥をかかせたりすると、ひどい折檻や罰を受けました。娼婦のズボンの裾を縛って、そのなかに子猫を一匹入れて叩くと、猫はかの女の下半身のもっともデリケートな部分の上を通って逃げまわります。そんなことがおこなわれていたと、二〇代はじめに聞きました。これが最悪の懲らしめだと思われていました。これに比べたら杖で打つなんて軽い……。ママさんは、ひどい方法で女性を抑えつけてました。[64]

このようにして残酷なママさんは、権威を保ち、秩序を維持し、遠慮のない阿姑を黙らせるために、昔ながらの折檻に訴えたのだった。

　はっきりした物理的暴力のほかにも、転売あるいは放逐の漠然とした恐怖がいつも存在した。シンガポールの娼館は、労働不足と都市の拡大という状況下で、一九世紀末に出現した。ここでの娼婦の高い回転率は、経営が不安定な娼館に住み込む阿姑やからゆきさんが経験してきた、不安定な境遇のたんにもうひとつの表現にすぎなかった。住み込み娼婦の高い流動性は、反抗的なあるいは病気の女性を娼館主が追い出すのに役立ち、また変化を求める多様な客の要望を満たすことにもつながった。検視官記録における阿姑との面接、警察や植民地福祉担当者による調査結果は、二〇世紀はじめの娼婦人口の流動性、およびそれが規律や罰とどうつながっていたかを明らかにしている。ただし、資料は断片的なものであり、市内の異なる地区間あるいは地域間での移動パターンは充分にわかっていない。たとえばウォン・アーヨーク［前出ではウォン・アーイオク］は、一九〇九年に事務員タン・ペンがかの女のベッドで死んだとき、上福建街四四番のチョウ・アーウンの娼館に来て三カ月がたっていた。かの女は、川向こうの陳桂蘭街《タン・キーラン》のみせから移ってきていた。ヨーク・シム（二一歳）も、一九一四年に同じ通りのトンヘン館から上福建街六九番に強制的に移された。[65]検視官が調書をとる機会があった何人かの阿姑もまた、シンガポール内であちこち移動したり、連合マレー諸州のジョホールや錫鉱山の町で数カ月働いたりした経歴を述べている。一九一八年、ワイ・アーウンは検視官に、二年前にわずか一五歳で「娼婦として生計をたてるため」無理やりジョホールのゴム農園に連れていかれたと語った。[66]

娼館で移籍や転売をちらつかせて脅かすのは、娼館主が阿姑やからゆきさんを服従させるためにつかう常套手段であった。娼館で女性がもめごとを起こしたり、客のひとりと親密になりすぎたり、性病に感染したのがママさんやオカーサンに知れると、かの女はおそらく別の都市あるいは国の娼館への移籍の憂き目をみるのだった。たとえば、一八八二年一〇月に広東系登録娼館の亀婆《グワイポー》が、華民護衛司署にふたりの阿姑の名前をリストから抹消するよう願い出た。ひとりは駆け落ちし、もうひとりは死んだという理由だった。かの女は死亡者を埋葬したと警察に届け出た。当局は二カ月後、駆け落ちしたはずの阿姑のアー・センが薬を飲まされ、スマトラのデリに向かう汽船に乗せられ、そこの娼館に売られたという確かな証拠をつかんだ。いっぽう、死んだはずのウグ・モイはマラッカの娼館に三〇〇ドルで売られていた。かの女らが薬で朦朧とした状態でオランダ船に乗せられるところを目撃した中国人から、また航海中にシンガポールで飲まされた薬から覚めたかの女らが泣き叫ぶのを聞いたほかの船客から、情報が寄せられたのである。売られた理由は、かの女らが意中の男性と暮らすために廃業を護衛司署に申請しようとしていたからであった。娼館主は自分の財産を失うまいと、売り払ったのだった。[67]

川本ハルのオカーサンは暴力こそふるわなかったが、渡航費の返済が滞っていたので、かの女の「年季証文」をクアラ・ルンプルの娼館に売った。ハルは天草出身の新しいオカーサンから、借金を返済するまで廃業することを阻まれた。[68] からゆきさんが警察に訴えても、あなたの場合はオカーサンとの純粋に商業的な紛争であり警察の関与すべきものではない、と言われるのが落ちだった。

からゆきさんが性病に感染すると、それは自分の稼ぎだけでなく、娼館主による待遇にも影響した。プラムディア・アナンタ・トゥールの小説『すべての民族の子』は、性病に感染したことが露見するとからゆきさんがどのような扱いを受けるかをまざまざと見せつける。からゆきさんのマイコは香港で売られて、シンガポールの娼館に送られた。かの女にはたくさんの客がついたので、オカーサンは最初マイコを可愛がった。だが五カ月後、梅毒に感染し、お客が減ってゆくと、マイコはオカーサンの打擲を受けた。マイコはさらに二度転売され、最終的にジャワの峇峇《ババ》アー・チョンが経営する大きな娼館に移った。[69] かの女は病気がばれたら、さらに自分の価値が下がるだろうこと、そして「異国の通りのゴミ」として捨てられ、死ぬことを恐れていた。[70]

この点においても、資料からは警察の対応が必ずしも明瞭には読みとれない。娼婦を助け、ときにはたしかに逃亡者を帰国させたことで知られる警察は、娼館でのすべての懲罰を理論的に受け入れられないとしていたのか、あるいは特定の状況のときのみ介入したのか、はっきりしない。女性たちは、自分たちの権利についてほとんど知らなかった。虐待されて逃げた娼婦がママさんを訴え出れば、かの女が重い刑を受けることはありえた。そのような例があるので、いつもママさんはびくついていた。呼び出しを受けたら、かの女は尋問を受けねばならず、また過去の前科を問われるかもしれなかった。娼館主が客をとることを拒んだ女性を残酷に扱った場合、警察は娼館を閉鎖させたり、暴行と「不法監禁」のかどでかの女を起訴することができた。阿姑を適切に扱わなかったママさんは、警察が介入した場合どうすべきか、よく心得ていた。一九世紀末の記録は、警察が娼婦虐待について目こぼし料を取ったとは記していない。だが、一九二〇年代からのシンガポール治安判事裁判所記録には、警官への賄賂についての言及があり、ママさんは捜査活動に手心を加えてもらおうと袖の下を贈っていた。

自殺にかんする巻末資料9および10は、シンガポールの娼館にいた一七歳から三〇歳代後半までの阿姑とからゆきさんが、客や娼館主の暴力に耐えきれず死ぬまでに、その娼館に二週間から四年間という幅で、住み込んでいたことを示している。検視官記録もまた、阿姑とからゆきさんを自殺に追いやった組織的な虐待があったことを示している。(71)

第13章　転身

売春から足を洗うのは、難しかった。ほんのひと握りの阿姑とからゆきさんしか娼館を抜け出せなかった。娼館に売られた広東娘はたいがい奴隷のように縛られた生涯を送ったものだ、と年老いた大班婆《タイパンポー》が一九八七年に語ってくれた。足を洗うことについて訊いたとき、うまく抜け出した人をかの女は知らないと言った。だが、しばらく記憶をまさぐってから、かの女は微笑み、不可能だったわけではない、と静かに言った。(1)シンガポールで売春をやめるには、別の仕事につく、結婚する、逃げるなどの方法があった。裕福なパトロンの妾や第二夫人におさまる人もいた。そうした運と才覚をもちあわせない人は、盛りを過ぎると女中になった。このほかに、金持ちや権力者の資質である商才や冷徹さに恵まれた者は、娼館の女将になった。一例をあげれば、シミズ・タツは、ステレツの高級娼館のひとつでからゆきさんとしてスタートし、後にマレー街一三番の格幅のいいオカーサンになった。(2)一九一一年に香港の日本領事が、一四六人のからゆきさんについておこなった調査から（表13－1）、たいていの女性たちにとって、生活のストレスが年とともに積もるため、肉体的にも精神的にも耐えうる限界は五年であったことが読みとれる。(3)

シンガポールの何千人という日本人娼婦のうち、ほんの少数が、資金を蓄えて足を洗い、商店、レストラン、あるいは下宿屋を開いて、自分の新しい人生を築いた。おヨシは、中国で搾取され、省みられることのない悲惨なドラマを黙ってみてきた。何百といるからゆきさんのひとりであったかの女は、一九歳で娼婦になり、上海の娼館での生活に苦闘したが、かの女の才気で切り抜けた。五年ほどかけて小金を貯めると売春から抜け出し、新金山ともよばれて

表13－1　1911年，香港におけるからゆきさんの就業年数

年数	1	2	3	4	5	6	7	8
からゆきさんの人数	26	32	21	28	21	10	5	3

いたシンガポールに移った。そこは、通りまでが金ぴかに舗装されていると喧伝された、夢の地であった。やがて、ステレツでもめったに起こらないような運命の不思議で、おヨシは自分が究極の夢を実現していることに気づいた。それは、かの女がイギリス人警察官と結婚し、苦労して稼いだお金でマッサージ・パーラーを開いてすぐのことであった。[4]

娼婦が、シンガポール以外の土地で転身し、新しい人生を拓くための主要な戦略は、妾になることであった。世紀転換期に、裕福な中国人実業家が美しく若い女性を娼館から身請けしたり買ったりするのは珍しいことではなく、三〜四人の妻をもつ者さえいた。[5]妻が男子を生んでいないこと、不妊症あるいは病弱であることなどが、男性が妾をもつ一般的な理由であった。妻は義父母や子どもの世話に忙しく、夫のめんどうがみられない、あるいは結婚生活が破綻しているような場合もあった。[6]妾をもつという夫の主張を阻止することはできなかったかわりに、正妻あるいは第一夫人はつねに妾に服従と最大限の尊敬を求めることができた。一般に、正妻が亡くなり、かつその子どもたちの同意がないかぎり、妾が妻として遇されることはなかった。しかし、妾の子どもの身分については、ほとんどの場合差別がなかった。父親の遺言により、財産は子どもたち全員のあいだで等分された、ただし女子はそのかぎりではなかった。[7]正妻と妾が一緒に暮らしてつねに折り合えるわけではなかったので、裕福な中国人は、囲った女性を家族とは別のこぢんまりした家に住まわせることもあった。とはいえ、妾あるいは側妻となってある種の社会的認知を得たとしても、阿姑がいつも厚遇されたわけではなかった。一九一一年、二三歳の潮州人娼婦アー・センは妾になることを望んでいたのだが、パトロンの正妻のしつこい嫌がらせに耐えきれず自殺した。[8]一九二〇年代後半に、男性は阿姑の質権を購入するか、あるいは即金二五〇ドルで阿姑を買い取ることができた。[9]

シンガポールのようなアジアのいくつかの植民地都市では、単身でとくに半永久的に住みついているヨーロッパ人男性は、からゆきさんをラシャメンすなわち現地妻にする習慣があった。ヨーロッパ人の愛人として娼館を抜け出した日本人女性は、当然のことながら、よりまっとうな関係である「家政婦」として雇用されることを期待した。二〇世紀初頭の二〇年間のからゆきさん全盛時に、シンガポールで外国人と暮らすラシャメンの数はかなり多く、その相対的な豊かさと表面上の幸運は、ステレツの日本人商人を

おおいに潤した[10]。

阿姑やからゆきさんは、有力者あるいは地元のたとえば事務員とか労働者と結婚しないかぎり、売春をやめることは一般に困難だった。かの女らの多くが、金持ちの中国人か日本人に出会い、身を固めたいと願っていた[11]。共通する夢は、いい男性にめぐり会い、金持ちになることだった。娼館に暮らす女性たちは、なんとかしてジェントルマンの商人や高級官吏と知り合いになりたいと必死であった。人柄や個性にも関心がないわけではないが、かの女らが社会のエリートと交流するとき、結婚を誇れる相手の基準としては、愛情より経済力に重きを置きがちであった。とくに強い上昇志向をもつ若く上品で魅力的な娼婦にとって、この仕事の境界は流動的なものだった。ある者はまず妾になり、やがて成功者の花嫁、そして第二夫人としてハイレベルな生活を手に入れた。しかし現実には、大半が労働階級の男性と結婚し、別の仕事をすることになった[12]。ひと言つけ加えると、とりわけ中国人娼婦にとって、シンガポールの労働者との結婚は、しばしば苦労の多い生涯を意味した。ある老大班婆《タイパンポー》は「娼婦が金持ちと結婚して第二夫人になれば、夫のめんどうをよくみました。でも、貧乏な人と結婚したら、別の仕事を見つけて働き続けなけりゃなりませんでした」と強調した[13]。

娼館からの身請けでは、娼婦が稼ぐはずの収入が失われることにたいして、高い補償金を要求されることがよくあった。阿姑とからゆきさんは、娼館主ができるだけ儲けようとふっかけてくることを覚悟せねばならなかった。金額は、必ずしも女性の経済価値とか借金ではなく、娼館主がかの女に恣意的につける値段で決まった[14]。娼婦と結婚するために払われたお金が高ければ高いほど、かの女は娼館界で女が上がったものである。正妻は無理でも、娼婦を第二、第三夫人などのかたちで伴侶にしたい男性は大勢おり、かれらは要求された高いお金を支払った。ファン・チュンイーは、自分の父親が一九一〇年に第二夫人をどうやって得たかを覚えていた。かの女は、一九八二年の聞き取り調査において、中国からシンガポールに来たばかりの女性が、二番目の母親としてアパートにやってきて家族に加わったいきさつを話してくれた。

二番目の母は、ちょっと変わった方法で家に来ました。娼婦にするため（中国で）亀婆《グワイポー》に買われた、ひじょうに若くてきれいな人でした。父はかの女に会って好きになり、同情したんです。かの女はとても若く、二〇歳以下、たぶん一六～一七歳くらいだったでしょう。父は亀婆に大金を払ってかの女を買い、第二の妻にしました。

(二番目のお母さんは、お客をたくさんもっていましたか。)

いいえ。かの女は来て、娼館に売られて、すぐ家へ来たんです。父が最初の客でした。父は娼館へ行ってました。新来のかの女を見ると、とても若くて、父はすぐお金を払い客になりました。客として何回か通った後で結婚した、そんなところです。

(かの女は、実家や友だちとまた連絡をとることができましたか。)

いいえ。かの女には、親戚や友だちはぜんぜんいません。生まれた土地から遠いところへ売られ、すぐに広東からシンガポールに連れてこられたんです。[15]

この美しく若い阿姑は、夫とのあいだに六人の子どもをもうけた。このような「サクセス」ストーリーには、売春業から抜け出せた女性たちに共通するものがあった。ホ・クイイン、セク・シーワー、そしてホ・アーケンは、娼婦の誰もがもつ夢と希望――拠るべき家と家族、使っていいお金、自分のためだけのベッド、虐待や病気を恐れなくてもいい生活――をもち、それがいつか一日も早く実現することを願っていた。検視官と警察が集積した資料を注意深く読むと、シンガポールに何千といた娼婦のなかで結婚したこれら三女性の人生を構築できる。上クロス街でたばこ屋を営むウォン・チュンファンは、検視官にホ・クイインは第二の妻だったと証言している。「かの女は、元は上福建街の娼婦でした。わたしと一緒になってから八年です。正妻は現在、中国にいます。かの女はシンガポールに二~三年一緒に住んでいましたが、二カ月くらい前に中国に帰りました。ホ・クイインと正妻はいい関係でした」[16]。ロ・クイーワンは、元娼婦で歌手だった福建人のセク・シーワーと、かの女が二一歳のときに結婚した。「故人はわたしの正妻で、セク・シーワーという名の福建省の客家人です。かの女は二八歳で、結婚したのは七年前です。……まだ歌手を続けていました。……わたしたちは、とてもうまくっていました。わたしが五八歳でもう年なので、女房がわたしにかわって歌手グループを取り仕切っていました。かの女が稼いだ金は、すきにさせていました」[17]。ホ・アーケンの夫であるバス運転手も、簡単ではあるが、かの女が自分の妻になった経緯を述べている。「ホ・アーケンは、わたしの妻です。広東人で二八歳です。一〇年前に結婚して、ずっと一緒に住んでいました。女房は、前は娼館にいましたが、わたしが身請けしました」[18]。

しかし、いくつかの事例では、阿姑が華民護衛司に直接、娼婦をやめて新しい生活をしたいと保護を願い出ている。[19]

伝染病条例下での娼婦の登録は、健康だけでなく生活全般の条件においてかの女らの立場を改善し、家庭生活をはじめたいと希望する多くの女性の解放につながった。護衛司の役所に願い出れば、阿姑やからゆきさんの名前は娼婦リストから除かれ、新夫婦の名前と住所が別の台帳に記入された。その花嫁がちゃんとした扱いを受けることの保証人として、商店主や有力者も名を連ねた。(20) 一八八一年に華民護衛司署が伝染病条例の業務を引き継いだ後の五年間に、約二五〇人の娼婦が娼館を出て、本妻あるいは第二夫人として生きる道を選んだ。(21) 主席市民医務官のローウェル医師は、娼館を出て中国人男性の妻となった娼婦たちに及んだ改善効果について、つぎのように記している。

それは、女性自身にとって最高の福音であることが証明された。条例の実施にあたる係官に会って、自分が自由になれるのだと知ると、娼婦としての強制された仕事をやめる女性の例が増えた。その多くが裕福な男性の妻、愛人、また家庭の母親として幸せで満足すべき生活を送っている。以前は、まったく不可能なことであった。(22)

阿姑のある者は実際に未来の夫に頼んで護衛司署まで来てもらい、法的な自由を確かなものにした。かと思えば、強い男に強引に連れ出され、かれの愛人すなわち「ついてゆく妻」になった者もいる。(23) シンガポールでは労働者階級の中国人が結婚しないまま一緒に住むのはふつうのことであったから、多くのさらに貧しい「妻」は内縁関係で夫と一緒に暮らした。「男についていった」これらの阿姑の何人かは、その男性が中国に帰ったり、気持ちのすれ違いや経済的圧迫が生じると、捨てられた。チョウ・カムムンは、娼婦暮らし五年を経た自分のからだが健康でないだろうことを承知していた。かの女の人生の目的は、結婚して「尊敬される主婦」になることだけだった。阿姑なら、誰でも見る夢だった。しかし、この若い娼婦は、夢を下まわる「ついてゆく妻」としてクー・ティアンアンと暮らす道を、一九二四年にそのチャンスがきたときにすすんで受け入れた。海峡生まれの福建人電報局員は、自分の「妻」をどうやって見つけたかをこう説明した。

チョウ・カムムンはわたしの愛人で、わたしと四年一緒に住んでいます。昔、陳桂蘭街《タン・キーラン》で娼婦をしてました。広東人で二二歳です。いろいろ手配して、わたしのところに来れるようにしてやりました。かの女は自分で華民護衛司署に行き、営業登録を取り消しました。かの女が、わたしのところに来るつもりだ、と華民護衛司署に言っ

> たかどうかはわかりません。子どもはいません。かの女がとても子ども好きだったので、わたしたちはメアリー・クーという女の子を養女にしました[24]。

阿姑が結婚という転身へのステップを踏むかどうかは、運命の導きによることもあった。白髪まじりになった女中に、どうして男性は娼婦と結婚したがったのでしょう、と訊くと、かの女はこう答えた――「一部の男性は、しょっちゅう来るお客でした。かれらが、縁份（運命の出会い）を感じると、女の子は男について行きたくなったのでしょう」[25]。テオ・ガンクシオンは、若い長衫《チャンサン》階級向けの（あるいはそうなろうと努めていた）娼婦だった。実際、かの女のセクシーな魅力は、おきまりの結婚願望を完璧に隠していた。だが、かの女は、タン・トゥアトゥーをどうしようもないほどロマンチックに恋した。かれのほうもかの女に夢中で、ママさんから妥当な値段でかの女を買い取ろうとした。交渉が失敗すると、かれはかの女との逃亡を計画した。そして、ある日みせに上がったとき、かれは上海出身のこの中国人女性に自分と暮らそうと懇願した。検視官は、運命の出会いをしたと信じ込んだ阿姑が、どうやって売春業を抜け出したかを知った。

> かの女は、タン・トゥアトゥーという男と逃げました。ふたりは華民護衛司署にかけ込んで一件は解決しましたが、かの女はタン・トゥアトゥーの愛人のままでした。かの女は、かれと一緒に中国に行きました。わたしはふたりが中国に行こうとしていたことを知らず、あとでそれを知ったのです。二年ほどして、ふたりはシンガポールに戻ってきました。……タン・トゥアトゥーは働こうとせず、テオ・ガンクシオンはかれの息子を生んだのですが、かれはその子を中国で売ってしまいました[26]。

もちろん娼館主は、客が許可なく娼婦を表に連れ出すのを阻止することに努めた。男がママさんやオカーサンの設定した金額を払おうとしない場合に、もし娼婦が男のたっての願いを容れて出奔でもしたら、娼館主にとって大損になる。したがって、すでに述べたように阿姑と特定の客が継続的な関係にあり、護衛司署に解放を願い出るおそれがあることに気づくと、ママさんはその娼婦を別の植民地あるいは他国へ売った。売り払ってから、ママさんは護衛司署に阿姑が逃亡しましたと報告した。植民地の役人にはそれに反駁する証拠がなく、たいていはその届け出を受理して、台帳からその阿姑の名を抹消せざるをえなかった。むろん、こんな常套手段が当局の反撃にあうこともあった。

そうなると、一八八三年のタイホとタイヒーの事件が示すように、ママさんが苦しい立場に置かれた。このふたりの阿姑は、意中の男性についていこうとして逃げたが失敗して、ジョホールにひそかに移送され、それぞれ二〇〇ドルで売られた。パン・アーチョンという客家人の木挽きは護衛司署に行き、自分と友だちのリー・アーブイがそれぞれ阿姑と恋仲になったこと、かの女らはサム・ソという同じ「母親」に所有され、互いに「姉妹」とよびあっていたこと、そして自由を獲得して自分たちふたりと一緒に暮らしたがっていたことを訴えた。

三週間ほど前、ふたりは通りに出て、辻馬車を呼んで、カンポン・グラムまで乗ってゆき、知りあいに会って、俺たちに連絡してくれと頼みました。俺がかけつけると、かの女たちは俺の家に連れていってくれと言うのです。それは無理だと言いました。結婚している叔父と同居しているので、女を家に連れてゆくわけにはいかなかったんです。で、俺はかの女たちをある福建人の女性のところに連れてゆき、茶菓を与えて、リー・アーブイを連れてくるまで待つように言いました。俺たちが戻ると、ふたりはいなくなっていました。福建人女性の話では、俺が出たあとすぐにマレー人と中国人が数人入ってきて、女の子たちを引きずり出し、馬車に乗せて連れ去ったそうです。男たちは刑事だと名乗り、女を警察に連行するのだと言っていたそうです。ほかの人もこれを目撃しており、事件に関係した一団はマレー人ふたりと、せむしの潮州人と、［義気］広福会の幹部の客家人峇峇《ババ》だと教えてくれました。[27]

阿姑の行方調べに時間とお金と労力を費やしたかいがあって、老客家人が、ジョホールのハプ・セン娼館で女の子のひとりが働いていた、とファンに知らせてくれた。かの女は、自分の居場所を恋人に伝えて欲しい、自分たちの解放を願い出るよう伝えてくれ、と老人に頼んだのだ。役人はファンに、ジョホールへ行き、できればかの女に会って、老人の話を確認するよう助言した。そこでかれは二日以内に事態を確認して、華民護衛司署に救出を頼んだ。ジョホール警察の助けで、ふたりの女性はすぐにシンガポールに戻された。ジョホール長官の手紙をもったハプ・セン娼館のママさんも一緒に来た。その手紙は、この娼館主がふたりの阿姑を買うために支払った四〇〇ドルを取り戻せるよう助力願いたい、と要請していた。ジョホールの娼館主は、サム・ソが女の子を売りにきて、売買証書に署名し金を受け取ったと供述した。しかし、ずる賢いママさんは護衛司署の役人に、「わたしは娘たちを売ったんじゃありません、質入れしたんです」と言った[28]。すると、ジョホールの娼館主は跪いて、サム・ソからの譲渡証書を振りかざし、この知り合いの女は自分に少女を四〇〇ドルで売ったこと、自分はさらにブローカー料金そのほか多額のお金を使った、と訴えた。しかし、証拠についてのかの女の言い分は治安判事に無視された。かの女が、阿姑は自由意志でジョホールの娼館に働きにきた、と以前に述べていたためであった。護衛司署は皮肉な調子で、その金はその解放された娼婦あるいはかの女たちが自由意志で一緒に住んでいる男たちから回収するといい、と勧めた。

娼館主たちは、ときには秘密結社の流氓《サムセン》を雇った。かれらの通常の仕事は、逃げた娼婦や手に負えない客への対応、そしてママさんの保護であった。つぎにあげるのは、娼館に戻るよう阿姑を脅すのをつねとした、三合会メンバーについての貴重な事例である。二一歳の広東人女性が、警察に供述した。

わたしは、以前ＳＫという女性が営むシー街五三番の娼婦でした。ＳＫはたくさんの娼館をもっています。六カ月前に、船の用務員に、中国から連れてこられました。ＳＫがわたしをいくらで買ったか知りませんが、わたしは一文も受け取ってません。かの女は、いつもわたしの稼ぎの半分を取っていました。わたしはいま、ＬＹというクーリーのクパラ［頭］と暮らしています。自分でそうしたくて、一週間ほど前かれについて娼館を出ました。でも、娼館主はわたしを連れ戻させようとしました[29]。

勇敢なクーリー頭は、娼婦をめぐる争いがすぐに殺人の脅しに、そして対立する三合会の手下どうしの喧嘩にまで発展しかけたことを供述している。

わたしが、上記の女性を上記の娼館から連れ出しました。かの女はわたしについてくることに同意しました。四日後、娼館主のＳＫが、女の代金を二〇〇ドル払えと言いました。わたしは、拒みました。四月八日に、五人の広東人の男が、うちふたりは知っており、秘密結社広義のメンバーでしたが、製材工場に来ました。かれらはわたしに一緒に来いと言いましたが、断りました。ひとりが、お前はシー街五三番の広東人娼婦を連れ出した。女を返すか二〇〇ドル払わないと、お前を殺すと脅しました。うちのクーリーのひとりが、ＷＰという名のホク・ハンのメンバーと友だちでした。この人がわたしに会いにきて、話をつけてやろうと言いました[30]。

娼館主は自分の利益を守るために秘密結社のならず者に頼るいっぽうで、ときにはママさん自身や阿姑がその「後見人」に脅されたりゆすられるのは珍しいことではなかった。

恋人に身請けされる娼婦が、娼館できちんとした結婚式を挙げることも、ときにはあった。親族関係を新たにし、一般社会へ転身してゆくという過程において、娼館が花嫁の儀礼的な家とみなされ、式は擬似家族や姉妹関係との永遠の別れを象徴した。まだ夫を見つけていない阿姑たちも、「姉妹」として宴に加わり、花嫁の幸運を祝った。聞き取り調査の協力者たちは、パトロンが結婚式を公認売春地区でおこなうかどうかを決めたと語っている。しかし、男性側の大半は、コミュニティのほとんどの人が花嫁が阿姑であったことを知っているのだから、儀式は無意味だと感じていた。時間と金をかけた儀式で、かの女らの社会的地位が上がるわけでもなかった。それにたいして、フォン・チヨクカイは、「女性はただ男性についてゆき、かれのところに移り住んだ」[31]とつけ加えた。このクレタ・アエル地区の長老によると、「そんな状況では、ちゃんとした結婚式を挙げるのは、とくに望ましいとはいえなかっただろう」[32]。しかしながら、別のクレタ・アエル地区住人は、娼婦が結婚式をあげてチャイナタウンの娼館を離れたのを、一九二〇年代なかばに実際に目にしている。


新郎新婦のために、リボンでびっしり飾られた車が用意されていた。その女性に年季契約がある場合、ママさんは現金を受け取りました。自由娼婦は、結婚のお祝いとプレゼントとして多少の金をママさんに贈った。こういう結婚式は一九三〇年代までおこなわれて、娼館廃止のころには、一部の人たちのあいだでとても人気がありました。そのころ、この手のいわゆる結婚は、けっこうありました。女性たちは娼館が廃止になることを聞き知っており、そんな式がたくさんおこなわれたわけです。[33]

明らかに、結婚にたいする態度の変化は、娼婦の年齢が上がるにつれ顕著になった。検視官記録の事件やわずかな新聞報道をみると、二五歳から三〇歳の女性にとって、結婚はますます重要な意味をおびたことがわかる。なぜなら、その年齢になると、いかに美しく魅力的な女性でも、娼婦としての収入は下り坂になることを知っていたからだった。そういう宴席には写真家は出席しなかったが、結婚は娼館の外で爆竹をあげて祝われた[34]。

娼館その他でおこなわれる結婚式は、阿姑がこれまでの擬似家族と決別することを意味した。シンガポールの一般中国人社会では性道徳は厳格で、阿姑はひとたび結婚したら、けっして娼館に帰ることは許されなかったし、ちょっと立ち寄ることさえできなかった。「誘惑する商売女」と「貞淑な妻・母」という固定イメージの対比はことに強く、結婚した元娼婦が昔の娼家を訪ねようものなら、たとえ挨拶に寄っただけでも、侮蔑の表現である「去勢された雌豚(fun yam gi na)」という言葉が投げつけられた(35)。このような言葉が連想させる背徳の烙印への痛烈さは、職業がら身につけてしまった「卑しさ」に元娼婦を戻らせないことを意図していた。いいかえると、売春を生業としていた広東人女性は、もし最終的に結婚できれば、「美徳」を回復することができたのである。しかし、もし辛い結婚生活が原因でかつての「姉妹」に会いにいったりすれば、かの女は自動的に妻および母という「尊敬される」カテゴリーから転落することになり、たちまち侮蔑の呼称が公然と使われ、かの女をいたたまれない気持ちにさせた。「去勢された雌豚」という言葉は、女性が元の賤業に戻ったという烙印を押され、品性ある社会的地位を失ったことを意味した(36)。一般社会の村八分にされる恐れがあったので、結婚した元娼婦がまだ古巣にいる「姉妹」と再会することはほとんど不可能であった。新しい一応尊敬される生活において、元阿姑は一〇～二〇歳くらい年上の夫の子どもを産み、経済的苦労に耐えつつ、ときには夫より何十年も長生きした。

結婚により、娼婦とその子どもたちは新しい家族と家系に連なることができた。世紀転換期のシンガポールの阿姑たちは、実の家族や出生地から切り離された中国人女性の世代であった。娼館に売られて、かの女らは先祖を祀る儀礼や、家族との関係、一族にかかわる出来事と無縁になった。だが、大きな社会的また経済的な変化に流されてきたシンガポールの若い阿姑たちも、結婚によって、自分を支える力の源として家族をふたたびもつことができた。故郷の家族から切り離されて、シンガポールの娼館という周辺的世界で生きることを余儀なくされた広東人女性たちは、地理的な共通のルーツをもちたいという思いをもっていた。この帰属意識と伝統の共有という事実は、すぐれて中国的であり、また娼婦とその仲間に独特なものであった。その独特さは、「結婚した元娼婦」を指す広東語の口語表現に、凝縮されている。それぞれ興味深い表現であるが、とくにイプ・チョンファンの説明による「娼婦が主婦になる(mai kai sek ji soy)」はそうである。かれによれば、上街吃井水の直訳は「陸に上がって、井戸から水を飲む」である。語源は一九世紀の広州の港にさかのぼる。そこでは多くの娼婦が六〇～八〇フィートの美しく飾った浮かぶ娼館、すなわち花舟に住み込んでいた。この言葉は、これらの娼館に暮らしていた若い広東人少女が結婚して人生をやりなおすことを、舟を去って陸に上がり、川ではなく井戸の水を飲むという象徴的な表現で語ったものである。この高名な写真家は、娼婦がもっと広い世界に組み込まれたことを、こう表現した――「そうです。わたしはまともな女になるんです。井戸の水を飲む身分になるんです。それが「娼婦が主婦になる」の意味です。売春用に川で使用されていた舟からきた言葉なんです[37]」。

別の言葉である上羅行帰家良（sheong lo hueng kwai ka leung）もまた「娼婦が主婦になる」を意味し、阿姑が婚家の祭壇と先祖の位牌を守る、ということを表現した[38]。このきわめて地域的な言葉は、阿姑が結婚後夫とその先祖の仲間に入り、そこでまったく新しい人間として再登場することを可能にした。ある老大班婆《タイパンポー》は、この言葉の深い個人的意味と、結婚にまつわる思い出をこう語った。「結婚するということは、先祖をもち、祀ることができるということを意味したんです。契約娼婦には、名字もなければ先祖も、拝む家系もなかった。売られてきた娼婦には、実の親を知らない者さえいたんですから。名字をもつということは、死んだら祭壇に居場所があることなんです[39]」。ある元阿姑は、集まりでその言葉がかの女の過去にふれて口にされたとき、沈黙と誇りでそれに耐え抜いた。なぜならば、その言葉は文字どおり「祖先の祭壇を立派に守ることができれば、あなたは主婦として立派だといえる」ということを意味したからだった[40]。

ステレツの生活に入った者にとって、結婚はかなわぬ夢であった。結婚した娼婦の多くは、かの女らの「姉妹」がたどる道とは社会的・文化的にあまりにかけ離れていたので、日本に帰国することはまずなかった。山崎は『サンダカンの墓』で、信頼できる日本人男性と結婚して幸せな家庭を築くことを望んでいたからゆきさんで、夢を実現した人はほとんどいないと書いている[41]。ステレツの女衒として、あるいは日本人所有の娼館関係の仕事で儲けるためにシンガポールに来たような日本人男性と、打算で結婚した娼婦もいるが、多くが破綻した。この港湾都市の初期のからゆきさんのひとりであるおヤスは、一八七七年末に長崎からやってきた。まもなくマレー街九番で娼婦になり、また通りでドライ・フルーツやナッツ類を売った。かの女は、シンガポールでもっとも勢力をふるった女衒のひとりである渋谷銀次と結婚した[42]。一〇年後、警察は夫に暴力をふるわれたおタキについて、マレー街一一番館の抱え娼婦全員と使用人を訊問したことがあるが、その調査はおタキと日本人の夫が一八八七年にいい関係であったことを示していた。おヤスと同じ娼館の隣の部屋にいたおトヨは、自分はその日本人夫婦と友だちだったと供述した。「わたしは日本人で、娼婦です……。おタキさんは知ってました……。ご亭主のことも知っています。ふたりはうまくいっていると思っていました。おタキさんが、ご亭主に殴られたことは知りません。わたしとかの女は、二年間、毎日会うほど親しくしてました(43)」。

当時、日本人でなく中国人かマレー人との結婚を考えていた娼婦もおり、事実かなりの数のからゆきさんが、シンガポールで働いていた地元の職人、小規模の事業主、事務員、警官などと結婚した。かの女らを求める中国人男性の多くは既婚者だったから、多くの日本人女性は第二夫人かラシャメンに甘んじていた。一九〇七年、若い妊婦ハタ・ソノは、日本領事に自分は警察職員ワン・キムフクの「ついて出た妻」だと説明した。かの女は境遇に満足しており、日本への里帰りを申請しに領事館を訪れたのだった(44)。その二年後に出された、一九〇六年以来からゆきさんであった三人の日本人にかんする領事館の公式覚え書きには、そのうちのひとりハマダ・おチヨは、現在、海南人《ハイラム》に「ついて出た」妻であることがようやく判明した、とある(45)。

しかし、興味深いことに今村昌平がマレーシアで会った老からゆきさんの約七〇パーセントは、インド人の妻あるいは愛人であった。その原因は、山東半島をめぐる中国人の反日感情にあった。シンガポールの中国人コミュニティは方言、同族、出身地により分かれていたが、山東についての見解、また日本人を帝国主義侵略者とする見解では一致団結していた。一九一九年六月中旬、反日ポスターや漢字の落書きが市中の壁を埋め、日本の商品やサービス業、とくに娼館のボイコットをよびかけた。ステレツでの激しいデモは、シンガポールでの娼館閉鎖を推進していた日本領事館の動きと時を同じくした。そこでからゆきさんは、いわば必要に迫られて、インド人顧客との関係を深める道を探り、その結果、一九二〇年以降に何人かがタミル人と結婚した(46)。善道キクヨは今村監督に、ほんとうは顧客であったマレー人の巡査と一緒になってもいいと思ったことがある、ともらしている。二〇代で、かの女はゴム農園の日本人マネジャーと恋におちたこともあった。かれの妻は亡くなっていたのに、キクヨはかれの求婚を何度も断った。部落出身であったから、「わたしはだめよ」といつも答えていたという。後にかの女は、イポーからやってきた日本人写真師と結婚して、離婚している。時代がかの女を変えたのだろうか。一九三〇年代はじめの恐慌がピークだったころ、三六歳のキクヨは離婚歴のあるインド人鉄道員と喜んで結婚し、自分になつく義理の息子を可愛がって育てた(47)。しかし、一九七〇年代にスランゴールの養老院に住んでいた川本ハルの境遇は、ずいぶん違った。かの女は山崎に、自分の養子にどんな扱いを受けたかを述懐した。ハルは三二歳で、ヨーロッパ人用衣服の縫製を専門とする、かなり年上のインド人仕立屋と結婚した。天草出身のこの女性は、夫のことを夫婦喧嘩を一度もしたことのない「良か人」と表現した。かの女はタミル語［インドの言葉］が話せず、かれは日本語がわからなかったので、ふたりはマレー語で会話した。二歳のタミル人の男の子を養子にし、かの女が育てた。しかし、成人した息子はかの女に冷たくあたり、日本占領時代に八〇代であった夫が亡くなると、かの女を捨てた(48)。戦後、貯金に頼っての隠居暮らしは不可能だったので、かの女はメイドとしての働き口を見つけた。二〇年以上働いてようやく二部屋ある家を買うだけの貯えができた。かの女は二階で質素に暮らし、もう一室を他人に貸した。山崎が訪問したころ、川本ハルと義理の息子との音信は三〇年以上も途絶えていた(49)。

シンガポールのマレー人は、日本人娼館をひいきにした主要な客であった。マレー人とからゆきさんの結婚は、短期であれ永続するものであれ、一九二〇年代にとくにさかんであった。山崎が四人の元からゆきさんをクアラ・ルンプルに訪ねたとき、全員がマレー人の未亡人で、ひとり暮らしか家族との同居の別はあったが、みな明らかに安穏に暮らしていた。タネ、ヨシノ、チヨの三人は辛い思い出を忘れるため過去を隠そうとした。まっとうな生活のために娼売をやめたのだから、なにもかも忘れた、とかの女らはマレー語で話し、ひとりはからゆきさんであったことさえ否定した(50)。四人目の女性は、九〇代で裕福な野中ツルであった。サロンを着て、イヤリングと金の腕輪をつけたかの女は、マレー人のように見えたという。結婚できたのはマレー人の顧客のひとりに真心こめて接したからだ、とかの女はジャーナリスト［山崎］に語った。福江島［五島列島］の製材所の娘だったハルは、自分が花柳界にいたとき夫と出会ったという事実を、夫の一族の若い人びとに話していなかった。夫の死後はじめて、甥や姪は大好きな「オカーサン（mother）」が世間に見せているものとは違う過去やペルソナを経験していたことを知るようになった。未来の夫アブドール・タレタが、どんなふうに幸せな人生を申し出てくれたかを思い出し、またかの女の勇気と知恵でその幸運をつかんだ、とツルはいくぶん誇らしげに説明した。

一年ばかりたった頃、ツルさんの若さと器量を気に入ってしばしば通って来るマレー人があり、「自分はお前が大好きだから、どうか結婚してほしい」と申し込んだ。アブドール・タレタという名のその男は、イギリス人と中国人が政治・経済の実権を握っていた当時のシンガポールにおいて、珍しく、自動車を一、二台持って運送屋を経営しているマレー人であった。ツルさんは、この男性と結婚することで地獄から脱出できるのは嬉しいと思ったが、しかし自分は幾千円もの借金で縛られている身の上なのだ。その事情を話すと、マレー人としてはエリートと言ってさしつかえないアブドール・タレタ氏は、「このシンガポールに布かれているのはイギリスの法律で、その法律は公娼の自由廃業を認めている。だから、領事館へ逃げ込んで訴えれば、自由の身になれるはずだ――」と教えてくれたのである。

その数日後、意を決したツルさんは、用事があるといって花街を出、アブドール・タレタ氏と一緒に日本の領事館へ駆けこんだ。すると領事は、アブドール・タレタ氏に向かって、「おまえは、この日本の女を本当に養って行けるのか？」と訊き、彼が「自分はちゃんとした職業を持っているし、大丈夫だ」と答えると、「――それでは自由廃業の手続きを取るが、この女《ひと》を本当にしあわせにしているかどうか、三カ月に一度ずつ報告に来るように！」と言ったという。そしてツルさんに向かっては、「もしもこの男が、あんたに飢《ひも》じい思いをさせたり殴《なぐ》ったりしたら、すぐにここへ訴えて来なさい――」と懇切に言ってくれたのであった。[51]

アブドール・タレタは日本人妻に偏見のない愛情をもって接し、かの女に育てられたかれの姪や甥はかの女に強い恩義を感じ、その子どもたちも野中ツルをおばあさんとして慕っていた。ふたつの大戦の間の時代についての回想録や旅行記のいくつかも、シンガポール、連合マレー諸州、ジョホールなどでからゆきさんを妻や愛人にした、ヨーロッパ人の農園主、船長、役人について簡単に言及している。これらのヨーロッパ人は上司や同輩の人種差別的道徳観には与せず、その非難を気にかけなかった。

結婚した阿姑やからゆきさんの多くは、自分の過去について知られないほうがいいと知っており、消息を断つのがふつうだった。したがって、検視官記録や新聞記事の断片からのヒントを除けば、史料から娼婦と社会的地位のある男性との結婚がうまくいったケースを知るのは不可能に近い。成功例と接触できないのは、スキャンダルや個人的屈辱から身を守るため、先方がいつも用心深いためである。かの女らは、いったんまっとうな通常生活に入ると、自分の評判や、夫の家族や友人の立場を傷つけまいと必死になった。これらの女性の多くにとって脅迫観念となったのは、結婚前の夫との恋愛よりも、現在の不品行であり、現在のいい状態を危険にさらすことはなにも許してはならなかった。そこで、長く成功した結婚例を史料から知るには、社会史家は間接的な示唆に頼るしかない。もし、最終的に娼婦と夫がうまくいっていれば、ほとんど辛いドラマは存在せず、社会史家はなにか作りごとめいたものを感じる。「喧嘩をしたことがない」とか「かれらは幸せで満足していた」という以上のものを、資料のなかに読みたくなる。[52]結婚とともに、元娼婦はふたたび軌道に乗り、自分の過去の陰から踏み出したかに思われるが、より正確にいえば、転身でかの女が人生の「その章」を終えることはさほど明確なドラマの終わりではなく、阿姑やからゆきさんの生涯の長旅のむしろ一部にすぎなかった。その旅はしばしば哀調のドラマではじまり、正調に終わったわけだが、それはこれらの女性が、その過去にもかかわらず、ひとえに真摯な人間性を保ち続けたからだと思われる。チャイナタウンのある老人が、うまく転身できた女性たちが備えていた資質について、こうコメントした。

もし、男が娼婦と結婚したかったら、ママさんと話をして身受け金額を交渉しなければならなかった。いい奥さんになった人も、いましたよ。それは多分に、本人の性格とか人間性によります。人柄のいい娼婦は、たいがい立派な妻になりました。だが、いい奥さんになれなかった人もいる。とくにかの女らが色っぽい性癖を残していたり、ふつうの主婦であることに満足していない場合にね。もちろん、結婚がうまくゆくかどうかは、夫の性格とか生き方にもよりました。その男が怠け者で働きたがらなかったら、ま、最悪のタイプです。女房を無理に、もう一度娼婦にしてしまうような男ですな。[53]

クレタ・アエル地区コミュニティ協会のリーダーであるフォン・チョクカイは、さらに、かれの父親の友人が、一九一四年以前に、ある花形阿姑を射止めた話をしてくれた。最初からその新しい妻はかれが財を築くのを助け、人間としても全力でかれを支えた。

トップクラスの娼婦だった女性たちのなかには、すばらしい奥さんになった人もいました。わたしの父の友人の奥さんも、並外れた人でしたよ。かの女は夫の事業経営でも一緒になってやりました。この場合、かの女の人柄と以前の経験がおおいにものをいったのです。でも、かの女は子どもが生めなくなっていました。それで、かの女は夫に妾をもつよう頼みました。その女性が、息子と娘を生みました。家族には嫉妬などまったくありませんでした。わたしは一六歳のときに、その奥さんに、はじめて会いました。ちょうどご主人と一緒に働いていたん

ですが、わたしは一目で、かの女がすばらしい妻であり、献身的な母であるとわかりました。(54)

しかし、相当数の結婚は悲劇とまではいかないが、成功ともいえなかった。検視官や警察の報告、および元娼婦とその家族を支援しようとした福祉行政の記録からみて、おそらく娼館で結ばれた夫婦の少なくとも三分の一は破綻した。山崎はシンガポール、マレーシア、日本で、年老いた日本人女性たちの結婚が必ずしも幸せでなかったことを知った。(55) 誰もが日常面で問題をかかえ、中国や日本にいる肉親との関係が夫婦の諍いにつながった。検視官は、大半の事件がストレスと不安との葛藤をともなう精神病理学的なものであることを知っていた。たとえば、極端な年齢の開きは、若い妻にとって感情的な重圧となり、突飛な行動に走らせた。たばこ屋のマー・カーポーの第二夫人として上福建街に住むワン・サイホは、将来のことを案じていた。［マレー半島］ムアールの阿姑で二六歳であったかの女は、最近夫に身請けされたばかりだった。寝室を別にしていたマーの証言によれば、ワンは自室のベッドでアヘンを多量に摂取して死にかけていたところを発見された。前夜、ワンが涙ぐんで「あたしはまだ若いのに、だんな様はお年寄りです。だんな様にもしものことがあったら、あたしはどうなるんでしょう」と訴えたので、夫は心配しないよう、かの女に「わしには結婚した息子がいるから、おまえはかれに頼ればいい」と話したばかりだった。(56)

年齢の差とは別に、突然幼い子どもを育てなければならない場合も、不安定な結婚の危険を大きくしがちであった。チョウ・カムムンは、夫と父親の役割をすぐに切り替えていた夫とは違って、妻と母としての責任を同時に負う準備ができていなかった。気弱なかの女は夫のクー・ティアンアンに甘えて暮らしたかったのだが、養女をめぐる夫婦の気持ちのずれは、結婚にあっけない終止符をうたせた。生後二〇カ月のかれらの養女は数カ月間百日咳が重く、自身からだの弱いチョウはずっとそのことを苦にしていた。だが、クーは、妻には育児を教えてくれる人もおらず、心細かったことを理解していなかった。喧嘩の繰り返しのあげく、元阿姑はまず養女のメアリーを殺し、自分も寝室で首を吊って果てた。「子どもが病気だということで、妻と喧嘩をしたことはほとんどありません。わたしは、お前は子どもの世話の仕方を知らないようだ、と言っただけです。病気の女房と子どもがいて、始終医者を呼ぶのは、不運だと思っていましたけど、追い出すなどと脅したことはけっしてありません。従順な女房でした」と、後悔のおももちで夫は言った。(57)

チョウの結婚がうまくいかなかったのは、まったく教育がなく母親としての経験がなかったためであった。二九歳の広東人ホ・キーインはオーチャード路の近くに住む中国人のウォン・チュンファンの第二夫人となった。一緒に住みはじめて一年になるが、新しい生活に適応することは容易なことではなかった。結婚した娼婦の多くは、過去のなごりをなにかと引きずっていた。ホの場合はアルコールで、過去と決別する闘いを酒瓶に頼っていた。花嫁は、中国のしきたりや道徳に社会的に従わなければならないというプレッシャーに直面し、最後に喉をかき切るという悲劇となった。元阿姑は飲酒を抑えきれないことや、健康や将来について悩んでいた。夫によれば、かの女の問題は、過去の生活での過度の飲酒癖からきていた。

ホ・キーインは、わたしの第二の妻です。……一緒に暮らして八年〔前述では一年〕になります。一〇月一〇日の前の一週間ほど、具合が悪いと言ってました、熱と心臓がどうとかって。かの女は、毎日、ウイスキーかブランデーを一瓶空けていました。……死ぬ一週間前に、家のなかで幽霊を見た、とわたしに言いました。かの女が喉を切ったのは、深酒で心臓が悪くなっていることに怯えていたからだと思います。わたしたちのあいだには、なんの問題もありませんでした。わたしは、夜いつも家で過ごしました。(58)

別の娼婦たちにとって、支えはギャンブルであった。チョー・シーの自殺は、娼館時代からのギャンブルの不運続きの結果であった。かの女は、数日出かけていたジョホールから帰ると、ギャンブルで約四〇〇ドル負けて、宝石を質に入れざるをえなかった、と夫で仕立屋のウォン・チュアに告白したという。夫は、負けたのならしかたあるまい、とかの女にきっぱり言い、憂鬱な気分でその場を去った。翌朝五時半にかの女の部屋に呼ばれ、そこのベッドで死んでいるかの女を見た。あまりに寛大な夫は、かれの「おとなしい」妻が、こっそりカードや双六を続けているのを、やめさせようとはしなかった。

結婚して一〇年になります。子どもはいません。ペラの娼館にいたかの女を身請けしました。生きているかの女を最後に見たのは、一月一七日火曜日の正午です。……妻は日曜から火曜までひとりでジョホールに行っていました。火曜日に、ジョホールのギャンブルで、四〇〇ドル負けたと言いました。三三〇ドル相当の宝石をすでに質に入れてました。これが質札です。そのお金は、わたしのものです。つまり、わたしが宝石を買ってやりましたので。かの女はとても沈んでました。……それから、わたしは自分の仕立屋に行きました。そして、今朝六時ごろまで帰りませんでした。店で寝ましたので。カム・ウンクーという家政婦が六時に店に来て、奥様がお部屋で死んでいるのを見つけたと言いました。……ギャンブルの負けを苦にしてチャンドゥで服毒自殺したにちがいありません。賭をしたといって、かの女を叱ったことはありません。かの女は、よくジョホールにギャンブルに行ってました。ふだん、かの女が勝っていたか、負けていたかは知りません。(59)

同じように、ホ・アーケンの人生は、一九二八年一〇月に劇的な終わりを告げた。かの女は、ヨットクラブから海に身を投げた。ギャンブル癖を恥じたためであった。かの女はいつも負けていた。夫のファン・チュンが海上警察署に呼ばれ、遺体を妻と確認し、簡単な説明をした。

ホ・アーケンは、女房です……。結婚して一〇年になります……。かの女には毎月、食費、家賃、その他として一〇〇ドルを渡していました。わたしはバス運転手で、月収は一二〇ドルです。仕事には、午前一〇時に行きました……。そのとき女房は家にいて、変わったところはありませんでした。わたしが午後六時に帰宅したとき、いませんでした。家の者の話では、午前一一時ごろ出かけたとのことです。翌日の朝一〇時になっても帰ってこないので、わたしはクレタ・アエル警察署にいって女房が失踪したと話し、調べてもらいました。しかし、なにもわかりませんでした。(60)

かの女の死に動転していた夫は、さらに妻が家賃を三カ月分を滞納し、また数人にたいしギャンブルの借金を負っていたことを知らされた。

結婚崩壊のそのほかの理由に、女性が過去に感染した病気、とくに性病の悪夢があげられる。真夜中に梅毒による鋭い痛みが突然走るたび、チョウ・アーソーは自分の前歴を思い出し、結婚しても「きれいに」暮らすことはできないと知った。ボイラー・メーカーのウォン・アーパクは、第三期梅毒の骨がきしむような痛みをアヘンで終わらせた妻のことを、深い悲しみをこめて話した。かの女の前職、ふたりのなれそめが露見するような性病の症状が、かの女のからだにはっきり出はじめ、チョウとウォンは、身も心も強くして生き延びなければならなかった、根性と勇気をもって。だが、かの女はアヘンの助けを拒めるほど、強くなかった。家庭生活と結婚が、病気の再発でいかにバランスを失ったかを、夫は説明した。

チョウ・アーソーはここ一カ月、心臓の痛みと足の潰瘍に苦しんでいました。二週間前に中国人の先生に来てもらい、薬も処方してもらいました。一週間か一〇日、いくらかよくなったのですが、またもっと悪くなりました。妻は別の部屋で寝ていたのですが、二九日の午前一時にわたしはうめき声で目が覚め、様子を見にゆくと、かの女の唇はアヘンで覆われていました。どこからアヘンを手に入れたものやら、知りません。わたしは、アヘンを吸いません。なぜアヘンなんか口にしたのかと訊くと、妻は痛みに耐えられなかったからだと答えました。午前三時に息をひきとるまで、かの女のそばに居てやりました。お茶や塩水を飲ませました。ずっとベッドに寝ていました。歩きまわったりはさせていません。[61]

ウォンは、葬儀屋のウォン・アーユーのところに行き柩を注文して、警察にかの女の死亡を報告するよう頼んだ。葬儀屋は追加証言で、チョウの経歴と病気について、つぎのように述べた——「奥さんのことは五〜六カ月前から知っています。先月、ご主人のところに行ったとき、かの女は性病で具合いが悪いらしいとわかりました。奥さんは阿姑でしたが、一年前にウォン・アーパクについて出たのです。骨と関節がぜんぶ痛むと訴えていました」[62]。ジョホール出身のマレー人に囲われていたマク・アーチャンもまた、性病の激痛を和らげるためのアヘンで死んだ。数回診察している医師に、一度だけかの女は「こんなに苦しむくらいなら、死んだほうがまし」と言っていた[63]。一八九〇年代に娼館売春と伝染病条例の廃止にかんする事実調査委員会に提出された証拠から、結婚した元阿姑の相当数が性病に苦しんでいたことが読みとれる。

夫や愛する人が別の女性と結婚するということは、長年の性病の悩みや痛みと同じくらい、元からゆきさんにとって辛く、耐え難いことであったろう。強い男性に翻弄される嵐のような関係は、別れや離婚、死の破局にいたる運命にあった。平田ユキの両親は、かの女と兄に五人の幼い弟妹を残して相ついで死んだ。女衒にだまされ、木箱に詰められて汽船に積まれ、大阪ならぬシンガポールに運ばれたとき、かの女はまだ一〇代であった。シンガポールに荷物として着いたとき、平田ユキのからゆきさん人生がはじまった。そのとき、かの女はできるだけ早く借金を返し、「きれいな」からだでいられたら、すぐにこの稼業から抜けようと思っていた。懸命に働き、弟や妹に金を送ることはできたが、あまり貯金はできなかった。一〇年後、小山が登場し、ユキの人生を大きく変えた。歯科医の免許をもち、シベリアで帝国陸軍を脱走した小山は、借金を背負ったこのからゆきさんと恋に落ちた。ふたりは、経済的・社会的な実質をもつ新しい生活を築こうと意気投合した。小山はゴム農園を回る巡回歯科医として懸命に働き、ユキは自分の貯金を使ってかれを助けた。かれらの目標は、それほど高いものではなかった。四〜五年後、かれはシンガポールの中心部に予約でいっぱいの歯科医院を開き、かの女はステレツを出て、かれの家に移った。ユキは小山が職業的に必要としているものをよく承知しており、歯科技師の資格も得て、夫を盛り立てた。このころのかの女は四〇歳近くになっており、小山は二〜三歳若く、亀裂がみえはじめていた。苦労のすえやっと手にした満足や人としての喜びは、短かった。小山は、ほかの男たちと同じように、ろくに妻の話を聞かなくなり、いつもなにかを話そうとしてて言いよどんでいた。かの女のあらを言い立てたのは、ほかの女性との結婚をほのめかす伏線であったのだろう。双方を知る友人が、小山は東京の女子歯科医専卒業の女性と結婚しようとしているとユキに告げた。その女性も、南方で歯科医として地歩を固める希望であるという。ただの貧農出身のユキは、競争相手にたいして社会的に劣等感があり、小山を引き止めることができなかった。小山と新しい妻がインドに去り、平田ユキは自殺した。死の前にかの女の心をよぎった思いはどんなものだったか、誰も知らない。元からゆきさんだけが、涙のかわりに毒薬を選んだのだ、とわかっただろう[64]。

パトロン、新しい仕事、結婚が、阿姑やからゆきさんのもっとも代表的な転身戦略であった。公的な記録にしばしば記されている、娼館での生活が耐え難くなったときのもうひとつの戦略、それは逃亡だった[65]。横暴な扱いや借金から逃げようとする娼婦は、密かに街に抜け出し、政府役人、まず警察と華民護衛司署にかけ込んだ。後者は、とくに婦女子保護条例の実施を担当する部署であった。世紀転換期には、阿姑やからゆきさんは華民護衛司署の存在およびその役人によるさまざまな支援活動の趣旨を無視できなくなっていた。廃業したいときは護衛司署に保護を申請すればいい、と知っている阿姑やからゆきさんがいたことは間違いないといえよう。

護衛司署、警察、あるいは裁判所に不服を申し立てて保護を求め、娼館主に通知して即刻出てゆく可能性があったのは、批判力のある中国人や日本人娼婦であり、かの女らは娼館主の要求にもはや盲目的に服従したりしなかった。登録した住み込み娼婦は、華民護衛司の承認なく娼館を出ることが許されていなかった。もし阿姑やからゆきさんがなんらかの方法で娼館を脱出した場合、娼館主はそのことを護衛司に連絡しなければならなかった。その結果、伝染病条例がまだ施行されていた一八八〇年代の逃亡率にかんする統計が、残っている。一八八七年から九四年にかけて、年平均八六人の娼婦が保護を求めた。伝染病条例が廃止された一八八八年には一二五人もの女性が駆け込み、いっぽう一八九二年の護衛司署への援助の申請は六一人と少ない。その八年間に護衛司署に保護を求めてきた合計七一四人の阿姑とからゆきさんは、避難所に送られたか、中国あるいは日本の縁者のもとに送還されたか、娼館を出て中国人の妻となった(66)。

シンガポールには一九三〇年代なかばまで、駆け込んできた娼婦を保護したり結婚させたりするための「安全な場所」となる公的な福祉機関はなかった。かわりに護衛司署は、保護を求める娼婦を受け入れ収容する保良局という女性救護ホームを運営していた。この保良局運営委員会は、華民護衛司をつねに公式の座長として、ホームの活動に積極的関心をもつ一三の影響力ある「幇（バン）」で構成されていた。保良局は多額の資金援助をし、女性が保良局を出て妻となる場合は、庇護者となる夫の前歴、性格、雇用状態などを調査した(67)。

このホームは本来、婦女子の人身売買を阻止・救護する機関であったが、法の下にかの女らを中国に送還する権限をもっており、娼館売春から逃げ出してきた女性を保護する主要な役割を果たした。公的資金と中国人篤志家の援助で運営され、第二次世界大戦まで、逃亡した娼婦が安全に匿われ更生できる唯一の場所であった。ホームが手配した救護施設で、阿姑やからゆきさんらはある意味で逃げてきた娼館と同じくらい不快な寮生活を送ることになったものの、これまでとは別種の、究極の生活改善のための教育を受けた。中国の家父長制的な価値観にもとづく家族のあり方や、結婚して母親になることへの心の準備を教えられた。なお、雇用に向けて元娼婦を訓練することができると思われたのは、家事労働と針仕事だけであった(68)。

さらに、ホームの主要な仕事のひとつは、中国での結婚市場における人口学的現実や婚資の高騰に対処できずに流れ込んできた中国人男性に、結婚相手を世話することであった。ホームには、逃亡してきて行くところのない娼婦のほかに、人身売買から救出された一六歳以下の少女たちがいた。苛酷な扱いを受けたうえに、頼るべき親戚や後見人のいないこれらの少女にとっても、保良局は避難先であった。少女は一九歳になるまで収容することができたが、たいてい一六歳ごろに女中として働けるだけの教育を受けて自立し、残りは結婚志願のリストに載る道を選んだ。

これらの女性のために夫を探すのは、圧倒的に中国人男性人口過剰のシンガポールでは難しいことではなく、むしろ貧しい中国人労働者は保良局から妻を得ることに熱心であった。花嫁候補は厳しく家事をしつけられているだけでなく、求婚者は多額の婚資や中国から花嫁を呼び寄せる旅費を節約できた。社会の目という点でも、労働者が救護施設の元娼婦と結婚するのは恥ずべきことではなかった。かの女らはそもそも親孝行な気持ちから苦界に入った、と一般にみなされていたからである。さらに言えば、中国人女性の数が極端に少なかったシンガポールで、結婚し新生活をはじめたいクーリーに、娼婦を見下す余裕はなかったはずだ。クレタ・アエル地区に住んでいたイプ・チョンファンは、かれの世代の貧しい階層の男性は、保良局の元阿姑を妻にするということであれば、道徳をもち出したりはしなかったことを覚えている――「クーリーとして働く若い者は、結婚するだけの金を作れなかった。少し年をとって金が貯まったころ、もしほかに女性がいなければ、クーリーは元娼婦と結婚することを厭わなかった」[69]。ホームから結婚が許されると、委員会メンバー二名が必ず式に参加し、結婚が滞りなくおこなわれたことを確認した。同族の長老たちが、しばしば会館の敷地で式をとりおこなった。このような見合い結婚はときどき新聞で報道され、『叻報《ラッポウ》』紙は、安全な避難所として、また貧しい男性のための安上がりな妻の供給源としての保良局の活動を賞賛した。一八九一年のある報道は、ホームに助けを求めた二九人のうちふたりの女性が結婚相手となりうること、そして「妻を娶りたい者は、誰でも保良局に行って自分で手続きすべし」と書いている[70]。六年後に、そんな助言を受け入れたのが三〇歳の人力車夫のチュウ・アートンで、かれは家事と洋裁を習った女性を望んだ。そうすれば年とって働けなくなったとき、妻がかれのめんどうをみてくれるだろうと思ったのだ。この男とヴィクトリア街の安アパートで「仲良く暮らしてきた」ヨー・カムポクは、一九一二年に検視官にこう語った――「チュウ・アートンと結婚して、一五年になります。わたしは若いころ、保良局ホームにいました」[71]。もっとも歓迎されない夫の職業は、極度に貧しい者が多い漁師、あるいは土地の痩せた山間に住む農夫であった[72]。保良局が存在した一八八九年から一九〇五年までの最初の一七年間に、年平均八人の女性および少女が結婚した。ホームを出る一手段としての見合い結婚は、一八九五年以前の年平均三パーセントから一九〇四年の四二パーセントに上昇した[73]。

社会統制のひとつの道具としての保良局結婚斡旋部は、

男性ヒエラルヒーという父系構造を目指しており、また家族を基盤とするより安定した社会の建設を助けるため、親孝行についての儒教的伝統を大切にした。保良局は、中国人コミュニティの長老により内部から管理されていたので、結婚と家族についての基礎的で文化的な規範を永続的なものにし、男性優位を支え奨励するものになった。保良局はまた、一家の支配的立場にいる男性が、その権威の下にある者について責任を負う、伝統的なヒエラルヒー・モデルとしての家父長制を神聖視していた。したがって、このタイプの見合い結婚は、夫・父に妻・子どもを支配することを許すことにより、力、身分、権威が不平等な関係を是認することでもあった。

悲しいことに、せっかく庇護された娼婦は、いつ誰と結婚するかについて、自由意志を行使することはめったになかった。[74]中国に花嫁探しにゆく余裕のない男性中国人移民は、元娼婦から妻を選びたいと保良局に申請した。許可が与えられると、その選択は、相手の女性の労働、性的関係また子どもを生むことなどの全面的支配を、夫に許すことを意味した。これは皮肉にも、ママさんが娼館で一般家庭を模した家族モデルを通じておこなってきたことと、まったく同じであった。

第14章　苦い結末

高齢化

　若くて魅力的な阿姑やからゆきさんは、華やかな高級娼館地区で働きはじめ、年齢が上がって収入能力が下るにつれ、近隣の下級地区に移ってゆく傾向があった。時の経過と年齢、個人的性格と人生経験の関係は、多くの娼婦の「幸福」――満足と達成感――と「不幸」――不安と憂鬱感――におおいに関係した。人生の盛衰についていえば、娼婦としての人生を終えた女性は「つぎつぎに情景の変わる回り灯篭」にたとえられ、「かの女らの魂は一滴の水が紅葉の上では赤く、月桂樹の葉の上では緑に見えるのと似ている」(1)。個人差はあるものの、年齢と容貌は、ヒエラルヒーのなかでの娼婦としての位置づけを決定的にし、客層や収入を決めた。年をとるとともに、とくに女性がからだ、顔、そして性格に充分注意し努力しなかった場合は、急速に魅力を失い、徐々に収入は減っていった。衰えを取り戻そうと試みても、無駄なことで、この職業の人工性から、いまや性格と健康がすり減っていたことをただ知るだけだった(2)。

　一八七七年生まれのからゆきさんおヨシは、その朝、鏡で自分の老いを感じた――蒼白い顔、目尻には烏の足跡、飲み過ぎと睡眠不足による赤い目。しかし、日中になるとしわも目立たなくなり、目の充血も消えた。手にはたくさん指輪をはめ、キモノは汚れてアルコール臭く、色褪せた帯はちょっとふくらんだ腹の上で結ばれた。人生の大部分をシンガポールとサラワクの娼館で過ごしたこのからゆきさんは、一九一六年には三九歳になっていた。かの女の親しい友人でマレー街のオカーサンであるおモトは、打ちのめされた様子でかの女のことを語った。[3] おヨシの健康と若いころの容貌は職業上の武器だったが、お金のためにそれは着実にすり減らされていった。その痛手はステレツの鏡の上だけでなく、もっと残酷ではっきりした兆候としてあらわれた。客の反応だ。おヨシは娼館のベランダの下に座って、男たちが無関心に通り過ぎてゆくのを見ていた。以前はわざわざ足を休めてかの女の美貌を眺めたものだったが、いまかれらはひとりの年増のからゆきさんをちょっと見て、すぐ目をよそに向けた。

阿姑やからゆきさんが魅力と美貌を失ったときの無惨さは、世間の評価とかの女ら自身の自覚に確実にあらわれた。しわが増え、あちこち具合も悪くなり、白髪が目立ってきた女性に、あとなにが残っていただろう。かの女は友人より年上で、病気で、早く白髪になったということは、かの女の人生にほんとうになにをもたらしたのか。年齢と灰色の髪。しわ、たるんだ乳房、太股と腹についた肉もまた、何年も魅力的な肉体を売ることを職業としてきた結果だった。娼婦としての魅力が保てるのは、ふつう一〇年くらいといわれていた。年をとると、女性の大半は家財のように売り買いされた。夜ごとシンガポールの下級娼館で病気であろうとかまわず働き続けたあげく、女将の期待する収入が得られなくなったとき、ジョホールか連合マレー諸州に送られた。そこで、かの女らは極貧のクーリーたちを相手にして、二～三枚の「銅貨」を受け取るみじめな暮らしに落ちた。[4] 病気になったり年をとりすぎてこのコースからも外れた人びとは、シェイク・マデルサ道で残された日々を送った。統制されたマレー街地区の外側に沿った、そこはいわばゴミ捨て場で、護衛司署からも警察からも公式には認められず、管理もされていない場所だった。その路地で、かの女らは最低の条件に落ち、からだを売った。[5]

しかし、性病やそのほかの重病で落ちぶれ、年とって貧窮した娼婦のなかには、努力してシンガポール東部の路地に落ちずにすんだ女性もいた。シンガポールで年増の阿姑やからゆきさんがふつうの生活に立ち戻るには、険しく長い道のりをたどらなくてはならなかった。その試みが、けっして達成されなかった人たちもいた。職につこうにも技能がなかったし、蓄えのある者もほとんどいなかった。多額の金を手にしても、故郷に送金したり、「刹那的」生き方になれてしまい、とくに衣服、アルコール、アヘンに費やしてしまった。しかし、この街で生き延びてゆくには、金が必要だった。娼婦としての生活が終わり、ふつうの暮らしに戻ろうとする女性ができる仕事はわずかしかなく、しかも低賃金のものばかりだった。娼館街を行商する食べ物や小物売り、女中や乳母、お針子、娼館やティーハウス、バーなどの下働きなどは、満足できるようなものではなかった。[6] なかでも路上の物売りは嫌だったが、やむをえなかった。気の滅入ることも多かったが、かの女らは辛抱した。仕事をしょっちゅう変える者もいたが、乞食よりはましだった。

年とって仕事をやめざるをえなくなっても、新しい道を選ぶ心の準備ができていない者もいた。人によっては、娼館のなかのみせかけの家族的関係から離れることや、外の生活が想像もできず、ひとりで未知の世界へ踏み出すことは思いもよらなかった。そういうシンガポールの中年の阿姑やからゆきさんは、なじんできた世界にとどまるため、低賃金と低い地位に甘んじて娼館内でまったく違う下働きをした。四〇歳を過ぎ容貌が衰えたが、この道についてよく知っているベテラン娼婦なので、五〇でも六〇でもママさんやオカーサンが仕事を見つけてやっていたことが調査の過程でわかってきた。上級娼館の阿姑でも盛りをすぎてまだ負債が残っていれば、最低限の生活を維持してゆくためにほかの娼館に移されて大班婆《タイバンポー》や洗濯婦としてさらに数年働くほかなかった。[7] ひと月わずか八〜一〇ドルでかの女たちは若い阿姑やからゆきさんの衣類の洗濯、アイロンかけをし、床にモップをかけ、またもっと重要な面としては娼婦たちが客を迎える身支度を手伝った。こうしてかの女らは健康上働けなくなるか、仕事がなくなるまで毎日働き続けた。

年をとっても、正業に転じなかった娼婦もいた。ふつうの生活に戻らず、むしろ買売春世界でしぶとく生き抜いた女性もいた。かの女たちは同じ地区に住み続けたが、こんどは自分の建物のなかであり、女将になるための資金をなんとか工面して娼館を開いたのである。[8] 二〇世紀初期のシンガポールでは、年輩の娼婦が子どもを売り買いするのは珍しいことではなかった。いわゆる「養子縁組」は、中国内または港湾都市に着くまでの船上で整えられた。年輩の娼婦が望まれない女児を買って娼婦に育てあげ、老後の収入を確保しようとすることを阻む者はいなかった。[9] そうした養子絡みの事件を、一九〇八年に検視官が調査している。一七歳の養女イプ・ムイチャイは自殺した。ある男性がかの女を妾にしたいといい、かの女もそれを望んだが、養母はかの女を娼婦としてずっと働かせたかった。タム・アーセンは「娘」が自殺したのを知って、後悔したのかあるいは絶望したのか、首を吊った。かの女が生き続けるために助けてくれる縁者が、もはやいなくなったからだった。イプ・アーポイは妾で元娼婦のタムがドアの側で首を吊り、かの女の「娘」も薬の大量摂取でベッドで死んでいるのを見つけた状況を、警察と検視官に報告した。

タム・アーセンは、わたしの妾でした。一七カ月一緒に暮らしています。イプ・ムイチャイはタムの連れ子でした。養女で、まだ結婚していませんでした。この七月、あの娘は阿姑になりました、母親がカナル路九－六番の娼館に連れてゆき、あの娘はそこで男を取りました。……一〇日ほど前、タムは娘が護衛司署の登録を取り消されたと言っていました。それで娘はもう娼売しにいかなくなりました。母と娘のあいだで、よく争いがありました。母親は、娘を殴ったりしてました。(10)

元阿姑やからゆきさんにとって最大の悲しみは、おそらく中国や日本の家族や友人のもとへ帰るに帰れなかったことであろう。一九二〇年以後のからゆきさんの足跡をたどった山崎や今村によれば、かの女らは人生の最盛期を借金につながれ、故郷の家族へ仕送りして過ごしたのに、帰国してもその経歴を恥として家族に歓迎されなかった。元海外娼婦は日本の一般社会にも受け入れられず、まだ健康なうちに売春から脱出して余生を送ろうという計画はなおさら困難だった。おサキは、兄が若いあいだは兄のために、毎日朝方まで働き、お金を貯め、かれは土地を買い、結婚してましな生活ができるようになった、と山崎に悲しげに語った。しかし、かれは結婚して落ち着くと、老いたかの女に冷たくなった。社会的な烙印とまだ残っている借金のため、多くのからゆきさんはシンガポール、あるいは若いときに住んだことがあるほかの東南アジアの国々に残った。これらの年をとり、孤独で貧しい日本人女性たちは、政府や家族に期待できないことを知っていた。女性たちの話から、強い愛国心と自尊心のゆえに、かの女らが政府や親戚に援助を乞うことを恥じたことがわかる。老人を敬う伝統の国に生まれながら、何百人もの年とったからゆきさんは、家族から見捨てられて海外の娼館に暮らすか、まったく精神的・経済的な支えもなく立ち往生した。生き延びるためには、働くしかなかった。悲しい話だが、一九二〇年代に落ちつき先を探すのはたいへんなことであり、貧しく年とった女性の多くを消耗させた。また、体力が衰える時期によそへ移って働くのは、不安で憂鬱なことだった。タイに移り住んだある老からゆきさんは、つつましい安定した暮らしを求めたが、それはむなしい望みだったと落胆していた。かの女は一九三二年に会った記者に、「かたみに白髪を一本、日本へ持ち帰ってほしい、もう帰る見込みはないから」と必死で訴えたという。(11)

罹病率と生活環境

世紀転換期の当時、娼婦の寿命は確実に短くなっていった。阿姑の場合は、主として一八八〇年代末から九〇年代にかかった性病が死亡増加の原因だった。五〇代のなかには、さらに結核、腸チフス、肺炎、下痢性疾患のため仕事をやめざるをえなかった者がいた。検視官の報告書は、年とって病気持ちの娼婦たちは、いちばん割のあわない仕事をしていたことを示している。かの女らは安宿の暗い片隅で、最低料金で最貧の労働者の相手をするしかなかった。

短命に拍車がかかったのは、金も家族もなく、老娼婦たちが病気の進行しやすい生活環境にあったことにもよる。それは、中国人の貧窮水準よりもさらにひどい状況だった。年輩の阿姑はホステルの板張りベッドを住居にしており、その料金は一九一八年に八時間交代で月八〇セントだった。[12]年老いて見捨てられ、自分しか頼るものがない娼婦たちの生活は、ひじょうに厳しかった。[13]娼館の女将に追い出されて以来何年かたち、かの女らは街で物売りをしたり、近くの下宿に住むかつての客たちから服の繕いの注文を取ったりして、みじめな暮らしを続けた。なかには、夜はエスプラナードやピープルズ・パークの木陰でぼろ毛布をかぶって寝る者までいた。年齢、慢性病、さらに労働環境の悪化によって、伝染病、内臓疾患、性病がかの女の最後の力を奪い、生きる気力まで失わせた。老いて孤独な阿姑やからゆきさんは疫病も多いこの街で、待ちうける死にたいしなんの抵抗もできず、死んでも嘆いてくれる人さえいなかった。[14]

一九世紀後半に、シンガポールの労働人口が急増するなかで、阿姑やからゆきさんは老いも若きも苦難の日々を送ることになった。シンガポールの環境は、娼婦らの心身を容赦なく蝕んだ。伝染病条例の施行と大恐慌のあいだの時期にクーリー人口は激増して、伝染病が拡大しやすい生活パターンが形成され、性病を含むいくつかの病気が深刻な問題となった。一八八〇年から一九二八年までのあいだ、淋病、梅毒、アル中、麻薬といったこの地特有の病気で苦しむ娼婦たちが増加した。

阿姑やからゆきさんと伝染病の相互関係、あるいは病気のパターンの変化を記した史料は少ない。死亡率とその原因は年代ごとに変化し、ある娼館街と別の娼館街でも異なった。伝染性疾患（腸疾患、下痢、結核、肺炎、性病）からの死亡率が、太平洋戦争までのあいだに低下したという証拠はほとんどない。娼婦の死亡率が高くなり、若死にへと向かわせた一因は、急速な発展にあった。死は歴史的な偶然ではなく、大部分は必然的な結果だった。一部の病気の感染率は娼婦らのあいだで異常に高く、それは都市の発展、移民の激増、植民地政府の公衆衛生と伝染防止面での無策などがもたらした社会的、歴史的な現象といわなければならない。なぜなら、中国人・日本人娼婦における伝染病への感染率は、制度、治療政策および病気のパターンの変化によって上下したからである。

おもな死亡原因は腸疾患と下痢性疾患であり、これは上下水の管理が不充分だったことを示している。一九世紀のシンガポールの給水には問題が多かった。二〇世紀の最初の一〇年にクーリーと娼婦の人口が劇的に増えたため、さらに危険性が増した[15]。都市は大きく急速に成長していたにもかかわらず、市当局は労働者たちの健康と快適さを守るために、コストをかけて近代的排水設備を導入することをあえてしなかった。娼館は密集して建ち並び、ここから出た廃水は裏から表へ流れ、みせの前で道路の排水溝と合流した。ときには屎尿も混じった廃水の大部分は、目の粗い板で覆った店の排水溝を通って道路へ出た。これらの排水溝、とくにステレツの排水溝はいつも掃除されていたが、古い街区のそれはひびが入っていたり傾いていたりで、水で洗い流すことが不可能だった[16]。シンガポールの人口は一九〇七年には五〇万人近くに達したが、糞尿はまだ人力で汲み出されていた。一八九〇年には「胃腸の不調」による死亡は、第一の死因であった各種の熱病に迫るレベルであった[17]。腸疾患と下痢（アメーバ症と細菌性疾患）からの死亡率は、一九〇〇年から一〇年のあいだにとくに高く、人口一〇〇〇人あたり五人平均だった[18]。売春街の人口の急激な増加は、過密化と貧困と相まって伝染病蔓延の危険を助長し、とくに腸チフスが多くみられた。

伝染病

娼館にはもうひとつ、腸チフスと同じくらい恐ろしい病気が拡がっていた。結核である。「暗黒の病」ともよばれる肺結核は、シンガポールでは一九世紀末までは知られていなかった[19]。この新たな死の病は、混み合い、陽も差さず害虫がはびこる娼館地区に特徴的な病気になった。娼館はつねに伝染病の温床であり、暗い小寝室での生活はつねに最悪であった。結核はほかの伝染病と違って、命にかかわるだけでなく、中間「伝染病媒体」なしに患者からほかの人に直接伝染し、しかも命を奪うのも早かった[20]。阿姑とからゆきさんがかかった結核は、たいてい肺結核であった。患者は年齢にかかわらず発生したが、とくに年長者に多く、中年以降では死因のトップだった。

旅行案内は、シンガポールの結核についてほとんど触れていなかった。中心部の娼館やクーリー下宿がひしめく地区で、どれほど流行していたか言及していなかった。ここでは娼婦と見知らぬ客のあいだでの感染、また狭い家に同居する女性たちが、咳やくしゃみを通じて感染しあう機会も多かった。結核は他人にもそれとわかる病気だったが、娼館や下宿屋の多くは、衛生検査や消毒などめったにしなかった。[21] 一九〇七年の一〇〇〇人中の結核による死亡率八人、呼吸器系疾患と結核によるもの一一人は不吉な前兆であり、娼婦とクーリーたちの劣悪な居住条件が注目された。[22]

結核にかかった阿姑とからゆきさんは、病気が進行すると働けなくなり、徐々に飢えのために死んでいった。娼婦の全死亡原因のうち、結核が占める割合を知ることはできないが、結核による死が阿姑とからゆきさんの日常生活と直接結びついていたことを示すことはできる。ふたたび検視官の一九〇四年から一四年のあいだの記録が、娼婦の死亡にどれほど結核が影響したかを理解するのを助けてくれる。一九〇四年、その年二回目の検診で、阿姑ホ・サイムイは結核と梅毒を患う「危険な精神異常患者」と診断され、精神病院へ送られた。六カ月後に、結核のために暗い小部屋で死んだ。まだ二〇歳だった。[23] ウォン・マウタンはサゴ街の娼館で死ぬ前の二カ月間、絶え間なく咳をしていた。一五歳の阿姑ラン・タンムイは、肺結核のための複雑な手術中に手術台で死んだ。陳桂蘭《タン・キーラン》街の娼館に住む「病み衰えた」娼婦のコー・カイカムは、ニシマ医院に診察を受けにゆく途中、トゥー・シュウの曳く人力車のなかで死んでいた。医師はかの女を五カ月間以上診ていた。死因は結核だった。[24] 同じことが毎年、いまでは名も知れぬ多くの人びとに起こった。そして、総合病院、陳篤生医院、精神病院、監獄における結核のための死として、統計に加えられた。

大恐慌の直前の一九二八年には、結核による死者（一四一一人）、肺炎による死者（一八〇六人）を合わせると、わかっている全死亡原因のうち約二五パーセントにのぼった。この両方の病気は、それまでの二五年間に減少の気配をみせておらず、憂慮すべき事態だった。[25] 検視官所見証明書によれば、娼婦が肺炎にかかって死亡するまでの期間は二〜三日から数カ月、ときにはそれ以上までさまざまだった。この病気は、医師の治療や親友の看護を受けても、なかなか治らなかった。一九〇五年、おスニ（Obsunich）は両側肺炎にかかり、わずか一週間で死んだ。この三三歳のからゆきさんはバンダ街一七番の娼館の二階の部屋にいたが、そこにはまだ五カ月しか住んでいなかった。かの女の兄／弟の歯科外科医は、かの女の世界があっという間に崩れ去るのを目の前で見た。かの女は、震えがひどくて口も利けなかった。中野医師は、このおそるべき高熱をどうにもできず立ちすくむだけだった[26]。

娼婦の過密で劣悪な居住環境が、検視官記録にある事故統計に反映されることもあった。結核にかかっていた娼婦が事故にあって悲惨な死をとげることがあるのは、階段や窓などの構造が危険で、水道、井戸などの設備も不充分だった娼館に住むかぎり、不思議ではなかった。娼婦は自分たちの世界が苦痛と炎のなかで終わるのではないか、と思うことがあった。スミス街四八番の娼館が一九〇五年の旧正月にタワーリング・インフェルノのように全焼したとき、若い阿姑のウン・クムモイは燃えさかる娼館から逃げようとして階段から転げ落ちてあちこち怪我をした。それにもめげず、かの女はひとりで人力車でセポイ・インド兵部隊の駐屯地まで行き、報告した[27]。かの女は当直のマレー人巡査サマランに炎の熱さとおびただしい煙について話している。それからこの阿姑は病院へ送られたが、午前中に死んだ。結核を病んでいたかの女の肉体は、このショックに耐えられなかった。そして、かの女はこの火事の唯一の犠牲者となった[28]。

一九世紀の後半、死亡率は一〇〇〇人あたり三三人から四四人のあいだを揺れ動いた[29]。移住者が増加してシンガポールが膨張するあいだに、多くの命が種々の病気のために失われた。医師たちは、大量移民と環境が伝染病の拡大を容易にし、若い人びとが多く犠牲になったことを認めている。娼館地域の死亡率が、非衛生的な環境、劣悪な居住条件、そして伝染病の影響によって、実報告値よりずっと高かったという推測には根拠があった[30]。シンガポールのすべての娼館経営者たちは、娼館で死者が出た場合には必ず審問がおこなわれることを意識していたが、いっぽう、しかるべき資格のあるヨーロッパ人医師が、死んだ娼婦は自然死であったとする証明書を書いた場合は、なにか特別の理由でもないかぎり、警察は検屍の要請をしなかった[31]。公式記録でみるかぎり、娼館での死亡率はひじょうに低く、一八八七年から九四年の平均では一カ月にひとり強のレベルであった。しかし、死亡について娼館経営者たちは出生死亡登録官代理に正確な報告を出していなかった。報告されたのは、殺人と自殺のケースに限られていた[32]。娼館街で伝染病で死んだ娼婦の多くは、不治の病人として近くの入院施設へ早めに運ばれ、そこでマグリストンや林文慶のような植民地医師が「自然死」と証明したもようである。

性　病

一八八〇年代に当局および開業医たちは、娼婦とくに阿姑は性病の知識をよく教えられていないことに気づいた。

淋病も梅毒も初期は自覚症状が軽かったので、理解させるのが難しく、多くの女性は自分が性病にかかっていると気づいていなかった。そして、これらの潜伏期保菌者が、性病の蔓延に大きな影響を与えたのである。それから約一〇年後、一八六〇年代以降に海岸や沼地が埋め立てられ、いまや娼館地帯と化した市内数カ所の地域で、阿姑とからゆきさんを定期的に診察していた二～三人のヨーロッパ人医師は、梅毒の徴候が出はじめているのに気づいた。ドイツ人のヴィスパウアー医師は、一八九八年に毎月九軒の日本人娼館で診察していたが、からゆきさんの一部にみられた、ただれ、体重減少、目のまわりのやつれなどを、不吉な知らせと考えた。シンガポールのマレー街地区のクリニックで、この医師が感じていた恐れと困惑によく似たものを、当局の担当者である保健局長代理エリス医師ももっていた。かれはすでに一八九三年に、娼館にいる赤ん坊や子どもたちが重い先天性梅毒にかかっていることに気づいていた[33]。娼婦やその子どもたちは、充分な手当と治療法がわからない、死をもたらす病に直面していたのだ。性病は伝染病条例廃止とともに拡がりはじめ、これらの女性がもっとも目に見える梅毒の犠牲者になった。これは社会のどの部分にも起こる可能性のある悲劇の幕開けだったが、とりわけひどい打撃を受けたのは阿姑とからゆきさんで、それに匹敵したのは男性労働者階級だけだった。もし一八九八年に、総合病院、陳篤生医院、または娼館地域の小さな怪しげな医療施設に足を踏み入れたなら、梅毒が死にいたる病として、誰といわず急速に拡がっていることを知ったはずだ。性病に感染した娼婦とクーリーの共通項は、異性愛、複数の相手、娼館買売春だった。

伝染病条例廃止一〇年後には、どの街区でもどの娼館でも、阿姑とからゆきさんの死亡が増えはじめたことが知れわたってきた。感染経路をたどると、阿姑は多くの労働者の生きる支えであると同時に、梅毒を伝染させる死神ともなったことがわかる。娼館地区は、シンガポールの単純労働者の住むスラムと隣り合わせにあった。さらに船員と兵士を追いかけてみると、かれらの行くところはレストラン、茶店、安酒場、そしてその先に娼館地区があった。阿姑は一回二～三ドルで死を売らざるをえなかったが、数年後には自分も死んでゆき、マレー街やスミス街のほとんどの娼館は、呪われた牢獄の様相を呈することになった[34]。エリス医師は、シンガポールでの調査の結果、性病病院で治療すべき娼婦二〇〇〇～二五〇〇人が夜ごと営業していると推測した[35]。

植民地文書は、この伝染と死の流れを防ごうとして、中国の伝統的治療とくに漢方薬投与の試みがおこなわれた。

膨大な処方から動物、植物、鉱物など、いろいろな薬が選ばれた。[36]本草家、道士、学者などあらゆる専門家が梅毒に効く妙薬と称するものを売りまわったが、決定的な効果のあるものはなかった。ヨーロッパ人は、投薬法の誤り、とくに甘汞《かんこう》（塩化第一水銀）のかたちで無分別に与えられた水銀を批判した。[37]水銀は、梅毒にたいしてある程度の効果を示した最初の薬のようである。消毒用に使われ、甘汞はただれの治癒を早め、おそらく苦痛も和らげた。しかし、真の治療ではなく、繰り返し使うとはじめほどの効果はみられなくなった。

一八九〇年代、梅毒に感染した娼婦の数は、初期の性病の周期的な大発生時の患者数をすでに超えていた。淋病は、娼婦をよく教育し、避妊方法を適用した「安全なセックス」をするよう説得することで抑制できた。中国人や日本人女性たちの病気で損なわれた生活とからだも、元に戻すことができた。しかし、梅毒にかんしては当時打つ手がなく、シンガポールにおいては、誰も想像しなかったほどの死亡者につながった。まず阿姑やからゆきさんに第一期梅毒が発症すると、おもに熱とひどい皮膚の発疹からくるかゆみと痛みが起きたが、時間とともに発疹は目立たなくなった。何年か、ときには一〇年以上もたって梅毒患者の娼婦には潰瘍がつぎつぎに生じてからだの形が変わり、成長阻害が起き、悲しげな涙目になった。骨にゴム状の潰瘍化した腫脹が生じ、その結果、口蓋と鼻の軟骨が失われたり、禿頭になったりした。歯がなくなるのは、第三期梅毒と水銀毒の隠せぬ証拠だった。そして、死期が近くなると、激痛が襲った。苦痛はとくに夜間にひどくなり、患者は眠れず、座ったり、からだを折り曲げたり、横たわって呻いたりした。[38]梅毒はまた脳を冒し、視力が弱まる者もいた。

さらに病状の重い娼婦らが、設備もスタッフも足りない小さな療養所や個人病院に収容されたことも性病の問題を悪化させた。ほとんどの個人病院は経営状態が悪く、病気の娼婦を看護するレベルに達しておらず、政府もそれらをきちんと監督する計画をもっていなかった。梅毒にかかり、娼館に利益をもたらさない存在となった娼婦は省みられず、適切な治療はおろか、ろくな世話もされないまま死んでいった。[39]総合病院には、もう手遅れの状態の娼婦がかつぎ込まれ、入院後すぐに死ぬケースがよくあった。梅毒の重くなった阿姑が、食物も看護もないまま空き家に放置されることさえあった。死後、葬儀のために遺体を引き取ろうとする者もいなかった。[40]

梅毒にかかった年輩の娼婦が追い出されて街娼になると、少しでも暮らしをよくしようと無理を重ねた。自尊心は失せた。生活手段として病気のからだしかないため、ほかの

表14－1　1891–1903年のシンガポール精神病院への女性入院患者の職業

職業	1891	1892	1893	1894	1895	1896	1897	1898	1899	1900	1901	1902	1903	合計
乳母		3	3		1		1	1	1		1	1		12
女中					1					1		2		4
主婦	21	19	8	11	13	8	6	14	14	3	7	10	12	146
コーヒー園クーリー			2					1					1	4
サトウキビ農園クーリー							1			1				2
針子		1	3						1				1	3
娼婦	4	5	16	4	2	12	3		2	2	4	2	7	50
不明	4			14	17	8	14	8	11	20	5		7	124

出典：SMAR Report of the Director of the Asylum, 1891–1903.

街の女に後れをとった。やがて心理的障害をきたした女性が、「きちがい売女」の類型になっていった。第三期梅毒患者の多数を占めた三〇代の中国人女性は、梅毒による死の恐怖にあきらめと罪悪感とをもつようになった。仕事と人間関係に深刻な影響が生じ、しばしば社会的なつながりも友だちも失った。そして、感情や態度を正常に保てなくなり、ほかの人もだんだん近づかなくなった。

　一九世紀のヴィクトリア朝時代の精神衛生では、精神障害はなんらかの脳の異常とされ、「卑しい人たち」だけがなる病気とされた。医務局幹部のエリス医師によると、伝染病条例廃止後、検査と監禁のために精神病院へ収容される娼婦の数は激増した。かれは一八九一年の年次報告に、精神病院へ入院する娼婦の主要原因は梅毒に関連するものであり、ついでアルコール中毒、精神疾患であると述べている――「既発症者を除き、もっとも多い原因は、固有の心疾患、過度の飲酒、性病であるが、梅毒性の精神症が明らかにもっとも多くなっている」[41]。表14－1の一八九一年から一九〇三年の精神病院への女性入院患者の職業別統計によると、娼婦は第二位にある。驚くことに家庭の主婦がつねに上位にあり、女中、農園クーリー、針子など、そのほかの職業はずっと少なかった。

　女性の「精神障害者」の経歴について信頼できる資料を入手するのは困難であり、梅毒にかかった街娼にいたっては、どんな種類の情報も手に入れるのはほとんど不可能だった。通常これらは「不明」の一言で片づけられてきた。しかし、収容中の死亡は検視官へ報告する義務があったため、そこから女性患者についての若干の手がかりを、社会史家は得ることができる。一九〇五年から一七年にいたる検視官の審問には、死亡するまでに二～三週間から数年間、ときにはそれ以上精神病院に収容された、主として三〇代前半の娼婦についての記録が含まれている。モー・ミーリンは一九〇二年七月に「梅毒による精神異常」のため精神病院に入院した。かの女は陳篤生医院から移されたときは、重いうつ状態であったが、一九〇五年四月二四日に結核による大量喀血するまでは、比較的よい状態を保っていた。その後四カ月間にわたってモーの病状は悪化の一途をたどり、三一歳で死亡するまで何度も発作を起こした[42]。トン・クァイも、一九〇五年に同じ精神病院で死んだ。かの女は二九歳の性病を病む娼婦で、腸チフスにかかり一カ月もしないうちに死亡した[43]。

第三期梅毒による脳の損傷が、精神病院での娼婦のおもな死亡原因だった。しかし、施設の職員は梅毒による死と脳との医学的関係を理解していなかったので、女性の死をたんに「躁病」とか「痴呆」とした。精神病院の医療部長ハーバート・ギッブは長年施設の健康管理の分野に携わってきたが、三二歳のチャン・ガンヨウが一九〇八年に死んだとき、かの女を急性譫妄性躁病の消耗した状態と判断した。七年後に三六歳のチョン・ミヨンは重い病状で入院してきたが、梅毒と結核と「痴呆症」と記録されている。入院して二年後チョンは脳出血を起こし、数日間昏睡状態の後、死亡した。同じ年ギッブは三一歳のホ・アーヨンを梅毒の結果、痴呆になっていると記述している。三五歳の潮州人娼婦エン・オンキムことオー・ネオも、一九一五年に判事の職権により躁病で収容された。かの女は、以前一九一〇年にもそこに入院していたことがあった。エンの精神異常もやはり梅毒が原因であり、一九一七年に「慢性脳症」のため昏睡に陥るまでずっと「狂人」状態だった[44]。伝染病条例廃止後の性病調査で、医師たちは繰り返しからゆきさんはほとんど感染から免れていると信じ証言してきただけに、おマサ（Omassa）のケースはとくに痛ましいものがある。おマサの死について不当な評決が下された背景には、この若い日本人女性が性病のために自然死したという誤った臨床所見があった。カンダン・クルバウ性病病院では、この娼婦がひどい敗血症になったとき、それにたいする治療がおこなわれず、病院の管理者はかの女を精神病院へ送って死ぬにまかせた[45]。

病気になって死んでゆく娼婦たちは、女将や当局からも見放され、なんの未来もなしに監禁された。人生の最後を、娼婦によっては何年も、南京錠のかかった暗い一室で訪問者もなく過ごした。精神病院についての年次報告は、女性患者が格子の内部で、裸同然で汚れた板張りの床で眠り、拘禁衣による治療と独居監禁を試みる以外には治療らしい治療もされなかった数例をあげている。植民地唯一の精神病院のこの惨状を改善する動きは、情けないほど遅かった。

前述のおマサのように計画的に梅毒の女性を精神病院に移送したのは、この植民地の精神病治療システム、およびそれに結びつく娼館買売春というものを説明するものであり、行政のイニシアティブが社会的偏見とともに経費・医師不足によって妨げられたことのあらわれともいえる。

性病は一八九〇年代後半には植民地の新聞の見出しに登場するようになり、世紀転換期には乏しい医療設備では対応しきれない患者数が発生した。破壊的な疫病としての力とともに、梅毒は象徴的、感情的、心理的、政治的影響を鮮明に示した。この流れのなかで一次的感染源である阿姑とからゆきさんは、感染や早死への性的放埒への罰のシンボルとして、一般社会から心理的恐怖とともに見られるようになった。皮肉にも、かの女らの肉体は梅毒菌の犠牲となっただけでなく、道徳の目からも非難の対象となってしまったのである。

妊娠と中絶

シンガポールの娼館買売春につきまとうもうひとつの問題は、妊娠であった。一部の阿姑とからゆきさんは、結婚するかせめて妾になってこの世界から抜け出そうと、子どもを生む能力を性的戦略として利用した。当然、妊娠はしばしば女将と娼婦のあいだで、仕事を休んで出産することをめぐる争いになった[46]。そして、中絶が、話題の中心になっていった。また、性的に活発な若い娼婦が避妊の注意を怠ったときにも、しばしば妊娠の問題が起こった。かの女らはオカーサンの叱責を恐れて、なかなか妊娠を告げられなかった。そのため、胎児がふつう以上に危険な環境にあるにもかかわらず、妊娠した娼婦は出産前の節制・養生ができなかった。それどころか、女将の指示で、いろいろな方法で、危険な中絶を迫られることが多かった。それらの方法には、「特別に調合した薬を摂取したり、薬を塗ったタンポンを用いること、〝外から腹に乱暴な衝撃を加えること〟、子宮に特別な器具を挿入すること、そして針を腹に刺して胎児を流すいわゆる〝堕胎鍼治療〟」が含まれていた[47]。

一九〇〇年ごろ、スミス街、マレー街で働く娼婦が用いたおもな出産制限法は、中絶だった。一般的な禁欲法や中絶性交法による避妊は、阿姑とからゆきさんにとって不可能だった。ここから、別のいままであまり調査されていない重要な疑問が起こる。「性のはけ口」という娼婦の役割上、避妊措置は徹底していたはずではなかったのか。阿姑とからゆきさんは、男たちの世話係りとしての役目を果たしたのではないのか。日本人女性は阿姑と比較して、明らかに男たちへの「保健係」の要素が強かった。コンドームの使用はひとつの安全策とされていたが、たいていの客とくに中国人にとって、避妊は娼婦側が考えるものだという観念が強かった。にもかかわらず、毎年起きた希望しない妊娠の件数は、娼婦が必ずしも予防処置に成功していなかったことを示している。その結果は妊娠であり、野放しの性病拡大ということになった。一八九〇年代後半の性病報告では、梅毒と妊娠の関係、たとえば感染している阿姑が妊娠という引き金でその症状がでる可能性についてや、妊娠中に梅毒が胎児に感染しないよう客になんらかの措置をとらせる必要性などが論じられている。しかし、シンガポールにおける先天性梅毒の増加を述べている医療の専門家は、とくに女性から男性、および母から子への感染経路について報告が少ないことを強調している。

避妊の普及は、中絶への要求や正当化を減じることにはならなかった。その逆に、二〇世紀初頭には、中絶への要求や正当化は増加した。阿姑とからゆきさんが、シンガポールの女性のうちでもっとも経済的基盤の乏しいグループであったとすれば、その強要された中絶から、娼館売春、性的自由度の欠落、妊娠、それらの真実の関係が明らかになってくるのも不思議ではない。中絶の必要性は、かの女らの抑圧された性のしるしであった。検視官の記録を注意深くみると、妊娠した娼婦の死亡率の上昇は、出産時だけのことではなく「妊娠中の事故」によるものが多いことがわかる。[48]このなかには、掻爬《そうは》手術や故意の流産からきた死亡がかなり含まれていた。

検視官所見証明書には、中絶の合併症からきた娼婦と新生児の死亡についての詳細な事実が記載されている。ヨシダ・おタニのオカーサンは酔ったときに、もし子どもができたら追い出すと脅したことがあった。そのため四一歳のおタニは、妊娠を知るやパニックに陥った。おなかの子どもが、女の子だったらどうしよう。かの女は非合法の中絶を決めた。手軽で安あがりだったからだった。かの女は赤ん坊を失い、自分の命も失った。ヨシダ・おタニが自分の血だまりのなかに横たわっているのを「姉妹」が見つけたが、近くの病院に運び込まれることはなかった。そのかわりに、かの女は棺に入れられ、マレー街一五番からカンダン・クルバウ警察署まで巡査と友だちによって運ばれた。流産による死亡だと中野医師の助手シズ・マツが証言した。しかし、検視官所見証明書の左上には、検視官の手で「明らかに中絶」と書き込まれていた。[49]より伝統的な施術と並んで、「胃をきれいにする」「処女回復」「フルーツを取り出す」といった露骨な掻爬手術の広告が出され、毎年シンガポールで何人もの娼婦が中絶で命を失った。[50]

一九〇五年四月、ウォン・アーブイは妊娠していた。おなかの赤ん坊と別れることを思うと、胸が張り裂けそうで涙がこぼれた。だが、ママさんが人工流産を決めたとき、かの女は受け入れるしかなく、サゴ道のフォン・トゥンゼルマン医師の個人病院に入院した。このスミス街の阿姑はとても忙しく働いており、妊娠をさけることができなかった。ママさんのロウ・アーサムは、その阿姑が妊娠の合併症で死んだと主張した。

検視官がいまサゴ道八番でごらんになった遺体は、ウォン・アーブイです。スミス街五五番のうちの女の子のひとりです。あの娘は、うちを五日ほど前に出ました。妊娠しており、早産しそうだったんです。四月二七日に、シンプソン先生に往診してもらいました。楼内で転んだりはしていません。熱がありましたけど。妊娠五カ月でした。わたしはサゴ道へ毎日見舞いに行きました。かの女は、四月二五日にサゴ道二一－一〇番の産院で早産しました。先生の指示で、そこからサゴ道八番へ移しました。かの女が今朝四時に死んだとき、側にいました。膣からたくさんの出血がありました。[51]

中絶を隠すために、転んだ結果の自然流産という類の説明がなされたが、ときにはそれがバレた。上記の例では、フォン・トゥンゼルマン医師の病院の走り使いをしていたチヨン・アートンは検視官に、自分は医師にウォンがひどく転んだと言ったつもりはなく、胎児が落ちた、つまり早産と言ったのだと告げた。その結果、医師は、使用人のマレー語のせいで、患者はひどく転んでいたと証言したが、それは「誤り」でした、と認めざるをえなくなった。

おファキ（Ofarki）の場合は、腸チフスがカモフラージュになった。表向きは伝染病で死んだことにされたが、中絶手術の失敗が若すぎる死の真の原因であった。検視官の調査によると、このケースを含むほかの多くのいろいろな段階で、不手際な中絶がおこなわれていた。総合病院のマーカス・グリーン医師は、この二二歳のからゆきさんの死をめぐって、つぎの所見を残している。

死亡者は総合病院に四月二二日に入院し、昨日二四日の午後三時に死亡。わたしは本日四月二五日九時三〇分に検屍をおこない、腸と子宮を除きすべての内蔵が健康であることを認めた。腸には初期の腸チフスの徴候があり、子宮は入院時に中絶の後の不健康な状況だった。器具や堕胎薬あるいは刺激性の毒薬が用いられた形跡はなく、わたしの意見ではチフスが死因である。[52]

娼婦は中絶した数日後には、早く客をとるよう強要された。ある年老いた大班婆《タイバンポー》は著者に、自分が憶えている事件の結末を振り返ってみると、妊娠にはいつも大きな危険と不利益がつきまとったと語った。

この娼売を長年やっていると、ふつう子どもは生めなくなります。でも、若い女性はそうでもない。亀婆《グワイポー》は若い阿姑が妊娠したのを知ると、しばしば腹をたて、そんなことになった女の子を嫌った。そして、ママさんはなんとか中絶させようとしたもんです。もし妊娠が進んでいて中絶が無理なときには、阿姑は妊娠期間中に借りざるをえなかった金額に加えて、働けなかった一年分の弁償金を払うよう要求され、年季が延長されることになりました。[53]

阿姑やからゆきさんが重い病気にかかるか妊娠したとき、娼館主はその世話をしなければならず、娼館の家族にはそれだけ負担がかかった。女将はそれをいやいやするか、しないかであった。娼婦が健康で金を稼ぐ力があるときはよく面倒をみたが、病気になって仕事ができなくなると、世話をしなくなった。[54] そんな環境下では、健康管理や診察を受けるには自分でなんとかしなければならず、女将の命令で必要な費用を負担させられた。娼館経営者は医者を早く呼ばないと、もし娼婦が死んだ場合自然死の証明を受けにくいことを知っていた。この要素と、検屍をとても恐れる心理状態があったため、女将は病気の女性をできるだけ早く、近くの個人病院か診療所へ娼婦の自己負担で送り込もうとした。悲しいことに、重い病気にかかった阿姑とからゆきさんは、どこでどう病んだからだを休めればよいのかよく知らなかった。ヨーロッパ人医師たちのなかには、強欲でときに無神経な処置をする者がいたため、シンガポールの植民地医療サービスの評判は高いものにはならなかった。そして、一八九四年から一九〇八年までの検視官の事件簿は、「シンガポールの医療体制」が病人を収入の種と考えるような、ひどいやり方が日常的におこなわれていたことを明らかにしている。病人が放置された、死亡した女性や瀕死の女性を療養所兼葬儀場あるいは総合病院へ不法に運び込んだ、などの訴えが記されている。シンプソン医師はトルンガヌ街の娼館数軒の阿姑の診察を常時引き受けていただけでなく、パゴダ街の看護施設およびサゴ道の個人病院の経営もしていた。トルンガヌ街一二番の娼館主チャン・アーシーは、女の子のひとりの火のついた衣服を剝ぎ取り火を消した。その娘チャン・アークイは腹部、腕、脚に重度二〜三度の大やけどを負ったが、シンプソン医師の指示でママさんはかの女をパゴダ街三七番の療養所へ移した。医師はかの女が死ぬまでに、この「病人宿舎」へわずか二回診察にきただけだった。[55] その二年後、ウォン・マウタンは危篤状態で、シンプソン医師の個人病院へ移された。かの女は生きていたが口が利けない状態だった。そのパゴダ街の建物の管理者でもあったリョン・アースエーは医者を呼んだが、医者がようやく到着したのは、二四歳の阿姑が死んでから数時間後のことだった。[56] わずか一年足らずのあいだにおこった別の二件の事例では、林文慶医師は、死が近い娼婦をできるだけ上南京街の自分の施設から総合病院へ運び込む傾向があったことがわかる。一九〇八年九月、林医師は上福建街六一番に呼ばれた。医師が到着したとき、患者のリー・アーチョイはすでに自分の上南京街二二番の個人病院へ運ばれていた。海峡植民地生まれの林医師がそこへ回ると、女性は意識不明で病院のベッドに横たわっていた。容態がひじょうに悪いとみてとるや、かれは患者をすぐさま総合病院へ運ばせた。[57] 翌年の八月、上南京街六四番の娼館経営者のウォン・アーイーは、昏睡状態のチョウ・チャトムイを上南京街の林医師の病院へ運ばせた。ウォンは、その阿姑が薬の大量摂取で一時間後に死ぬまで付き添った。病院の管理者は検視官に、自分は林先生を呼んだが、先生は来るのを拒否し、自分に「その病気の女性」を総合病院へ運ぶように命じたと報告した。しかし、チョウはその前に死亡した。死亡前の情況がわからなかったので、一時事態を複雑にし、林の病院は査察の対象となった。[58]

そのような異常な状況のもとで、死に直面するかもしれない孤独と苦悩を抱えていたので、娼婦とくにからゆきさんは、なおさら「姉妹」として仲間の絆を強めた。誰かが重い病気や、妊娠のような問題を抱えたとき、いちばん貧しい「姉妹」でも個人的に月あたり一円を寄付し、治療費などの助けにした。この助け合いは、かの女らが重病や身の危険と隣り合わせに生きているだけに、日常の一部になるほど重要であった。病人がでると「家族」みんなの負担が増えたが、それでもできるだけ病気の仲間を助けようとした。たとえばマレー街一二番のオカーサン、おモトはカンダン・クルバウ性病病院に二カ月いたおヨシが退院したとき、マクファーソン路のかの女の持ち家で、数人の養鶏農家と一緒に暮らして療養することを勧めている。[59] おモトのような友だちをもつおヨシは、まれにみる幸運だったというべきだ。年とって貧しく、病気の下級娼婦、とくに阿姑には、助け合いの風習や医療を受ける望みはまったくなかった。

自殺

港でも街でも、植民地シンガポールとその住民のめざましい経済成長の裏には、事実調査に携わる係官にも衝撃を与えるような死と繁栄とをつなぐ無情さがあった。病気と飢えと貧困が、豪壮な邸宅、みごとな庭園、買い物客の天国と並んで存在する地だった。市の大部分の住民の暮らしは、病気と早死にが隣りあわせのみじめな境遇との戦いだった。(60) 阿姑とからゆきさんが、その環境で五年も生き延びれば、よくやった部類に入った。それが三〇歳以上まで続くのは、よくよくの幸運だった。シンガポールの売春界で生き延び、そのシステムから脱出するのは、賭博師が一世一代の大勝負で胴元をつぶすような奇跡的な勝利だった。検視官が示してくれるものは、とくにマレー街やスミス街で罹病率と死亡率が恐ろしいほど高いというシンガポールの裏面だった。阿姑とからゆきさんの死亡事件を調査するたびに、娼館買売春、近代的生活、疎外感、植民地の政策・行政が、大きな力でかの女らをシンガポール社会に編み込んだことを、検視官は感じたことだろう。なぜ若い客たちが娼館で殺し合ったり自殺したのかの答えを求めて、クレタ・アエルの裏道の飲み屋やバーから、こぎれいなオフィス街や裕福な中国人の邸宅まで、検視官は歩きまわったようである。かれらの調査で、シンガポールの裏の世界の駆け落ち人、殺人者、中絶医、老いて捨てられた娼婦らに光が当てられた。自殺者にも、焦点があわされた。

このような環境において、娼婦らの自殺は社会的・文化的現象とみなされた。その原因は、日常的に危険な娼館買売春の世界に住むために起こりやすい性的放縦、社会的対立、アルコールや麻薬の中毒、一般的なカルチャーショック、精神的不適応などとされた。巻末資料9と10をみると、アヘンの大量摂取によるもの、首を吊ったもの、喉を切ったもの、服毒したものと多様であり、おヨシの場合は焼身自殺であった。このような阿姑とからゆきさんの事件を通じてはじめて、労働者クラスの大多数が体験したシンガポールの実態を知った役人たちもいた。自殺は、娼婦らの社会的環境と肉体的な状態が悪化したにもかかわらず、その世界から脱出することが許されなかったときに起きた。自殺は貧困と負債、病気、行き詰まった人生からの逃げ道であったし、恥や老いてゆく苦痛を免れる方法でもあった。一八八三年から一九三八年のあいだに、検視官と警察は一九件の娼婦の自殺と件数不明の自殺未遂を扱っている。しかし、実情をよく知る検視官たちは、実数はそれをはるかに上まわったはずだとみていた。検視官の検分と審問がおこなわれた自殺の件数（巻末資料9と10）は、実態を反映していない。一九〇八年と一七年の記録には、大きなギャップがある。検視官の意見書および処分書中の娼婦自殺事件（一九〇六年から四〇年までの一九〇件中の三件）、についても同様である。検視官の自殺データの分析方法がひとりひとり違っていただけでなく、届け出率が低かったこと、自殺で処理するかどうか、あるいは法医学用語としての「原因」「意図」「精神状態正常」「誤認」「殺人」などをどう解釈するかによって、分類の時点で誤差が生じたケースもあった。一八八三年から一九四〇年のシンガポールにおける阿姑とからゆきさんの自殺の非届け出率については、検視官と補助スタッフの医学的訓練の度合い、数と死因を確認するためのスタッフの人手の問題、公衆衛生サービスの基準、自殺分類のシステムなどが直接影響を与えた。そのため当時の行政あるいは医療面の、自殺にかんする記録から統計値を拾い出して正確な数字を知ることは困難であり、ある面では不可能であった。とくに「無名の」広東人女性の場合などは、たぶん自殺は病気か事故として処理されたにちがいないし、未遂事件にいたってはほとんどすべてが記録に留められなかった。このような状況では、娼婦の自殺が増えたら、一定の比率で未遂事件も増えたであろうと推測するほかない。

その死が意図的であったかどうかを判断するのは難しい。娼婦がアヘンを吸飲した、モルヒネを注射した、「高熱」の昏睡状態で死んだ、あるいは娼館の階上やベランダから転落した場合などは、とくにそうだった。それらは故意だったのか、あるいは誤って起きた事故だったのかを区別するのは不可能に近い。検視官および民間の医者は、それらを「事故」「不慮の」「自然の」死として、そして稀に「未確認」として、分類する傾向があったので、娼婦の自殺率は公式には低く抑えられた。

「自ら死を選んだ」阿姑とからゆきさんのなかには、本当のところ、シンガポールにおける生活のなかでの困惑と恐怖から、一時的に逃れたい程度の気持ちで死を求めた者もいたかもしれない。

すなわち、かれら／かの女らは心の内では自殺したくはなかった。「死」というぼんやり想像するしかないものを選んだというより、ただそのときの暮らしから逃げ出したかったのだ。死という概念をほんとうに考えたとはいえず、ただ衝動的な行動に走り、それが結果的に死につながったといえる。(61)

しかしながら、自ら死に至った娼婦らの行動や動機は、娼館の女将やほかの阿姑とからゆきさん、近所の人たち、客や他人の発言や観察から、社会的にはしばしば「自殺」というレッテルを貼られた。娼婦たちはたいてい読み書きができなかったので、動機や意図を明かすような遺書はめったに残さなかった。犠牲者の臨終の言葉による「意思」の表明も、稀にしか得られなかった。それゆえ、そういう証拠がない場合、目撃者がいたとか、審問で明らかな動機が推察できたとか、または死因が首吊り、喉を切った、もしくは服毒のように明白なかたちをとったときのみ、検視官はその死を自殺と分類した。

自殺率の推移を正確に示す統計はないにしても、自殺率が高かった職業を示すことはできる。阿姑とからゆきさんにかんして巻末資料9と10からわかっている件数は、この植民地で記録されている膨大な死の統計と比較すると、わずか数百人にしか影響を与えず、一見人口学的には意味がないように思える。しかし、そのような推論は、事実の重要性を大きく見誤っている。たとえ数は少なくても、中国人や日本人娼婦の自殺記録は、娼館での人生と生活の複雑さや、何千人もの阿姑やからゆきさん、そしてその客として通り過ぎていった何万人もの貧しい労働者の社会的問題について多くを語っている。かの女らの死はたんに氷山の一角であり、娼館買売春にかんする植民地政策・市政、伝染病死亡率の高さ、社会福祉の資金不足と欠如の犠牲になった娼婦たちのいわば縮図にすぎなかった。「自殺」と分類されたそれらの死にたいする審問での人びとの陳述は、間違いなく深い意味をはらんでおり、これまでシンガポールについて述べられてきたナショナリスト的植民地正史の幻想を越えて、読む人の記憶に刻み込まれるような力をもつ。自殺した娼婦自身、その「家族」、友人、敵対者たちは、事件のなかで人間のもろさを充分に露呈しており、それだけにかれらが置かれた環境がよく理解でき、またふつうには想像しがたい状況がきわめてリアルに感じとれる。(62)この職業につきまとう危険や精神的不安への対処の仕方には、大きな個人差があったことが、これらの事件からはっきりわかる。精神的にも、タフな女性とそうでない者がいた。同じ環境に置かれても、阿姑やからゆきさんのあいだで、感じかたや反応が異なったこともわかる。しかし、検屍官裁判所においても、ほかの法廷と同様に誤りが起こりえただろう。入手できる限られた証拠、証言のみで自殺かどうかの評決を下さざるをえなかった。真偽とり混ぜた証言やさまざまな情報が、娼館の内外の人びとから集められた。女であろうと男であろうと、あまりに動揺していたり、利害関係が強すぎたりして、正直で客観的な言葉は期待できない場合もあった。

同じ都市での似たような娼館暮らしを、娼婦たちがなぜ異なって受けとめ、異なった反応をしたかを知るには、民族と文化もまた重要な要素になる。境遇や経験という「現実」にあって、恥や不名誉というさまざまな問題を解決できないとき、日本の農家出身のからゆきさんは自殺を考えた。若い娘の場合は性的な不名誉、年輩の女性の場合は世間体からの不名誉、といったものから抜け出すために、社会的に妥当な方法として自殺に行きついた。[63] しかし、からゆきさんの場合、日本人の家族／国家の均質性という全体的な観念は神話に過ぎない、という怒りをぶちまける手段として自殺をとったとも思われる。おイチとおヨシのような日本人女性の自殺は、かの女らの年代の、自国の人びとにたいする幻滅を示す、究極の反抗の表現であったかもしれない。[64] ウルフのメモは、そのような女性たちにとって自殺はけっして異様な行動とは言えなかったとしている。それはかの女らの脅迫のひとつの武器であり、冷静に考えたうえでの行動であり、自らの存在を示す悲劇的な幕切れだった。[65]

検視官記録に見られる具体的事実は、オカーサンや先輩たちが思っていた以上に、からゆきさんは見込みのない将来や抑圧に憤りを感じていたことを示している。新興近代国家日本のイメージに沿えなかった挫折感に傷つき、また注目される唯一の手段として自殺を選んだのかもしれない。だとすれば、からゆきさんの自殺のいくつかは、日本人農村女性の多くが経験した数々の不正と不安の文化的象徴といえる。巻末資料9と10にあげた娼婦の自殺はさまざまなパターンを示し、複雑である。ある者は娼館買売春はあまりに複雑で理解を超える、もはや生きる目的を失ったと考えはじめた。自分を大切にする気がなくなり、肉体的にも精神的にもすり減り、病気になったり欲求不満が募ったりしたこれらの娼婦たちは、自分を傷だらけにした人びとや環境にもはや我慢できなくなった。自殺はいわば、希望をなくした人びとのひとつの破壊的行動だった。かの女らはもはや将来がないとわかったとき、生き続けることができなかった。

検視官のデータは、自殺と年齢の関係においても文化的差異があったことを示唆している。阿姑の自殺は二〇歳以下が多いのにたいし、からゆきさんの事例では年齢がやや高い。ほとんど背中あわせの場所に住み、同じ仕事をしながら、阿姑とからゆきさんで自殺のパターンが違う理由のひとつは、依存の関係の差と、娼館へ連れてこられ無理やり客をとらされたときの年齢差である。中国人少女は肉体的な成熟が早いところへ、美形と伝統的な孝行心も手伝って、悪質な人買いの餌食になりやすかった。一二～三歳になるかならずの思春期前の少女が家族から引き離され、品物のようにシンガポールの娼館へ送られた。日本人女性の場合は、一五～六歳以前に海外の娼館へ送られることはあまりなかった。通常、経済状況や娼館での扱いがいくらかましだったこともあり、若い日本人女性の自殺率は、中国人と比較すれば低かった。巻末資料9にみられる自殺の約半分は一七～二〇歳の阿姑であり、ほとんどが広東人であった。もっとも高率を示したのは二〇～二二歳の層だった。からゆきさん、とくに三〇～四〇歳の層には強い人生感と職業意識があった。もし病気や怪我・事故で仕事ができなくなると、しばしば自分を責め、オカーサンや家族に顔向けができないと悲観した。そのような自尊心と自信の喪失がかの女らを自殺に追い込んだようである[66]。これら年輩の日本人娼婦の自殺率は、シンガポールで下がることなく、むしろ上がる傾向にあった。

借　金

借金は、自殺の主要原因だった。阿姑とからゆきさんはよく働いたが、その収入の大部分は、契約で定められた返済金と、化粧品、衣服、アヘン、薬品などの日常経費に消えていった。そのため、娼婦はいつも女将さん、近所の商店、金貸しなどにたいして、かなりの負債を抱えていた。検視官の負債にかんする調書（巻末資料9と10の一九件中五件）およびさまざまな個人的資料から得られた統計から、一九世紀末から二〇世紀にかけて借金を苦にした自殺が相当数にのぼっていたことがわかる。検視官は、自殺によく用いられた方法も記録している。阿姑の場合はアヘンの大量摂取が主であり、ほかに何件かのぞっとする窒息死が記録されている。からゆきさんの場合は、入水と首吊りが多い[67]。娼婦のある者は、貧しい食事、長時間労働、ひっきりなしに来る客に不満を募らせ、我慢できずに借金に足を踏み入れた。蓄えがまったくできず、加えて健康と生計が悪化したショックに、リ・チンホの気力はくじけた。ママさんは、かの女が陳桂蘭《タン・キーラン》街五番の自室で死んでいるのを、午前二時に見つけた。その二〇歳の阿姑は頭痛を訴えてひとりで早く寝ていた。検視官は、ベッドの下にアヘンの浸出液のカップを見つけた。その阿姑は「仕事がうまくいかず、借金もあるのに、お金ができない」のでふさいでおり、死にたいと口走っていた、と女将は語った[68]。借金と自殺の絡む少し異なる事件では、ママさんは、一五歳の阿姑チャン・アークエンが、安全のため八〇ドルをクレタ・アエルの雑貨店主に預けていた、と証言した。預けた金を返してもらって中国へ帰ろうとしたところ、店主は借金が残っているといって払い戻しを拒否し、かの女に注意するよう警告したという。成り行きに動揺したチャン・アークエンは、自分付きの三〇歳の大班婆《タイバンポー》にバーミチェリ［麺類の一種］を真夜中ごろ買いにやった。女中が出ていったとき、かの女は部屋にひとりだった。半時間後に女中が近くの食堂から戻ると、かの女はベッドで昏睡状態であった。陳桂蘭街の娼館の外で、女主人の様子がおかしいと泣き叫んでいたこの大班婆を、果物売りが見つけた。女中は、検視官に突然の悲劇をこう語った――「さあ食べてください、と言ったのに、返事がありませんでした。眠っていると思って揺り動かしましたが、反応がありませんでした。こわくなって助けを呼びました。わたしはここ四日間、チャン・アークエンのお世話をしていました。なぜライソル［消毒薬の商品名］なんか飲んだのかわかりません。かの女には、その夜お客はいませんでした。心配ごとがあるともなんとも言ってませんでした」[69]。

　検視官の多くは、からゆきさんがまじめで正直であることを、じかに接して知っていた。日本やステレツにおいては、いつもすべてのものに両面、すなわち表面に見えるもの（タテマエ）とかくれた現実（ホンネ）があり、どちらにも真実の要素があった[70]。検視官にも判然としなかったのは、儀式めいたタテマエとホンネの使い分けである。たとえば、二年半住んでいたマラバル街五五番でおイチが首つり自殺した事件では、借金が絡んでいた可能性があった。おイチは「ふつうの」娼婦と評されているが、しかし実際のところ満足すべき状態にはなかった。オカーサンのおフクには、明らかにそのからゆきさんに不満を感じる充分な理由があった。おイチはつぎつぎと不運に見舞われた。客が減り、経済的にピンチになり、同僚姉妹との仕事上のもめごとが絶えず、仲間外れにされ、孤独であった。自分のふがいなさを綴ったオカーサンに宛てた遺書から、自殺はおイチの心の陰にひそむ悪魔を追い払う方法になったように感じられる。おフクは検視官への証言で、このからゆきさんの借金はコーヒー代五ドルだけだったと強調している。だがその貸借関係が、この場合自殺の引き金になったようである。無能への自責とオカーサンとの緊張関係を反映したその遺書を書かせるきっかけも、そのわずかな借金であったであろうから[71]。

　おイチの自殺の三年前、検視官はおアキの死を総括して、複雑な事件であったと述べている。借金を抱えたからゆきさんがシンガポール港に停泊中のオランダ汽船「グヴナー・G・マイヤー号」から身を投げたというものだった。事件を二カ月以上調査したこのベテラン検視官によれば、フォス船長とおアキのオカーサンはことの成り行きをどうにも解せない様子だった。検視官は、船会社と娼館から一〇人以上の証人を呼んで調べた。そのなかから浮かび上がってきたのは、金銭的に行き詰まって、オカーサンに胸を張って貢献したと言えなくなったからゆきさんの姿であった。おアキの性格は、五〇頁以上にわたる証言から垣間見ることができるが、オカーサンに自殺という衝撃を突きつけて借りを振り払い自由になりたかったおイチと、どこか似たところがあった。おアキは愛人のフォス船長にもっと好かれるよう向上したいと思っていたのに、その環境ではどうにもならなかった。そのパレンバン行きの船に同乗していた別のからゆきさんおリス（Orisu）は、おアキの態度だけでなく「姉妹」の死の動機にもふれている。

　昨日の午後四時ごろ、海南街《ハイラム》二六番から来た日本人がパレンバンへ往復するとかで乗船してきました。なんだか様子が変で、落ちつきがありませんでした。夜九時にボーイが、かの女になにか品物と手紙を届けに来ました。手紙は、たぶん娼館主からだったと思います。かの女は、女将さんに借金があり、申し訳なくて死にたいと言ってました。わたしは一生懸命なだめました。夜一一時ごろ、わたしたちはデッキでおしゃべりしていました。すると、突然かの女が走り出して海へ飛び込んだんです。船長やほかの男のひとが来て、助けようとしました。乗組員も……。名前は、おアキといったと思います。[72]

おナツは以前、シンガポールでからゆきさんだった。そして、サラワクでオカーサンになったが、そこで終わる気はなかった。しかし、一九〇二年一二月にシンガポールに戻ったときには弱気になっていた。マレー街一一－一番の女将であるおトモが、おナツの一〇年来の友だちだった。この経済的に行き詰まった女性は、かつて娼婦として隣の娼館にいて、最近はサラワクで娼館を営んでいた。おナツはシンガポールに着いてから、オダが経営するマラバル街三二番のカフェ兼宿屋に、「友だちとして、泊めてもらって」いた。その朝、マレー街一一－一番のボーイのオーカム（Oh-Quam）が、おナツが床に膝をつき、喉を絹の腰巻きで吊って死んでいるのを見つけた。おトモは、その友人が自殺をするため自分を使いに出そうとしたとき、どんなに淋しげだったかを、つぎのように証言した。

　今朝七時ごろにおナツさんはうちへ来て、わたしを起こしました。淋しそうでしたが、とくに愚痴は言いませんでした。少ししてから、海南街《ハイラム》二六－二番（おアキの娼館）へ行っておサンという友だちを呼んできて欲しい、と頼まれました。わたしがボーイを使いにやろうと言うと、おナツさんはどうしてもわたしに行って欲しいと言うんです。で、わたしは七時半ごろ海南街へ向かいました。八時ごろ帰ってくると、部屋に鍵がかかっていました。わたしはボーイを呼んで、ドアを調べさせました……。ドアが開くと、かの女は口も利けない状態でした。もう死んでいたようでした。どうしておナツさんが、わたしの部屋で首を吊ったのか、わかりません。幸せそうでなかったことは確かです(73)。

興味深いことに中野医師はおナツの死を当然のように受け取り、その三三歳の元からゆきさんが経済的に苦しかったことが、その原因だと感じていた。おナツは中野医師を前日に訪問しており、会話のなかでその動機を語っていた。その日本人医師は検視官の求めに応じて、その短いやりとりをそのまま伝えた——「わたしは、かの女に言いました。〝顔色がよくないし、痩せてるね〟。かの女は、〝ええ、先生のところは順調のようで結構ですね、わたしのほうは駄目なんです〟と答えました(74)」。

アルコール中毒と麻薬中毒

売春は苛酷な生業であり、アルコール中毒と麻薬中毒は娼館では日常のことだった。酒と麻薬に向かう娼婦にかんしても、文化的慣習の違いが、自殺者の年齢層の違いにあらわれた。麻薬中毒による死亡は若い阿姑に多かった。職場でアヘンを使うことが、中毒、借金、自殺のコースにつながった。からゆきさんはそういうことはしなかった。シンガポールの娼婦の麻薬使用者は、ほとんどが阿姑であった。からゆきさんは、地元産の日本ビール、ほかにコニャックやジンなどの飲み物を好んだ。ほかの中国系の港でよくみられるように、娼館ではアヘンを楽しむ特権があった。アルコールは娼館内では販売されなかったので、客のためのビールやそのほかの飲み物は娼婦が近くの店に買いにいかされた(75)。

アヘンは、中国では農家の少年や肉体労働者には手の届かぬものだったが、シンガポールではなまじ稼げるばかりに常習者になった。余暇をもてあましていた若い独身者が娼館へ行って、そこで友だちから媚薬として勧められたことからはじまったことが、資料にもみられる(76)。悲しいことに最終的には、かれがそこでの遊興でもらった性病の苦痛を和らげるためにもアヘンが使われた。中国人娼婦が客と一緒にアヘンを吸飲するのはシンガポールではふつうのことであり、アヘンを供している娼館は中国語で「花を吸う娼館」とよばれた。カンプン・グラム、陳桂蘭《タン・キーラン》街、フレーザー街には、そのような薄汚れた二階建ての建物が並んでいた。[77] 広東人娼婦のほとんどはアヘンを吸飲する道具を持っており、労働者が来たとき、とくに陳桂蘭街の「花の娘たち」はチャンドゥでもてなした。若いクーリーは、まだ大人になりきっておらず、すぐに娼館でアヘンを吸飲する習慣に染まった。かれらは娘たちにとても憧れていたので、その仲立ちをアヘンに頼った。アヘン中毒者でなくても、情熱にまかせてアヘンにふけった。かくて娼婦はお金を稼ぐエサとしてアヘンに頼り、アヘンの売上げはかの女らしだいであった。これほど悪い破滅への道はない……。[78]

まず労働者たちは仲間に誘われて娼館に入り、そして阿姑が客のためにアヘンの準備をした。かれらはそこで古い友だちに会ったり、新たな友だちを作ったりし、そしてアヘンに親しんでいった。もしチャンドゥがなくなれば、娼館主はいつもすぐ使いを走らせた。[79] アヘン店は夜一〇時に閉まったが、娼館ではクーリーは深夜の二時までアヘンを吸飲することができた。

一九〇八年にアヘン委員会が上程した膨大な報告書では、阿姑が愛用していた一定の品々は、アヘンやモルヒネといった麻薬、アルコール（おもにビールかウイスキー）、煙草などであった。若い阿姑のあいだでのアヘン、アルコール、煙草の消費量は多く、そのほとんどが「花を吸う部屋」でアヘンやアルコールを常用していた。そうでもしなければ、かの女らは働けなかったのだろう。アヘンを準備し、一日に一〇〜一五人の男性を相手にしていた。週ごとの稼ぎの七〇パーセントを麻薬に費やし、ほかのことにはほとんど使わない者までいた。常習者の大部分は、アヘンを吸ったりモルヒネを打ったりしたときだけ、ほんとうにリラックスして、お金もたくさん稼げた。検視官の資料はアヘンを吸ったり麻薬の浸出液を飲むことの恐ろしい結果を示しており、中国人娼婦にとって最大の危険のひとつが、アヘンの過剰摂取だったことがうかがえる。地元の販売人によって価格が人工的につり上げられたため、一部の阿姑はたえず、限りなくお金を必要としていた。しかし、多くの娼婦はアヘン——この長寿の軟膏（cheong sou kou）——をやめられなかった。[80] それどころか、この不老不死の霊薬は、習慣化してお金もかかるため、若い広東人女性たちを死ぬほど過激に働かせることになった。月日が進むにつれ、健康の衰えが客にもわかるようになる。肉体は、文字どおり消耗していった。はじめふっくらと愛らしかった容貌が、すぐに窪んだ目と疲れた表情に変わった。この潜行性の習慣の結果は、あまりにも無惨であった。多くの阿姑は、アヘンのせいで長くは生きられなかった。借金がかさみ、アヘンをやめられない若い阿姑が、自殺をはかるのはただ時間の問題だった。

リオン・チャイハの生涯、すなわち中毒と借金づけの歳月の最終章が、一九〇七年の検屍官裁判所で明らかにされた。この「花を吸う」阿姑は「バランスのとれた娘」で、チャン・アーシーのトルンガヌ街の娼館の住み込みとして三カ月働いていた。リオンは二五歳で、自分の部屋で死んだ。かの女の肺は生のアヘンを飲み込むのと長年の吸飲で、ひどく痛んでいた。審問で、この阿姑の生活の細部がわかった。いつも朝一〇時ごろ外出したが、誰も行き先を知らなかった。医学検査から、かの女のからだは、長年のアヘンの乱用によって慢性的潰瘍に蝕まれていたことが明らかになった。審問で、チャンは、ベッドでシーツにくるまって昏睡状態のリオンを見つけたときの様子を、証言している。

リオン・チャイハは、うちではフォン・シンとよばれていました……。一〇月二六日土曜日の朝一〇時には、変わったところはありませんでした。そのとき、わたしはかの女と話をしています。食後、あの娘は一〇時ごろにひとりで出てゆきました。いつも、その時刻にひとりで外出するんです……。一時ごろ、帰ってきました。いつもの帰ってくる時間です……。それから、あの娘は風呂に入りました。戻ってきたとき、手にはなにも持っていませんでした。風呂から上がると、自分の部屋へ行き扉を閉めました。三時半ごろ、わたしは食事をするようにと呼びにゆきました。何度も呼んだのに返事がないので、ドアを叩きました。そして、ドアを壊して入ると、かの女はベッドでシーツをかぶって寝ていました。起こそうとしましたがダメで、わたしは女中のアー・カムを呼びました。女中の助けを借りて、かの女を窓のそばのアヘン・ベンチに運びました。生きていましたが、目を閉じており口も利けませんでした。アヘン・ベンチに運んでから、塩魚の水（salt fish water）と水キセルの水を喉へ流し込みました。アー・カムが手伝ってくれました……。あの娘は吐いて、とても苦しそうでした。チャンドゥを飲みこんでいたので、わたしたちは吐かせようとしたのです。ベッドの下にカップがあり、アヘンの滓が入っていました。[81]

資料からは、中国人娼婦が本気で自殺する手段として、アヘンの大量摂取をおこなう傾向があったこともわかる。ウォン・マウタンは、結核と性病の苦痛を和らげるための万能薬によって、人生を終える決心をした。この阿姑は、八年間アヘンを吸い続け、また自分でモルヒネを注射していたが、その量は増してゆくばかりだった。中毒を封じる強制力も治療法も存在しなかった。一九一二年には、この問題も市の役割の重要性も、公式には認識されていなかった。ウォンは、シンプソン医師の個人病院で、呼吸困難から、胸を掻きむしり、激しい咳の発作の後、永遠に病気と中毒から解放された。医師には、手の施しようがなかった。娼館主チュ・アータンは、あの阿姑の弱りようなら自殺を考えてもおかしくないと断言している。二四歳の娼婦は、アヘンの大量摂取によって、長患いと中毒から逃れる決心をした。

わたしはサゴ街一五番のウォン・ファァーの女将です。広東人娼館です。ウォン・マウタンはうちの女の子のひとりです。まだ来て八日にしかなりません。トルンガヌ街のスン・イーラウから移ってきました。咳がひどくてね。二カ月前から咳と頭痛があったそうです。昨晩七時半に女中が来て、ウォンがベッドで口からよだれを流していると言いました。見に上がると症状がとてもひどいんで、わたしがすぐにこの病院に連れてきました……。そして、先生を呼びました。先生が来たのは午前一時半ごろで、もうかの女は死んでいました。夜一〇時ごろに死んだんです。最後まで意識はありました。(82)

性　病

性病(とくに梅毒)にかんする世間の不安の増大は、性病患者であり拡大犯人とみなされる娼館娼婦たちの、ただでさえ暗い心理的トラウマに追い打ちをかけた。なかには植民地係官に、病気でも客を取らされること、ママさんに脅かされ虐待されたことを涙ながらに訴え出る者もあった。ある娘は、長く受けてきた不当な仕打ちへの怒りや鬱積した感情で、震えていたという。(83)しかし、大半の女性は、娼館の片隅でひとりでその苦痛、不安、孤独に耐えるしかなかったようだ。この恐るべき病は、だんだん症状が悪化し、客が減ってゆき、最後にはいなくなった。

チョウ・アーソーは娼婦の生活から抜けでた。性病による健康と出産能力を心配して、夫は美人のチョウを中国人の医者にかからせていた。最悪の恐れは現実となり、娼館を離れてから一年後、かの女のからだにただれが出はじめた。ボイラー製造工であった夫のウォン・アーパクは、病気がいかに容赦なく妻のからだを破壊したかをはっきり記憶しており、驚くほど淡々と、梅毒が労働者クラスの夫婦を襲った悲劇を語った[84]。この事例では、かれの生涯とシンガポールの歴史のなかでも、もっとも痛ましい光景のひとつである、妻の自殺が浮かびあがってきた。かの女は性病患者であることに、耐えられなかったのであろう。梅毒の犠牲者は、ときにシンガポールの波打ち際にごみや漂流物に混じってうつ伏せに浮かぶ姿として、見つけられることがあった。このディケンズ的な光景はこの街では日常的であり、年とって病気持ちの娼婦がエスプラナードやシェイク・マデルサ小道を外れた横町に見え隠れしつつ、客引きする姿と同様、なんでもないこととして見過ごされた。街娼グループがモルヒネの注射器を代わる代わる使っている光景は、毎日のように見られた。こうした環境では、娼婦の性病に関連した自殺は天罰だと解釈されるだけであった。阿姑やからゆきさんと日常的に接触する医師と警察による事件処理は、ぞんざいになりがちだった。梅毒は、娼婦の身なりのように、その文化的価値観やシンガポールの社会的地位にふさわしいものとみなされた。性病で苦しんでいたリョン・トンフォークは、一九二一年に自らの命を絶った。死体は、港の主詰所の桟橋の下に浮かんでいた。この二〇歳の阿姑はたいへん頑健で、からだに自信のある女性だった。医学的兆候と身なりから女性の職業と死因がわかり、周囲の反応には冷たい不快感がみられた。総合病院の外科助手は、「性器の状態からみて、ふしだらな性格の女性であったと考えられる。梅毒に感染して六カ月以上経ているること間違いなし[85]」と書いた。いっぽう、海軍警察勤務伍長のユソフ・ビン・ジャヒルはこう記録している。「死体は官庁ビルの前の岸壁に引き上げられた。若い中国人女性で、派手な身なり。金のブレスレットと宝石のついた金のイヤリング、三本の金のヘアピン、五つの金のボタンをつけていたが、指輪はなし。靴をはいていた。娼婦と思われる[86]」。

妊娠

妊娠した娼婦の暮らしは、とても辛いものであったと思われる。数少ないその種の資料のひとつに、妊娠六カ月のウォン・アーヨークが、友だちとその使用人と食事をともにし、ワインを飲んだ後、飛び降り自殺した事件がある。脱ぎ置かれた履き物から、この二六歳の娼婦は下宿屋の三階の窓枠に上り、裏道へ飛び降りたことがわかった。ジョホールから来た二五歳の阿姑チャン・アーガンは、妊娠して気持ちの落ち込んでいた友だちが、中国正月に飛び降り自殺するまでの経過を検視官につぎのように説明した。

わたしは阿姑で、歌手です……。女中のリー・アーサムと一緒にジョホールから来て、スン・ワー下宿屋に泊まっていました。［旧暦の］中国正月（春節）をシンガポールで過ごすために来たのです。午後二時に宿を出て、買い物に行きました。人力車に乗って、サウス・ブリッジ路へ行きました。珍珠《チンチュウ》街を通っているとき、人力車の上から友人のウォン・アーヨークを見かけました。以前バガン・アピ・アピにいたかの女とは、二〜三カ月前からの知り合いでした。かの女も娼婦です。かの女は道路脇を歩いていました。わたしは止まって、話しかけました。以前会ったときよりずっと太って見えたので、どうしたのと尋ねると、そのことは訊かないでと答えました。住所を訊かれたので、教えて別れました。買い物をして、下宿屋に午後三時ごろ帰りました。部屋には女中ともうひとり、広東人の男性がいました。女中がお供えの食物の用意をしました。午後五時にウォン・アーヨークが部屋へ来ました。どうして太ったのかもう一度訊きましたが、答えませんでした。はじめ部屋に来たときは機嫌がよかったのですが、だんだん不安そうな態度になりました。食べ物を勧めると、かの女は食べました。その場には四人いました、ウォン・アーヨーク、女中、それにその男性です。食べながらワインを飲みました。銘柄は知りませんが、わたしがいつも飲んでいるものです。ウォン・アーヨークは、ほんの少し飲んだだけです。あとの三人で、その瓶を空にしました。午後六時半ごろ、かの女はトイレに行くと言って出てゆきました。とくに変わったところは、ありませんでした。二〇分たっても帰ってこないので、女中がその男性に探しにゆくよう頼みました。その二〜三分後、誰かが三階から落ちる音が聞こえました。(87)

華民護衛司署と個人病院を除いて、病気や妊娠した娼婦がその過酷な世界から逃れ、健康にかんする情報を得たり、身の上を相談する場所はなかった。奇特な客を除けば、抑圧と虐待の繰り返しから逃れるのを助けてくれる者もいなかった。この職業でうまくやってゆくための特質、たとえば精神力、自分のからだを管理する能力、感情面の強さ、長時間の労働を厭わないことなどが、なまじ阿姑やからゆきさんにあるばかりに、売春をやめさせようとする役人の説得を難しくすることもあった。この文脈で考えるとき、娼婦がシンガポールから消え去るもっとも深刻な原因は、アヘン中毒でも、やむをえない中絶でも、梅毒による廃疾でもなかった。この植民地では、もっと見えない傷、すなわち自殺につながるような心理的な深手が作り出されていた。これは条件と環境が変わっても、買売春の歴史を通じて言えることでもあった。

実際、植民地シンガポールにおける自殺は、苦しみから抜け出す手短な道にほかならなかった。自殺を考え、試み、やり遂げた阿姑やからゆきさんも、死を心理的な苦しみに終止符を打つ唯一の手段と考えた。かの女らのなかには、なにかしようとしたが果たせず、できたのは死ぬことだけだと感じるようになった者もいた。しかし、そこには同時に、しばしば必死で生を求める気持ちも同居していた。おヨシの自殺では、かの女の言葉がそれを示していた[88]。だが、ウォン・アーヨークのようなケースでは、それはみられなかった。チャン・アーガンは友だちが、妊娠の件で悩み混乱していると感じ、それについて話したいのではないかとは考えたが、チャンはその状況を充分に理解しておらず、親身に相談にのろうとしなかった。ウォンの言動はかの女を不安にしたが、ジョホールから来た阿姑はなにも言わなかった。明らかにかの女は友だちの境遇を心配してはいたが、その短い出会いでどうしたらよいかわからなかった。ウォンは妊娠したことで、娼館の世界で今後どうしたらよいのか突然わからなくなり、完全にバランスを失っていた。だが、チャンやママさんに自分の失意やもろさを知られたくなかった。精神的バランスを失っていた、というのが妥当な診断であろう。かの女はある瞬間、ほんとうに死にたいと思った、そしてそれをくい止める力は、女将や「姉妹」、医師、警察の誰にもなかった。ウォンは、ただもう窓かドアを見つけて、そこから別の世界を探そうとしていただけだった。かの女は、そのときドアも窓もない小世界に閉じこもっていたのだ。

恥と屈辱

若い阿姑やからゆきさんにとって、一年じゅう、毎日夜の八時から朝の四時まで耐えなければならない暮らし以上に辛いのは、精神的孤独と絶望感だっただろう。オカーサンのおサツは、おタマの「夜の恐怖」や病的な不眠が自殺にまでいたる深刻なものとは思わなかった。死ぬ前の週の頭痛と幻覚は、ひどく不幸で孤独な二一歳のからゆきさんの最後の訴えだったのかもしれない。総合病院で三年以上前に死んだ親友のおハツは、おタマにとって唯一の精神的な支えで、安心感、信頼、友情を与えてくれた。しかし、もはやかの女が信用して、悩みを打ち明け、相談する者はいなくなった。おハツが死んでから、オカーサンはおタマのことを心配してはいた。おタマの日常会話に異常はないものの、ひどい頭痛や幻覚を訴えたり、夜をこわがるおかしな行動の「兆候」があった。なにか助けを求め、自殺に向かう危険性があることに、オカーサンは気づいていた。

おタマのほうは、親友の死について娼館の誰かに話すこともなかった。自分の心のなかの絶望について語ることはけっしてなく、おサツはかの女が自殺を考えていないか問い詰めることもなかった。おタマの自殺は、ステレッツでは受け入れることのできない死であり、また残された者の孤独という問題の本質を示している。さらに重要なことに、それは厳しい現在の生活と家族から引き離された孤独のゆえに互いに理解しいたわりあった、同じ文化的背景をもつ者どうしのふたりの若い女性の問題であった。おタマが感じていた生活の空虚さ、喪失感、寂しさが爆発し、かの女はこれ以上ないような方法で自殺した。おサツもフォン・トゥンゼルマン医師も、おタマがどのようにして、いつ計画を立てたのかわからなかった。おタマは、はっきりとわかって実行計画を練っていたが、不幸にも誰も気づかなかった。フォン・トゥンゼルマン医師は、一九〇〇年六月五日の朝、定期巡回でかの女を診ている。そのからゆきさんは、病気でもなく、気分が悪いとも言っていなかった。だが、その日の午後四時、この植民地衛生医務官代理は、マレー街二二四番でふたたびその日本人女性を見ることになった。

かの女は、床の血だまりに顔を半分うつ伏せた状態で倒れていた。喉の前面には、深い切れ目があった。傷は長さが約一五センチ、喉の一方から他方まで達していた……。剃刀で三回にわたって切ったと思われる。すでに死亡しており、死後硬直がはじまりかけていた。傷の方向は、左から右へ走っていた……。本官は以前からかの女を知っており、その日の朝も診察した。(89)

おサツは、検視官におタマの最期について説明した。おハツとの別れと、ルーツを断ち切られたことでおタマは悲しみ、ひどく苦しんでいたという。

わたしが最後にかの女を見たのは、今月五日の四時二〇分前でした。夕飯を知らせにいったのです。かの女は自分の部屋にいて、戸を開けて、わかりました、と答えました。わたしは自分の部屋に戻りました。夕飯に降りてこなかったので、おタニ(別のからゆきさん)を呼びにやりました。おタニは床の血の海におタマが倒れているのを見つけ、わたしを呼びました。上に上がってみると、おタマはベッドの下に倒れていました。血だらけでした。わたしは、ちょっとかの女をひっぱりました。喉に傷があるのがわかりました。まだ生きていましたが、話はできませんでした。右手でこの剃刀を握っていました。(90)

ステレッツの娼館システムは、若いからゆきさんが経済的にどん底からはいあがれないような仕組みになっていた。はいあがる願望を果たせず家族の期待に応えられないことや、孤独による衰弱さえも、自殺につながった。スランゴールのある薬剤師がキンタの地方衛生医務官に語ったところでは、かれは日本に帰りたいという叶わぬ望みに泣く女性を一度ならず見たという。そして、間接的に自殺について触れた。「イポーの墓地の墓の数をみれば、どんなに多くの悲劇がここで幕を閉じていったか、わかるでしょう」と、かれは苦々しく言った。(91)

娼館では、自殺は恐ろしいことであり、しばしば話題にすることさえタブーとされた。誰かが突然そんな行動をしたと聞けば、阿姑やからゆきさんがどんな反応を示すか知れたものではなかった。自殺をめぐっては、社会的・職業的な制約と危険な神話があったため、ほかの娼婦に自殺を思いとどまらせるような充分な手立てはなかった。おタマの自殺のような事件にたいし、娼館の住人はみな、恥、怒り、恐れなどの入り交じった気持ちを抱いた。この恥の感覚は、かなりの時間つきまとった。性的サービスを提供するプロとして、阿姑やからゆきさんは自殺のような苦痛をともなう経験について話そうとはしなかった。そのような事件の後、外部にたいして恥を認めるより、娼婦たちは、いちだんと統制のとれた行動をとり、感情を抑制せざるをえなかった。女将たちは自家の女性の心を早くそのことから逸らそうとして、いつもより厳しくふるまうことが多かった。体裁が悪い、情けないといった引け目がいつまでも続くと、娼婦という自分の存在や仕事にかんする考えが動揺すると心配したのである。自殺の余波が残っているあいだは、自由な感情を表わす会話が影をひそめ、マレー街にあったおサツの娼館のからゆきさんは、互いに顔を背けあったものだった。怒りが内にこもり、たとえばおタニなどはおタマの行動から受けた衝撃で何週間も苦しんだにちがいない。かの女は、「姉妹」の死から自分の死をみてしまった。仲間の自殺を防ぐ方法はなかったかと思いめぐらし、かの女は悲しみと後悔の念を抱いたはずだ。おハツの死によるおタマの落胆ぶりは他人に充分知れるほどであり、おサツとおタニはそれを放置せずに、なぐさめる努力をすべきだったと感じたことだろう。

自殺の裏にある精神構造

娼館に残された女性たちが強くもった感情もまた、恐れだった。この感情は、何世代も前から、神々、亡霊、祖先といったもの、そして娼館世界に広くゆきわたっていた考えや経験に根ざしたものだった。中国と日本では、復讐的な自殺によって屈辱や恨みが晴らされ、自殺者の自尊心も癒されると広く信じられてきた。死を選んだ阿姑やからゆきさんのある者は、自殺者の魂が「餓鬼」つまり悪霊になって彷徨い、生きている人を混乱させ害を加えると信じていたと思われる。[92] 嵩りがある、虐げられた娼婦の孤独な怨霊が出没するといった考えが、一部の自殺の動機になったことは間違いない。阿姑やからゆきさんのそのような衝撃的な自殺、とくに喉を切る、首を吊るなどの強烈な方法は、一般的ではなく、怒りをより直接的に示すため、復讐するためだった。娼館での女性の卑屈な地位にたいする強烈な訴えであった。屈辱と反抗が絡みあって、自殺という運命的な激発が生じたといえよう。おイチの場合、病的なまでの劣等感は、小さな失敗のひとつひとつやおフクの叱責から生まれ、それはまた性格的な問題からくるかの女の絶えざる従属的な気持ちが原因でもあった。[93] しかし、過激な事態が起きたのは、皮肉なことにからゆきさんや阿姑が劣等感を逆に武器として開き直った場合だった。

幽霊や神々、霊魂などを信じる先祖崇拝の背景を考えると、おハツの死がおタマの夢になって現われたのは不思議ではない。おハツのイメージは、死後かの女を長く悩ませた。兄弟姉妹のためにお金を貯めていたことが、かの女にどう影響したのだろうか。客の無造作な発言が、かの女にどういう意味をもったのだろうか。この世についての暗い観念が、ついぞ離れなかった。おタマの死は、来るべきものの強力で不吉なしるしのひとつにすぎなかった。自殺した阿姑やからゆきさんの魂はうめき、泣いて、死んだ場所を彷徨い、同じ場所で誰かを自殺に追いやるまで消え去らなかった。[94] そんな復讐的な自殺は、マラバル街の娼館で病気に苦しんだからゆきさんの「餓鬼」に、オカーサンがとりつかれ殺されたというように、実在の別件と結びついて思いもよらない怪談ばなしに発展したものだった。ある晩、日本人娼婦が娼館主のひどい仕打ちに耐えかねて、ふらふらと階段を降りてきて、おタマのように剃刀で自殺した。この行動は、それだけで終わらなかった。悲しい事件と強い驚きのため、気の強いオカーサンにも恐怖が残り、かの女も違った意味での犠牲者になった。事件を目撃したかの女は、それから何カ月ものあいだ、娼館の入口ホールで、恨みをこめて喉を切った恐ろしい光景を繰り返し追体験したのだった。同僚の女性たちの悲鳴や、死んでゆく娼婦のうめき声が耳から離れなかった。来る週も来る週も、床に拡がった血のイメージにとりつかれたまま歩きまわった。幻をどうしても打ち消せず、オカーサンは死んだ女性の悪霊に怯えた。数カ月後、オカーサンは精神異常をきたし、自殺した。まもなくかの女の家族、そして娼館の所有者が

あいついで死んだ。(95)

すべての終わり

阿姑とからゆきさんの自殺の問題の最後にあたって、本章のはじめに述べた事例をよりつぶさに見れば、高齢化が自殺のきっかけになったことがわかる。おヨシは働こうと努力したが、最後の何年かはアルコール、感情の爆発、ヒステリー、そして病気の日々であった。この三九歳のからゆきさんにとって、そうした日々の生活は耐え難く、ひどい孤独感にさいなまれたようだ。年とった娼婦の多くは、自分の価値をおそろしいほど低く見ていた。(96)なお悪いことに、性病、呼吸困難、偏頭痛、リューマチなどからくる苦痛をともなう病弱な状態で生き続けることは、かの女らの自立性だけでなく日常生活にも影響を与えた。おヨシの場合、半身が不自由になっていた。本章では、おヨシの個人的体験を、孤独、経済的困難、健康、女性集団のなかでの老いとの関係でとりあげた。阿姑やからゆきさんがトラウマ状態になる主な原因は、その容貌が花が萎れるように変わりはじめたことにあった。娼館の世界では、女性はとにかく外見で評価され、また娼婦たちはそれに応えるようつとめた。ステレツで鏡に向かって自分の色香が失われてゆくのを知った女性たちは、どうなるのか。(97)年とともに容貌が衰え、からだが病魔に蝕まれたかの女らになにが残されていただろうか。苦しみに満ちた過去の記憶のせいで、判断力も鈍っていたのだろうか。なにが残されていたのか。おヨシは街の喧噪から離れたマクファーソン路の小さな農家で考えた。おモトのような友だちは、二～三人いる。でも孫はいない、家族もない。ひとりぼっちで、愛する対象さえない。苦い収穫の季節がきたのだ。友だちもしだいに減って、世間から切り放されてきた。オカーサンのおモトの話では、元同僚のおヨシは、かつてステレツで色気、わがまま、美貌でならしたひとりだった。老いるという不幸な時期にきて、おヨシは混乱し、悩んだ。いまは、誰もかの女に振り向きもしなくなった。死んだほうがましだろうか。三五歳をすぎてからは、毎年が試練の年になった。おヨシは自殺を考えており、その兆候はみえていた。ふさぎ込み、いらだち、気弱になり、人間関係を維持するのが難しくなっていた。養鶏業者のワタナベによると、かの女は将来に希望を失い、以前の友だちやステレツでのつきあいも避けるようになっていた。人生や生活を良くするための小さな改善など、もはや信じていなかった。自殺を思う年増の娼婦は自暴自棄になっており、選択枝があると考えることをやめてしまう。すべてを終わらせ、完全に消え去ることしか思いつかなかったのだ。

おヨシは、かつて魅力的な存在で楽しいときを過ごしたことがあっただけに、年をとるのが辛かった。格の落ちる地区での仕事が長くなり、また「肌と媚びを売る」心理的な負担が加わり、容貌が衰え文化的アイデンティティを失ってゆくのは、とくに辛いことだった(98)。ひじょうに空しくなり、酒で孤独を癒すことが多くなった。おモトとワタナべは心配して、助けたいと思ったが、かの女の心を癒すよい方法は見つからなかった。おヨシは、なにをしようとしているのか、兆候も見えてきた。検視官の記録にはかの女が言ったこと、回想したことが残されており、うつ状態で、絶望からいらいらしていたことがわかる。おヨシは、ワタナべに自分の計画をはっきり伝えていた。かれは、おヨシは晩年悩み苦しみ、ついに耐えられなくなって自殺に走った、と考えていた。「おヨシさんが、死にたいというのを聞いたことがあります。それは病院から退院した後の月のはじめのことで、誰も自分に関心をもたなくなったと悲観したのでしょう。おヨシさんは、結婚していなかったし、サラワクから来ました。病気でした(99)」。そのからゆきさんの精神状態と健康を損ねていたことが、かの女に運命を決めさせた。かの女は、衣服に石油をしみこませて火をつけた。けっして発作的なものではなく、考えたうえでのことであった。シンガポールで老いてゆくひとりのからゆきさんが、これ以上悪くならないために最後に見つけた答えだった。

終章　娼婦たちの人生の再現

本書では一八七〇年から一九四〇年にかけて、シンガポールおよび、中国と日本の農村で起こったローカルな事件と社会の大きな流れとを結びつけて、娼館買売春の社会史を形成することを試みた。中国と日本においては、男性と女性の地位と概念が基本的に異なっていたことが、妻や娘を年季奉公に出したり売買したりすることになり、その結果売春のための「美しい商品」とする行為に結びついていった。[1] 一九世紀末には、娼館売春はシンガポールの大きく複雑な産業になっており、阿姑とからゆきさんは植民地の発展のなかで、社会に認知されないが、大きな役目を担っていた。

著者が本書で目指したことのひとつは、一九世紀後半の中国と日本の社会構造と文化的原理に潜むものを探ることであり、三世代にわたって何万人もの娼婦がシンガポールでどのように働き、どのような経験をしたかを調査することがその手段となった。この娼館買売春の歴史の中心をなすものは、阿姑とからゆきさんが地域や都市で果たした大きな役目、すなわちかの女たちが経済的窮迫あるいは自然災害のために娼館で働くことになった経過、阿姑とからゆきさん自身の社会的背景、植民地政府が進めていった娼館買売春および娼婦の行動の細かな規制、女性たちの得た報酬とその職業からの脱出、そして娼館につねに遍在していた危険と障害、であった。[2]

［前著］『人力車夫』の場合と同様、著者は港湾都市シンガポールに対象を絞ったが、明らかにされた事実は、この植民地主都に限定されず、モンスーン・アジアの無数の同じような港町、および中国人と日本人が海外で娼館売春をおこなっていたすべての土地に関係していた。本書では、

世紀転換期のシンガポール市街地における、性的抑圧と搾取のシステムとしての娼館買売春の実態を社会史的見地から述べ、かつ分析を試みた。商品化され虐待された中国人・日本人娼婦たちがいかに重要な役割を果たし、性産業の経済規模が興隆するシンガポールの経済と社会をいかに支えたか、これまで歴史家は充分に認識していなかった。

一九世紀後半のシンガポールの経済発展のためには、大量の労働力が求められ、道路、建物を建設し、港湾、倉庫、工場を運営することが必要だった。植民地政府は、頭家《トウカイ》たちに中国へ直接行って労働者を調達することを勧めた。人口密度が高く、つねに飢饉のおそれを抱えている中国の地方から労働力を調達し直輸入するシステムは、初期の大規模な商工業の発達のために不可欠と考えられていた。娼館性産業もまた、植民地労働行政の見地から、シンガポールと中国の物質的・思想的条件と密接に結びつくものと認識され、流入する単純低賃金労働者のための娯楽として、必要悪と考えられていた。これらの中国人移民の大半は、シンガポールで家庭を築く意思はなかった。既婚者は妻子を中国に残し、「ひと稼ぎ」したら戻ろうと考えていた。それゆえ、対照的にこの都市にはひと握りの中国人女性しかいなかったのも、当然であった。

何十万人もの出稼ぎ男性の存在が、シンガポールにおける性産業の根幹にあり、このあくなき中国人労働者の需要が、急速に発展する植民地都市社会で、人身売買の機会と市場を拡大させたことは、誰もが認める事実であった。こうした男女比のアンバランスを充分に意識して、周旋業者たちは娼館で働く阿姑をこの植民地都市に輸入して、利益を得ようとした。資本と労働、男性と女性、アジアとヨーロッパのあいだにあった冷厳な搾取の関係が、この植民地環境とあいまって勢いを得た。ここでは売春もまた、ひじょうに重要な労働であると考えられた。[3]ここで、この時代の意味を押さえておく必要がある。社会史として、一九世紀第4四半期の中国と日本の農村に存在した、生活の貧窮化がどれほどひどいものであったかを傍証してみよう。イギリスの帝国主義官吏と商人たちが貿易の中枢と帝国をつくろうとしたことが、この地を「偉大な」シンガポールに仕立てあげたいっぽう、天草諸島や珠江デルタの貧困が直撃した村々には、ふつうの女性がひしめいていた。この打ちひしがれた人びとは、しばしば栄養不良で病気だらけで、なんとか生活を向上させようと必死にもがいていた。これらの女性の人生は、シンガポール、イギリス、東北アジアの出来事に、繰り返し翻弄された。阿姑とからゆきさんたちの注目すべき特徴は、娼婦たちの人生における貧困の原因と影響、都市の成長との因果関係、そして植民地現地の社会政策の変遷を調べることで、時間と空間を飛躍しうることである。たとえば、おサキやおヨシのようなからゆきさんの人生の初期におこったことは、一九世紀後半の日本での暮らしとかの女たちのシンガポールでの生活を対比すると、その双方がよく理解できるであろう。シンガポール側で注目すべき点は、この発展する都市が娼婦やクーリーたちを惹きつけた要素、かつ故郷や家族との絆の維持にかかわった要素、および植民地資本主義の枠のなかで娼館売春がおこなわれた状況である。

シンガポールへの移民と人身売買の激化によって、男性よりも中国と日本のふつうの女性の生活が大きく変わった。グロンウォルドは著書『美しい商品』（娼婦の婉曲表現）で、清朝中国での女性売買が大規模であったことを強調し、女性は「制約され、軽視され、財物化された」と述べている。[4] 権力、経済力、発展のチャンスが大都会に偏っていたため、珠江デルタや天草、島原半島のような地方は、たえず悲惨と絶望にさらされていた。広東や九州の農家が貧困のために、自らを支える生産単位足りえなくなったとき、身内の女性は道学的な家父長制思想の帰結として売り物とされ、海外の娼館街に身を沈めることになった。故郷で農夫や工員として働き続け、家族や家と密接であった男性と比べて、かの女たちは遥かに劇的な身の上の変化を異国で体験した。飢餓、慢性的栄養不良、劣悪な生活環境のうえに成り立つ社会経済機構が、家族の危機のきっかけとなり、中国や日本の農村の娘をシンガポールの街に立たせたのである。検視官記録や山崎、森崎の著作からは、田舎の女性が、経済、政治の主流から押し出され、逆境にひしがれ、あまりにも無力で、その日の暮らし以上のことは考えも及ばない姿が浮び上がってくる。

シンガポールの娼館買売春と中国・日本社会の経済的後進地域は、女性のかかわり方という観点からみると、口減らしと人身売買という要素および組み合わせから、ひとつの絵にまとまる。一九世紀末の成長と発展は、当時の関連地域の社会・経済的状況を示すだけでなく、女性の役割や地位についての文化的通念をも示している。家父長制とそれに従属する女性の財物視および性的役割にかんする概念は、女性を周旋屋に売ることを正当化した。この家父長制が、この特異な成長期にあったシンガポールでの移住労働システムや都市化と性経済に大きく与ったといえよう。[5]

一八九〇年代に南中国と南日本の周旋業者たちは、表向きにはできないがひじょうに利益のある仕事、すなわち婦女子の売買をしていた。警察の事件簿、司法機関の報告書、あるいはシンガポールに売られた中国人・日本人女性の証言によると、南中国と南日本のとくに辺鄙で貧しい地域で、女性の売買が広くおこなわれていたことは明らかである。検視官記録には、一部の女性は繁栄するシンガポールで契約労働者として働くため故郷や家族から離れてやってきたが、ほかの大部分は売られるか誘拐されて無理やり連れてこられたことが記されている。後者のほとんどが非識字者か、それに近く、また売られたり誘拐されたときは一九歳以下であった。巻末資料のデータは、人身売買の根源としてかの女たちの極貧と後進性を示唆すると同時に、当時のシンガポールの社会環境が、この好ましくないビジネスが栄える経済条件を提供していたことも明らかにしている。村岡伊平治らの人身売買業者は、各港でその地方とのコネをもつ何百人にも達する組織を使って、自衛の方策をもたず絶望している娘たちを送り出し、最終的にシンガポールで売り飛ばした。折しも、一八九〇年代に急速に近代化した日本は、東南アジアの要所を結ぶ自国の海運会社をもつまでになっていた。密出国者や移住者の乗客が増え、利益を得たのは人買い商人と船会社であった。そして、シンガポールの不衛生な裏通りに閉じ込められた移住者として、からゆきさんは、外貨送金によって日本の経済に貢献することになった(6)。

二〇世紀への転換期、女性の売買による利益は莫大であり、シンガポールでは増大の一途にあった。何千人もの女性が中国・日本で誘拐されあるいは買われて、暴力に脅されあるいは借金に縛られ、シンガポールに運ばれた。そして、華民護衛司署の審査を経て娼館経営者に売られるか、あるいは新規事業のために別の国に送られた。人身売買の隆盛と、マレー街やスミス街の娼館の増加は、植民地資本主義の日の出の勢いの象徴だった。娼館性産業の繁栄は、シンガポールの経済ダイナミズムの反映であり、同時に日本の急激な経済成長から取り残された北九州の農業社会の解体を示した。シンガポールの性産業において、阿姑とからゆきさんの移動性は高かった。周旋業者は娼婦たちをシンガポールの同一地区内で娼館から娼館へ転売したり、この港湾都市から東北アジアや東南アジアの各地へ移したりした。アジアの大きな港町のすべてに娼館はみられ、それが阿姑とからゆきさんの行く先であった。この人身売買の鎖の輪は、ソウル、上海、寧波、香港、マニラ、バタヴィア、ラングーンなどにつながっていた。一八九〇年代はじめまでに、シンガポールは、この不法な流通事業の東アジア地域における主要な再配分センターに成長していた。北九州と東南中国の貧しい農村の家族たちは、過酷な環境で娼婦となって働く娘たちの仕送りで経済的に生き延びた。この組織的人身売買は一九一〇年にはきわめて広範におこなわれており、からゆきさんだけで二万二〇〇〇人以上が、シンガポールやウラジオストクなどの大きな港町、荒涼たるシベリアの鉱山、ブリティッシュ・コロンビア州の木材伐採の飯場にいたるまでの娼館、バー、レストランなどで働いていた。シンガポールの娼館や安酒場で働く日本や中国の農村出身の娘たちは、海外各地に散らばっていた女性たちと同じように、肉体的・精神的虐待および強制労働に泣いたことだろう。

シンガポールが東南アジアのイギリス植民地の政治経済の中心となり、売買春は活況を呈したが、それはけっして阿姑とからゆきさんの待遇改善につながるものではなかった。[7] 需要が増大したため、当局は娼婦を実質的に統制・隔離する政策をとることになった。シンガポール河の両岸に阿姑とからゆきさんの地区がそれぞれ確保され、そこにかの女らとその客たちの性行動をチェックし統制するための境界線が引かれた。中国からの新たな阿姑の入国が停止された一九二七年の時点でも、まだシンガポールの「判明している」娼館内だけで二二〇〇人以上の登録娼婦が存在した。植民地政府によって全面的に管理された登録売春にはふたつの目的があった。性病の拡大防止（とくに駐屯地兵士と港に入る船員にたいして）、および娼婦たちへの搾取の取り締まりであった。ところが、売春地区を隔離規制したために、娼館主や周旋業者が、阿姑やからゆきさんにとってまるで政府に公認されているような印象を与えた。弱い立場の娼婦たちに、公認の地位にあるかに見える人間にめったに反抗できるわけがなかった。かの女らには「オカーサン」の怒りから自分を守る手段はほとんどなく、植民地役人は名ばかりの制度的保護を与えるだけだった。娼館主、「ポケット」マザー、人買い商人たちはこぞって女性たちの無知と恐怖につけいり、護衛司も領事も頼りにはならないと教え込んだ。阿姑やからゆきさんは、あらゆる方法でママさんやオカーサンに脅かされ、抑圧されただけでなく、追い出され、打たれ、しばしばほかの娼館またはほかの町へ移された。ほとんどの少女が読み書きできず、金銭出入の記帳もできなかったので、あくどい娼館主が賃金支払いをごまかすのは簡単なことだった。それどころか、宝飾品、衣服、家具やそのほかのぜいたく品を法外な値段で押しつけられるため、働けど働けど負債が増えるのがふつうだった。オカーサンは、「口に入れる食べ物からはおる着物まで、すべてかの女たちに売るか賃貸した」[8]。

からゆきさんが道ゆく客の袖を引き、愛想笑いを浮かべて「ニイハオ、サー、お入りになって」と、ヨーロッパやアジアの諸言語が入り交じった言葉で、舌足らずに話しかける光景は、この女性たちの担わなければならなかった特異な苦しみを象徴していた。しかし、この開発にひた走る経済優先の環境では、就業チャンスが多いとはいうものの、初等教育を受けていない貧しい農家の娘が期待できるものは乏しかった。女性たちのなかには、性的または肉体的虐待から逃れようと家を出てきた者がいた。兄弟姉妹、親戚を助けるためにすすんで来た者も相当いた。数は少ないが未婚の母親となったのを恥じて、この仕事についた者もいた。しかし、シンガポールのからゆきさんの大多数は、犯罪組織によって誘拐され、レイプされ、無理やり連れてこられた人たちだった。

この社会史で焦点をあてた港湾都市シンガポールが「クーリーの町」であるという背景は、娼婦と客たちの日々の生活に直接影響するものだった。中国の外のこの中国人街における暮らしにつきまとうトラウマ、換言すれば心身への過酷な重圧は、阿姑とからゆきさんの暮らしに影響せずにはおかなかった。都市経済が成長し、移民が不可欠な要素となり、雇用を求めて入国してきた独身男性の客も急増した。娼婦たちにとって、状況はますます厳しくなっていった。心のバランスと強さを保てる者だけが、矛盾を孕みながらも経済的、政治的に発展するこの都市で生き抜けた。本研究では、シンガポールの娼館買売春が労働力の管理と差別というプロセスの代表例であり、そこではイギリス、中国、日本のそれぞれの社会構造と思想が組み合わされて危険・低賃金・単調の典型であるこの職業がつくりだされたことの論証を試みた。一八八七年以前には、売春の効果的規制が植民地政府によってなされていた。その内容は、性病やそのほかの病気の拡大防止のための医療的管理であった。

巻末資料のデータが示すとおり、過酷な情況にあったにもかかわらず、女性たちのなかには変化の可能性に希望をいだく者もいた。阿姑やからゆきさんと客のあいだをつなぐ回路は、ほとんどなかった。シンガポール社会は、娼婦とクーリーのあいだにある種のダイナミクスを創りだしていた。みじめな境遇と苦しさ、孤独感のために粗暴な行動をとりがちな若い男性の世界も、娼婦たちの世界と同じく、骨身を削るような貧しさ、むきだしの競争、わずかな賃金で成り立っていた。ある沖縄人の子ども時代の回想に、この街の非情さと、その境遇にやむなく追い込まれた男女の状況が描かれている。

私がシンガポールにまいりましたのは、昭和七年のことですから、あしかけ四十年近くなります。十八歳のことです。思い出しますと、この間に当地の日本人をめぐって、それはもういろんなことがありました。

あと三年半のタダ働き期間の残っている〝雇い子〟と

して、沖縄から、当地の網元に売られてきたのです。〝雇い子〟と申しましても、最近の日本の方は知らないことと思いますが、昔の沖縄あたりでは、生活が苦しくなると、親が自分の子供を売るということは平気で行なわれておりました。〝雇い子〟と申しますと、聞こえがいいですが、要するにタダ働きを強いられる男の子の奴隷にほかなりません。

私が売られましたのは八つのときでした。父はネコのひたいのような畑を耕しながら、しがない大工仕事をして三人の子供を育てておりましたが、だんだん暮らしがきつくなり、最初に二男の私が、しばらくして妹が売られました。私の値段は五百円、ただし十五年間無給という条件でした。つまり、二十二になるまでタダ働きを強いられたワケです。ですから、こうして日本語でお話しすることはできますが、読み書きはサッパリです。

……

私のシンガポール生活でとくに印象に残っているものに〝カラユキさん〟がおります。……彼女たちの出身地は九州の、それも天草、島原方面の貧しい百姓の娘がほとんどでした。〝カラユキさん〟と〝雇い子〟は、女と男の違いだけで、子供のころから過酷なまでに肉体を提供させられたという点で同じものだと思います。私の場合、〝カラユキさん〟がひとさまと違って、とくに身近に感じるのは、小さいときの境遇が似ているからでしょう。(9)

シンガポールで自分の将来に見込みのない多くの男性たちに、出会った娼婦たちの経済的苦境、年齢、肉体的条件を思いやるゆとりはなかった。かれらにとって娼婦は人間ではなく、消耗品だった。経験を積んだ阿姑とからゆきさんは、こうした手に負えない客を上手に扱う術を心得ていたことが、検屍審問のさいの女性たちの言葉の端々からうかがえる。男たちは自分たちの感情をうまく伝える方法を知らず、他人にかかわり親密になることを恐れ、女性よりも優位でないと承知できなかった。しかし、殺人の犠牲者となった娼婦たちは、自分のところに来た客の目的が性的な解放ではなく、なにかにたいする復讐だということを知らされることになった。かの女たちは、生活手段として攻撃的な扱い、恐ろしい暴力に接しており、生命の危険を背負っていた。検視官の統計は、このことを示している。

検視官の事例に登場する娼婦の多くは、娼館での個人的つながりのなかで暴力を体験している——危険な客、疑い深い娼館主、意地悪な「姉妹たち」によって。華民護衛司は娼婦人口を調整する役所ではなかったし、宗教機関も阿姑とからゆきさんを助ける有効な手段をもっていなかった。反抗すれば必ず主人から殴打される、あるいは客から乱暴される羽目にあった。抵抗すればもっとひどい目に遭うことを恐れて、多くの女性たちは暴力を、機械的、無感動に受けとめた、と証言している。

一九世紀後半にシンガポールの人口密度は高くなり、生活環境が伝染病の拡がりやすいものに変わってゆくにつれ、性病がとくに深刻な問題になった。一八八〇年代から一九二〇年代にかけて、何千という娼婦やクーリーが直接性病に感染した。シンガポールの中国人の歴史と社会における性病の影響は甚大なものであるが、これにかんする研究はまだその重要性からみて不充分なものしかない。性病の流行を抑え、また秘密結社のこれ以上の浸透を阻止するために、一八七〇年の伝染病条例は厳格な登録制、娼館の営業規制、厳しい健康管理の制度を布いた。これらは、一八八〇年代に単独の政府機関である華民護衛司署の管理のもとに、さらに強化された。特殊地帯がスミス街とマレー街地区に存在したが、これは一般市民にほとんど悪影響を与えなかった。伝染病条例の厳格な履行によって、シンガポールの娼館を効率的かつ安全に統制しようという植民地政府の政策は、一応厄介な問題にたいする現実的な解決案であった。一八八七年以前は、シンガポールにおける三〇〇〇〜四〇〇〇人の登録娼婦が、毎週または毎月何人かの専門医による検診を受けていた。ひとりの医師が一カ月に数千人を検診していたことになる。やがて大量の移民によって、シンガポールの売買春の問題は扱いがひじょうに困難になった。伝染病条例にもとづく検診システムは絶対的な手段とはいえなかったが、性病対策としては相当の効果を上げていた。登録官と検査官が娼館を巡回したほかに、娼館に住み込んでいた者は二〜三カ月おきに登録事務所へ呼ばれ、生活条件や娼館での扱いについて質問された。このシステムは、阿姑とからゆきさんに無慈悲な娼館主や女将に全面的に従う必要はなく、政府がある程度助けてくれることを示し、一応順調に実施されていた(10)。しかし、法で認められたということは、娼婦や貧しい労働者の生活を政府、司法、軍、および地元中国人団体が、ある意味で集団的に抑圧的な管理をすることを社会的に正当化する結果になった。

一八八〇年代にシンガポールの伝染病条例を改正に導いたイギリスの社会勢力は、それにしても強烈であった。ジョセフィン・バトラーの一〇年にわたる社会浄化キャンペーンと狂信的廃娼運動は、個人レベルで支援され、また有力政治家や植民地省官僚との共同の利益に力を得たものであり、ヴィクトリア朝時代の社会的・政治的文化の偽善的倫理とダブル・スタンダードの離れわざとでもいえた。そして、本国でのキャンペーンの成功がもたらしたものは、植民地の娼婦と中国人コミュニティが受けた二〇世紀まで続く恐ろしい打撃であった。シンガポールの官僚たちは、伝染病条例の改正がホワイトホールにおける国内法（一八六〇年代の伝染病防止法）の廃止と密接な関係にあることを知っていた。一八八六年、国務長官は総督に伝染病条例を改定するよう指示した。それに続く長官とシンガポールの官僚・医師とのあいだの争いは、伝染病条例による施策が目標、すなわち性病の拡大防止、を達成した、という確信をめぐってなされた。一八九〇年代なかばにおきた植民地当局とホワイトホール間の伝染病条例改定（一八八六年）および娼館登録制の廃止（一八九四年）にかんする論争は、ほかのどんな事例よりも、基本的な一貫性の欠如、認識の誤り、入り交じった動機、官僚どうしの争い、目標と野心の衝突、社会動態の激化などすべてを含み、かつそれらを遺憾なく示していた。これらが植民地官僚とイギリス政府の関係を、ひいては阿姑とからゆきさんの立場を悪化させた。とくに法廃止に絡む論争と致命的な決定が、中国人コミュニティ一般の福祉・安全とイギリスの規定の道徳的・政治的関心とのあいだの葛藤をきわだたせた。

植民地省の対策によって病気が野放しにされてふたたび猛威をふるい、シンガポールで庶民は少なくとも防ぎようがなかった。その結果は、長く尾をひくことになった。中国人の労働者が仕事を終えたとき、あるいは日本帝国海軍がそこへ入港したとき、セックスや楽しみを求めて出かける男たちがいることを、イギリス人は理解していなかった。強制検診が中止されたのは移民の最盛期で、シンガポールは何千という逗留者の目的地であり、船員や兵士の休日の停泊地だった。性病は性産業に直接かかわる女性を介して急速に拡がり、そして許容できない日常の社会問題となった。一八九八年に国務長官は、一〇年以上前に総督の提案を無視したことによって、シンガポールの中国人コミュニティが健康を維持する能力を失いつつあることを痛切に思い知らされた。性病対策の途方もなく経費のかかる措置のために、シンガポールの公衆衛生と福祉面の未解決問題にたいする効果的な基礎的防止処置に費やすべき財源を失ってしまう危険に瀕していた。病気の拡大があまりにひどかったので、ついにその公的指示は植民地省の黙認のもとに、シンガポールで娼館が法的に禁止される一九二七年［一九三〇年公娼廃止、二七年娼婦を明言する女性の上陸禁止］まで回避された。

中国人と日本人の女性が個人的運命から、またシンガポールのたどった道とのかかわりで阿姑とからゆきさんになったという事実を考えると、社会史家がこの都市の過去をただ表面的に調べて歴史として語ることは許されない。かの女たちに加わえられた長期的な力の影響、個人の行動を決める社会構造、あるいは阿姑とからゆきさんの証言からかの女たちの日常生活を垣間見るとき、話は中国、日本、シンガポールにまたがるものとなる。検視官の資料および三地域の八〇歳あるいはそれ以上の老女とのインタビューを並べてみると、教えられることが多い。かの女たちは農家の娘としての子どものころの話をいきいきと述懐し、同時に後年のシンガポールの娼館におけるかの女たちの世界をも語ってくれた。結局、これらの人びとすべてが、個人的にも特定の社会的グループの成員としても、同じ経済的・社会的プロセスやものの見方の産物であり、また生活基準やパターンにおいては地域的ヴァリエーションの産物なのである。一見困難はあっても、検視官記録のような史料は、その地域的重要性をマクロな意味をもつものとして示す(近現代における経済学者や政治科学者の主要関心事)とともに、阿姑とからゆきさんのような周辺で生きた女性たちのミクロの経験をも明らかにしてくれる。

社会史家は、このような文書やそのほかの資料に示された手がかりを分析し、議論することで、社会的真実に迫ることができるし、またそれをしなければならない。この調査をつきつめれば、女性たちの内面の歴史を再現することができ、うわべだけの公共的/個人的議論を克服し、シンガポールの民族、ジェンダー、階級といった従来の部門別の縦割りの歴史を打破し、なおかつ年代的地域的な脈絡を保って歴史の本流につなげることができる。

このような歴史学的方法をもってしてはじめて、女性たちの自らの人生、生活環境にたいする選択とその成否についての観念が、娼館買売春を歴史的に調査し再構成し分析した場合の成果、発見、目的の拡がりにつながる。これは一般市民による選択ではなく、娼婦たちによる個人的また集団的選択であり、また娼館世界という社会共同体的生活に全面参加するかそこから抜け出すかの選択であった。これまでの歴史学的分析の枠組みだけでは、海外渡航、娼館の住み替え、娼婦のルールを超えた情熱追求の意欲、接客拒否、自殺などの事象を、たいして意味がないあるいは無意味だとみなし、女性たちの個人的問題は無視してしまっただろう。厳しい束縛を受けていた阿姑とからゆきさんにも運命に流されるだけでなく、選択する余地はあったことが見逃されてしまうだろう。だが、本書の巻末資料にあげられている事例における行動パターンを注意深く分析すれば、ある特定の選択と行動と、それがもつすべての社会的・文化的意味とのバランスがみごとに明らかになる。当然のことだが、自殺とはひとつの決断なのだ。しかし、ことの仔細と下された判断の意外な結末は、事件自体をつぶさに見る以外には理解できない。巻末資料9および10で示された自殺にかんする詳細かつ希少価値のある記録において、危険な抑圧にたいする弱々しい許容と痛ましい諦めにみえるものは、ひとつの理性的選択、つまり自己決定と平穏への道であったかもしれないし、あるいは遠い異国で生き延びるための苦闘を思いださせ挑みかける復讐であったのかもしれない。阿姑とからゆきさんが苦労の果てに得た知恵、人生への達観、ユーモアはけっして内にこもるものではない。男性社会シンガポールでの娼婦たちによる行動選択の真の歴史は、しばしば生存と移動、努力と自発性そのものであり、人知れず終わるものでなく世に残るものであった。社会の変動に対応するため外からの影響に積極的に応え、共同生活しながら個人としての自分を維持するため柔軟に適応した娼婦たちもいた。多くの阿姑とからゆきさんが、立派に行動していたことを忘れてはならない。史料のなかで一部の女性たちが示している人間性の強さと柔軟さに、著者は畏敬の念さえ覚える。この点において、阿姑とからゆきさんを、自分の運命にたいし影響を与えるだけの力をもつ人で、社会的・政治的・法的不正によって抑圧された単純な「犠牲者」ではない、とみなす新たなアプローチがある。これは女性を束縛した力の強さを軽視するものではなく、そういう見方によってはじめて、これらの中国人・日本人女性たちもまた歴史をつくった、少なくとも人生の流れに抗して闘った存在としてみえてくる。著者にとっては、これが東南アジアの社会史の核心である。

阿姑とからゆきさんの経済的、社会的生活の記録は、断片的なものでしかない。しかし、残された記録は、ここでの生活に入ってからのものに限られるが、まさに二〇世紀初期のシンガポールの感覚の一部として、ジェンダー、労働、セックス、身体性などの問題を伝えてくれる。記録の欠如は、これらの非識字者の女性の声を想像力によってとらえる必要性を歴史家に強く訴えた。検視官記録を想像力をもって読みとることは、こうした史料の欠如という大きなギャップを埋める助けとなっただけでなく、社会文化システム全体の枠組みを再構成する手がかりとなった。民族史の大きなモザイク画に小さなデータの断片を創造的にはめ込んでゆくやりかたがそれであるが、そこには阿姑とからゆきさんの生活と労働についての、異常で目を背けたくなる肉体的、感情的、精神的なものも含まれていた。[11] また、シンガポールの過去の買売春の記録の解明によって、女性たちの衣服やアクセサリー、あるいは生活条件といった、物質的文化についての非言語的な手がかりが具体的に得られる。これらの「立体的文書」から、この都市の娼館で暮らした中国人・日本人娼婦の歴史を見直し解釈しなおすことで、著者はより大きな拡がりのなかの真実と、かの女たちの苦闘のなかに隠されたその意味を教えられた。写真や絵はがきのなかの一見つまらない細部からも、ほかの資料では見いだせない瞬間をとらえらることができる。

シンガポールのスミス街やマレー街地区についての口伝や逸話として残ったものを収集した資料も、豊富であった。それらの多くは老人たちの心のなかに生きているが、永遠に墓に埋もれてしまう日は遠くないだろう。山崎、森崎、今村は、戦前シンガポールの日本人娼館に売られ、そこで働いた日本人老女性たちを探し当てインタビューした。かの女たちの物語は、何十年も経たにもかかわらず、当時の真実を、それがいかに苦痛、恥辱、激情、恐怖、そして運に満ちたものであったかを鮮明に伝え、この歴史に人間的要素を加えてくれた。歴史家や社会人類学者がとる調査と推論の手法、すなわち文献を解釈し、視覚的資料を観察し、また口述資料を聴取することが本書における史料分析の鍵であり、この点は『人力車夫』と同様である。

本書『阿姑とからゆきさん』が、社会史として娼婦たちの人生の実態と経験を正面からとらえていることに注意していただきたい。この「内容が豊富で、筋の通った、草の根的」な学際的方法は、歴史的分析の方法論的、概念的枠組みを打ち立てようとするものであり、スピヴァックの主張に応えるものである。それは「複眼をもたなければならない。たんなる、〃わたしは誰なのか〃だけでなく、〃もうひとりの女性は誰なのか。かの女をどう名付けるのか。これが、わたしが検討している問題の一部なのか〃などの疑問が含まれねばならない」[12]。一職業形態および社会的グループの女性たちの境遇、態度、特徴、そして象徴としてのローカルおよびローカルを超えた社会の性的および権力関係のあらわれについては、本書では充分な資料編纂的注意を払った。過去の事実を説明するさい、このようなアプローチは研究をより公正でバランスのとれたものにする。シンガポール社会の歴史的記憶は、一本のロープではなく何本もの捩りあわされた縄である。発言力のある者、有力者などが後世に備えて注意深くまた往々にして選択的に記録した主流をなす記憶がある。また「下層民、無権力者、人生に敗れた者」[13]の証言から引き出された、もうひとつの世界の無数の記憶、すなわち無力なる者の歴史である。一八七〇年から一九四〇年までのシンガポールの歴史の多くは、困苦を堪え忍んだ娼婦やクーリーによってつくられた。女性たちが見たもの経験したものをとりこんでシンガポール社会の新たな歴史をつかみ、またすべての労働者の共通基盤やこの都市の歴史を通じて流れ続ける要素、そしてこれら娼婦やクーリーを含む労働者の経験をかたちづくった植民地政治的秩序の枠内のダイナミックな力を、定義しなおす必要がある。

過去の姿を現在に引き寄せる努力をするうえで、平均的シンガポール人と日本人一般は、阿姑やからゆきさんがシンガポールの発展と日本の初期海外進出の試みにおいて果たした役割を考慮に入れなければなるまい。山崎は『サンダカン八番娼館』で、日本人はからゆきさんの「発見」が真に意味するものを直視しなければならないと強調している。

――ところで、日本国家が形式的な海外廃娼令を出した大正中期から半世紀、第二次世界大戦の敗戦から数えても四半世紀たった現在、からゆきさんということばはもはや死語に近くなり、かつて中国大陸や東南アジアで売春生活を送った女性たちはいずれも七、八十歳で、その老残のいのちの灯は、ひとつ、またひとつと消えて行きつつある。けれども、天草や島原の山襞《やまひだ》や海べりにかすかに息をしているかの女らが皆無になっても、この日本からからゆきさんがいなくなったわけではない(14)。

近代日本の従来の歴史観にたいするこの強い抗議のなかで、かの女は自分の国の伝統、価値観、経済発展の報酬、そしてそれらのために日本社会の搾取というかたちで一九二〇年以前のアジア各地において天草諸島、島原半島の女性の肉体が払った代償についての衝撃的な洞察を提示した。本書『阿姑とからゆきさん』は、個人の行為と諸組織の社会的性質をかたちづくるにいたった長期的な力と構造を認識し、分析し、大胆に向き合って明らかにするものであるが、多くの日本人とシンガポール人はほとんどそれに気づいていなかった。中国人・日本人娼婦の役割と、逆境と抑圧に立ち向かった人生経験は、シンガポール史の見直しにあたり、なくてはならぬ要素であるし、現代の日本とシンガポールにおいて「歴史的とはなにか」を考えなおすうえでも同様に重要である。社会の過去のひずみを糺すには、時を経て歴史の眼でみることが役立つ。かつて主役をつとめた者も、歴史のなかではすぐに参考人物になってしまう。そして、見過ごされ忘れられていた阿姑とからゆきさんのような存在を取り上げることにより、まったく変わった姿の国の過去が現われることがある。

しかし、この民族史のモザイク模様を組み立てるために、声なき忘れられた女性の経歴が映し出されたリアルな細部の資料を収集しようとするとき、社会史家は多くの分野でその類の史料が概念的にいってほとんどないことを理解しなければならない。シンガポールの影の世界は、声なき社会とはいえないにしても、乱雑で脈絡の乏しい、いわば混乱の極みであった。ここで歴史家の懸念は、創造的調査の限界を知ることになる。資料の不在とはなにを意味するのか、そして人生において偶然がどんな働きをするのか。歴史家は女性たちの過去のある細部と瞬間は知られないままで終わるだろうこと、そして歴史家が調べて書くことができるのは、過去の生活の無数の断片にもとづくしかないことに気づく。社会史と人類学の既成知識しかもたない者は、歴史家が「わずかなか細い手がかり」しか入手できない領域同様、前記のような欠落あるいは大いなる沈黙の領域があることを知らねばならない。[15] 本書『阿姑とからゆきさん』は部分的に歴史であり部分的に民族誌であるが、娼婦たちの暮らしを再構築しようとした方法論的アプローチにおいても資料解釈においても、著者は誠実を心がけた。その資料は、性格においても状況においても驚くほど矛盾だらけで、娼館買売春でのブラック・ユーモア、ひどい皮肉があり、中国、日本、シンガポールの人生にみる弱さと悲劇に満ちていた。本書は、確実な文書館での研究にもとづいているが、民族史学的手法と文学的想像力を織りまぜて、結果的に歴史の圧倒的な力に抗して個人的および文化的威厳を保とうと努めた人びとの軌跡を描いたものになった。それは、ルーツから引き裂かれて植民地シンガポールの娼館で働くようになった中国と日本の少女たちの物語であり、かの女たちの体験、かの女たちの生存本能とかの女たちが知ったこと、しばしば自由と愛情を否定された世界でのかの女たちの勇気と弱さ、これらのためにひじょうに複雑な性格を帯びた女性たちについての歴史になった。この社会史を通じて、これらの娼婦たちの過去の声は今日にいたるまでの数世代の人びとに語りかける。そして、かつてかの女たちに関連した事柄は、二一世紀も近い現代のわれわれにも関連を持ち続ける。この阿姑とからゆきさんの生活の痛切な個人的記録は、あたかもカーテンの向こうにいる人びとの声のように、謙虚と忍耐の伝統的価値について、貧苦、労働、家族、性的不平等と社会的抑圧、心の痛手、悲しみ、情熱、そして孤独と死について、われわれに語りかけてくる。

解説

早瀬晋三

本書は、James Francis Warren, *Ah Ku and Karayuki-san: Prostitution in Singapore 1870-1940* (Singapore University Press, 2003; First Edition: Oxford University Press, 1993) の全訳である。本書第一章の一部は、「シンガポールにおける娼婦の社会史」『岩波講座　近代日本と植民地5　膨張する帝国の人流』(早瀬晋三訳)(岩波書店、一九九三年、二五一〜七二頁)として抄訳した。

日本人読者にとって、「からゆきさん」という言葉は聞いたことがあっても、「阿姑」という言葉ははじめて聞くかもしれない。本書が日本人読者にとって有意味なのは、ひと言でいうとこの中国人売春婦「阿姑」と日本人売春婦「からゆきさん」とを組み合わせた点にある。「からゆきさん」にかぎらず、海外における日本人にかんする著作は、日本人を中心に描くあまり、活動の舞台となった土地や人びと、社会に無関心であったり、無知からくる偏見や誤解にもとづいた記述がままみられる。研究書においても、世界史認識を欠いた「国史」の突出した一部のように扱われることがある。

それにたいし、本書は当時世界の最強国であったイギリスの植民都市シンガポールの形成過程のなかで、中国人と日本人の売春婦がいかに生き、死んでいったかを描いている。従来の日本人の記述した「からゆきさん」は、その体験談や出身地の社会的背景が中心で、現地での生活は戦後かなり時間がたってからの聞き取りによっていた。本書は、各種植民地史料を掘り起こし、曖昧な聞き取り調査を文献や写真などを使って裏づけ、新たな事実をつきとめている。その結果、「からゆきさん」がはじめて本格的学術研究の対象となったといってもいいだろう。その視座は多角的で、急速に成長する英領マラヤという近代植民地フロンティアの中心都市シンガポール、欧米の圧力のもとに近代化の荒波にもまれ大きな社会変容を強いられた「大国」中国、アジアで最初の近代国家として華々しく国際舞台に登場した日本、それぞれの国・地域の歴史、社会、文化を著者は見据え、近代という時代に翻弄されながらも懸命に生きた人びとの姿を浮かび上がらせている。

しかし、本書によって、すべてが明らかにされたわけではないし、本書の分析視座が日本人読者にとって、充分であるわけではない。こういった社会史研究は、個人の能力だけでは解決できない問題が多々ある。著者は、オーストラリア在住のアメリカ人で、東南アジア社会史・民族史を専門としている。中国語や日本語の文献や資料は直接読むことができず、翻訳されたものや英語文献に引用されたものに頼っている。それにもかかわらず、日本人読者はあたかも著者自身が日本語文献を自由自在に読んでいるかのように錯覚するかもしれない。それは、著者の指導のもとで修士論文に取り組み、一九九〇年に"The Karayuki-san of Asia, 1868-1938"を西オーストラリア州マードック大学に提出した曽根幸子氏(西オーストラリア大学教員)の功績が大きいからだろう。しかし、もちろん曽根氏はじめ協力した日本人、中国人が、この研究に必要なすべてを著者のために翻訳したわけではない。

本書には、日本について基本的なことで誤謬がままみられる。なかでも、廃娼運動について正確ではない記述がある。第一次世界大戦前後に、東南アジア各地で日本人の廃娼の動きがあったが、日本政府が「海外廃娼令」を出したわけではない。その動きも、日本側の事情だけではなかった。たとえば、マニラでは駐留アメリカ兵のあいだで性病が蔓延したことからマニラ市当局が、一九一八年に紅灯街を閉鎖したことによる。シンガポールでは、「国辱」から日本総領事が「からゆきさん」の追放を地元在留邦人との相談のうえで決定した。それにたいして、一九二一年に日本の外務省、続いて内務省が「廃娼帰国者」保護の通牒を出した。いっぽう、国際的な動きと連動して、一九二一年に国際連盟によって採択された売春を目的とする女性の売買を禁止する「婦人及児童ノ売買禁止ニ関スル国際条約」に、日本も二五年に批准した。シンガポールでは一九二七年に娼婦であると明言する女性の上陸が禁止され、三〇年に娼館の営業が非合法になった。続いて一九三二年に香港でも公娼制度が廃止され、外国人娼婦は同年六月末までに廃業させられた(中国人娼婦には三五年六月まで猶予が与えられた)。詳しくは、小野沢あかね『近代日本社会と公娼制度——民衆史と国際関係史の視点から』（吉川弘文館、二〇一〇年）を参照。

また、惜しいことに、本書にとって最重要文献のひとつである可児弘明『近代中国の苦力と「豬花」』（岩波書店、一九七九年）が、利用されていない。本書が検視官記録の発掘によって社会史研究として成功したように、この優れた学術書は香港の保良局文書などの利用によってクーリー（苦力）や「豬花」の自らの記録からかれらの歴史を再構成することに成功した。両書には相通ずるものがあり、併読することによって新たな視界が開けるだろう（両書の記述内容の違いに気になる点もある）。さらに、日本における女性史研究、東南アジア研究の急速な発展があり、本書で説明された研究状況とは、少々違う状況が今日の日本にある。ここでは、日本人読者のために、「からゆきさん」を中心に補足的な解説をおこなうことにする。

一九七〇年代に「からゆきさん」にかんする優れた著作が、ふたりのノンフィクション作家によって出版された。ひとりは本書でもたびたび引用されている山崎朋子で、『サンダカン八番娼館』（文藝春秋、一九七二年）とその続編の『サンダカンの墓』（文藝春秋、一九七四年）の著作がある。もうひとりは森崎和江で、『からゆきさん』（朝日新聞社、一九七六年）を著した。いずれも数年後に文庫本になり多数の読者をえた（山崎著はともに文春文庫、森崎著は朝日文庫）。とくに『サンダカン八番娼館』は映画にもなって話題を集めた。

このふたりの著者は同じ題材を扱いながらも、その作風に大きな違いがある。出版は遅れたが、「からゆきさん」研究では森崎のほうが先達である。社会に根ざした地道な研究によって、洞察力が深く、「からゆきさん」を通して社会や歴史（時代）がみえてくる。森崎は「からゆきさん」を特異な存在ではなく、日常的で身近な拡がりのある問題としてとらえている。その後「からゆきさん」にかんする著作が何冊か出版されたが、今日においても一冊だけ読むとすれば、この本だといえる。ほかの著作もこの本を読んだ後だと、理解が早く深くなることだろう。

それにたいし、山崎の著作は、一九六〇年代にアメリカではじまった女性解放運動が、七〇年代になって日本でもさかんになり、高度経済成長に取り残された女性の地位向上運動と一体になっていた。そのことは、『サンダカン八番娼館』の副題「底辺女性史序章」が端的にあらわしている。かの女の作品が当時注目を集めたのも、そのような時代と無縁ではなかった。

出版直後に森崎と山崎の両方の著作を読んで森崎のほう

にやや好印象をもったが、この「解説」を書くにあたって読み返してみると、その差が歴然としていることに驚かされた。「からゆきさん」の舞台となった東南アジアの研究が、その後日本で発展したこともあって、今日の日本人の若者になかにはアジアにたいする偏見があまりない者がいる。「からゆきさん」研究は、アジアにたいする充分な理解のうえで、アジアの視点で考える下地が今日できている。また、女性史において、解放史はその一部にすぎず、「女の全生活の歴史」の必要性が唱えられ、「エリート女性史」と「底辺女性史」を分断して考えることが、研究の弊害となっていると指摘されている。そのような研究状況のなかで、確固たる基盤のうえに書かれたものと時代の流れのなかで話題性を求めて書かれたものとでは、四〇年を経て大きな差が生じた。「時代」のなかで書かれたという意味で山崎の作品は出色であったが、「時代」を超えて残る作品となったのは森崎のほうであった。

なお、本書にも何度も登場し、その記述内容の信憑性が問題とされた『村岡伊平治自伝』は、この自伝を原作として映画『女衒』を監督した今村昌平の企画で講談社文庫の一冊として一九八七年に復刻された（初版、南方社、一九六〇年）。昭和一二年一月付「原本」「抄本」などがあるが、「南洋開発ギセイ者」という題が付けられ、昭和一三年の日付のある手稿（約二〇〇枚）が、一橋大学附属図書館土屋喬雄文庫に所蔵されている。

山崎の著作によって、「からゆきさん」といえば東南アジアという印象が強くなったが、「からゆきさん」の舞台は大まかにいって中国東北部方面と東南アジア方面とに二分され、その意味も大きく異なる。日本で戦前満洲とよばれた中国東北部では、日本はロシアと張りあいながら、中国での植民地建設を模索していた。そのなかで「からゆきさん」は侵略の先兵として、日本人居留地の突破口を開き、スパイ活動に協力していた。それにたいして、東南アジアは欧米列強の植民支配下にあり、「からゆきさん」は開発フロンティア社会や膨張する植民都市で生じた男女人口比のアンバランスを補う役割を果たした。将来の植民支配の先兵という意味で、東南アジアの「からゆきさん」は具体性に欠けていた。北の「からゆきさん」が帝国主義国家日本の一員としての役割を果たしたのにたいし、南の「からゆきさん」は近代化についていけない貧しいアジアの流民の一部で、欧米のアジアの植民支配に従属的な協力者となった。

中国東北部方面の「からゆきさん」については、倉橋正直『北のからゆきさん』（共栄書房、一九八九年）、『からゆきさんの唄』（共栄書房、一九九〇年）で、その実態が明らかにされた。さらに倉橋氏は、インドへの巡礼の途次立ち寄った東南アジアの港々で「からゆきさん」のために施餓鬼をおこなった僧侶広田言証《ごんしょう》について『島原のからゆきさん――奇僧・広田言証と大師堂』（共栄書房、一九九三年）を著した。島原の理性院大師堂にはそのときの貴重な写真が十数枚残されており、天如塔の玉垣には「からゆきさん」ら一九二人の名とそれぞれの寄進額が刻まれている。山田盟子『「娘子軍」哀史』（光人社、一九九二年）、『ウサギたちが渡った断魂橋』（新日本出版社、一九九五年）でも、広田言証のことが紹介されている。

従来「からゆきさん」は、日本の遊郭制度や儒教的家父長制社会など歴史的、社会的な要因と結びつけて考察されてきた。近年それらに加えて「従軍慰安婦」との関連で考えられるようになった。山田の後者の副題は「からゆき・日本人慰安婦の軌跡」で、さらに金一勉『遊女・からゆき・慰安婦の系譜』（雄山閣、一九九七年）、秦郁彦『慰安婦と戦場の性』（新潮社、一九九九年）が出版され、考察が深められた。そして、「からゆきさん」を被差別部落出身問題と結びつけた大場昇『からゆきさん　おキクの生涯』（明石書店、二〇〇一年）が出版された。本書でも、何度も登場する善道キクヨが主人公である。これまで、「からゆきさん」など海外へ出ていった日本人と被差別部落とのかかわりについては、その事実をほのめかすことはあっても、真っ正面から取りあげられることはなかった。それだけに、今後の研究で新たな展開が期待される。また、地元島原で「からゆきさん」の声を聞き続けた宮崎康平の小説『からゆきさん物語』（不知火書房、二〇〇八年）が、著者の死後二八年して出版された。

これらの「からゆきさん」のノンフィクションやドキュメンタリーを中心とする証言記録や調査によっていろいろな事例が紹介されたが、その事例を整理・分析して女性史研究として視野を広げ、深化していく方向にはいまだ充分に発展していない。また、歴史学や社会学全体の方法と関連づける研究には至っていない。近年、社会史研究や女性史研究が活発になり、優れた研究書が出版されるなかで、「からゆきさん」研究は遅れをとっているといえる。女性は、儒教的な教えのなかで家族のために犠牲になるという考えが利用され、抑圧されて近代社会の最底辺に位置づけられた事実が強調され、近代という時代が女性の地位を低めたと結論される。しかし、近代化の過程で女性が抑圧されたのは、なにも儒教的社会だけではない。同じアジアの仏教圏でもヒンドゥー圏でも同じことが報告されている。同じ論理をもつ儒教的教えを正当化し、女性を抑圧した側と同じ論理をもって近代日本女性史を結論づければ、それ以上の研究の発展はないだろう。近代女性史研究は、伝統的と考えられがちな「因習」から解放されることを究極的な目標にするだけではなく、女性史を手段として男性を含めたジェンダーや社会、文化、国家、歴史を論じ、近代化のなかでなぜ儒教的な考え方が女性を社会から排除する方向に導いたのか、女性への抑圧体制がなぜ長い間打破できなかったのかを探求する段階にきている。森崎が提示した「からゆきさん」のもつ「時代性」と「社会性」をどう研究として発展させるのかが、いま問われているといえよう。

また、矢野暢が『「南進」の系譜』（中公新書、一九七五年）、『日本の南洋史観』（中公新書、一九七九年）で提起した日本とアジアとのかかわりの問題も、「からゆきさん」を絡めた視点でまだ充分に考察されていない。わずかに、清水元が『アジア海人の思想と行動――松浦党・からゆきさん南進論者』（ＮＴＴ出版、一九九七年）で「松浦党・からゆきさん・南進論者」の文脈で考察し、「底辺女性史」という虚構の近代日本女性史からの解放を示唆しているだけである。清水洋・平川均は『からゆきさんと経済進出――世界経済のなかのシンガポール－日本関係史』（コモンズ、一九九八年）で、経済史的視点で「からゆきさん」を分析しようと試みているが、充分な説得力をもっているとはいえないだろう。フィリピンについては、寺見元恵の和文・英文の数々の論文があり、その一部は *The Japanese in the Philippines 1880's-1980's*（Manila: National Historical Commission of the Philippines, 2010）に収められている。いずれにせよ、一般読者がわかりやすく全体像をつかめるかたちにはなっていない。アジア女性史国際シンポジウム実行委員会編『アジア女性史――比較史の試み』（明石書店、一九九七年）で議論された女性史研究の発展のなかで、「からゆきさん」について考察する余地はまだまだ残されている。

しかし、「からゆきさん」研究がさかんになるだけで満足してはならないだろう。著者が述べるように、「阿姑」や「からゆきさん」の研究はけっして辺境の研究ではない。社会史や全体史の重要性が唱えられ、優れた研究が多数でて、通史にも影響を与えるようになったが、現実には歴史学のなかで正当な位置を占めているわけではない。それは、本書でも明らかなように、多数の事例を紹介し、繰り返し説明する必要がある社会史研究は、簡潔・明瞭に説明することを目的とした社会科学的手法と相容れない面があるためであろう。従来の研究手法で、わかることもあればわからないこともある。わからないことを探求するために社会史や全体史の重要性が強調されても、社会的な影響の強弱にかかわりなく、通史のように簡潔・明瞭さが求められるとき政策や法律、経済的発展が研究の枠組みとして重視されるという傾向は変わっていない。「からゆきさん」研究のような社会史を、「地域」「世界」の視点をもって通史としてどう位置づけていくかを考えなければ、所詮「もうひとつの歴史」ということで、歴史の大筋から切り捨てられることになるだろう。

　そのためにも、「からゆきさん」の生きた時代を歴史学として充分に把握すること、そして世界史のなかで「からゆきさん」を理解することが必要だろう。本書で頻出する「ヴィクトリア朝期の……」は、日本人読者にはよく理解できない。ロナルド・ハイアム著（本田毅彦訳）『セクシュアリティの帝国——近代イギリスの性と社会』（柏書房、一九九八年）などを一読すると、本書で充分に理解できなかったイギリス帝国史のなかでの「からゆきさん」の位置づけがわかってくるだろう。

　以上のような研究状況のなかで、本書を日本語に翻訳する意味はきわめて大きい。近代日本、アジア、世界の文脈のなかで、「からゆきさん」を通して歴史や社会を考察するとき、本書は従来見過ごされがちだった視点や基礎的知識を与えてくれる。著者が利用した各種植民地文書は、中国や日本の歴史・社会に明るい日本人研究者が利用することによって、また違った意味の考察・分析が可能になるだろう。その意味で、原著にはない「史料発見のいきさつ」を加えた。本書の翻訳を契機に、「からゆきさん」を通した新たな研究が生まれることを切に願っている。

　なお、東南アジア史研究の文脈で、『岩波講座　東南アジア史　別巻』（早瀬晋三・桃木至朗編、岩波書店、二〇〇三年）「東南アジア史・注目の1冊」の一冊として本書を紹介した（八二〜八六頁）。あわせて読むと、よりいっそう本書の学問的位置づけが理解できるだろう。また、当時のシンガポール社会を理解するには、つぎの論文などが参考になる——白石隆「華民護衛署の設立と会党——一九世紀シンガポール華僑社会の政治的変化」『アジア研究』（アジア政経学会）第二二巻第二号（一九七五年七月）、七五〜一〇二頁、鬼丸武士「アヘン・秘密結社・自由貿易——一九世紀シンガポール、香港でのイギリス植民地統治の比較研究」『東南アジア研究』四〇巻第四号（二〇〇三年三月）、五〇二〜一九頁、同「植民地統治と警察——一九世紀から二〇世紀初頭のシンガポールでの治安維持」林田敏子・大日方純夫編著『近代ヨーロッパの探究13　警察』（ミネルヴァ書房、二〇一二年）、四一七〜五八頁。著者が、本書出版後に書いた四つの論考は、つぎの論文集に収められた――James Francis Warren, *Pirates, Prostitutes and Pullers: Explorations in the Ethno- and Social History of Southeast Asia* (University of Western Australia Press, 2008; Philippine edition, Quezon City: New Day Publishers, 2009).

付記：この「解説」を最初に書いてから二〇年近くがすぎた。その後、多少手を加えたが、大幅な書き直しはできなかった。お詫びいたします。

監訳者あとがき

本書『阿姑とからゆきさん』の翻訳計画は、英語の原著が出版された一九九三年にはじまる。ふたりの監訳者は、ともに大学院生・学生と講読し、翻訳に備えた。しかし、原著にもってまわった文学的表現があったり、接続詞や関係代名詞が多用されていたため、意訳などをしなければ日本語にならないことがわかった。また、著者が中国語や日本語に精通していないため、アルファベットで表記されたものを確認し、漢字に直す作業に時間が必要となった。さらに、中国語・中国人名は福建語や潮州語など当時アルファベット表記が統一されておらず、日本語・日本人名も原史料のなかで正確に記されていなかったりしたため、漢字やカタカナ表記することが困難であった。

以上のような理由から、翻訳を諦めざるをえないと考えていた一九九六年に、藤沢邦子さんが翻訳を申し出てくださり、一年後には下訳を完成してくださった。しかし、その後の監訳作業は遅々として進まなかった。ふたりの監訳者の多忙や病気のために、藤沢さんには迷惑をかけることになったが、学術書としての厳密さを保とうとしたことも事実である。にもかかわらず、註については確認作業を諦め、原著をそのまま掲載した。中国語や日本語から英語に翻訳されたものの出所を確認することは、膨大な時間がかかるだけでなく、不可能に近かった。したがって、もともと日本語で書かれたものの英訳を、さらに日本語訳したため、もとの日本語文と厳密な意味で一致しないものがある。また、藤沢さんが苦労して読みやすくなるよう意訳してくださったものも、学術書という観点を重視して、日本語としてわかりにくいものを除いて、原文になるべく忠実に訳し直した。繰り返し表現も、社会史としての本書の特色と考え、とくに読む障害にならないかぎり、そのまま繰り返し訳した。

本書は「解説」でも述べたとおり、優れた社会史の作品である。パートⅡでは、その特徴を生かすべく、人びとの生活や心情が細かく描写されている。著者自身もパートⅡに強い思い入れがある。しかし、監訳者にとって、パートⅡはパートⅠ以上に困難な作業を強いられることになることが予想された。一時は、とりあえず学術書として、パートⅠのみを翻訳・出版することを考えた。しかし、本来パートⅠとパートⅡとをあわせてひとつ作品として読まれるべきものであり、時間をかけても全訳のかたちをとることにした。まずは、下訳から二〇年近く待たせることになった、藤沢さんにお詫びを申しあげます。また、このように長い時間がかかりながら、けっして監訳が充分でないことは、凡例にあるとおりである。このほか、思わぬ勘違いから誤訳や不適切な表現になっている箇所があるかもしれない。読者のみなさんから、ご叱正・ご教示いただければ幸いである。

なお、本書が完成するまでに多くの方々のお世話になった。まず、翻訳計画の最初からよきアドバイスをしていただいた勝康裕さんにお礼を申しあげます。出版事情の厳しいなか、良書の出版をめざして奮闘されている勝さんの担当で、本書が出版されることを心から喜びたい。医学的用語については、早瀬ヨネ子（病理学）の助言を得た。また、大阪市立大学で一九九四年に講読をした大学院生・学生（市川奈穂、井上幸紀、上田貴子、千田多美重、陳力、南部登志子、藤田潤子、山口佐知子、吉川昌孝）、原稿整理を手伝ってくれた田中麻里絵さん、校正を手伝ってくださった片山須美子・大坪加代さんにも、お礼を申しあげます。

付記：この「あとがき」を最初に書いてからも、二〇年近くがすぎた。積年の憂いから解放される。長いあいだ、日本語訳が出版されることを楽しみにしていた現著者でわたしの大学院の指導教員であったジェームス・ワレン先生、訳者の藤沢邦子さんに、まずお詫びを申しあげる。だが、もっともお詫びしなければならないのは、この優れた社会史を日本語で読むことができなかった読者にだろう。心からお詫びを申しあげる。

早瀬　晋三

索　引

［項目は原著索引にもとづき，50音順に配列した。翻訳の都合上，該当ページに項目名自体はなく，関連する記述があるのみのことがある。イタリックは原著どおり。本文中ではイタリックにしていないものがある］

［あ　行］

阿姑（アク）：広東語 5; 東南中国起源 218–19; もぐり売春娼婦 164; 客層 69, 249–50, 257–61, 266–67, 314–15, 334–35, 462–63; 性病 105–06, 120, 127–47, 167–68, 263, 289, 346–47, 360–65; 日常の仕事 238–50, 255, 272–73, 298–99

アヘン：アヘン吸飲娼館 46, 50, 298, 315, 319–23, 377–80; 自殺 378–80

天草諸島：農業生産 30–31; *からゆきさん*の起源 219–20, 251, 286; 貧困 10–12, 28–33, 186, 241

アルコール：ヨーロッパ人娼婦の飲酒上の喧嘩 44; 性病に付随する要因 169; 娼婦の中毒 345, 353; 死亡原因 315–20; 自殺 377–78

移住：シンガポールの経済発展 36–38, 93, 98, 149, 211–12, 257–58, 389–402; 日本人女性 5–8, 186–88, 250–51; 売春への過程 11–13, 110–15, 145, 149; 秘密結社の役割 90–93

ウイリス Willis, W. N.　→「娼館廃止」を見よ

おアキ Oahki：死 67, 250–51, 376; 負債 228, 250, 292, 376; 日常生活 262; 性病 141

おイチ Oichi：自殺 253, 292, 324, 375–76, 386

おサキ Osaki：生活 10, 30, 66, 181–84, 191, 216–17, 229, 240, 274, 279

オーストラリア：*からゆきさん*売買 69, 72, 203, 206

おトヨ Otoyo：兵士の襲撃 251, 291, 313, 316–19

おヨシ：生活 353–54; 自殺 387–88

オーラル・ヒストリー：シンガポールでのインタビュー viii-ix, 17, 45–48, 84, 234–35, 247, 289–90, 304–05, 324–25, 329, 338–39, 479–80; *からゆきさん*の証言 9–11, 17–19, 181–84, 191–92, 198, 218, 339–42; 重要性 17, 397–400

［か　行］

解放：娼館主が決める身受け金 57–58

歌手（少女）→「*琵琶仔*」を見よ

家族：孝行 33–35, 61, 179, 189–91, 350–51; 地方の家族の人数 180–83, 190

家父長制：婦女子の搾取 31–35, 179, 191–93; 家父長制と海外売春 35, 188–91, 222, 391–92; 保良局 350–51; 社会制度と政府 7–8, 31–33, 179

華民護衛司署：賄賂と不法入国 94–98, 100–01; 性病キャンペーン 123; 伝染病条例担当 107–17, 333; 婦女子売買抑止 93–98; 植民地省との対立 97, 110

からゆきさん：妾 330, 339–40; 文化的適応 248–55, 273–76, 302–03, 311, 315–16, 340–43; シンガポールの日本実業界の発展 38–39, 46, 65–68, 84–85, 162, 330; 負債 58–59, 250; 結婚 329–31, 339–44; 医療措置 140–42, 367–69; 九州出身 26–31, 186–87, 203–04, 219–20, 285–86; 写真と絵はがき 19–20, 238–39, 252–55; 送金 67–68, 70, 84, 157, 159–61, 347, 354, 393; 追放 155–66, 189–90; 出移民女性の伝統的呼称 5, 27–28, 84; 顧客の種類 69, 162–63, 249–50, 257–59, 262–63, 266–77, 314–19, 340–41, 462–63; 性病 120–22, 134, 166–67, 288–90, 326; 日常の仕事 45, 238–41, 247–51, 273–74

飢饉と洪水　→「自然災害」を見よ

規則と罰則：渡航中 207–09; 娼婦 60–61, 100–01, 226–28, 322–27

ギャンブル：労働者の社会生活 260–62; 娼婦の娯楽 239–44, 332–34

空間：「場所の意味」の重要性 viii-ix, 389–90, 393–95

クーリー：労働と移民 11–13, 36–37; 秘密結社と労働取引 90–93; シンガポールの生活水準 36–38, 349–51

クーリーの町　→「シンガポール」を見よ
警察：チャイナタウンの警察増加 315; 娼婦保護不充分 326–27; 記録欠如 297–99
下宿屋：中国人人口，標準以下 36–38, 70, 112, 356–57, 359–60; *琵琶仔*居住 64
下痢：死亡原因 357–58
結核：娼婦の死 358–60
結婚：華民護衛司署あっせん 101–03; 娼婦 329–44; 性病による破滅 346–47; 人買いの策略 78–81; 中国人女性の地位 263–64, 329
言語：虚構の関係 59–60, 337–39; *からゆきさん*が話す 249–51, 255, 274–75, 393–94
検視官：独特の調査の役割 15–17, 296
検視官記録：歴史学的重要性 vii-viii, 14–17, 65, 197, 257–58, 287, 397–400; 自殺 370–74
検屍と審問　→「検視官」を見よ
恋：検視官記録の情報 15–16; 娼婦と情夫 250–51, 283–84, 290–91, 297–98, 315–19, 333–35, 340–43, 346–48, 375–77; 性的虐待 299–305
護衛司署　→「華民護衛司署」を見よ
コーエン Cowen, John　→「娼館廃止」を見よ
顧客：娼館売春 5, 127–28; 娼婦選択 279–80, 287; クーリー 36–37, 284, 291, 299, 315; 娼館での死亡 263–65, 287–90, 303–04, 314–22, 458–61; 料金 278–80, 282–84, 290–91, 298–99; グループ 265–66, 305; 人種／民族対立 319; スミス街地区 47–48, 53–54, 462–63; 性病 122–23, 127–28, 134–35
国勢調査（センサス）：資料 14
乞食：年とった娼婦 354–55
子ども：娼館内 230–33; 梅毒感染 133–34, 167–68; 娼婦による養育 344–45; 売買 81–83, 334
公主（ゴンチュー）→「娼婦」を見よ

［さ　行］
再配分制度：シンガポール人身売買センター 69–72, 88
流氓（サムセン）：娼館生活支配 92–93, 126, 312, 336
山東：中国人の地域的対日ボイコット 159–60, 269, 340
死：娼館内 15, 138–40, 295, 458–65; 病院内 367–69; 渡航中 206–11; 原因と娼婦の生活 14–15
ジェントル Gentle, Alex：検視官の役割 15–16
自殺：*阿姑* 326–27, 344–46, 378–83, 456–57; 客 321–22; ヨーロッパ人娼婦 150–51; *からゆきさん* 163, 224, 250–51, 253, 291–92, 322–27, 348, 375–77, 382–88, 456–57; 人力 398–99;「餓鬼」385–87; 精神哲学 245, 385–87; 性病の犠牲 135–37
自然災害：中国 11–13, 184–85, 391; 日本 12–13, 30–31, 83–84, 184–85, 189–90, 391; 移民 36; 海外売春 35, 78–79
質：売春 33–34, 56, 79–81, 330
CDO　→「伝染病条例」を見よ
島原半島：地方家族と売春 10, 28–31, 186, 219–20
社会変動：歴史的方法論 21–25, 390–92, 398; 1870–1940 年期の買売春 6, 389
写真：娼館登録 99–101, 107–08; *阿姑*や*からゆきさん*の描写 18–20, 238–39, 252–55; ランバート写真館 19–20, 252–55
借金踏み倒し：騙された娼婦 291–93, 300–02
上海：買売春センター 72, 75, 89, 205–06, 329
襲撃：客による殺人 55, 299–306, 312–15, 393–95, 458–59; 顧客と娼婦 44–45
娼館：死亡 15; 分布と規模 48–53, 85–87, 172; 莫大な利益 65–67; マレー街地区 42–46, 270–72, 464–65; 物質的状況 53–56, 99, 247–49, 272–73, 357–59; 登録・審査 99–100, 124–26, 146–47; スミス街地区 46–49, 464–65; 特別地区 41–42, 154, 393–96; 種類 41
娼館家族：娼館主 223–28, 245, 258, 299–301, 312–13, 326–27, 355; 娼婦の子ども 229–33; 料理人 235–38, 240, 245, 248–49; 擬似親族 15–16, 225–29, 233, 239–40, 351, 354–55, 382–85; 使用人 233–35, 241–42, 246, 355
娼館主　→「娼館家族」を見よ
娼館使用人：婦女子周旋屋 79–80; 娼婦保護 309–11; 元娼婦 355–56; 仕事 235–36, 278–79; 娼婦の性病検査代理 106–07
娼館廃止：廃止キャンペーン 150–56, 171–74, 398; ヨーロッパ人娼婦 44–45, 90, 151–52; 日本人海外売春 88–89, 156–65; 公娼館 85–87
小説　→「史料」を見よ
娼婦：高齢化 353–58, 370, 386–88; 妾 330, 333–34, 337–38; 逃亡 101, 348–49; ヨーロッパ人女性 43–46, 48–49, 76–78, 88–90, 150–52, 271–72; ヒエラルヒー 56–65, 216–20, 261–63, 322–24; 歴史的重要性 6–8, 12–14, 38–39;

顧客の招待 242–45, 264–66; 非衛生 132, 314–15, 363–65; 足を洗う 172–73, 329, 354–55; 移民 7–8, 12–13, 38–39; 移動性と環境 356–61; 母親として 232–33, 381–83; 人口 48–53, 69, 85–86, 104–05, 119, 160, 258–59, 393–94; 周旋屋として 78–79; 信仰 245–46; 証言 15–18, 257, 295–97, 315–16; 自分史 5, 7–9, 17–18, 20–21, 397–400; 待遇 60–61, 99–100, 116–17, 123–24, 226–28, 280–81, 323–27, 334–35, 354–55, 393–96; 暴力 250–51, 265–66, 289–92, 295–96, 311; 外見イメージと神話 19–20, 54, 137–38, 254–55, 260–61, 364–65
娼婦と客の関係：情緒的労働 284–88, 299–300, 313–15, 382–83; 感情のルール 283–84, 304–06, 313–14, 385–86; 夫婦間の緊張 263–65, 284–85, 289–90, 330;「赤の他人」280–83, 307–08; 窃盗 304–08; 暴力 299–308, 312–15, 393–95, 458–59
食事：娼館内 215–16, 235–36, 240–41
女工：明治期の日本 187–88
女性：力 397–400; 移住 5, 185–88, 199–200; 中国と日本の「アウトサイダー」31–33, 57–58, 188–89, 263–64; 農民 180–93
女性史：傾向と史料 13–15, 397–98, 400; ジェンダーの重要性 5–6; 日本と近代フェミニズム 9–11, 400–02; 買売春と社会変化 6–7, 389–90
ジョホル：人身売買と娼館売春 69, 75, 325, 334–37
史料：偏向 6–7, 13–17, 23–24, 399–400; 新たな意味づけ 16–17, 399–400; 写真 19–20, 238–39, 260, 399; 沈黙 401–02; 大衆の証言としての歌 76; 文書渉猟 vii-viii, 13–20, 399–400
シンガポール：犯罪多発 295–97, 311;「クーリーの町」6, 11–12, 14; 歴史, 過去と未来 400–02; 帝国システムの拠点 6; 移民と拡大 11–13, 199–200, 211–12; 産業としての売春 35–36, 97–98, 389–90
新客（シンケ）：移民のプロセス 11–13, 36–38, 149
人口：経済発展と男女比不均衡 36–38, 70, 257–58
親族：虚構の呼称と結婚 337–39; 虚構の呼称と売春 59–60, 225–30, 233–34, 239–40, 354–55; 娼館の姉妹 228–29
人類学：シンガポールの過去にとっての重要性 15–16, 399–402
人力車夫：娼婦介助 169–70, 173–74, 244, 273–74, 306; 下宿屋 50; 結婚 350; 娼館訪問 257–58; 賃金 166–67, 278; 性病増加 167–68
神話：不可視性と結果 7–8, 12–13, 21, 400–02; 記憶とシンガポール史 6–7; *からゆきさん*の役割と経済発展 11–12; 経済のショーケースとしてのシンガポール viii-ix
クレメンティ・スミス Clementi Smith, Sir Cecil：秘密結社弾圧 96–98; 伝染病条例撤廃 118, 120; 性病蔓延 120, 137–38
スミス街：娼館地区→「娼館」を見よ; 顧客 47; 分布と娼館規模 50–53; 娼館収支 65–67; *からゆきさん* 47; 中国人娼館の物理的状況 53–56
精神病院：娼婦許容 363–65; 性病の結果 132, 362–64
性病（VD）：娼館医療クラブ 137–44, 360, 362, 367–69; 中国人娼婦 104–06, 120, 126–28, 150, 345–47, 360, 380–82; 専門家委員会 169–74; 伝染性 53, 112–13, 121, 126–34, 136–38, 145, 147, 166–71, 174, 360, 396–98; 淋病 104–05, 163; 薬 105–06, 361–62; 伝染 7, 43, 103–05, 118, 396–97
女衒　→「人買い」を見よ
窃盗　→「娼婦と客の関係」を見よ
善道キクヨ：生活 66–67, 165–67, 183, 188, 202, 206, 214, 279, 281, 311, 340

［た　行］

陳若錦 Tan Jiak Kim：伝染病条例廃止反対 119–20
陳篤生（タン・トックセン）医院 Tan Tock Seng Paupers Hospital：患者性病流行 130–32
塔灯（ダップダン）　→「娼婦」を見よ
チャンドゥ：自殺手段 301, 320–22
中国：人口動態 11–13, 187–88
中国人：性にたいする態度 23–24
伝染病条例（CDO）：登録制度廃止 100, 124–26; 維持の議論 114–16, 119–20, 125–26, 145–47, 170–71; 廃止キャンペーン 111–14, 118, 396–97; 強化 105–08; 導入 99, 395–96; 起源 102–05, 111; 登録制度 99–101, 107, 119; 政治的便宜による廃止 115–19, 123–26, 137–38, 142–43, 146–47, 170–72, 396–97; 社会規

則制度 107–09, 332–33, 396–97
伝記研究 Prosopography：*阿姑*とからゆきさん 7–9, 11–12, 22–25; 伝記収集 viii-ix, 24–25
時：繁栄期の重要性 13, 400–02
徳川期：南日本の貧困 28–30

［な　行］
日本：婦女子売買規制 84–85, 89; 経済発展と海外売春 11–12, 38–39; 飢饉と凶作 82–84, 184–86, 189–90; 歴史，過去と未来 400–02; 日本人写真家 19–20; からゆきさん追放 155–66, 252–53, 356
妊娠：社会的ケアの必要 367–68; 売春戦略の鍵 364–65; 自殺 381–83
妊娠中絶：東南中国 33; 娼婦 139–41, 323–24, 364–69; 徳川期 28–33
年齢：娼婦の分布 219–21; 娼婦の結婚 337–38, 343–45; 自殺傾向 373–74, 386–88
農業：中国人と日本人 179–86

［は　行］
売春：もぐり売春の増加 126–27, 161–67, 169, 172–74, 354–55, 380–81; 女性による女性抑圧 23–24, 56–57, 59–60, 68, 78–81, 198–99, 223–25, 355–56; シンガポールの繁栄 35–39, 42, 325–26; 性産業経済 64–69, 211–13, 278–79; 社会ヒエラルヒー 7, 41–42, 53–54, 56–65, 377–78; 社会史 vii-viii, 5–7; 社会的重要性 7–8
梅毒：幼児感染 133, 167–69, 361–62, 365–66; 死亡原因 361–65; 感染率増加 122–23, 129–30, 167–68, 360–62; 1870 年代には稀 104–05; 自殺 380–82
売買：渡航中の死亡 206–11; 虚構の家族関係 59–60; 孝行と売買 33–34; 国際ネットワーク 69–76, 82–90, 390–93; 婦女子の売値 68, 70, 78–81, 84–88, 211–13, 329–31, 334–35; 石炭船での密航 201–04, 206–08, 347, 392; 婦女子 7–8, 31–32, 69–70, 95–96, 325–27, 354–55
ドゥヤ・ハダチ Duya Hadachi：三角関係 302–05; もぐり娼婦の稼ぎ 166–67, 302–03
バトラー Butler, Josephine →「伝染病条例」を見よ
パーリア Pariah →「*部落民*」を見よ
ピッカリン Pickering, William：伝染病条例にかんする報告書 112–17; 植民省との対立 110–11; 秘密結社との争闘 96–97, 110–11
人買い：中国人 198–203; 日本人 82–90, 158–59, 186–87, 195–97, 392–93; 周旋方法 73, 78–83, 95–96, 199–204, 212–13, 391–92
秘密結社：活動 91–92; ピッカリン暗殺計画 96–97; 追放 97–98; 伝染病条例の影響 107–09, 123–24, 126–27; 女性の輸入 90–94, 96–97; 娼館生活での役割 91–93, 95–96, 312–13, 336–37
病気：シンガポール 314–15, 356–60
貧困：中国の地方 27, 179, 183–84, 222, 390; 日本の地方 10–13, 27–31, 179, 222, 389; シンガポール 314–15
フェミニズム：歴史とジェンダーについてのパラダイム 7–8
福沢諭吉：移民奨励と海外売春 67–68, 157, 161
負債：結婚 58–60; 売春 56–59, 105–06, 213–14, 217–18, 227–28, 250–51, 322–24, 374–76, 393–94; 自殺 374–77
負債束縛：渡航のため 214
婦女子保護条例：改訂 172–73; 婦女子売買抑制 93–98, 120–21
部落民：181–83, 340–41
プラムディア Pramoedya Ananta Toer：*からゆきさん*の肖像 18–19
浮浪生活 →「乞食」を見よ
文学：社会史資料 18–19, 275–77, 401–02
琵琶仔（ペイパツァイ）：性病源 167–68, 263–64; 地位と待遇 61–65, 68, 265–66, 332–33
法：娼館売春 149–50; 伝染病条例 99, 124–25; 中国の法典と人身売買 72–75; 買売春と中国の慣習 59–60; 婦女子売買 58–59
保良局：設立 94–95; 個人文書不明 16–17; 結婚あっせん 349–51; 人身売買抑制 349–50
香港：*からゆきさん*供給の中継地 72–73, 84–85, 204–06; 人身売買抑制努力 94–95; 人身売買の要地 70–72, 81–82, 90–92, 95–96, 204–07
蓬蓮（ポンリン） →「娼婦」を見よ

［ま　行］
マグリストン Mugliston, Dr：娼館医療クラブ 137–44; 娼婦の検診 133–34; *阿姑*にたいする人種敵意 141–42
マレー街：娼館廃止 173–74; 娼館地区→「娼館」を見よ; 娼館の分布と規模 50–51, 72, 86–89;

ヨーロッパ人娼婦 43–45, 150–52; 娼館の収支 66–67; 日本人区 44–46, 88; 日本人娼館の物理的状況 55–57
民族：娼館内の人種／民族関係 319–20; 自殺 373–74
民族史：明確な記述とアプローチ 21–24, 399–402
村岡伊平治：活動 84, 87–88, 195–99, 212–14, 268, 392–93; 人身売買記録 9–10, 18–19
モーム Maugham, W. Somerset：シンガポール夜の生活の観察者 274–78

［や 行］

山崎朋子：売春とからゆきさんにかんする本 9–11, 339–40; シンガポール訪問 45–46, 400–01
幼児死亡：日本の地方の女児死亡 28–33; 東南中国 33

［ら 行］

料金 →「顧客」を見よ
淋病 →「性病」を見よ
霊 →「自殺」を見よ
歴史学：買売春の記述 8–12, 257;「経験」の概念 vii-viii, 16–17, 21, 24–25, 389, 397–402; 娼婦のもうひとつの歴史 5, 8–9; シンガポールと買売春 6–7, 20, 195–96, 400–02
歴史学の方法論：学際的 21–24, 400–02; *総合的*伝統の重要性 13, 15–17, 21–25, 389, 397–98

［わ 行］

ワヤン（街頭オペラ）：娼婦観劇 242–44
ワレン Warren, James Francis：本書執筆 vii-viii, 389, 401–02

中国人人名一覧

［あ　行］
アー・エン Ah Eng
アー・カム Ah Kam
アー・セン Ah Seng
アー・ソウ Ah Sow
アー・チョン Ah Tjong
アー・マン Ah Mung
アー・ムイ Ah Moey
アー・モイ Ah Moy
アー・ヨ Ah Yo
アー・ロク Ah Lok
アン・ティアヒ Ang Tia Hi
イウ・アーイプ Yiu Ah Yip
イプ・アーカム Yip Ah Kam
イプ・アーガン Yip Ah Ngan
イプ・アーポイ Yip Ah Phoy
イプ・チョンファン Yip Cheong Fung
イプ・ムイチャイ Yip Mui Chai
ウォン・アーイオク Wong Ah Yiok
ウォン・アーイー Wong Ah Yee
ウォン・アーウォン Wong Ah Wong
ウォン・アーカウ Wong Ah Kow
ウォン・アーカム Wong Ah Kam
ウォン・アーガン Wong Ah Nghan
ウォン・アーサム Wong Ah Sam
ウォン・アースーン Wong Ah Soon
ウォン・アーパク Wong Ah Pak
ウォン・アーブイ Wong Ah Bui
ウォン・アームイ Wong Ah Moey
ウォン・アーユー Wong Ah Yew
ウォン・アーヨーク Wong Ah Yeok
ウォン・イプホー Wong Ip Hoh
ウォン・ガンチョイ Wong Ngan Choy
ウォン・ソウイエン Wong Sow Yeng
ウォン・タイソー Wong Tai Soh
ウォン・チュア Wong Chua
ウォン・チュー Wong Chew
ウォン・チュンファン Wong Choon Fan
ウォン・マウタン Wong Mau Tan
ウォン・ユー Wong Yew
ウォン・ヨンタイ Wong Yong Tai
ウォン・ヨンムイ Wong Eong Mui
ウグ・モイ Ngu Moi
ウン・アーイェク Ng Ah Yek
ウン・アーワー Ng Ah Wah
ウン・クムモイ Ng Kum Moy
ウン・クァイ Ng Quai
ウン・グイ Ng Gui
エン・オンキム Eng Ong Kim
オー・ネオ Oh Neo
オン・キョク Ong Geok

［か　行］
カム・ウンクー Kam Ng Khoo
カム・セン Kam Seng
ガン・キウ Ngan Kiu
クー・ウィービー Koo Wee Bee
クー・ショクワン Khoo Seok Wan（邱菽園）
クー・ティアンアン Khoo Tian Ann
クー・メアリー Khoo Mary
クオン・ジーベン Quong Jee Beng
コー・アージャム Koh Ah Jam
コー・アーヘイ Koh Ah Hei
コー・アーメン Koh Ah Men
コー・アーロク Koh Ah Lok
コー・カイカム Koh Kai Kam
コー・グァイ Koh Guay
コク・アーメン Kok Ah Men

［さ　行］
サム・ソ Sam So
サム・ムイ Sam Mui
シー・ギアプ See Giap
シー・タイ See Tay

シュン・ヤウ Shun Yau
シン・ショウ Sin Show
シン・ジン Xin Jin
スン・チュンイー Sng Choon Yee（孫崇瑜）
セク・シーワー Sek See Wah
ソウ・バンスィー Sow Bang Swee

［た　行］
タイ・アーキム Tai Ah Kim
タイ・カム Tai Kam
タイ・ヒー Tai Hee
タイ・ホ Tai Ho
タム・アーキット Tam Ah Kit
タム・アーサム Tam Ah Sam
タム・アーセン Tam Ah Seng
タム・アーチェン Tham Ah Cheng
タム・イェンメイ Tam Yeng Mei
タン・アーチュウ Tan Ah Chew
タン・アーモク Tan Ah Mok
タン・ジャックキム Tan Jiak Kim（陳若錦）
タン・トゥアトゥ Tan Tua Teow
タン・ペン Tan Peng
タン・ベンワン Tan Beng Wan（陳明遠）
タン・マウンリー Tang Maun Lee
チア・アーホイ Chia Ah Hoi
チウ・ヘン Chiu Heng
チェン・センチョイ Cheng Seng Choy
チャン・アーイー Chan Ah Yee
チャン・アーウン Chan Ah Ng
チャン・アーガン Chan Ah Ngan
チャン・アークイ Chan Ah Kui
チャン・アークエン Chan Ah Kuen
チャン・アークワイ Chan Ah Kwai
チャン・アーシー Chan Ah See
チャン・アーチュウ Chan Ah Chew
チャン・アーティン Chan Ah Tin
チャン・アーヒー Chan Ah Hee
チャン・アープー Chan Ah Poo
チャン・アームイ Chan Ah Mui
チャン・アーヤト Chan Ah Yat
チャン・アーユウ Chan Ah Yew
チャン・アーロイ Chan Ah Loy
チャン・ガンヨウ Chan Ngan You
チャン・ユットゴー Chan Yut Ngo
チャン・ヨークシム Chan Yeok Sim
チャン・ライキウン Chan Lye Kiun
チュ・アータイ Chu Ah Thai
チュ・アータン Chu Ah Tan
チュア・ロト Chua Lot
チュウ・アートン Chew Ah Tong
チョ・チャトムイ Cho Chat Mui
チョア・アーシアー Choa Ah Siah
チョウ・アーウン Cheow Ah Ng
チョウ・アーソー Chow Ah Soo
チョウ・カムムン Chow Kum Moon
チョウ・キンワー Chow Kin Wah
チョウ・チャトムイ Chou Chat Mui
チョー・シー Choo See
チョン・アーウン Cheong Ah Ng
チョン・アーキン Cheong Ah Kin
チョン・アータイ Cheong Ah Tye
チョン・アートン Chong Ah Tong
チョン・アーロイ Cheong Ah Roi
チョン・イーソー Cheong Yee Soh
チョン・ケオウチャイ Cheong Keow Chye
チョン・タイホー Cheong Tai Hoh
チョン・ミヨン Cheong Mi Yong
テー・キイチャイ Teh Key Chy
ティ・エンホク Tay Eng Hock
テオ・ガンクシオン Teo Gank Siong
テン・アーヒー Teng Ah Hee
トゥ・シュウ Teow Siew
トン・クァイ Tong Quay

［は　行］
ハム・チュン Ham Choon
パン・アーチョン Phang Ah Chong
パン・ソンヘン Pang Song Heng
パン・ライチャン Pang Lye Chan
プア・チーライ Puah Chee Lye
ファン・チュン Fan Chung
フアン・チュンイー Hwang Chung Yee
フォン・アーヤム Fong Ah Yum
フォン・シン Fong Sin
フォン・チョクカイ Fong Chiok Kai
フォン・ロクムイ Fong Lock Moey
ホ・アーイェ Ho Ah Ye
ホ・アーケン Ho Ah Kheng
ホ・アーサイ Ho Ah Sai
ホ・アーペン Ho Ah Peng
ホ・アームイ Ho Ah Mui
ホ・アーヨン Ho Ah Yeong

ホ・アーライ Ho Ah Lai
ホ・キーイン Ho Quee Ying
ホ・サイムイ Ho Sye Mui
ホ・ホンミン Ho Hong Min
ホ・ユウクン Ho Yeow Koon
ホン・イン Hon Yin
ポン・スンジュアン Pong Soon Juan
ホン・ミン Hong Min
ホン・ヨウクム Hong Yow Kum

［ま　行］
マー・カーポー Mah Kah Poh
マク・アーチャン Mak Ah Chan
モー・ミーリン Moh Mee Ling

［や　行］
ヤン・アーイー Yan Ah Yee
ユ Yu
ヨー・カムポク Yeo Kam Pok
ヨン・ギーセン Yeong Ghee Seng
ヨン・フォン Yong Fong

［ら　行］
ライ・アーセン Lai Ah Seng
ライ・チン Lai Chin
ラム・アーフン Lam Ah Fung
ラム・ロースー Lam Loh Suh
ラン・タンムイ Lang Tan Mui
リ Li
リ・チンホ Li Chin Ho
リー・アーサム Lee Ah Sum
リー・アーシー Lee Ah See
リー・アーチャイ Lee Ah Tze
リー・アーチュウ Lee Ah Chew
リー・アーチョイ Lee Ah Choi
リー・アーブイ Lee Ah Vui
リー・シン Lee Sing
リー・タイホ Lee Tai Ho
リー・タイヨウ Lee Tai Yow
リー・チュングアン Lee Choon Guan（李俊源）
リー・チョウフォン Lee Chow Fong
リー・ペガン Lee Pengan
リオン・チャイハ Liong Chai Ha
リム・アーリム Lim Ah Lim
リム・ジャネット Lim Janet
リム・スーカウ Lim Soo Kow
リム・ブンケン Lim Boon Keng（林文慶）
リム・ホンチャイ Lim Hong Chai
リョン・アースエー Leong Ah Swee
リョン・アータイ Leong Ah Tai
リョン・アームイ Leong Ah Moey
リョン・アーヨーク Leong Ah Yeok
リョン・ウァイチェン Leong Why Cheng
リョン・ウァイチョン Leong Why Cheong
リョン・サンヨーク Leong San Yeok
リョン・タイホ Leong Tye Ho
リョン・タイホー Leong Tye Hoe
リョン・チャイハ Leong Chai Ha
リョン・チョンタイ Leong Chong Tye
リョン・トンフォーク Leong Tong Fook
ル・アーホー Lu Ah Hoe
ロ・クィーワン Lo Kwee Wang
ロ・グェトゴー Lo Guet Ngo
ロー・アースン Loh Ah Sun
ロー・アームイ Loh Ah Moey
ロー・サイソー Loh Sai Soh
ロウ・アーチャウ Low Ah Chaw
ロウ・ギオンイン Low Ngiong Ing
ロウ・ヘンシー Low Heng See
ロク・アーリム Lock Ah Lim
ロク・オン Lok On

［わ　行］
ワイ・アーウン Wai Ah Woon
ワン・キムフク Wan Kim Fuk
ワン・サイホ Wan Sai Ho

用語一覧

以下にあげた重要語句は，本文にかなり頻繁にでてくる。中国語，おもに広東語であるが，(C) と付した。以下同様に，日本語は (J)，マレー語は (M)，フランス語は (F) を付した。

ah ku 阿姑 (C): 年齢に関係なく女性にたいして使われ，娼婦や女中の丁寧な呼び方

amah 阿媽 (C): 女中

amaksan 阿媽さん (C): なんの権利ももたない娼婦，しばしば人身売買の犠牲となった

bakufu 幕府 (J): 封建政府

burakumin 部落民 (J): アウトカースト (賤民) またはパーリア

chandu チャンドゥ (M): 調合アヘン

daimyo 大名 (J): 封建領主

Hinomaru 日の丸 (J): 日本国旗

juban 襦袢 (J): 和服の下着

karayuki-san からゆきさん (J): 「唐行き (中国へ行く人)」，とくに1880年から1920年に中国だけでなく東南アジア，インド，北アメリカなど海外での日本人娼婦を指す

kebaya クバヤ (M): 伝統的な長い袖付きの女性の上着

keng 間 (C): 同じ方言の中国人労働者が共同で借りた宿泊施設

kimono キモノ (J): 伝統的日本人女性の服装

kongchu 公主《ゴンチュー》 (C): 自分の売却についてなんの権限をもたない「売られた」娼婦

kwai po 亀婆《グワイポー》 (C): 女性娼館主

lao mama 老媽媽 (C):「お母さん」または女性娼館主

lao papa 老爸爸 (C):「お父さん」または娼館所有者

loh kui 豬花 (C):「売春婦」

loh kui chai 豬花宅 (C): 売春宿

mai kai sek ji soy 上街吃井水 (C): 結婚した元娼婦

mamasan ママさん (J): 女性娼館主，中国人社会でも広く使われた

mui tsai 妹仔 (C): 幼い妹，無給の女中

Nanyang 南洋 (C): 南洋，東南アジアを指す

Nanyo 南洋 (J): 南洋，とくに東南アジアを指す

obi 帯 (J): 着物に使用するサッシュ

okāsan オカーサン (J): 母または娼館主

onēsan オネーサン (J): 姉

pang/bāng 幇《バン》 (C): 方言を基本とする中国人政治社会経済集団

pau chai 炮宅 (C): 労働者用娼館

pau po 炮婆 (C): 炮宅で働く娼婦

pei pa 琵琶《ペイパ》 (C): 弦楽器

pei pai tsai 琵琶仔《ペイパツァイ》 (C): 少女の芸人，琵琶を弾きながら歌う少女

Po Leung Kuk 保良局 (C): 女性避難所

pongnin 幇年《ポンニン》（C）: 年季で娼館に質入れされたか，貸し出された女性

rashamen ラシャメン（J）: 外国人の情婦や妾

samfu 杉褲《サムフー》（C）: ブラウスと裾が広がった黒いズボン

shamisen 三味線（J）: 三弦の日本の楽器

samseng 流氓《サムセン》（C［M］）: 地下組織や秘密結社に雇われた中国人ちんぴら，やくざ［マレー語で無頼漢を意味する。「三星」とも書かれる］

samurai 侍（J）: 封建武士

sarong サロン（M）: スカートのように巻いた服

sheong lo hueng kwai ka leung 上羅行帰家良（C）:「娼婦あがりの主婦」

singkeh 新客《シンケ》（C）:「新しい客」，新たにリクルートされた移住労働者を指す

sinseh 先生《シンセー》（C）: 伝統的漢方医

souteneur ソトヌール（F）: フランス人嬪夫，婦女子売買人

suteretsu ステレツ（J）: 天草方言の口語で，シンガポールのマライ通り娼館地区を指す，「ストリート」が変化したもの

ta pau（C）: 炮宅あるいは安娼館の常連客

tai pang po 大班婆《ダイパンポー》（C）: 中国娼館の女中

tai tak shui wai（C）: 娼館を連れ立って訪れる男性集団

tap tang 搭灯《ダップダン》（C）: 借金もなく自前で娼館で稼ぐ娼婦

tatami 畳（J）: 伝統的日本間に敷かれたイグサのマット

tongkang 舯舡（C［M］）: シンガポール河で渡し荷を運ぶ船

touchang 頭髻（C）: 編み髪，弁髪

towkay 頭家《トウカイ》（C）: 実業家，商店主，同方言組織のリーダー，頭またはボス［政庁は，respectable Chinese として，治安判事，名誉警察判事，立法議員，行政評議会議員，市政議員などに任命し，統治に利用した］

triad 三合会（C）: 中国人地下組織または秘密結社，天地人同盟，中国人秘密結社や兄弟会には哲学的概念がともなう

yap pun kai 日本街（C）: からゆきさんが居住するシンガポール娼館街の特定の地区，文字どおり「日本街」を意味する

yatoigo 雇い子（J）: 無給の年季奉公男児

yin yang 陰陽（C）: 生死の適度なバランスと調和を保つ作用・反作用の力

yukata 浴衣（J）: 夏の普段着で綿製の着物，部屋着

zegen 女衒（J）: 日本人嬪夫，人身売買人

文献目録

未刊行公文書

イギリス

Public Records Office, Kew

CO 273 Straits Settlements, original correspondence, 1867–1941.

CO 275 Straits Settlements, sessional papers, 1870–1940.

CO 276 Straits Settlements, government gazettes, 1867–1942.

CO 809 Confidential Print, Eastern, 1872–1896.

CO 882 Confidential Print, Colonial Office.

FO 371/General, Annual Reports from various British Territories for Transmissions to League of Nations/White Slave Traffic（Files 11419, 11870–1, and 17387）.

WO 115 Directorate of Medical Services, Reports, Returns, and Summaries, 1921–1935.

Rhodes House Library, Oxford

Frederick George Bourne – Miscellaneous papers as Coroner of Singapore（Mss. Ind. Ocn. S. 203）.

S. E. Niccol Jones – 'Report on the Problem of Prostitution in Singapore', 1941（Mss. Ind. Ocn. 27）.

Sir William Peel – Notes covering his colonial service in Malaya, Singapore, and Hong Kong from 1897 to 1935（typescript）.（Mss. Brit. Emp. S. 208）.

マレーシア

Arkib Negara, Kuala Lumpur

Consul for Japan asks for assistance in locating and repatriating a Japanese girl named Sono Hata, Selangor Secretariat Files 41/1907 and 689/1907.

Consul for Japan asks for assistance in locating and repatriating a Japanese girl named Kwada Haru, Selangor Secretariat File 933/1909.

Chapman, W. T. – 'Memorandum on Sly Prostitution in Kuala Lumpur and Other Large Towns in the Federated Malay States', Selangor Secretariat File 4974/1919.

日　本

日本外務省外交史料館，東京

4.2.2.27「本邦人不正業取締関係雑件」

4.2.2.34「本邦人不正業取締関係法規雑纂」

4.2.2.99「海外に於ける本邦醜業婦ノ員数及其状況等年二回報告方訓達一件」

長崎：口述史料

'The *Karayuki-san* Speak Out', Transcript of radio broadcast, Nagasaki, 1960.

シンガポール
National Archives and Records Centre
Singapore Municipal Administration Reports（SMAR）, 1888–1939.
Straits Settlements Annual Reports（SSAR）, 1861–1941.
Straits Settlements Legislative Council Proceedings, 1867–1941.

Subordinate Court
Certificate of Coroners Views Singapore, 1906–1940.
Singapore Coroners Inquests and Inquiries, 1882–1939.

Oral History Department
Selected list of persons interviewed:
Mr Cheong Keow Chye, February 1980
Mrs Hwang Chung Yee, December 1982
Mr R. Jumabhoy, June 1981
Mr Sng Choon Yee, March 1981, Interpreter, translator, assistant to Secretary for Chinese Affairs, 1915–1942

Oral History Interviews: Tan Beng Luan and James Francis Warren
Mr Fong Chiok Kai, October 1987, 71 years old, community leader
Mr Imanaka, September 1987, Singapore, textile dealer
Ms Koh Ah Hei, October 1987, 73 years old
Ms Lee Yoke, October 1987, 89 years old
Ms Low Heng See, October 1987, 76 years old
Ms Tang Maun Lee, October 1987, 78 years old, private midwife
Mr Wong Chew, September 1987, 74 years old, construction labourer
Ms Wong Swee Peng, September 1987, 82 years old
Ms Esme Woodford, November 1987, Perth
Mr Yip Cheong Fung, October 1987, 84 years old, photographer

刊行公文書

政府刊行物
Committee Appointed to Investigate the Hawker Question in Singapore（Singapore: Government Printing Office, 1932）.
League of Nations, *Report on the Commission of Enquiry into the Traffic in Women and Children in the East*（*CETWCE*）, New York, 1933.
Proceedings and Report of the Commission Appointed to Inquire into the Cause of the Present Housing Difficulties in Singapore, and the Steps Which Should Be Taken to Remedy Such Difficulties（Singapore: Singapore Government Printing Office, 1918）.
Simpson, W. J., *Report on the Sanitary Condition of Singapore*（London: Waterloo and Sons, 1907）.
Straits Settlements and Federated Malay States Opium Commission, 1908.
Report of the Commissioners Appointed to Enquire into the State of Labour in the Straits Settlements and Protected Native States with Appendices and Papers in Continuation（Singapore: Government Printing Office, 1891）.
Report of Venereal Disease Committee, Council Paper No. 86, Proceedings of the Straits Settlements Legislative Council, 1923.

議会文書

Correspondence, or Extracts Therefrom, Relating to the Repeal of Contagious Diseases Ordinance and Regulations, in the Crown Colonies, 1887, Vol. LVII. 687.

First Report of the Advisory Committee on Social Hygiene, 1924–25, XV（Cmd. 2501）.

Report of a Committee Appointed to Report on Straits Settlements and Federated Malay States Women and Girls Protection Amendments, 1927, 1928–9, V（Cmd. 3294）.

Return of All British Colonies and Dependencies in Which by Ordinance or Otherwise Any System Involving the Principle of the Late Contagious Diseases Acts, 1866 and 1869, Is in Force, with Copies of Such Ordinance or Other Regulations; 1886, Vol. XLV. 617.

Woods, W. W., *Mui Tsai in Hong Kong and Malaya, Report of Commission*（Colonial Office No. 125, London: HMSO, 1937）.

新聞・雑誌

『福岡日日新聞』，1902–1926

Japan Weekly Mail, 1896

『九州日々新聞』，1899–1918

Singapore Free Press, 1894–1938

Straits Chinese Magazine, 1897–1907

Straits Echo, 1905

『東京新報』，1890–2

『東《マ》京《マ》［東洋］日之出新聞』，1902–22

未刊行論文

Mihalopolous, Bill, 'Japan's Forgotten Commodities: The Karayuki', BA Hons. diss., University of Adelaide, 1983.

Sone, Sachiko, 'The Karayuki-san of Asia, 1868–1938: The Role of Prostitutes Overseas in Japanese Economic and Social Development', M.Phil, diss., Murdoch University, Murdoch, Western Australia, 1990.

Yeoh, Brenda, 'Municipal Control, Asiatic Agency and the Urban Environment, Singapore, 1880–1929', Ph.D. diss., Oxford University, 1991.

書　籍

Akiyama, Aisaburo, *Geisha Girl*（Yokohama: 1937）.

Alavi, Hamza, *Capitalism and Colonial Production*（London: Croom Helm, 1982）.

Allen, Charles（ed.）, *Tales from the South China Seas*（London: BBC, 1983）.

Allen, Rowland and Elliot, F. M., *Straits Settlements Law Reports*（New York: Oceana Publications, 1970）.

Allison, A., *Singapore Law and Lawyers*（Singapore: Yu Shing Press, 1899）.

Baker, Hugh D. R., *Chinese Family and Kinship*（London: Macmillan, 1979）.

Ballhatchet, Kenneth, *Race, Sex and Class under the Raj: Imperial Attitudes and Policies and Their Critics, 1793–1905*（London: Weidenfeld and Nicolson, 1980）.

Bilainkin, George, *Hail, Penang! Being the Narrative of Comedies and Tragedies in a Tropical Outpost, among Europeans, Chinese, Malays and Indians*（London: Sampson Low, Marston and Company, 1932）.

Blythe, W. L., *The Impact of the Chinese Secret Societies in Malaya: A Historical Study*（London: Oxford University Press, 1969）.

Bock, Audie, *Japanese Film Directors* (Tokyo: Kodansha International, 1978).
Bohannen, Paul (ed.), *African Homicide and Suicide* (Princeton: Princeton University Press, 1960).
Braddell, Sir Roland St. J., *Chinese Marriages* (Singapore, 1921).
——, *The Laws of the Straits Settlements: A Commentary,* 2 nd edn. (Singapore, 1931).
——, *The Lights of Singapore* (London: Methuen, 1934).
Breman, Jan, *Labour Migration and Rural Transformation in Colonial Asia* (Amsterdam: Free University Press, 1990).
——, (ed.), *Imperial Monkey Business: Racial Supremacy in Social Darwinist Theory and Colonial Practice* (Amsterdam: Free University Press, 1990).
Bridenthal, Renate and Koonz, Claudia (eds.), *Becoming Visible Women in European History* (Boston: Houghton Mifflin, 1977).
Brown, Edwin A., *Indiscreet Memories* (London: Kelly and Walsh, 1936).
Buck, John Lossing, *Land Utilization in China* (New York: The Council on Economic and Cultural Affairs, 1956).
Bullough, Vern, *The History of Prostitution* (New York, 1964).
Buruma, Ian, *A Japanese Mirror: Heroes and Villains of Japanese Culture* (London: Penguin, 1984) [イアン・ビュルマ/山本喜久男訳『日本のサブカルチャー——大衆文化のヒーロー像』TBSブリタニカ，1986年].
Butcher, John G., *The British in Malaya 1880–1941: The Social History of a European Community in Colonial South-East Asia* (Kuala Lumpur: Oxford University Press, 1979).
Butler, Anne M., *Daughters of Joy, Sisters of Misery: Prostitutes in the American West, 1865–1890* (Urbana: University of Illinois Press, 1985).
Campbell, Psia C., *Chinese Coolie Emigration to Countries within the British Empire* (London: P. S. King and Sons Ltd., 1923).
Carroll, Berenice (ed.), *Liberating Women's History* (Urbana: University of Illinois Press, 1976).
Carstens, Sharon A., *Chinese Associations in Singapore Society,* Occasional Paper No. 37, Institute of Southeast Asian Studies, Singapore, 1975.
Castells, Manuel, *The Urban Question: A Marxist Approach* (London: Edward Arnold, 1979).
Champly, Henry, *The Road to Shanghai: White Slave Traffic in Asia* (London: John Long, 1934).
Chen Mong Hock, *The Early Chinese Newspapers of Singapore, 1881–1902* (Singapore: University of Malaya Press, 1967).
Chesneaux, Jean, *Pasts and Futures or What Is History for?* (London: Thames and Hudson, 1978).
——, *Secret Societies in China in the Nineteenth and Twentieth Centuries* (Hong Kong: Heinemann, 1971).
Chevalier, Louis, *Labouring Classes and Dangerous Classes in Paris during the First Half of the Nineteenth Century* (London: Routledge and Kegan Paul, 1973) [ルイ・シュヴァリエ/喜安朗・木下賢一・相良匡俊共訳『労働階級と危険な階級——19世紀前半のパリ』みすず書房，1993年].
Chia, Felix, *The Babas* (Singapore: Times Books International, 1980).
Chinatown: An Album of a Singapore Community (Singapore: Times Books and Archives and Oral History Department, 1983).
Clammer, John R., *Straits Chinese Society* (Singapore: Singapore University Press, 1980).
Cobb, Richard, *Death in Paris 1795–1801* (London: Oxford University Press, 1978).
Comber, Leon, *Chinese Temples in Singapore* (Singapore: Eastern Universities Press, 1958).
Cott, Nancy F. and Peck, Elizabeth H. (eds.), *A Heritage of Her Own: Toward a New Social History of American Women* (New York: Simon and Schuster, 1979).
Crawford, Patricia (ed.), *Exploring Women's Past: Essays in Social History* (Melbourne: Sisters Publishing, 1983).

Cuylenburg, John, *Singapore through Sunshine and Shadow* (Singapore: Heinemann, 1982).
Dalby, Liza Crihfield, *Geisha* (Berkeley: University of California Press, 1983).
De Leeuw, Hendrick, *Cities of Sin* (London: Neville Speasman, 1935).
Dixon, A., *Singapore Patrol* (London: Harrap, 1935).
Dogget, Marjorie, *Characters of Light: A Guide to the Buildings of Singapore* (Singapore: Donald Moore, 1957).
Douglas, Jack D., *The Social Meanings of Suicide* (Princeton: Princeton University Press, 1967).
Durkheim, Emile, *Suicide: A Study of Sociology* (Glencoe: Illinois Free Press, 1951).
Elliot, Alan J. A., *Chinese Spirit Medium Cults in Singapore* (London: University of London, 1958).
Escott, Paul D., *Slavery Remembered: A Record of Twentieth Century Slave Narratives* (Chapel Hill: The University of North Carolina Press, 1979).
Fairbank, John K., Reischauer, Edwin O., and Craig, Albert M., *East Asia: Tradition and Transformation* (London: George Allen and Unwin, 1973).
Falconer, John, *A Vision of the Past: A History of Early Photography in Singapore and Malaya, The Photographs of G R Lambert and Co., 1880-1910* (Singapore: Times Editions, 1987).
Faure, David, *The Rural Economy of Pre-Liberation China: Trade Increase and Peasant Livelihood in Jiangsu and Guangdong, 1870 to 1937* (Hong Kong: Oxford University Press, 1989).
Finnegan, Francis, *Poverty and Prostitution: A Study of Victorian Prostitutes in York* (Cambridge: Cambridge University Press, 1979).
Forster, Robert and Ranum, Orest, *Deviants and the Abandoned in French Society* (Baltimore: Johns Hopkins University Press, 1978).
Freedman, Maurice, *Chinese Family and Marriage in Singapore* (London: HMSO, 1957).
——, *Chinese Lineage and Society: Fukien and Kwangtung,* London School of Economics and Political Science, Monographs on Social Anthropology, 33 (London, 1966) [モーリス・フリードマン/田村克己・瀬川昌久訳『中国の宗族と社会』弘文堂, 1987年].
——, *Lineage Organisation in Southeastern China,* London School of Economics and Political Science, Monographs on Social Anthropology, 18 (London, 1958) [モーリス・フリードマン/末成道男・西澤治彦・小熊誠訳『東南中国の宗族組織』弘文堂, 1991年].
——, *The Study of Chinese Society: Essays by Maurice Freedman* (Stanford: Stanford University Press, 1979).
Frick, R. L., *Ch'ng Policy toward the Coolie Trade* (Taipei: Chinese Materials Centre, 1982).
Fried, Morton (ed.), *Colloquium on Overseas Chinese* (New York: Institute of Pacific Relations, 1958).
Fukutake, Tadashi, *Japanese Rural Society* (Oxford: Oxford University Press, 1967) [福武直『日本農村社会論』東京大学出版会, 1964年].
Gamble, Sydney, *How Chinese Families Live in Peking* (New York: Funk and Wagnalls, 1933).
Gardiner, Juliet (ed.), *What Is History Today...?* (Atlantic Highlands, N. J.: Humanities Press, 1988).
Garrad, Charles Goodricke, *The Acts and Ordinances of the Legislative Council of the Straits Settlements from the* 1 *st April 1867 to* 7 *th March 1898,* 2 vols. (London: Eyre and Spottiswoode, 1898).
Glenn, Nakano Evelyn, *Issei, Nisei, War Bride: Three Generations of Japanese American Women in Domestic Service* (Philadelphia: Temple University Press, 1986).
Godley, Michael, *The Mandarin-Capitalists from Nanyang: Overseas Chinese Enterprise in the Modernisation of China 1893-1911* (Cambridge: Cambridge University Press, 1981).
Goldman, Marion S., *Golddiggers and Silver Miners: Prostitution and Social Life on the Comstock Lode* (Ann Arbor: University of Michigan Press, 1981).
Griffin, Susan, *Rape: The Politics of Consciousness* (New York: Harper and Row, 1986) [スーザン・グリフィン/幾島幸子訳『性の神話を超えて——脱レイプ社会の論理』講談社, 1995年].
Gronewold, Sue, *Beautiful Merchandise: Prostitution in China 1860-1936* (New York: Haworth Press, 1982).

Halbwacks, Maurice, *Les Causes Du Suicide* (Paris: Alcan, 1930).

Hane, Mikiso, *Peasants, Rebels and Outcastes: The Underside of Modern Japan* (New York: Pantheon Books, 1982).

Hare, G. T. (ed.), *A Text Book of Documentary Chinese for the Straits Settlements and the Protected Native States,* Pt. 1, Vols. 1–2 (Singapore: Government Printing Office, 1894).

Hartmann, M. and Banner, L. W. (eds.). *From Clio's Consciousness Raised: New Perspectives on the History of Women* (New York: Octagon Books, 1976).

林　英夫［編］『ものいわぬ群れ――地方史物語（西国篇）』（新人物往来社，1971年）。

Henriques, Fernando, *Prostitution and Society: A Survey* (London: MacGibbon and Kee, 1962).

Hershatter, Gail, *The Workers of Tianjin, 1900–1949* (Stanford: Stanford University Press, 1986).

樋口直樹ほか編『シンガポール日本人墓地　写真と記録』（シンガポール日本人会，1983年）。

Hochschild, Arlie, *The Managed Heart: Commercialization of Human Feeling* (Berkeley: University of California Press, 1983)［A. R. ホックシールド／石川准・室伏亜希訳『管理される心――感情が商品になるとき』世界思想社，2000年］.

Honig, Emily, *Sisters and Strangers: Women in the Shanghai Cotton Mills, 1919–1949* (Stanford: Stanford University Press, 1986).

Hunt, Susan, *Spinifex and Hessian* (Perth: University of Western Australia Press, 1986).

Hyam, Ronald, *Empire and Sexuality: The British Experience* (Manchester: Manchester University Press, 1991)［ロナルド・ハイアム／本田毅彦訳『セクシュアリティの帝国――近代イギリスの性と社会』柏書房，1998年］.

Jackson, R. N., *Immigrant Labour and the Development of Malaya, 1786–1920* (Kuala Lumpur: Government Printer, 1961).

——, *Pickering: Protector of Chinese* (Kuala Lumpur: Oxford University Press, 1965).

Jaget, Claude (ed.), *Prostitutes: Our Life* (Bristol: Falling Wall Press, 1980).

Jaschok, Maria, *Concubines and Bondservants: The Social History of a Chinese Custom* (London: Zed Books, 1988).

Jordan, David K., *Gods, Ghosts and Ancestors: Folk Religion in a Taiwanese Village* (Berkeley: University of California Press, 1972).

Kaye, Barrington, *Upper Nankin Street, Singapore: A Sociological Study of Chinese Households Living in a Densely Populated Area* (Singapore: University of Malaya Press, 1960).

Khin, Thitsa, *Nuns, Mediums and Prostitutes in Chiengmai: A Study of Some Marginal Categories of Women* (Singapore: Centre of Southeast Asian Studies, 1983).

Khoo Kay Kim (ed.), *The Great Depression: The Malaysian Context in the History of South, South-East and East Asia* (Kuala Lumpur: Oxford University Press, 1977).

Kiernan, Victor, *The Lords of Human kind: European Attitudes to the Outside World in the Imperial Age* (London: Penguin, 1972).

Kiyooka, Eiechi (trans. and ed.), *Fukuzawa Yukichi on Japanese Women: Selected Works* (Tokyo: University of Tokyo Press, 1988).

Lai Ah Eng, *Peasants, Proletarians and Prostitutes: A Preliminary Investigation into the Work of Chinese Women in Colonial Malaya* (Singapore: Institute of Southeast Asian Studies, 1986).

Lao She, *Lo-T'o Hsiang Tsu*［Rickshaw］, trans. by Jean M. James (Honolulu: The University of Hawaii Press, 1979).

Lebra, J. and Paulson, J. (eds.), *Chinese Women in Southeast Asia* (Singapore: Times Books International, 1980).

Lee Poh Ping, *Chinese Society in Nineteenth Century Singapore* (Kuala Lumpur: Oxford University Press, 1978).

Lee Tai Ho (ed.), *Early Chinese Immigrant Societies: Case Studies from North America and British Southeast Asia* (Singapore: Heinemann, 1988).
Lim, Janet, *Sold for Silver* (London: Collins, 1958; reprinted Singapore: Oxford University Press, 1985).
Llewellyn-Jones, Derek, *Sex and V. D*. (London: Faber and Faber, 1974).
Lockhart, Bruce, *Return to Malaya* (New York: G. P. Putnam and Son, 1936).
Lockhart, James, *The Men of Cajamarca: A Social and Biographical Study of the First Conquerors of Peru* (Austin: University of Texas, 1972).
Lockwood, William W., *The Economic Development of Japan* (Princeton: Princeton University Press, 1954) [W. W. ロックウッド/中山伊知郎監訳『日本の経済発展』全2巻, 東洋経済新報社, 1958年].
——, (ed.), *The State and Economic Enterprise in Japan: Essays in the Political Economy of Growth* (Princeton: Princeton University Press, 1965) [W. W. ロックウッド編/大来佐武郎監訳『日本経済近代化の百年——国家と企業を中心に』日本経済新聞社, 1966年].
Longstreet, Stephen and Longstreet, Ethel, *Yoshiwara: City of the Senses* (New York: David McKay, 1970).
Low Ngiong Ing, *Chinese Jetsam on a Tropical Shore* (Singapore: Eastern Universities Press, 1974).
Luscombe, F. M., *Singapore 1819–1930* (Singapore, 1930).
Macaulay, Dr. T. S., *Common Diseases of Coolies* (Singapore: Fraser and Neave, 1923).
McHugh, Paul, *Prostitution and Victorian Social Reform* (New York: St Martin's Press, 1980).
McKie, R. C. H., *This Was Singapore* (New York: Angus and Robertson, 1942).
McKirdy, O. L. and Willis, W. N., *The White Slave Market* (1912).
McLeod, Eileen, *Women Working: Prostitution Now* (London: Biddies, 1982).
McNeill, William H., *Plagues and Peoples* (London: Penguin, 1976) [W. H. マクニール/佐々木昭夫訳『疫病と世界史』新潮社, 1985年].
MacPherson, W. J., *The Economic Development of Japan c.1868–1941* (London: Macmillan, 1987).
Mak Lau Fong, *The Sociology of Secret Societies: A Study of Chinese Secret Societies in Singapore and Peninsular Malaysia* (Kuala Lumpur: Oxford University Press, 1981).
Makepeace, W. E., Braddell, R. St. J., and Brooke, G. E. (eds.), *One Hundred Years of Singapore* (London: John Murray, 1921; reprinted Singapore: Oxford University Press, 1991).
Mallory, Walter, *China: Land of Famine* (New York: American Geographical Society, 1926).
Manderson, Lenore (ed.), *Women's Work and Women's Roles: Economics and Everyday Life in Indonesia, Malaysia and Singapore,* Development Studies Centre Monograph No. 32, Canberra: The Australian National University, 1983.
Maugham, W. Somerset, *Collected Short Stories,* Vol. 4 (London: Pan Books, 1976).
Millet, Kate, *The Prostitution Papers* (London: Paladin, 1975).
——, *Sexual Politics* (London: Sphere Books, 1972).
宮岡謙二『娼婦　海外流浪記』(三一書房, 1968年)。
森　克巳『人身売買——海外出稼ぎ女』(至文堂, 1959年)。
森崎和江『からゆきさん』(朝日新聞社, 1976年)。
Morton, R. S., *Venereal Diseases* (London: Penguin, 1972).
村岡伊平治『村岡伊平治自伝』(南方社, 1960年)。
南洋及日本人社『南洋の五十年——シンガポールを中心に同胞活躍』(章華社, 1937年)。
Ngo Vinh Long, *Vietnamese Women in Society and Revolution: The French Colonial Period* (Cambridge, Massachusetts: Vietnam Resource Center, 1974).
Onreat, Rene Henry de Solminihac, *Singapore, A Police Background* (London: Dorothy Crisp and Company, 1947).
Pateman, Carole, *The Sexual Contract* (Cambridge: Polity Press, 1988).
Pateman, Carole and Gross, Elizabeth (eds.), *Feminist Challenges: Social and Political Theory* (London: Al-

len and Unwin, 1986).
Perkins, Jane, *Kampong Glam, Spirit of a Community* (Singapore: Times Publishing, 1982).
Petrie, Glen, *A Singular Iniquity: The Campaigns of Josephine Butler* (London: Macmillan, 1971).
Pramoedya Ananta Toer, *This Earth of Mankind* (Ringwood, Australia: Penguin, 1982) [プラムディヤ・アナンタ・トゥール／押川典昭訳『人間の大地』全2冊，めこん，1986年].
Pruitt, Ida, *Old Madam Yin: A Memoir of Peking Life 1926–1938* (Stanford: Stanford University Press, 1979).
Purcell, Victor, *The Memoirs of a Malayan Official* (London: Cassell, 1965).
Quahe, Yvonne, *We Remember: Cameos of Pioneer Life* (Singapore: Landmark Books, 1986).
Reiter, R. R. (ed.), *Towards an Anthropology of Women* (London: Monthly Review Press, 1975).
Reith, G. M., *1907 Handbook to Singapore* (Singapore: Eraser and Neave, 1892 and 1907; reprinted Oxford University Press, 1985 and 1986).
Rimmer, P. J. and Allen, L. M (eds.), *The Underside of Malaysian History: Pullers, Prostitutes, Plantation Workers* (Singapore: Singapore University Press, 1990).
Robertson, E. J., *Straits Memories-Incidents, Peoples and Life in Singapore and the Straits a Generation Ago* (Singapore, 1910).
Robson, J. R., *Records and Recollections 1899–1934* (Kuala Lumpur: Kyle, Palmer, 1934).
Rosebury, Theodore, *Microbes and Morals: The Strange Story of Venereal Disease* (London: Seeker and Warburg, 1972).
Samuel, Raphael (ed.), *People's History and Socialist Theory* (London: Routledge and Kegan Paul, 1981).
佐藤忠男『今村昌平の世界』(学陽書房，1980年)。
Schlegel, Gustaaf, *Histoire de la Prostitution en Chine* (Rouen, 1880).
Sievers, Sharon, *Flowers in Salt-The Beginnings of Feminist Consciousness in Modern Japan* (Stanford: Stanford University Press, 1983).
Singapore Retrospect through Postcards: 1900–1930 (Singapore: Sin Chew Jit Poh and Archives and Oral History Department, 1982).
Song Ong Siang, *One Hundred Years' History of the Chinese in Singapore* (London: John Murray, 1923; reprinted Kuala Lumpur: University of Malaya Press, 1967; and Singapore: Oxford University Press, 1987).
Stallybrass, Peter and White, Allen, *The Politics and Poetics of Transgression* (London: Methuen, 1986).
Stone, Lawrence, *The Past and the Present* (London: Routledge and Kegan Paul, 1981).
Sydney, R. H. J., *Malay Land* (London: Cecil Palmer, 1926).
Ta Chen, *Emigrant Communities in South China: A Study of Overseas Migration and Its Influences on Standards of Living and Social Change* (New York: Secretariat, Institute of Pacific Relations, 1940).
Thompson, Paul, *The Voice of the Past: Oral History* (London: Oxford University Press, 1978) [ポール・トンプソン／酒井順子訳『記憶から歴史へ――オーラル・ヒストリーの世界』青木書店，2002年].
Tien Ju-Kang, *Male Anxiety and Female Chastity: A Comparative Study of Chinese Ethical Values in Ming-Ching Times* (Leiden: E. J. Brill, 1988).
Tregonning, K. G. (ed.), *Malayan Historical Sources* (Singapore: Malaysia Publications Ltd., 1965).
Trocki, C. A., *Opium and Empire: Chinese Society in Colonial Singapore 1800–1910* (Ithaca: Cornell University Press, 1990).
——, *Prince of Pirates: The Temenggongs and the Development of Johor and Singapore, 1784–1885* (Singapore: Singapore University Press, 1979).
Tsurumi, Patricia, *Factory Girls: Women in the Thread Mills of Meiji Japan* (Princeton: Princeton University Press, 1990).
Turnbull, C. M., *A History of Singapore 1819–1975* (Kuala Lumpur: Oxford University Press, 1977).
——, *The Straits Settlements 1826–67: Indian Presidency to Crown Colony* (Singapore: Oxford University Press, 1972).

Vaughan, J. D., *The Manners and Customs of the Chinese of the Straits Settlements*（Kuala Lumpur: Oxford University Press, 1974）.

Vlieland, C. A., *Census of British Malaya, 1931*（London, 1932）.

Walkowitz, Judith R., *Prostitution and Victorian Society: Women, Class and the State*（London: Cambridge University Press, 1980）［ジュディス・R. ウォーコウィッツ／永富友海訳『売春とヴィクトリア朝社会――女性，階級，国家』上智大学出版，ぎょうせい（発売），2009年］.

Wang Gungwu, *Community and Nation: Essays on Southeast Asia and the Chinese*（Singapore: Heinemann, 1981）.

Warren, James Francis, *At the Edge of Southeast Asian History*（Quezon City: New Day Press, 1987）.

――, *Rickshaw Coolie: A People's History of Singapore*（*1880–1940*）（Singapore: Oxford University Press, 1986）.

――, *The Sulu Zone 1768–1898: The Dynamics of External Trade, Slavery and Ethnicity in the Transformation of a Southeast Asian Maritime State*（Singapore: Singapore University Press, 1981）.

Watson, James L., *Asian and African Systems of Slavery*（Oxford: Basil Blackwell, 1980）.

――, *Emigration and the Chinese Lineage: The Mans in Hong Kong and London*（Berkeley: University of California Press, 1975）.

Weeks, Jeffrey, *Sex, Politics and Society: The Regulation of Sexuality since 1800*（London: Longman, 1981）.

Wolf, Margery and Witke, Roxanne（eds.）, *Women in Chinese Society*（Stanford: Stanford University Press, 1975）.

Wong, Aline, *Women in Modern Singapore*（Singapore: University Education Press, 1975）.

Wong, C. S., *A Cycle of Chinese Festivities*（Singapore: Malaysia Publishing House, 1967）.

Wright, A. and Cartwright, H.（eds.）, *Twentieth Century Impressions of British Malaya: Its History, People, Commerce, Industries and Resources*（London: Lloyds Greater Publishing, 1908）.

Wynne, M. L., *Triad and Tabut*（Singapore: Government Printing Office, 1941）.

山口和雄『日本経済史』（筑摩書房，1972年）。

山本茂実『あゝ野麦峠　ある製糸工女哀史』（朝日新聞社，1968年）。

山室軍平『社会郭清論』（中央公論，1977年）。

山崎朋子『あめゆきさんの歌――山田わかの数奇なる生涯』（文藝春秋，1983年［初版1978年］）［The story of Yamada Waka: from prostitute to feminist pioneer, trans. by Wakako Hironaka & Ann Kostant, Tokyo: Kodansha International, 1985］。

――,『サンダカン八番娼館』（筑摩書房，1972年）。

――,『サンダカンの墓』（文藝春秋，1977年［文庫版；単行本1974年］）。

矢野暢『日本の南洋史観』（中公新書，1979年）。

Yen Ching-hwang, *Coolies and Mandarins: China's Protection of Overseas Chinese during the Late Ch'ing Period*（*1851–1911*）（Singapore: Singapore University Press, 1985）.

――, A Social History of the Chinese in Singapore and Malaya 1800–1911（Singapore: Oxford University Press, 1986）.

Yeoh, Brenda S. A., *Municipal Sanitary Surveillance, Asian Resistance and the Control of the Urban Environment in Singapore,* Research Paper No. 47, School of Geography, Oxford University, 1991.

Zhang Xinxin and Sang Ye（eds.）, *Chinese Lives, An Oral History of Contemporary China,* trans. W. J. F. Jenner and Delia Davin（New York: Pantheon Books, 1987）.

Zunz, Olivier（ed.）, *Reliving The Past: The Worlds of Social History*（Chapel Hill: The University of North Carolina Press, 1985）.

雑誌論文

Ahern, Emily, 'Power and Pollution of Chinese Women', in Arthur Wolf (ed.), *Studies in Chinese Society* (Stanford: Stanford University Press, 1978), pp. 269–90.

Allen, Judith, 'Evidence and Silence: Feminism and the Limits of History', in Carole Pateman and Elizabeth Gross (eds.), *Feminist Challenges: Social and Political Theory* (Sydney: Allen and Unwin, 1986), pp. 173–89.

Anderson, Olive, 'Did Suicide Increase with Industrialisation in Victorian England?', *Past and Present,* 86 (1980): 149–73.

Banner, Lots W., 'On Writing Women's History', *Journal of Interdisciplinary History,* 2 (1971): 347–58.

Becker, Howard, 'Photography and Sociology', *Studies in the Anthropology of Visual Communication,* 6 (1974): 3–26.

Best, Joel, 'Careers in Brothel Prostitution: St Paul, 1865–1883', *Journal of Interdisciplinary History,* 12, 4 (Spring 1982): 597–617.

Blythe, W. L., 'Historical Sketch of Chinese Labour in Malaya', *Journal of the Malayan Branch of the Royal Asiatic Society,* XX, 1 (1947): 64–114.

Bridenthal, Renate, 'The Dialectics of Production and Reproduction in History', *Radical America,* 10 (March-April 1976): 3–11.

Burbridge, W. M., 'The Present State of Morality amongst the Straits Chinese', *The Straits Chinese Magazine,* 3, 9 (March 1899): 4–7.

Butcher, John G., 'The Demise of the Revenue Farm System in the Federated Malay States', *Modern Asian Studies,* 17, 3 (1983): 387–412.

Catley, Bob, 'The Development of Underdevelopment in Southeast Asia', *Journal of Contemporary Asia,* 6, 1 (1976): 54–74.

Chambers, W. M., 'The Social Hygiene Campaign in Singapore', *Health and Empire,* 13 (1938): 218–25.

Cheng, Uwen, 'Conditions of Labour and Methods of Recruiting in Malaya', *International Labour Review,* 21 (1930): 426–8.

——, 'Opium in the Straits Settlements 1867–1910', *Journal of Southeast Asian History,* 2, 1 (March 1961): 52–75.

Crissman, Lawrence, 'The Segmentary Structure of Urban Overseas Chinese Communities', *Man,* 2 (1967): 185–204.

Davidson, Raelene, 'As Good a Bloody Woman as Any Other Woman . . . Prostitution in Western Australia, 1895–1939', in Patricia Crawford (ed.), *Exploring Women's Past: Essays in Social History* (Melbourne: Sisters Publishing, 1983), pp. 171–210.

Davin, Anna, 'Women and History', in Michelin Wandor (ed.), *The Body Politic: Writings from the Women's Liberation Movement* (London: Xerox, 1969–1972), pp. 217–23.

Dirks, Robert, 'Social Responses during Severe Food Shortages and Famine', *Current Anthropology,* 21, 1 (1980): 21–44.

Duissen, Henk, 'Images of Spanish Colonialism in the Rief: An Essay in Historical Anthropology and Photography', *Critique of Anthropology,* 7 (1987); 53–66.

Ee, Joyce, 'Chinese Migration to Singapore, 1896–1941', *Journal of Southeast Asian History,* 2 (1961): 33–51.

Emmerson, Donald K., 'Issues in Southeast Asian History: Room for Interpretation-A Review Article', *Journal of Asian Studies,* 40, 1 (November 1980): 43–68.

Farberow, Norman L., 'Suicide: Psychological Aspects (1) and (2)', *International Encyclopedia of Social Science* (New York: Macmillan and Free Press, 1968), pp. 385–96.

Firmstone, H. W., 'Chinese Names of Streets and Places in Singapore and the Malay Peninsula', *Journal of the Malayan Branch of the Royal Asiatic Society,* 42 (1905): 53–208.

Freedman, Maurice, 'Chinese Kinship and Marriage in Singapore', *Journal of Southeast Asian History,* 3 (1962): 65–73.

——, 'Colonial Law and Chinese Society', *Journal of the Royal Anthropological Institute,* 80 (1950): 97–126.

——, 'Immigrants and Associations: Chinese in 19 th Century Singapore', *Comparative Studies in Society and History,* 3, 1 (1960): 25–48.

Freedman, Maurice and Topley, Marjorie, 'Religion and Social Realignments among the Chinese in Singapore', *Journal of Asian Studies,* 21, 1 (1961): 3–23.

Greenough, Paul R., 'Famine', in Ainslee T. Embree (ed.), *Encyclopedia of Asian History* (New York: Charles Scribner's Sons, 1988), Vol. 1, p. 457–9.

——, 'Gupta, Gujurat, and Guha Restating the Case for South Asia', *Items Social Science Research Council,* 44, 4 (1990).

Hardacre, Helen, 'Women's Caucus Day', *Asian Studies Review,* 14, 2 (November 1990): 176－7.

Henretta, James A., 'Social History as Lived and Written', *American Historical Review,* 184 (1974): 1293–333.

Hershatter, Gail, 'Flying Hammers, Walking Chisels: The Workers of Santinoshi', *Modern China,* 9, 4 (1983): 387–420.

——, 'The Hierarchy of Shanghai Prostitution, 1870–1949', *Modern China,* 15, 4 (October 1989): 463–98.

Hirata, Lucie Cheng, 'Free, Indentured, Enslaved: Chinese Prostitutes in Nineteenth Century America', *Signs: Journal of Women in Culture and Society,* 5, 1 (1979): 3–29.

Honig, Emily, 'The Contract Labour System and Women Workers: Pre-Liberation Cotton Mills of Shanghai', *Modern China,* 9, 4 (1983): 421–54.

Ichioka, Yuji, 'Ameyuki-san: Japanese Prostitutes in Nineteenth Century America', *Amerasia,* 4 (1977): 1–21.

井沢信久「聞き書き・カラユキさん残酷物語」『潮』1973年 6 月号: 209–10.

Jackson, L., 'Prostitution', in J. Lebra and J. Paulson (eds.), *Chinese Women in Southeast Asia* (Singapore: Times Books International, 1980), pp. 32–65.

Karshens, Arnold, 'One Way to Live', *Critique of Anthropology,* 7, 3 (1987): 69–79.

Kelly-Gadol, Joan, 'The Social Relations of the Sexes: Methodological Implications of Women's History', *Signs: Journal of Women in Culture and Society,* 2, 4 (1976): 809–24.

Khoo Kay Kim, 'The Great Depression: The Malaysian Context', in Khoo Kay Kim (ed.), *The History of South, South-East and East Asia: Essays and Documents* (Kuala Lumpur: Oxford University Press, 1977), pp. 78–94.

Knight, Arthur, 'Tan Tock Seng's Hospital, Singapore', *Journal of the Malayan Branch of the Royal Asiatic Society,* 42, 1 (1960): 252–5.

Koh Tai Ann and Vivienne Wee (eds.). *Women's Choices Women's Lives,* Special issue of *Commentary* (Journal of the National University of Singapore), 7, 2–3 (1987).

Le Goff, J., 'Au Moyen Age, temps de 1' Eglise et temps due marchand', *Annales: Economics Societies Civilisations,* 15 (1960): 417–33 [J. ル・ゴフ／加納修訳「中世における教会の時間と商人の時間」同『もうひとつの中世のために——西洋における時間，労働，そして文化』白水社，2006年，所収].

Lee, Y. K., 'Singapore's Pauper and Tan Tock Seng Hospital (1819–1873), Part I', *Journal of the Malaysian Branch of the Royal Asiatic Society,* 48, 2 (1975): 79–111.

——, 'Singapore's Pauper and Tan Tock Seng Hospital (1819–1873), Part II', *Journal of the Malaysian Branch of the Royal Asiatic Society,* 49, 1 (1976): 113–33.

——, 'Singapore's Pauper and Tan Tock Seng Hospital, Part Three: The New Hospital 1860', *Journal of the Malaysian Branch of the Royal Asiatic Society,* 49, 2 (1976): 164–183.

——, 'Singapore's Pauper and Tan Tock Seng Hospital, Part Four: The Government Takes Over', *Journal of the Malaysian Branch of the Royal Asiatic Society,* 50, 2 (1977): 111–35.

Lee Pengan, 'Letters from Singapore', *The Female Missionary Intelligencer* (January 1897), Church of England Zenana Missionary Society (1865–95), p. 10.

Lerner, Gerda, 'Placing Women in History: A 1975 Perspective', in Berenice A. Carroll (ed.), *Liberating Women's History* (Chicago: University of Illinois Press, 1976), pp. 357–67.

Li Chung Chu, 'A Description of Singapore in 1887', *China Society 25 th Anniversary Journal* (1975): 20–9.

Li, Lillian M., 'Food, Famine, and the Chinese State-A Symposium', *Journal of Asian Studies,* 41, 4 (1982): 685–797.

Lim Boon Keng, 'Infectious Diseases and the Public', *The Straits Chinese Magazine,* 1, 7 (December 1897): 120–4.

——, 'The Status of Women under a Confucian Regime', *The Straits Chinese Magazine,* 10, 4 (December 1906): 170–8.

Lim Joo Hock, 'Chinese Female Immigration to the Straits Settlement, 1860–1901', *Journal of the South Seas Society,* 22, 3 (1967): 58–110.

Lim, Julian, 'Social Problems of Chinese Female Immigrants in Malaya 1925–40', *Malaysia in History,* 23 (1980): 101–9.

Mak Lau Fong and Wong, Aline, 'Territorial Patterns among Chinese Secret Societies in Singapore and Peninsular Malaysia: Some Tentative Findings', *Journal of the Malaysian Branch of the Royal Asiatic Society,* 51, 1 (1978): 37–45.

Nakahara, Michiko, 'Sultan Abu Bakar and the Meiji Japanese', *Waseda Journal of Asian Studies,* 6 (1984): 24–39.

Nakamura, James I., 'Growth of Japanese Agriculture, 1875–1920', in William W. Lockwood (ed.), *The State and Economic Enterprise in Japan: Essays in the Political Economy of Growth* (Princeton: Princeton University Press, 1965), pp. 249–324 [W. W. ロックウッド編/大来佐武郎監訳『日本経済近代化の百年——国家と企業を中心に』日本経済新聞社, 1966年, 所収].

Nash, Dennison, 'Tourism as a Form of Imperialism', in V. L. Smith (ed.), *Hosts and Guests: The Anthropology of Tourism* (Oxford: Basil Blackwell, 1978), pp. 33–48.

Neild, Susan M., 'Colonial Urbanism: The Development of Madras City in the Eighteenth and Nineteenth Centuries', *Modern Asian Studies,* 13, 2 (1979): 217–46.

Ng Siew-Yoong, 'The Chinese Protectorate in Singapore 1877–1900', *Journal of Southeast Asian History*, 2, 1 (1961): 76–99.

O'Farrell, Patrick, 'Oral History: Facts and Fiction', *Quadrant* (November 1979): 7–8.

Owen, Norman G., 'Textile Displacement and the Status of Women in Southeast Asia', in Gordon P. Means (ed.), *The Past in Southeast Asia's Present* (Ottawa: Secretariat, Canadian Society for Asian Studies, Canadian Council for Southeast Asian Studies, 1979), pp. 157–70.

Potter, Jack M., 'Wind, Water, Bones and Souls: The Religious World of the Cantonese Peasant', *Journal of Oriental Studies*, 8 (1970): 139–53.

Quak, Connie, 'The Prostitute as Worker', in Koh Tai Ann and Vivienne Wee (eds.), *Women's Choices Women's Lives, Commentary* (1987): 63–9.

Rapp, Rayna, Ross, Ellen, and Bridenthal, Renate, 'Examining Family History', *Feminist Studies,* 15, 1 (Spring 1979): 131–3.

Rex, John, 'A Working Paradigm for Race Relations Research', *Ethnic and Racial Studies*, 4, 1 (1981): 1–25.

Rubin, G., 'Traffic in Women: Notes on the Political Economy of Sex', in R. R. Reither (ed.), *Towards an Anthropology of Women* (London: Monthly Review Press, 1975), pp. 157–210.

Samuel, Raphael, 'Local History and Oral History', *History Workshop,* 1 (Spring 1976): 192–208.

——, 'What Is Social History?', in Juliet Gardiner (ed.), *What Is History Today...?* (Atlantic Highlands, N. J.: Humanities Press, 1988), pp. 42–8.

Saw Swee-Hock, 'The Changing Population Structure in Singapore during 1824–1962', *Malayan Economic Review*, 9, 1 (1964): 99–101.

——, 'Population Trends in Singapore, 1819–1967', *Journal of Southeast Asian History,* 10, 1 (1969): 36–49.

Sawada, Shijiro, 'Innovations in Japanese Agriculture, 1880–1935', in William W. Lockwood (ed.), *The State and Economic Enterprise in Japan: Essays in the Political Economy of Growth* (Princeton: Princeton University Press, 1965), pp. 325–51［W. W. ロックウッド編／大来佐武郎監訳『日本経済近代化の百年――国家と企業を中心に』日本経済新聞社，1966年，所収］.

Shue, Vivienne, 'The Long Bow Trilogy-A Review Article', *Journal of Asian Studies,* 46, 4 (1987): 843–8.

Shumsky, Neil Larry, 'Tacit Acceptance: Respectable Americans and Segregated Prostitutes, 1870–1910', *Journal of Social History,* 19, 4 (1986): 665–79.

Singam, Constance, 'Western Perceptions of Asian Women in Fiction', *Singapore Book World,* 17, 1 (1986): 1–9.

Sissons, D. C. S., 'The Japanese in Australia, 1871–1946', Unpublished paper, ANZAS Conference, 14 August 1973.

——, 'Karayuki-san: Japanese Prostitutes in Australia, 1887–1916–I, *Historical Studies,* 17, 68 (1976): 323–41.

——, 'Karayuki-san: Japanese Prostitutes in Australia, 1887–1916–II', *Historical Studies,* 17, 69 (1977): 474–88.

Spivak, Gayatri Chakravorty, 'French Feminism in an International Frame', *Yale French Studies,* 62 (1981): 154–84.

Stearns, Peter N., 'Social History Update: Sociology of Emotion', *Journal of Social History,* 22, 3 (1989): 592–9.

Sontag, Susan, 'Disease as Political Metaphor', *The New York Review of Books* (23 February 1978): 29–33［スーザン・ソンタグ／富山太佳夫訳『隠喩としての病い　エイズとその隠喩』新版，みすず書房，1992年，所収］.

Strauch, Judith, 'Multiple Ethnicities in Malaysia: The Shifting Relevance of Alternative Chinese Categories', *Modern Asian Studies* (1981): 235–60.

Taeuber, Irene B., 'The Families of Chinese Farmers', in Maurice Freedman (ed.), *Family and Kinship in Chinese Society* (Stanford: Stanford University Press, 1970), pp. 63–86.

Terami-Wada, Motoe, 'Karayuki-san of Manila: 1880–1920', *Philippine Studies,* 34 (1986): 287–316.

Thompson, E. P., 'Time, Work-Discipline and Industrial Capitalism', in M. W. Flinn and T. C. Smout (eds.), *Essays in Social History* (Oxford: Clarendon Press, 1974), pp. 39–77.

Topley, M., 'Chinese Religion and Religious Institutions in Singapore', *Journal of the Malayan Branch of the Royal Asiatic Society,* 29, 1 (1956): 70–118.

——, 'Immigrant Chinese Female Servants and Their Hostels in Singapore', *Man,* 59 (1959): 213–15.

Vlieland, C. A., 'The Population of the Malay Peninsula: A Study in Human Migration', *Geographical Review,* 24 (1934): 61–78.

Walkowitz, Judith R. and Walkowitz, David J., 'We Are Not Beasts of the Field: Prostitution and the Poor in Plymouth and Southampton under the Contagious Diseases Acts', in M. Hartman and L. W. Banner (eds.), *From Clio's Consciousness Raised: New Perspectives on the History of Women* (New York: Harper and Row, 1974).

Wang Gungwu, 'Southeast Asian Hua-Ch'iao in Chinese History Writing', *Journal of Southeast Asian Studies,* XII, 1 (1981): 1–14.

Warren, James Francis, 'At the Edge of Southeast Asian History', in James Francis Warren, *At the Edge of*

Southeast Asian History (Quezon City: New Day Press, 1987), pp. ix-xviii.
——, 'Karayuki-san of Singapore, 1877–1941', *Journal of the Malaysian Branch of the Royal Asiatic Society,* 62, 2 (1989): 45–80.
——, 'Living on the Razor's Edge: The Rickshawmen of Singapore between Two Wars, 1919–1939', *Bulletin of Concerned Asian Scholars,* 16, 4 (October-December 1984): 38–51.
——, 'Placing Women in Southeast Asian History: The Case of Oichi and the Study of Prostitution in Singapore Society', in James Francis Warren, *At the Edge of Southeast Asian History* (Quezon City: New Day Press, 1987), pp. 148–64.
——, 'Prostitution and the Politics of Venereal Disease, 1870–1898', *Journal of Southeast Asian Studies,* 21, 2 (September 1990): 360–83.
——, 'Prostitution in Singapore Society and the Karayuki-san', in P. Rimmer and L. Allen (eds.), *The Underside of Malaysian History* (Singapore: Singapore University Press, 1990), pp. 161–76.
——, 'Retrieving Prostitute's Lives: Source Materials and an Approach for Writing the History of the Ah Ku and Karayuki-san of Singapore', *Itinerario European Journal of Overseas History,* 14, 1 (1990): 96–122.
——, 'Rickshaw Coolie: An Exploration of the Underside of a Chinese City outside China, Singapore, 1880–1940', *Itinerario European Journal of Overseas History*, 8, 2 (1984): 80–91.
——, 'The Singapore Rickshaw Pullers: The Social Organisation of a Coolie Occupation', *Journal of Southeast Asian Studies,* 15, 1 (1985): 1–15.
——, 'Social History and the Photograph: Glimpses of the Singapore Rickshaw Coolie in the Early 20 th Century', *Journal of the Malaysian Branch of the Royal Asiatic Society,* 58, 1 (1985): 29–43.
——, 'The Spiral of Failure: Suicide among Singapore Rickshaw Coolies', *Southeast Asian Journal of Social Science,* 13, 2 (1985): 47–66.
Watson, James L., 'Chattel Slavery in Chinese Peasant Society: A Comparative Analysis', *Ethnology,* 15, 4 (October 1976): 361–75.
——, 'Transactions in People: The Chinese Market in Slaves, Servants and Heirs', in James L. Watson (ed.), *Asian and African Systems of Slavery* (Oxford: Basil Blackwell, 1980), pp. 223–50.
Wolf, Margery, 'Women and Suicide in China', in Margery Wolf and Roxanne Witke (eds.), *Women in Chinese Society* (Stanford: Stanford University Press, 1975), pp. 111–42.
Yamazaki, Tomoko, 'Sandakan No. 8 Brothel', *Bulletin of Concerned Asian Scholars*, 7, 4 (1975): 52–60 [山崎朋子『サンダカン八番娼館』(文春文庫, 1975年〔単行本;筑摩書房, 1972年〕].
Yen Ching-hwang, 'Early Chinese Clan Organizations in Singapore and Malaya 1819–1911', in C. F. Yong (ed.), *Ethnic Chinese in Southeast Asia, Journal of Southeast Asian Studies,* 12, 1 (1981): 1–275.
Yuen Choy Leng, 'The Japanese Community in Malaya before the Pacific War: Its Genesis and Growth', *Journal of Southeast Asian Studies*, 9, 2 (1978): 163–80.

巻末資料

資料 1　中国人娼婦：居住様式
資料 2　日本人娼婦：居住様式
資料 3　中国人娼婦とその客
資料 4　日本人娼婦とその客
資料 5　中国人娼館での客の死
資料 6　日本人娼館での客の死
資料 7　中国人娼婦と娼館主：殺害と犯人
資料 8　日本人娼婦と娼館主：殺害と犯人
資料 9　中国人娼婦：自殺
資料10　日本人娼婦：自殺

資料1　中国人

名前	年齢	方言集団	娼館住所	登録娼館
Lee Chow Fong	20	広東人	121 Hong Kong 街	○
Ng Ah Kow		広東人	36 Trengganu 街	○
Wong Ah Kow	20		12 Almeida 街	○
Chan Sye Kau		広東人	60 Upper Hokkien 街	○
Wong Ah Wong		広東人	65 Smith 街	○
Lee Tai Ho	18	広東人	18 Fraser 街	
Ng Kum Moy	16	広東人	48 Smith 街	○
Wong Ah Bui	20	広東人	55-2 Smith 街	○
Fong Sin 別名 Liong Chai Ha	25	広東人	40 Trengganu 街	○
Li Chin Ho	20	広東人	5 Tan Quee Lan 街	○
Sin Chow	21	広東人	4 Trengganu 街	○
Koh Kai Kam	22	広東人	26 Tan Quee Lan 街	○
Lee Ah Choi	22	広東人	61 Upper Hokkien 街	○
Yip Mui Chai	17	広東人	9-6 Canal 路	
That Koh Loo	35/40	福建人	13 Pasar 道	
Chow Chat Mui	30	広東人	64 Upper Hokkien 街	
Chan Ah Kiu	22	広東人	12 Trengganu 街	○
Hong Yow Kum	22	広東人	10 Trengganu 街	○
Wong Mau Tan	24	広東人	15 Sago 街	○
Chan Lye Kiun	22	広東人	20 Fraser 街	○
Chan Yeok Sim	21	広東人	69 Upper Hokkien 街	○
Tam Yeng Mei	25	広東人	43 Tan Quee Lan 街	○
Leong Why Cheng		広東人	70 Malabar 街	○
Chan Ah Kam		広東人	26 Smith 街	○
Ngan Kiu	24	広東人	26 Tan Quee Lan 街	
Fong Lock Moey	28	広東人	62 Jalan Sultan	
Tan Moh Tan	19	広東人	77 Pagoda 街	
Chun Yoke	25	広東人	66 Maude 路	
Ho Hong Min	20	福建人	27 Tanjong Pagar 路	
Chan Ah Kuen	25	広東人	216-3 Syed Alwi 路	

資料2　日本人

名前	年齢	娼館住所	登録娼館	非登録娼館
Otaki		11 Malay 街	○	
Otama	21	24 Malay 街	○	
Onatsu	32	11-1 Malay 街	○	
Oahki	22	26-2 Hylam 街	○	
Oseki		52 Malabar 街	○	
Oichi	24	55 Malabar 街	○	
Ofarki	22	11-4 Malay 街	○	
Okawa		13 Malay 街	○	
Otoyo		28 Hylam 街	○	
Obsunich	33	17 Banda 街	○	
Otani	41	15 Malay 街	○	
Haruge		8 Hylam 街	○	
Duya Hadachi	35	24 Malay 街	○	

娼婦：居住様式

非登録娼館	居住期間	娼館主名	方言集団	審問番号	年
	5カ月	Leong Quan	広東人	147	1883
	8カ月以上			104	1887
	9カ月			172	1894
	3カ月			117	1898
	3カ月以上	Loh Sai Soh	広東人	10A	1903
		Lee Tai Yow	広東人	176	1903
				41	1905
	5カ月以上	Low Ah San	広東人	76	1905
	3カ月	Chan Ah See	広東人	170	1907
				14	1908（CCV）
	1年			23	1908（CCV）
				25	1908（CCV）
	1年	Chan Ah Ng	広東人	159	1908
○	4カ月	Chan Ah Yee	広東人	218	1908
○	3カ月	How Kiang Choon（M）		59	1909
		Wong Ah Yee		129	1909
		Chan Ah See	広東人	203	1910
		Low Ah Teng	広東人	50	1912
	8日	Chu Ah Thai	広東人	160	1912
	3年	Yiu Ah Yip	広東人	61	1914
	2カ月	Cheong Ah Tye	広東人	284	1914
		Cheong Ah Kin	広東人	158	1916
	10カ月	Teng Ah Hee	広東人	263	1918
	3カ月以上	Oo Ah Yook	広東人	115	1920
		Yong Ah Kway	広東人	218	1923
	2年	Wong Ah See	広東人	186	1924
○	1年			439	1924
○	5カ月			308	1934
○				105	1937
○	2週間			68	1938

娼婦：居住様式

居住期間	娼館主名	審問番号	年
2年以上		13	1887
4年	Osatsu	59	1900
	Otomo	184	1902
3年以上	Osan	58	1903
	Ohaye	187	1905
2.5年	Ofuku	82	1906（CCV）
		78	1911
	Yu	5	1912
2年以上	Kwana Muta	178	1912
5カ月		1	1915（CCV）
		12	1916（CCV）
		138	1916
1カ月	Oyoka Michikawa	452	1924

名前	年齢	方言集団	娼館住所	居住期間	性病感染	一夜料	客の名前
Wong Mee Yong			10 Upper Hokkien 街				Lim Joon
Lee Chow Fong	20	広東人	121 Hong Kong 街	5カ月			不明
Ng Ah Wah		広東人	36 Trengganu 街	8カ月以上			不明
Wong Ah Kow	20		12 Almeida 街	9カ月			Ah Mok
Cheng Seng Choy		広東人	4 Malabar 街				Lim Soo Kow
Chan Sye Kau		広東人	60 Upper Hokkien 街	3カ月			不明
Wong Ah Wong		広東人	65 Smith 街	3カ月以上		$3	Lam Loh Su
Lee Tai Ho	18	広東人	18 Fraser 街		○	$3	Ah Sow
Tai Kam		広東人	28 Tan Quee Lan 街				Chan Ah Tin
Lee Kam Kew			70 Malabar 街				Lim Ah Lim
Pang Lye Chan		広東人	69 Smith 街			$4	不明
Chan Yut Ngo		広東人	10 Tan Quee Lan 街				Tan Ah Kit
Lee Ah Choy		広東人	9 Fraser 街			$3	不明
Leong San Yeok		広東人	14 Smith 街				Lim Hong Chai
Loh Ah Moey		広東人	22 Upper Hokkien 街	4年			不明
Wong Ah Yiok		広東人	44 Upper Hokkien 街				Tan Peng
Cheong Ah Cheong		広東人	18 Smith 街				Ma Lai Kai
Hong Yow Kun	22	広東人	10 Trengganu 街				Ong Soo
Chan Lye Kiun	22	広東人	20 Fraser 街	3年	×		Lee Ah Wong
Chan Yeok Sim	21	広東人	69 Upper Hokkien 街	2カ月			Chan Yong
Tam Yeong Mei	25	広東人	43 Tan Quee Lan 街				See Giap
Ng Ah Yek		広東人	13 Chin Hin 街				Ham Choon
Ngan Kiu	24	広東人	26 Tan Quee Lan 街		×		Lok On
Leong Tye Hoc		広東人	69 Malabar 街			$3	Tham Ah Cheng
Hon Yin		広東人	29 Fraser 街				Pong Soon Juan
Fong Lock Moey	28	広東人	62 Jalan Sultan				Wong Ah Kam
Long Sam Moey		広東人	7 Upper Hokkien 街			$6	不明

資料4　日本人

名前	年齢	方言集団	娼館住所	居住期間	性病感染	一夜料	客の名前	年齢
Oahki	22		26–1 Hylam 街	3年以上	○治癒	$5	Captain H. Vos	
Oseki			52 Malabar 街			$3	Mayassen	26
Otoyo			28 Hylam 街			$5	Albert Chacksfield	26
Haruge			8 Hylam 街				Shima Kuming	26
Duya Hadachi	35		24 Malay 街	1カ月			Hira Saburo Shindo	

娼婦とその客

年齢	方言集団	訪問回数	指名回数	滞在時間	アヘン吸飲	飲酒	性病感染	自然死（NC） 事故死（M） 自　殺（S）	審問番号	年
30			1	1時間	○	×		NC	84	1883
	潮州人		1	8.45 p.m.–7 a.m.	×	×		×	147	1883
	中国人			朝4時まで夜通し	○	×		×	104	1887
	福建人		1	7 p.m.–10.30 p.m.		○		×	172	1894
35	潮州人		数回	10 p.m.–5 a.m.		×		NC	187	1897
	3《ママ》海南人			10 p.m.–10.30 p.m.	○	×		×	117	1898
	広東人		3	15分間		×		×	10	1903
30	潮州人	37	35	8 p.m.–7 a.m.		×		×	176	1903
42	広東人		1	3.50 p.m.–3.45 p.m.	○	×	○	NC	156	1905
23	福建人		1	8 p.m.–8.30 p.m.		○		M	224	1905
30	客家人			9 p.m.–8.45 a.m.	○	×		S	70	1907
24	広東人	40	40	10 p.m.–4 a.m.	×	×		NC	78	1907
25	福建人		1	10 p.m.–7.30 a.m.	○	×		NC	115	1907
31		数回		2 p.m.–7.15 p.m.	×	○		NC	142	1907
30	広東人	1		11 p.m.–10.30 a.m.	×	○	○	S	167	1907
35	福建人	陳桂蘭街時のなじみ	1	12 p.m.–5.30 a.m.	×	×	○	NC		1909
40		1	1	1.30 a.m.–8.45 p.m.	×	○		×	65	1909
		5	5	8 p.m.–1.30 a.m.	×	×		×	50	1912
		3	1	9 p.m.–7 a.m.	×	×	○	×	61	1914
	広東人		1	9.30 p.m.	×	×		×	284	1914
	福建人	1	1	7.30 p.m.–5.20 a.m.	×	×		×	158	1916
	広東人		1	8.30 p.m.–5 a.m.	×	×		S	134	1918
40	広東人	19	20	10 p.m.–7 a.m.	×	×		S	218	1923
30	広東人	1	2	9 a.m.–11 a.m.	×	×		S	278	1923
29	海南人	7	8	12 p.m.–6 a.m.	×	○		NC	380	1923
	広東人	2	3	7.30 p.m.–7.45 p.m.	×	○		×	186	1924
25	広東人	1	2	11.30 p.m.–9.30 a.m.	×	×		S	77	1926

娼婦とその客

方言集団［国籍］	訪問回数	指名回数	滞在時間	アヘン吸飲	飲酒	性病感染	自然死（NC） 事故死（M） 自　殺（S）	審問番号	年
オランダ人	4	2		×	×		×	58	1903
マレー人		1	12 p.m.–9 a.m.	×	○		M	187	1905
イギリス人	2年間		2 p.m.–2.30 p.m.	×	○		S	178	1912
日本人	あり		10 p.m.–10 a.m.		○		×	138	1916
日本人	3日ごと		6.30–7.30 p.m.	×	×		×	452	1924

客の名前	年齢	方言集団	職業	娼婦の住所	指名娼婦名	死亡日
Lim Loon	30			10 Upper Hokkien 街	Wong Mee Yong	11/6/83
Lim Soo Kow	35	潮州人	果物路上商	4 Malabar 街	Cheng Seng Choy	1/11/97
Chan Ah Tin	42	広東人	染め物師	28 Tan Quee Lan 街	Tai Kan	8/9/05
Lim Ah Lim	23	福建人		70 Malabar 街	Lee Kam	4/11/05
不明	30	客家人		69 Smith 街	Pang Lye Chan	12/5/07
Tam Ah Kit	24	広東人	事務員	10 Tan Quee Lan 街	Chan Yut Ngo	25/5/07
不明	25	福建人		9 Fraser 街	Lee Ah Choy	21/7/07
Lim Hong Chai	31	広東人	無職	14 Smith 街	Leong San Yeok	28/8/07
不明	30	広東人		22 Upper Hokkien 街	Loh Ah Moey	25/10/07
Tan Peng	35	福建人		44 Upper Hokkien 街	Wong Ah Yiok	14/11/09
Ma Lai Kai	40		理髪師	18 Smith 街	Cheong Ah Cheong	8/4/09
Chiu Heng	32	福建人	無職	68 Upper Hokkien 街	Street	12/3/15
Ham Choon	25	広東人	路上商	13 Chin Hin 街	Ng Ah Yek	14/5/18
Cheong Suan Swee	26	中国系マレー人		591 Serangoon 路（非登録）	Tan Chee	28/4/23
Lok On	40	広東人		26 Tan Quee Lan 街	Hgan Kiu	30/5/23
Tham Ah Cheng	30	広東人	クーリー／店	60 Malabar 街	Leong Tye Hoc	18/7/23
Pong Soon Juan	29	海南人	仕立屋	29 Fraser 街	Hon Yin	25/9/23
不明	25	広東人		7 Upper Hokkien 街	Long Sam Moey	9/2/26

資料6　日本人

客の名前	年齢	方言集団［国籍］	職業	娼婦の住所	指名娼婦名	死亡日	死亡時刻
Mayassen	26	マレー人	船員	52 Malabar 街	Oseki	23/10/05	9.30 a.m.
Albert Chacksfield	26	イギリス	兵士	28 Hylam 街	Otoyo	7/11/12	2 p.m.
Heiye Hayashida	36	日本人	石鹸製造者	37 Malabar 街		18/8/19	2 a.m.

娼館での客の死

死亡時刻	死亡場所	飲酒	自然死	事故死・暴行	自殺	娼婦殺害	審問番号	年
12.30 p.m.	娼館個室	×	心臓発作，おそらく性交のため				84	1883
8 a.m.	娼館個室	×	脚気				187	1897
4 p.m.	娼館個室／上階	×	心臓発作				156	1905
8.30 p.m.	通り	○		逃走中マラバル街70番で誤って窓から転落			224	1905
7.50 a.m.	娼館個室	×			アヘン過剰摂取		70	1907
4 a.m.	娼館個室	×	結核				78	1907
7.30 a.m.	娼館個室	×	結核				115	1907
10.30 p.m.	兄弟の家	○	心臓発作				142	1907
11.30 a.m.	娼館個室	×			アヘン過剰摂取		167	1907
5 a.m.	娼館個室	×	脳溢血，性交による可能性				37	1909
8.45 p.m.	娼館／1階	○		泥酔中階段より転落，複数傷から出血			65	1909
2 p.m.	娼館内の部屋	○			アヘン過剰摂取		42	1915
6 a.m.	娼館個室	×			首を刺す	○	134	1918
12.30 a.m.		×		Lee Boon Latと争って(刺殺)			169	1923
7.30 a.m.	娼館個室／上階	×			剃刀で喉を切る	○	214	1923
11 a.m.	娼館個室／上階	×			壁のフックに結びつけたロープで首吊り		278	1923
6 a.m.	中国人病院	×	急性心臓発作				380	1923
9.30 a.m.	娼館表の間	×			青酸カリ多量摂取		77	1926

娼館での客の死

死亡場所	飲酒	自然死	事故死	自殺	娼婦殺害・暴行	審問番号	年
娼館個室	○		アルコール中毒			187	1905
娼館個室	○			剃刀で喉を切る	○	178	1912
	○		飲酒中娼館1階窓から転落			189	1919

資料7　中国人娼婦と

名前	年齢	方言集団	娼館住所	殺人犯	方言集団	殺害日
Loh Sai Soh 娼館主		広東人	65 Smith 街	Lam Loh Suh	広東人	27/1/03
Lee Tai Ho	18	広東人	18 Fraser 街	Ah Sow	潮州人	7/12/03
That Koh Loo	35/40	福建人	13 Pasar 道	単独/複数犯	不明	3/4/09
Hong Yow Kum	22	広東人	10 Trengganu 街	Ong See		10/4/12
Chan Lye Kiun	22	広東人	20 Fraser 街	Lee Ah Wong		27/2/14
Chan Yeok Sim	21	広東人	69 Upper Hokkien 街	Chan Yong	広東人	13/12/14
Tam Yeng Mei	25	広東人	43 Tan Quee Lan 街	See Giap	福建人	8/8/16
Ng Ah Yek		広東人	13 Chin Hin 街	Ham Choon	広東人	15/5/18
Teng Ah Hee 娼館主	59	広東人	70 Malabar 街	Ah Mung	広東人	9/10/18
Ong Geok 娼館主		福建人	56 Jalan Sultan	Chia Choo Seng		24/4/19
Ngan Kiu	24	広東人	26 Tan Quee Lan 街	Lok On	広東人	30/5/20
Fong Lock Moey	28	広東人	62 Jalan Sultan	Wong Ah Kam	広東人	14/5/24
Chan So So		広東人		Kwee Meng	客家人	17/12/26
Chan Yoke Chan	25	広東人	66 Maude 路	未詳の2人, おそらく中国人		20/7/34

資料8　日本人娼婦と

名前	年齢	方言集団	娼館住所	殺人犯	方言集団［国籍］	殺害日
Otaki			11 Malay 街	不明，おそらく夫	日本人	10/3/87
Otoyo			28 Hylam 街	Albert Chackfield 下級伍長	イギリス人	7/11/12
Duya Hadachi	35		24 Malay 街	Hika Saburo Shindo	日本人	8/11/24

娼館主：殺害と犯人

殺害時刻	殺害場所	娼館内殺害	殺害原因	殺傷方法	審問番号	年
7.40 p.m.	1 階表の間	○	娼婦をめぐる口論	刺す，心臓貫通	10	1903
3 a.m.–7 a.m. の間	上階表の個室	○	客が以前借りて質に入れた娼婦の宝石を盗む	喉を切る，右側と正面に 3 インチの切り口	176	1903
正午前	中の間の床	○	ギャンブル？　部屋にはカードが散乱	絞める，猿ぐつわをかまし声を出せなくした	59	1909
4.30 a.m.	小個室／4 階	○	不明，4 度指名した客	喉を切る，右頸動脈を切る	50	1912
7.00 a.m.	個室／1 階	○	不明	刺す，複数の刺し傷からの出血性ショック	61	1914
9.30 p.m.	内の間／1 階	○	不明，はじめての客	刺す，複数の刺し傷からの出血，気管同様	284	1914
5.20 a.m.	表の間／2 階	○	不明，1 度来た客	刺す，左脇腹の傷からの出血性ショック	158	1918
5.00 a.m.	個室／2 階	○	不明，見知らぬ男がなぜか殺害	喉を刺し両手をひどく切るが，生存	134	1918
4.00 a.m.	部屋／2 階	○	窃盗，娼館内の大量の金と宝石	喉を切る，頸動脈ひどく，胸と肩に複数刺し傷	263	1918
12.30 a.m.	Victoria 街人力車内	×	窃盗，宝石	手を刺す	76	1919
7.00 a.m.	個室	○	不明，男は20回ほど娼館に来た	喉と両手，とくに指を切る	218	1923
7.30 p.m.	部屋／上階	○	不明，以前 2 度指名	喉を切る，首 5 インチ頸動脈を切る	186	1924
9.00 p.m.	部屋／3 階 South Bridge 路広東人・客家人下宿屋	×	不明，見知らぬ男，一時非衛生	刺す，胃の左側と腕に複数の傷	607	1926
8.15 p.m.	娼館の裏道—Maude 路	×	Ghee Kuan Yit Society への保護料支払い拒否	刺す，心臓貫通出血性ショック	308	1934

娼館主：殺害と犯人

殺害時刻	殺害場所	娼館内殺害	殺害原因	殺傷方法	審問番号	年
不明	不明	○	不明，1 週間ほど病気，夫に殴られた可能性	殺害の可能性，腹部の出血性ショック	13	1887
2.00 p.m.	部屋／2 階	○	意気消沈，恨みの可能性，殺人者飲酒，2 年間の知り合い	殺害，喉を切ろうとした，左手をひどく切る	178	1912
7.30 p.m.	部屋／2 階	○	嫉妬，ほかの客と親密な関係	刺す，肺と胸の刺し傷の出血性ショック	452	1924

資料9　中国

名前	年齢	方言集団	娼館住所	居住期間	娼館主名	健康状態
Lee Chow Fong	20	広東人	121 Hong Kong 街	5 カ月	Leong Guan Eng	
Ng Ah Wah		広東人	36 Trenggganu 街	8 カ月以上		
Chan Sye Kau		広東人	60 Upper Hokkien 街	3 カ月		
Liong Chai Ha	25	広東人	40 Trengganu 街	3 カ月	Chan Ah See	
Li Chin Ho	20	広東人	5 Tan Quee Lan 街			頭痛訴え
Sin Chow	21	広東人	4 Trengganu 街	1 年		
Lee Ah Choi	22	広東人	61 Upper Hokkien 街	1 年	Chan Ah Ng	淋病
Yip Mui Chai	17	広東人	9–6 Canal 路非登録	4 カ月	Chan Ah Yee	
Chow Chat Mui	30	広東人	64 Upper Hokkien 街		Wong Ah Yee	頭痛訴え
Wong Mau Tan	24	広東人	15 Sago 街	8 日	Chu Ah Thai	ひどい咳と頭痛
Leong Tong Fook	20	広東人	67 Smith 街非登録	2 年		梅毒
Tan Moh Tan	19	広東人	77 Pagoda 街非登録	1 年		
Wong Ah Yeok	26	広東人				妊娠
Ho Hong Min	20	福建人	27 Tanjong Pagar 路			梅毒
Chan Ah Kuen	25	広東人	216–3 Syed Alwi 路	2 週間		淋病

資料10　日本

名前	年齢	方言集団	娼館住所	居住期間	娼館主名	健康状態
Otama	21		24 Malay 街	4 年	Osatsu	頭痛／悪夢
Onatsu	32		11–1 Malay 街		Otomo	病み衰え，うつ病
Oahki	22		26–2 Hylam 街	3 年以上	Osan	うつ病
Oichi	24		55 Malabar 街	2.5 年	Ofuku	うつ病
Oyoshi	39		6–2 MacPherson 路私宅			うつ病／健康不良

人娼婦：自殺

アヘン吸飲	自殺日	自殺原因	自殺場所	自殺方法	審問番号	年
×	22/12/82		個室／娼館	アヘン過剰摂取	147	1883
×	2/10/87	娼館脱出	個室／娼館	アヘン過剰摂取	104	1887
ときどき	6/9/98		個室／娼館	アヘン過剰摂取	117	1898
	26/10/07		個室／娼館	アヘン過剰摂取	170	1907
	6/5/08	負債	個室／娼館	アヘン過剰摂取	14	1908（CCV）
	13/7/08	ギャンブル	個室／娼館	アヘン過剰摂取	23	1908（CCV）
ときどき	9/9/08	ギャンブル	個室／娼館	アヘン過剰摂取	159	1908
×		娼館脱出	個室／12 Sago 街	アヘン過剰摂取	218	1908
	21/7/09	ギャンブル	個室／娼館	アヘン過剰摂取	129	1909
	11/10/12	病気がち	個室／娼館	アヘン過剰摂取	160	1912
	5-6/5/21	病気がち	港の主詰所の桟橋—海に浮く	水死	168	1921
	2/11/24	失恋の恐れ	エスプラナード沖の海	水死	439	1924
	10/2/34	妊娠6カ月の不安	Peak Seah 街の Sun Wah 下宿屋	3階から身投げ	61	1934
×	13/2/37	負債／健康不良	個室／12 Aliwal 街	アヘン過剰摂取	105	1937
	4/2/38	負債／健康不良	部屋／216-3 Syed Alwi 路	ライソル液［消毒液］中毒	68	1938

人娼婦：自殺

アヘン吸飲	自殺日	自殺原因	自殺場所	自殺方法	審問番号	年
	5/6/1900	トラウマ後のストレス	個室／娼館	喉を切る	59	1900
	17/12/02	負債	個室/32 Malabor 街	絞殺	184	1902
	27/5/03	負債	G. G. Meyer 号近くの海	水死	58	1903
	17/2/06	劣等感か自己嫌悪／娼館主との諍い	個室／55 Malabor 街	首吊り	82（CCV）	1906
	17/11/16	病気がち	小屋／6-2 MacPherson 路	焼死	229	1916

表・地図一覧

表 2－1　シンガポールへの中国人移民，1870年代から1900年代
表 3－1　シンガポールにおける公認娼館数，1877年と1905年
表 3－2　西岸地区内のおもな街路にあった娼館の規模，1877年と1905年
表 3－3　1905年にシンガポールのおもな街路にあった日本人娼館の規模
表 3－4　スミス街 3 階建て娼館の館主の収入と支出，1905年ごろ
表 4－1　シンガポールからほかの地域へ移動した娼館住み込み人数，1887–94年
表 4－2　シンガポールの娼館に入った住み込み人数，1887–94年
表 4－3　シンガポールの娼館の出入住み込み人数，1887–94年合計
表 4－4　シンガポールの日本人人口，1871–1901年
表 5－1　シンガポールから中国へ送還された娼婦リスト，1881年
表 6－1　伝染病条例下（1884–88年）とその廃止後（1892–96年）のタンリン兵舎での性病認定数
表 6－2　1884年と1896年の香港とシンガポールでの性病認定率（1,000人あたり）
表 6－3　刑務所収監者数と性病感染者数，1890–96年
表 8－1　本国に送還されたからゆきさんの家族での続柄，1921年
表 9－1　口之津から香港への密航者数，1905年10月～1906年 2 月
表 9－2　1921年，シンガポール居住からゆきさん105人の年齢別構成
表 9－3　1911年，香港居住からゆきさん146人の年齢構成
表 13－1　1911年，香港におけるからゆきさんの就業年数
表 14－1　1891–1903年のシンガポール精神病院への女性入院患者の職業

巻頭地図　シンガポール市，1917年
地図 1　日本
地図 2　東南アジアの阿姑とからゆきさん，1900年ごろ
地図 3　東南中国の広東人移民地域
地図 4　西北九州におけるからゆきさんの出身地

註　記

日本語版によせて

＊　日本語版の出版にあたって，著者の希望でシンガポールでの史料の発見にいたるいきさつにかんする記述をつけ加えた。出典は，‘A Strong Stomach and Flawed Material: Towards the Making of Trilogy, Singapore, 1870–1940’,『東南アジア研究』33巻２号（1995年９月）の一部（247–51頁）。

（１）James Francis Warren, *At the Edge of Southeast Asian History*（Quezon City: New Day Publishers, 1987）.

（２）Simon Schama, *Dead Certainties: Unwarranted Speculations*（London: Granta Books, 1992）, pp. 319–20.

（３）Oichi, 82, 17/2/06, Certificate of Coroners Views Singapore, 1906–1940, Singapore: National Archives and Records Centre.

第１章　買売春，シンガポール社会，そして歴史家

（１）Oliver Zunz（ed.）, *Reliving the Past: The Worlds of Social History*（Chapel Hill: The University of North Carolina Press, 1985）; James Francis Warren, *Rickshaw Coolie: A People's History of Singapore*（*1880–1940*）（Singapore: Oxford University Press, 1986）, p. 218を参照。

（２）James Francis Warren, ‘Placing Women in Southeast Asian History: The Case of Oichi and the Study of Prostitution in Singapore Society’, in James Francis Warren, *At the Edge of Southeast Asian History*（Quezon City: New Day Press, 1987）, pp. 148–64.

（３）より広い分析枠でのからゆきさんについては，森崎和江『からゆきさん』（朝日新聞社，1976年〔朝日文庫，1980年〕）；山崎朋子『サンダカン八番娼館――底辺女性史序章』（筑摩書房，1972年〔文春文庫，1975年〕）；同『サンダカンの墓』（文藝春秋，1977年〔文春文庫；単行本1974年〕）；同 ‘Sandakan No. 8 Brothel’, *Bulletin of Concerned Asian Scholars*, 7, 4（1975）: 52–60; Mikiso Hane, *Peasants, Rebels and Outcastes: The Underside of Modern Japan*（New York: Pantheon Books, 1982）, pp. 207–25; Sachiko Sone, ‘The Karayuki-san of Asia, 1868–1938: The Role of Prostitutes Overseas in Japanese Economic and Social Development’, M.Phil, diss., Murdoch University, Murdoch, Western Australia, 1990を参照。

（４）James Francis Warren, ‘Rickshaw Coolie: An Exploration of the Underside of a Chinese City outside China, Singapore, 1880–1940’, *Itinerario European Journal of Overseas History*, 8, 2（1984）: 80–91.

（５）買売春については，以下の文献で簡単に触れられている。Lee Poh Ping, *Chinese Society in Nineteenth Century Singapore*（Kuala Lumpur: Oxford University Press, 1978）およびC. M. Turnbull, *A History of Singapore 1819–1975*（Kuala Lumpur: Oxford University Press, 1977）。いっぽう，Yen Ching-hwangは，*A Social History of the Chinese in Singapore and Malaya 1800–1911*（Singapore: Oxford University Press, 1986）の一章で，社会問題としてのみ扱っている。

（６）Warren, ‘Placing Women in Southeast Asian History: The Case of Oichi and the Study of Prostitution in Singapore Society’, pp. 148–56.

（７）清朝末期・中華民国初期における中国人女性の根本的な不平等および娼婦として売買される女性の問題については，Sue Gronewold, *Beautiful Merchandise: Prostitution in China, 1860–1936*（New

York: Haworth Press, 1982）を参照。日本人女性については，Yamazaki, ‘Sandakan No. 8 Brothel’, pp. 52–60を参照。

（8） Yamazaki, ‘Sandakan No. 8 Brothel’, p. 52.

（9） J. D. Vaughan, *The Manners and Customs of the Chinese of the Straits Settlements*（Kuala Lumpur: Oxford University Press, 1974）.

（10） Li Chung Chu, ‘A Description of Singapore in 1877’, *China Society 25th Anniversary Journal*（1975）: 20–9.

（11） Song Ong Siang, *One Hundred Years' History of the Chinese in Singapore*（London: John Murray, 1923, reprinted Kuala Lumpur: University of Malaya Press, 1967; and Singapore: Oxford University Press, 1987）.

（12） Lee Poh Ping, *Chinese Society in Nineteenth Century Singapore,* pp. 53, 57, 80, and 86; Carl Trocki, *Prince of Pirates: The Temenggongs and the Development of Johor and Singapore 1784–1885*（Singapore: Singapore University Press, 1979）, pp. 32 and 211; and Turnbull, *A History of Singapore 1819–1975,* pp. 86–90.

（13） Yen, *A Social History of the Chinese in Singapore and Malaya 1800–1911,* pp. 248–83.

（14） 村岡伊平治『村岡伊平治自伝』（南方社，1960年）。

（15） 森克巳『人身売買――海外出稼ぎ女』（至文堂，1959年）。

（16） Yamazaki, ‘Sandakan No. 8 Brothel’, p. 59［山崎『サンダカン八番娼館』文春文庫，269頁］.

（17） 矢野暢は，日本歴史学界におけるからゆきさんへの関心の歩みを追い，山崎の著作を森崎の『からゆきさん』と比較している。矢野暢『日本の南洋史観』（中公新書，1979年）131–3 頁を参照。

（18） 同上。

（19） Yvonne Quahe, *We Remember: Cameos of Pioneer Life*（Singapore: Landmark Books, 1986）, p. l.

（20） 以下の文献を参照。R. L. Frick, *Ch'ing Policy toward the Coolie Trade*（Taipei: Chinese Materials Centre, 1982）; Yen Ching-Hwang, *Coolies and Mandarins: China's Protection of Overseas Chinese during the Late Ch'ing Period*（*1851–1911*）（Singapore: Singapore University Press, 1985）; Warren, *Rickshaw Coolie,* pp. 14–19; Joyce Ee, ‘Chinese Migration to Singapore, 1896–1941’, *Journal of Southeast Asian History*, 2（1961）: 33–51; R. N. Jackson, *Immigrant Labour and the Development of Malaya, 1786–1920*（Kuala Lumpur: Government Printer, 1961）; Ta Chen, *Emigrant Communities in South China: A Study of Overseas Migration and Its Influence on Standards of Living and Social Change*（New York: Secretariat, Institute of Pacific Relations, 1940）; Psia C. Campbell, *Chinese Coolie Emigration to Countries within the British Empire*（London: P. S. King and Sons Ltd., 1923）.

（21） Warren, ‘Placing Women in Southeast Asian History: The Case of Oichi and the Study of Prostitution in Singapore Society’, pp. 156–64.

（22） Lucie Cheng Hirata, ‘Free, Indentured, Enslaved: Chinese Prostitutes in Nineteenth Century America’, *Signs: Journal of Women in Culture and Society*, 5, 1（1979）: 3–29.

（23） 東南アジア近代史における華僑という言葉の重要性については，Wang Gungwu, ‘Southeast Asian Hua-Ch'iao in Chinese History Writing’, *Journal of Southeast Asian Studies,* XII, 1（1981）: 1–14を参照。

（24） 史料とアプローチについては，Warren, *Rickshaw Coolie,* pp. 3–11; and Warren, *At The Edge of Southeast Asian History,* pp. xvi-xviii を参照。

（25） ‘Memorandum by the Secretary for Chinese Affairs（G. T. Hare）dated 12 June 1898’ in ‘Correspondence regarding Prevalence of Venereal Diseases and Condition of Inmates of Brothels in the Straits Settlements’, Straits Settlements Legislative Council Proceedings, 1899, Appendix No. 30を参照。

（26） 社会を研究する歴史家にとっての検視官の捜査役割の重要性については，Richard Cobb, *Death in Paris 1795–1801*（London: Oxford University Press, 1978）, pp. 17 and 32–5; and Warren, *Rickshaw Coolie,* pp. 5–8 を参照。

（27） Alex Gentle は，1864年にはじめてシンガポールにやってきた実業家で，Municipal Commissioners

委員長となり，20世紀最初の10年間に検視官を務めた。Frederick Bourneは，1930年代なかばの恐慌のさなかにシンガポールの検視官を務めた。

(28) Warren, 'Rickshaw Coolie: An Exploration of the Underside of a Chinese City outside China, Singapore, 1880–1940', pp. 79–81.

(29) 裁判所記録は，1918–39年からのものがある。これらの記録は，植民統治下シンガポールの行商人についての研究をしていたモナシュ大学院生Ms Katherine Yeo Lian Beeによって，下級裁判所ビルで発見された。娼婦にかんする判例の複写と利用を可能にしてくれたことにたいして，かの女に感謝する。

(30) 社会史の記述にかんする口述史料の強みと弱みについては，Paul Thompson, *The Voice of the Past: Oral History*（London: Oxford University Press, 1978）［ポール・トンプソン／酒井順子訳『記憶から歴史へ——オーラル・ヒストリーの世界』青木書店，2002年］; Warren, *Rickshaw Coolie,* pp. 8–9; Patrick O'Farrell, 'Oral History: Facts and Fiction', *Quadrant*（November 1979）: 7–8; and Raphael Samuel, 'Local History and Oral History', *History Workshop*, 1（Spring 1976）: 192–208を参照。

(31) Hane, *Peasants, Rebels and Outcastes,* p. xi.

(32) Yamazaki, 'Sandakan No. 8 Brothel', pp. 53–4［山崎『サンダカン八番娼館』文春文庫，22–23頁］.

(33) インタビューは，まず1987年9月と10月にHong Lim Shopping Centre-Apartment ComplexにあるNing Yueng（M. B. A.）Home for the Aged, そして救世軍経営のUpper Bukit Timah RoadにあるLee Kuo Chuan Home for the Agedでおこなった。

(34) Fong Chiok Kaiへのインタビューは，Ms Tan Beng Luanの助けを借りて，完成したばかりのKreta Ayer Community CentreのCommittee Roomで1987年10月1日におこなった。

(35) Pramoedya Ananta Toer, This Earth of Mankind（Ringwood, Australia: Penguin, 1982）［プラムディヤ・アナンタ・トゥール／押川典昭訳『人間の大地』全2冊，めこん，1986年］.

(36) Motoe Terami-Wada, 'The Karayuki-san of Manila: 1880–1920', *Philippine Studies*, 34（1986）: 292.

(37) 社会史家にとっての写真の重要性については，以下の文献を参照。Howard Becker, 'Photography and Sociology', *Studies in the Anthropology of Visual Communication*, 6（1974）: 3–26; John Falconer, *A Vision of the Past: A History of Early Photography in Singapore and Malaya, The Photographs of G R Lambert and Co., 1880–1910*（Singapore: Times Editions, 1987）; James Francis Warren, 'Social History and the Photograph: Glimpses of the Singapore Rickshaw Coolie in the Early 20th Century', *Journal of the Malaysian Branch of the Royal Asiatic Society,* 58, 1（1985）: 29–43.

(38) *Singapore Retrospect through Postcards: 1900–1930*（Singapore: Sin Chew Jit Poh and Archives and Oral History Department, 1982）.

(39) キモノについては，Liza Crihfield Dalby, *Geisha*（Berkeley: University of California Press, 1983）, p. 282を参照。

(40) Warren, *Rickshaw Coolie,* pp. 10–11 and 323–7; and Warren, *At the Edge of Southeast Asian History,* pp. xiv-xviii.

(41) Robert Forster and Orest Ranum, *Deviants and the Abandoned in French Society*（Baltimore: Johns Hopkins University Press, 1978）, pp. viii-xii.

(42) Vivienne Shue, 'The Long Bow Film Trilogy–A Review Article', *Journal of Asian Studies,* 46, 4（1987）: 848.

(43) ミクロ-ダイナミック・アプローチについては，Warren, *Rickshaw Coolie,* pp. 7, 10, and 323–4を参照。

(44) Nancy F. Cott and Elizabeth H. Peck（eds.）, *A Heritage of Her Own: Toward a New Social History of American Women*（New York: Simon and Schuster, 1979）, p. 19.

(45) Ibid., p. 20.

(46) データはしばしば種々雑多な史料から得られ，相互補完している。この研究技法や例については，以下の文献を参照。'Prosopography', in Lawrence Stone, *The Past and the Present*（London: Routledge

and Kegan Paul, 1981); James Lockhart, *The Men of Cajamarca: A Social and Biographical Study of the First Conquerors of Peru* (Austin: University of Texas, 1972); and Paul D. Escott, *Slavery Remembered: A Record of Twentieth Century Slave Narratives* (Chapel Hill: The University of North Carolina Press, 1979). 東南アジア社会史記述の技法としての伝記研究（prosopography）の重要性については，以下の文献を参照。James Francis Warren, *The Sulu Zone 1768–1898: The Dynamics of External Trade, Slavery and Ethnicity in the Transformation of a Southeast Asian Maritime State* (Singapore: Singapore University Press, 1981), pp. 237–51; Warren, *Rickshaw Coolie,* pp. 7–8; and Warren, *At the Edge of Southeast Asian History,* p. xvii.

(47) 売春における職業パターンの重要性については，Joel Best, 'Careers in Brothel Prostitution: St Paul, 1865–1883', *Journal of Interdisciplinary History,* 12, 4 (Spring 1982): 597–617を参照。

(48) Cott and Peck (eds.), *A Heritage of Her Own: Toward a New Social History of American Women,* p. 20.

第２章　貧困，家父長制社会，繁栄

(１) League of Nations, *CETWCE,* 1933, p. 132 *passim;* S. E. Niccol Jones, 'Report on the Problem of Prostitution in Singapore', 1941 (Mss. Ind. Ocn. 27), Unpublished, p. 23; Yen Ching-hwang, *A Social History of the Chinese in Singapore and Malaya 1800–1911* (Singapore: Oxford University Press, 1986), p. 250; Mikiso Hane, *Peasants, Rebels and Outcastes: The Underside of Modern Japan* (New York: Pantheon Books, 1982), p. 6; Tomoko Yamazaki, 'Sandakan No. 8 Brothel', *Bulletin of Concerned Asian Scholars*, 7, 4 (1975): 56–7.

(２) 森崎和江『からゆきさん』(朝日新聞社，1976年) 17–8 頁; Yamazaki, 'Sandakan No. 8 Brothel', p. 60; Hane, *Peasants, Rebels and Outcastes,* p. 218; Motoe Terami-Wada, 'Karayuki-san of Manila; 1880–1920', *Philippine Studies,* 34 (1986): 303.

(３) 森崎『からゆきさん』17–8 頁; Yamazaki, 'Sandakan No. 8 Brothel', p. 52.

(４) 矢野暢『日本の南洋史観』(中公新書，1979年) 131–3 頁。

(５) Yamazaki, 'Sandakan No. 8 Brothel', p. 52 [山崎朋子『サンダカン八番娼館』文春文庫，1975年，9–10頁].

(６) Ibid., pp. 56–7; Hane, *Peasants, Rebels and Outcastes,* pp. 6, 103–4, and 218.

(７) Hane, *Peasants, Rebels and Outcastes,* pp. 6, 103–4, and 218.

(８) Ibid., p. 209.

(９) Yamazaki, 'Sandakan No. 8 Brothel', pp. 56–7.

(10) Hane, *Peasants, Rebels and Outcastes,* pp. 103–4.

(11) Ibid., p. 218; Yamazaki, 'Sandakan No. 8 Brothel', pp. 56–7; Terami-Wada, 'Karayuki-san of Manila; 1880–1920', p. 303.

(12) Hane, *Peasants, Rebels and Outcastes,* p. 218.

(13) Yamazaki, 'Sandakan No. 8 Brothel', pp. 56–7.

(14) Ibid., p. 54 [山崎『サンダカン八番娼館』文春文庫，68頁].

(15) 以下の文献を参照。Walter Mallory, *China: Land of Famine* (New York: American Geographical Society, 1926); Lillian M. Li, 'Food, Famine, and the Chinese State–A Symposium', *Journal of Asian Studies,* 41, 4 (1982): 685–797; Robert Dirks, 'Social Responses during Severe Food Shortages and Famine', *Current Anthropology,* 21, 1 (1980): 21–44; Yen, *A Social History of the Chinese in Singapore and Malaya 1800–1911,* pp. 250–1; and Hane, *Peasants, Rebels and Outcastes,* p. 126.

(16) Alistair Duncan to Governor of the Straits Settlements, 29 December 1913, CO 273/404.

(17) Sue Gronewold, *Beautiful Merchandise: Prostitution in China 1860–1936* (New York: Haworth Press, 1982), p. 37.

(18) Ibid., pp. 37–8; Yen, *A Social History of the Chinese in Singapore and Malaya 1800–1911,* p. 250.

(19)　Gronewold, *Beautiful Merchandise,* p. 26.
(20)　League of Nations, *CETWCE,* 1933, pp. 38–9.
(21)　Gronewold, *Beautiful Merchandise,* pp. 37–8.
(22)　Vivienne Shue, 'The Long Bow Trilogy–A Review Article', *Journal of Asian Studies,* 46, 4（1987）: 843–8 を参照。
(23)　Janet Lim, *Sold for Silver*（London: Collins, 1958）, p. 20.
(24)　Rene Henry de Solminihac Onreat, *Singapore, A Police Background*（London: Dorothy Crisp and Company, 1947）, p. 141.
(25)　Lim, *Sold for Silver,* pp. 50–1.
(26)　Hane, *Peasants, Rebels and Outcastes,* p. 79.
(27)　League of Nations, *CETWCE,* 1933, pp. 44 and 73.
(28)　Ida Pruitt, *Old Madam Yin: A Memoir of Peking Life 1926–1938*（Stanford: Stanford University Press, 1979）, p. 103.
(29)　南洋及日本人社『南洋の五十年——シンガポールを中心に同胞活躍』（章華社，1937年）156頁。
(30)　League of Nations, *CETWCE,* 1933, p. 41.
(31)　James Francis Warren, *Rickshaw Coolie: A People's History of Singapore*（*1880–1940*）（Singapore: Oxford University Press, 1986）, pp. 14–19, 161–5, and 249; Joyce Ee, 'Chinese Migration to Singapore, 1896–1941', *Journal of Southeast Asian History*, 2（1961）: 37; Lucie Cheng Hirata, 'Free, Indentured, Enslaved: Chinese Prostitutes in Nineteenth Century America', *Signs: Journal of Women in Culture and Society*, 5, 1（1979）: 5–7.
(32)　クーリー小屋については，Warren, *Rickshaw Coolie,* pp. 202, 205–8, 218–9, and 270–2 を参照。
(33)　*Report of Venereal Disease Committee,* Council Paper No. 86, Proceedings of the Straits Settlements Legislative Council, 1923, 17 December 1923, CO 275/109, p. C 288.
(34)　SSAR, CP, 1895, p. 173.
(35)　No. 227, Acting Governor Sir J. H. Swettenham to Mr Chamberlain, 5 August 1898, CO 882/6, p. 55; Yen, *A Social History of the Chinese in Singapore and Malaya 1800–1911,* p. 248.
(36)　海外中国街の構成要素としての買売春の重要性については，Neil Larry Shumsky, 'Tacit Acceptance: Respectable Americans and Segregated Prostitutes, 1870–1910', *Journal of Social History,* 19, 4（1986）: 666–7 を参照。すべての性的関係が記録として残っているわけではない。同性愛買売春もあったが，その証拠はあまりない。
(37)　No. 59232, General Officer Commanding the Troops, Straits Settlements to the Secretary, War Office, 25 February 1919, FO 371/4243, p. 372.

第3章　娼館と娼婦
(1)　No. 60716, Sir Arthur Young to Walter Lord, 13 July 1917, CO 273/457.
(2)　Neil Larry Shumsky, 'Tacit Acceptance: Respectable Americans and Segregated Prostitutes, 1870–1910', *Journal of Social History,* 19, 4（1986）: 665–79.
(3)　John Cowen to the Association for Moral and Social Hygiene, 18 December 1916, CO 273/452.
(4)　No. 227, Minute by the Protector of Chinese on Brothels in Singapore, in Acting Governor Sir J. H. Swettenham to Mr Chamberlain, 5 August 1898, CO 882/6, p. 77.
(5)　Peter Stallybrass and Allen White, *The Politics and Poetics of Transgression*（London: Methuen, 1986）, pp. 137–8; Shumsky, 'Tacit Acceptance: Respectable Americans and Segregated Prostitutes, 1870–1910', pp. 671–2.
(6)　Shumsky, 'Tacit Acceptance: Respectable Americans and Segregated Prostitutes, 1870–1910', p. 667.
(7)　山崎朋子『サンダカンの墓』（文春文庫，1977年）46頁。
(8)　C. M. Turnbull, *A History of Singapore 1819–1975*（Kuala Lumpur: Oxford University Press, 1977）, p.

65.

（9） No. 60716, Sir Arthur Young to Walter Lord, 13 July 1917, CO 273/457.

（10） John Cowen to the Association for Moral and Social Hygiene, 18 December 1916, CO 273/452; A. Dixon, *Singapore Patrol*（London: Harrap, 1935）, p. 209; Bruce Lockhart, *Return to Malaya*（New York: G. P. Putnam and Son, 1936）, p. 108.

（11） Dixon, *Singapore Patrol,* pp. 209–10.

（12） John Cowen to the Association for Moral and Social Hygiene, 18 December 1916, CO 273/452.

（13） R. C. H. McKie, *This Was Singapore*（New York: Angus and Robertson, 1942）, p. 101.

（14） Dixon, *Singapore Patrol,* p. 209.

（15） 山崎『サンダカンの墓』46–7 頁。

（16） 『福岡日日新聞』1910年 5 月25日，森崎和江『からゆきさん』（朝日新聞社，1976年）179–80頁所収［同，朝日文庫，1980年，153–4 頁］。

（17） 山崎『サンダカンの墓』72頁［同，文春文庫，43頁］。

（18） Yip Cheong Fung へのインタビューは，Ms Tan Beng Luan の助けを借りて Kreta Ayer Road 端の Yip の店で，1987年10月 1 日におこなった；山崎『サンダカンの墓』38頁。

（19） 南洋及日本人社『南洋の五十年――シンガポールを中心に同胞活躍』（章華社，1937年）137頁。

（20） Sng Choon Yee, Interview, OHD, Transcript, 5 March 1981, pp. 63–4.

（21） Yip Cheong Fung へのインタビュー，1987年10月 1 日。

（22） Report of the Committee appointed to inquire into the working of Ordinance XXIII of 1870, commonly called the Contagious Diseases Ordinance, in Straits Settlements Legislative Council Proceedings, 1877, Appendix 7, p. XLIII.

（23） John Cowen to the Association for Moral and Social Hygiene, 18 December 1916, CO 273/452.

（24） Ibid.

（25） *Chinatown: An Album of a Singapore Community*（Singapore: Times Books and Archives and Oral History Department, 1983）, p. 100.

（26） Yip Cheong Fung は，娼館の位置を正確に覚えていた。1901年にサゴ街にあった娼館については，*Chinatown: An Album of a Singapore Community,* p. 100を参照。Yip Cheong Fung へのインタビューは，Ms Tan Beng Luan の助けを借りて，Kreta Ayer Road 端の Yip の店で，1987年10月 3 日におこなった。

（27） *Chinatown: An Album of a Singapore Community,* p. 110.

（28） Fong Chiok Kai へのインタビューは，Ms Tan Beng Luan の助けを借りて，1987年10月 1 日に Kreta Ayer Community Centre の Committee Room で，1987年10月 1 日におこなった。

（29） Enclosure No. 6 in No. 60716, Sir Arthur Young to Walter Lord, 13 July 1917, CO 273/457.

（30） Li Chung Chu, 'A Description of Singapore in 1887', *China Society 25th Anniversary Journal*（1975）: 25.

（31） List of Licensed Brothels for the month of February 1877, Appendix M, pp. LXI-LXIII, in Report of the Committee appointed to inquire into the working of Ordinance XXIII of 1870, commonly called the Contagious Disease Ordinance, in Straits Settlements Legislative Council Proceedings, 1877, Appendix 7, No. 69; Sir C. Mitchell to the Marquess of Ripon, 2 March 1895, CO 273/202; and Return of Brothels and Prostitutes Brothels known as the Protectorate, SSAR, 1905, p. 652.

（32） SMAR, 1901, Appendix A, 'List of Brothels, Coolie Lodging Houses and Private Houses to Which Meters Have Been Attached', pp. 1–19.

（33） Appendix N, 'Abstract of Return of Brothels and Prostitutes of Singapore', in Governor of Straits Settlement to Colonial Office, 24 February 1869, CO 273/91.

（34） List of Licensed Brothels for the month of February 1877, Appendix M, pp. LXI-LXIII, in Report of the Committee appointed to inquire into the working of Ordinance XXIII of 1870, commonly called the

Contagious Diseases Ordinance, in Straits Settlements Legislative Council Proceedings, 1877, Appendix 7.

(35) Ibid.

(36) No. 227, Acting Governor Sir J. H. Swettenham to Mr Chamberlain, 5 August 1898, CO 882/6, p. 52.

(37) No. 60716, Sir Arthur Young to Walter Lord, 13 July 1917, CO 273/457.

(38) List of Licensed Brothels for the month of February 1877, Appendix M, p. LXIII, in Report of the Committee appointed to inquire into the working of Ordinance XXIII of 1870, commonly called the Contagious Diseases Ordinance, in Straits Settlements Legislative Council Proceedings, 1877, Appendix 7.

(39) Return of Brothels and Prostitutes Brothels known as the Protectorate, SSAR, 1905, p. 652.

(40) James Francis Warren, *Rickshaw Coolie: A People's History of Singapore* (*1880–1940*) (Singapore: Oxford University Press, 1986), pp. 36 and 40–3.

(41) List of Licensed Brothels for the month of February 1877, Appendix M, pp. LXI-LXIII, in Report of the Committee appointed to inquire into the working of Ordinance XXIII of 1870, commonly called the Contagious Diseases Ordinance, in Straits Settlements Legislative Council Proceedings, 1877, Appendix 7.

(42) Return of Brothels and Prostitutes Brothels known as the Protectorate, SSAR, 1905, p. 652；山崎『サンダカンの墓』45–6 頁。

(43) No. 227, Acting Governor Sir J. H. Swettenham to Mr Chamberlain, 5 August 1898, CO 882/6.

(44) SCII of Yeo Ah Lip, 4 April 1908; SCII of Yip Mui Chai, No. 218, 6 November 1908; and SCII of That Koh Loo, No. 59, 3 April 1909.

(45) John Cowen to the Association for Moral and Social Hygiene, 18 December 1916, CO 273/452.

(46) Fong Chiok Kai へのインタビュー，1987年10月 1 日；Sue Gronewold, *Beautiful Merchandise: Prostitution in China 1860–1936* (New York: Haworth Press, 1982), p. 6.

(47) Gronewold, *Beautiful Merchandise,* p. 6.

(48) No. 60716, Sir Arthur Young to Walter Lord, 13 July 1917, CO 273/457.

(49) Yip Cheong Fung へのインタビュー，1987年10月 3 日。

(50) Wong Swee Peng へのインタビューは，Ms Tan Beng Luan の助けを借りて，Ning Yueng (M. B. A.) Home for the Aged で，1987年10月 3 日におこなった。

(51) No. 25, Acting Governor Sir J. H. Swettenham to Mr Chamberlain, 8 September 1898, CO 882/6; No. 132, Lt-Colonel Anson to the Earl of Carnarvon, 21 April 1877, CO 273/91.

(52) No. 132, Lt-Colonel Anson to the Earl of Carnarvon, 21 April 1877, CO 273/91.

(53) Ibid.

(54) 山崎『サンダカンの墓』47頁。

(55) 同上。

(56) 同上。

(57) No. 60716, Sir Arthur Young to Walter Lord, 13 July 1917, CO 273/457.

(58) Yip Cheong Fung へのインタビュー，1987年10月 3 日。

(59) 同上。

(60) 山崎『サンダカンの墓』43–4 頁。

(61) No. 227, Minute by the Protector of Chinese on Brothels in Singapore in Acting Governor Sir J. H. Swettenham to Mr Chamberlain, 5 August 1898, CO 882/6, p. 77; League of Nations, *CETWCE,* 1933, pp. 44–5 and 137.

(62) No. 227, Minute by the Protector of Chinese on Brothels in Singapore in Acting Governor Sir J. H. Swettenham to Mr Chamberlain, 5 August 1898, p. 77; Gronewold, *Beautiful Merchandise,* p. 70.

(63) No. 25, Memorandum by the Secretary for Chinese Affairs, G. T. Hare, 12 June 1889 in Acting Governor Sir J. H. Swettenham to Mr Chamberlain, 8 September 1898, CO 882/6, pp. 83–4.

(64) Report of Proceedings of the Municipal Commissioners, Singapore, 12 September 1889 in the Straits Settlement Association to the Colonial Office, 8 November 1897, CO 882/6, p. 464.

(65) No. 227, Statement of Jane McBreen, 11 May 1898 in Acting Governor Sir J. H. Swettenham to Mr Chamberlain, 5 August 1898, CO 882/6, p. 78; S. E. Niccol Jones, 'Report on the Problem of Prostitution in Singapore', Unpublished, 1941 (Mss. Ind. Ocn. 27), p. 38.
(66) League of Nations, *CETWCE,* 1933, p. 140.
(67) 山崎『サンダカンの墓』50頁。
(68) No. 227, Statement of Jane McBreen, 11 May 1898, in Acting Governor Sir J. H. Swettenham to Mr Chamberlain, 5 August 1898, CO 882/6, p. 78.
(69) Report of Proceedings of the Municipal Commissioners, Singapore, 12 September 1889 in the Straits Settlement Association to the Colonial Office, 8 November 1897, CO 882/6, p. 47.
(70) Gronewold, *Beautiful Merchandise,* pp. 33–4.
(71) Ibid., p. 33.
(72) No. 25, Memorandum by the Secretary for Chinese Affairs, G. T. Hare, 12 June 1898 in Acting Governor Sir J. H. Swettenham to Mr Chamberlain, 8 September 1898, CO 882/6, p. 83; No. 214, Sir F. A. Weld to the Earl of Derby, 30 May 1883, CO 273/20.
(73) SCII of Teng Ah Hee, No. 263, 9 October 1918.
(74) League of Nations, *CETWCE,* 1933, pp. 140–1; Gronewold, *Beautiful Merchandise,* p. 73.
(75) League of Nations C 223 M 89, 1926, IV to Foreign Office, 17 May 1926, FO 371/11871, p. 65.
(76) Low Ngiong Ing, *Chinese Jetsam on a Tropical Shore* (Singapore: Eastern Universities Press, 1974), pp. 113–14.
(77) League of Nations, *CETWCE,* p. 144; Yen Ching-hwang, *A Social History of the Chinese in Singapore and Malaya 1800–1911* (Singapore: Oxford University Press, 1986), p. 254.
(78) Yip Cheong Fung へのインタビュー，1987年10月1日。
(79) Low, *Chinese Jetsam on a Tropical Shore,* pp. 113–14.
(80) Dixon, *Singapore Patrol,* pp. 116–17.
(81) CCVS of Sin Chow, No. 23, 13 July 1908.
(82) Yvonne Quahe, *We Remember: Cameos of Pioneer Life* (Singapore: Landmark Books, 1986), pp. 92–3.
(83) League of Nations, *CETWCE,* p. 50.
(84) SCII of Leong Tong Fook, No. 168, 6 May 1921.
(85) SCII of Ho Hong Min, No. 105, 15 February 1937.
(86) *Proceedings and Report of the Commission Appointed to Inquire into the Cause of the Present Housing Difficulties in Singapore, and the Steps Which Should Be Taken to Remedy Such Difficulties* (Singapore: Singapore Government Printing Office, 1918), pp. B113–14.
(87) No. 132, Testimony of Ah Jeok in Lt-Colonel Anson to the Earl of Carnarvon, 21 April 1877, CO 273/91.
(88) 『南洋の五十年』138, 163頁。
(89) No. 227, Acting Governor Sir J. H. Swettenham to Mr Chamberlain, 5 August 1898, CO 882/6, p. 71.
(90) *Singapore Free Press*, 9 January 1897.
(91) Lucie Cheng Hirata, 'Free, Indentured, Enslaved: Chinese Prostitutes in Nineteenth Century America', *Signs: Journal of Women in Culture and Society*, 5, 1 (1979): 14–15 and 17.
(92) Yamazaki, 'Sandakan No. 8 Brothel', p. 54.
(93) 今村昌平制作の記録映画「からゆきさん」(1973年) のなかでの善道キクヨへのインタビュー。
(94) 森克已『人身売買——海外出稼ぎ女』(至文堂，1959年) 20頁。
(95) SCII of Oahki, No. 58, 28 May 1903.
(96) 『南洋の五十年』144–5 頁。
(97) Motoe Terami-Wada, 'Karayuki-san of Manila: 1880–1920', *Philippine Studies,* 34 (1986): 307.
(98) 『南洋の五十年』155–6 頁。

(99) Song Ong Siang, *One Hundred Years' History of the Chinese in Singapore* (London; John Murray, 1923; reprinted Kuala Lumpur: University of Malaya Press, 1967; and Singapore: Oxford University Press, 1987), pp. 252–3.

(100) Gail Hershatter, 'The Hierarchy of Shanghai Prostitution, 1870–1949', *Modern China,* 15, 4 (October 1989): 464; Gronewold, *Beautiful Merchandise,* pp. 46 and 72–3.

第４章　人身売買と娼館での買売春

(１) No. C247, League of Nations to Foreign Office, 9 May 1933, FO 371/17387; League of Nations, *CETWCE,* New York, 1933, p. 94; S. E. Niccol Jones, 'Report on the Problem of Prostitution in Singapore', Unpublished, 1941 (Mss. Ind. Ocn. 27), p. 38; R. S. Morton, *Venereal Diseases* (London: Penguin, 1972), p. 124.

(２) League of Nations, *CETWCE,* pp. 21–2, 51, and 96; 南洋及日本人社『南洋の五十年――シンガポールを中心に同胞活躍』(章華社，1937年) 160頁。

(３) 『南洋の五十年』160頁。

(４) Tomoko Yamazaki, 'Sandakan No. 8 Brothel', *Bulletin of Concerned Asian Scholars*, 7, 4 (1975); 同『サンダカンの墓』(文春文庫，1977年); D. C. S. Sissons, 'Karayuki-san: Japanese Prostitutes in Australia, 1887–1916–I', *Historical Studies,* 17, 68 (1976): 323–41を参照。

(５) Statistics of the Registration Office, Contagious Diseases Ordinance, 1893, CO 275/33.

(６) League of Nations, *CETWCE,* pp. 50–2.

(７) James Francis Warren, *Rickshaw Coolie: A People's History of Singapore (1880–1940)* (Singapore: Oxford University Press, 1986), pp. 194–215.

(８) League of Nations, *CETWCE,* p. 95.

(９) Ibid.

(10) Ibid., pp. 50–1.

(11) Ibid., pp. 94 and 277.

(12) John Cowen to the Association for Moral and Social Hygiene, 18 December 1916, CO 273/452.

(13) Consul for Japan at Hong Kong to Acting Colonial Secretary, 20 October 1885, 日本外務省外交史料館文書 4.2.2.34; Acting Colonial Secretary to Consul for Japan at Hong Kong, 5 November 1885, 日本外務省外交史料館文書 4.2.2.34.

(14) Consul for Japan at Hong Kong to Acting Colonial Secretary, 20 October 1885, 日本外務省外交史料館文書 4.2.2.34.

(15) League of Nations, *CETWCE,* p. 131; Sue Gronewold, *Beautiful Merchandise: Prostitution in China (1860–1936)* (New York: Haworth Press, 1982), p. 29.

(16) Statistics of the Registration Office, Contagious Diseases Ordinance, 1887–1894, CO 275/33.

(17) Ibid.

(18) Ibid.

(19) Ibid.

(20) 森崎和江『からゆきさん』(朝日新聞社，1976年); Consul for Japan at Hong Kong to Acting Colonial Secretary, 20 October 1885, 日本外務省外交史料館文書 4.2.2.34.

(21) *Singapore Free Press,* 11 September 1897.

(22) Sissons, 'Karayuki-san: Japanese Prostitutes in Australia, 1887–1916–I', p. 323.

(23) Minutes of the Eighth Session of the League of Nations, 19–27 April 1929, W 9184/117/98, FO 371/14119, p. 30.

(24) League of Nations C 223 M 89, 1926, IV to Foreign Office, 17 May 1926, FO 371/11871, p. 56; Minutes of the Eighth Session of the League of Nations, 19–27 April 1929, W 9814/117/98, FO 371/14119, p. 129.

(25) League of Nations, *CETWCE,* pp. 25–6.
(26) Ibid., Appendices, p. 471.
(27) Ibid., pp. 29–31.
(28) Gronewold, *Beautiful Merchandise,* pp. 46–7; Lucie Cheng Hirata, 'Free, Indentured, Enslaved: Chinese Prostitutes in Nineteenth Century America', *Signs: Journal of Women in Culture and Society*, 5, 1 (1979): 4.
(29) Gronewold, *Beautiful Merchandise,* p. 47.
(30) Ibid., p. 45.
(31) Walter Mallory, *China: Land of Famine* (New York: American Geographical Society, 1926), p. xiii.
(32) League of Nations, *CETWCE,* pp. 59–62; Niccol Jones, 'Report on the Problem of Prostitution in Singapore', p. 8.
(33) League of Nations, *CETWCE,* p. 171.
(34) Niccol Jones, 'Report on the Problem of Prostitution in Singapore', p. 8.
(35) Yen Ching-hwang, *A Social History of the Chinese in Singapore and Malaya 1800–1911* (Singapore: Oxford University Press, 1986), pp. 248–9.
(36) No. 227, Statement of Jane McBreen, 11 May 1898, in Acting Governor Sir J. H. Swettenham to Mr Chamberlain, 5 August 1898, CO 882/6, p. 79.
(37) League of Nations, *CETWCE,* p. 171; Gronewold, *Beautiful Merchandise,* pp. 71–2; Yen, *A Social History of the Chinese in Singapore and Malaya 1800–1911,* p. 251; Hirata, 'Free, Indentured, Enslaved: Chinese Prostitutes in Nineteenth Century America', p. 9.
(38) Niccol Jones, 'Report on the Problem of Prostitution in Singapore', p. 88.
(39) No. 247, Sir F. Weld to the Earl of Derby, 27 August 1883, CO 273/121.
(40) Ibid.
(41) Ibid.
(42) No. 25, Memorandum by the Secretary for Chinese Affairs, G. T. Hare, 12 June 1898 in Acting Governor Sir J. H. Swettenham to Mr Chamberlain, 8 September 1898, CO 882/6, p. 85.
(43) Ibid.
(44) No. 227, Evidence of Dr Rogers in Acting Governor Sir J. H. Swettenham to Mr Chamberlain, 5 August 1898, CO 882/6, p. 63; Gronewold, *Beautiful Merchandise,* pp. 72–3.
(45) Mallory, *China: Land of Famine,* p. 3.
(46) Yen, *A Social History of the Chinese in Singapore and Malaya 1800–1911,* p. 250; Hirata, 'Free, Indentured, Enslaved: Chinese Prostitutes in Nineteenth Century America', pp. 12 and 16.
(47) League of Nations, *CETWCE,* pp. 64–5.
(48) Ibid., pp. 277–8; Yen, *A Social History of the Chinese in Singapore and Malaya 1800–1911,* p. 249.
(49) League of Nations, *CETWCE,* pp. 64–5.
(50) Ibid., p. 278.
(51) No. 227, Statement of Jane McBreen, 11 May 1898, in Acting Governor Sir J. H. Swettenham to Mr Chamberlain, 5 August 1898, CO 882/6, p. 79.
(52) League of Nations, *CETWCE,* p. 65.
(53) No. 247, Sir F. Weld to the Earl of Derby, 27 August 1883, CO 273/121.
(54) Paul R. Greenough, 'Famine', in Ainslie T. Embree (ed.), *Encyclopedia of Asian History* (New York: Charles Scribner's Sons, 1988), Vol. I, p. 459; Mikiso Hane, *Peasants, Rebels and Outcastes: The Underside of Modern Japan* (New York: Pantheon Books, 1982), pp. 7, 207, and 210; Motoe Terami-Wada, 'Karayuki-san of Manila: 1880–1920', *Philippine Studies,* 34 (1986): 302–3.
(55) Hane, *Peasants, Rebels and Outcastes,* pp. 114–15.
(56) 『南洋の五十年』152–3 頁；山崎『サンダカンの墓』48頁。

(57)　山崎『サンダカンの墓』48頁。
(58)　Hane, *Peasants, Rebels and Outcastes,* p. 129; 森崎『からゆきさん』29頁。
(59)　Terami-Wada, 'Karayuki-san of Manila: 1880–1920', pp. 293 and 303.
(60)　森崎『からゆきさん』18頁。
(61)　'Japanese Women Abroad', in *Japan Weekly Mail,* 30 May 1896, p. 609.
(62)　山崎『サンダカンの墓』49頁。
(63)　League of Nations, *CETWCE,* p. 114.
(64)　Ibid., p. 112.
(65)　No. 132, Evidence of A. V. Cousins, Registrar-General in Lt-Colonel Anson to the Earl of Carnarvon, 21 April 1877, CO 273/91.
(66)　No. 247, Sir F. Weld to the Earl of Derby, 27 August 1883, CO 273/121; C. M. Turnbull, *A History of Singapore 1819–1975*（Singapore: Oxford University Press, 1977）, p. 87.
(67)　No. 132, Lt-Colonel Anson to the Earl of Carnarvon, 21 April 1877, CO 273/91; No. 247, Sir F. Weld to the Earl of Derby, 27 August 1883, CO 273/121.
(68)　Statistics of the Registration Office, Contagious Diseases Ordinance, 1887–1894, CO 275/33; No. 187, Sir C. Smith to the Lord Knutsford, 7 May 1888, CO 273/152.
(69)　Straits Settlement Association to the Colonial Office, 8 November 1897, CO 882/6, p. 46.
(70)　No. 227, Statement of Jane McBreen, 11 May 1898, in Acting Governor Sir J. H. Swettenham to Mr Chamberlain, 5 August 1898, CO 882/6, p. 79.
(71)　League of Nations, *CETWCE,* pp. 62 and 287.
(72)　Terami-Wada, 'Karayuki-san of Manila: 1880–1920', pp. 290–1.
(73)　Ibid., p. 299.
(74)　Hane, *Peasants, Rebels and Outcastes,* p. 20.
(75)　Song Ong Siang, *One Hundred Years' History of the Chinese in Singapore*（London: John Murray, 1923; reprinted Kuala Lumpur: University of Malaya Press, 1967; and Singapore: Oxford University Press, 1987）, pp. 253–4.
(76)　『南洋の五十年』155頁。
(77)　森崎『からゆきさん』179–80頁。
(78)　Hane, *Peasants, Rebels and Outcastes,* p. 218.
(79)　山室軍平『社会廓清論』（中央公論社，1977年〔初版1914年〕）252–5 頁。
(80)　同上。
(81)　『南洋の五十年』155頁。
(82)　同上，144頁。
(83)　No. 60716, Sir Arthur Young to Walter Lord, 13 July 1917, CO 273/457.
(84)　Ibid.
(85)　League of Nations, *CETWCE,* p. 96.
(86)　Ibid., p. 26.
(87)　No. 95, Report of the Secretary for Chinese Affairs in Governor of the Straits Settlements to the Colonial Office, 15 March 1905, CO 273/306.
(88)　League of Nations, *CETWCE,* p. 276.
(89)　No. 60716, Sir Arthur Young to Walter Lord, 13 July 1917, CO 273/457.
(90)　Ibid.
(91)　No. 57751, Secret Appendix to War Diary of the General Staff, Straits Settlement Command, December 1917, FO 371/3235, p. 128.
(92)　C. M. Turnbull, *The Straits Settlements 1826–67: Indian Presidency to Crown Colony*（Singapore: Oxford University Press, 1972）, pp. 109–10; Yen Ching-hwang, 'Early Chinese Clan Organisations in Singa-

pore and Malaya 1819–1911', in C. F. Yong（ed.）, *Ethnic Chinese in Southeast Asia, Journal of Southeast Asian Studies,* 12, 1（1981）: 86–7.

(93) Yen, *A Social History of the Chinese in Singapore and Malaya 1800–1911,* p. 252.

(94) J. D. Vaughan, *The Manners and Customs of the Chinese of the Straits Settlements*（Kuala Lumpur: Oxford University Press, 1974）, p. 112.

(95) No. 132, Testimony of C. Phillips, Inspector under the Contagious Diseases Ordinance, in Lt-Colonel Anson to the Earl of Carnarvon, 21 April 1877, CO 273/91.

(96) Mak Lau Fong, *The Sociology of Secret Societies: A Study of Chinese Secret Societies in Singapore and Peninsular Malaysia*（Kuala Lumpur: Oxford University Press, 1981）, p. 52.

(97) No. 132, Testimony of A. V. Cousins, Registar-General, in Lt-Colonel Anson to the Earl of Carnarvon, 21 April 1877, CO 273/91.

(98) Vaughan, *The Manners and Customs of the Chinese of the Straits Settlements,* p. 112.

(99) No. 132, Lt-Colonel Anson to the Earl of Carnarvon, 21 April 1877, CO 273/91; Fong Chiok Kai へのインタビューは，Ms Tan Beng Luan の助けを借りて，1987年10月 1 日にシンガポールでおこなった; No. 70, Sir F. Weld to Sir H. Holland Batt, 23 February 1887, CO 273/143.

(100) Yip Cheong Fung へのインタビューは，Ms Tan Beng Luan の助けを借りて，1987年10月 3 日にシンガポールでおこなった。

(101) Yen, *A Social History of the Chinese in Singapore and Malaya 1800–1911,* p. 253.

(102) No. 11, Statement of Mr Pickering, Protector of Chinese in Sir F. Weld to Edward Stanhope, 10 January 1887, CO 273/143.

(103) League of Nations, *CETWCE,* pp. 90–1 and 155–6.

(104) Ibid.

(105) No. 60716, Sir Arthur Young to Walter Lord, 13 July 1917, CO 273/457; League of Nations, *CETWCE,* p. 277.

(106) 'Memorandum by the Secretary for Chinese Affairs（G. T. Hare）dated 12 June 1898', in 'Correspondence Regarding Prevalence of Venereal Diseases and Condition of Inmates of Brothels in the Straits Settlements', Straits Settlements Legislative Council Proceedings, 1899, Appendix No. 30; Hirata, 'Free, Indentured, Enslaved: Chinese Prostitutes in Nineteenth Century America', p. 11.

(107) SCII of Lee Ah Tze, No. 79, 4 May 1897.

(108) 'Memorandum by the Secretary for Chinese Affairs（G. T. Hare）dated 12 June 1898', in 'Correspondence Regarding Prevalence of Venereal Diseases and Conditions of Inmates of Brothels in the Straits Settlements', Straits Settlements Legislative Council Proceedings, 1899, Appendix No. 30.

(109) Lee Poh Ping, *Chinese Society in Nineteenth Century Singapore*（Kuala Lumpur: Oxford University Press, 1978）, p. 87.

(110) Chen Mong Hock, *The Early Chinese Newspapers of Singapore, 1881–1902*（Singapore: University of Malaya Press, 1967）, pp. 59–60.

(111) No. 273, Sir F. Weld to Edward Stanhope, 23 August 1886, CO 273/140.

第５章　伝染病条例

(1) No. 274, Minute of Mr Meade in Sir F. Weld to the Earl of Derby, 27 August 1883, CO 273/121.

(2) Appendix O, Testimony of A. V. Cousins, Registrar-General, 21 November 1876, CO 273/91.

(3) No. 25, Memorandum by the Secretary for Chinese Affairs, G. T. Hare, 12 June 1898, in Acting Governor Sir J. H. Swettenham to Mr Chamberlain, 8 September 1898, CO 882/6.

(4) No. 132, Testimony of C. Phillips, Inspector under the Contagious Diseases Ordinance, in Lt-Colonel Anson to the Earl of Carnarvon, 21 April 1877, CO 273/91.

(5) No. 25, Memorandum by the Secretary for Chinese Affairs, G. T. Hare, 12 June 1898, in Acting Gover-

nor Sir J. H. Swettenham to Mr Chamberlain, 8 September 1898, CO 882/6.

(6) Appendix O, Testimony of A. V. Cousins, Registrar-General, 21 November 1876, CO 273/91.

(7) Ibid.

(8) No. 60716, Sir Arthur Young to Walter Lord, 13 July 1917, CO 273/457.

(9) 'Memorandum by the Secretary for Chinese Affairs (G. T. Hare) dated 12 June 1898', in 'Correspondence Regarding Prevalence of Venereal Diseases and Conditions of Inmates of Brothels in the Straits Settlements', Straits Settlements Legislative Council Proceedings, 1899, Appendix No. 30.

(10) No. 247, Sir F. Weld to the Earl of Derby, 27 August 1883, CO 273/121.

(11) No. 132, Lt-Colonel Anson to the Earl of Carnarvon, 21 April 1877, CO 273/91.

(12) Ibid.

(13) No. 247, Sir F. Weld to the Earl of Derby, 27 August 1883, CO 273/121; No. 285, Sir F. Weld to the Earl of Derby, 4 July 1883, CO 273/121.

(14) No. 60716, Sir Arthur Young to Walter Lord. 13 July 1917, CO 273/457.

(15) Enclosure No. 1 in Under-Secretary of State, Colonial Office, to Under-Secretary of State, Foreign Office, 26 October 1935, FO 371/19669; No. 247, Sir F. Weld to the Earl of Derby, 27 August 1883, CO 273/121.

(16) No. 247, Sir F. Weld to the Earl of Derby, 27 August 1883, CO 273/121.

(17) Ibid.

(18) Ibid.

(19) Table E, Straits Settlement Government Gazette, 31 March 1882, CO 276/13.

(20) House of Commons, Vol. LVII, 1887, Contagious Diseases Ordinances (Colonies), Enclosure No. 1 in Sir F. Weld to Sir H. T. Holland, 20 April 1887, CO 882/6, p. 28.

(21) Statistics of the Registration Office, Contagious Diseases Ordinance, 1887–1894, CO 275/33.

(22) 国の売春条例についての社会史および条例廃止のための一連のキャンペーンについては，Judith R. Walkowitz, *Prostitution and Victorian Society: Women, Class and the State* (London: Cambridge University Press, 1980)［ジュディス・R. ウォーコウィッツ／永富友海訳『売春とヴィクトリア朝社会――女性，階級，国家』上智大学出版，ぎょうせい（発売），2009年］; and Paul McHugh, Prostitution and Victorian Social Reform (New York: St Martin's Press, 1980) を参照。

(23) Glen Petrie, *A Singular Iniquity: The Campaigns of Josephine Butler* (London: Macmillan, 1971), p. 11.

(24) No. 133, Sir H. Ord to the Duke of Buckingham and Chandos, 1 July 1868, CO 273/20; and R. S. Morton, *Venereal Diseases* (London: Penguin, 1972), p. 32.

(25) House of Commons, Vol. LVII, 1887, Contagious Diseases Ordinances (Colonies), Enclosure No. 3, Principal Civil Medical Officer to the Colonial Secretary, 28 February 1887 in Sir F. Weld to Sir H. T. Holland, 20 April 1887, CO 882/6; No. 133, Sir H. Ord to the Duke of Buckingham and Chandos, 1 July 1868, CO 273/20.

(26) 規則の例外はインドだった。インドでは，イギリス兵士の健康と志気を維持するために，Lal Bazarsや閉鎖病棟付きの宿営地や常設軍兵舎が設立された。Kenneth Ballhatchet, *Race, Sex and Class under the Raj: Imperial Attitudes and Policies and Their Critics, 1793–1905* (London: Weidenfeld and Nicolson, 1980) を参照。

(27) House of Commons, Vol. LVII, 1887, Contagious Diseases Ordinances (Colonies), Enclosure No. 3, Principal Civil Medical Officer to the Colonial Secretary, 28 February 1887 in Sir F. Weld to Sir H. T. Holland, 20 April 1887, CO 882/6.

(28) No. 251, Sir H, Ord to the Earl of Kimberley, 15 December 1870, CO 273/41.

(29) No. 42, Sir H. Ord to the Earl of Kimberley, 13 February 1873, CO 273/65.

(30) House of Commons, Vol. LVII, 1887, Contagious Diseases Ordinances (Colonies), Enclosure No. 3,

Principal Civil Medical Officer to the Colonial Secretary, 28 February 1877, in Sir F. Weld to Sir H. T. Holland, 20 April 1877.
(31) Ibid.
(32) No. 132, Lt-Colonel Anson to the Earl of Carnarvon, 21 April 1877, CO 273/91.
(33) Ibid.
(34) No. 42, Sir H. Ord to the Earl of Kimberley, 13 February 1873, CO 273/65.
(35) No. 132, Lt-Colonel Anson to the Earl of Carnarvon, 21 April 1877, CO 273/91.
(36) Ibid.; No. 314, Sir H. Ord to the Earl of Kimberley, 5 October 1873, CO 273/70.
(37) No. 132, Lt-Colonel Anson to the Earl of Carnarvon, 21 April 1877, CO 273/91.
(38) No. 314, Sir H. Ord to the Earl of Kimberley, 5 October 1873, CO 273/70.
(39) No. 132, Lt-Colonel Anson to the Earl of Carnarvon, 21 April 1877, CO 273/91.
(40) No. 227, Testimony of Dr Mugliston in Acting Governor Sir J. H. Swettenham to Mr Chamberlain, 5 August 1898, CO 882/6.
(41) No. 227, Memorandum of Dr M. F. Simon in Acting Governor Sir J. H. Swettenham to Mr Chamberlain, 5 August 1898, CO 882/6.
(42) No. 132, Testimony of J. H. Robertson, MD in Lt-Colonel Anson to the Earl of Carnarvon, 21 April 1877, CO 273/91.
(43) No. 42, Sir H. Ord to the Earl of Kimberley, 13 February 1873, CO 273/65.
(44) No. 274, Sir F. Weld to the Earl of Derby, 27 June 1883, CO 273/121.
(45) Ibid.
(46) No. 203, Sir H. Ord to the Earl of Kimberley, 4 December 1872, CO 273/62.
(47) No. 132, Testimony of L. Schrieder in Lt-Colonel Anson to the Earl of Carnarvon, 21 April 1877, CO 273/91.
(48) No. 132, Testimony of R. A. Miles in Lt-Colonel Anson to the Earl of Carnarvon, 21 April 1877, CO 273/91.
(49) No. 25, Memorandum of Dr Welch in Acting Governor Sir J. H. Swettenham to Mr Chamberlain, 8 September 1898, CO 882/6; No. 227, Testimony of Mr Wispauer in Acting Governor Sir J. H. Swettenham to Mr Chamberlain, 5 August 1898, CO 882/6.
(50) House of Commons, Vol. LVII, 1887, Contagious Diseases Ordinances (Colonies), Enclosure No. 3, Principal Civil Medical Officer to the Colonial Secretary, 28 February 1877 in Sir F. Weld to Sir H. T. Holland, 20 April 1887, CO 882/6.
(51) No. 25, Memorandum by the Secretary for Chinese Affairs, G. T. Hare, 12 June 1898 in Acting Governor Sir J. H. Swettenham to Mr Chamberlain, 8 September 1898, CO 882/6.
(52) No. 132, Lt-Colonel Anson to the Earl of Carnarvon, 21 April 1877, CO 273/91.
(53) No. 132, Testimony of A. F. Anderson, Colonial Surgeon in Lt-Colonel Anson to the Earl of Carnarvon, 21 April 1877, CO 273/91.
(54) No. 132, Testimony of C. Phillips, A. V. Cousins, R. F. Anderson in Lt-Colonel Anson to the Earl of Carnarvon, 21 April 1877, CO 273/91.
(55) No. 132, Testimony of J. W. Wheatley in Lt-Colonel Anson to the Earl of Carnarvon, 21 April 1877, CO 273/91.
(56) No. 132, Lt-Colonel Anson to the Earl of Carnarvon, 21 April 1877, CO 273/91.
(57) No. 132, Testimony of Mr J. E. Cooper in Acting Governor Sir J. H. Swettenham to Mr Chamberlain, 5 August 1898, CO 882/6.
(58) No. 132, Lt-Colonel Anson to the Earl of Carnarvon, 21 April 1877, CO 273/91.
(59) No. 247, Sir F. Weld to the Earl of Derby, 27 August 1883, CO 273/121.
(60) Ibid.

(61) Straits Settlement Association to the Colonial Secretary, 8 November 1897, CO 882/6.
(62) House of Commons, Vol. LVII, 1887, Contagious Diseases Ordinances (Colonies), Enclosure No. 1 in Sir F. Weld to Sir H. T. Holland, 20 April 1887, CO 882/6.
(63) Straits Settlement Association to the Colonial Secretary, 8 November 1897, CO 882/6.
(64) No. 4, Sir F. Weld to Edward Stanhope, 10 January 1887, CO 273/143.
(65) No. 286, Lt-Governor Anson to the Earl of Kimberley, 21 November 1871, CO 273/51.
(66) No. 42, Sir H. Ord to the Earl of Kimberley, 13 February 1873, CO 273/65.
(67) No. 274, Sir F. Weld to the Earl of Derby, 27 August 1883, CO 273/121.
(68) Judith R. Walkowitz and David J. Walkowitz, 'We Are Not Beasts of the Field: Prostitution and the Poor in Plymouth and Southampton under the Contagious Diseases Act', in Mary Hartman and L. W. Banner (eds.), *Clio's Consciousness Raised* (New York: Harper and Row, 1974), pp. 192–225を参照。
(69) No. 247, Sir F. Weld to the Earl of Derby, 27 June 1883, CO 273/121; No. 285, Sir F. Weld to the Earl of Derby, 4 July 1883, CO 273/121.
(70) No. 274, Sir F. Weld to the Earl of Derby, 27 August 1883, CO 273/121.
(71) No. 285, Sir F. Weld to the Earl of Derby, 4 July 1883, CO 273/121.
(72) Walkowitz, *Prostitution and Victorian Society,* pp. 13–31.
(73) Ibid., pp. 192–213.
(74) Ibid., pp. 109 and 170.
(75) Ibid., pp. 113–36.
(76) Ibid.
(77) Petrie, *A Singular Iniquity,* p. 205; Morton, *Venereal Diseases,* p. 32.
(78) Walkowitz, *Prostitution and Victorian Society,* pp. 233–45; Petrie, *A Singular Iniquity,* pp. 144–5.
(79) Statistics of the Registration Office, Contagious Diseases Ordinance, 1888, CO 275/33.
(80) House of Commons, Vol. LVII, 1887, Contagious Diseases Ordinances (Colonies), Enclosure No. 2 in Sir F. Weld to Sir H. T. Holland, 20 April 1887, CO 882/6.
(81) Ibid., Enclosure No. 1.
(82) Ibid., Enclosure No. 2.
(83) Ibid.
(84) Ibid.
(85) Ibid., Testimony of Mr C. J. Irving in Enclosure No. 2.
(86) Ibid., Testimony of Mr Maxwell in Enclosure No. 2.
(87) Ibid., Testimony of Mr Rowell, Principal Civil Medical Officer to Colonial Secretary in Enclosure No. 3, 28 February 1887.
(88) Ibid.
(89) No. 128, Sir H. T. Holland to Sir F. Weld, 2 July 1887, CO 275/34.
(90) Ibid.
(91) No. 373, Sir F. Weld to Sir H. T. Holland, 10 September 1887, CO 275/34.
(92) Ibid.
(93) Ibid.
(94) Ibid.

第6章　性病の蔓延

(1) No. 128, Sir H. T. Holland to Sir F. Weld, 2 July 1887, CO 275/34; No. 215, Sir C. Smith to Lord Knutsford, 17 May 1888, CO 273/152.
(2) Song Ong Siang, *One Hundred Years' History of the Chinese in Singapore* (London: John Murray, 1923; reprinted Kuala Lumpur: University of Malaya Press, 1967; and Singapore: Oxford University Press,

1987), p. 253.
(3) House of Commons, Vol. LVII, 1887, Contagious Diseases Ordinances (Colonies), Enclosure No. 3, Principal Civil Medical Officer to Colonial Secretary, 28 February 1887 in Sir F. Weld to Sir H. T. Holland, 20 April 1887, CO 882/6.
(4) Ibid.
(5) Song, *One Hundred Years' History of the Chinese in Singapore,* p. 253.
(6) Ibid.
(7) Ibid.
(8) No. 552, Sir C. Smith to the Colonial Secretary, 30 December 1887, CO 275/34. 女性たちのなかには性交を続けることの危険を認識していなかった者がいたかもしれない。残念なことに，かの女たちがそれについて語っている証拠はない。しかし，借金を抱えていたかの女らに，やめることは許されなかった。
(9) No. 39, Sir C. Smith to the Colonial Secretary, 30 January 1888, CO 275/34.
(10) Ibid.
(11) Ibid.
(12) Annual Medical Report of the Principal Civil Medical Officer, SSAR, 1888, p. 2.
(13) Ibid.
(14) No. 451, Sir C. Smith to Lord Knutsford, 21 September 1889, CO 273/161.
(15) Straits Settlement Association to the Colonial Office, 8 November 1897, CO 882/6.
(16) Ibid.
(17) No. 210, Sir C. Smith to Lord Knutsford, 3 May 1889, CO 273/160; Annual Medical Report of the Principal Civil Medical Officer, SSAR, 1890, p. 2.
(18) No. 210, Sir C. Smith to Lord Knutsford, 3 May 1889, CO 273/160.
(19) Annual Medical Report of the Principal Civil Medical Officer, SSAR, 1890, pp. 2 and 8; No. 274, Sir C. Smith to Lord Knutsford, 15 June 1892, CO 273/181.
(20) No. 70, Sir C. Smith to Lord Knutsford, 12 February 1892, CO 273/179.
(21) Annual Medical Report of the Principal Civil Medical Officer, SSAR, 1890, p. 8; No. 274, Sir C. Smith to Lord Knutsford, 15 June 1892, CO 273/181.
(22) No. 368, Lord Knutsford to Sir C. Smith, 5 November 1889, CO 273/161.
(23) No. 227, Acting Governor Sir J. H. Swettenham to Mr Chamberlain, 5 August 1898, CO 882/6.
(24) Annual Report of the Chinese Protectorate, SSAR, 1889, p. 191.
(25) No. 552, Sir C. Smith to the Colonial Secretary, 30 December 1887, CO 275/34.
(26) Ibid.
(27) Ibid.
(28) Ibid.
(29) No. 60716, Arthur Young to Walter Lord, 13 July 1917, CO 273/457.
(30) No. 274, Sir C. Smith to Lord Knutsford, 15 June 1892, CO 273/81; No. 227, Testimony of Dr Mugliston in Acting Governor Sir J. H. Swettenham to Mr Chamberlain, 5 August 1898, CO 882/6.
(31) No. 311, Sir C. B. H. Mitchell to the Marquess of Ripon, 25 September 1894, CO 882/6.
(32) Ibid.
(33) No. 436, The Marquess of Ripon to the Governor Sir C. B. H. Mitchell, 28 December 1894, CO 882/6.
(34) Ibid.
(35) No. 69, Sir C. B. H. Mitchell to the Marquess of Ripon, 2 March 1895, CO 273/202.
(36) No. 246, Sir C. B. H. Mitchell to the Marquess of Ripon, 21 June 1895, CO 273/204.
(37) No. 69, Sir C. B. H. Mitchell to the Marquess of Ripon, 2 March 1895, CO 273/202.
(38) Straits Settlement Association to the Colonial Office, 8 November 1897, CO 273/232.

(39) No. 227, Testimony of Reverend W. G. Phillabear in Acting Governor Sir J. H. Swettenham to Mr Chamberlain, 5 August 1898, CO 882/6.

(40) No. 227, Acting Governor Sir J. H. Swettenham to Mr Chamberlain, 5 August 1898, CO 882/6; Straits Settlement Association to the Colonial Office, 8 November 1897, CO 882/6.

(41) Straits Settlement Association to the Colonial Office, 8 November 1897, CO 273/232.

(42) Ibid.

(43) Ibid.

(44) No. 227, Testimony of Mr Wispauer in Acting Governor Sir J. H. Swettenham to Mr Chamberlain, 5 August 1898, CO 882/6.

(45) Straits Settlement Association to the Colonial Office, 8 November 1897, CO 273/232.

(46) Ibid.

(47) Ibid.

(48) Derek Llewellyn-Jones, *Sex and V. D.* (London: Faber and Faber, 1974), p. 83.

(49) Extract from the statistical report on the Health of the Navy for 1891 in Straits Settlement Association to the Colonial Office, 8 November 1897, CO 882/6.

(50) Straits Settlement Association to the Colonial Office, 8 November 1897, CO 273/232.

(51) Annual Medical Report of the Principal Civil Medical Officer, SSAR, 1892, p. 3.

(52) Ibid.; No. 274, Sir C. Smith to Lord Knutsford, 15 June 1892, CO 273/1881.

(53) Annual Medical Report of the Principal Civil Medical Officer, SSAR, 1893–7; Straits Settlement Association to the Colonial Office, 8 November 1897, CO 882/6.

(54) No. 569, Sir C. Smith to the Earl of Knutsford, 20 December 1889, CO 273/162.

(55) Ibid.

(56) Ibid.

(57) No. 62, The Earl of Knutsford to Sir C. Smith, 22 February 1890, CO 273/162.

(58) Ibid.

(59) Straits Settlement Association to the Colonial Office, 8 November 1897, CO 882/6.

(60) Ibid.

(61) Ibid.; No. 134, Sir C. B. H. Mitchell to Mr Chamberlain, 12 April 1899, CO 882/6.

(62) Straits Settlement Association to the Colonial Office, 8 November 1897, CO 882/6.

(63) Ibid.

(64) No. 227, Testimony of Dr W. G. Ellis in Acting Governor Sir J. H. Swettenham to Mr Chamberlain, 5 August 1898, CO 882/6.

(65) Ibid.

(66) Testimony of Dr Mugliston in Straits Settlement Association to the Colonial Office, 8 November 1897, CO 882/6.

(67) Straits Settlement Association to the Colonial Office, 8 November 1897, CO 273/232.

(68) No. 227, Testimony of Dr W. G. Ellis in Acting Governor Sir J. H. Swettenham to Mr Chamberlain, 5 August 1898, CO 882/6.

(69) No. 227, Testimony of Dr C. P. Rogers and Mr Wispauer in Acting Governor Sir J. H. Swettenham to Mr Chamberlain, 5 August 1898, CO 882/6.

(70) Ibid.

(71) No. 227, Testimony of Dr Mugliston in Acting Governor Sir J. H. Swettenham to Mr Chamberlain, 5 August 1898, CO 882/6.

(72) Straits Settlement Association to the Colonial Office, 8 November 1897, CO 273/232.

(73) Ibid.

(74) R. S. Morton, *Venereal Diseases* (London: Penguin, 1972), pp. 54–5 and 58, Llewellyn–Jones, *Sex*

and V. D., pp. 14–15; No. 227, Testimony of Dr W. G. Ellis in Acting Governor Sir J. H. Swettenham to Mr Chamberlain, 5 August 1898, CO 882/6.

(75) No. 227, Testimony of Dr Mugliston in Acting Governor Sir J. H. Swettenham to Mr Chamberlain, 5 August 1898, CO 882/6.

(76) Ibid.

(77) No. 227, Testimony of Mr Wispauer in Acting Governor Sir J. H. Swettenham to Mr Chamberlain, 5 August 1898, CO 882/6.

(78) Ibid.

(79) Morton, *Venereal Diseases,* p. 112; Llewellyn-Jones, *Sex and V. D.,* p. 12.

(80) No. 227, Testimony of Dr Mugliston in Acting Governor Sir J. H. Swettenham to Mr Chamberlain, 5 August 1898, CO 882/6. 中国人社会・文化組織への心理的・社会的ダメージについての証拠は，検視官の審問や質問にたいする事件の証言から見いだすことが可能である。また，Appendix 5 をも参照。

(81) SCII of Teh Keh Chy, No. 192, 20 September 1894.

(82) SCII of Chua Lot, No. 173, 1 September 1895.

(83) SCII of Ng Gui, No. 46, 12 March 1897.

(84) No. 187, Sir C. Smith to Lord Knutsford, 7 May 1888, CO 273/152.

(85) Ibid.; House of Commons, Vol. LVII, 1887, Contagious Diseases Ordinances (Colonies), Enclosure No. 3, Principal Civil Medical Officer to Colonial Secretary, 28 February 1887 in Sir F. Weld to Sir H. T. Holland, 20 April 1887.

(86) No. 295, Sir C. B. H. Mitchell to Mr Chamberlain, 1 September 1897, CO 882/6.

(87) Straits Settlement Association to the Colonial Office, 8 November 1897, CO 882/6.

(88) No. 227, Acting Governor Sir J. H. Swettenham to Mr Chamberlain, 5 August 1898, CO 882/6.

(89) No. 552, Sir C. Smith to the Earl of Knutsford, 9 December 1889, CO 273/162.

(90) Ibid.

(91) No. 227, Testimony of Dr Mugliston and Mr Wispauer in Acting Governor Sir J. H. Swettenham to Mr Chamberlain, 5 August 1898, CO 882/6.

(92) No. 5, Straits Settlement Association to Colonial Office, 12 September 1894, CO 273/203; No. 25, Memorandum by Secretary for Chinese Affairs, G. T. Hare, 12 June 1898 in Acting Governor Sir J. H. Swettenham to Mr Chamberlain, 8 September 1898, CO 882/6.

(93) No. 113, Sir C. B. H. Mitchell to the Marquess of Ripon, 8 April 1895, CO 882/6.

(94) Ibid.

(95) Ibid.; No. 227, Testimony of Dr Mugliston in Acting Governor Sir J. H. Swettenham to Mr Chamberlain, 5 August 1898, CO 882/6.

(96) No. 113, Sir C. B. H. Mitchell to the Marquess of Ripon, 8 April 1895, CO 882/6; No. 227, Testimony of Dr Mugliston in Acting Governor Sir J. H. Swettenham to Mr Chamberlain, 5 August 1898, CO 882/6.

(97) Ibid.

(98) No. 113, Sir C. B. H. Mitchell to the Marquess of Ripon, 8 April 1895, CO 882/6.

(99) No. 5, Straits Settlement Association to the Colonial Office, 12 September 1894, CO 273/203.

(100) Ibid.

(101) No. 227, Testimony of Dr Mugliston in Acting Governor Sir J. H. Swettenham to Mr Chamberlain, 5 August 1898, CO 882/6.

(102) No. 227, Testimony of Dr C. P. Rogers in No. 227, Acting Governor Sir J. H. Swettenham to Mr Chamberlain, 5 August 1898, CO 882/6.

(103) Ibid.

(104) SCII of Wong Ah Bui, No. 76, 30 April 1905; SCII of Liong Chai Ha, No. 170, 26 October 1907を参

照。

(105) SCII of Chan Ah Kiu, No. 203, 4 September 1910.

(106) SCII of Lee Ah Choi, No. 159, 9 September 1908.

(107) Yip Cheong Fungへのインタビューは，Ms Tan Beng Luanの助けを借りて，1987年10月10日にシンガポールでおこなった。

(108) No. 5, Straits Settlement Association to the Colonial Office, 12 September 1894, CO 273/203; SCII of Otama, No. 59, 7 June 1900を参照。

(109) 南洋及日本人社『南洋の五十年――シンガポールを中心に同胞活躍』(章華社，1937年) 162頁。

(110) SCII of Osai, No. 32, 9 February 1896.

(111) Ibid.

(112) 『南洋の五十年』162頁。

(113) No. 265, Sir C. Smith to Lord Knutsford, 6 June 1889, CO 273/160; No. 282, Sir C. Smith to Lord Knutsford, 12 June 1892, CO 273/160.

(114) Testimony of O'Hara in Sir E. L. Brockman to the Colonial Office, CO 273/339.

(115) No. 227, Testimony of Mr Wispauer in Acting Governor Sir J. H. Swettenham to Mr Chamberlain, 5 August 1898, CO 882/6.

(116) SCII of Oahki, No. 58, 28 May 1903.

(117) No. 239, Lord Knutsford to Sir C. Smith, 1 August 1889, CO 273/160.

(118) No. 436, The Marquess of Ripon to the Governor Sir C. B. H. Mitchell, 28 December 1894, CO 882/6.

(119) No. 505, Straits Settlement Association to the Colonial Office, 22 December 1895, CO 273/207.

(120) Ibid.

(121) Ibid.

(122) No. 364, Straits Settlement Association to the Colonial Office, 3 October 1907, CO 273/331.

(123) No. 227, Acting Governor J. H. Swettenham to Mr Chamberlain, 5 August 1898, CO 882/6.

(124) Straits Settlement Association to the Colonial Office, 8 November 1897, CO 273/232.

(125) Ibid.

(126) Straits Settlement Association to the Colonial Office, 21 February 1899, CO 273/254.

(127) Ibid.

(128) No. 227, Straits Settlement Association to the Colonial Office, 1 September 1898, CO 273/237; No. 227, Acting Governor Sir J. H. Swettenham to Mr Chamberlain, 5 August 1898, CO 882/6.

(129) No. 35, Mr Chamberlain to Sir C. B. H. Mitchell, 18 February 1898, CO 882/6.

(130) Ibid.

第7章 廃　止

(1) No. 60716, Sir Arthur Young to Walter Lord, 13 July 1917, CO 273/457.

(2) No. 30649, Sir Arthur Young to Lewis Harcourt, 5 Sept 1912, CO 273/383.

(3) Ibid.

(4) Ibid.

(5) Ibid.

(6) No. 60716, Sir Arthur Young to Walter Lord, 13 July 1917, CO 273/457; Report on the Straits Settlement Police Force and on the State of Crime in the SSAR, 1912.

(7) Ibid.

(8) A. Dixon, *Singapore Patrol* (London: Harrap, 1935), p. 210.

(9) Neil Larry Shumsky, 'Tacit Acceptance: Respectable Americans and Segregated Prostitutes, 1870–1910', *Journal of Social History*, 19, 4 (1986): 668.

(10) No. 60716, Sir Arthur Young to Walter Lord, 13 July 1917, CO 273/457.

(11) No. 60716, Charles Tarring, Chairman, the Association for Moral and Social Hygiene to the Secretary of State for the Colonies, 18 December 1916 in Sir Arthur Young to Walter Lord, 13 July 1917, CO 273/457.
(12) Ibid.
(13) Ibid.
(14) Ibid.
(15) Ibid.
(16) Ibid.
(17) No. 60716, Enclosure No. 3, Sir Arthur Young to the Bishop of Singapore, 5 June 1917 in Sir Arthur Young to Walter Lord, 13 July 1917, CO 273/457.
(18) No. 60716, Sir Arthur Young to Walter Lord, 13 July 1917, CO 273/457.
(19) No. 60716, Enclosure No. 6, Statements made by Mr Cowen in Sir Arthur Young to Walter Lord, 13 July 1917, CO 273/457.
(20) Ibid.
(21) Ibid.
(22) Ibid.
(23) Ibid.
(24) 南洋及日本人社『南洋の五十年――シンガポールを中心に同胞活躍』(章華社, 1937年) 137頁。
(25) 「新嘉坡総領事館日記抄　商務書記生島田静夫」『南洋の五十年』所収, 523頁。
(26) Japanese Consul at Singapore to the Minister of Foreign Affairs, 23 February 1892, Japanese Ministry of Foreign Affairs, Vol. 1 [英文『デーリー・アドバイサー』1892年2月17日].
(27) Ibid.
(28) Mikiso Hane, *Peasants, Rebels and Outcastes: The Underside of Modern Japan* (New York: Pantheon Books, 1982), pp. 224–5; 山崎朋子『サンダカンの墓』(文春文庫, 1977年) 99頁。
(29) 山崎『サンダカンの墓』73頁。
(30) 同上。
(31) 『南洋の五十年』147–9頁；森崎和江『からゆきさん』(朝日新聞社, 1976年) 180頁；山崎『サンダカンの墓』72頁。
(32) No. 60716, Sir Arthur Young to Walter Lord, 13 July 1917, CO 273/457;『南洋の五十年』147–8頁。
(33) 『南洋の五十年』148–9頁。
(34) No. 60716, Sir Arthur Young to Walter Lord, 13 July 1917, CO 273/457.
(35) Yamazaki, 'Sandakan No. 8 Brothel', p. 59.
(36) Ibid.
(37) No. 59232, General Officer Commanding Straits Settlements to the Secretary of the War Office, 25 February 1919, FO 371/4243.
(38) Ibid.
(39) No. 57751, General Officer Commanding Straits Settlements to the Secretary of the War Office, 20 January 1918, FO 371/3235; General Officer Commanding Straits Settlements to the Secretary of the War Office, 28 February 1918, FO 371/4243.
(40) 『南洋の五十年』p. 153; Yamazaki, 'Sandakan No. 8 Brothel', p. 59.
(41) 同上。
(42) Hane, *Peasants, Rebels and Outcastes,* pp. 217–18;『南洋の五十年』149–50頁; League of Nations, *CETWCE,* pp. 149–50.
(43) Heikichi Yamazaki to the Secretary, High Commissioner, Straits Settlements, 30 January 1920, 日本外交史料館文書 4.2.2.27, Vol. 5. [英文]
(44) 森崎『からゆきさん』232頁。

(45) 『南洋の五十年』149–50, 157頁; Motoe Terami-Wada, 'Karayuki-san of Manila: 1890–1920', *Philippine Studies,* 34（1986）: 311–12.

(46) Ibid.

(47) 今村昌平制作の記録映画「からゆきさん」（1973年）のなかでの善道キクヨへのインタビュー。

(48) No. 1975, Count Michimasa to Mr Henderson, 24 March ... FO 371/15521; Hane, *Peasants, Rebels and Outcasts,* p. 37.

(49) League of Nations, *CETWCE,* pp. 68–9; 森崎『からゆきさん』233頁。

(50) *Report of Venereal Disease Committee,* Council Paper No. 86, Proceedings of the Straits Settlements Legislative Council, 1923, CO 275/109, pp. C290–1.

(51) Yip Cheong Fung へのインタビュー，1987年10月 3 日。

(52) Jane Perkins, *Kampung Glam, Spirit of a Community*（Singapore: Times Publishing, 1982）, p. 23.

(53) *Report of Venereal Disease Committee,* Council Paper No. 86, Proceedings of the Straits Settlements Legislative Council, 1923, CO 275/109, p. C306.

(54) Ibid.

(55) S. E. Niccol Jones, 'Report on the Problem of Prostitution in Singapore', Unpublished, 1941（Mss. Ind. Ocn. 27）, pp. 41–2.

(56) *Singapore Free Press*, 9 January 1922.

(57) 今村昌平制作の記録映画「からゆきさん」（1973年）のなかでの善道キクヨへのインタビュー。

(58) 同上。

(59) Niccol Jones, 'Report on the Problem of Prostitution in Singapore', p. 5.

(60) *Report of Venereal Disease Committee,* Council Paper No. 86, Proceedings of the Straits Settlements Legislative Council, 1923, CO 275/109, p. C306.

(61) Ibid., p. C290; Senior Medical Officer Malaya to the General Officer Commanding the Troops Malaya, 26 January 1924, WO 115.

(62) SCII of Duya Hadachi, No. 452, 8 November 1924; James Francis Warren, *Rickshaw Coolie: A People's History of Singapore*（*1880–1940*）（Singapore: Oxford University Press, 1986）, pp. 212 and 318.

(63) Senior Medical Officer Malaya to the General Officer Commanding the Troops Malaya, 26 January 1924, WO 115.

(64) *Report of Venereal Disease Committee,* Council Paper No. 86, Proceedings of the Straits Settlements Legislative Council, 1923, CO 275/109, p. C289.

(65) Memorandums by Dr Rattray and Dr G. A. Finlayson in *Report of Venereal Disease Committee,* Council Paper No. 86, Proceedings of the Straits Settlements Legislative Council, 1923, CO 275/109, pp. C315 and C324.

(66) Ibid.

(67) Ibid., p. C289.

(68) Ibid., p. C307.

(69) Ibid., pp. C289–90.

(70) R. S. Morton, *Venereal Diseases*（London: Penguin, 1972）, p. 60; Derek Llewellyn-Jones, *Sex and V. D.*（London: Faber and Faber, 1974）, p. 70.

(71) *Report of Venereal Disease Committee,* Council Paper No. 86, Proceedings of the Straits Settlements Legislative Council, 1923, CO 275/109, pp. C289–90.

(72) No. 227, Acting Governor Sir J. H. Swettenham to Mr Chamberlain, 5 August 1898, CO 882/6.

(73) *Report of Venereal Disease Committee,* Council Paper No. 86, Proceedings of the Straits Settlements Legislative Council, 1923, CO 275/109, pp. C289–90.

(74) Ibid., p. C310.

(75) The General Officer Commanding the Troops Malaya to the Secretary, War Office, 1 February 1923,

WO 115/32.

(76) No. 22265/A, The General Officer Commanding the Troops Malaya to Undersecretary of State, War Office, 14 February 1927, WO 115/38.

(77) Ibid.; Warren, *Rickshaw Coolie,* pp. 51 and 163–4.

(78) *Report of Venereal Disease Committee,* Council Paper No. 86, Proceedings of the Straits Settlements Legislative Council, 1923, CO 275/109, p. C291.

(79) Ibid., p. C289.

(80) Ibid., p. C280.

(81) Ibid., pp. C286–7.

(82) Ibid., p. C292; Senior Medical Officer Malaya to the General Officer Commanding the Troops Malaya, 26 January 1924, WO 115.

(83) Senior Medical Officer Malaya to the General Officer Commanding the Troops Malaya, 26 January 1924, WO 115.

(84) Confidential, Duke of Devonshire to Governor of Singapore, 25 September 1923, CO 273/522.

(85) Ibid.

(86) Ibid.

(87) Sir L. Guillemard to the Duke of Devonshire, 11 October 1923, CO 273/523.

(88) Sir L. Guillemard to the Duke of Devonshire, 18 October 1923, CO 273/523.

(89) No. 28135, Report to the British Social Hygiene Council on a visit of Professor Bostock Hill to the Straits Settlements, the FMS, and Ceylon, October 1926, CO 273/539.

(90) No. 9351/26/98, Under-Secretary of State, Colonial Office, to the Under-Secretary of State, Foreign Office, 26 October 1935, FO 371/19669.

(91) Ibid.

(92) Ibid.

(93) League of Nations, *CETWCE,* p. 272.

(94) Sir Roland St. J. Braddell, *The Lights of Singapore* (London: Methuen, 1934), p. 50.

(95) Ibid.

(96) League of Nations, *CETWCE,* p. 171.

第８章　農村の困窮

(１) Hugh D. R. Baker, *Chinese Family and Kinship* (London: Macmillan, 1979), pp. 1–21; Irene B. Taeuber, 'The Families of Chinese Farmers', in Maurice Freedman (ed.), *Family and Kinship in Chinese Society* (Stanford: Stanford University Press, 1970), pp. 63–86; Sue Gronewold, *Beautiful Merchandise: Prostitution in China 1860–1936* (New York: Haworth Press, 1982), p. 37; and Mikiso Hane, *Peasants, Rebels and Outcastes: The Underside of Modern Japan* (New York: Pantheon Books, 1982), p. 69.

(２) Hane, *Peasants, Rebels and Outcastes,* p. 69.

(３) John Lossing Buck, *Land Utilization in China* (New York: The Council on Economic and Cultural Affairs, 1956), pp. 289–91, 298, 300, and 311. 東南中国の地方経済における土地所有，収入，土地経営の問題については，David Faure, *The Rural Economy of Pre-Liberation China: Trade Increase and Peasant Livelihood in Jiangsu and Guangdong, 1870 to 1937* (Hong Kong: Oxford University Press, 1989), pp. 164–201を参照。

(４) William W. Lockwood, *The Economic Development of Japan* (Princeton: Princeton University Press, 1954), p. 93［W. W. ロックウッド／中山伊知郎監訳『日本の経済発展』全２巻，東洋経済新報社，1958年］; James I. Nakamura, 'Growth of Japanese Agriculture, 1875–1920' and Shijiro Sawada, 'Innovations in Japanese Agriculture, 1880–1935', in William W. Lockwood (ed.), *The State and Economic Enterprise in Japan: Essays in the Political Economy of Growth* (Princeton: Princeton University Press,

1965), pp. 249–324 and 325–51［W. W. ロックウッド編／大来佐武郎監訳『日本経済近代化の百年——国家と企業を中心に』日本経済新聞社，1966年，所収］をも参照。

（5） Hane, *Peasants, Rebels and Outcastes,* p. 80.

（6） 山本茂実『あゝ野麦峠　ある製糸工女哀史』（朝日新聞社，1968年）336頁。

（7） Buck, *Land Utilization in China,* p. 369.

（8） Ibid., p. 371.

（9） Hane, *Peasants, Rebels and Outcastes,* p. 81.

（10） Tomoko Yamazaki, 'Sandakan No. 8 Brothel', *Bulletin of Concerned Asian Scholars*, 7, 4（1975）: 54［山崎朋子『サンダカン八番娼館』文春文庫，1975年，66–7頁］.

（11） 今村昌平制作の記録映画「からゆきさん」（1973年）のなかでの善道キクヨへのインタビュー。山崎朋子『サンダカンの墓』（文藝春秋，1977年〔文春文庫；単行本1974年〕）123–44頁。

（12） Resident, Selangor to the Consul for Japan, Singapore, 18 March 1905, ANM/Selangor Secretariat 933/1909.

（13） Yvonne Quahe, *We Remember: Cameos of Pioneer Life*（Singapore: Landmark Books, 1986）, p. 5.

（14） Hane, *Peasants, Rebels and Outcastes,* p. 40.

（15） Yamazaki, 'Sandakan No. 8 Brothel', p. 54.

（16） Ibid., pp. 55–6［山崎『サンダカン八番娼館』71頁］.

（17） Ida Pruitt, *Old Madam Yin: A Memoir of Peking Life 1926–1938*（Stanford: Stanford University Press, 1979）, p. 102.

（18） Buck, *Land Utilization in China,* pp. 124–8; Faure, *The Rural Economy of Pre-Liberation China,* p. 58.

（19） Hane, *Peasants, Rebels and Outcastes,* p. 115.

（20） Ibid., p. 134.

（21） Ibid., p. 115.

（22） Liza Crihfield Dalby, *Geisha*（Berkeley: University of California Press, 1983）, p. 240.

（23） 山本『あゝ野麦峠』49頁。Patricia Tsurumi, *Factory Girls: Women in the Thread Mills of Meiji Japan*（Princeton: Princeton University Press, 1990）をも参照。

（24） 山口和雄『日本経済史』（筑摩書房，1972年）241頁。

（25） 山本『あゝ野麦峠』336頁。

（26） Gronewold, 'Beautiful Merchandise', pp. 38–9; Gail Hershatter, 'The Hierarchy of Shanghai Prostitution, 1870–1949', *Modern China,* 15, 4（October 1989）: 476–7.

（27） League of Nations, *CETWCE,* 1933, pp. 480–1.

（28） SCII of Lo Guet Ngo, No. 51, 16 March 1897.

（29） SCII of Teo Gank Siong, No. 369, 16 September 1923.

（30） SCII of Ho Hong Min, No. 105, 15 February 1937.

（31） Hane, *Peasants, Rebels and Outcastes,* p. 123.

（32） Ibid., p. 176.

（33） Ibid., p. 212.

（34） Ibid., p. 222; Yamazaki, 'Sandakan No. 8 Brothel', p. 54［山崎『サンダカン八番娼館』73, 75頁］.

（35） Yamazaki, 'Sandakan No. 8 Brothel', p. 54［山崎『サンダカン八番娼館』75–76頁］.

（36） Janet Lim, *Sold for Silver*（London: Collins, 1958）, pp. 35–6 and 41.

第9章　人身売買

（1） Sue Gronewold, *Beautiful Merchandise: Prostitution in China 1860–1936*（New York: Haworth Press, 1982）, p. 12.

（2） 山崎朋子『サンダカンの墓』（文藝春秋，1977年［文春文庫；単行本1974年］）48頁；森克巳『人身売買——海外出稼ぎ女』（至文堂，1959年）113, 118頁。

(3) Motoe Terami-Wada, 'Karayuki-san of Manila: 1880–1920', *Philippine Studies,* 34 (1986): 292–3; 南洋及日本人社『南洋の五十年——シンガポールを中心に同胞活躍』(章華社, 1937年) 136頁〔『村岡伊平治自伝』講談社文庫, 1987年, 96–7 頁〔単行本, 南方社, 1960年〕〕。
(4) 『福岡日日新聞』1907年 2 月16日– 6 月16日。
(5) 『福岡日日新聞』1909年12月26日。
(6) SCII of Yu Ku Wo, No. 48, 15 May 1903.
(7) League of Nations, *CETWCE,* 1933, p. 41; Gronewold, *Beautiful Merchandise,* p. 45.
(8) 『九州日々新聞』1909年 8 月10日。
(9) 『九州日々新聞』1912年10月23日。
(10) 村岡伊平治『村岡伊平治自伝』(南方社, 1960年) 56頁。
(11) League of Nations, *CETWCE,* 1933, p. 36; Gail Hershatter, 'The Hierarchy of Shanghai Prostitution, 1870–1949', *Modern China,* 15, 4 (October 1989): 447–8.
(12) Mikiso Hane, *Peasants, Rebels and Outcastes: The Underside of Modern Japan* (New York: Pantheon Books, 1982), p. 219.
(13) Yuji Ichioka, 'Ameyuki-san: Japanese Prostitutes in Nineteenth Century America', *Amerasia,* IV (1977): 6–7.
(14) 山崎『サンダカンの墓』107頁。
(15) 同上, 127頁。
(16) 本田三郎「売られていく女たち——天草からゆきさん」林英夫編『ものいわぬ群れ——地方史物語(西国篇)』新人物往来社, 1971年, 268頁。
(17) Lee Pengan, 'Letters from Singapore', *The Female Missionary Intelligencer* (January 1897), Church of England Zenana Missionary Society (1865–1895), p. 10.
(18) Hane, *Peasants, Rebels and Outcastes,* p. 227.
(19) 今村昌平制作の記録映画「からゆきさん」(1973年) のなかでの善道キクヨへのインタビュー。
(20) 長崎のラジオ番組の録音「からゆきさんの話」1960年。
(21) Ichioka, 'Ameyuki-san: Japanese Prostitutes in Nineteenth Century America', p. 4.
(22) 『東京日之出新聞』1912年10月11日; 村岡『自伝』49頁。
(23) Sachiko Sone, 'The Karayuki-san of Asia, 1868–1938: The Role of Prostitutes Overseas in Japanese Economic and Social Development', M. Phil, diss., Murdoch University, Murdoch, Western Australia, 1990, p. 115.
(24) 『福岡日日新聞』1905年10月10日; Hane, *Peasants, Rebels and Outcastes,* p. 220.
(25) Terami-Wada, 'Karayuki-san of Manila: 1880–1920', p. 297.
(26) J. H. Stewart Lockhart, Registrar-General, Hong Kong to Consul for Japan, 24 January 1888, 日本外務省外交史料館文書 4.2.2.34.
(27) 『福岡日日新聞』1909年12月26日。
(28) D. C. S. Sissons, 'The Japanese in Australia, 1871–1946', Unpublished paper, ANZAS Conference, 14 August 1973, p. 34.
(29) 今村昌平制作の記録映画「からゆきさん」(1973年) のなかでの善道キクヨへのインタビュー。
(30) 長崎のラジオ番組の録音「からゆきさんの話」1960年。
(31) 同上。
(32) Lucie Cheng Hirata, 'Free, Indentured, Enslaved: Chinese Prostitutes in Nineteenth Century America', *Signs: Journal of Women in Culture and Society*, 5, 1 (1979): 12–13.
(33) Ichioka, 'Ameyuki-san: Japanese Prostitutes in Nineteenth Century America', pp. 6–7.
(34) 『福岡日日新聞』1907年 6 月16日; Hane, *Peasants, Rebels and Outcastes,* p. 221.
(35) 長崎のラジオ番組の録音「からゆきさんの話」1960年。
(36) Hane, *Peasants, Rebels and Outcastes,* p. 220.

(37) Sissons, 'The Japanese in Australia, 1871–1946', p. 34.
(38) Ibid., p. 35.
(39) 『東京新報』1890年4月6日；1892年3月20日，日本外務省外交史料館文書 4.2.2.34 所収。
(40) J. H. Stewart Lockhart, Registrar-General, Hong Kong to Consul for Japan, 24 January 1888, 日本外務省外交史料館文書 4.2.2.34.
(41) 山崎『サンダカンの墓』49頁。
(42) 同上。
(43) 同上。
(44) 『東洋日之出新聞』1902年10月11日；村岡『自伝』49頁；森崎和江『からゆきさん』（朝日新聞社，1976年）35頁。
(45) 'Memorandum by the Secretary for Chinese Affairs（G. T. Hare）dated 12 June 1898', in 'Correspondence Regarding Prevalence of Venereal Diseases and Conditions of Inmates of Brothels in the Straits Settlements', Straits Settlements Legislative Council Proceedings, 1899, Appendix No. 30.
(46) Janet Lim, *Sold for Silver*（London: Collins, 1958）, pp. 13–14 and 38［「ジャネット・リムは，ムイツァイ（妹仔－小さい妹）すなわち家事奴隷として裕福な家に売られた」『「旅する21世紀」ブック望遠郷15　シンガポール＆マレーシア』同朋舎出版，1997年，114頁］.
(47) Memorandum by the Secretary for Chinese Affairs, G. T. Hare, 12 June 1898 in Correspondence regarding Prevalence of Venereal Diseases and Condition of Inmates of Brothels in the Straits Settlements, Straits Settlements Legislative Proceedings, 1889, Appendix No. 30.
(48) Acting Consul for Japan to the Chinese Secretariat, 23 July 1907, ANM/Selangor Secretariat 4175/1907.
(49) 村岡『自伝』49頁。
(50) 山崎『サンダカンの墓』49頁。
(51) Acting Consul for Japan to the Chinese Secretariat, 23 July 1907, ANM/Selangor Secretariat 4175/1907.
(52) Hane, *Peasants, Rebels and Outcastes,* p. 251.
(53) Hirata, 'Free, Indentured, Enslaved: Chinese Prostitutes in Nineteenth Century America', pp. 15–16.
(54) 山崎朋子『サンダカン八番娼館』（筑摩書房，1972年）88–9頁［同，文春文庫，1975年，89–90頁］。
(55) Gronewold, *Beautiful Merchandise,* p. 13.
(56) Tomoko Yamazaki, 'Sandakan No. 8 Brothel', *Bulletin of Concerned Asian Scholars*, 7, 4（1975）: 55［山崎『サンダカン八番娼館』文春文庫，88頁］.
(57) Gronewold, *Beautiful Merchandise,* p. 15.
(58) League of Nations, *CETWCE,* 1933, p. 62.
(59) Gronewold, *Beautiful Merchandise,* p. 15.
(60) Yamazaki, 'Sandakan No. 8 Brothel', p. 54.
(61) Hane, *Peasants, Rebels and Outcastes,* p. 223; Yamazaki, 'Sandakan No. 8 Brothel', p. 55［山崎『サンダカン八番娼館』文春文庫，91頁］.
(62) Ichioka, 'Ameyuki-san: Japanese Prostitutes in Nineteenth Century America', p. 8.
(63) Yamazaki, 'Sandakan No. 8 Brothel', p. 55［山崎『サンダカン八番娼館』文春文庫，94頁］.
(64) Hershatter, 'The Hierarchy of Shanghai Prostitution', pp. 472–4.
(65) 樋口直樹ほか編『シンガポール日本人墓地　写真と記録』（シンガポール日本人会，1983年）参照。
(66) 日本外務省外交史料館文書 4.2.2.27, Vol. 6; Sissons, 'The Japanese in Australia, 1871–1946', p. 31.
(67) 日本外務省外交史料館文書 4.2.2.99, December 1911.
(68) 山崎『サンダカンの墓』50頁。
(69) James Francis Warren, *Rickshaw Coolie: A People's History of Singapore（1880–1940）*（Singapore: Oxford University Press, 1986）, p. 19.

(70) 『福岡日日新聞』1905年10月10日；森崎『からゆきさん』23–4 頁; Hane, *Peasants, Rebels and Outcastes,* p. 220.

第10章　娼館の家族と日常生活

（1） Fong Chiok Kaiへのインタビュー Ms Tan Beng Luanの助けを借りて，1987年10月1日にシンガポールでおこなった。

（2） SCII of Lai Ah Seng, No. 126, 30 July 1997.

（3） SCII of Teng Ah Hee, No. 263, 9 October 1918.

（4） SCII of Yamada, No. 5, 4 January 1912.

（5） Sue Gronewold. *Beautiful Merchandise: Prostitution in China 1860–1936*（New York: Haworth Press, 1982）, pp. 12 and 16; Gail Hershatter, 'The Hierarchy of Shanghai Prostitution, *Modern China,* 15, 4（October 1989）: 478–9.

（6） Joel Best, 'Careers in Brothel Prostitution: St Paul, 1865–1883', *Journal of Interdisciplinary History,* 12, 4（Spring 1982）: 614.

（7） SCII of Onatsu, No. 184, 17 December 1902.

（8） Ibid.

（9） SCII of Yip Mui Chai, No. 218, 6 November 1908.

(10) SCII of Chow Chat Mui, No. 129, 21 July 1909.

(11) SCII of Lock Ah Lim, No. 48, 5 February 1921.

(12) Gronewold, *Beautiful Merchandise,* p. 9.

(13) Ibid.

(14) No. 25, Acting Governor Sir J. H. Swettenham to Mr Chamberlain, 8 September 1898, CO 882/6.

(15) No. 227, Testimony of Dr Mugliston in Acting Governor Sir J. H. Swettenham to Mr Chamberlain, 5 August 1898, CO 882/6. 16.22.

(16) No. 132, Lt-Colonel Anson to the Earl of Carnarvon, 21 April 1877, CO 273/91; No. 227, Memorandum of E. O. A. Travers, State Surgeon in Acting Governor Sir J. H. Swettenham to Mr Chamberlain, 8 September 1898, CO 882/6.

(17) SCII of Oahki, No. 58, 28 May 1903.

(18) ある特定のグループ内で生活し，働く芸者が，親族関係をあらわす呼称でよびあっていることについては，Liza Crihfield Dalby, *Geisha*（Berkeley: University of California Press, 1983）, pp. 39–40を参照。

(19) *Straits Times,* 23 September 1987.

(20) SCII of Wong Ah Kow, No. 172, 31 August 1894.

(21) Tomoko Yamazaki, 'Sandakan No. 8 Brothel', *Bulletin of Concerned Asian Scholars*, 7, 4（1975）: 55［山崎朋子『サンダカン八番娼館』文春文庫，1975年，89頁］.

(22) Ibid.

(23) Ibid.

(24) SCII of Otama, No. 59, 7 June 1900.

(25) No. 132, Lt-Colonel Anson to the Earl of Carnarvon, 21 April 1877, CO 273/91.

(26) No. 132, Testimony of Leong Chong Tye in Lt-Colonel Anson to the Earl of Carnarvon, 21 April 1877, CO 273/91.

(27) No. 132, Testimonies of A. J. M. Bentley, MD, D. F. Anderson, Colonial Surgeon, and Mr C. Phillips, Inspector CDO in Lt-Colonel Anson to the Earl of Carnarvon, 21 April 1877, CO 273/91.

(28) Fong Chiok Kaiへのインタビューは，Ms Tan Beng Luanの助けを借りて，1987年10月1日にシンガポールでおこなった。

(29) SCII of Yip Ah Ngan, No. 178, 4 September 1894.

(30) Fong Chiok Kai へのインタビューは，Ms Tan Beng Luah の助けを借りて，1987年10月 1 日にシンガポールでおこなった。

(31) No. 76016, the Association for Moral and Social Hygiene to the Colonial Office, 18 December 1916.

(32) Wong Swee Peng へのインタビューは，Ms Tan Beng Luan の助けを借りて，1887〔1987〕年 9 月27日にシンガポールでおこなった。

(33) R. C. H. McKie, *This Was Singapore*（New York: Angus and Robertson, 1942）, p. 142.

(34) Gronewold, *Beautiful Merchandise,* p. 10.

(35) Kenneth Gaw, *Superior Servants: The Legendary Cantonese Amahs of the Far East*（Singapore: Oxford University Press, 1988）.

(36) Low Heng See へのインタビューは，Ms Tan Beng Luan の助けを借りて，1987年10月 1 日にシンガポールでおこなった。

(37) Koh Ah Hei へのインタビューは，Ms Tan Beng Luan の助けを借りて，1987年10月 1 日にシンガポールでおこなった。

(38) Yip Cheong Fung へのインタビューは，Ms Tan Beng Luan の助けを借りて，1987年10月 3 日にシンガポールでおこなった。

(39) Barrington Kaye, *Upper Nankin Street, Singapore: A Sociological Study of Chinese Households Living in a Densely Populated Area*（Singapore: University of Malaya Press, 1960）, pp. 237–8.

(40) SCII of Pang Song Heng, No. 151, 21 September 1904.

(41) Ibid.

(42) Yip Cheong Fung へのインタビューは，Ms Tan Beng Luan の助けを借りて，1987年10月 3 日にシンガポールでおこなった。

(43) SCII of Loh Sai Soh, No. 10, 24 January 1903.

(44) SCII of Fong Lock Moey, No. 186, 15 May 1924.

(45) SCII of Loh Sai Soh, No. 10, 24 January 1903.

(46) SCII of Wong Ah Kow, No. 172, 31 August 1894.

(47) SCII of Teng Ah Hee, No. 263, 9 October 1918.

(48) SCII of Hong Yow Kum, No. 50, 10 April 1912.

(49) SCII of Lee Chow Fong, No. 147, 4 January 1883.

(50) SCII of Ng Ah Wah. No. 104, 10 October 1887.

(51) Fong Chiok Kai へのインタビューは，Ms Tan Beng Luan の助けを借りて，1987年10月 1 日にシンガポールでおこなった。

(52) 同上。

(53) Lucie Cheng Hirata, ‘Free, Indentured, Enslaved: Chinese Prostitutes in Nineteenth Century America’, *Signs: Journal of Women in Culture and Society*, 5, 1（1979）: 18.

(54) A. Dixon, *Singapore Patrol*（London: Harrap, 1935）, pp. 60–1.

(55) SCII of unknown male Cantonese, No. 167, 25 October 1907.

(56) SCII of Fong Sin, No. 170, 26 October 1907.

(57) SCII of Chow Chat Mui. No. 29, 21 July 1909.

(58) Wong Swee Peng へのインタビューは，Ms Tan Beng Luan の助けを借りて，1987年 9 月27日にシンガポールでおこなった。

(59) Yamazaki, ‘Sandakan No. 8 Brothel’, p. 55［山崎『サンダカン八番娼館』文春文庫，89–90頁］.

(60) 『東洋日之出新聞』1902年11月22日。

(61) Fong Chiok Kai と Wong Swee Peng へのインタビューは，Ms Tan Beng Luan の助けを借りて，1987年 9 月29日と10月 1 日にシンガポールでおこなった；南洋及日本人社『南洋の五十年――シンガポールを中心に同胞活躍』（章華社，1937年）165頁。

(62) CCVS of Sin Chow, No. 23, 13 July 1908.

(63) SCII of Chow Chat Mui, No. 129, 21 July 1909.
(64) Tang Maun Lee へのインタビューは，Ms Tan Beng Luan の助けを借りて，1987年10月 1 日にシンガポールでおこなった。
(65) SCII of Abdul Rahman Bansir, No. 76, 24 March 1919.
(66) Ibid.
(67) Fong Chiok Kai へのインタビューは，Ms Tan Beng Luan の助けを借りて，1987年10月 1 日にシンガポールでおこなった。
(68) 同上。
(69) SCII of Fong Sin, No. 170, 26 October 1907; and Lee Ah Choi, No. 159, 9 September 1908.
(70) Tang Maun Lee へのインタビューは，Ms Tan Beng Luan の助けを借りて，1987年10月 1 日にシンガポールでおこなった; Hershatter, 'The Hierarchy of Shanghai Prostitution', p. 481.
(71) Sng Choon Yee, Interview, OHD, Singapore, 5 March 1981, Reel 1.
(72) Ibid.
(73) Wong Swee Peng へのインタビューは，Ms Tan Beng Luan の助けを借りて，1987年 9 月29日にシンガポールでおこなった。
(74) Sng Choon Yee, Interview, OHD, Singapore, 5 March 1981, Reel 1.
(75) Chen Mong Hock, *The Early Chinese Newspapers of Singapore, 1881–1902* (Singapore: University of Malaya Press, 1967), p. 51.
(76) Ibid., p. 68.
(77) Wong Swee Peng へのインタビューは，Ms Tan Beng Luan の助けを借りて，1987年 9 月29日にシンガポールでおこなった。
(78) SCII of Yeong Ghee Seng, No. 32, 1 March 1905.
(79) Wong Swee Peng へのインタビューは，Ms Tan Beng Luan の助けを借りて，1987年 9 月29日にシンガポールでおこなった。
(80) SCII of Ng Ah Ham, No. 115, 23 March 1923.
(81) Wong Swee Peng へのインタビューは，Ms Tan Beng Luan の助けを借りて，1987年 9 月29日にシンガポールでおこなった。
(82) 同上。
(83) Dixon, *Singapore Patrol,* pp. 61–2.
(84) Ibid.
(85) Tang Maun Lee へのインタビューは，Ms Tan Beng Luan の助けを借りて，1987年10月 1 日にシンガポールでおこなった。
(86) Dixon, *Singapore Patrol,* pp. 61–2.
(87) Wong Swee Peng へのインタビューは，Ms Tan Beng Luan の助けを借りて，1987年 9 月29日にシンガポールでおこなった。
(88) Peter Stallybrass and Alien White, *The Politics and Poetics of Transgression* (London: Methuen, 1986), pp. 136–7.
(89) 『南洋の五十年』162頁。
(90) 西村竹四郎『在南三十五年』(安久社，1936年) 13–14頁は，Sachiko Sone, 'The Karayuki–san of Asia, 1868–1938: The Role of Prostitutes Overseas in Japanese Economic and Social Development', M. Phil, diss., Murdoch University,. Murdoch, Western Australia, 1990, pp. 174–5 所収。
(91) 『南洋の五十年』162頁。
(92) SCII of Oahki, No. 58, 28 May 1903.
(93) CCVS of Oichi. No. 82, 17 February 1906.
(94) SCII of Shima Kuning, No. 138, 20 July 1916.
(95) Ms Esme Woodford へのインタビューは，1987年11月27日にパースでおこなった。

(96) SCII of Oahki, No. 58, 28 May 1903.

(97) Ibid.

(98) SCII of Albert Chacksfield, No. 178, 8 November 1912.

(99) SCII of Oahki, No. 58, 28 May 1903.

(100) John Falconer, *A Vision of the Past: A History of Early Photography in Singapore and Malaya, The Photographs of G R Lambert and Co., 1880–1910*（Singapore: Times Editions, 1987）, pp. 190–1.

(101) Yip Cheong Fung へのインタビューは，Ms Tan Beng Luan の助けを借りて，1987年10月 1 日にシンガポールでおこなった。

(102) 同上。

(103) CCVS of Oichi, No. 82, 17 February 1906.

(104) Stallybrass and White, *The Politics and Poetics of Transgression,* p. 139.

(105) Yip Cheong Fung へのインタビューは，Ms Tan Beng Luan の助けを借りて，1987年10月 1 日にシンガポールでおこなった。

第11章　客たち――夜のカーニバル

(1) SCII of Lee Tai Ho, No. 176, 7 December 1903; Loh Sai Soh, No. 10, 24 January 1903; and Albert Chacksfield, No. 178, 8 November 1912を参照。

(2) Peter Stallybrass and Alien White, *The Politics and Poetics of Transgression*（London: Methuen, 1986）, p. 195.

(3) Hwang Chung Yee, Interview, OHD, Singapore, 3 December 1982, Reel 2.

(4) Ibid.

(5) SCII of Wong Mau Tan, No. 160, 12 October 1912.

(6) No. 227, Testimony of Dr. Mugliston in Acting Governor Sir J. H. Swettenham to Mr Chamberlain, 5 August 1898, CO 882/6.

(7) SCII of Lai Chin, No. 111, 17 July 1907.

(8) Ibid.

(9) Low Ngiong Ing, *Chinese Jetsam on a Tropical Shore*（Singapore: Eastern Universities Press, 1974）, p. 73.

(10) Stallybrass and White, *The Politics and Poetics of Transgression,* p. 129.

(11) SCII of Lim Hong Chai, No. 142, 29 August 1907.

(12) SCII of unknown Cantonese, No. 167, 25 October 1907.

(13) *Straits Times,* 23 September 1987.

(14) James Francis Warren, *Rickshaw Coolie: A People's History of Singapore*（*1880–1940*）（Singapore: Oxford University Press, 1986）, pp. 252–4.

(15) Cheong Keow Chye, Interview, OHD, Singapore, 8 January 1981, pp. 21–2.

(16) Bruce Lockhart, *Return to Malaya*（New York: G. P. Putnam and Son, 1936）, p. 107.

(17) SCII of Oahki, No. 58, 28 May 1903.

(18) SCII of Mayassen, No. 187, 23 October 1905.

(19) Straits Settlement Association to the Colonial Office, 8 November 1897, CO 273/232.

(20) SCII of Tan Ah Mok, No. 129, 8 September 1902.

(21) SCII of Tan Peng, No. 37, 14 January 1909.

(22) Chen Mong Hock, *The Early Chinese Newspapers of Singapore, 1881–1902*（Singapore: University of Malaya Press, 1967）, p. 67.

(23) Wong Swee-Peng へのインタビューは，Ms Tan Beng Luan の助けを借りて，1987年10月 3 日にシンガポールでおこなった。

(24) Fong Chiok Kai へのインタビューは，Ms Tan Beng Luan の助けを借りて，1987年10月 1 日にシ

ンガポールでおこなった。

(25) 同上。

(26) Yip Cheong Fung へのインタビューは，Ms Tan Beng Luan の助けを借りて，1987年10月3日にシンガポールでおこなった。

(27) Sng Choon Yee, Interview, OHD, Singapore, 5 March 1981, Reel 1.

(28) SCII of Lim Kah Lim, No. 224, 16 December 1905.

(29) Fong Chiok Kai へのインタビューは，Ms Tan Beng Luan の助けを借りて，1987年10月1日にシンガポールでおこなった。

(30) Sng Choon Yee, Interview, OHD, Singapore, 5 March 1981, Reel 1.

(31) 南洋及日本人社『南洋の五十年――シンガポールを中心に同胞活躍』（章華社，1937年）157頁。

(32) 同上，161頁。

(33) SCII of Mayassen, No. 187, 23 October 1905.

(34) No. 60716, Enclosure No. 6, Statements made by Mr Cowen in Sir Arthur Young to Walter Lord, 13 July 1917, CO273/457.

(35) R. S. Morton, *Venereal Diseases* (London: Penguin, 1972), p. 130.

(36) 『南洋の五十年』160頁。

(37) 同上，159頁。

(38) イマナカへのインタビューは，1987年9月30日にシンガポールでおこなった；日本外務省外交史料館文書 4.2.2.99.

(39) SCII of Shima Kuning, No. 138, 20 July 1916.

(40) SCII of Heiye Hayashida, No. 189, 8 August 1919.

(41) Charles Alien (ed.), *Tales from the South China Seas* (London: BBC, 1983), p. 66.

(42) Rene Henry de Solminihac Onreat, *Singapore, A Police Background* (London: Dorothy Crisp and Company, 1947), p. 122.

(43) R. C. H. McKie, *This Was Singapore* (New York: Angus and Robertson, 1942), p. 102.

(44) Lockhart, *Return to Malaya,* p. 109.

(45) SCII of Albert Chacksfield, No. 178, 8 November 1912.

(46) Ibid.

(47) Victor Purcell, *The Memoirs of a Malayan Official* (London: Cassell, 1965), pp. 110–11.

(48) Tomoko Yamazaki, 'Sandakan No. 8 Brothel', *Bulletin of Concerned Asian Scholars*, 7, 4 (1975): 54 [山崎朋子『サンダカン八番娼館』文春文庫，1975年，87–8頁].

(49) SCII of Oahki, No. 58, 28 May 1903; Ofarki, No. 78, 25 April 1911；宮岡謙二『娼婦　海外流浪記』（三一書房，1968年）124頁。

(50) W. Somerset Maugham, *Collected Short Stories* (London: Pan Books, 1976), Vol. 4, pp. 437–8 [W. S. モーム／増野正衛訳『W・サマセット・モーム全集』第18巻，新潮社，1956年，193–5頁].

(51) 『福岡日日新聞』1910年5月6日は，森崎和江『からゆきさん』（朝日新聞社，1976年）179–80頁所収［同，朝日文庫，1980年，153–4頁］。

(52) 巻末資料3と4を参照。

(53) *Straits Settlements and Federated Malay States Opium Commission, 1908,* pp. 32 and 279; Warren, *Rickshaw Coolie,* p. 45.

(54) Gail Hershatter, 'The Hierarchy of Shanghai Prostitution, 1870–1949', *Modern China,* 15, 4 (October 1989): 469–70.

(55) SCII of Tan Peng, No. 37, 14 January 1909.

(56) SCII of unknown male Cantonese, No. 77, 9 February 1926.

(57) Yamazaki, 'Sandakan No. 8 Brothel', p. 55.

(58) 今村昌平制作の記録映画「からゆきさん」（1973年）のなかでの善道キクヨへのインタビュー。

(59) Yamazaki, 'Sandakan No. 8 Brothel', p. 55［山崎『サンダカン八番娼館』文春文庫，95頁］.
(60) Hwang Chung Yee, Interview, OHD, Singapore, 3 December 1982, Reel 2.
(61) SCII of Tan Peng, No. 37, 14 January 1909.
(62) SCII of Fong Lock Moey, No. 186, 15 May 1924.
(63) Zhang Xin Xin and Sang Ye（eds.), *Chinese Lives, An Oral History of Contemporary China,* trans. W. J. F. Jenner and Delia Davin（New York: Pantheon Books, 1987), p. 32.
(64) Wong Chew へのインタビューは，Ms Tan Beng Luan の助けを借りて，1987年9月29日にシンガポールでおこなった。
(65) SCII of Duya Hadachi, No. 452. 8 November 1924.
(66) 今村昌平制作の記録映画「からゆきさん」（1973年）のなかでの善道キクヨへのインタビュー。
(67) Yamazaki, 'Sandakan No. 8 Brothel', p. 50［山崎『サンダカンの墓』文春文庫，50頁］.
(68) Dennison Nash, 'Tourism as a Form of Imperialism', in V. L. Smith（ed.), *Hosts* and *Guests: The Anthropology of Tourism*（Oxford: Basil Blackwell, 1978), pp. 40–1.
(69) 巻末資料3と4を参照。
(70) SCII of unknown Hokkien, No. 115, 21 July 1907.
(71) SCII of Tham Ah Cheng, No. 278, 18 July 1923.
(72) SCII of Pong Soon Juan, No. 380, 25 September 1923.
(73) Wong Chew へのインタビューは，Ms Tan Beng Luan の助けを借りて，1987年9月29日にシンガポールでおこなった。
(74) Peter N. Sterns, 'Social History Update: Sociology of Emotion', *Journal of Social History,* 22, 3（1989): 592–3.
(75) SCII of Tam Ah Kit, No. 78, 25 May 1907.
(76) SCII of Tan Peng, No. 37. 14 January 1909.
(77) SCII of Lee Tai Ho, No. 176, 7 December 1903.
(78) SCII of Tham Ah Cheng, No. 278, 18 July 1923.
(79) A. Dixon, *Singapore Patrol*（London: Harrap, 1935), pp. 212–13.
(80) SCII of Lim Soo Kow, No. 187, 1 November 1897.
(81) Wong Swee Peng へのインタビューは，Ms Tan Beng Luan の助けを借りて，1987年10月3日にシンガポールでおこなった。
(82) SCII of unknown male Hakka, No. 70, 13 May 1907.
(83) SCII of unknown male Cantonese, No. 167, 25 October 1907.
(84) Yip Cheong Fung へのインタビューは，Ms Tan Beng Luan の助けを借りて，1987年10月1日にシンガポールでおこなった。
(85) Sng Choon Yee, Interview, OHD, Singapore, 5 March 1981, Reel 1.
(86) SCII of Chan Ah Tin, No. 156, 8 September 1905.
(87) Wong Chew へのインタビューは，Ms Tan Beng Luan の助けを借りて，1987年9月29日にシンガポールでおこなった。
(88) SCII of Tarn Ah Kit, No. 78, 25 May 1907; Pong Soon Juan, No. 380, 25 September 1923; Ngan Kiu, No. 218, 1 June 1923; and Loh Sai Soh, No. 10, 24 January 1903.
(89) SCII of Lee Tai Ho, No. 176, 7 December 1903.
(90) SCII of Albert Chacksfield, No. 178, 8 November 1912.
(91) Ibid.
(92) SCII of Oahki, No. 58, 28 May 1903.
(93) CCVS of Oichi, No. 82, 17 February 1906.
(94) SCII of unknown Cantonese man. No. 77, 9 February 1926.
(95) SCII of Loh Sai Soh, No. 10, 24 January 1903.

第12章　歓楽の夜の裏側

（1）　No. 132, Lt-Colonel Anson to the Earl of Carnarvon, 21 April 1877, CO 273/91.
（2）　Ibid.
（3）　SCII of Ham Choon, No. 134, 17 May 1918.
（4）　SCII of Loh Sai Soh, No. 10, 24 January 1903.
（5）　SCII of Lee Tai Ho. No. 176, 7 December 1903.
（6）　巻末資料 6 を参照。
（7）　SCII of Ham Choon, No. 134, 17 May 1918.
（8）　SCII of Ngan Kiu, No. 218, 1 June 1923.
（9）　Judith Allen, ‘Evidence and Silence: Feminism and the Limits of History’, in Carole Pateman and Elizabeth Gross（eds.）, *Feminist Challenges: Social and Political Theory*（Sydney: Allen and Unwin, 1986）, pp. 184–5 を参照。
（10）　Ibid.
（11）　SCII of Hong Yow Kum, No. 50, 10 April 1912; Tam Yeng Mei, No. 158, 9 August 1916.
（12）　Annual Report on the Straits Settlement Police Force and on the State of Crime in 1891. SSAR, 1891, p. 146.
（13）　Annual Report on the Straits Settlement Police Force and on the State of Crime in 1892, SSAR, 1892, p. 247.
（14）　SCII of Loh Sai Soh, No. 10, 24 January 1903.
（15）　SCII of Lee Tai Ho, No. 176, 7 December 1903.
（16）　Ian Buruma, *A Japanese Mirror: Heroes and Villains of Japanese Culture*（London: Penguin, 1984）, p. 50［イアン・ビュルマ／山本喜久男訳『日本のサブカルチャー――大衆文化のヒーロー像』TBSブリタニカ，1986年］.
（17）　SCII of Duya Hadachi, No. 452, 8 November 1924.
（18）　Ibid.
（19）　Ibid.
（20）　Ibid.
（21）　Ibid.
（22）　Buruma, *A Japanese Mirror,* pp. 81–2.
（23）　Wong Swee Peng へのインタビューは，Ms Tan Beng Luan の助けを借りて，1987年 9 月29日にシンガポールでおこなった。
（24）　SCII of Lee Tai Ho, No. 176, 7 December 1903.
（25）　Annual Report on the Straits Settlement Police Force and on the State of Crime in 1896, SSAR, 1896, p. 53.
（26）　Annual Report on the Straits Settlement Police Force and on the State of Crime in 1911, SSAR, 1911.
（27）　*Singapore Free Press*, 9, 16, and 24 January 1990.
（28）　SCII of Abdul Rahman Bansir, No. 76, 24919.
（29）　SCII of Teng Ah Hee, No. 263, 9 October 1918.
（30）　SCII of Tarn Yeng Mei, No. 158, 9 August 1916.
（31）　Ibid.
（32）　SCII of Chan Yeok Sim, No. 284, 13 December 1914.
（33）　Ibid.
（34）　SCII of Chan Lye Kiun, No. 61, 27 March 1914. Chan Yeok Sim が死んだとき，検視官はまだフレーザー街20番の Chan Lye Kiun（22歳）の殺人の動機を探っていた。
（35）　SCII of Fong Lock Moey, No. 186, 15 May 1924.
（36）　Wong Swee Peng へのインタビューは，Ms Tan Beng Luan の助けを借りて，1987年 9 月29日にシ

ンガポールでおこなった。
(37) 今村昌平制作の記録映画「からゆきさん」(1973年) のなかでの善道キクヨへのインタビュー。
(38) SCII of Ngan Kiu, No. 218, 1 June 1923.
(39) SCII of Chan Yeok Sim, No. 284, 13 December 1914.
(40) SCII of Loh Sai Soh, No. 10, 24 January 1903.
(41) SCII of Chan Lye Kiun, No. 61, 27 March 1914.
(42) SCII of Albert Chacksfield, No. 178, 8 November 1912.
(43) SCII of Tarn Yeng Mei, No. 158, 9 August 1916.
(44) SCII of Mayassen, No. 187, 23 October 1905.
(45) SCII of Haiye Hayashida, No. 189, 8 August 1919.
(46) SCII of Albert Chacksfield, No. 178, 8 November 1912.
(47) Ibid.
(48) SCII of Lim Ah Lim, No. 224, 16 December 1905.
(49) Annual Report on the Straits Settlement Police Force and on the State of Crime in 1912, SSAR 1912, p. 344.
(50) No. 60716, Enclosure No. 6, Statements made by Mr Cowen in Sir Arthur Young to Walter Lord, 13 July 1917. CO 273/457.
(51) SCII of Chan Ah Tin, No. 156, 8 September 1905.
(52) Ibid.
(53) SCII of unknown male Cantonese, No. 167, 25 October 1907.
(54) Ibid.
(55) SCII of Chiu Heng, No. 42, 18 March 1915.
(56) SCII of unknown Hakka, No. 70, 13 May 1907.
(57) No. 132, Testimony of A. H. Jeok, A. V. Cousins, Registrar-General, and C. Phillips, Inspector under the Contagious Diseases Ordinance in Lt-Colonel Anson to the Earl of Carnarvon, 21 April 1877, CO 273/91; Fong Chiok Kai, Yip Cheong Fung へのインタビューは, Ms Tan Beng Luan の助けを借りて, 1987年10月 1 日にシンガポールでおこなった; Sue Gronewold, *Beautiful Merchandise: Prostitution in China 1860–1936* (New York: Haworth Press, 1982), p. 17; Gail Hershatter, 'The Hierarchy of Shanghai Prostitution, 1870–1949', *Modern China,* 15, 4 (October 1989): 485–6; Zhang Xin Xin and Sang Ye (eds.), *Chinese Lives, An Oral History of Contemporary China,* trans. W. J. P. Jenner and Delia Davin (New York: Pantheon Books, 1987), p. 32; Yuji Ichioka, 'Ameyuki-san: Japanese Prostitutes in Nineteenth Century America', *Amerasia*, 4 (1977): 9.
(58) Tomoko Yamazaki, 'Sandakan No. 8 Brothel', *Bulletin of Concerned Asian Scholars*, 7, 4 (1975): 58.
(59) No. 25, Memorandum by E. O. A. Travers in Acting Governor Sir J. H. Swettenham to Mr Chamberlain, 8 September 1898, CO 882/6.
(60) CCVS of Oichi, No. 82, 17 February 1906.
(61) No. 132, Testimony of A. V. Cousins, Registrar-General in Lt-Colonel Anson to the Earl of Carnarvon, 21 April 1877, CO 273/9; Zhang and Sang, *Chinese Lives,* p. 32.
(62) Yip Cheong Fung へのインタビューは, Ms Tan Beng Luan の助けを借りて, 1987年10月 1 日にシンガポールでおこなった。
(63) Fong Chiok Kai へのインタビューは, Ms Tan Beng Luan の助けを借りて, 1987年10月 1 日にシンガポールでおこなった。
(64) Yip Cheong Fung へのインタビューは, Ms Tan Beng Luan の助けを借りて, 1987年10月 1 日にシンガポールでおこなった。
(65) SCII of Tan Peng, No. 37, 14 January 1909; Chan Yeok Sim, No. 284, 13 December 1914.
(66) SCII of Chan Ah Mui. No. 89, 28 April 1918.

(67) No. 274, Sir F. Weld to the Earl of Derby, 27 August 1883, CO 273/121.
(68) 山崎朋子『サンダカンの墓』(文藝春秋，1977年〔文春文庫；単行本1974年〕) 129頁。
(69) Pramoedya Ananta Toer, *This Earth of Mankind* (Ringwood, Australia: Penguin, 1982), p. 153［プラムディヤ・アナンタ・トゥール／押川典昭訳『人間の大地』全２冊，めこん，1986年］.
(70) Ibid., p. 15.
(71) 巻末資料９と10を参照。

第13章　転　　身

(１) Wong Swee Pengへのインタビューは，Ms Tan Beng Luanの助けを借りて，1987年９月27日にシンガポールでおこなった。
(２) 南洋及日本人社『南洋の五十年――シンガポールを中心に同胞活躍』(章華社，1937年) 137頁。
(３) 日本外務省外交史料館文書 4.2.2.29は，Sachiko Sone, 'The Karayuki-san of Asia, 1868–1938: The Role of Prostitutes Overseas in Japanese Economic and Social Development', M.Phil, diss., Murdoch University, Murdoch, Western Australia, 1990, p. 203所収。
(４) 森崎和江『からゆきさん』(朝日新聞社，1976年) 181–2 頁。
(５) J. D. Vaughan, *The Manners and Customs of the Chinese of the Straits Settlements* (Kuala Lumpur: Oxford University Press, 1974), p. 23; Maurice Freedman, *The Study of Chinese Society: Essays by Maurice Freedman* (Stanford: Stanford University Press, 1979), pp. 99–103; Gail Hershatter, 'The Hierarchy of Shanghai Prostitution, 1870–1949', *Modern China,* 15, 4 (October 1989): 489.
(６) *Shin Min Daily News,* 13 June 1987.
(７) Vaughan, *The Manners and Customs of the Chinese of the Straits Settlements,* p. 23; Freedman, *The Study of Chinese Society,* pp. 102–4.
(８) CCVS of Ah Seng, No. 48, 17 August 1911.
(９) Low Ngiong Ing, *Chinese Jetsam on a Tropical Shore* (Singapore: Eastern Universities Press, 1974), p. 127.
(10) シンガポールの日本領事館の調査によると，1918年６月現在シンガポール，ジョホール河流域ゴム農園地区，イギリス領北ボルネオ，サラワクに，310人以上の「らしゃめん」が散在していた。No. 59232, General Officer Commanding the Troops Straits Settlements to Secretary, War Office, 25 February 1919, FO 371/4243.
(11) No. 132, Testimony of A. V. Cousins, Registrar-General in Lt-Colonel Anson to the Earl of Carnavon, 21 April 1877; No. 247, 'Report on the Chinese Protectorate' in Sir F. Weld to the Earl of Derby, 27 August 1883, CO 273/121; Sue Gronewold, *Beautiful Merchandise: Prostitution in China 1860–1936* (New York: Haworth Press, 1982), p. 28; Hershatter, 'The Hierarchy of Shanghai Prostitution', p. 493.
(12) Gronewold, *Beautiful Merchandise,* p. 16.
(13) Wong Swee Pengへのインタビューは，Ms Tan Beng Luanの助けを借りて，1987年９月29日にシンガポールでおこなった。
(14) League of Nations, *CETWCE,* 1933, p. 45; Gronewold, *Beautiful Merchandise,* p. 49.
(15) Mrs Hwang Chung Yee, Interview, OHD, Reel 1, December 1982.
(16) SCII of Ho Quee Ying, No 265, 10 October 1920.
(17) SCII of Sek See Wah, No. 199, 26 March 1931.
(18) SCII of Ho Ah Kheng, No. 459, 2 August 1928.
(19) No. 132, Testimony of A. V. Cousins, Registrar-General in Lt–Colonel Anson to the Earl of Carnarvon, 21 April 1877.
(20) Enclosure No. 1, Sir F. Weld to Sir H. T. Holland, 2 April 1887 in House of Commons No. 347, *Correspondence, or Extracts Therefrom, Relating to the Repeal of Contagious Diseases Ordinances and Regulations, in the Crown Colonies, 1887,* Vol. LVII, p. 28; Gronewold, *Beautiful Merchandise,* p. 28.

(21) Ibid. 1887年から94年の間に，護衛司署の援助のもとに結婚した女性の数は，91年の17人が最低，88年の73人が最高であった。

(22) Straits Settlement Association to Secretary of State for Colonies, 8 November 1897, CO 273/232.

(23) Barrington Kaye, *Upper Nankin Street, Singapore: A Sociological Study of Chinese Households Living in a Densely Populated Area* (Singapore: University of Malaya Press, 1960), p. 175.

(24) SCII of Chow Kum Moon, No. 446, 4 November 1924.

(25) Wong Swee Peng へのインタビューは，Ms Tan Beng Luan の助けを借りて，1987年 9 月29日にシンガポールでおこなった。

(26) SCII of Teo Gank Siong, No. 369, 16 September 1923.

(27) No. 247, 'Report on the Chinese Protectorate' in Sir F. Weld to the Earl of Derby, 27 August 1883, CO 273/121.

(28) League of Nations, *CETWCE,* 1933, p. 45.

(29) Ibid.

(30) Ibid.

(31) Fong Chiok Kai へのインタビューは，Ms Tan Beng Luan の助けを借りて，1987年10月 1 日にシンガポールでおこなった。

(32) 同上。

(33) Yip Cheong Fung へのインタビューは，Ms Tan Beng Luan の助けを借りて，1987年10月 3 日にシンガポールでおこなった。

(34) 同上。

(35) 同上。

(36) 同上。

(37) 同上。

(38) Fong Chiok Kai へのインタビューは，Ms Tan Beng Luan の助けを借りて，1987年10月 1 日にシンガポールでおこなった。

(39) Wong Swee Peng へのインタビューは，Ms Tan Beng Luan の助けを借りて，1987年 9 月29日にシンガポールでおこなった。

(40) Fong Chiok Kai へのインタビューは，Ms Tan Beng Luan の助けを借りて，1987年10月 1 日にシンガポールでおこなった。家系のなかでの変化した地位や結合を表わす言葉を，文字どおりに訳すとつぎのようになる。

sheong lo	*hueng*	*kwai ka*	*leung*
丸い香料入れ	香料	家族の所有物	女性

(41) 山崎朋子『サンダカンの墓』(文藝春秋，1977年〔文春文庫；単行本1974年〕) 51頁。

(42) 『南洋の五十年』137頁。

(43) SCII of Otaki, No. 13, 10 March 1987.

(44) Acting Consul for Japan to the Chinese Secretariat, 23 July 1887, ANM/Selangor Secretariat 933/1909.

(45) Resident Selangor to Consul for Japan, 18 March 1909, ANM/Selangor Secretariat 933/1909.

(46) 今村昌平制作の記録映画「からゆきさん」(1973年) のなかでの善道キクヨへのインタビュー。

(47) 同上。

(48) 山崎『サンダカンの墓』136–40頁。

(49) 同上，141–2 頁。

(50) 同上，113–14頁。

(51) 同上，109–10頁 [引用英訳は，意訳されている]。

(52) Vaughan, *The Manners and Customs of the Chinese of the Straits Settlements,* p. 8.

(53) Fong Chiok Kai へのインタビューは，Ms Tan Beng Luan の助けを借りて，1987年10月 1 日にシンガポールでおこなった。

(54)　同上。
(55)　山崎『サンダカンの墓』51頁。
(56)　SCII of Wan Sai Ho, No. 183, 29 September 1915.
(57)　SCII of Chow Kum Moon, No. 446, 4 November 1924.
(58)　SCII of Ho Quee Ying, No. 265, 10 October 1920.
(59)　SCII of Choo See, No. 11, 19 January 1905.
(60)　SCII of Ho Ah Kheng, No. 459, 2 August 1928.
(61)　SCII of Chow Ah Soo, No. 193, 29 November 1912.
(62)　Ibid.
(63)　SCII of Mak Ah Chan, No. 261, 1 May 1928.
(64)　山崎『サンダカンの墓』61–9頁。
(65)　Statistics of the Registration Office, Contagious Diseases Ordinance, showing the number of women who entered and left brothels, between 1887–94 in CO 275/33–49と Hershatter, 'The Hierarchy of Shanghai Prostitution', pp. 490–1を参照。
(66)　Statistics of the Registration Office, Contagious Diseases Ordinance, showing the number of inmates who entered and left brothels, 1887–94, CO 275/33–49; うまく逃げ出した娼婦の年ごとの数は，つぎのとおり――1887: 110; 1888: 125; 1890: 101; 1891: 97; 1892: 61; 1893: 63; 1894: 72.
(67)　No. 552, Sir C. Smith to the Secretary of State for the Colonies, 30 December 1887, CO 275/34; the Annual Reports of the Chinese Protectorate between 1886 and 1892 on the early progress of the Po Leung Kuk; No. 60716, Enclosure No. 6, Statements made by Mr Cowen in Sir Arthur Young to Walter Lord, 13 July 1917, CO 273/457を参照。
(68)　S. E. Niccol Jones, 'Report on the Problem of Prostitution in Singapore', Unpublished, 1941（Mss. Ind. Ocn. 27）, p. 46; Under-Secretary of State, Colonial Office to Under-Secretary of State, Foreign Office, 26 October 1935, FO 371/19669.
(69)　Yip Cheong Fungへのインタビューは，Ms Tan Beng Luanの助けを借りて，1987年10月3日にシンガポールでおこなった。
(70)　Chen Mong Hock, *The Early Chinese Newspapers of Singapore 1881–1902*（Singapore: University of Malaya Press, 1967）, p. 48.
(71)　SCII of Chew Ah Tong, No. 170, 1 November 1912.
(72)　Victor Purcell, *The Memoirs of a Malayan Official*（London: Cassell, 1965）, pp. 170–1.
(73)　1889–1905年に結婚した女性の正確な年ごとの数は，つぎのとおり――1889: 2; 1890: 1; 1891: 0; 1892: 3; 1893: 2; 1894: 1; 1895: 7; 1896: 20; 1897: 8; 1898: 7; 1899: 6; 1900: 6; 1901: 13; 1902: 0; 1903: 22; 1904: 42; 1905: 11.
(74)　1930年代後半に，ほかの成人女性娼婦の更生施設として認められていたのは，救世軍ホームだけだった。ホームは，おもに中国人問題局代理機関から娼婦を受け入れ，たまに裁判所や警察の依頼で受け入れていた。

第14章　苦い結末
(1)　Aisaburo Akiyama, *Geisha Girl*（Yokohama: 1937）, pp. 96–7.
(2)　Gail Hershatter, 'The Hierarchy of Shanghai Prostitution, 1870–1949', *Modern China,* 15, 4（October 1989）: 474.
(3)　SCII of Oyoshi, No. 229, 17 November 1916.
(4)　No. 4549, Straits Settlement Association to Secretary of State for the Colonies, 21 February 1899, CO 273/354.
(5)　No. 60716, Enclosure No. 6, Statements made by Mr Cowen in Sir Arthur Young to Walter Lord, 13 July 1917, CO 273/457.

（6） Sue Gronewold, *Beautiful Merchandise: Prostitution in China 1860–1936*（New York: Haworth Press, 1982）, pp. 43–4; Lucie Cheng Hirata, 'Free, Indentured, Enslaved: Chinese Prostitutes in Nineteenth Century America', *Signs: Journal of Women in Culture and Society*, 5, 1（1979）: 21; Hershatter, 'The Hierarchy of Shanghai Prostitution', p. 488.

（7） Wong Swee Peng へのインタビューは，Ms Tan Beng Luan の助けを借りて，1987年9月29日にシンガポールでおこなった。

（8） 第10章と Hershatter, 'The Hierarchy of Shanghai Prostitution', pp. 489–90を参照。

（9） S. E. Niccol Jones, 'Report on the Problem of Prostitution in Singapore', Unpublished, 1941（Mss. Ind. Ocn. 27）, p. 88.

（10） SCII of Yip Mui Chai, No. 218, 6 November 1908.

（11） Mikiso Hane, *Peasants, Rebels and Outcastes: The Underside of Modern Japan*（New York: Pantheon Books, 1982）, p. 221.

（12） *Proceedings and Report of the Commission Appointed to Inquire into the Cause of the Present Housing Difficulties in Singapore, and the Steps Which Should Be Taken to Remedy such Difficulties*（Singapore: Government Printing Office, 1918）, p. C–12（hereafter cited as the *Housing Commission Report, 1918*）.

（13） Gronewold, *Beautiful Merchandise,* p. 20; Hershatter, 'The Hierarchy of Shanghai Prostitution', pp. 772–93.

（14） 疾病率とシンガポールの環境の議論については，James Francis Warren, *Rickshaw Coolie: A People's History of Singapore*（*1880–1940*）（Singapore: Oxford University Press, 1986）, pp. 258–81を参照。

（15） シンガポールの水道の問題については，Lt-Colonel Anson to the Earl of Kimberley, 6 November 1875, CO 273/51; Sir H. Ord to the Earl of Kimberley, 5 October 1893, CO 273/70; Anderson to Alfred Lyttelton, 20 June 1905, CO 273/309; C. M. Turnbull, *A History of Singapore 1819–1975*（Kuala Lumpur: Oxford University Press, 1977）, p. 16を参照。

（16） *Housing Commission Report, 1918*, pp. 13–14.

（17） W. J. Simpson, *Report on the Sanitary Condition of Singapore*（London: Waterloo and Sons, 1907）, pp. 10–43.

（18） SSAR, 1910.

（19） *Housing Commission Report, 1918,* p. A–7; *Straits Settlements and Federated Malay States Opium Commission, 1908,* p. 690.

（20） William H. McNeill, *Plagues and People*（London: Penguin, 1976）, pp. 165–6［W. H. マクニール／佐々木昭夫訳『疫病と世界史』新潮社，1985年］.

（21） Duke of Devonshire to Sir L. Guillemard, 26 January 1924, CO 273/523.

（22） Simpson, *Report on the Sanitary Condition of Singapore,* pp. 10–11.

（23） SCII of Ho Sye Mui, No. 65, 10 May 1904.

（24） SCII of Wong Mau Tan, No. 160, 12 October 1912; Lang Tan Mui, No. 36, 18 February 1914; CCVS of Koh Kai Kam, No. 25, 12 August 1908.

（25） SMAR, 1928, pp. 59–60 D.

（26） CCVS of Obsunich, No. 1, 2 May 1915.

（27） SCII of Ng Kum Moy, No. 41, 10 March 1905.

（28） Ibid.

（29） Saw Swee-Hock, 'Population Trends in Singapore, 1819–1967', *Journal of Southeast Asian History,* 10, 1（1969）: 45.

（30） Ibid.

（31） No. 5, Straits Settlement Association to the Colonial Office, 12 September 1894, CO 273/203.

（32） 1887–1894年に娼館で死んだ娼婦の公式記録数は，つぎのとおり――1887: 11; 1888: 13; 1889: 16; 1890: 14; 1891: 14; 1892: 17; 1893: 21; 1894: 22; Statistics of Registration Office, Contagious Diseases

Ordinance showing the numbers of inmates who entered and left brothels, CO 275/33–49; No. 132, Lt-Colonel Anson to the Earl of Carnarvon, 21 April 1877, CO 273/91.

(33) No. 227, Testimony of Mr Wispauer in Acting Governor Sir J. H. Swettenham to Mr Chamberlain, 5 August 1898, CO 882/6; Straits Settlement Association to Secretary of State for the Colonies, 8 November 1897, CO 273/232.

(34) No. 286, Acting Governor Anson to the Earl of Kimberley, 21 November 1871, CO 272/51; No. 314, Sir H. Ord to the Earl of Kimberley, 5 October 1873, CO 273/70.

(35) Straits Settlement Association to the Colonial Office, 8 November 1897, CO 882/6.

(36) No. 227, Testimony of Mr Wispauer in Acting Governor Sir J. H. Swettenham to Mr Chamberlain, 5 August 1898, CO 882/6; No. 132, Lt-Colonel Anson to the Earl of Carnarvon, 21 April 1877, CO 273/91.

(37) No. 25, Memorandum by Dr Welch, Dental Surgeon, Pauper Hospital, Selangor, 21 April 1897 in Acting Governor Sir J. H. Swettenham to Mr Chamberlain, 8 September 1898, CO 882/6.

(38) Derek Llewellyn-Jones, *Sex and V. D*.（London: Faber and Faber, 1974）, pp. 74–5 and 80; R. S. Morton, *Venereal Diseases*（London: Penguin, 1972）, pp. 7–8.

(39) No. 314, Sir H. Ord to the Earl of Kimberley, 5 October 1873, CO 273/70.

(40) Ibid.

(41) No. 274, Sir C. Smith to the Lord of Knutsford, 15 June 1892, CO 273/181.

(42) SCII of Moh Mee Ling, No. 145, 19 September 1905.

(43) SCII of Tong Quay, No. 94, 22 May 1905.

(44) SCII of Chan Ngan You, No. 110, 2 June 1908; Cheong Mi Yong, No. 68, 11 April 1917; Ho Ah Yeong, No. 128, 24 June 1917; Eng Ong Kim, No. 162, 28 July 1917.

(45) SCII of Omassa, 13 June 1907; No. 227, Testimony of Dr Rogers in Acting Governor Sir J. H. Swettenham to Mr Chamberlain, 5 August 1898, CO 882/6.

(46) Hershatter, 'The Hierarchy of Shanghai Prostitution', p. 489.

(47) Gronewold, *Beautiful Merchandise,* p. 75.

(48) Judith Allen, 'Evidence and Silence: Feminism and the Limits of History', in Carole Pateman and Elizabeth Gross（eds.）, *Feminist Challenges: Social and Political Theory*（Sydney: Allen and Unwin, 1986）, pp. 182–3.

(49) CCVS of Yoshida Otani, No. 12, 1 July 1916.

(50) 伝統的な治療法には，ニンニクとコオロギの調合剤，オタマジャクシを飲みこむといったことも含まれている。Gronewold, *Beautiful Merchandise,* pp. 18–19; and Hershatter, 'The Hierarchy of Shanghai Prostitution', p. 496, footnote 7 を参照。

(51) SCII of Wong Ah Bui, No. 76, 30 April 1905.

(52) SCII of Ofarki, No. 78, 25 April 1911.

(53) Wong Swee Peng へのインタビューは，Ms Tan Beng Luan の助けを借りて，1987年10月13日にシンガポールでおこなった。

(54) No. 132, Testimony of Mr J. Wheatley in Lt-Colonel Anson to the Earl of Carnarvon, 21 April 1877, CO 273/91.

(55) Straits Settlement Association to the Colonial Office, 8 November 1897, CO 882/6.

(56) SCII of Wong Mau Tan, No. 160, 12 October 1912.

(57) SCII of Lee Ah Choi, No. 159, 9 September 1908.

(58) SCII of Chow Chat Mui, No. 129, 21 July 1909.

(59) SCII of Oyoshi, No. 229, 17 November 1916.

(60) 「病気の温床」としてのシンガポールについての議論は，Warren, *Rickshaw Coolie,* pp. 258–79を参照。

(61) Norman L. Farberow, 'Suicide: Psychological Aspects（1）', *International Encyclopedia of Social Sci-*

ence（New York: Macmillan and Free Press, 1968）, p. 386.

（62） シンガポールの労働者階級の自殺率を正確に把握することは，とくに困難である。なぜなら年次報告書の病気や死亡の初期の報告数値は，しばしば海峡植民地全体を一括して表記しているからである。しかし，1920年代の年次警察報告書は，海峡植民地で一括した自殺記録の数値を分割する試みをおこなっている。それによると，たとえば1925年の91人が（シンガポールを襲った恐慌後の）1932年には150人に増加したことがわかる。海峡植民地市政報告書の死亡原因も，世紀転換期以降の自殺方法を分割した数値で表記している。また，マクロ統計では，刑務所と精神病院での自殺死亡者数が年ごとにわかる。しかし，生々しいミクロ統計データである年齢，性，民族，職業，居住様式，帰属別のものは，これらの植民地文書からは連続的に集めることはできない。審問によばれた近親者などの供述の歴史学的重要性については，Richard Cobb, *Death in Paris 1795–1801*（London: Oxford University Press, 1978）, p. 102を参照。

（63） Margery Wolf, 'Women and Suicide in China', in Margery Wolf and Roxanne Witke（eds.）, *Women in Chinese Society*（Stanford: Stanford University Press, 1975）, p. 112を参照。

（64） CCVS of Oichi, No. 82, 17 February 1906; SCII of Oyoshi, No. 229, 17 November 1916.

（65） Wolf, 'Women and Suicide in China', p. 112.

（66） Faberow, 'Suicide: Psychological Aspects（2）', *International Encyclopedia of Social Science*（New York: Macmillan and Free Press, 1968）, p. 393.

（67） Li Chin Ho, Ho Hong Min, Chan Ah Kuen, Onatsu, Oahki と Oichi の事件については，巻末資料 9と10を参照。

（68） CCVS of Li Chin Ho, No. 14, 6 May 1908.

（69） SCII of Chan Ah Kuen, No. 68, 5 February 1938.

（70） Ian Buruma, *A Japanese Mirror: Heroes and Villains of Japanese Culture*（London: Penguin, 1984）, pp. 221–5［イアン・ビュルマ／山本喜久男訳『日本のサブカルチャー——大衆文化のヒーロー像』TBS ブリタニカ，1986年］.

（71） CCVS of Oichi, No. 82, 17 February 1906.

（72） SCII of Oahki, No. 58, 28 May 1903.

（73） SCII of Onatsu, No. 184. 17 December 1902.

（74） Ibid.

（75） No. 60716, Enclosure No. 6, Statements made by Mr Cowen in Sir Arthur Young to Walter Lord, 13 July 1917, CO 273/457.

（76） Evidence of Mr Goodland, in *Straits Settlements and Federated Malay States Opium Commission, 1908,* p. 31（hereafter cited as *SSOC*）.

（77） Ibid.; Hershatter, 'The Hierarchy of Shanghai Prostitution', p. 471.

（78） 'A Joint Letter from the Chinese Chamber of Commerce, Singapore and the Chia Bu Anti-Opium Society, Singapore', 17 January 1908; Appendix XCII, in *SSOC,* p. 185.

（79） Evidence of Alex Gentle, Coroner, *SSOC,* p. 317.

（80） Yvonne Quahe, *We Remember: Cameos of Pioneer Life*（Singapore: Landmark Books, 1986）, p. 82.

（81） SCII of Liong Chai Ha, No. 170, 26 October 1907.

（82） SCII of Wong Mau Tan, No. 160, 12 October 1912.

（83） *Singapore Free Press,* 31 July 1894.

（84） SCII of Chow Ah Soo, No. 193, 29 November 1912.

（85） SCII of Leong Tong Fook, No. 168, 6 May 1921.

（86） Ibid.

（87） SCII of Wong Ah Yeok, No. 61, 10 February 1934.

（88） SCII of Oyoshi, No. 229, 17 November 1916.

（89） SCII of Otama, No. 59, 7 June 1900.

(90) Ibid.

(91) No. 2684, Resident, Selangor to High Commissioner, Federated Malay States, 22 May 1907, ANM/Selangor Secretariat 689/1907.

(92) David K. Jordan, *Gods, Ghosts and Ancestors: Folk Religion in a Taiwanese Village* (Berkeley: University of California Press; 1972), pp. 34 and 53; Wolf, 'Women and Suicide in China', pp. 112–14 and 138; Gronewold, *Beautiful Merchandise,* pp. 42–3; Ida Pruitt, *Old Madam Yin: A Memoir of Peking Life 1926–1938* (Stanford: Stanford University Press, 1979), p. 58.

(93) CCVS of Oichi, No. 82, 17 February 1906.

(94) Pruitt, *Old Madam Yin,* p. 58.

(95) 南洋及日本人社『南洋の五十年——シンガポールを中心に同胞活躍』(章華社, 1937年) 167頁。

(96) Hershatter, 'The Hierarchy of Shanghai Prostitution', pp. 487–8.

(97) Akiyama, *Geisha Girl,* pp. 100–1.

(98) Gronewold, *Beautiful Merchandise,* p. 76.

(99) SCII of Oyoshi, No. 229, 17 November 1916.

終　章　娼婦たちの人生の再現

(1) Sue Gronewold, *Beautiful Merchandise: Prostitution in China 1860–1936* (New York: Haworth Press, 1982), p. 50.

(2) Charles Tilly, 'Retrieving European Lives', in Olivier Zunz (ed.), *Reliving the Past: The Worlds of Social History* (Chapel Hill: The University of North Carolina Press, 1985), pp. 11–52を参照。

(3) Lucie Cheng Hirata, 'Free, Indentured, Enslaved: Chinese Prostitutes in Nineteenth Century America', *Signs: Journal of Women in Culture and Society*, 5, 1 (1979): 28.

(4) Gronewold, *Beautiful Merchandise,* pp. 3–4.

(5) Hirata, 'Free, Indentured, Enslaved: Chinese Prostitutes in Nineteenth Century America', pp. 6–7.

(6) Yuji Ichioka, 'Ameyuki-san: Japanese Prostitutes in Nineteenth Century America', *Amerasia*, 4 (1977): 3–4; Mikiso Hane, *Peasants, Rebels and Outcastes: The Underside of Modern Japan* (New York: Pantheon Books, 1982), p. 219.

(7) Gail Hershatter, 'The Hierarchy of Shanghai Prostitution, 1870–1949', *Modern China,* 15, 4 (October 1989): 494.

(8) Liza Crihfield Dalby, *Geisha* (Berkeley: University of California Press, 1983), p. 221.

(9) 井沢信久「聞き書き・カラユキさん残酷物語」『潮』1973年6月号: 209–10 [英訳は話が前後していたので, 日本語原文の順序に戻した]。

(10) No. 285, Sir F. Weld to the Earl of Derby, 4 July 1883, CO 273/121.

(11) Judith Allen, 'Evidence and Silence: Feminism and the Limits of History', in Carole Pateman and Elizabeth Gross (eds.), *Feminist Challenges: Social and Political Theory* (Sydney: Allen and Unwin, 1986), p. 219.

(12) Gayatri Chakrovarty Spivack, 'French Feminism in an International Frame', *Yale French Studies,* 62 (1981): 179; Paul R. Greenough, 'Gupta, Gujurat, and Guha Restating the Case for South Asia', *Items Social Science Research Council,* 44, 4 (1990): 61.

(13) Paul Thompson, *The Voice of the Past: Oral History* (London: Oxford University Press, 1978), p. 5 [ポール・トンプソン／酒井順子訳『記憶から歴史へ——オーラル・ヒストリーの世界』青木書店, 2002年].

(14) Tomoko Yamazaki, 'Sandakan No. 8 Brothel', *Bulletin of Concerned Asian Scholars*, 7, 4 (1975): 59 [山崎朋子『サンダカン八番娼館』文春文庫, 1975年, 269頁]; 今村昇平は, その後映画「女衒」(1987年) で, 同じ手法を用いて, 自分の国を娼婦の眼を通してみようとした。

(15) Raphael Samuel, 'What Is Social History?', in Juliet Gardiner (ed.), *What Is History Today*... ? (At-

lantic Highlands, New Jersey: Humanities Press, 1988), p. 47.

阿姑とからゆきさん
シンガポールの買売春社会　1870–1940年

2015年6月30日　初版第1刷発行

著　者　ジェームズ・フランシス・ワレン
監訳者　蔡史君・早瀬晋三
訳　者　藤沢邦子
発行所　一般財団法人 法政大学出版局
〒102-0073 東京都千代田区富士見 2-17-1
電話 03(5214)5540／振替 00160-6-95814
製版・印刷　三和印刷／製本　誠製本
装　幀　奥定泰之

ISBN 978-4-588-37713-6　Printed in Japan

著　者

ジェームズ・フランシス・ワレン（James Francis Warren）

1942年生まれ。オーストラリア国立大学 Ph.D. 現在，マードック大学教授。研究分野は東南アジア民族史・社会史。2003年，Centenary Medal of Australia, 2013年，Grant Goodman Prize for Historical Studies 受賞。

おもな著書：*The Sulu Zone, 1768–1898: The Dynamics of External Trade, Slavery, and Ethnicity in the Transformation of a Southeast Asian Maritime State*（Singapore: Singapore University Press, 1981），*Rickshaw Coolie: A People's History of Singapore (1880–1940)*（Singapore: Oxford University Press, 1986），*Iranun and Balangingi: Globalization, Maritime Raiding and the Birth of Ethnicity*（Singapore: Singapore University Press, 2002），*Pirates, Prostitutes and Pullers: Explorations in the Ethno- and Social History of Southeast Asia*（Crawley, W. A.: University of Western Australia Press, 2008）ほか。

監訳者

蔡史君（チュア・スークン）

1944年，シンガポール生まれ。シンガポール南洋大学文学部卒，東京大学博士課程修了。シンガポール公文書・口述歴史館，津田塾大学学芸学部教授をへて，現在，中国厦門大学客員教授。研究分野は東南アジア史。

おもな編著書：『新馬華人抗日史料』（共編，文史出版私人有限公司，1984年），『もっと知りたい華僑』（共編，弘文堂，1991年），『近現代史のなかの日本と東南アジア』（共著，東京書籍，1992年）ほか。

早瀬 晋三（はやせ しんぞう）

1955年，岡山県生まれ。東京大学文学部卒，マードック大学 Ph.D. 現在，早稲田大学大学院アジア太平洋研究科教授。研究分野は海域東南アジア史，近現代東南アジア・日本関係史。

おもな著書：『海域イスラーム社会の歴史——ミンダナオ・エスノヒストリー』（岩波書店，2003年），『戦争の記憶を歩く　東南アジアのいま』（岩波書店，2007年），『マンダラ国家から国民国家へ——東南アジア史のなかの第一次世界大戦』（人文書院，2012年），『フィリピン近現代史のなかの日本人——植民地社会の形成と移民・商品』（東京大学出版会，2012年）ほか。

訳　者

藤沢 邦子（ふじさわ くにこ）

上智大学英米文学科卒業。英国ウェールズ大学で比較文学の修士号を取得。実務，テレビや雑誌，ノンフィクションの翻訳に従事。

おもな訳書：『インドの神々』（創元社，1997年），『トイレおもしろ百科』（文藝春秋，1998年），『ファラオ歴代誌』（創元社，1999年），『最終弁論——歴史的裁判の勝訴を決めた説得術』（朝日新聞社，2002年），『プリンセス・オヴ・ウェールズ——英国皇太子妃列伝』（創元社，2007年）ほか。

ブログ URL：https://welshshortstories.wordpress.com/